L'ASTROLOGIE
PRATIQUE

Couverture
- Conception graphique:
  Katherine Sapon
- Photo:
  Photographie Quatre par Cinq Inc.

DISTRIBUTEURS EXCLUSIFS:

- Pour le Canada:
  AGENCE DE DISTRIBUTION POPULAIRE INC.*
  955, rue Amherst, Montréal H2L 3K4 (tél.: 514-523-1182)
  * Filiale de Sogides Ltée

- Pour la France et l'Afrique:
  INTER FORUM
  13, rue de la Glacière, 75013 Paris (tél.: (1) 43-37-11-80)

- Pour la Belgique, le Portugal et les pays de l'Est:
  S. A. VANDER
  Avenue des Volontaires, 321, 1150 Bruxelles
  (tél.: (32-2) 762.98.04)

- Pour la Suisse:
  TRANSAT S.A.
  Route des Jeunes, 19, C.P. 125, 1211 Genève 26
  (tél.: (22) 42.77.40)

L'ASTROLOGIE PRATIQUE

WOLFGANG REINICKE

UN GUIDE COMPLET POUR TOUS LES SIGNES DU ZODIAQUE

**Traduit de l'allemand
par
Monique Bouillon-Bosseler**

 le jour,
éditeur

Ce livre a été publié en allemand sous le titre:
Praktische Astrologie
chez Ariston Verlag, Genf

Bibliothèque nationale du Québec
Dépôt légal — 1ᵉʳ trimestre 1983

ISBN 2-89044-113-X

Introduction

En scrutant les étoiles, la nuit, on peut difficilement éviter de se poser la question: n'y aurait-il pas un rapport entre la course des astres et le rythme biologique des êtres vivants de notre planète? Celui qui ressent pareille relation se demande évidemment de quelle nature est cette relation et quels sont ses effets.

De tout temps, l'homme a voulu savoir ce que lui réservait l'avenir et déchirer le voile qui lui cachait son destin. Même si on ne peut pas tout croire à propos de l'astrologie, même si on n'en croit rien du tout, d'une manière ou d'une autre, tous les hommes sont concernés par elle. Peut-être est-ce parce que le sceptique ressent inconsciemment l'influence des astres ou encore parce que l'astrologie est une des plus vieilles sciences de l'humanité.

Il y a cinq mille ans déjà, les hommes ont voulu décrypter les phénomènes cosmiques. Les peuples anciens dont les cultures ne nous sont accessibles que par des ruines ont tenté de lire leur destin dans les étoiles et d'expliquer les miracles et les mystères. Pour eux, l'univers était une entité nantie d'une âme et pouvait être considéré comme la partie des dieux. Pour ces hommes-là, le hasard n'existait pas. La distribution injuste entre le bonheur et le malheur les frappait. Une injustice, pensaient-ils, devait avoir un sens. Tout ce qui était important, nécessairement fatal, dépendait du ciel, venait d'en haut. C'est de là que ces peuplades anciennes attendaient direction et jugement.

Depuis que l'homme réfléchit sur lui-même et sur sa place dans l'univers, il englobe dans sa pensée les astres dans lesquels il voit des dieux et dans leur pouvoir mystérieux, il décèle une puissance qui détermine sa destinée.

L'Occident a connu également une époque de mysticisme astral. La croyance dans la puissance des étoiles a dominé très longtemps les hommes au-delà du Moyen Âge. Les astronomes célèbres Tycho Brahé et Johannes Kepler étaient également des astrologues. Les rois, les généraux et les cités entretenaient des astrologues dont ils respectaient les paroles.

À l'époque des sciences naturelles, l'homme se percevait comme le dominateur de la terre. On inventa la boussole et il ne fut plus nécessaire d'utiliser les constellations comme points de repère lorsqu'on naviguait sur la mer. L'homme conquit la terre et perdit sa relation à l'égard de l'univers alors que la science astronomique explorait les profondeurs de l'univers grâce au télescope et pouvait observer ce qui se passe au-delà de la voie lactée. Il atteignit les étoiles très lointaines des nébuleuses (ou constellations de voies lactées) qu'on étudia à l'aide de l'analyse spectrale. L'oeil fasciné des créatures terrestres put percevoir les profondeurs infinies de l'espace.

Parallèlement, on découvrit le microcosme, le monde merveilleux de l'infiniment petit. On découvrit les électrons, qui gravitent autour du noyau atomique, semblables à des planètes qui gravitent autour du soleil. Et, de plus en plus, on parvint à réaliser que le microcosme, le monde de l'infiniment petit, et le macrocosme, le monde de l'infiniment grand, forment une entité incompréhensible et que l'homme vibre au rythme du monde, obéit à ses lois et reçoit de lui détermination et contrainte. Les hommes reconnurent également qu'il y avait des rapports entre la vie quotidienne et les phénomènes célestes.

Tout d'abord, on put comprendre qu'entre l'homme et le soleil, il y a une relation étonnante. Le soleil n'est nullement une sphère immobile; il est recouvert de taches et des irruptions gigantesques peuvent se produire sur sa surface, déterminant des phénomènes qui ont des répercussions immédiates sur nous. La floraison et la récolte suivent le cours des saisons qui sont elles-mêmes dépendantes du soleil. Tout semble déterminé par le rythme des grands mouvements célestes. Sur la base de ces découvertes et d'un sentiment de lien profond avec l'univers, naquit l'idée que l'homme n'est pas livré au hasard, mais que son destin est intégré à l'univers et qu'il obéit aux lois de la terre de même que la terre à son tour obéit aux grandes lois de l'univers. Ainsi, des influences cosmiques déterminent la destinée des hommes.

À cet endroit, il faut distinguer trois écoles dans l'astrologie actuelle. Le premier groupe défend la théorie de l'influence, selon laquelle les astres déterminent en eux-mêmes quelque chose. Il y a eu des expériences étonnantes qui ont montré qu'entre les résultats d'un questionnement mystique des astres et les influences reconnues des étoiles sur notre vie, il y a un rapport scientifiquement fondé.

Un deuxième groupe recherche les causes dans l'homme et considère que les planètes sont seulement des caractéristiques du rythme cosmique dans lequel l'homme s'insère par sa naissance. Cela signifie que les astres ne nous dirigent pas; ils ne font qu'indiquer le cours de notre vie à l'instar d'une horloge (qui ne "fait" pas le temps, mais l'indique seulement).

Le troisième groupe parle de "symboles" astrologiques. Selon cette conception, les événements psychiques de l'homme sont inconsciemment projetés dans le ciel. Les tenants de ce courant pensent pouvoir reconnaître des formes de comportement et des caractéristiques logiques dans les vieux symboles qui sont repris dans le "zodiaque".

Les générations futures pourront peut-être savoir laquelle de ces opinions est la "vraie". Ce qui est important, c'est de savoir que l'astrologie fonctionne, peu importe lequel de ces trois courants a raison. L'astrologie se fonde sur le postulat selon lequel toute cause doit avoir des effets. Pour elle, la "cause" est la constellation des étoiles lors de la naissance de l'homme et l'"effet", la destinée de cet homme.

* * *

Beaucoup de grands hommes de notre époque ne rejettent pas l'astrologie; ils s'en servent au contraire. On ne citera comme exemple que C.G. Jung, le célèbre psychologue et psychothérapeute, ou le professeur Hans Bender de l'université de Fribourg/Breisgau. Des savants comme ceux-ci ont reconnu qu'il y a des facteurs cosmiques, que l'homme est réellement dépendant du soleil, de la lune et des planètes. Les rayonnements sphériques provoqués surtout par l'activité solaire n'entraînent pas seulement le changement des saisons et du temps en influençant le rythme de la vie, de la faune et de la flore, mais ils ont également une influence décisive sur les changements physiologiques et psychologiques dans la vie de l'homme.

Il est vrai que l'astrologie n'atteint pas encore le degré de certitude des sciences exactes, mais elle atteint celui de la médecine qui est bien plutôt un art qu'une science, comme l'astrologie.

La médecine se heurte également à l'inconnue de l'individualité dont les lois propres ne renversent pas le mécanisme des fonctions corporelles et psychiques ni ses réactions à des influences; mais elles leur donnent des orientations peu prévisibles. Comme le médecin, l'astrologue est lié à des expériences bien précises, mais sans combinaison et intuition, elles restent sans valeur. L'astrologie est tout à fait une science de l'expérience et la polysémie de ses jugements n'a rien de mystique et de complexe, mais correspond bien aux multiples sens de ses oppositions.

On a soulevé bien des objections contre l'astrologie et cette question de savoir si les méthodes de lecture d'un horoscope ne suivent pas trop la tradition n'est pas encore réglée. On a, entre autres, avancé le fait que, pendant la Seconde Guerre mondiale, des millions de gens ont péri alors que leurs horoscopes de naissance n'indiquaient nullement une mort brutale. L'astrologue répondra à ceci que non seulement l'homme individuel mais également des peuples entiers ont leur nativité, c'est-à-dire sont soumis à l'influence des étoiles. Il peut très bien arriver que l'horoscope de l'individu soit dominé par l'horoscope de son peuple.

* * *

Il est extraordinairement intéressant d'apprendre à connaître les méthodes de lecture de l'astrologie, qui sont efficaces et pénétrantes. Depuis quatre mille ans, les sages de toutes les vieilles cultures ont élaboré ces lectures et créé un système. Ce n'est pas sans raison que les enseignements astrologiques ont pu s'affirmer dans le cours du temps. Des peuples entiers ont disparu, des cultures ont péri. L'astrologie est restée l'héritage impérissable des générations qui ont pu passer comme une torche les vérités issues de la croyance aux étoiles aux générations suivantes.

Si, aujourd'hui, l'astrologie exerce à nouveau un attrait pour des millions de gens sur terre, c'est certainement un "signe des temps", non au sens péjoratif mais comme preuve que l'attirance pour les étoiles vit de manière indélébile dans le coeur de l'homme.

Quant à décider définitivement ce qui est vrai ou faux dans l'astrologie, ce sera la tâche des générations ultérieures qui seront plus sages et plus parfaites que nous, c'est du moins notre espoir.

Wolfgang Reinicke

I

Histoire de l'astrologie

De l'origine de la croyance aux étoiles, du devenir et de la nature de l'astrologie

Étapes de l'astrologie

L'astrologie est née parallèlement à la science et à la religion sous les cieux clairs de l'Orient. Il y a plus de quatre mille ans avant Jésus-Christ vivaient dans le pays "entre les fleuves", en Mésopotamie, les Akkadiens, les Babyloniens et les Sumériens. C'est à partir de cet endroit que l'astrologie s'étendit vers l'Égypte, la Grèce et même l'Inde et la Chine. Elle influença également les Romains et les Germains.

À l'origine, l'astrologie comprenait tous les domaines de la vie: la science et la religion, la vie des rois, mais aussi du peuple, des hommes et des plantes. La terre entière était considérée comme une entité qui dépendait du mouvement des astres, ces dieux qui déterminaient le destin du monde et l'avenir.

Ces peuples étaient sous l'influence de leurs sages, les prêtres. Ils étaient des voyants qui essayèrent de diriger leurs regards vers les lieux les plus éloignés. L'homme des temps anciens était sous l'emprise de la peur devant les puissances occultes qui l'entouraient. Il croyait que des dieux puissants se cachaient derrière les planètes suspendues à la voûte céleste et qui se mouvaient chaque nuit. Il essayait de comprendre ces dieux lumineux, de suivre leurs cours pour reconnaître le destin, qui avait été déterminé pour lui.

L'image du monde selon les peuples anciens
La voûte céleste cristalline est placée sur le
disque terrestre entouré des mers

L'homme projetait inconsciemment ses angoisses vers l'extérieur, c'est-à-dire vers les astres auxquels il attribuait des forces incroyables, forces qui ressemblaient à celles qu'il devait affronter tous les jours, que les autres et lui-même possédaient également.

Ainsi naquit la mythologie des constellations, une mythologie étrange, fantastique avec une multitude de figures animales réelles ou imaginaires, qui peuplaient le ciel des cultures anciennes. L'homme s'identifia avec les astres.

Il faut rappeler ici que la tour de Babylone était un temple de la religion astrale; chacun de ses étages était consacré à une planète, l'étage supérieur au soleil. La Babylone la plus ancienne était entourée de sept murailles, dont chacune portait la couleur d'une planète. Les hommes qui ont dirigé le peuple pour construire cette immense tour pyramidale, à laquelle d'innombrables générations ont travaillé, doivent avoir été des élus, des prêtres, car toutes les dimensions et tous les rapports de la construction ont été empruntés aux infinis espaces sidéraux. À cette époque, on avait pu pénétrer dans le secret du mouvement céleste, après une observation séculaire. C'était la naissance de l'astronomie. Mais l'astrologie avait grandement contribué à la naissance de cette science.

*   *   *

À partir de 2250 avant Jésus-Christ, ce furent les Égyptiens, les Juifs et plus tard les Babyloniens et Assyriens, les Perses, les Phéniciens, les Grecs, les Romains qui cultivèrent et propagèrent les secrets des mouvements célestes et de la sorte, l'astrologie. L'astrologie hellénistique représente une étape décisive.

L'ouvrage principal de l'astrologie grecque a été écrit environ 150 ans avant Jésus-Christ. Il s'intitule *Nepecho-Petosiris* et était en fait la vraie "bible" de l'astrologie. Il fut suivi au IIe siècle après Jésus-Christ par la *Tetrabiblos* de Ptolémée, qui vécut aux environs de 100 à 180 après Jésus-Christ. L'époque du christianisme — depuis environ 150 ans avant notre ère — fut remplie de guerres de religion, de conflits de croyances, de la phobie des hérétiques au Moyen Âge, de l'opposition haineuse de plusieurs tendances de la foi pendant la guerre de Trente Ans. La nouvelle vision du monde de l'époque contemporaine y a succédé. Ce n'est qu'au début du Moyen Âge, c'est-à-dire au VIe siècle, que l'astrologie a été propagée dans les contrées germaniques. Beaucoup de résultats de recherches provenaient à ce moment des Arabes.

Les Germains, tout comme les Celtes et les Slaves, possédaient déjà des connaissances astronomiques. Ils observaient spécialement le soleil et la lune. Ceci est prouvé par des dispositions de pierres étranges en Angleterre, en France et en Allemagne. Il s'agit probablement de temples du soleil; souvenons-nous du cercle de pierres à Stonehenge près de Salisbury, en Angleterre.

Les grandes migrations ont amené les Lombards et les Ostrogoths en Italie et les Wisigoths en Espagne. Ils y ont repris beaucoup de coutumes et de façons de voir des peuples soumis. Par eux, ils eurent accès aux écrits d'Aristote, d'Euclide et de Ptolémée dans les domaines de l'arithmétique, de la musique, de la géométrie, de l'astronomie et de l'astrologie. Sous Charlemagne, les enseignements astrologiques étaient fort prisés. Il y eut de plus en plus d'influences gréco-arabes en Occident. L'événement qui y contribua le plus fut la prise de Constantinople par les Turcs en 1453. Depuis un siècle déjà, ils avaient pris possession des contrées entourant Constantinople (Byzance). Beaucoup de savants qui y

13

Représentations du zodiaque selon la
"Compilatio de astrorum scientia"
de Léopold d'Austria (1326)

séjournaient émigrèrent et se cherchèrent un lieu de travail en Occident, en Italie, en France ou en Allemagne. Ils y enseignèrent les connaissances grecques et permirent à l'Occident de faire connaissance avec les idéaux quasi oubliés de l'Antiquité grecque. L'Occident était sur le point de se figer dans le cadre de pensée très strict de la scholastique déclinante. La vie morne fut alors ranimée par les savants grecs: ce fut le début de la Renaissance. Mais ils apportèrent à l'Occident une astrologie de conception gréco-chrétienne.

Leurs enseignements quelque peu poétiques formèrent un tout avec la croyance populaire chrétienne. Dieu régnait selon les croyances du peuple au-dessus des sept cieux et dirigeait de là le destin de la terre et des hommes. On avait encore toujours la conception ptoléméenne du monde, selon laquelle la terre se trouve au centre de l'univers. Les étoiles, le soleil, la lune et les planètes tournaient autour d'elle. Et l'homme, couronnement de la création, se complaisait dans l'idée qu'il était le centre d'un monde créé par Dieu. Cette conception de l'univers fut ébranlée par la théorie astrologique qui affirmait que tous les rayonnements partaient bien de Dieu, mais qu'ils devaient encore passer à travers les sept sphères des sept planètes avant qu'ils ne puissent agir sur terre. Les rayonnements de Dieu étaient modifiés par les planètes. Jupiter et Vénus amélioraient éventuellement les rayonnements de Dieu — déjà bons par essence — mais Mars et Saturne les inversaient, de sorte qu'ainsi le mal pénétrait dans le monde. Selon cette conception, Dieu dirigeait encore toujours le monde, en conformité avec les croyances traditionnelles, mais l'astrologie avait influencé la doctrine chrétienne dans son sens. Cette astrologie est devenue une partie de la vision du monde à laquelle personne ne pouvait se soustraire à cette époque.

*　*　*

L'apogée de l'astrologie se situe entre 1450 et 1650 après Jésus-Christ. Dans les universités, il y eut des cours réguliers dans ce domaine. Les empereurs, les princes, les papes et les évêques reconnaissaient l'astrologie et l'utilisaient. Philippe Mélachthon (1496-1565), par exemple, donnait des cours d'astrologie à l'université de Wittenberg. Le grand médecin Paracelse (1493-1541) la

École d'astrologues selon une représentation du Moyen Âge

pratiquait. Des astronomes célébres comme Tycho Brahé et Johannes Kepler (1571-1630) défendaient l'idée que le cosmos devait être une entité bien ordonnée, créée et dirigée par un principe spirituel. Tout y est ordonné selon des rapports harmonieux qui peuvent être représentés géométriquement. L'horoscope que Kepler a établi pour Wallenstein est célèbre. Il y prédit le meurtre du général.

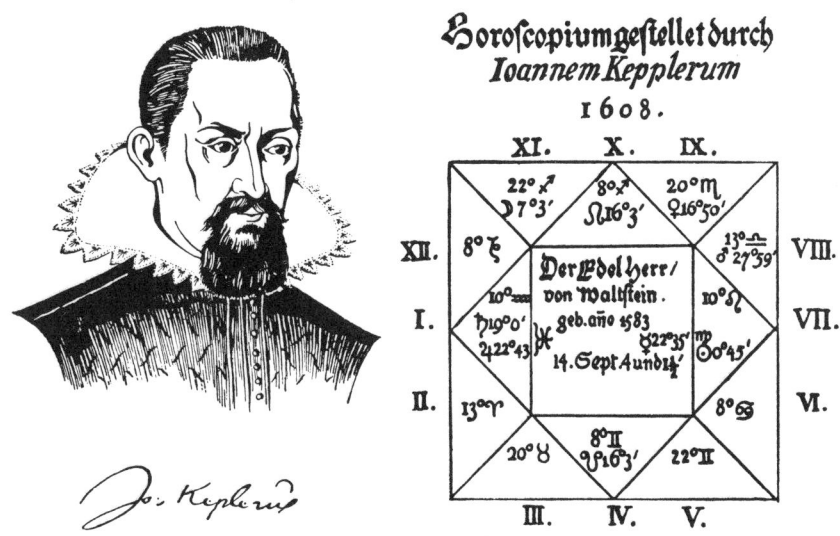

Horoscope de Wallenstein établi par Kepler en 1608

Quelqu'un qui fit grand bruit fut le médecin (plus tard le médecin personnel du roi de France, Charles IX) et astrologue français Nostradamus ou Michel de Notre-Dame (1503-1566). De naissance juive, Michel reçut le nom de l'endroit où il fut baptisé : Notre-Dame. Plus tard, il latinisa son nom qui devint Nostradamus, selon la coutume de l'époque. Il a rassemblé ses prophéties dans *Les Centuries*. Ses horoscopes se sont vérifiés pour la plus grande part, mais pas tous. C'est ainsi qu'il a prédit la fin de l'Église catholique romaine, raison pour laquelle son livre a été interdit, jusqu'à ce qu'il soit publié en 1781 seulement.

Toute la vie de cette époque était placée sous le règne des astres. On affirma que le corps humain était régi par les différentes planètes. Chacune d'elles dominait une certaine partie du corps ou un organe interne. On vit les causes de maladies dans les emplacements des planètes dans le ciel; un médecin qui voulait guérir ces maladies devait choisir les heures planétaires favorables pour la prise du médicament ou pour l'opération. À ce moment, l'influence des planètes qui devaient guérir le mal était à son apogée alors que celle des planètes qui l'avaient provoqué était à son plus bas. Mais également toutes les plantes, tous les animaux, minéraux et toutes les roches étaient régis par des étoiles. On ne pouvait choisir que les médicaments qui avaient un rapport avec les planètes qui avaient provoqué la maladie. À cette époque, les saignées étaient un moyen particulièrement important pour la guérison de maladies.

Ce qui est intéressant, ce sont certains rapports qui ont été conservés jusqu'à notre époque et que nous utilisons sans être conscients de leur caractère astrologique. On a attribué les métaux aux planètes. Mercure, par exemple, le messager rapide des dieux, a été associé au mercure parce que ce métal correspondait le mieux à sa nature. Par la suite, ce métal ne fut plus utilisé qu'avec le nom du dieu planétaire; c'est le nom encore utilisé actuellement.

Les idées qu'on associe aux chiffres ont également subi des influences astrologiques.

Comme le chiffre sept a une signification astrologique à cause des sept planètes, on a pensé par exemple que le corps humain se régénérait tous les sept ans et qu'à ce moment il était particulièrement exposé aux influences des maladies. La signification du chiffre treize comme chiffre de malheur provient du fait que le chiffre douze était considéré comme le chiffre de la perfection, parce qu'il y a douze mois et douze signes du zodiaque. Tout ce qui le dépassait était considéré comme néfaste.

Martin Luther (1483-1546) s'est également familiarisé avec les théories astrologiques.

La vision du monde de l'humanité occidentale jusqu'alors incontestée fut ébranlée par le travail de Nicolas Copernic (1473-1543). Dans son ouvrage principal paru en 1543, *De Revolutionibus Orbium Coelestium*, il professa que ce n'était pas la terre qui se trouvait au centre de l'univers, mais le soleil. En 1608, on découvrit le télescope, grâce auquel on pouvait observer les différentes planètes; on découvrit qu'elles étaient des corps célestes comme notre terre. Elles n'avaient nullement une apparence divine et perdirent la faculté d'être les dominateurs de la terre. Au fil du temps, d'autres résultats de l'astronomie s'y ajoutèrent. On put établir par exemple les immenses distances qui séparaient les différents corps célestes.

Et pourtant, cela ne changea rien à l'astrologie. Le vieux schème était resté, mais le soleil et la terre avaient changé de place dans l'idée de l'homme.

Cependant, les théories de Copernic ne firent que difficilement leur chemin. Même Galileo Galilée (1564-1642) qui avait accepté les explications de Copernic dut abjurer la vision du monde héliocentrique devant l'Église. Lui aussi pratiquait l'astrologie et la tenait en haute estime.

Du XVe au XVIIe siècle, à l'apogée de l'astrologie, les rois et princes se firent conseiller par des astrologues. En mars 1553, parut la traduction par Mélanchthon du livre principal de l'astrologie antique, le *Tetrabiblos*, du grand astronome et astrologue égyptien Ptolémée. Son image du monde astronomique avait été valable jusqu'en 1543, année de parution de l'oeuvre révolutionnaire de Copernic. L'astrologie classique pâlit au XVIIe siècle. Des tricheurs et des charlatans discréditèrent les astrologues sérieux de l'époque. Peu de scientifiques se consacrèrent dorénavant à ces théories en Allemagne. La dernière chaire d'astrologie en Allemagne fut occupée jusqu'en 1835 à l'université d'Erbangen par le professeur Pfaff, qui y avait accédé en 1815.

Johann Wolfgang Goethe (1749-1832) s'est également occupé d'astrologie. Il a commencé son grand ouvrage *Dichtung und Wahrheit* par l'établissement d'un horoscope.

C'est surtout en Allemagne que l'astrologie tomba dans l'oubli. Par contre, elle continua à être pratiquée en Angleterre, en France et en Italie.

La cause du déclin fut la guerre de Trente Ans, la pression croissante de l'Église sur la recherche et la philosophie, et le grand progrès des sciences naturelles.

Alors que l'astrologie perdait de son prestige, il y eut encore au XVIIe siècle deux représentants importants, Placide de Titis, en Italie et Morin de Villefranche, en France. Placide est encore considéré de nos jours comme le père de la technique moderne de l'horoscope. Morin de Villefranche (1583-1656) avait une grande réputation à la cour comme astrologue. L'oeuvre de sa vie fut l'*Astrologia Gallica*, qui comptait 26 tomes.

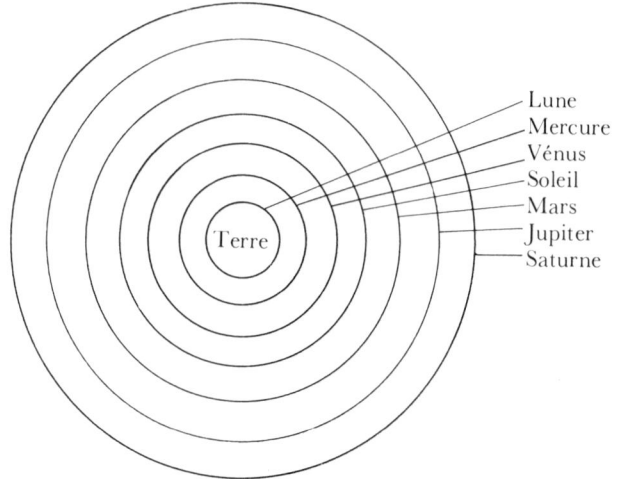

Le monde selon Ptolémée

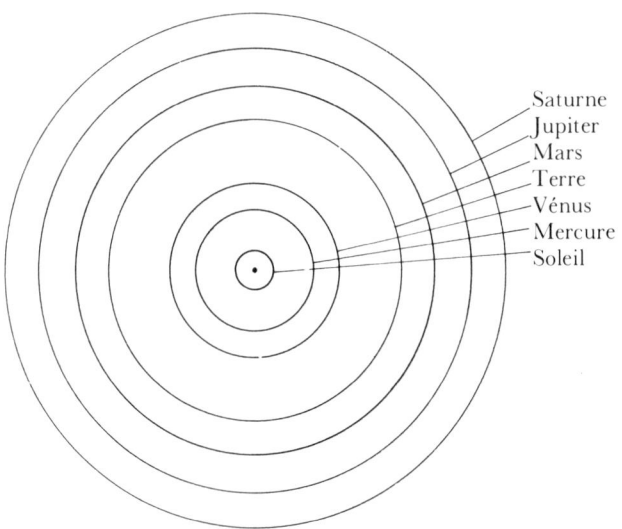

Le monde selon Copernic

Au XIXe siècle, le rationalisme arriva à son sommet. Les effets de ce courant de pensée anéantirent complètement l'astrologie.

Il y eut bien sûr des contre-courants. En Angleterre, Alan Les (1860-1917), éditeur d'une série d'ouvrages d'astrologie, fut particulièrement célèbre. En Allemagne, celui qui s'intéressait à l'astrologie à cette époque devait consulter des manuels anglais. L'astrologie anglaise présentait au XIXe siècle un tout autre aspect que l'astrologie allemande. On ne s'y souciait pas de théories, mais on s'attachait davantage aux faits et à des techniques d'horoscopes sans reproche sur le plan astronomique. Dès 1800 en Angleterre parurent les éphémérides annuelles (tableaux de la position des astres).

En 1905, il y eut un grand changement en Allemagne. Karl Brandler-Pracht publia cette année-là le premier manuel détaillé d'astrologie. Par la suite, parurent des revues d'astrologie; on fonda également des sociétés d'astrologie.

De 1910 à 1933, on assista en Allemagne à une nouvelle expansion des théories astrologiques. Des noms comme ceux du Dr H. Vollrath, de Wilhelm Becker, de Frank Glahn, du baron von Klöckner, du Dr Walter Koch, du Dr Moufang, du professeur Kritzinger, de Reinhold Ebertin, du Dr Korsch, de F. Schwikert, du Dr A. Weiss, de Johannes Vehlon apportèrent à l'astrologie une renommée nouvelle.

Pendant la période du Troisième Reich, l'astrologie fut interdite. Une grande partie de la littérature astrologique fut détruite.

Après 1945, l'astrologie allemande se releva de ses cendres. Les astrologues actuels ont compris qu'une astrologie qui se fonde sur la théorie de l'influence ne peut être prouvée. C'est pour cette raison que quelques astrologues critiques déclarent: "L'astrologie est un art divinatoire, pas une science."

NICOLAVS COPERNICVS

Portrait de Copernic sur l'horloge astronomique
de la cathédrale de Strasbourg
exécuté en 1574 par Tobias Stimmer

Représentation naïve d'un astrologue au XVIIe siècle

Représentation schématique des rapports existant entre les planètes et les constellations du zodiaque. Comme les planètes gravitent autour du soleil dans un
plan de trajectoire commun, si l'on regarde à partir du soleil ou d'une planète à
l'autre, vers l'arrière-plan très lointain, la région du zodiaque se trouve fortui-
tement dans la direction du regard.

Ce que l'astrologie est...
et ce qu'elle n'est pas!

Le problème le plus controversé de l'astrologie est la question de la liberté de la volonté. L'astrologie moderne ne touche pas à la liberté de la volonté. On n'a pas pu prouver jusqu'à présent une influence directe des astres. Selon les astrologues, il appartient à chaque homme de vivre selon ses dispositions, capacités et penchants dans son environnement et à l'intérieur des limites imposées à chaque être humain. Mais on est d'avis que tout est réglé dans la nature. Tous les mouvements des astres, du temps et des saisons sont des phénomènes cosmiques qui se déroulent selon des lois. Mais — et c'est ici que se referme le cercle dans ce premier chapitre de l'introduction de ce livre — la question: quel rapport existe-t-il entre le cosmos et les rythmes biologiques des êtres vivants? devra rester encore ouverte un certain temps.

Que devons-nous penser de l'astrologie? Serons-nous d'accord avec Shakespeare: "Ce n'est pas la faute des étoiles, si nous existons, mais la nôtre"? Ou avec cette autre phrase: "Les étoiles exercent une influence, mais pas d'obligation..."? La réponse aux questions de l'avenir humain est-elle inscrite dans les étoiles? Beaucoup de gens sont de cet avis, même s'ils ne l'admettent pas ouvertement.

Même si nous surestimons la crédulité et la recherche du sensationnel chez les gens, il reste que c'est bien étrange que le système astrologique ait pu être conservé plus de quatre mille ans et se soit développé dans des cultures bien différentes — par exemple en Chine et au Mexique — tout à fait indépendamment mais en total accord.

Le but de l'astrologie pratique est d'établir comment les étoiles se sont rangées à un moment donné par rapport à la terre, ou, plus exactement, par rapport à un lieu de naissance donné. Pour l'horoscope, il est tout à fait sans importance que ce soit maintenant la vision ptoléméenne qui soit la vraie ou celle de l'astronomie moderne. Ce qui est déterminant, c'est qu'une constellation scrutée par un horoscope puisse être réellement significative pour un homme. La pratique a démontré que l'astrologie en était capable à partir du moment où on ne considère plus des horoscopes mensuels ou quotidiens généraux qui devraient normalement être les mêmes pour beaucoup de gens, mais où on établit des horoscopes individuels, calculés selon l'heure, la minute et le lieu de naissance. Les conditions très strictes pour les horoscopes individuels excluent deux horoscopes identiques. Un tel horoscope dessine les contours du caractère, des dispositions et des possibilités, mais également les limites et dépendances d'un être humain.

* * *

Toute vie sur terre est liée aux forces cosmiques de l'univers. Celui qui n'en a pas conscience se laisse pousser inconsciemment et sans résistance par ces forces. Il vit alors son destin comme quelque chose d'inéluctable. Et cela, parce qu'il ne se connaît pas lui-même, parce qu'il ne sait pas que son corps est une sorte de récepteur pour toutes les subtiles vibrations et forces de l'univers.

L'homme faible et ignare ne se doute pas qu'il pourrait être en état de modeler son caractère, ses talents, de guider son destin dans une meilleure voie. Celui qui travaille sur lui-même peut s'opposer plus valablement à des influences cosmiques défavorables ou inhibantes et améliorer ainsi le déroulement de sa vie.

À cette fin, il faut se connaître soi-même. Cette connaissance, on l'obtient par un horoscope de naissance. C'est l'aspect éducatif de l'astrologie, car elle montre à l'homme ses dispositions et qualités, mais également ses défauts.

Les théories astrologiques se basent sur certaines régularités. Certaines constellations ont et avaient depuis des siècles toujours le même effet ou plutôt tendance à produire cet effet. Mais le même effet ne s'est pas toujours produit à cause de la possibilité de réaction de l'individu. Une constellation négative peut entraîner un homme à des actes criminels lorsque son milieu, son niveau de développement, sa faible résistance et sa faible volonté l'y ont incité. À un autre homme possédant un niveau de développement supérieur, la même constellation peut apporter des circonstances douloureuses, qu'il supportera en augmentant ses capacités de résistance.

Des constellations dissonantes ne se répercutent pas toujours dans des revers de fortune. Ils provoquent occasionnellement des états de tension, des attentes, de la curiosité, de l'incertitude et une propension à la résistance, une recherche de voies nouvelles. Des forces jusqu'alors inutilisées font surface et apportent éventuellement une détente.

Les règles énoncées dans ce livre et qui se basent sur une expérience de plusieurs milliers d'années ne doivent pas entraîner de prophéties sans le moindre sens critique. Ce n'est pas la tâche principale de l'astrologie de prédire un destin, mais elle devra bien plutôt faire connaître l'essence d'un individu pour qu'il puisse travailler avec succès sur lui-même.

Les règles énoncées ici ne devraient être comprises que comme des tendances selon lesquelles les influences cosmiques se répercutent régulièrement.

* * *

Le débutant en astrologie qui a pu assimiler avec acharnement et passion la partie astronomique et mathématique de la matière et qui est capable d'établir un horoscope, veut recueillir maintenant les fruits de son labeur: il veut savoir ce que les étoiles ont à lui dire. Ce chemin, tout débutant l'a parcouru.

Il s'apercevra que les règles apprises ne se vérifient pas dans tous les cas. Il subira des échecs; une certaine règle se vérifiera dans tel horoscope, seulement partiellement ou pas du tout dans un autre. Cela est naturel car il n'existe pas de règles universelles qui tiennent compte de tous les rapports. Tout être humain est particulier, un individu à part entière et l'horoscope exprime cet aspect particulier. Mais ces règles sont très précieuses. Le grand art consiste à sélectionner et à combiner correctement. Le débutant doit d'abord apprendre à reconnaître l'individu et, sur la base de ces observations, établir un diagnostic individuel. À cet effet, les règles proposées dans ce livre sont d'une grande utilité. L'astrologue expérimenté n'en a plus besoin. Mais on ne parviendra à l'expérience dans cette discipline fascinante que par un don des combinaisons logiques multiples, des exercices de plusieurs années et une pratique intensive.

Témoignages de notre temps

Nous citerons quelques extraits des publications les plus récentes en astronomie ainsi que quelques avis de personnalités importantes.

Le Dr Heinz Fidelsberger, médecin, Vienne, 1976:

"Lors de sa naissance, l'homme est inséré dans une rythmique cosmique, son métabolisme est marqué. C'est sa constitution individuelle conditionnée par le plasma cellulaire qui reçoit cette marque. Pour le développement du caractère et du destin, les facteurs héréditaires sont plus forts que les influences de l'environnement. La science n'est pas encore arrivée jusqu'à aujourd'hui à expliquer dans quelle mesure un homme est déterminé dans son comportement par des facteurs héréditaires et dans quelle mesure les influences extérieures, exogènes, peuvent jouer un rôle.

"Les astrologues s'en tiennent à des données qui ont été éprouvées par les recherches des sciences naturelles. Nous savons que l'influence cosmique existe et qu'elle détermine le comportement humain à un certain degré."

Le Dr Paul Jungschläger, médecin, lors d'un congrès à Aalen pour la recherche cosmobiologique en 1976:

"Beaucoup de médecins utilisent l'astrologie au même titre que le tensiomètre ou le stéthoscope. Ils utilisent le vieux trésor d'expérience débarrassé du fatras des superstitions pour pouvoir reconnaître des dispositions psychiques et physiques de chaque individu à partir de l'élaboration précise d'un horoscope qui se base sur des facteurs établis. En principe, beaucoup de médecins sont d'avis que le traitement astromédical est en fait un traitement homéopathique, qui s'appuie sur la loi de guérison par similitudes. La disposition (horoscope), le statu quo (l'écriture manuscrite) et l'anamnèse (histoire antérieure) donnent un aperçu complémentaire de la maladie, ce qui n'est pas possible dans une autre discipline. On voit également des rapports entre des degrés du zodiaque, des positions d'acupuncture et des médicaments homéopathiques. Des études ont montré qu'on peut tirer grand profit de l'étude de l'astrologie médicale. Outre l'intérêt général que représente la théorie du déterminisme cosmique (pas dans le sens d'une destinée inexorable!), il est possible d'appliquer cet art pour le diagnostic; nous ne devrions négliger aucun facteur qui nous permette d'aider nos semblables.''

Carroll Righter, des États-Unis, ancien avocat, maintenant conseiller astrologique de personnalités de la vie publique:

''La volonté de l'homme décide, mais l'astrologie peut indiquer le chemin.

''L'homme possède un système électrique ultra-sensible et se trouve sur la même longueur d'onde que l'univers. Comme un rayon lumineux provenant du navire Arcturus a allumé en 1933 les lumières de l'exposition universelle de Chicago, des rayons lumineux (énergies) de notre système solaire déclenchent nos impulsions.

''L'astrologie est une méthode scientifique pour mesurer des énergies et leurs effets sur l'homme. Elle fonctionne comme une science pratique et établit un rapport entre les positions et les mouvements des corps célestes et les événements de la vie et des personnalités — et ceci avec une surprenante exactitude.''

Friedel Dennemann, astrologue, Munich:

''On a développé des théories savantes pour expliquer l'astrologie et la rendre compréhensible. Les plus récentes découvertes de la physique et de l'astrophysique permettent d'affirmer que tout en nous est vibration.

''La matière — donc tout homme, chaque cellule qui compose l'organisme — n'est rien d'autre que de l'énergie concentrée, qui s'est rassemblée pour former cette matière. La matière serait — comme l'énergie à l'étape précédente — réglée par un rythme de vibrations qui pourraient se présenter différemment d'un jour à l'autre.

''Des vibrations modifiées qui viennent du cosmos signifient qu'il y a changement dans la matière et peut-être également en nous. Des changements de vibrations peuvent être provoqués par la lune, le soleil, les planètes.

''Si on parvient à calculer les influences qui provoquent des vibrations en nous, on est capable le cas échéant d'étudier la situation de chaque homme individuellement. Si on tient compte de ces indications et si, par temps de constellations dissonantes, on ne court pas de dangers, on peut éviter des moments de tension qui peuvent éventuellement être défavorables ou on peut du moins les affaiblir.''

Le psychanalyste et psychothérapeute C.G. Jung:

"Nous naissons à un moment et en un lieu prédéterminés et nous avons, comme un millésime, la qualité de l'année et de la saison de notre venue au monde. L'astrologie n'affirme ni plus ni moins."

Le Dr Morrison, président de l'Association d'astrologie des États-Unis:

"Le mot destinée est un concept qui désigne des qualités, des faits et des caractéristiques sur lesquels nous n'avons aucune emprise. Je suis obligé de me contenter de la totalité de mes caractéristiques personnelles. La liberté de décision serait un contrôle réel des phénomènes de la vie et — si on va plus loin — de l'histoire. Je pense que personne d'entre nous ne possède autant de liberté de décision qu'il le désire, mais qu'il en a bien plus qu'il ne tente d'utiliser. Mon destin est d'assumer l'avenir, comme il est consigné dans mon horoscope de naissance. Mais c'est ma liberté d'essayer d'aboutir à des changements constructifs. Mes décisions morales constituent peut-être une partie de ma liberté de décision."

Le baron H. von Kloeckler, auteur d'ouvrages astrologiques importants:

"Des prédictions formulées raisonnablement doivent toujours avoir le ton de la supposition, de la probabilité, mais ne peuvent jamais être de nature prophétique."

Charlotte MacLeod, astrologue américaine:

"Les étoiles ne nous amènent pas dans une situation heureuse. Si nous nous fions aveuglément à des influences extérieures, nous nous bloquerons. L'astrologie n'est pas un système de fils au bout desquels on fait bouger arbitrairement des groupes de personnes. Elle est une méthode pour apprendre à mieux dominer notre vie, à atteindre des objectifs supérieurs et à trouver l'épanouissement corporel, mental et spirituel. L'astrologie n'est ni magie, ni mysticisme, mais simplement bon sens quotidien et il est grand temps que nous la reconnaissions comme tel."

Le Dr Wolfgang Aureus, astrologue, Zurich:

"Dans un horoscope, on peut trouver les moments critiques et les moments favorables; mais il dépend de la personne concernée qu'ils soient utilisés en bien ou en mal. C'est la réaction inconsciente de l'homme lors de ces moments qui déclenche l'événement. Des prophéties astrologiques qui ne se vérifient pas ne doivent pas être expliquées par un échec des astres mais par une interprétation trop rapide."

Extrait de *Histoire de l'astrologie* de Wilhelm Knappich:

"L'astrologie symbolique laisse la liberté de choix intacte; elle ne reconnaît pas d'influence astrologique directe des astres, pas d'influence des puissances planétaires sur l'homme. Il appartient à chaque homme d'utiliser ou pas les possibilités et tendances indiquées par son horoscope dans le cadre de sa constitution et de son milieu."

Extrait de *Astres et vie* du Dr Heinz Fidelsberger:

"Dans la cellule initiale, se trouve le plan de construction d'un être vivant; tout ce qui pourrait être important pour cet être vivant se trouve ancré dans le code génétique. Aristote l'appelait le *possible*, ce qui pouvait être développé, le donné.

"Tout être vivant vit dans un système plus ou moins clos, que l'on appelle le biosystème spécifique de l'espèce. Ce biosystème est dans l'ensemble des autres biosystèmes à peine dénombrables, une composante de la biosphère. Ou autrement dit, tous les biosystèmes ensemble forment la biosphère terrestre.

"On peut constater des mécanismes de direction et de régulation à l'intérieur de chaque biosystème. Chaque être vivant reçoit des signaux et des directives de son environnement et émet à son tour diverses informations.

"Toutes les fonctions d'un être vivant se déroulent selon certaines vibrations, sont réglées selon certains rythmes. C'est surtout le chercheur russe Alexander Pressmann qui a découvert le rapport existant entre un nombre très important de vibrations dans un biosystème et les cycles de facteurs géophysiques. Il a prouvé ni plus ni moins que les rythmes d'un biosystème concordent avec les vibrations, le rythme du cosmos. Ce que certains ont appelé jadis symphonie (ou concordance) des sphères, est aujourd'hui prouvé comme un fait par des physiciens de certaines tendances...

"Mais qu'on veuille le reconnaître ou non, qu'on se sente tout à fait à l'aise dans le monde technique ou que l'on suive les yeux ouverts et dans des conditions psychologiques favorables les vibrations de la nature, il faut admettre qu'au-dessus de la biosphère se trouve la sphère cosmique, le monde des planètes de notre système solaire avec ses vibrations, ses cycles. Et quelqu'un qui a compris la synchronisation des cycles et l'interpénétration des rythmes de toute nature ne peut comprendre pourquoi une majorité de scientifiques modernes rejettent si catégoriquement l'astrologie.

"Car, depuis des siècles, celle-ci enseigne le caractère global des effets cosmiques et leurs rapports avec les événements terrestres.

"D'un point de vue réaliste, on peut conclure que tout être vivant, même l'homme, se développe dès l'abord selon les directions de son code génétique et reçoit, dès les premiers mois de la grossesse, des signaux qui mettent son développement en harmonie avec la biosphère et qui finalement, lors de la naissance, provoquent une symphonie de rythmes qui marqueront toute la vie. Du point de vue astrologique, nous pouvons observer que dans un horoscope de naissance ne se trouve rien d'autre que la position des astres dans le ciel, ce "paysage cosmique" dans lequel l'homme s'insère par naissance, qui est unique et qui lui prescrit un certain rythme.

"Sa tâche ultérieure est alors de se développer selon ces rythmes et de mettre en harmonie pendant toute sa vie son mécanisme d'évolution et la multiplicité des informations de son biosystème. En pratique, un horoscope n'est qu'une aide pour mieux vivre et mieux retrouver son chemin. On peut découvrir quelles forces il faut faire agir pour un mieux-être."

II

Qu'est-ce qu'un horoscope?

La signification du soleil, de la lune, des planètes, des maisons, des aspects

Concepts généraux

Définition de l'horoscope comme carte du ciel

Le mot horoscope vient du grec et signifie "considérer l'heure". On l'appelle également racine, nativité ou image de la naissance ou, selon une terminologie plus récente, cosmogramme.

Par horoscope, on entend une carte du ciel qui reprend la position du soleil, de la lune et des planètes à un moment donné au-dessus d'un point (lieu) de la terre.

Une telle représentation schématique de la position des astres sert en astrologie à l'analyse du caractère et du destin.

Un horoscope individuel — horoscope de naissance — ne peut être établi que si on connaît le jour et la minute de la naissance ainsi que le lieu de naissance. Dans ce livre, nous nous occupons de l'horoscope de naissance.

L'heure locale

Le point de départ pour un horoscope est le moment de la naissance ainsi que le méridien et le parallèle du lieu de naissance. Le moment de la naissance est alors reconverti en heure locale.

L'heure locale est le moment où il est précisément midi en un lieu donné, c'est-à-dire lorsque le soleil traverse le méridien.

Ce temps était jadis différent partout au monde. On a créé par la suite des fuseaux horaires: "l'heure de l'Europe occidentale" ou "heure universelle", "l'heure de l'Europe centrale" et "l'heure de l'Europe de l'Est". La plupart des pays d'Europe — de l'Italie et de l'Espagne jusqu'à la Norvège et la Suède, du Portugal jusqu'à la Yougoslavie et la Hongrie — ont l'heure de l'Europe centrale.

L'heure de l'Europe centrale fut introduite en Allemagne du Nord le 1er avril 1893, en Allemagne du Sud le 1er avril 1892, en Autriche le 1er octobre 1891 et en Suisse le 1er juin 1894. On trouvera un aperçu de l'introduction des fuseaux horaires dans les principaux pays d'Europe aux pages suivantes.

L'heure de l'Europe centrale se base sur l'heure locale du méridien normal de la ville de Görlitz (15e degré à l'est de Greenwich). Selon l'heure de l'Europe centrale, il est 12 heures au même moment dans toutes les villes qui se trouvent à l'intérieur de cette zone; en réalité, l'heure n'est exacte que pour les lieux qui se trouvent effectivement sur le 15e méridien.

Si nous voulons établir l'heure locale réelle pour un jour à une heure donnée dans une ville, il est nécessaire de connaître le degré de longitude et le degré de latitude de cette ville. On peut facilement le retrouver dans un atlas. Vous trouverez un tableau pour les villes les plus importantes d'Europe centrale à la page 304 de ce livre; il faut également tenir compte de l'heure d'été (voir pages 66 et suivantes). Vous trouverez en outre un tableau de la position géographique des principales villes du monde aux pages 297 et suivantes.

On obtient l'heure locale en ajoutant ou en retranchant quatre minutes pour chaque méridien situé à l'est ou à l'ouest du méridien central du fuseau horaire pour le lieu de naissance. Le méridien central de l'heure de l'Europe centrale passe comme nous l'avons dit par Görlitz, qui se trouve sur le 15e méridien.

Si quelqu'un est né à Hambourg (10e degré, longitude est), il y a 5 degrés de différence par rapport au 15e degré de longitude. Par calcul, on obtient 5 × 4 minutes = 20 minutes de différence. Il faut retrancher ces 20 minutes de l'heure de la naissance, puisque Hambourg se trouve à l'ouest du 15e degré de longitude. C'est ainsi qu'on obtient l'heure locale. Nous apporterons d'autres précisions lorsque nous déterminerons les ascendants aux pages 70 et suivantes.

L'heure sidérale

Il faut ajouter à cette heure locale l'heure sidérale du jour de la naissance. On peut la trouver dans les "éphémérides" c'est-à-dire les tableaux de la position des astres. Le résultat est le temps sidéral pour l'instant de la naissance. Selon le temps sidéral, on trouvera dans le tableau des maisons l'ascendant et les limites des autres maisons. Nous expliquerons en détail comment procéder.

Aperçu général de l'introduction des fuseaux horaires

Avant l'introduction des fuseaux horaires, il y avait l'heure du pays partout.

L'heure de l'Europe centrale a été introduite en:

Allemagne du Nord	1.4.1893
Allemagne du Sud	1.4.1892
Autriche	1.10.1891
Suisse	1.6.1894
Hollande*	16.9.1945

* Jusqu'au 15 mai 1940, il y avait en Hollande l'heure d'Amsterdam, qui avait 20 minutes de retard par rapport à l'heure de Greenwich. Depuis le 16 septembre 1945 à 3 heures, la Hollande a adopté l'heure de l'Europe centrale.

Italie	1.11.1893
Yougoslavie	1.10.1891
Norvège	1.1 .1895
Suède	1.1.1900
Tchécoslovaquie	1.10.1891
Hongrie	1.10.1891

L'heure de l'Europe occidentale ou *heure universelle* a été introduite en:

Belgique	1.5.1892
France	11.3.1911
Alsace-Lorraine	11.11.1918

Angleterre	1.10.1880
Irlande	1.10.1880
Écosse	29.1.1884
Luxembourg	1.12.1918
Portugal	1.1.1912
Espagne	1.1.1901

L'heure de l'Europe de l'Est a été introduite en:

Bulgarie	30.11.1894
Estonie	1.5. 1921
Grèce	28.7. 1916
Lettonie	1.1. 1919
Lituanie	jusqu'en 1920 (ensuite l'heure de l'Europe centrale)
Pologne	16.9.1919 (ensuite, l'heure de l'Europe centrale) depuis le 31.5.1922
Roumanie	24.7.1931
Turquie	1.1.1916
URSS (Moscou)	1931

Les douze maisons

Pour représenter la position des astres, il faut utiliser un schéma d'horoscope qui se compose de deux cercles concentriques. Le cercle intérieur est subdivisé en douze parties fixes: ce qu'on appelle les maisons. Le cercle extérieur comporte également douze parties; elles correspondent à douze périodes de l'année: ce sont les douze signes du zodiaque.

L'ascendant est le signe du zodiaque qui monte à l'horizon oriental au moment de la naissance. Les douze maisons de l'horoscope (secteurs) représentent des sortes d'événements. L'ascendant détermine la limite de la 1re maison, le nadir celle de la 4e maison, le descendant celle de la 7e maison et la limite de la 10e maison correspond au zénith. (Voir schéma p. 41)

L'astrologie attribue les domaines suivants à ces douze maisons.

Maison 1: Le "moi". Les principales dispositions caractérielles. La force de la volonté. Le but de l'aspiration volontaire. La silhouette et l'apparence du corps physique. La nature, le comportement, les us et coutumes. La manifestation personnelle. La vitalité du natif. Sa constitution, ses défauts.

Maison 2: Les talents et penchants spéciaux du natif, auxquels il faut procurer des possibilités de réalisation. Les prédispositions et dons naturels. La capacité d'acquisition. L'attitude face à l'argent. La fortune. La propriété. La situation financière et les perspectives pécuniaires. Les conditions économiques, les possibilités de gains, les revenus, les dettes.

Maison 3: Le potentiel d'idées existant. L'entraînement de la vie mentale. Les problèmes du natif. La soif de savoir et le besoin de relations. Le caractère et le destin de la famille, spécialement des frères et soeurs. Les affaires écrites, contrats, conventions. L'éducation. Les voyages courts.

Maison 4: Le début et la fin du natif. Son origine. Sa maison familiale. Les conditions à la maison familiale. La jeunesse, l'hérédité. Le milieu dont il est issu. Le caractère et le destin des parents. Les conditions et les circonstances de vie à la fin de l'existence. La vie familiale. La maison, la façon d'y vivre. La propriété immobilière, les terrains.

Maison 5: L'instinct de procréation. La force des instincts. Les impulsions et les passions. La joie de vivre. Le sens artistique. La force de production. La vie instinctive et amoureuse. Le rapport aux plaisirs sensuels, aux joies terrestres. Les relations aux personnes du sexe opposé. La descendance. Les relations aux enfants. Les spéculations (paris, loteries, etc.). Les violons d'Ingres. Les compagnies, festivités, fêtes.

Maison 6: La méthode de travail du natif. Ses occupations. Ce qu'il crée, ce qu'il donne. Le poids de la vie. Le fardeau de l'existence. Les obligations. Les professions libérales. Le lieu de travail. La santé, la constitution, les prédispositions aux maladies. Les traitements de maladies.

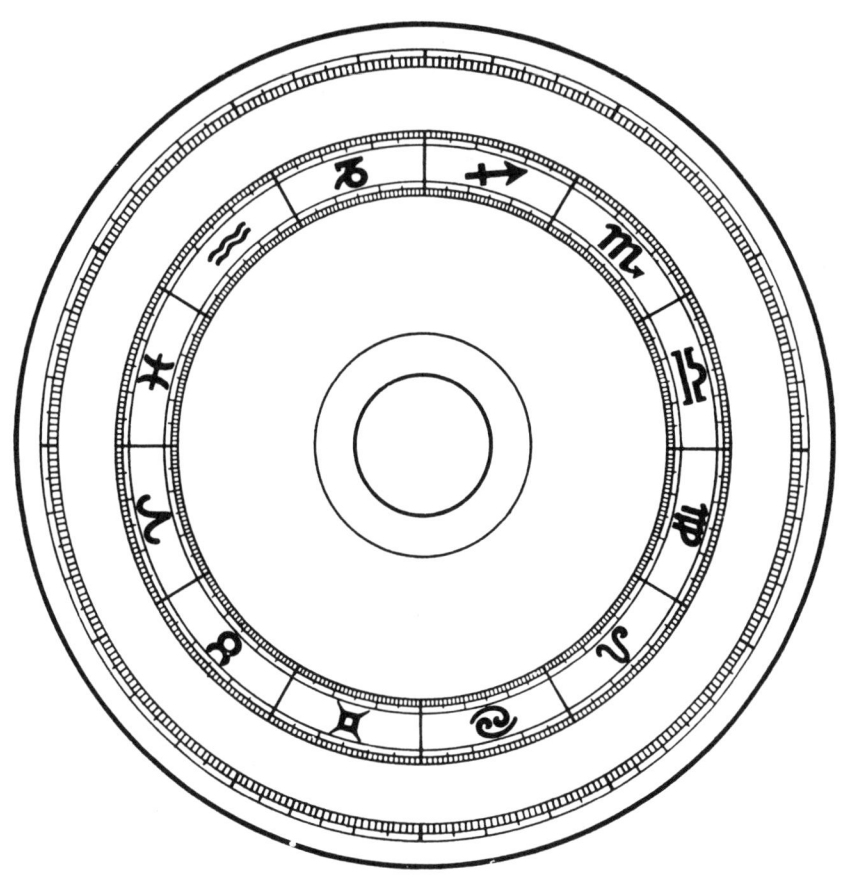

Schéma d'un horoscope
Les symboles utilisés ici pour les signes
du zodiaque sont expliqués à la page 40.

Maison 7: L'environnement du sujet. Ses partenaires, ses participations. L'époux, l'épouse, la vie conjugale. Sa position et son acte en public. Les arts exercés en public et qui rendent le natif fort populaire. Les adversaires déclarés. Les affaires en justice.

Maison 8: Le caractère passager de toute chose. La mort du sujet. Les choses et les gens. Les circonstances qui mènent à la mort. La maladie qui mène à la mort. Le décès, le deuil. Les opérations chirurgicales. Les dangers de mort et les accidents. Les pertes. Les séparations, les faillites. Les héritages.

Maison 9: La forme de pensée du natif. Les relations à l'étranger. Les grands voyages (spécialement les voyages à l'étranger, les séjours à l'étranger). Le rapport avec la haute politique, au sport.

Maison 10: La profession du natif. Sa réputation, sa considération, ses titres. Sa position, sa place dans la vie publique. La carrière. La place dans la société. L'influence, le pouvoir, les honneurs. Les aptitudes commerciales. La position économique.

Maison 11: Ce qu'il faut entendre par protection. Les amitiés, les espérances et désirs. Leur réalisation.

Maison 12: Les ennemis intérieurs: faiblesses de caractère, complexes refoulés qui inhibent le développement. Les erreurs et les défauts. La tendance à la dissimulation. Les penchants criminels et leurs conséquences. Les ennemis cachés, inconnus du natif. Les revers de fortune, les maladies dangereuses. Le fait d'être enfermé à l'hôpital, au sanatorium, dans une institution de soins. Les procès criminels. Toutes les choses non désirées.

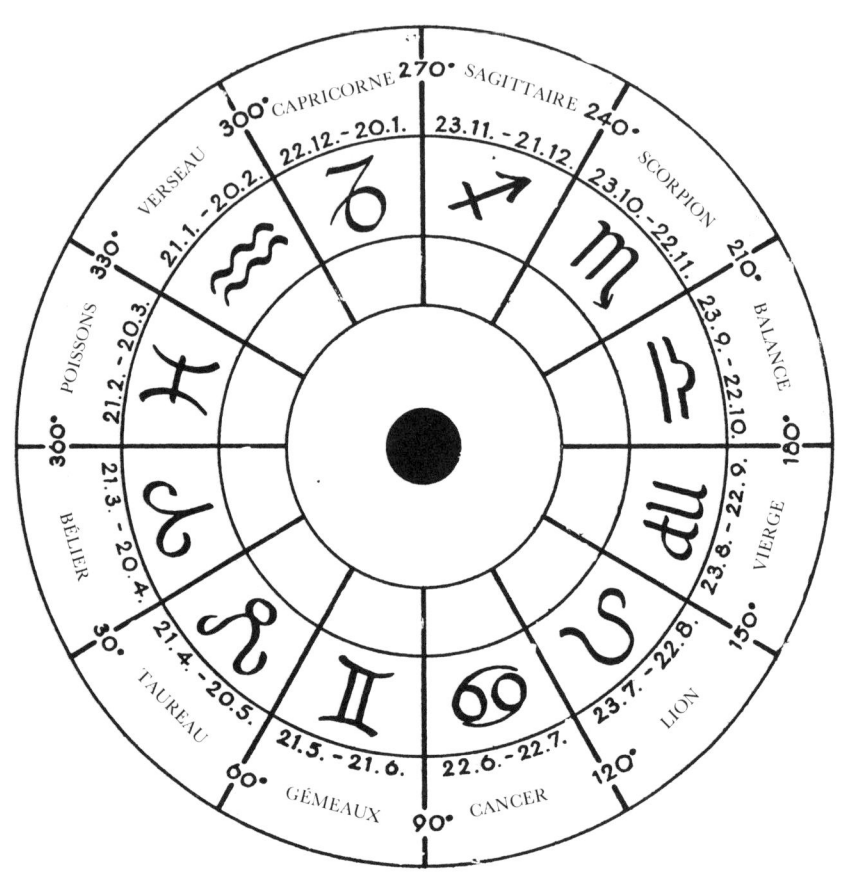

Le zodiaque

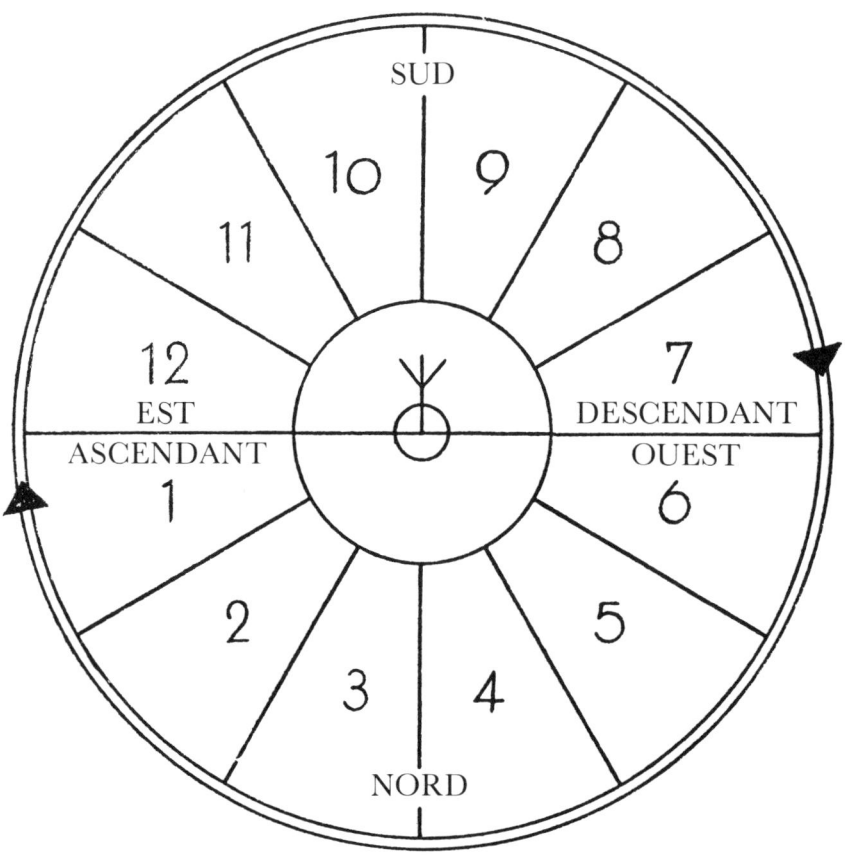

L'horoscope et sa signification

1 Personne et caractère
2 Fortune
3 Frères, soeurs et famille
4 Parents, maisons
   et le chez-soi
5 Enfants, amour
   et joie de vivre
6 Maladies et bien-être

7 Mariage et partenaire
8 Mort et héritages
9 Religion, éducation
   et voyages
10 Profession, position
   sociale et succès
11 Amis, bonheurs et bienfaits
12 Malheur, ennemis
   et emprisonnement

La position des astres

Pour déterminer la position des astres, il faut se servir des éphémérides. Ce sont de précieux outils pour les astrologues. Dans ces tableaux de la position des astres sont en effet repris les positions du Soleil, de la Lune, de Mercure, Vénus, Mars, Jupiter, Saturne, Uranus, Neptune, Pluton ainsi que les Noeuds de la Lune.

Nous avons déjà indiqué que l'établissement des limites des maisons et des ascendants reposait sur l'heure locale et non pas sur l'heure de l'Europe centrale. Cela reste valable pour le calcul des planètes; il faut cependant toujours partir de l'heure de l'Europe occidentale ou l'heure universelle puisque toutes les indications des éphémérides se basent sur l'heure de Greenwich.

Celui qui veut calculer les positions des planètes qui le concernent doit retrancher une heure de son heure de naissance avant de commencer.

Cela vaut pour tous les hommes qui sont nés dans le fuseau horaire de l'Europe centrale; c'est la plus grande partie de l'Europe. Nous n'expliquerons pas l'avantage de ces calculs. On ne peut faire ces recherches que si on possède des tableaux des positions des astres. Les éphémérides sont valables pour la terre entière. Vous trouvez des extraits en annexe. Nous aborderons plus tard la manière adéquate de les utiliser.

On peut cependant ajouter ceci: il faut établir quel chemin est parcouru en un jour par un astre; ces chemins sont très différents. Lorsqu'on a constaté les mouvements journaliers, on peut fixer la position des astres au jour de la naissance et la déterminer.

Les caractéristiques typiques du soleil, de la lune et des planètes

Avant de représenter les astres et les subdivisions des maisons sur un schéma d'horoscope, nous considérons les traits essentiels des astres précités dans leurs caractéristiques positives (+) et négatives (−).

Soleil: Esprit, volonté, conscience, formation de soi, affirmation de soi, capacité d'action, stabilité.

Volonté:
+ Volonté de contrôler les instincts, volonté de puissance, exercice du pouvoir; volonté de vivre, force centrale, capacité d'action, stabilité, constance, persévérance, conscience du but; concentration intérieure, pouvoir de création, magnanimité dans les projets et leur exécution, volonté d'auto-conservation.
− Volonté de refouler les instincts; volonté de domination; propension à l'arbitraire, despotisme, entêtement sur son propre point de vue; partialité, intolérance, oppression impitoyable du plus faible, arrogance.

Sentiments:
+ Ambition, passion, enthousiasme; responsabilité; sentiment paternel.
− Soif des honneurs, soif de reconnaissance, avidité du pouvoir; irresponsabilité; sentiment paternel perturbé; vanité, orgueil.

Intelligence:
+ Intelligence créatrice; certitude, clarté; subjectivité et objectivité; idéaux extérieurs à la personne, esprit fondé sur des principes.
− Manque de clarté, manque d'objectivité, entêtement sur des notions et des principes personnels, tendances dogmatiques.

Attitude:
+ Distingué, noble, chevaleresque, cordial (mais distant), magnanime, maître de soi, intérieur, sûr de soi, autocratique, qui impose le respect, conquiert la considération, sélectif dans les contacts, aristocratique.
− Arrogant, orgueilleux, excessivement généreux, spéculatif, égoïste, despotique, égocentrique, vantard.

Buts:
+ Pouvoir, direction, autorité; succès, reconnaissance, considération, honneur, gloire, position sociale élevée, organisation, style de vie élégant et dépensier, confort, luxe.

– Domination, tyrannie, autorité d'apparat; luxe et confort exagérés, niveau de vie démesuré.

Lune: Âme, instinct, inconscient, passivité, don de soi, caractère impressionnable, changement.

Force d'impulsion:

+ Forte pulsion, volonté de soumission, activité purement instinctive, sinon passivité, réactivité; plus de désirs et d'aspirations que d'action; lien puissant avec les instincts de la vie; inconstance, faculté d'adaptation, tendance à se laisser guider et déterminer; instinct de conservation de l'espèce.

– Nature purement instinctive et versatile, faiblesse de volonté; soumission passive; manque de capacité d'action et d'endurance, nature influençable, manque de buts, versatilité, caprices, inconstance, dépendance; manque de persévérance et de concentration, réaction molle; fiabilité très faible, bravade et entêtement comme surcompensation pour sa propre faiblesse.

Sentiments:

+ Réceptivité dans le sens le plus large, ouverture spirituelle, nature impressionnable, possibilité de vie intérieure; participation vitale, compassion, sensibilité, douceur, tendresse; attachement, sentiment maternel.

– Sentimentalité, susceptibilité personnelle; humeurs, peut facilement être séduit, sentiment maternel perturbé.

Intelligence:

+ Bonne mémoire, intelligence insérée dans la vie, imagination, nature impressionnable; pensée imagée, sens des formes; intelligence concrète, pratique, réfléchissante; objectivité et manière d'être personnelle, idéaux personnels.

– Manque d'indépendance, idées fantastiques et embrouillées, manque de buts, de règles, de principes, inconstance; manque d'objectivité, d'impartialité, banalité.

Attitude:

+ Doux, affectueux, amical, compatissant, participant, naïvement confiant; casanier, économe, populaire, démocratique.

—Manque de distance, soumis, influençable, non sélectif dans les contacts, curieux; assujetti, hystérique, indécis.

Buts:

+ Popularité, large public, reconnaissance de la grande masse, changements dans la vie, voyages, alternances; satisfaction des instincts, conception, grossesse, naissance, goût de la vie de famille.

— Reconnaissance sans discernement pour approuver la mode, la part de n'importe qui, popularité à tout prix; mode de vie instable, soumission sans conditions; difficulté sur le plan des instincts.

Mercure: Raison, opinion, avis, sens des détails, intercession, voyages.

Volonté:

+ Sans volonté propre, avide de diriger la volonté par l'intellect; buts raisonnables; plus intéressé que volontaire ou agissant, intermédiaire fort qui se fait des relations; se situe sur le plan intellectuel parmi différents actes de volonté puisqu'il n'agit pas lui-même activement.

— Direction de la volonté dans un but intéressé, exploitation raffinée; intelligence au service d'une réalisation du soi impitoyable voire criminelle; actions purement intellectuelles, sans instinct; manque de respect et de principes.

Sentiments:

+ Besoin de création intellectuelle, passion et enthousiasme intellectuels, soif de savoir.

— Curiosité, commérage, irritabilité nerveuse, inquiétude, déraison.

Intelligence:

+ Raison "masculine", perception et pensée rationnelle, tendance à des opinions impersonnelles, intérêts objectifs, soif de savoir, sens de l'utile, combinaisons intelligentes, dispositions scientifiques.

— Manque de points de vue hiérarchisés, jugements superficiels, savoir sans réflexion intérieure, fatuité sans consistance, éparpillement, verbiage.

Attitudes:

+ Adaptable, négociateur, diplomatique, habile, homme d'esprit, spirituel, esprit d'à-propos, ironique, causeur, animateur, critique.

− Rusé, menteur, impoli, diffus, égoïste, curieux, indiscret, méchant.

Buts:

+ Entremise, savoir, recherche, perception intellectuelle, prise de conscience, utilité, commerce, acquisition, voyages, changement, critique.

− Inquiétude, agitation constante, mensonge, tromperie, méfaits hors du commun.

Vénus: Perception, plaisir des sens, instinct d'accouplement, tendance au don, désir d'abandon de soi, aptitude à la sélection, esthétique, rythme, tranquillité, paix, harmonie, équilibre.

Volonté:

+ En soi passif, mais tendance à structurer les perceptions d'où intérêts sur base perceptuelle, spécialement des activités artistiques; tendance à agencer sa vie de façon sensuelle et excitante par des actions personnelles, limitation consciente des perceptions par des lois esthétiques, adaptation à des normes librement fixées; don d'adaptation actif, volonté d'adaptation au partenaire, sélection consciente; création de relations, harmonie, équilibre, préconise l'amour et la paix.

− Dilettantisme importun, manque de limitation dans la structuration de la perception; ne veut agir que par des stimulations sensuelles, immoral en actions, superficiel, imprudent, peu fiable; exploitation des perceptions sensuelles d'autrui à son propre avantage, prostitution.

Sentiments:

+ Passion des sensations, jouissance, sens esthétique, idéalisation; finesse, sensibilité, douceur de la perception, tact, politesse; sentiment d'harmonie, sentiments des formes; plaisir actif de vivre et de ressentir, tendresse active, gaieté, jovialité, insouciance, optimisme .

— Surabondance de perceptions, démesure, tendance aux excès, soif d'amusement, susceptibilité; ruse, gaspillage; manque de tact, vanité, besoin de succès; soif de plaire, coquetterie, prostitution.

Intelligence:

+ Sans intelligence particulière, agissant uniquement par associations; orienté vers l'idéalisation, l'équilibre, la méditation; bel esprit, artistique, esthétique, qui règle la pensée selon des lois d'harmonie; doué sur le plan philosophique et pédagogique; qui aime les belles formes dans l'expression d'où relations à la poésie, à l'écriture et à d'autres arts, spécialement la musique, la peinture et la danse.

— Superficiel en pensée; beau parleur, philosophe de salon, jette de la poudre aux yeux avec des sentences banales.

Attitudes:

+ Habileté sociale, réunion des contraires avec tact, éveille la sympathie, comportement stylé, traite autrui avec compréhension; léger, élégant, gracieux; causeur charmant, enjoué.

— Se dissout complètement dans la vie publique, veut être apprécié à tout prix; sensible à la flatterie; démesuré, vaniteux, superficiel; avide de sensualité, dépravé, pervers, immoral.

Buts:

+ Structuration des perceptions, productions artistiques; embellissement de l'existence, élégance, luxe, plaisir de vivre, jovialité, sociabilité; relations personnelles, spécialement vis-à-vis du sexe opposé, amour, mariage, amitiés; plaisir des sens par des productions actives; paix, harmonie, gaieté.

— Activités de dilettante, amusements superficiels, sensations sensuelles; plaisir sensuel de vivre exagéré, vices, prostitution; relations personnelles superficielles, goinfrerie, flirt, infidélité, adultère.

Mars: Impulsion, énergie d'exécution, besoin d'indépendance, désir, passion, mobilité, instinct d'appropriation, conquête de l'élu, instinct de séparation, lutte, attaque et défense.

Volonté:

+ Transformation de la volonté disponible en force d'action active, exécution pratique des plans, volonté et ambition de se fixer un objectif; évaluation de la résistance comme minime, franchissement des obstacles, aptitude à l'attaque; désir puissant, aspiration passionnée; confiance aveugle en sa propre force, encouragement d'autrui, désir d'entreprendre.

− Avidité, se heurte aveuglément aux obstacles, anéantissement et destruction sans ménagement de tous les obstacles; arrogant, arbitraire, querelleur.

Sentiments:

+ Désir de se distinguer, application, zèle, assiduité, plaisir de prêter, courage, témérité, bravoure; attente, excitation, tension, agressivité, tendance à se faire valoir, recherche de la gloire; assurance, confiance en soi, passion.

− Avidité du pouvoir, colère, rage, haine; goût de l'opposition, de la contradiction, ergotage; hardiesse, rudesse, grossièreté, raideur; impertinence, arrogance, susceptibilité.

Intelligence:

+ Sans intelligence particulière, agissant uniquement par association; donne de la force à l'intelligence, la dirige vers des réalisations pratiques, avantage la pensée technique; également une pensée combative, discussion, force de représentation suggestive et passionnée.

− Lourdaud, manque d'intelligence, se fie à la force brutale; ergoteur, impertinent et grossier dans l'expression, sans aptitude à une prise de conscience claire.

Attitudes:

+ Passionné, plein de tempérament, fougueux, qui dit oui à la vie, entreprenant, casse-cou, avide, veut tout posséder; décidé et ferme dans sa façon de paraître, actif, chevaleresque, attitude clairement "mâle".

− Chaud, emporté, explosif, téméraire; avide, violeur, arrogant, querelleur, brute, brutal; peu sociable, non liant, séparant.

Buts:

+ Exercice individuel de la force appropriée; direction, gestion, succès d'entreprise, service de pionnier, réalisation d'idées; lutte et intérêt au travail; activité sans relâche, héroïsme, distinctions.

− La lutte pour la lutte, recherche du conflit, séparations; droits de l'autorité usurpés, opposition, révolte.

Jupiter: Raison, jugement, synthèse, sens des vues d'ensemble, religion, éthique, loi, assimilation, richesse.

Volonté:

+ Volonté d'insertion dans de grands ensembles, actions selon des principes éthiques, moraux et juridiques; entreprises de grand style, plans de grande envergure, désir d'expansion; désir de mettre totalement en valeur ses propres possessions (ses propres capacités), foi inébranlable dans sa propre réussite, mise en action du moi sans aucun ménagement; comportement social teinté d'une forte affirmation de soi.

− Révolte contre tout classement, actions sans principe éthique, moral et juridique; manque de scrupules et hypocrisie dans l'action, générosité excessive; comportement asocial.

Sentiments:

+ Sentiments de sa propre valeur, sentiment de qualité, d'honneur, de générosité, de dignité; bonté, foi, magnanimité; optimisme, gaieté, joie de vivre.

− Surestimation de soi, présomption, orgueil; arrogance, vantardise.

Intelligence:

+ Intelligence supérieure, synthèse; soif de savoir, amour d'authenticité, force de persuasion, foi active; morale, éthique, conviction; sens des vues d'ensemble, intérêts philosophiques; grande force de jugement, conception universelle.

− Déraison, plus préoccupé par l'apparence que l'être; soif de la renommée avec des pseudo-vérités, phrases creuses, dogmatisme, religiosité, hypocrisie; manque de jugement, conception superficielle.

Attitudes:

+ Attitude morale, juridique et éthique; honnêteté, bonne conduite, probité; tolérance, bonté, compréhension, bienveillance avec stricte observance du droit; optimisme devant la vie, amour du plaisir.

− Moralité, équité, éthique et morale feintes; hypocrisie, manque de principes et de scrupules; tendance à la tromperie, la corruption et l'exploitation d'autrui; bonne conduite feinte, arrogance, vantardise, jouissance sans bornes.

Buts:

+ Entreprises de grande envergure, richesse; plein épanouissement de la personnalité propre, réalisation de projets de grand style; compréhension, certitude dans la foi, style de vie ample.

− Démesure, entreprises exagérément grandioses, gaspillage; injustice, style de vie arrogant et tape-à-l'oeil.

Saturne: Limitation, inhibition, ralentissement, lourdeur, approfondissement, concentration, refoulement, censure.

Volonté:

Concentration, d'où inhibition, lien, limitation de l'énergie des instincts.

+ Conscience ferme du but, réalisation conséquente; action selon des principes fermes, rigueur avec soi-même et les autres, fiabilité, conscience du devoir enracinée; amélioration de la présentation par limitation à un aspect, tendance au pouvoir effectif; exactitude, endurance, coriacité, recherche de sécurisation par limitation.

− Obnubilation par un but; dureté sans ménagement dans l'exécution, anéantissement impitoyable de l'adversaire; maximes rigides, schématisation, annihilation des impulsions vivantes dans l'intérêt d'une idée dogmatique; cruauté froide, égoïsme.

Sentiments:

Forces d'impulsion fortes, mais contrôlées et peu d'entrain.

+ Prudence, circonspection, constance, ambition efficace, stoïcisme, sens de l'épargne, domination, sérieux.

− Désir de vengeance, cruauté, brutalité, manque

d'ouverture et d'accessibilité, crispation, isolation.

Intelligence:

+ Représentation, concentration, approfondissement, rigueur, conséquence; logique, minutie, objectivité; abandon de vieilles conceptions, formulation d'idées neuves; conceptualisation parfaite; penchant pour la philosophie, les mathématiques, la sagesse de l'âge.

− Développement coupé du monde, dogmatisme rigide, étroitesse hostile à la vie, formalisme, obsessions, fanatisme.

Attitudes:

+ Délimitation de la nature individuelle par rapport à l'environnement; compréhension profonde sans compassion, conserve la distance, modéré, auto-discipliné, taciturne.

− Froideur exagérée; amertume, grande réserve, retrait et hostilité à l'égard du monde extérieur; fixation dans les conventions, rigueur exagérée des principes, dureté, inflexibilité.

Buts:

+ Création de l'individu par délimitation vis-à-vis de la collectivité; exercice du pouvoir réel, conservation de la nature individuelle, établissement de principes; atteindre les honneurs et la dignité par un dur labeur.

− Personnalité qui se fige; utilisation égoïste du pouvoir réel, attachement à des maximes, isolation de la vie.

Uranus: Irrationnalité, inspiration, aptitude à la compréhension immédiate, soudaine inconstance, manque de fiabilité, originalité, indépendance, révolte active, invention, déploiement d'énergie immédiate.

Volonté:

+ Volonté forte, à impulsions soudaines; décharges immédiates et soudaines d'énergies concentrées, réactions promptes empreintes d'une grande force, actes de volonté surprenants, aptitude aux décisions spontanées; renversement de l'adversaire; impossibilité de prévoir sa volonté, renversant, va de l'avant par poussées successives, réformant de fond en comble.

— Dureté soudaine, brutale; décharge non contrôlée et violente d'énergies emmagasinées; révolte contre l'autorité supérieure; tyrannique lorsqu'il a le pouvoir; déploiement de force impitoyable, impossible à prévoir.

Sentiments:
Impulsions fortes, se déclenchant subitement et sensibilité faible.
+ Enthousiasme enflammé, affirmation de soi spontanée; amour-propre fort mais non continu; ambition qui se déclare directement, création de lois propres, excentricité.
— Accès de colère, haine fanatique, indignation soudaine, résistance impitoyable; arrogance cassante, domination défiante; inconstance, irritabilité, manque de fiabilité, exaltation nerveuse, amour-propre exagéré.

Intelligence:
+ Aptitude à l'enregistrement irrationnel, compréhension totale de rapports supra-logiques, compréhension subite du résultat; solutions géniales aux problèmes, conquête de terres nouvelles; besoin de réalisations pratiques, incitation à la réorientation et à la révolution spirituelle; polyvalent; recherches scientifiques, découvertes, épistémologie, philosophie, arts, domaines sociologiques, découvertes; doué pour la technique moderne (électricité, radio, film, télévision, communications modernes, technique des fusées, etc.); non influençable par les idées du moment, indépendance d'esprit, pensée originale, idées élevées; représentation originale, expression précise par aphorismes; dons psychologiques forts; réflexion discontinue, association de notions élevées et inhabituelles; don de combinaison des contraires; trouvailles subites, humour, réparties faciles.
— Idées saugrenues, inventions sans valeur, idéaux irréels, utopiques; pensée inconsistante, originalité à tout prix, désir d'opposition non fondé, idées fixes, tendance au spleen, représentations absurdes, tendance au fantasme, pensée inquiète, décousue, rapide, sans profondeur.

Attitudes:

+ Nette délimitation entre le moi et l'environnement, compréhension psychologique sans compassion, conservation conséquente de la forme personnelle, style personnel; liberté de vues intérieures, convention, moralité; capable de se sacrifier pour des idéaux.

− Contradicteur, irritable, aventurier, cassant, inconstant, impossible de prévoir ses réactions; impitoyable, porté au refus; opposé aux conventions, non bourgeois, adultérin, pervers; se fait désagréablement remarquer par une nature exagérément personnelle.

Buts:

+ Transformation du présent; réformes, découvertes, inventions, idées nouvelles, compréhension psychologique, *prestations* extraordinaires, géniales; événements soudains.

− Révolution, révolte contre l'ordre établi, anarchie, tyrannie, événements soudains de nature défavorable: suicide, séparations, divorces; modifications soudaines, aventures imprévisibles; inquiétude, destruction, catastrophes.

Neptune: Intuition, imagination, réceptivité subtile, fantaisie, lucidité, sensibilité extrême.

Volonté:

+ Perceptions très poussées, finesse, sensibilité fine, claire, possibilité de stimulation extrême; contact perceptuel immédiat avec les manifestations les plus variées de l'environnement; tendance à l'idéalisation, se consacre à des idéaux extraordinaires, capable de se sacrifier, rêverie.

− Perceptions troublées, dépendance totale aux influences étrangères, délimitation personnelle insuffisa e; "inflation psychique", croyance en des illusions, manque de force d'action et de capacité de s'imposer, passivité totale, incertitude, manque de résolution, se laisse pousser; peut être amené à tous les vices et crimes, fortement impressionnable.

Sentiments:

+ Nostalgie, ardeur platonique, adoration; intériorité, idéalisation; spleen, renoncement, ascétisme, solitude;

recueillement, tendresse, compassion illimitée; romantisme, sentiment de tact subtil, sentiments érotiques des plus fins, sensibilité subtile pour les sensations psychiques et physiques les plus différenciées, humeurs sentimentales, don de soi, dissolution du moi.

− Malhonnêteté, trahison, mollesse; séduction possible pour des excès érotiques, tendance à la dépendance, soumission totale, nature extrêmement influençable et excitable sur le plan psychique; sensations perverses étranges, tendance à l'extase, ivresse, prostitution dans le sens le plus large, vices; sensibilité extrême à la douleur, fuite dans l'abrutissement, manque de perception, anesthésie par drogues, manque de perception, peur (surtout devant la douleur), hystérie.

Intelligence:
+ Compréhension des rapports les plus profonds, sait se mettre à la place d'autrui et compassion, dons psychologiques; idées et représentations inhabituelles; intuition, imagination; sens de la vraie mystique, religion; vision du monde empreinte de sensibilité et d'idéal; imagination créatrice, pensées révolutionnaires passives; sens artistique, formes d'expression très subtiles.
− Mysticisme désordonné, superstition occulte; idéalisme coupé du monde; notions irréelles, duperie d'autrui et de soi-même, illusions absurdes; confusion, extravagance, imagination maladive; flou nébuleux et imprécision, manque de sens du réel, cachotteries.

Attitudes:
+ Passif, doux, tendre, ardent, don de soi; rêveur, étrange, sensible, facilement troublé; idéaliste mais la plupart du temps inefficace, songeur; solitaire, compatissant, qui prend part avec son âme.
− Confus, trouble; divagateur, étrange, mystérieux, avide de sensations; non pratique, inactif; coupé du monde, tendance à l'ivresse; facilement influençable, sans attache, faible; trompeur, mégalomane, traître, voleur, malhonnête; tendance à une double vie.

Buts:

+ Perceptions supérieures; idéalisations, platonisme, activité artistique; mysticisme, religion; abandon des prétentions personnelles, sacrifice pour des idéaux; idées créatrices, géniales issues de l'imagination, union totale avec le partenaire.

− Superstition, fuite devant la réalité, fuite dans les drogues, hallucinations; mensonge, tromperie, trahison, mégalomanie, charlatanerie; double vie, vices étranges, chaos.

Pluton: Masse, collectivité, obligation, force, destin et vie inhabituels.

Volonté:

+ Fortes impulsions de volonté; révélation de forces inconscientes; franchise sans ménagements, tendance à influencer la masse; bonne compréhension de la masse.

− Prise de décisions brutales; esprit fanatique, visées de bouleversements; crispations.

Sentiments:

+ Double nature, double face; amour de la nouveauté, mais difficultés à abandonner l'ancien; tantôt brutal face à l'ancien, tantôt au nouveau; attitude téméraire, casse-cou, courage jusqu'à la mort.

− Dissension; ce qui domine aujourd'hui sera freiné demain.

Intelligence:

+ Esprit fort, endurant, sans attache, la plupart du temps créateur, parfois génial; qualités de chef, assurance, domination de soi.

− Esprit d'aventure, fanatisme, intelligence démoniaque; manque de scrupules, instinct de destruction.

Attitudes:

+ Effet attrayant, fascinant, d'une forte personnalité; sensuel, sans attaches, casse-cou.

− Personnes difficilement accessibles pour leur entourage, toujours mystérieuses; il est difficile de s'en faire des amis et on les évite volontiers; natures souvent cassantes, méfiantes, peu liantes et très sceptiques.

Buts:

+ Changement; bouleversements de vie profonds; domination des masses.

− Renversements sans ménagements; innovations brutales, travail de destruction, crime.

Les aspects

Une des tâches essentielles de l'astrologue est de déterminer les aspects.

Un cercle horoscopique est divisé en 360 degrés. Les douze signes du zodiaque correspondent chacun à 30 degrés. La force et l'influence des aspects dépendent de ce fait. Car chaque aspect — on entend par là une certaine distance dans le zodiaque entre deux planètes — correspond au rapport d'une maison par rapport à une autre; et on fait bien de se le rappeler lorsqu'on essaye de rechercher les différences dans la nature des différents aspects.

Nous donnerons tout d'abord les différentes natures des aspects possibles qui, comme nous l'avons dit, sont à interpréter comme la distance entre deux planètes dans le zodiaque.

	Distance
Conjonction	0 degré
Semi-sextile	30 degrés
Semi-quadrature	45 degrés
Sextile	60 degrés
Carré	90 degrés
Trigone	120 degrés
Sesquiquadrature	135 degrés
Quinconce	150 degrés
Opposition	180 degrés

Les aspects ont des possibilités d'effets différentes, dont nous indiquerons les principales.

Conjonction:　　L'effet peut être positif ou négatif. Il dépend des planètes.

Sextile:	L'effet est harmonique, positif. Cette association apporte l'ascension, le gain, le succès et le bonheur.
Quadrature:	L'effet n'est pas harmonique, très défavorable. Elle apporte des dissensions fatales, des expériences défavorables, des échecs.
Trigone:	L'effet est très favorable. Il indique des situations de bonheur soudain, des sommets, la réalisation des désirs, l'ascension, des succès, des honneurs, des gains.
Opposition:	L'effet n'est pas harmonique. Il indique des tensions psychiques, des dissonances intérieures, des déceptions, des résistances, des désarrois dans la vie psychique, des séparations, des aliénations.

Les thèmes

Nous allons passer maintenant à la représentation de ce que nous avons expliqué jusqu'à présent au sujet des maisons, des positions des astres et des aspects. Vous trouverez aux pages suivantes trois thèmes avec les principales indications. Dans un autre thème, vous trouverez toutes les indications des trois premières figures réunies.

Descendant

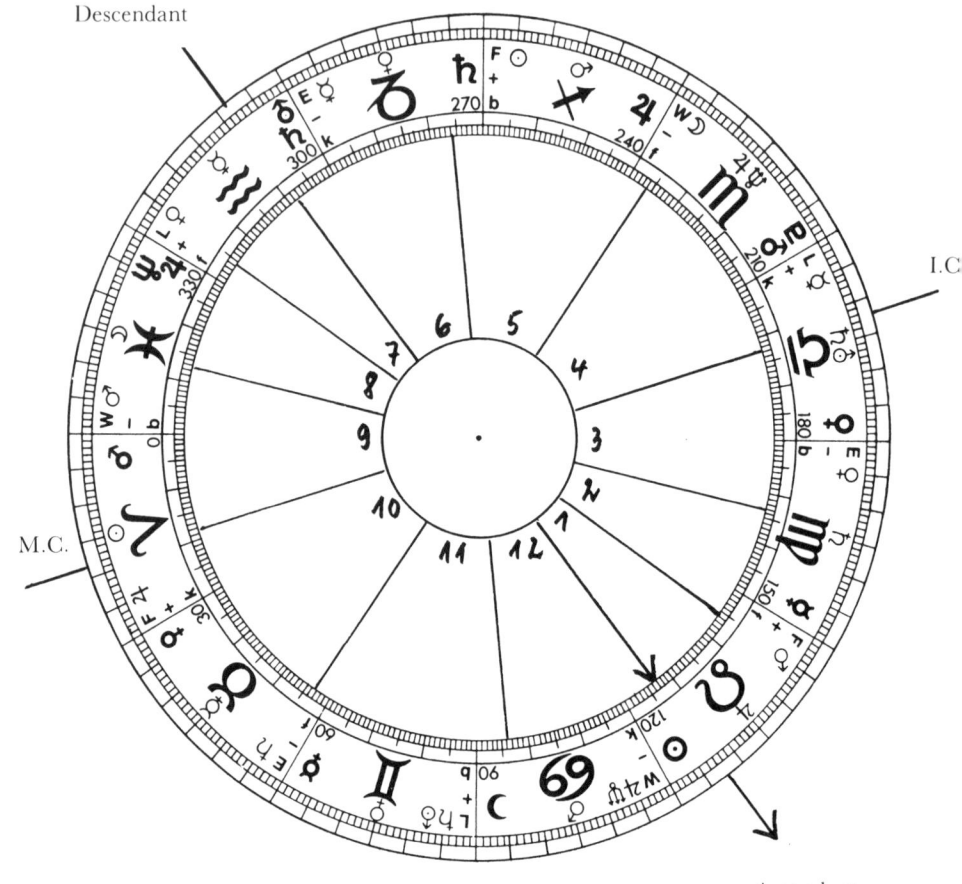

I.C.

M.C.

Ascendant
8 degrés Lion

Indication de l'ascendant (point oriental), descendant (point occidental), Medium Coeli(M.C.) = zénith, Imum Coeli (I.C.) = nadir et les autres limites des maisons

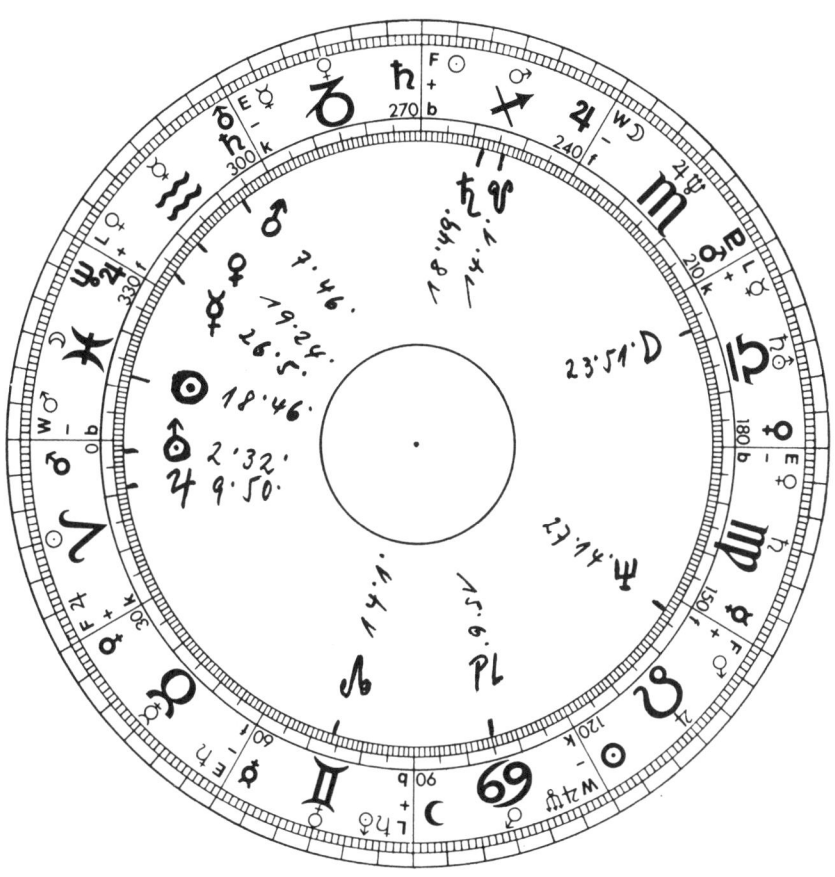

Indication de la position des astres; elles proviennent des éphémérides (tableaux de positions des astres).

Indication des principaux aspects qui caractérisent la distance entre deux éléments

Conjonction	deux astres se trouvent côte à côte
Sextile	la distance est de 60 degrés
Carré	la distance est de 90 degrés
Trigone	la distance est de 120 degrés
Opposition	la distance est de 180 degrés

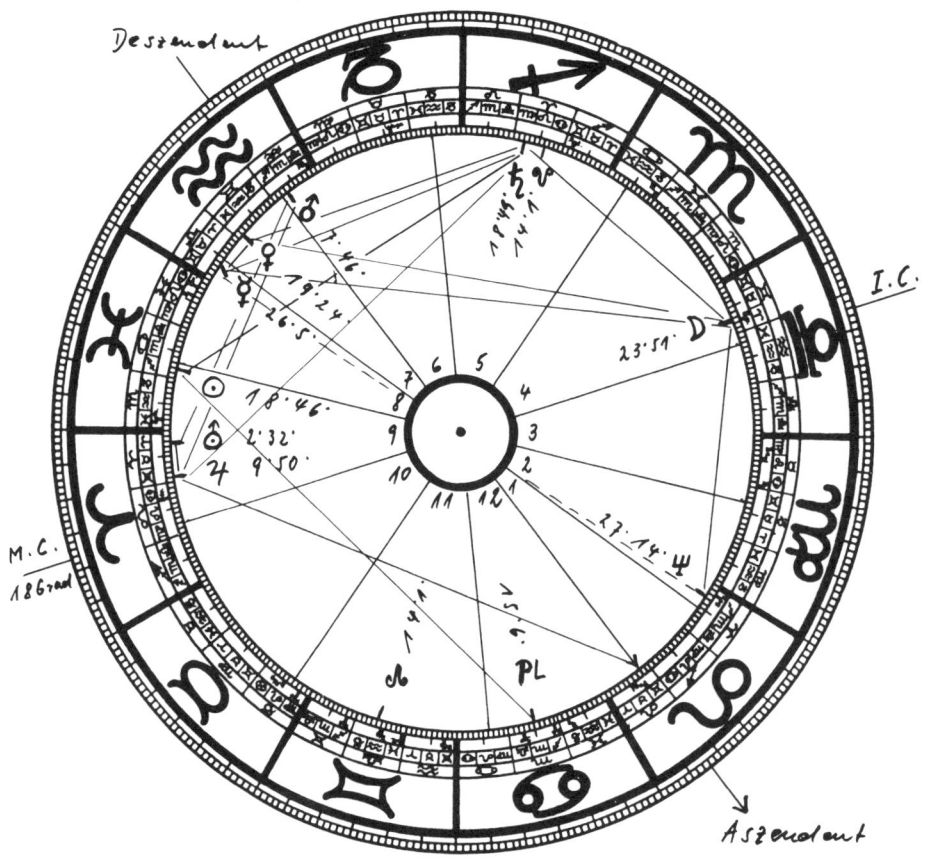

Vous retrouverez sur ce thème les astres, les maisons, les aspects.

L'interprétation astrologique

Lorsque l'astrologue a établi la position des astres, les maisons et les aspects et qu'il a établi le thème, il a devant lui une carte du ciel au moment de la naissance de la personne concernée, telle qu'elle pouvait être aperçue du lieu de naissance. Nous nous occupons seulement de l'horoscope de naissance, mais il est évident qu'on peut établir un horoscope pour tout autre moment important.

L'astrologue a constitué le matériel brut, mais c'est maintenant que commence l'analyse, l'interprétation, le pronostic.

Un "pronostic" astrologique est comparable à un "diagnostic" médical. Ils indiquent tous les deux la définition d'un état, à laquelle on peut aboutir par des voies différentes. On peut y arriver à l'aide de l'intuition ou non.

Comme le médecin, qui peut souvent reconnaître et définir très rapidement une maladie d'après ses connaissances et son expérience, l'astrologue est souvent en état de constater avec une étonnante rapidité une situation passée ou d'interpréter un problème futur dans les cas d'une situation claire des aspects.

À l'opposé de cela, il existe en astrologie comme en médecine des données complexes et difficiles au départ à propos desquelles il est seulement possible d'établir un jugement après de longs examens. Tout comme le médecin a, par exemple, besoin d'une série de tests en laboratoire, l'astrologue doit s'appuyer sur une multitude de calculs précis, La base de ces calculs est toujours constituée par l'horoscope de naissance avec l'indication de la position des astres et des aspects qui découlent de la position des astres: l'interprétation positive, négative ou mitigée de leur influence.

Les aspects sont comparables à des longueurs d'ondes qui peuvent être reçues par des récepteurs individuels ayant un rayon de perception restreint ou étendu selon leur prédisposition au libre choix et par là, au conditionnement individuel.

Il faut alors comparer avec cette constellation de base les aspects qui résultent de la course ultérieure des astres au cours des années pour reconnaître les phases successives du destin selon les influences positives ou négatives.

Cette méthode est suffisante pour les cas où il s'agit de réunions fortes et claires de plusieurs planètes dans l'une des douze maisons ou l'une des parties de l'horoscope de naissance. Sinon, il faut prendre en considération les directions primaires et secondaires; il faut calculer les points sensibles qui donnent des informations générales sur différents facteurs comme la chance, l'amour, la maladie, etc.; il faut aligner les positions des étoiles fixes avec leurs aspects qui exercent une détermination partielle à côté des planètes; il faut retrouver l'intersection entre les positions astrales et leur force d'influence, etc. Tous ces facteurs doivent être confrontés pour déterminer leur influence.

III

Comment établir
un horoscope?

Utilisation des calculs et des tableaux

Aperçu de la procédure

Nous allons tout d'abord résumer schématiquement ce qui a été expliqué au chapitre II de ce livre.

1. Pour constituer un horoscope, il faut transformer l'heure de naissance en heure locale.
2. Il faut ajouter l'heure sidérale du jour de naissance à l'heure locale: c'est l'heure sidérale pour le moment de la naissance.
3. À partir de l'heure sidérale du moment de la naissance, on peut trouver l'ascendant et les autres maisons.
4. L'heure locale doit être transformée en heure du méridien de Greenwich (temps universel); à partir de ce résultat, on peut consulter les tableaux de positions des astres pour trouver les positions du soleil, de la lune et des planètes. Pour les naissances dans le fuseau horaire de l'Europe centrale, il faut retrancher une heure. Pour les naissances en dehors du fuseau horaire de l'Europe centrale, vous pouvez retrouver des indications dans le chapitre "Particularités du calcul d'horoscopes en dehors du fuseau horaire d'Europe centrale".
5. Il faut déterminer les aspects.

6. Les résultats peuvent être inscrits sur un schéma d'horoscope (thème) pour être ensuite interprétés.

Nous pourrons maintenant aborder le premier horoscope, un horoscope de naissance.

Vous pouvez retrouver le mode de représentation des signes du zodiaque ainsi que les symboles astrologiques usuels du soleil, de la lune et des planètes dans l'annexe de ce livre, page 296, ainsi d'ailleurs que les tableaux qui seront évoqués par la suite. Vous trouverez également des schémas d'horoscope vierges à la fin de l'annexe.

Détermination de l'heure locale, de l'heure sidérale et de l'ascendant

Pour déterminer l'ascendant, c'est-à-dire le signe du zodiaque qui se lève à l'Orient au moment de la naissance et au lieu de naissance, il faut tout d'abord se poser quelques questions, dont les réponses ne seront plus très difficiles à trouver après toutes les explications préliminaires qui viennent d'être données.

1. La naissance a-t-elle eu lieu avant l'adoption de l'heure de l'Europe centrale ou après?

L'heure de l'Europe centrale a été introduite en Allemagne le 1er avril 1893 (en Allemagne du Sud le 1er avril 1892), en Autriche le 1er octobre 1891 et en Suisse le 1er juin 1894. Pour les autres pays, veuillez consulter les listes, page 35 et suivantes.

Pour les naissances avant ces dates, l'heure de naissance correspond à l'heure locale. Pour les naissances après ces dates, il faut calculer l'heure locale. Les explications et des exemples se trouvent page 67 et suivantes.

2. L'heure d'été était-elle en vigueur au moment de la naissance?

L'heure d'été a été introduite en Allemagne comme suit:

Heure d'été simple:

en 1916 depuis le 30.4 à 23 heures jusqu'au 1.10 à 1 heure
en 1917 depuis le 16.4 à 3 heures jusqu'au 17.9 à 3 heures
en 1918 depuis le 15.4 à 3 heures jusqu'au 16.9 à 3 heures
en 1940 depuis le 1.4 à 3 heures sans interruption jusqu'en 1942
en 1942 (depuis le 1.4.1940) jusqu'au 2.11 à 2 heures
en 1943 depuis le 29.3 à 3 heures jusqu'au 4.10 à 2 heures
en 1944 depuis le 2.4 à 3 heures jusqu'au 16.9 à 3 heures
                                    jusqu'au 18.11 en RDA
en 1946 depuis le 14.4 à 3 heures jusqu'au 7.10 à 3 heures
en 1947 depuis le 6.4 à 3 heures jusqu'au 11.5 à 3 heures

Heure d'été double:

en 1947 depuis le 11.5 à 3 heures jusqu'au 29.6 à 3 heures

Heure d'été simple:

en 1947 depuis le 29.6 à 3 heures jusqu'au 5.10 à 3 heures
en 1948 depuis le 18.4 à 2 heures jusqu'au 3.10 à 3 heures
en 1949 depuis le 10.4 à 2 heures jusqu'au 2.10 à 3 heures

Dans le cas de l'heure d'été simple, il faut retrancher une heure; dans le cas de l'heure d'été double, il faut retrancher deux heures. Il faut tenir compte de l'heure d'été pour la France, la Belgique, la Hollande et l'Angleterre à partir de 1916.

3. Comment transformer l'heure normale
   (l'heure de naissance) en heure locale?

Pour chaque degré à l'est ou à l'ouest du 15e degré de longitude est de Greenwich, il faut rectifier l'heure de 4 minutes par degré:

a) il faut ajouter 4 minutes par degré à l'heure de l'Europe centrale lorsque le lieu de naissance se trouve à une longitude est supérieure à 15 degrés.

b) Il faut retrancher 4 minutes lorsque la longitude est inférieure à 15 degrés.

Exemples :

a) Longitude est du lieu de naissance, supérieure à 15 degrés

Naissance à 18 heures 25 (heure de l'Europe centrale), Helsingfors, 25 degrés de longitude est.

Différence de longitude	:	25 − 15 = 10 degrés
Différence horaire	:	10 × 4 minutes = 40
Heure de naissance	:	18 heures 25 minutes
Ajouter	:	+ 40 minutes
Heure locale	:	19 heures 5 minutes

b) Longitude est inférieure à 15 degrés

Naissance à 8 heures (heure de l'Europe centrale) à Halle/Saale, 12 degrés longitude est.

Différence de longitude	:	15 − 12 = 3 degrés
Différence horaire	:	3 × 4 minutes = 12 minutes
Heure de naissance	:	8 heures 0 minute
Retrancher	:	− 12 minutes
Heure locale	:	7 heures 48 minutes

Vous trouverez à la page 304 un tableau permettant de reconvertir les heures pour les grandes villes d'Europe centrale (Allemagne, Autriche, Suisse, Pologne, etc.) sans devoir faire de calculs. Pour les naissances en dehors de ces lieux ou dans les environs de ces villes obéissant à l'heure de l'Europe centrale, il faut établir la différence de temps selon les indications données précédemment.

Pour les naissances en dehors du fuseau horaire de l'Europe centrale, il faut se référer aux indications données aux pages 76 et suivantes.

Exemples :

Né à 8 heures	0 minute à Hambourg
	− 20 minutes (selon le tableau page 304)
7 heures 40 minutes	: heure locale
Né à 16 heures	0 minute à Gdansk
	+ 14 minutes (selon le tableau page 304)
16 heures 14 minutes	: heure locale

Avant le 1er juin 1894, c'était le temps local de Berne qui était en vigueur en Suisse. Il ne faut donc pratiquement pas apporter de correction pour les naissances qui sont survenues avant cette date. On part d'un temps local approximatif. Depuis le 1er juin 1894, la Suisse entière se base sur l'heure de l'Europe centrale.

Voici quelques villes de Suisse avec les différents horaires :

Bâle	—	29 minutes
Berne	—	30 minutes
Genève	—	36 minutes
Lausanne	—	36 minutes
Zurich	—	26 minutes

Il faut retrancher ces temps de l'heure de naissance ; le résultat est alors l'heure locale.

Depuis le 5 mai 1941 jusqu'au 6 octobre 1941 et depuis le 4 mai 1942 jusqu'au 5 octobre 1942, la Suisse a introduit l'heure d'été. Pour les naissances survenues pendant ces périodes, il faut retrancher une heure de l'heure de naissance.

La seule différence entre l'Allemagne et l'Autriche réside dans le fait que l'Autriche a déjà introduit l'heure de l'Europe centrale dès le 1er octobre 1891. À partir de cette date, il faut calculer la différence horaire et l'ajouter ou la retrancher de l'heure de naissance. Voici quelques villes avec leurs différences horaires :

Bregenz	— 21 minutes	Salzbourg	— 8 minutes
Graz	+ 2 minutes	Vienne	+ 5 minutes
Innsbruck	— 14 minutes	Klagenfurt	— 3 minutes
Linz	— 3 minutes	Villach	— 5 minutes

Méthode pour le calcul de l'heure sidérale et de l'ascendant

Lorsque nous connaissons l'heure locale, nous pouvons établir l'heure sidérale de la naissance.

Il faut ajouter l'heure sidérale du jour de naissance à l'heure locale. Vous trouverez l'heure sidérale et de l'ascendant dans l'annexe de ce livre, aux pages 306 et suivantes. L'heure locale plus l'heure sidérale du jour de naissance donnent l'heure sidérale du moment de la naissance.

Exemple de détermination de l'heure sidérale et de l'ascendant
Né le 1er janvier 1940 à 8 heures à Hambourg

8 heures 0 minute:	naissance
— 20 minutes:	différence horaire pour
	Hambourg (tableau page 304)
7 heures 40 minutes:	heure locale
+ 6 heures 41 minutes:	heure sidérale du jour de
	naissance
	(tableau page 306)
14 heures 21 minutes:	heure sidérale au moment
	de la naissance

Hambourg a une position géographique de 53 degrés 33 minutes de latitude nord (selon le tableau des positions géographiques des principales villes du monde, page 297). Il faut maintenant se reporter aux tableaux des maisons (page 311 et suivantes), prendre le 53e parallèle et rechercher dans la colonne "heure sidérale" notre résultat de 14 heures 21 minutes, que nous avions trouvé comme heure sidérale. L'heure sidérale la plus proche qui est indiquée est de 14 heures 22 minutes (page 370). À côté de cette indication, nous trouvons dans la colonne "ascendant" du même tableau à 0 degré 31 minutes arrondi à 1 degré, le Capricorne. Comme l'heure de naissance n'est jamais connue à la minute près, cette petite simplification ne joue aucun rôle.

Détermination des limites des maisons

Reprenons à nouveau le tableau des maisons. Vous le trouverez dans l'annexe du livre (page 297 et suivantes). Le tableau des maisons couvre les lieux entre le 38e et le 60e parallèle nord, c'est-à-dire du sud de l'Espagne, de la Sicile, de la Grèce, de la Turquie et de la mer Caspienne au sud de l'Écosse, le sud de la Suède et Léningrad au nord. Quelqu'un qui est né en dehors de ces parallèles — c'est plutôt exceptionnel — doit consulter un astrologue fiable pour connaître la position des astres.

Nous conservons notre exemple de l'heure sidérale à la naissance qui était de 14 heures 21 minutes. Nous recherchons le bon parallèle dans le tableau des maisons. Le lieu de naissance était Hambourg (53e parallèle). Dans la première rubrique, nous pouvons lire l'heure sidérale et nous recherchons 14 heures 21 minutes ou l'indication qui s'en rapproche le plus. Nous trouvons l'heure sidérale de 14 heures 22 minutes (page 370 à gauche en bas). Nous trouvons à côté de cette donnée (dans les rubriques de la 10e, 11e 12e, 1re, 2e, 3e maison) les indications de degrés et verticalement, le signe du zodiaque (il faut toujours remonter dans la colonne jusqu'à 0 degré pour le connaître). Pour notre exemple) (heure sidérale de 14 heures 22 minutes), nous pouvons déterminer les limites des maisons à l'aide du tableau.

Ascendant	1re maison	—	0 degré 31 min.	Capricorne
	2e maison	—	18 degrés	Verseau
	3e maison	—	8 degrés	Bélier
	10e maison	—	8 degrés	Scorpion
	11e maison	—	28 degrés	Scorpion
	12e maison	—	14 degrés	Sagittaire

Nous avons établi ainsi les limites des maisons 1, 2, 3, 10, 11, 12. Les maisons qui manquent encore sont situées à l'opposé de celles que nous venons d'établir :

Ascendant   1re maison   0 degré 31 minutes Capricorne
          — en face de la 7e maison 0 degré 31 minutes Cancer
    2e maison 18 degrés Verseau
          — en face de la 8e maison 18 degrés Lion
    3e maison   8 degrés Bélier
          — en face de la 9e maison 8 degrés Balance
    10e maison   8 degrés Scorpion
          — en face de la 4e maison 8 degrés Taureau
    11e maison 28 degrés Scorpion
          — en face de la 5e maison 28 degrés Taureau
    12e maison 14 degrés Sagittaire
          — en face de la 6e maison 14 degrés Gémeaux

Lorsque vous aurez établi les limites des maisons, vous les représenterez sur un schéma d'horoscope. Vous trouverez des schémas vierges aux pages 452 et suivantes. Il serait peut-être prudent d'en faire quelques photocopies pour en avoir une réserve.

Détermination des positions astrales

Il faut maintenant inscrire les astres dans le schéma de l'horoscope. À cette fin, vous pouvez vous servir des tableaux des positions des astres qui se trouvent en annexe à ce livre.

Le tableau 1 de position des astres par rapport à la position du Soleil à la page 397 vous indiquera la position du Soleil pour tous les jours de l'année à 12 heures (heure de Greenwich). Ce tableau reste valable pour n'importe quelle année.

Le tableau 2 de position des astres par rapport aux positions des Noeuds de la Lune, de Pluton, Neptune, Uranus, Saturne, Jupiter, Mars, aux pages 399 et suivantes contient l'indication des positions de 1901 à 2000 et ce, pour le 1er du mois à 12 heures (heure de Greenwich).

Il n'est pas possible de donner des indications plus précises — des degrés à la minute près — pour les tableaux 2 et 3 de position des astres; ces tableaux dépasseraient les limites de ce livre. Les indications des positions simplifiées pour le 1er, le 10 et le 20 sont tout à fait suffisantes. Celui qui veut des précisions supplémentaires doit consulter les éphémérides.

Il est cependant important de remarquer que les tableaux des positions astrales se basent toujours sur l'heure de l'Europe occidentale (heure de Greenwich) à 12 heures (midi). Il faut dès lors toujours retrancher une heure du temps local de l'Europe centrale pour retrouver l'heure de Greenwich.

Il est également important de situer exactement la position de la Lune, dont le mouvement journalier par rapport aux autres astres est très rapide. On peut se baser sur un mouvement journalier moyen de la Lune de 12 degrés, c'est-à-dire environ 0,5 degré par heure.

Comment procéder? Nous partons de l'indication de la portion lunaire dans le tableau 3 de position des astres; nous connaissons alors la position de la Lune à 12 heures (heure de Greenwich). Pour trouver l'heure de Greenwich, nous retranchons une heure de l'heure de naissance en Europe centrale. Il faut ajouter ou retrancher à 12 heures la différence horaire de 0,5 degré par heure dans le signe du zodiaque, qui comporte 30 degrés (1 degré se compose de 60 minutes).

Reprenons notre exemple: naissance le 1er janvier 1940 à 8 heures (heure d'Europe centrale) à Hambourg. Nous retranchons une heure, égal donc à 7 heures (heure de Greenwich). La différence horaire par rapport à 12 heures est de 5 heures. Il faut multiplier 5 heures par 0,5 degré (mouvement de la Lune en une heure); ceci donne à 2,5 degrés. Il faut retrancher 2,5 degrés de la position de la Lune à midi, égal à 1 degré Balance. Ce qui est plus facile, c'est de reculer de 2,5 degrés à partir de la position 1 degré Balance. Ainsi, on établit à 28,5 degrés Vierge la position de la Lune à 7 heures (heure de Greenwich) et 8 heures, heure de naissance en Europe centrale.

Vous pouvez maintenant inscrire la position des astres sur le schéma d'horoscope. Pour notre exemple (naissance le 1er janvier 1940 à 8 heures à Hambourg), vous trouverez les positions suivantes dans les trois tableaux de position des astres:

Soleil	—	10 degrés Capricorne	tableau
Noeuds de			page 398
la Lune	—	26 degrés Balance	
Pluton	—	2 degrés Lion	
Neptune	—	25 degrés Vierge	
Uranus	—	18 degrés Taureau	tableau
Saturne	—	24 degrés Bélier	page 406
Jupiter	—	1 degré Bélier	
Mars	—	28 degrés Poissons	
Vénus	—	9 degrés Verseau	tableau
Mercure	—	23 degrés Sagittaire	page 427
Lune	—	1 degré Balance (12 heures GMT) = 28,5 degrés Vierge 8 heures (heure d'Europe centrale)	

Détermination des aspects

Il faut finalement déterminer les aspects. Il s'agit de calculer la distance de chaque astre par rapport aux autres planètes. Veuillez également tenir compte des indications des aspects dans le thème à la page 56.

*   *   *

Vous pouvez trouver les représentations correctes concernant notre exemple dans le thème de la page suivante. Si votre représentation correspond à la nôtre, vous êtes maintenant capable de calculer vous-même votre horoscope. Si vous constatez des divergences, ne vous laissez pas décourager: Rome ne s'est pas faite en un jour! Reprenez les indications (page 65 et suivantes) et contrôlez vos données une à une; au deuxième essai, ce sera probablement juste. Et vous aurez par ailleurs la certitude que votre propre horoscope, établi pas à pas, sera également exact.

*   *   *

Aux chapitres VI et VII, nous parlerons des effets des positions astrales dans les signes du zodiaque, dans les Maisons, ainsi que de l'interprétation des aspects.

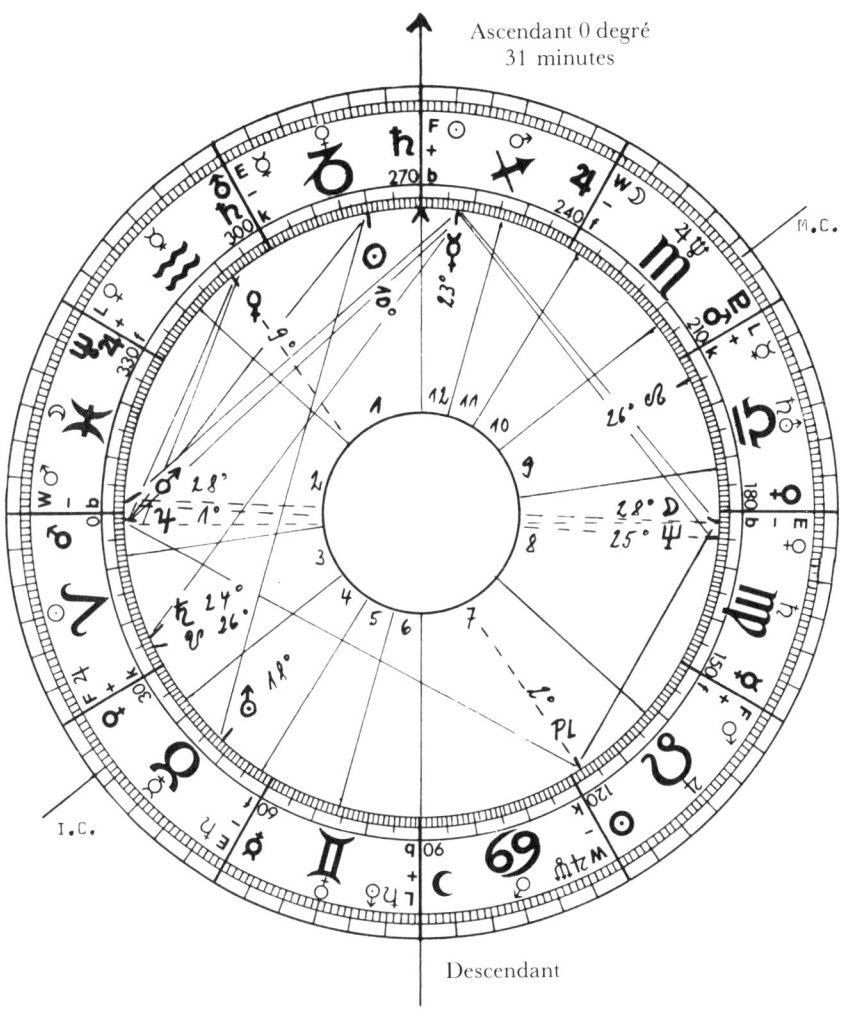

Indications d'horoscope pour notre exemple: naissance le 1er janvier 1940 à 8 heures 0 minutes (heure de l'Europe centrale) à Hambourg.

Particularités du calcul d'horoscopes en dehors du fuseau horaire d'Europe Centrale

Nous avons déjà abondamment traité ce sujet dans les chapitres II et III, mais nous rappellerons brièvement l'essentiel en donnant quelques exemples.

1. *Heure de Greenwich = heure de l'Europe occidentale ou temps universel*

    Exemple 1: né le 1er août 1976 à 8 heures du matin à Londres. Latitude 51 degrés 30 minutes, longitude 0 degré de Greenwich.

Lorsque le lieu de naissance se trouve sur le méridien de Greenwich, l'heure de naissance correspond à l'heure locale; il ne faut donc pas transformer l'heure de naissance en heure locale.

      8 heures 0 minute: heure de naissance = heure locale
+ 20 heures 37 minutes: heure sidérale du jour de naissance selon les tableaux, heure sidérale page 306.

—————————————

    28 heures 37 minutes:
− 24 heures 0 minute: à retrancher parce que l'addition précédente donne plus de 24 heures

—————————————

    4 heures 37 minutes: heure sidérale au moment de la naissance

═══════════════

Dans le tableau des maisons, on retrouve dans les colonnes du 51e parallèle, à l'heure sidérale de 4 heures 37 minutes (page 360), un ascendant de 15 degrés Vierge (15° 25') et les autres limites des maisons.

La situation des planètes doit être calculée pour 8 heures.

Exemple 2: né le 1er janvier 1940 à 8 heures du matin à Manchester Angleterre. Latitude 53 degrés 29 minutes, longitude 2 degrés ouest de Greenwich.

8 heures 0 minute:	heure de naissance
+ 0 heure 8 minutes:	correction horaire pour Manchester. Comme le lieu de naissance est situé à l'ouest de Greenwich, il faut ajouter 4 minutes par degré; lorsqu'un lieu se trouve à l'est de Greenwich, il faut retrancher 4 minutes par degré. Consultez également le tableau des positions géographiques page 297

8 heures 8 minutes:	heure locale
+ 6 heures 41 minutes:	heure sidérale du jour de naissance (selon le tableau de l'heure sidérale, page 306)

14 heures 49 minutes:	heure sidérale au moment de la naissance

Ascendant: 7 degrés Capricorne (7° 11') selon le tableau, page 370.

2. *Fuseaux horaires américains*

Exemple: né le 23 novembre 1944 à 4 heures du matin à New York. Latitude 40 degrés, longitude 74 degrés ouest de Greenwich.

4 heures 0 minute:	heure de naissance
+ 5 heures 0 minute:	différence entre l'heure normale de l'est et l'heure de Greenwich, voir le tableau des fuseaux horaires page 451

9 heures 0 minute:	heure de Greenwich (nécessaire pour connaître la position des planètes)
+ 4 heures 6 minutes:	heure sidérale pour le jour de naissance selon le tableau de l'heure sidérale page 306

13 heures 6 minutes:	heure sidérale pour le jour de naissance à Greenwich
− 4 heures 56 minutes:	longitude ouest en temps (selon le tableau des positions géographiques, page 297); longitude de New York = 74 degrés de longitude ouest, multiplié par 4 = 296 minutes, divisé par 60 = 4 heures 56 minutes

8 heures 10 minutes : heure sidérale au moment de la naissance au lieu de naissance

Ascendant = 26 degrés Balance (25° 39') selon le tableau page 321

Remarque : la différence horaire pour la longitude ouest doit être retranchée de l'heure sidérale de Greenwich ; celle pour la longitude est doit être ajoutée.

3. *Heure d'Europe orientale*

Exemple : né le 20 janvier 1950 à 4 heures du matin à Moscou. Latitude 55 degrés 45 minutes, longitude 37 degrés 34 minutes à l'est de Greenwich

4 heures 0 minute :	heure de naissance
− 2 heures 0 minute :	différence entre l'heure d'Europe orientale et l'heure de Greenwich selon les tableaux des fuseaux horaires, page 451. Lorsque la transformation reporte au lendemain ou à la veille, il faut continuer les calculs avec l'heure sidérale de ce jour.

2 heures 0 minute :	heure de Greenwich, nécessaire pour connaître les positions des astres.
+ 7 heures 56 minutes :	heure sidérale du jour de naissance selon le tableau de l'heure sidérale, page 306

9 heures 56 minutes :	heure sidérale du jour de naissance à Greenwich
+ 2 heures 30 minutes :	longitude est en temps (selon le tableau des positions géographiques, page 297). Latitude de Moscou : 37 degrés 34 minutes de longitude est, multiplié par 4 = 150 minutes, divisé par 60 = 2 heures 30 minutes

= 12 heures 26 minutes :	heure sidérale au moment de la naissance au lieu de naissance

Ascendant: 5 degrés Sagittaire (4° 54') selon le tableau page 378.

4. *Latitude sud*

Si le lieu de naissance se trouve au sud de l'Équateur, il faut calculer l'heure sidérale locale pour le moment de la naissance avant de pouvoir utiliser le tabeau des maisons. Il y a lieu cependant de procéder à un calcul préalable, qui a déjà été expliqué précédemment: il faut ajouter 12 heures à l'heure sidérale locale. Si New York (pour en rester à notre exemple de la page 78) était au sud de l'Équater, il faudrait ajouter 12 heures à l'heure de naissance: 4 heures du matin et l'heure sidérale: 8 heures 10 minutes, ce qui donnerait 20 heures 10 minutes.

Pour cette heure, le tableau des maisons, pour une latitude de 40 degrés, indique un ascendant de 20 degrés Taureau. Mais puisqu'il s'agit d'une latitude Sud, il faut inverser les signes de l'horoscope. Taureau devient Scorpion, Poissons devient Vierge. L'ascendant serait dans notre cas 20 degrés Scorpion.

IV

Analyse des signes du zodiaque

Description des signes du Soleil et de leurs correspondances fondamentales

Remarques préliminaires

Un signe du zodiaque est une certaine portion du zodiaque — par exemple Bélier, Taureau, Gémeaux — dans laquelle se trouve le Soleil au moment de la naissance.

On peut trouver la position exacte dans les éphémérides ou dans notre tableau 1 de position des astres concernant la position du Soleil (page 385).

La description générale de ces signes du Soleil sera déjà assez exacte pour un individu; mais ce n'est que grâce à un horoscope de naissance précis, calculé selon l'heure et la minute de naissance précises ainsi que le lieu et la date, que l'on pourra établir une analyse du caractère tout à fait exacte.

Outre le signe du Soleil, c'est l'ascendant — le signe qui monte à l'horizon oriental au moment de la naissance — qui détermine largement le caractère.

On peut considérer les signes du zodiaque comme des champs d'action polarisés.

L'astrologie considère que le cosmos est partiellement responsable du caractère et de la destinée de l'individu. La terre, fixée dans une orbite solaire, se meut à travers l'espace et est exposée "de partout" à des influences cosmiques. Tous les corps célestes qui l'entourent exercent une action sur elle. La lune provoque les marées, freine au cours des millénaires la terre et allonge ainsi la durée des jours. Les éruptions solaires ont un effet sur la rotation terrestre; les planètes exercent également une influence sur notre globe.

Il est vrai qu'il ne s'agit que d'une infime fraction de seconde; mais lorsqu'on réfléchit aux forces gigantesques nécessaires pour influencer une masse aussi énorme que notre planète, on doit reconnaître que ces effets sont très impressionnants. Il faut bien se poser la question: si la terre est un jouet des forces cosmiques, que doit-il en être de ces organismes qui vivent à sa surface lorsque ces forces se déchaînent?

Les astrologues partent du point de vue que le caractère de l'individu est fondamentalement programmé par les constellations au moment de la conception et de la naissance, ce qui lui imprime une certaine orientation.

Mais revenons à nos signes du zodiaque, que nous allons évoquer avec leurs correspondances après avoir donné un aperçu général.

Signes du zodiaque

Bélier	né entre le 21 mars et le 20 avril
Taureau	né entre le 21 avril et le 21 mai
Gémeaux	né entre le 22 mai et le 21 juin
Cancer	né entre le 22 juin et le 22 juillet
Lion	né entre le 23 juillet et le 23 août
Vierge	né entre le 24 août et le 23 septembre
Balance	né entre le 24 septembre et le 23 octobre
Scorpion	né entre le 24 octobre et le 22 novembre
Sagittaire	né entre le 23 novembre et le 21 décembre
Capricorne	né entre le 22 décembre et le 20 janvier
Verseau	né entre le 21 janvier et le 19 février
Poissons	né entre le 20 février et le 20 mars

Pour garder l'intérêt en éveil et pour ne pas se perdre dans les énumérations inévitables, il est préférable de ne pas lire les analyses des signes du zodiaque l'une à la suite de l'autre (comme dans un livre) mais selon l'importance que vous accordez aux différents signes. Commencez par votre propre signe du zodiaque, celui de votre partenaire, de votre enfant, etc. Vous serez alors mieux en mesure de retenir l'essentiel de chaque signe.

Le signe du BÉLIER
né entre le 21 mars et le 20 avril

Planète dominante: Mars.
Sexe: masculin.
Élément: feu.
Tempérament: colérique.
Type: l'homme volontaire, l'homme combatif, le meneur, l'idéaliste, le politicien.
Apparence: silhouette nerveuse, forte ossature, maintien rigide.
Démarche: militaire, rapide.
Visage: ovale, teint animé, front bombé, traits marqués.
Correspondances physiologiques: la tête (particulièrement la langue), le système musculaire, les tendons, le cartilage, les dents, les globules rouges, les oreilles.

La planète Mars est la planète dominante à la naissance du Bélier. Cela caractérise la variation constante à laquelle le natif du Bélier est soumis.

Ce serait chose aisée pour vous d'organiser votre vie de façon parfaitement agréable si vous observez une voie favorable dans votre tracé astral. Mais cela, vous ne le faites pas.

Ne devez-vous pas souvent vous en prendre à vous-même lors d'un revers de fortune? Face à des défauts ou envers des amis, n'avez-vous pas trop souvent été aveugles ou trop accommodants? Ne vous êtes-vous pas souvent laissés entraîner à un gaspillage d'énergie qui ne vous a rapporté aucune gratitude de la part de personnes indignes?

Examinons les qualités qui sont en soi bonnes et utiles; par exemple, votre vivacité qui peut cependant se muer en agitation et étourderie.

Votre sens de la justice peut dégénérer en ergotage, votre goût de l'action en témérité aveugle. Votre coeur renferme impatience, irréflexion, goût de la lutte, irritation, velléités de lutte, voire même tendance à la tyrannie. Ceci vous amène à entrer facilement en conflit avec votre entourage où il n'est pas rare qu'on vous trouve perturbateur. Ceci vous irrite particulièrement, ce qui est dangereux pour vous.

Il faut vous conseiller de vous retirer de façon diplomatique lors de conflits ou d'incidents, même s'il vous arrive de devoir battre en retraite. C'est toujours mieux que de défier constamment le destin.

La planète qui régit votre destin est donc Mars l'enflammée. Efforcez-vous non pas de vous soustraire à son influence mais de vous l'approprier utilement. Vous devriez être heureux de l'avoir comme auxiliaire parce qu'elle vous a doté de dons abondants dont il vous appartient d'user avec discernement. Esprit d'entreprise, impulsivité, audace, décision, goût de l'action, ambition, optimisme avec, en plus, ce qu'il faut de passion et de solide audace, voilà quelques-unes des qualités dont vous avez été doté au départ.

Vous allez au but, sérieux et décidé. Votre comportement est magnanime et les détails vous importent peu. Vous parvenez à entraîner d'autres hommes vers vos buts, vous vous faites obéir et vous maîtrisez instinctivement l'art de commander.

Il n'est plus permis de douter que vous soyez un meneur et un précurseur. Et il dépend finalement de vos traits de caractère individuels que vous soyez un bon réformateur, un bon rénovateur, un bon homme d'action.

Vous êtes souvent en danger parce que vous croyez avoir raison, vous voulez valoriser vo opinions et vos aspirations; à l'occasion, des déceptions relativement importantes vous attendent. Vous avez commencé par être impulsif; votre impatience s'est muée en manque d'égards et, finalement, il ne vous reste plus que dépit et désenchantement.

Votre puissante force intellectuelle et votre force de volonté exigent d'être occupées. Vous vous mettez à l'ouvrage avec zèle et vous êtes capable de vous améliorer.

L'idée vous importe plus que tout. Vous êtes intellectuellement ouvert et capable de vous enthousiasmer; vous vous laissez facilement envahir par la force de vos pensées.

Vos talents d'organisateur vous amènent à jouer un rôle de dirigeant. Si vous ne trouvez pas l'entourage qui vous convient, vous vous mettez au plus vite en quête d'autres adhérents. Vous n'abandonnez pas vos projets; le cas échéant, vous préférez vous brûler les doigts. Si vous trébuchez, cela ne vous affecte guère et vous repartez courageusement à zéro.

Il vous reste toujours quelques fidèles qui vous aident dans votre ascension et vous soutiennent malgré tout. Prenez garde cependant qu'ils ne vous dupent par leur hypocrisie et leur ingratitude.

Pour vos bienfaits, il vous arrivera de récolter l'ingratitude. Malgré votre côté égocentrique, vous réussissez également à vous comporter de façon idéale. On peut presque dire que les deux qualités se contrebalancent alternativement et se manifestent au gré de l'humeur; car vous êtes capricieux, impétueux et irascible, même si, en général, tout est vite passé.

Il faut encore mentionner votre tempérament ouvert et droit, votre intérêt pour la chose publique, les affaires et pour tous les domaines du savoir. Vous êtes désireux d'apprendre, avide de savoir, vous recherchez l'ordre, l'harmonie et un environnement évocateur. Vous êtes également un ami de la nature, vous avez une préférence pour le sport alpin et vous appréciez les séjours en altitude. Vous êtes réceptif aux affinités personnelles mais vous n'appréciez guère vos propres parents.

Au cours de votre vie, vous avez pris confiance en vos capacités et votre savoir-faire, sur lesquels vous pouvez toujours compter. Votre besoin de changement n'a certes pas que des effets négatifs; il vous entraîne tôt ou tard dans une aventure, mais vous ne vous en tirez pour ainsi dire qu'avec des égratignures. Vous vivez également des expériences hors du commun qui vous procureront un style de vie meilleur. Méfiez-vous toutefois des spéculations qui pourraient vous être nuisibles.

Le Bélier n'aime ni la soumission ni l'activité monotone. Il aime voir les choses en grand et se soucie peu d'aspects partiels et accessoires. Il a besoin d'initiative personnelle et de décisions autonomes.

Les aspects professionnels qui l'intéressent le plus appartiennent au domaine de la technique: entrepreneur indépendant, ingénieur ou travailleur indépendant, il travaille pour son compte et prend des risques. D'autres métiers qui conviennent au Bélier sont: homme de science, physicien, médecin, chirurgien, sportif ou tête dirigeante dans le domaine de l'économie.

Dans le domaine artistique, il s'intéresse au drame, à la danse, aux arts plastiques, aux arts décoratifs. Il a également un penchant pour la rhétorique comme agitateur, orateur ou avocat ou pour des activités qui font intervenir la force de volonté et de suggestion comme éleveur d'animaux, dompteur, chasseur, politicien, officier, soldat ou artiste. Dans le domaine sportif, il a une prédilection pour les sports agressifs: la boxe, la lutte, le football.

Ce signe a donné de nombreux peintres, musiciens, acteurs et écrivains.

La femme Bélier est porteuse des caractéristiques correspondantes. Elle veut conquérir, jouir du pouvoir tant sur le plan professionnel que dans l'amour et le mariage. Son attitude oscille à l'occasion entre un refus acerbe et une grande capacité d'enthousiasme. Elle veut dominer partout, être la première. Elle a une peur pathologique de l'échec dans son métier et dans le mariage. Dans un couple, la femme Bélier jouera toujours le rôle dominant.

Pour le Bélier de sexe masculin, l'amour se réduit le plus souvent à une affaire de passions et d'instincts. L'attirance ou l'aversion de sa partenaire lui importe peu. Le Bélier de sexe masculin ou féminin ignore les particularités de son ou sa partenaire.

Il ne perd pas son temps à tergiverser inutilement; il est déjà très actif depuis longtemps alors que les autres hésitent et temporisent. Le Bélier sait quand il doit, le premier, prendre les choses en main. Mais il se soumet immédiatement si quelqu'un donne des ordres; il devient alors un camarade et un compagnon excellent.

La tête, les muscles, les tendons, le cartilage, les dents, les globules rouges, l'ossature crânienne, les yeux, le cerveau et tous les nerfs du cerveau relèvent du Bélier. Il a une prédisposition aux états ou aux lésions inflammatoires et fébriles, aux plaies et aux ulcères. Il peut subir des interventions chirurgicales, des hématomes, des maux de tête, des vertiges, des attaques.

Un autre danger qui menace le Bélier est le surmenage intellectuel, la nervosité et les ennuis rénaux.

Il importe d'avoir une alimentation riche en protéines. Pour le travailleur intellectuel, l'oxygène et l'exercice quotidien sont indispensables.

Les meilleurs partenaires pour les Béliers sont les gens nés avec le Soleil sous le signe du Sagittaire (du 21.11 au 20.12) ou du Lion (du 21.7 au 21.8). Une bonne entente peut s'établir également avec des partenaires du signe du Verseau (du 20.1 au 18.2) ou des Gémeaux (du 21.5 au 20.6). Les signes du Cancer (du 22.6 au 21.7) et du Capricorne (du 22.12 au 20.1) sont moins favorables.

Caractéristiques du BÉLIER

Caractère

+ Énergique, zélé, efficace, hardi, courageux, décidé, audacieux, fort, optimiste.
− Entêté, rude, casse-cou, effronté, irascible, insatisfait, rancunier, récalcitrant, obstiné, avare, querelleur, destructeur.

Manifestations personnelles

+ Énergique, puissant, courageux, despotique, chevaleresque, bruyant, impulsif, fougueux, plein d'entrain.
− Importun, provocant, agressif, passionné, effréné, rude.

Pensée

+ Perspicace, pétillant, approfondi, initiateur, créateur, pénétrant, idéaliste, enthousiaste.
− Entêté, partial, irritable, belliqueux, opiniâtre, hargneux, confus.

Sensibilité

+ Primaire, instinctif, fougueux, passionné, vif.
− Téméraire, exigeant, sensuel, débridé, démesuré, dissolu, vicieux, jouisseur, violeur, jaloux.

Volonté

+ Veut atteindre son but en utilisant toutes les forces disponibles. Se donne à fond pour arriver sans tarder à un résultat. Va droit au but sans se laisser déconcerter. Se lance dans la vie à corps perdu. Volonté de construire. Lutte pour les idéaux, pour la vérité et la justice. Volonté de réaliser une grande idée.
− Vouloir atteindre de force le but fixé. Vouloir s'imposer à tout prix. La fin justifie les moyens. Vouloir l'impossible. Volonté de puissance. Semer la discorde. Volonté de destruction.

Action

+ Indépendant, énergique, efficace, entreprenant, actif, impulsif, zélé, décidé, créateur, courageux, audacieux, héroïque, ambitieux, rapide. Initiative personnelle.
− Précipité, impatient, intolérant, pressé, sauvage, irréfléchi, gaspilleur, casse-cou, imprudent, sans égards.

Effet sur le destin

C'est la personnalité elle-même qui est le point central de ses propres effets, actions, combats, victoires et pertes.

Effet sur le plan des idées

+ Efforts, enthousiasme débordant, entreprises idéalistes. Progrès formidables. Victoires intérieures. Construction de la personnalité.
− Mauvaise utilisation des forces de la volonté. Des crises intérieures causent des insuccès. Il a tendance à tout condamner, ce qui amène des problèmes insolubles. Entreprises hasardeuses. Heurts, querelles, conflits. Discordes, séparations.

Effet sur le plan matériel

+ Victoire sur les obstacles, sur les forces hostiles. Succès, promotions. Affirmation d'une force de personnalité consciente de sa valeur.
− Combats, troubles, défaites. Accidents, blessures, opérations. Danger de mort, mort violente. Incendie, explosions, pertes par des catastrophes naturelles (guerres, révolutions et catastrophes climatiques).

Art

Arts martiaux. Gravure et autres techniques artistiques.

Sciences

Chirurgie, sciences naturelles (notamment physique et chimie), technique.

Animaux

Bélier, loup, chat sauvage, insectes qui piquent, animaux munis de griffes.

Plantes

Houx, buissons d'épines, orties, chardons, conifères (comme le sapin), oignon, ail, raifort; tout ce qui est amer, piquant, brûlant.

Pierres précieuses

Rubis, jaspe, pierre magnétique.

Métaux

Fer, acier.

Couleur

Rouge.

Objets

Tous les objets en fer ou en acier, machines, outils manuels. Tout ce qui pique; armes blanches ou à feu. Instruments de musique bruyants (timbale et trompette). Pour les vivres: moutarde, poivre, vinaigre; toutes les épices piquantes.

Régions

Déserts secs et chauds, régions stériles, montagnes volcaniques.

Lieux

Usines, casernes, salles d'opération, abattoirs; sur le champ de bataille, dans une distillerie, au jardin zoologique.

Pays

Allemagne (plus particulièrement la Prusse), l'Angleterre, le Danemark, la Palestine, la Syrie, le Japon.

Villes

Berlin, Hameln, Hanovre, Linden, Lindau, Nienburg, Londres, Copenhague, Cracovie, Utrecht, Saragosse, Leicester, Blackburn, Birmingham, Padoue, Vérone, Florence, Naples, Capoue.

Jour de la semaine
   Mardi.

Personnalités importantes nées sous le signe du Bélier

Herbert von Karajan
Otto von Bismarck
Erich Ludendorff
Vladimir Ilitch Lenine
Nikita Khrouchtchev
Ernst Thälmann
Joseph Haydn
Jean-Sébastien Bach
Léonard de Vinci
Casanova
Charlie Chaplin
Wilhelm Busch
O.W. Fischer
Edgar Wallace
Hardy Krüger
Brigitte Horney

Doris Day
Gregory Peck
Anna Magnani
Wernher von Braun
W.C. Röntgen
Léopold Stokowski
Arturo Toscanini
Peter Ustinov
Elsa Brandström
Lucrèce Borgia
Bette Davis
Maxime Gorki
Charlemagne
Franz Lehar
Gustav Scholz
Sonia Henie

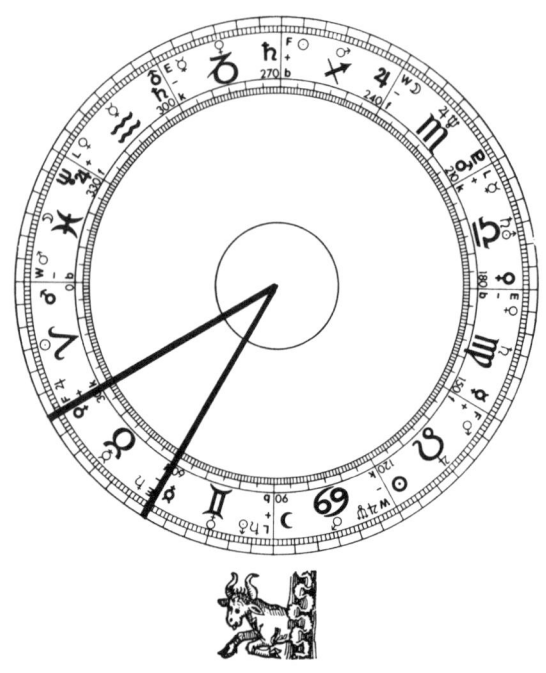

Le signe du TAUREAU
né entre le 21 avril et le 21 mai

Planète dominante: Vénus.
Sexe: féminin.
Élément: terre.
Tempérament: flegmatique.
Type: l'homme naturel, l'homme instinctif, lié à la nature, le tolérant, l'homme matérialiste, la forte tête.
Apparence: court, trapu, charnu.
Visage: traits ronds, pleins, front large mais pas haut, regard doux, bienveillant, joyeux, amical, lèvres pleines, nuque fortement développée.
Correspondances physiologiques: cou, pomme d'Adam, nuque, amygdales, cordes vocales, pharynx, thyroïde, organes abdominaux, glandes, peau, glandes salivaires.

Le Taureau est influencé par Vénus. C'est le moment où le printemps est victorieux sur toute la ligne, un trait qui se reflète dans votre caractère. On peut le reconnaître à l'ambiance paisible, équilibrée dans laquelle vous vous trouvez en général, mais aussi du fait que vous êtes capable d'une grande passion. Un ardent désir d'amour lié à une légère jalousie, mais également le besoin de retrouver les côtés agréables de la vie caractérisent votre caractère. À cause de votre entêtement et de votre esprit récalcitrant, vous êtes facilement vexé et difficilement réconciliable. Vous aimez avoir raison et vous critiquez avec plaisir. Vous n'êtes pas ouvert aux conseils. Vous ne supportez pas la contradiction et vous pouvez piquer une colère lorsque vous avez foncé à tort dans l'une ou l'autre affaire. Il n'est pas facile de vous convaincre de sorte que vous ne vous laissez arrêter par rien. Ces caractéristiques se basent sur la méfiance qui est profondément ancrée dans votre mentalité et votre grande prudence à l'égard des autres. Vous n'êtes pas impitoyable, mais bien coriace et persévérant dans la poursuite de vos objectifs. Si vous êtes calme, vous menez vos affaires à bien dans la constance et avec aisance. Vous poursuivez votre but avec équilibre de sorte que l'activité ne débouchera pas dans la précipitation et la hâte. Le revers de la médaille se trouvera dans une forte propension à la pédanterie, au dogmatisme et à la recherche de l'originalité. Vous possédez un esprit de synthèse remarquable et une logique implacable. Cette qualité vous permettrait beaucoup de progrès s'il n'était pas si difficile de vous donner des conseils; en ce qui concerne les revers, vous devez vous-même faire vos expériences.

Puisque vos efforts sont essentiellement orientés vers tout ce qui est terrestre et que vous avez des intérêts matériels importants, la propriété de biens matériels vous paraît un prérequis au bonheur personnel. Vous évoluez avec aisance dans la vie économique. Votre grand talent d'organisation vous est d'une aide précieuse de sorte que vous pouvez atteindre un certain bien-être et peut-être même la richesse et la considération. Vous ne pouvez être taxé d'égoïsme, car votre souci d'économie procède de votre raison. Vous êtes sérieux et renfermé; vous aimez le confort et les agréments.

Vous êtes serviable à l'égard des autres dont vous partagez occasionnellement les soucis. Vous êtes fidèle en amitié, mais pas nécessairement en amour, car de fortes impulsions sensuelles vous mènent aux passions.

Le fait que vous attachez une grande importance à la bonne chère renvoie aux maladies, dont vous avez à souffrir ou dont vous percevez les premiers signes. Il y a danger pour le cou, le larynx, la nuque, l'abdomen et les reins. L'enrouement, des gonflements, des refroidissements et la bronchite sont possibles. Les natifs du Taureau aiment une nourriture relevée, occasionnellement grasse, ce qui comporte des dangers. La nourriture devrait être si possible variée et légère. À l'âge mûr, il y a une certaine propension au confort, ce qui mène à une prise de poids. Il faudrait pratiquer un sport mais cela exige un certain effort de volonté que n'importe quel Taureau n'est pas prêt à accomplir.

La plupart du temps, les Taureaux sont fort conscients d'eux-mêmes et ont une volonté forte; ils font preuve de constance, d'opiniâtreté, d'endurance et d'une réflexion tranquille. Mais ils sont essentiellement concentrés sur leur propre bien-être et veulent jouir de la vie sans problèmes.

Cette conscience de soi débouche souvent sur la présomption, la pédanterie, l'ergotage et l'obstination. La réconciliation avec un Taureau est difficile, car il reste longtemps rancunier. Il se montre également réservé sur le plan des sentiments. Il n'aime pas laisser entrevoir sa vie intérieure et a tendance à être taciturne.

Le Taureau évitera les affaires épineuses. "Ce que je ne vois pas, n'est pas là" est sa devise. Il a besoin de sentir la terre ferme sous ses pieds, refuse les expériences incertaines et se borne essentiellement à étendre ce qui existe déjà. Il laissera toujours "l'église au milieu du village".

Le natif du Taureau a une bonne mémoire; la plupart du temps, il apprend facilement; il possède beaucoup d'imagination et d'intuition. En dépit de son penchant pour la tranquillité et le confort, il aime s'adonner à des activités pratiques et il fait preuve de beaucoup d'adresse. Dans l'ensemble, il est sensible, subtil et aime la nature, les sciences et les arts.

Sur le plan professionnel, les natifs du Taureau aiment les travaux à déroulement progressif avec responsabilités comme l'administration, les finances, les entrepôts, les musées, les bureaux du personnel, les bibliothèques, les banques, les institutions financières, les arts décoratifs. L'industrie alimentaire, la chimie des colorants et la botanique sont des domaines favorables ainsi que les activités dans la mode, les cosmétiques et l'industrie textile. Il a souvent des aptitudes mathématiques; il réfléchit avec des données fixes, quantifiables. Le natif du Taureau se retrouve aussi bien comme agriculteur, horticulteur ou fleuriste qu'institutrice d'école maternelle, assistante sociale ou enseignante.

Les natifs du Taureau ont des penchants terrestres très marqués. Ce qui plaît ne laisse pas froid ou indifférent. Le Taureau n'essaye pas de simuler une attitude différente de la sienne. Il est dès lors aimable et affectueux vis-à-vis des gens dont il se sent proche, mais dès que ses sentiments se glacent pour une raison ou une autre, il rompt immédiatement la relation.

En vous sommeille une volonté et un désir souvent refoulés qui, une fois qu'ils sont défiés, se libèrent; alors, toute la force retenue du natif du Taureau explose en puissance. Toutefois, vous ne gaspillez pas vos forces et il faut une stimulation très importante pour vous émouvoir. Mais dès lors que vous êtes fortement excité, vous pouvez vous mettre en colère, même en rage, comme un taureau sauvage, à la surprise de ceux qui ont mené l'attaque.

Les femmes natives du Taureau séduisent par leur naturel, leur apparence élégante, à la mode. Dans leur profession et dans le mariage, elles font preuve d'une grande force et d'une grande constance.

La forte influence de Vénus leur donnent une grande part de charme, de gentillesse, de joie de vivre, d'amabilité et de sexualité véritable. Les belles choses de la vie sont très appréciées. Cela se traduit dans la décoration de la maison. On sent partout une harmonie et un goût sûrs. Elles s'habillent de façon pratique, mais à la mode et avec bon goût. L'argent joue un grand rôle dans la vie d'une femme native de ce signe. Elle sait s'en servir et ne le gaspillera pas.

Vous, native du Taureau, vous êtes d'une grande sensualité. Mais vous êtes également naturelle, dévouée, très féminine, tendre et toujours amoureuse. Vous avez tendance à vous attacher à un homme même lorsque vous savez depuis longtemps qu'il s'est détaché de vous.

Vous n'êtes pas un "génie intellectuel", mais vous êtes éveillée et intelligente. Vous disposez de beaucoup de bon sens, vous vous laissez guider par les instincts, vous restez objective, pratique et constante. Vous gardez la tête froide et un bon équilibre.

La femme native du Taureau fera toujours preuve de bon goût pour les repas, peu importe qu'il s'agisse d'un dîner dans un restaurant cher ou d'un lunch dans un snack-bar. La femme native du Taureau est une bonne mère; elle aime les enfants, elle les choie et sera plus tard leur guide. Elle ne connaît pas la lâcheté. Elle peut se sacrifier pour sa famille et gagner l'argent du ménage s'il le faut. Elle ne donnera pas de signe de faiblesse.

Les femmes natives du Taureau sont nées sous le signe de Vénus. C'est pourquoi elles ont la plupart du temps une belle apparence, leur aspect extérieur est harmonieux et elles ont une belle silhouette. La femme de ce signe est hospitalière; elle sait tout ordonner et préparer; elle est une bonne cuisinière.

L'homme, lui, a une nature agréable. Il aime la nature, l'argent, la propriété. Il laisse vivre les autres mais désire qu'on le laisse en paix. Personne ne devrait rompre la paix, surtout dans la maison d'un natif du Taureau. Pour être heureux en mariage, les natifs du Taureau devraient se choisir des partenaires dont le Soleil se trouve dans le signe de la Vierge (24.8 au 23.9) ou du Capricorne (22.12 au 20.1). En harmonie avec ce signe, on trouve également le signe du Cancer (22.6 au 22.7) et des Poissons (20.2 au 20.3). Moins favorables comme partenaires sont le signe du Lion (23.7 au 23.8), du Scorpion (24.10 au 22.11) et du Verseau (21.1 au 19.2).

Caractéristiques du TAUREAU

Caractère

+ Simple, naturel, objectif, pratique, ordonné, zélé, productif, opiniâtre, constant, prudent, tolérant, joyeux, aimable, amical, coriace.
− Matérialiste, égoïste, buté, entêté, obstiné, tenace, dogmatique, lent, paresseux, désordonné, sans goût, insouciant, désireux de plaire, coquet.

Manifestations personnelles

+ Simple, naturel, modeste, déterminé, maître de soi, réservé, plein de tact.
− Formaliste, cinglant, négligent, paresseux.

Pensée

+ Mené par l'instinct, objectif, pratique, concentré, constant.
− Partial, matérialiste, lié à la terre, rigide, limité, dogmatique, obstiné, individualiste, défendant ses propres opinions avec acharnement jusqu'au fanatisme, peu de compréhension.

Sensibilité

+ Instinctif, naturel, innocent, intègre, dévoué, attaché, fidèle, tendre, sensuel, toujours amoureux, gai.

– Léger, sensuel, extravagant, cherchant les amusements, jouisseur, jaloux.

Volonté

+ Imbriqué dans la nature, laissant tout grandir et mûrir dans la
paix et la tranquillité. Vivre en conséquence selon les buts fixés.
Ne pas perdre de vue les objectifs jusqu'au moment où ils sont
atteints.
– Ne pas se laisser persuader d'une autre opinion que celle
adoptée une fois pour toutes. Défendre avec fierté et fanatisme
des points de vue qui sont apparus comme faux. Esprit petit-
bourgeois.

Action

+ Aimable, poli, efficace, pratique, ordonné, économique, zélé,
appliqué, obéissant, patient, constant, fiable, coriace, endurant, durable, ambitieux, conscient du but, capable de travaux
physiques lourds.
– Lent, flegmatique, lourdaud, paresseux, négligent, désordonné.

Effet sur le destin

Le point central est constitué par tous les intérêts matériels, les
possibilités d'acquisition, tout ce qui concerne la propriété du natif.

Effet sur le plan des idées

+ Développement des talents, promotion de la propriété spirituelle, de l'instinct. Les qualités naturelles du natif se développent. Le sentiment d'attachement à la nature ne cesse de
croître.
– Stagnation des talents et des aptitudes à cause d'un besoin
exagéré de tranquillité, de passivité. Le natif se satisfait de ce
qui est acquis et se forge son monde à lui; il ne se souci pas de
cette limitation; au contraire, il s'y retire lorsque les attaques
venant de l'extérieur menacent de détruire ce monde bâti pour
résister aux agressions et défendu avec opiniâtreté.

Effet sur le plan matériel

+ Extension de la propriété, recettes, affaires rapportant gros,
avantages matériels, plaisirs de l'amour, joie de vivre.
– Pertes matérielles, pertes de propriété, chagrin d'amour.

Art

Architecture, arts décoratifs, art du jardinage, chant.

Sciences

Économie, économie nationale, botanique.

Animaux

Caneton, agneau, taureau, biche, oiseaux chanteurs.

Plantes

La nature en elle-même. Fleurs des champs, tilleul, poire, cerise, fraise, prune, banane, froment.

Pierres précieuses

Saphir bleu clair, agate, émeraude, turquoise, corail, perles.

Métal

Cuivre.

Couleur

Le vert de la nature.

Objets

Fleurs, tous les objets décoratifs, les vêtements, les chapeaux, la propriété sous toutes ses formes, surtout de l'argent.

Régions

Prés, à la campagne.

Lieux

Dans les jardins de fleurs, au salon de mode, de coiffure, dans les ateliers de décoration, dans des usines de draps, des magasins de confection, des fabriques de chocolat et de sucreries, à la banque et dans d'autres institutions financières (comme des caisses d'épargne, des bureaux de perception).

Pays

Lorraine, Pologne, Suède, Perse, Asie mineure, Chypre, Russie, Irlande, Suisse, Grèce, Caucase.

Villes

Zürich, Lucerne, Palerme, Rhodes, Parme, Mantoue, St. Louis, Dublin, Naumburg, Merseburg, Dresde, Leipzig, Zwickau, Plauen, Chemnitz, Würzburg, Halle, Bitterfeld, Eisleben, Sangerhausen, Nordhausen, Schweinfurt, Aschaffenburg, Weissenfels, Kitzingen, Kissingen.

Jour de la semaine

Vendredi.

Personnalités importantes nées sous le signe du Taureau

Gary Cooper
Bing Crosby
Harry S. Truman
Golda Meir
Fred Astaire
Fernandel
Bernhard Grzimek
Karl Marx
Gustav Stresemann
Max Frisch
Sigmund Freud
Hans-Joachim Julenkampff
Fritz Kortner
Adolf Hitler
(Selon l'heure
de la naissance, il est
Taureau et non Bélier.)

Alfred Krupp
Axel Springer
Stewart Granger
Ruth Leuwerik
Yehudi Menuhin
Orson Welles
Fritz von Unruh
Martine Carol
Olga Tschechowa
Werner Finck
Audrey Hepburn
William Shakespeare
Jean Gabin
Emmanuel Kant

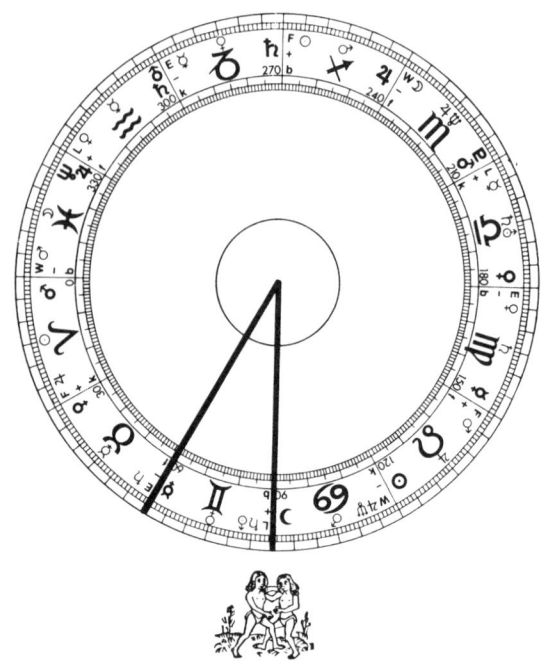

Le signe des GÉMEAUX
né entre le 22 mai et le 21 juin

Planète dominante: Mercure.
Sexe: masculin.
Élément: air.
Tempérament: sanguin (avec effets matériels).
Type: l'intellectuel, le chercheur, le rationaliste, le dualiste, le sceptique.
Apparence: taille moyenne, attitude négligée, membres mobiles, longs doigts. Démarche: mobile, nerveuse, allant de-ci de-là, balançant très fort les bras, gesticulant.
Visage: forme de tête étroite, ovale, front haut, parfois un peu fuyant, regard intellectuel, observateur, mobile, nez très marqué, lèvres fines, menton un peu proéminent.

100

Correspondances physiologiques: articulations, épaules, bras, mains; les membres humains d'exécution comme indicateurs de son intelligence, de son habileté et de son adresse. Cerveau, système nerveux, langue, organes phonateurs, poumons, canal respiratoire, bronches, plèvre.

Le natif des Gémeaux est essentiellement soumis à l'influence de la planète Mercure. Il réunit en lui une sorte de nature double. C'est tout d'abord la division mentale qui ne lui permet pas de trouver la paix et qui le fait souffrir. Il est tantôt au sommet de la joie, tantôt triste à mourir. Il aura besoin de beaucoup de volonté pour surmonter les obstacles que sont sa propre versatilité, sa prolixité et son indécision momentanée. Vous l'avez probablement déjà perçu vous-même et vous avez acquis la certitude qu'il faut lutter contre ces obstacles car ils provoquent le mécontentement avec soi-même et avec l'environnement, qui affecte tellement l'équilibre nerveux.

Il est réconfortant de savoir que vous êtes en mesure de développer une certaine coriacité; mais il est également vrai que vous y opposez une certaine indécision, qui empêchera pas mal de choses. Si vous parvenez à la surmonter, vous pourrez faire preuve d'une grande énergie et d'un grand dynamisme.

Typiquement, vous vous créez un double cercle d'action en changeant à chaque fois de but et en poursuivant votre objectif avec un zèle infatigable. Votre esprit inquiet ne vous permet pas facilement de faire déboucher vos pensées dans une réalisation pratique. Vous vous imaginez quelque chose et l'affaire est terminée pour vous, car la réalisation, vous la laissez aux autres. Il peut aussi vous arriver de parler autrement que vous agissez.

Vous possédez une bonne intelligence; vous n'arrêtez pas de vous former, car vous êtes avide de savoir. Votre vision intellectuelle embrasse un large champ. Vous avez donc une grande facilité à considérer les choses et les problèmes sous des angles différents, ce qui est encore favorisé par le don de percevoir les âmes et les choses de l'intérieur. On peut en déduire que vous êtes très polyvalent, on peut dire trop polyvalent, ce qui affecte assez souvent la rigueur avec laquelle vous agissez. Cela vous donne la fantaisie qui permet d'établir avec une rapidité étonnante des ponts entre différents concepts et différentes notions et vous donne une perception très fine pour tout ce qui est en train de se faire, "qui plane dans l'air". Vous êtes aidé par une intuition qui n'est jamais prise en défaut et une bonne mémoire; vous ne vous laissez pas assombrir par des préjugés.

Vous souffrez très fort du poids de votre tempérament nerveux et vous succombez aux tourments et aux angoisses. Ces angoisses qui peuvent être fortes ont leur origine dans votre sensibilité. Vous pouvez alors vous tromper vous-même, ce qui vous rend pessimiste et peut miner votre santé. Vous êtes par moments susceptible, pour pouvoir l'emporter dans la lutte existentielle.

Vos travaux, vous ne les menez pas souvent à bonne fin. Vous êtes aimable, courtois et accommodant à l'égard des gens; vous êtes vif de nature, irritable et têtu. Vous n'oubliez pas les vexations de même que vous ne pardonnez pas les objections à vos plans et vos idées, dont vous êtes très imbu. Vous aimez faire part de vos projets et vous êtes très flatté lorsqu'on n'y apporte aucune contradiction. Il faut toutefois souligner que vos idées possèdent effectivement un fondement dont la valeur dépasse de loin la moyenne; en effet, votre richesse d'idées et votre esprit novateur vous font souvent créer des choses originales qui méritent d'être appréciées.

Vous pourriez éliminer beaucoup d'obstacles et atteindre beaucoup de succès dans la vie si vous vous concentriez davantage et si vous vous consacriez à un objectif déterminé. Celui-ci devrait être poursuivi avec une énergie infatigable après avoir été médité en détail. Si vous y parvenez, vous constaterez que votre évaluation de la vie et du destin se modifiera considérablement, que vous trouverez plaisir au travail et que vous serez continuellement poussé à de nouvelles actions et de nouvelles tâches.

C'est ainsi qu'il faut procéder pour trouver la satisfaction matérielle mais aussi spirituelle, source de bonheur. Car vous disposez des aptitudes requises: soif de savoir, richesse d'idées, coriacité (si vous le voulez seulement), formation. Utilisez ces moyens, soyez l'artisan de votre transformation; même si le premier résultat n'est pas un chef-d'oeuvre, ce n'est pas tragique. Commencez immédiatement, c'est le premier pas qui coûte le plus!

Vous aimez la variation et le changement et vous êtes à même de vous adapter aux exigences du moment. Vous avez l'amour du détail et, sur le plan mental, vous êtes vif, intelligent, rapide, sensible; vous êtes également ambitieux. Vous avez toutefois tendance à devenir verbeux et à disperser vos forces plus qu'il ne faut.

En général, vous avez un caractère aimable, bon, conciliant, volontaire. Vous êtes peu égoïste mais généreux, amical et prévenant, un peu nerveux, inquiet, agité dans tous les mouvements; il est rare que vous puissiez rester tranquillement assis ou debout, vous avez une démarche rapide; vous êtes bavard, enthousiaste. Vous vous distinguez par votre serviabilité et vous vous occupez volontiers des soucis d'autrui. Même si vous êtes légèrement irrité, vous vous calmez rapidement; si des fois vous vous mettez dans une rage violente, vous le regrettez vite et cherchez à réparer l'injustice.

En dépit de votre versatilité innée, vous disposez d'une forte volonté et vous avez une importante tendance à donner des ordres, sans pour autant verser dans la tyrannie et l'arrogance.

Le natif des Gémeaux utilise intensivement le moment présent et il est alors loquace, curieux, souple et spirituel. C'est un maître du débat, et il réussit à défendre aujourd'hui une cause avec acharnement qu'il combattra demain avec d'autres arguments de manière tout aussi acharnée.

Comme natif de ce signe, vous possédez une remarquable sagacité, une bonne mémoire et un sens des réalités étonnant. Par moments, il y a cependant chez vous un manque de hiérarchie des points de vue, un manque d'approfondissement, des jugements superficiels, une tendance à une argumentation sophistiquée. D'un côté, vous vous intéressez aux belles-lettres, à l'expression des sentiments, vous faites preuve de tact et de gaieté; d'un autre côté, vous êtes déraisonnable, hypocrite, vous manquez de principes, vous surestimez vos capacités et vous êtes étourdi.

Le natif des Gémeaux a besoin de mouvement, il poursuit la nouveauté, a besoin de s'épancher et désire courir deux lièvres à la fois.

Les Gémeaux ont tendance à choisir des professions pour lesquelles il faut avoir de la rapidité, de la souplesse, du flair ainsi que beaucoup de bon sens. Il a donc de bonnes prédispositions pour des activités en rapport avec la presse, le journalisme, la rédaction, la télévision, la radio, l'édition, les librairies. Il a également du succès comme reporter, journaliste de télévision ou écrivain. Il a cependant une préférence pour les carrières commerciales. Les natifs des Gémeaux sont également souvent des sténotypistes, des secrétaires, des agents de bord ou des agents de tourisme. Il faut également citer les sciences et les arts: le graphisme, la musique, mais également la danse, le ballet, la gymnastique rythmique, les sports et les professions de démonstration.

Le natif des Gémeaux a une tendance aux maladies des membres (bras, mains, doigts), des organes respiratoires (bronches, poumons), de la trachée, du système nerveux et de la plèvre. Il peut souffrir de névralgies, d'asthme, de surexcitabilité et de défauts de langage.

Les natifs des Gémeaux sont au mieux de leur forme lorsqu'ils sont en mouvement. Mais ceci les amène progressivement à se surmener. Le type des Gémeaux a besoin d'une nourriture riche, si possible très variée, peu de viande, beaucoup de légumes, de fruits et de salades. Il faut si possible éviter la nicotine. Il a besoin de beaucoup d'air frais et d'un repos nocturne suffisant. Celui qui a facilement des problèmes de santé devrait éviter tout ce qui pourrait nuire aux poumons.

La femme Gémeaux fait preuve d'une grande gaieté et jovialité, de bonne humeur et d'enjouement ainsi que d'insouciance. Elle est toujours prête pour des fêtes, des amusements et des petites folies. Elle remonte "le moral des troupes". Elle se distingue surtout par sa compréhension rapide, sa polyvalence, son sens de la répartie, sa diplomatie. Mais elle peut également être douce, câline et d'une curiosité sans objet précis. Elle soigne ses contacts avec les gens et profite d'une bonne capacité d'adaptation. Grâce à sa souplesse et son habileté, elle peut parler de tous les sujets. Elle a la faculté d'aplanir les différends et de s'impliquer, ce qui la rend sociable et hospitalière. "Zwei Seelen wohnen, ach, in meiner Burst", il y a hélas deux âmes dans ma poitrine, écrivait Goethe dans *Faust*. C'est ce qui caractérise également les natifs des Gémeaux. Il y a un lien très fort avec des souvenirs d'enfance, des parents, même lorsque ces enfants se révoltent contre les parents.

Mais l'avenir intéresse également la femme Gémeaux. Elle s'intéresse aux inventions modernes, à la mode, aux choses et aux projets qui se réaliseront un jour.

Elle n'a pas peur, même à l'âge mûr, d'apprendre quelque chose de neuf. L'intelligence vive doit toujours être occupée. C'est pourquoi la femme Gémeaux n'aime pas les travaux ménagers. Par contre, elle se sent très bien dans la vie professionnelle.

La native des Gémeaux ne vieillit pas intérieurement, elle est éternellement amoureuse, de l'enfance jusqu'à un âge avancé. Il y a déjà de nombreuses expériences amoureuses dans sa prime jeunesse. Elle aime l'amour et le sexe ne joue pas un rôle si important; elle croit que son amour doit être le grand amour. Par moment, elle a l'impression que son partenaire n'est pas le bon; celui qu'elle voudrait avoir est la plupart du temps déjà pris.

Des hommes mariés jouent un grand rôle dans sa vie. Mais il y a un moment où elle fait table rase, rompt les liaisons et est fermement décidée à choisir le bon partenaire. C'est l'horoscope personnel qui décidera si elle aura de la chance ou pas.

L'homme Gémeaux aime les gens, beaucoup de gens. Comme il est un partenaire de conversation excellent, il sera le bien-aimé de toute maîtresse de maison. Il dispose d'une dialectique excellente, de style, de facultés de raisonnement logique; il est accommodant, habile et un excellent intermédiaire. Il a une bonne imagination, une bonne faculté de concentration, un esprit de planification et le sens des réalités.

Le natif des Gémeaux collectionne perpétuellement de nouvelles impressions. Son imaginatioin ne connaît pas de limites. Il vise haut, très haut. Sa bonne faculté de compréhension lui permet de faire plusieurs choses à la fois. Un Gémeaux avec des dons non utilisés devient facilement amer, tranchant, ironique et déçu. Des liens très forts avec la mère caractérisent également l'homme Gémeaux. Les Gémeaux ont tendance à abandonner les vieux amis pour des nouveaux, cela par manque de coeur: ils sont tellement changeants que les gens ne les intéressent que momentanément. Dans le mariage, le Gémeaux est compréhensif. Mais il n'est pas toujours fidèle; la plupart du temps, il a un penchant pour les affaires amoureuses qui ne sont que de courte durée. Il ne revient pas du tout culpabilisé chez son épouse. Il est réaliste et répond à chaque défi. Il parvient à justifier toutes les actions. Si on ne lui donne pas raison et si on n'est pas de son avis, il se montre déraisonnable, peu compréhensif et rigide.

Il ne se laisse pas enchaîner. Mais il est capable de revigorer et revitaliser un mariage fatigué. Les Gémeaux conviennent le mieux aux gens dont le Soleil se trouve dans le signe de la Balance (22.9 au 21.10) ou dans le signe du Verseau (21.1 au 18.2). En harmonie également avec le natif des Gémeaux, on trouve le signe zodiacal du Lion (22.7 au 21.8) et du Bélier (21.3 au 20.4). Le signe de la Vierge (22.8 au 22.9) et des Poissons (19.2 au 20.3) sont moins favorables comme partenaires.

Caractéristiques des GÉMEAUX

Caractère

+   Intellectuel, rationnel, concret, avide d'apprendre, de savoir, instruit, cultivé, spirituel, compréhensif, mondain, intelligent, intéressant, polyvalent, observateur, attentif, réceptif, éveillé, ordonné, honnête, vif, agile, ingénieux.

– Nerveux, névrotique, inconstant, inquiet, sans repos, déchiré, divisé, dualiste, distrait, confus, indécis, sans but ni attache, indifférent, inachevé, superficiel, importun, effronté, rusé, calculateur, curieux, menteur, faux, malhonnête, calomniateur, intrigant, sournois, sans caractère, capable de simulation, avide de se mêler de tout, imbu de lui-même, blasé, fat, présomptueux.

Manifestations personnelles

+ Habile, réfléchi, diplomate, intelligent, vif, loquace, éloquent.
– Inquiet, indiscipliné, nerveux, agité, bavard, importun.

Pensée

+ Mobile, vif, alerte, rapide, comprenant vite, s'adaptant à chaque situation, accommodant, habile, polyvalent, malin, logique, intéressé, idéaliste, scientifique, perspicace, subtil, intelligent, pensif, spirituel, diplomate, sagace, éveillé, ingénieux, clair, intelligent, compréhensif, attentif, réceptif, capable de s'adapter.
– Critique, incohérent, inconstant, non concentré, déchiré, divisé, distrait, imprécis, non approfondi, fuyant, confus, changeant, sans attache, sans réflexion, non achevé, superficiel, en quête de sensationnel, satirique, sarcastique, ironique, prolixe, étourdi, sans jugement, sans but, bavard, oublieux, inquiet, empressé, curieux, blanc-bec, rusé, ergoteur, touche-à-tout.

Sensibilité

+ Rationnel, raisonnable, conscient du but, en recherche, polyvalent.
– Calculateur, curieux, superficiel, changeant, sans attache, sans but, d'humeur changeante, irritable.

Volonté

+ Tout connaître, tout comprendre. Considérer tout avec les yeux de la raison. Trouver le bon mot au bon moment pour tout ce que l'on voit et perçoit. Perpétuelle recherche de nouveautés, de changements. Aime entreprendre de petits voyages pour rassembler de nouvelles expériences, faire des visites pour pouvoir communiquer ses expériences aux autres. Une vie dans le domaine de la pensée, construire des châteaux en Espagne, refusant d'être terre-à-terre.

- Voulant se distraire pour ne pas devoir penser à la réalité. Ce qui semble calmer, c'est de foncer (ou même de s'agiter) à travers le monde de manière inquiète, nerveuse et par tous les détours possibles et imaginables. Puisqu'il ne veut pas croire à la vérité, à la "dernière réalité", il se contente des apparences et il se les présente ainsi qu'aux autres comme la réalité. Lorsqu'il a fait un premier tour d'une question, il s'en désintéresse et se tourne vers un nouveau pôle d'attraction. Il veut toujours faire deux choses à la fois; c'est ainsi que rien ne se fait en réalité. Une chose chasse l'autre et rien n'est mené à terme.

Action

+ Réfléchi, affairé, mobile, zélé, actif, habile, adroit.
- Irréfléchi, inconstant, impatient, inquiet, sans repos, nerveux, manquant d'endurance, non fiable, trompeur, falsification de documents et d'écrits, vente, vil.

Effet sur le destin

Commerce et artisanat, industrie, presse, communications, voyages, intérieurs, visites, nouvelles, nouveautés, publicité, propagande, correspondance, affaires contractuelles, signatures, intérêts. Les relations aux proches parents, spécialement les frères et soeurs et voisins. Les manuscrits du natif.

Effet sur le plan des idées

+ Impressions méditatives. On entre dans les choses, on s'y perd pour se retrouver enrichi. Attitude intellectuelle face aux événements. Puisqu'on comprend, on est satisfait. Discussion vive. On donne des conseils et on prend des renseignements. Plaisirs littéraires. Études couronnées de succès.
- Influences inquiètes qui scindent le moi. Les mérites des autres sont fêtés comme les siens propres. Attitude peu objective face au destin. On ne veut pas comprendre et on rejette tout ce qui est imposé. Discussions et disputes peu courtoises.

Effet sur le plan matériel

+ Toutes les affaires commerciales. Achat et vente d'objets, voyages à l'intérieur du pays, accords avantageux, négociations, visites et excursions réjouissantes. Nouvelles favorables. Réussite d'examens. Distinction, diplômes.
- Nouvelles critiques, soucis dans les affaires, mauvaises spéculations. On a fait de mauvais calculs, perte de considération.

On ne progresse pas à l'école, on rate l'examen et on doit accepter pas mal de désavantages. Pertes par inadvertance, tromperie, vol. Bavardages, commérages, intrigues, scandales.

Art

Poésie, éloquence, belles-lettres.

Sciences

Toutes les sciences exactes, les sciences commerciales, la linguistique, la géographie, la pédagogie.

Animaux

Singe, renard, araignée, lézard; tous les animaux qui courent vite et se déplacent agilement; les chiens, les abeilles, les petits serpents, les pigeons voyageurs. Le perroquet.

Plantes

Avoine, persil, lierre, plantes pendantes, fenouil, carottes, noisette.

Pierres précieuses

Agate, cornaline, topaze, pierres semi-précieuses et non précieuses.

Métal

Mercure.

Couleur

Nuancée, influences colorées changeantes, surtout le jaune et le violet.

Objets

Véhicules, livres, papier, journaux, périodiques, lettres, écrits, instruments d'écriture, miroir, appareil photographique, photos, téléphone, encyclopédies, dossiers, documents.

Régions

Régions aérées, sur les hauts plateaux.

Lieux

Bureaux, salles de lecture, bibliothèques, salles de conférences, écoles, universités, institutions d'enseignement, instituts scientifiques, usines de papier, imprimeries, maisons d'édition, librairies, musées, grands magasins, bureaux de poste; dans les trains, sur la rue, dans l'escalier, sur le pont, les places publiques.

Pays

Wüttemberg, la Franconie moyenne et supérieure, les États-Unis, la côte nord-est de l'Afrique, l'Égypte inférieure, la Lombardie, la Sardaigne, la Belgique, le Brabant, l'Arménie, Tripoli, l'Angleterre occidentale, le pays de Galles.

Villes

Nuremberg, Mayence, Bamberg, Villach, Kissingen, Kulmbach, Ansbach, Eichstädt, Fürth, Rothenburg, Schwabach, Bayreuth, Hof, Darmstadt, San Francisco, Londres, Versailles, Metz, Melbourne.

Jour de la semaine

Mercredi.

Personnalités importantes nées sous le signe des Gémeaux

John F. Kennedy
le prince Philip d'Angleterre
Josephine Baker
Albrecht Dürer
Errol Flynn
Judy Garland
Juliette Greco
Theo Lingen
le comte Luckner
Thomas Mann
Marilyn Monroe
Joseph Neckermann
Lilli Palmer
Cole Porter
Françoise Sagan
Joseph Tito
Michael Todd
Richard Wagner

Ali Khan
Jean-Paul Sartre
Achmed Sukarno
le Dalaï Lama
Arthur Conan Doyle
Charles Aznavour
Nancy Sinatra
Peter Frankerfeld
Leslie Caron
Rainer Barzel
Eva Bartok
le roi Constantin de Grèce
Anastasia Romanov
Ian Fleming
Otto Lilienthal
Ernst Stankowsky
Rupert Davies
Erich Jan Hanussen

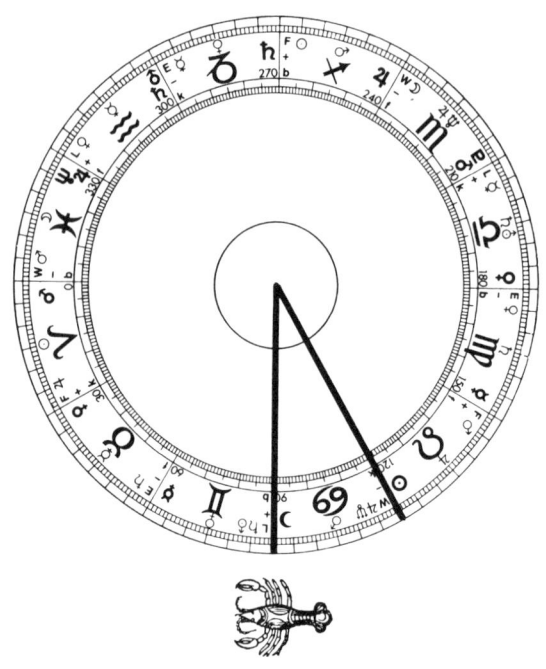

Le signe du CANCER
né entre le 22 juin et le 22 juillet

Élément: eau.

Planète dominante: la Lune.

Sexe: féminin.

Tempérament: mélancolique.

Type: l'homme tranquille, l'humoriste, le rêveur et le romantique, l'amoureux de la nature, le voyageur, le sentimental, l'apatride, l'homme moyen.

Apparence: silhouette charnue, taille moyenne, silhouette trapue, musculature peu accentuée, articulations fines.

Visage: visage rond et plein, traits peu marqués, teint pâle, regard expressif, passionné, mais souvent incertain et mélancolique. Yeux gris, souvent verts; nez large, menton rond.

Correspondances physiologiques: estomac et système digestif, pancréas, poitrine, plèvre, foie, muqueuses, rhumatismes, tube digestif, les humeurs et leur circulation, les glandes, l'alimentation. Les glandes de la lactation, les glandes lacrymales, les vaisseaux lymphatiques et la substance cérébrale.

Le Cancer subit l'influence particulière de la Lune.

Le natif du Cancer est très sensible aux influences de son entourage. Il est facilement irritable, impatient et change souvent d'avis. Il a un très fort besoin d'appui en bien comme en mal suite à son manque d'autonomie.

Vous êtes entêté et vous ne vous intégrez pas facilement. Vous n'aimez pas travailler sous surveillance. Votre désir de connaissance s'oriente de préférence vers le passé; d'autre part, vous avez souvent des pressentiments et des rêves qui se réalisent, ce qui correspond à votre nature sensitive et "médiumnique". Il n'est pas étonnant que ce soient les activités mystérieuses de votre inconscient qui vous poussent à l'action. Vos mouvements d'humeur et vos conditions de vie varient sans cesse et font de vous une sorte de girouette soumise à tous les courants du temps. Pour cette raison, vous êtes sans cesse tenté de retourner au passé pour y chercher des impulsions pour la vie présente. Vous aimez le luxe et l'abondance et vous avez tendance à juger votre entourage d'abord sur les apparences. Comme vous avez de la fantaisie, de l'imagination et des idées fort personnelles, vous aimez vraiment l'aventure.

Vos compagnons ont souvent de la peine à vous juger parce que vous êtes soumis à vos humeurs changeantes. Vous, de votre côté, vous réussissez à vous adapter et à appréhender les idées d'autres personnes.

Vous êtes prêt à ressentir les stimulations en tous genres, des plus basses aux plus élevées. Votre inconstance vous complique la vie; vous êtes sans cesse soumis à des hauts et des bas et à de nombreux changements. Vous ne faites preuve de constance que quand vous vous sentez en parfait accord avec vos idéaux; à ce stade, vous vous accrochez fermement à ce que vous avez obtenu.

Parfois, vous êtes méfiant et prudent; à d'autres moments, vous vous abandonnez sans retenue à votre joie. Votre colère monte vite et s'apaise tout aussitôt. Vous êtes prompt à la réconciliation, diplomate et rusé. À l'occasion, vous jugez trop rapidement, sans examen préalable et sans indulgence. D'une part, vous aimez le changement, la vie bohème, la variété; d'autre part, vous êtes attaché à votre maison, à votre famille. Vous avez besoin de l'atmosphère familiale et vous aspirez à la soigner et à l'entourer d'affection maternelle.

Caractéristique d'un coeur tendre, vous êtes doté d'une grande tolérance et d'une grande bienveillance. Vous possédez de multiples talents, vous comprenez rapidement, vous avez du goût pour la philosophie, vous êtes réceptif pour les impressions personnelles et vous avez le sens de la communauté.

Vous êtes changeant dans vos amitiés parce que vous avez des difficultés à maintenir longuement vos sympathies pour une seule et unique personne; ceci explique que vous ayez aussi des ennemis jurés. En un mot, vous avez beaucoup d'amis et d'ennemis qui vous compliquent la vie.

Vous serez amené à vivre quelques conflits juridiques. Dans l'ensemble, ils ne se déroulent pas bien. Vous êtes d'ailleurs exposé à certains dangers, à des pertes suite à des vols, de l'imprudence et au jeu, de même que dans le déroulement de votre vie amoureuse et conjugale et à cause de vos enfants.

Les grands voyages vous amènent en général des succès et des bénéfices financiers. Vous êtes menacé de perdre fortune et héritage à cause de parents; des liaisons amoureuses peuvent avoir le même effet. En général, vous ne pourrez atteindre un certain bien-être que grâce à beaucoup de travail et d'efforts. Pour le natif du Cancer, le deuxième tiers de la vie est en général plus favorable et plus heureux, amène une bonne situation et des revenus sûrs.

Le natif du Cancer ne doit donc ni s'inquiéter ni se soucier à propos du soir de sa vie. Dans l'ensemble, il lui amène succès et bien-être et des circonstances heureuses s'annoncent.

Les natifs du Cancer paraissent à première vue tendres, sensibles, affectueux et souples et, pourtant, ils ne sont pas du tout faciles à diriger. Ils possèdent une forte ambition, un acharnement quasi fanatique, une volonté mobile, de la combativité, de l'enthousiasme et du zèle. On observe également beaucoup d'application, d'activité et le désir de se distinguer.

Le Cancer a, dans une certaine mesure, besoin de soutien, d'appui, de protection. Quand il trouve que le jeu en vaut la chandelle, il est capable de travailler et d'épargner comme pas un.

Les tendances professionnelles des natifs du Cancer sont extrêmement variables. Dans le domaine commercial, il préfère le secteur des hôtels et des auberges de même que la navigation, les entreprises de pêche, le commerce des boissons, les stations-services, les brasseries, les professions comprenant le service aux personnes, les professions dans les services publics. Souvent aussi, des voyageurs, des représentants sont soumis à l'influence du Cancer. Des professions telles que conseiller psychologique, physiothérapeute conviennent également. Il a une préférence pour les professions libérales. Dans les carrières artistiques, on trouve aussi beaucoup de natifs du Cancer. Ils disposent d'assez de fantaisie, de sentiment et de richesse de formes pour cela. Souvent, ils choisissent le métier de médecin, surtout de gynécologue. Ils se sentent peu attirés par la technique. Il faut mentionner encore que l'individu Cancer est un marin-né. Les activités qui ont un rapport avec la décoration intérieure, l'alimentation, les liquides mais aussi la météorologie, la recherche et des métiers comme accoucheuse, gardienne d'enfants, institutrice, employée de maison, infirmière conviennent bien aussi aux natifs du Cancer.

Le Cancer a besoin de louanges, de stimulations, d'exhortations. Il dépérit moralement s'il n'est pas assez reconnu ou s'il vit dans un climat de travail malsain. Les Cancers sont sujets aux maux d'estomac d'origine nerveuse, au cancer du sein ou de l'estomac, à l'hydropisie, aux troubles digestifs et menstruels, aux maladies chroniques, aux troubles du système lymphatique, à l'anémie.

Il faut éviter les excitations morales. Plus un Cancer est équilibré et harmonieux, mieux il se portera. L'alcool est pour lui le poison numéro un.

Un observateur avisé constatera chez l'homme Cancer un changement dans les intérêts et les tendances, le goût du voyage et ce, en dépit d'un amour réel pour la maison familiale, des activités multiples et le désir d'éviter les dures réalités de la vie.

Le natif du Cancer a des facilités de contact, c'est un bon narrateur en même temps qu'un auditeur attentif. Cependant, il ne met pas à nu ses problèmes lors d'une première rencontre; il lui faut plus de temps pour se livrer. Son humeur de base est l'humeur variable, réceptive au sens le plus large, la pitié, la douceur.

L'homme Cancer peut passer d'une attitude pleine d'espoir et enjouée à une passivité pleine de mélancolie. Il peut flirter et pourtant rester fidèle. N'oublions pas de mentionner une certaine sensiblerie, un manque d'énergie et de fermeté et une nature impressionnable. Par moments, le natif du Cancer est profondément pessimiste. Il devrait se rendre compte que chaque regard sombre n'implique pas nécessairement un grave reproche. Il puise sa force dans la maison familiale, dans la famille. C'est absolument vital pour lui. Il voudrait protéger ceux qu'il aime et en même temps être stimulé par eux. Il a tendance à ressentir la pitié et à la susciter, à faire preuve de bonté d'âme et à exiger de participer au vécu des autres et à laisser les autres à leur vécu personnel. Il montre de l'intérêt et en attend des autres ; il veut comprendre les autres et être compris d'eux.

Ces quelques exemples montrent qu'il dépend fondamentalement des autres, qu'il est déterminé par les autres. À cause de cette dépendance, tout sentiment d'amour pour un autre est exigé en retour. L'altruisme est souvent un égoïsme déguisé et qui est plus dangereux parfois qu'un égoïsme déclaré et exigeant.

Un Cancer peut faire du bien et se sacrifier pendant des années pour quelqu'un avec douceur et presque insidieusement et, soudain, tout lui réclamer en retour avec intérêt et usure ! Commence alors une litanie de plaintes et de reproches parce qu'on a accepté ses bienfaits ; il exige du bénéficiaire une reconnaissance éternelle. En réalité, un Cancer est incapable de faire des cadeaux, il ne peut donner que pour avoir la sensation d'être donateur et doit sans cesse exiger en retour pour se sentir confirmé dans ce rôle. On rencontre surtout ces traits de caractère chez les femmes natives du Cancer.

C'est l'égoïsme maternel typique que l'on peut observer mille fois dans la vie. Dans un premier temps, la mère se sacrifie entièrement pour son enfant par amour, mais cet amour part d'un sentiment instinctif qui unit la mère à l'enfant ; mais, ensuite, apparaît l'exigence d'être payée en retour, et c'est le revers de la médaille d'un tel amour qui doit continuer à unir l'enfant à la mère. Mais cet aspect instinctif de l'amour maternel va souvent de pair avec un amour maternel dénué d'égoïsme, capable de donner sans rien exiger en retour.

La femme Cancer est fidèle aux traditions, attachée au passé et, dans un sens plus restreint, à la famille, au clan, aux ancêtres. Cette attitude entraîne nécessairement un refus de la nouveauté. Elle se distingue par un amour marqué pour les enfants de tous âges. Parfois, elle se montre capricieuse, versatile, sentimentale, peu autonome et de mauvaise humeur. Les sentiments varient du noir profond au rose le plus clair. Cette dépendance par rapport aux sentiments ne contribue pas précisément à l'harmonie à l'intérieur de l'environnement. Un trop grand apitoiement sur soi détériore la bonne condition personnelle et l'atmosphère familiale.

C'est pourquoi il faut que vous exprimiez franchement et calmement votre dépit et vos récriminations, sinon vous ne provoquerez que mésententes et conflits. Il serait plus aisé de travailler avec vous si vous faisiez part des véritables soucis qui vous accablent et si vous ne vous tracassiez pas si excessivement du bien-être de ceux qui vous sont chers. Une bagarre déclarée serait parfois préférable pour votre entourage à vos sentiments sans cesse refoulés et pourtant oppressants pour les autres.

En dépit de leur sensibilité marquée et de leurs attraits, les femmes Cancer sont de fortes personnalités. Elles sont pratiques et réalistes dans la vie quotidienne. Elles s'entendent à faire des comptes, à épargner et faire fructifier une fortune. Elles apprécient la compagnie de bons amis et peuvent être de bonnes camarades pour leurs compagnons et leurs proches. Mais elles ont leur jardin secret et il ne serait pas bon de forcer la confidence.

La femme Cancer aime surtout sa propre cuisine. Elle cuisine bien et est même passée maître dans les plaisirs culinaires. En amour, elle se montre romantique, tendre, souple et d'une grande sensibilité.

Certains jours, elle est inaccessible; à d'autres moments, elle ne souhaite rien tant que la sécurité de la vie familiale et du couple. Le désir de se faire choyer par un amant ou un époux est profondément ancré en elle. Elle est prête à tous les sacrifices pour ceux qu'elle aime. Elle surmontera courageusement ses propres craintes. Elle n'abandonnera jamais les siens dans une situation critique. Les natifs du Cancer ont sans cesse besoin d'un sentiment de sécurité et d'encouragement; ils n'aiment pas être seuls. Ils ont besoin de beaucoup d'amour et de chaleur.

Les partenaires favorables pour les natifs du Cancer sont les natifs du Scorpion (du 24.10 au 22.11) et les natifs du Poisson (du 20.2 au 20.3). Les relations aux natifs de la Vierge (du 24.8 au 23.9) et du Taureau (du 21.4 au 21.5) sont également favorables. Par contre, les relations aux natifs du Capricorne (du 22.12 au 20.1), de la Balance (du 24.9 au 23.10) et du Bélier (du 21.3 au 20.4) s'avèrent défavorables et porteuses de conflits.

Caractéristiques du CANCER

Caractère

+ Maternel, réceptif, polyvalent, affectueux, complaisant, enjôleur, désireux de s'appuyer sur autrui, serviable, aimable, charmant, aimé, modeste, naturel, simple, aimant la vie familiale, confiant, débonnaire, plein d'humour, tolérant, prévoyant, doux, tendre, rêveur, sensible, dons de médium, a de nombreux pressentiments, romantique, enthousiaste, vie sentimentale riche.

— Versatile, instable, superficiel, agité, capricieux, variable, inconstant, irrésolu, victime de ses humeurs, sensible, sentimental, larmoyant, a tendance à s'apitoyer sur lui-même, sans énergie, d'un caractère faible, désordonné, indécis, imprécis, manque d'autonomie, puéril, naïf, suffisant, faux, curieux, irritable, nerveux, anxieux, poltron, de mauvaise humeur, morose, acariâtre, susceptible, vexé, abattu, mélancolique, somnambule, sans caractère.

Manifestations personnelles

+ Réservé, calme, agréable, paisible, romantique, rêveur, enthousiaste, plein d'humour.
— Indécis, timide, variable, inquiet, mielleux.

Pensée

+ Intuitif, romantique, plein de fantaisie, fécond, réceptif, polyvalent, d'une compréhension rapide.
— Fantasque, non autonome, superficiel, incomplet, sans ordre, confus, sensible, puéril, naïf, limité, changeant, agité, capricieux.

Sentiments

+ Cordial, plein d'humour, romantique, nostalgique, tendre, désireux de s'appuyer sur autrui, intuitif, délicat, compatissant, agréable, débonnaire, d'une grande pureté de sentiments.
— Sensible, hypersensible, capricieux, sentimental, sensuel, amoral, dénué d'ordre et de discernement, soumis, se disperse; sentiment d'être incompris.

Volonté

+ Orienté vers la famille, la vie familiale, le chez-soi, la patrie; désireux de tout aimer, d'entourer tout le monde de sentiments maternels; désireux de compatir avec les autres et de les aider. Il veut voir le monde à travers le filtre de ses sentiments, aime ses aises par-dessus tout; recherche protection et sécurité. Évite les conflits par amour de la paix et du calme. Vit toujours dans le souvenir. Laisse errer ses sentiments autour de tout ce qui appartient au passé. Veut retourner aux origines, à la cause première, à la profondeur, aux racines.

- Erre à travers les bois, les villes, les pays et les continents, ceci afin de ne pas devoir réfléchir, méditer et vraiment agir. Passivité par manque d'énergie et d'efficacité. Conflits suite à une flexibilité et une bonté excessives. Dépend entièrement de ses humeurs. Les caprices dominent la vie intérieure. Ce type est semblable à une journée d'avril qui apporte tantôt le soleil, tantôt la pluie: il est insatisfait de tout y compris de lui-même et ne vit que dans la pensée que tout est éphémère. Tient aux traditions. Veut s'isoler. Très irritable, facilement offensé, rancunier.

Action

+ Sentimental, prévenant, débonnaire, complaisant, serviable, compatissant.
- Non autonome, non fiable, influençable, instable, soumis à ses humeurs, nonchalant, passif, sans énergie, soumis, lent, inactif, paresseux, débraillé, timide; type de la girouette.

Effet sur le destin

Changement et transformations; destins marqués par le foyer, la vie familiale, l'origine, l'héritage, la race, la région natale, la patrie, le peuple, la vie publique. Début et fin du natif. Situation dans la maison parentale, la jeunesse du natif, le soir de sa vie. L'instinct migrateur, tout ce qui est périodique, la popularité du natif.

Effet sur le plan des idées

+ Aspirations profondément ancrées, fortes impressions psychiques, expériences romantiques, influences sur la vie affective; vit dans le souvenir.
- Complexes sur le plan des désirs et de la vie sensuelle. Tensions psychiques, états de nervosité, dépressions. Destins par effets de l'imagination; fantaisie, mémoire déficiente. S'attachant au passé, aux vérités éprouvées; attaché à la tradition.

Effet sur le plan matériel

+ Situation favorable chez soi. Changement de lieu et de domicile opportun; relations favorables à la maison paternelle et à la famille; jeunesse malheureuse et vieillesse agitée.

Art

Les arts de représentation et de transformation, musique, surtout la musique populaire (folklore), art culinaire.

Sciences

Botanique, histoire en particulier l'histoire des familles, étude des races et de l'hérédité, géologie, diététique.

Animaux

Chat, chèvre, vache, cochon, oie, canard, poule, lapin, lièvre, crabe, grenouille, moule, poisson, tous les oiseaux aquatiques, coléoptères, guêpes, abeilles, moustiques.

Plantes

Pâquerettes, plantes aquatiques (le roseau), pommes de terre, haricots, cornichons, courges, melons.

Pierres précieuses

Cristal, béryl, pierre lunaire, perles; toutes les pierres blanches, laiteuses et vertes.

Métaux

Argent.

Couleur

Blanc pâle, argent, gris argent, vert eau.

Objets

Agencement d'intérieur surtout cuisine, chambre à coucher, baignoire; denrées alimentaires, surtout les lipides. Bateaux.

Région

Contrées fertiles abondamment irriguées, sources, fleuves, lacs, mer, marais.

Lieux

Le foyer, la maison paternelle; le lieux de naissance, les espaces verts, les jardins (en particulier les potagers); lieux à proximité des cours d'eau (ports, stations balnéaires); restaurants, brasseries, hôtels, auberges, laiteries.

Pays

L'Afrique du Nord et de l'Ouest, l'Écosse, la Hollande, la Turquie, la Nouvelle-Zélande, la Bourgogne, le Paraguay, l'île Maurice.

Villes

Lübeck, Trêves, Aix-la-Chapelle, Saarburg, Düren, Liegnitz, Bunzlau, Glogau, Görlitz, Hirschberg, Grünberg, Lauban, Lanshut, Sagan, Ascherleben, Magdebourg, Halberstadt, Oscherleben, Quedlinburg, Stendal, Wernigerode, Hildesheim, Goslar, Götingen, Hannoversch-Münden, Osterode, Claustral-Zellerfeld, Lüneburg, Celle, Harburg, Uelzen, Stockholm, Manchester, Amsterdam, Constantinople, Cadix, Gênes, Venise, Milan, Berne, New York, Alger, Tunis, Bochdale.

Jour de la semaine
  Lundi.

Personnalités importantes nées sous le signe du Cancer

Peter Alexander
Louis Armstrong
Yul Brynner
Jules César
Jean Cocteau
O.E. Hasse
Ernest Hemingway
Paul Hubschmied
Gustav Knuth
Käthe Kollwitz
Charles Laughton
Gina Lollobrigida

Rembrandt
Erich Maria Remarque
John D. Rockefeller
Pierre Paul Rubens
Georges Sand
Ferdinand Sauerbruch
Vittorio de Sica
Soraya
Barbara Stanwyck
le duc de Windsor
Nathalie Wood
le comte Zeppelin

Le signe du LION
né entre le 23 juillet et le 23 août

Planète dominante: Soleil.

Sexe: masculin.

Élément: feu.

Tempérament: colérique.

Type: l'homme d'action, l'homme autoritaire, l'homme passé maître dans l'art de vivre, l'optimiste. L'homme rayonnant, l'homme dominateur, le noceur, le fanfaron.

Apparence: silhouette élancée et thorax bien développé; dos large, aspect physique impressionnant. Maintien droit et fier. Taille élevée et corpulence forte, surtout passé un certain âge. Crâne important et forme de tête plutôt arrondie avec un front haut et bombé. Grands yeux, menton marqué, sourcils broussailleux, larges épaules.

Visage: visage large, maintien de la tête droit, crinière de lion, prédisposition à la calvitie, lèvres pleines.

Correspondances physiologiques: la moëlle épinière, la colonne vertébrale, le coeur, la circulation du sang, le système circulatoire, les disques.

Le Lion est essentiellement soumis à l'influence du Soleil, c'est surtout lui qui l'a marqué.

En vous rayonnent la confiance en soi, une aspiration élevée et une volonté énergique. Vous vous montrez énergique et sûr de vous sur le plan des sensations et de la connaissance. Vous avez un sens élevé de votre dignité et vous avez la capacité, grâce à la confiance que vous inspirez et à votre capacité de travail, d'avoir un rôle dominant dans votre entourage. Par votre courage et votre force, vous accédez plus facilement que d'autres aux sommets. Vous aspirez à la magnificence extérieure et au déploiement de fastes, vous voulez mettre en valeur votre propre personnalité et voulez remodeler le monde à votre propre image; le danger existe que vous surestimiez vos propres forces et que vous retombiez brutalement des sommets auxquels vous avez accédé.

Vous avez le sens pratique et en homme d'action, vous poursuivez des objectifs généreux. Vous êtes généreux et vos colères ne sont pas violentes. Lorsqu'il vous arrive d'être très énervé intérieurement, vous parvenez à vous dominer et vous vous comportez de façon naturelle en dépit de votre fierté qui peut vous rendre sévère et acerbe. Vous n'êtes pas jaloux; bien souvent, ce sont les autres qui vous envient. Vous êtes magnanime face à vos ennemis et vous êtes conciliant. Vous ne manquerez sans doute pas de vivre des expériences pénibles.

L'influence du Lion donne la capacité de dominer. L'harmonie interne suscite la fermeté et l'indépendance interne entraîne la persévérance imperturbable. Ce n'est que par la force d'une personnalité en accord avec elle-même que le Lion exerce un pouvoir de suggestion sur la masse qui se soumet librement à lui parce que, inconsciemment, celle-ci est à la recherche d'une figure de meneur.

Vous exigez de ceux qui vous entourent considération et respect. S'il vous arrive de vous venger, c'est noblement. Votre jugement est déterminé par votre coeur; de même, vos sentiments dirigent davantage vos actions que la clarté de votre jugement. Vous avez un tempérament de feu et votre sensibilité et votre activité sexuelles sont importantes; dans votre relation à l'autre sexe, il n'est pas difficile de vous stimuler. Souvent, des passions secrètes brûlent en vous et elles meurent rarement de leur belle mort. Les lacunes et les dangers qui menacent votre personnalité découlent de vos qualités que vous réalisez jusqu'à leur caricature. Vous vous acharnez sur vos idées et vous projetez plus que vous n'êtes capable de réaliser étant donné votre impatience. Vous faites preuve de plus de persévérance dans vos aspirations que dans vos actions.

Chaque Lion veut sa part de succès, de promotion, de considération. Il arrive que cette aspiration à progresser aille de pair avec la vantardise, la folie des grandeurs et l'arrogance. La dignité devient prétention, le courage présomption et la confiance en soi surestimation de soi. Les qualités sûres de meneur ne sont plus que bravade et fumisterie, et l'allure aristocratique est devenue orgueil. Souvent, vous attirez l'attention sur les défauts de ceux qui vous entourent, sans intention malveillante: c'est votre besoin d'en imposer qui vous y incite.

On a vu bien des fois un Lion atteindre les sommets de la renommée, mais son bonheur fut de courte durée. Méfiez-vous des jeux de hasard et des dépenses irréfléchies qui menacent le plus votre fortune. Bien que vous ayez cette tendance il ne faut pas poursuivre un objectif jusqu'aux dernières extrémités. C'est là un danger qui vous menace.

Les Lions ont le plus souvent une prestance impressionnante; ils se montrent pleins de dignité, sûrs d'eux et autoritaires. Même les mouvements et l'élocution sont posés, convaincants et enthousiasmants. Il est conscient de l'effet qu'il exerce sur les autres, mais il est aussi vulnérable. Le Lion est vexé si ses connaissances, sa sagesse et sa générosité ne sont pas appréciées à leur juste valeur. Mais il est facile de se réconcilier avec lui parce qu'il est sensible à la flatterie.

Dans la vie professionnelle, le Lion révèle son aspiration au succès, à la reconnaissance et aux plus hautes dignités. Il essaie d'atteindre des objectifs élevés. Sa personnalité aspire à la puissance, à un décor empreint de dignité. Il a davantage de prédispositions pour des positions de meneur que pour des activités d'employé ou de subalterne.

Le Lion aime décider de son propre gré; il n'aime pas s'en tenir à des prescriptions préétablies. On trouve des natifs du Lion dans le domaine commercial, dans l'administration, dans des services de l'État, dans l'économie libre, comme entrepreneur indépendant ou chef d'entreprise et dans la fonction publique. Il y a aussi beaucoup de natifs de ce signe parmi les pompiers, les sauveteurs et les policiers. Le Lion a également un intérêt pour le travail du fer, la fabrication de machines, de moteurs, la modernisation d'entreprises, le rôdage de véhicules, les courses automobiles; il arrive aussi qu'il éprouve de l'intérêt pour les armes.

Dans le domaine de la médecine, il a une prédilection pour les pratiques manuelles, comme chirurgien, gynécologue, guérisseur, psychiatre. Il a aussi une aptitude pour la pédagogie, l'élevage des animaux et le dressage. De même, des prédispositions et des talents artistiques se manifestent chez lui en particulier pour le théâtre, la régie, l'élaboration de décors, le cabaret, la revue.

Le Lion éprouve également une attirance pour la peinture, la photo, la mode, l'industrie textile, l'industrie du bijou, l'horlogerie et pour le domaine de la cuisine comme chef cuisinier.

Les femmes Lion sont attirées par la direction de magasins et de personnel. L'industrie de la mode, la fabrication de produits de luxe, d'objets en or, la décoration, l'architecture d'intérieur, l'industrie du meuble, du parfum, les salons de coiffure et de massage, le film, le théâtre, la musique sont souvent des lieux de prédilection pour les Lions. Il en va de même pour la chimie, la dentisterie, la pédiatrie, les écoles de danse et les boutiques de mode.

Les Lions ont tendance à avoir des problèmes du côté du coeur, de la circulation sanguine et de la colonne vertébrale ainsi que de la moëlle épinière. Ils n'est pas rare non plus qu'ils aient des troubles circulatoires, des torticolis, des varices. Ils ont intérêt à éviter un mode de vie trop riche et doivent veiller à faire assez d'exercice. Mais l'amour est leur meilleur médicament.

L'homme Lion est franc et ouvert. Ce n'est pas lui qui met sa lumière sous le boisseau. Il ordonne, agit, apaise et est, la plupart du temps, le centre d'intérêt.

L'amour et la passion peuvent également s'emparer de l'homme Lion. Jamais, il ne consentira à partager sa partenaire: elle doit lui appartenir tout entière. Il va de soi qu'il peut aussi se montrer chevaleresque, protecteur et aimable. Il faut mentionner aussi son grand amour de la nature et son goût pour l'étude. Les Lions aiment la liberté et l'indépendance et ils sont ambitieux; ils forment sans cesse de nouveaux projets et ont une grande confiance en eux, dans leurs forces et leurs capacités.

Assez curieusement, ils n'ont guère l'esprit de famille, parfois pas d'enfants ou bien ils vivent séparés d'eux. En tout cas, ils veulent que leurs proches les louent et les admirent.

Un époux Lion se montrera généreux, optimiste, énergique et aimable. Mais sa famille doit s'adapter à lui. Il distribuera généreusement l'argent du ménage sans mesquinerie aucune.

À l'occasion, il apprécie une vie mondaine animée; il voudrait parader avec sa partenaire. Il se vexera facilement si on ne lui accorde pas assez de considération. La flatterie est importante pour l'homme Lion. La vanité est le point faible de son caractère. Il ne gaspille son énergie que si cela en vaut la peine pour lui. C'est un bon organisateur et il répartit bien le travail. Il n'accorde pas une importance particulière aux sentiments des autres gens, il s'occupe plutôt de lui-même.

La volonté de puissance est très marquée chez le Lion. Dans certaines positions astrales, cela peut aller jusqu'à la surenchère dans les velléités de puissance. Sa propre personnalité le pousse à la persévérance, la fermeté, le refus des compromis, le sens des responsabilités, la sécurité et la générosité dans les projets; mais elle peut entraîner aussi entêtement, ambition démesurée, soif du pouvoir, irresponsabilité, insécurité, générosité exagérée et tendance au compromis.

La forte influence du Soleil se traduit par l'estime de soi, la surestimation de soi, le culte de sa personnalité. Dans le cas de constellations cosmiques favorables, la confiance en soi entraîne la tendance à protéger les autres; dans les cas défavorables, le sentiment de sa propre insécurité va l'inciter à ne pas laisser les autres se mettre en valeur, à rabaisser leurs productions et à entraver leurs velléités de progrès et ce, afin de ne pas être dépassé par eux. Les tâches modestes, ils les abandonnent souvent à d'autres.

Les hommes Lion aiment s'entourer de jolies femmes et ils aiment avoir des amies, même lorsqu'ils sont mariés.

La femme Lion aime aussi, comme l'homme Lion, s'entourer de luxe et d'apparat. Elle aussi respire une saine joie de vivre. Et elle a le même besoin d'être appréciée et admirée. Elle se montre sûre d'elle, fière, extravagante, susceptible et paresseuse. Si tout se déroule normalement, elle est chaleureuse et optimiste. Mais s'il y a le moindre problème, elle sera injuste, partiale et fera une montagne avec une souris. Elle aime la plus belle auto, les plus beaux vêtements et le manteau de fourrure le plus cher. Elle aime donner le ton sur le plan mondain. Une femme Lion peut être calme, réservée et froide. Mais ceci peut n'être qu'une apparence trompeuse. Au moindre échec, la voilà passionnée, fanatique, pleine de colère et dominatrice.

Les devoirs familiaux ne représentent pas pour la femme Lion une limitation de sa vie personnelle. Si on lui fait comprendre que ce n'est plus elle qui mène le jeu, on s'apercevra bientôt qu'elle n'est ni timide, ni modeste, ni agréable. Elle est fort capable de sortir ses griffes. Cependant, elle est également fort sensible à la flatterie. On ne devrait jamais essayer de la reléguer dans son ménage; elle a besoin d'un hobby ou d'un métier.

Malgré tout, elle sera une hôtesse parfaite. Elle possède un goût parfait qui exige généralement d'importantes dépenses financières. Jamais elle ne se promènera dans son appartement à moitié habillée ou en bigoudis, le visage couvert de crème. Elle aime dépenser sans compter et ne joue pas volontiers les sous-fifres. Il faut remarquer également son amour pour les enfants et pour les animaux.

En amour, vous êtes passionnée, pleine de vitalité et vous allez droit au but. Vous appréciez particulièrement les hommes jeunes. Vous choisissez généralement l'homme le plus fort et le plus beau. Vous rayonnez d'une sensualité animale. On vous trouvera sans coeur parce que vous laissez tomber vos amis si de nouveaux prétendants masculins se présentent et vous paraissent plus intéressants.

Il arrivera aussi que les hommes vous fuient parce que vous placez votre propre opinion par-dessus tout. La recherche de l'homme idéal dure souvent bien longtemps. Quand il vous semble avoir trouvé celui qui vous convient, efforcez-vous de vous entendre avec lui; acceptez en bloc ses avantages, ses qualités mais aussi ses faiblesses.

Les partenaires favorables pour le Lion sont nés sous le signe du Sagittaire (du 23.11 au 21.12) et du Bélier (du 21.3 au 20.4). Des rapports harmonieux peuvent également s'établir avec des natifs de la Balance (du 24.9 au 23.10) et des Gémeaux (du 22.5 au 21.6a). On vous conseillera d'éviter les natifs du Verseau (du 21.1 au 19.2), du Scorpion (du 24.10 au 22.11) et du Taureau (du 21.4 au 21.5).

Caractéristiques du LION

Caractère

+ Créatif, conscient de soi, sûr de soi, indépendant, souverain, confiant en soi, optimiste, heureux de vivre, généreux, magnanime, héroïque, noble, bon, libéral, loyal, fidèle, honnête, authentique, distingué, ouvert, fiable, stable, constant, détendu, calme, simple, souple, fier, digne.

— Vantard, fanfaron, vaniteux, opulent, prétentieux, suffisant, présomptueux, orgueilleux, dominateur, se surestime, gaspilleur, avide de plaisirs. Aspire à être le centre d'intérêt. Besoin de se faire valoir, conscience de sa puissance.

Manifestations personnelles

+ Digne, autoritaire, indépendant, conscient de soi, sûr de soi, audacieux, plein de vitalité, fier, généreux, rayonnant, chaleureux, ouvert, libre.

— Autoritaire, suffisant, présomptueux, se surestime, prétentieux, vantard, infatué.

Pensée

+ Positif, vigoureux, déterminé, efficace, généreux, noble, optimiste, aimant la vérité, sincère, créatif, se laissant guider par son coeur.

— Orgueilleux, présomptueux, se surestime, a la folie des grandeurs.

Sentiment

+ Généreux, chaleureux, ouvert, libre, aimant les plaisirs des sens.

— Impulsif, sensuel, avide de plaisirs.

Volonté

+ Vouloir procurer un champ d'action aux puissants instincts élémentaires. L'effort pour se placer à l'avant-plan. S'engage avec enthousiasme et une ardeur instinctive pour tout ce qui est beau et bon en ce monde et n'abandonne pas avant d'avoir pleinement réalisé son objectif.

— Les instincts violents et les flammes vives de la passion veulent se consumer. Le coeur battant avec force aspire à l'action. La volonté de puissance prend des formes violentes; ne connaîtra pas de répit avant que l'objectif visé ne soit atteint, avant de lire son nom partout en "lettres d'or".

Action

+ Indépendant, ambitieux, décidé, actif, spéculatif, courageux, efficace, constructif, serviable, protecteur, exemplaire, distingué, honnête, juste, généreux.

Métaux

Or.

- Autoritaire, arbitraire, despotique, oppresseur, égoïste, faux, déloyal, déshonorant.

Effet sur le destin

La vie amoureuse du natif. La postérité. Des entreprises et des spéculations. La relation au théâtre, aux plaisirs, etc.

Effet sur le plan des idées

+ Soif de vivre. Besoin d'action. Le goût de vivre. L'engagement de la force vitale et instinctive. L'optimisme et la force rayonnante du coeur dominent le monde.
- À cause de la conscience de soi excessive, la personnalité est placée face à des exigences démesurées qui se retournent contre elle. La volonté est le siège de conflits qui brisent la conscience de soi et qui ont des effets morbides.

Effet sur le plan matériel

+ Des entreprises couronnées de succès; amélioration de la position. Considération publique. Avantages grâce à la protection de personnes haut placées. Honneurs. Notoriété, promotion, puissance. Gains spéculatifs. Relations amoureuses. Heureux événement (naissance d'enfant). État de santé satisfaisant.
- Échecs, mauvaises spéculations. Entreprises malhonnêtes. Perte de considération. Liaisons amoureuses malheureuses. Soucis à cause des enfants. État de santé précaire.

Art

Art de vivre, art de l'amour, orfèvrerie.

Sciences

Philosophie de vie, pédagogie créative (éducation à la liberté).

Animaux

Lion, aigle, phénix, coq, paon, faisan.

Plantes

Palmier, laurier, frêne, orange, fleur de lotus, tournesol, rose, pivoine, primevère, pissenlit.

Pierres précieuses

Diamant, rubis, escarboucle, hyacinthe, chrysolithe, héliotrope, pierre du soleil.

Couleur

Jaune doré, orange, brun doré.

Objets

Le trône, le sceptre, les ordres; objets en or, luminaires, drapeaux.

Région

Haut-plateau, régions ensoleillées.

Lieux

Châteaux, immeubles gouvernementaux, bâtiments administratifs, palais, locaux décorés dans lesquels se déroulent des cérémonies; théâtres, cinémas et autres lieux de divertissement.

Pays

La France, l'Italie, surtout la Sicile, la Roumanie, la Bohème, les pays alpins, le Hohenzollern, le district de Coblence.

Villes

Prague, Bristol, Rome, Linz, Krems, Damas, Chicago, Bombay, Ravenne, Philadelphie, Anvers, Hechingen, Sigmaringen, Kreuznach, Neuwied, St-Goar, Wetzler, Zell, Karlsruhe, Villingen, Coblence.

Jour de la semaine

Dimanche.

Personnalités importantes nées sous le signe du Lion

Napoléon 1er	Hans Moser
la comtesse du Barry	Hertha Feiler
George Bernard Shaw	Carl Wery
la princesse Margaret Rose	Sabine Sinjen
Jacqueline Kennedy	Tilla Darieux
Fidel Castro	Marianne Koch
Benito Mussolini	Alice et Ellen Kessler
Alfred Hitchcock	Rudolf Prack
C.G. Jung	Knut Hamsun
Alfried Krupp	Matthias Claudius
Cecil B. de Mille	Joachim Ringelnatz
Peter Rosegger	Hans Jürgen Winkler
Adele Sandrock	Fritz Wankel
Mata Hari	Henry Ford

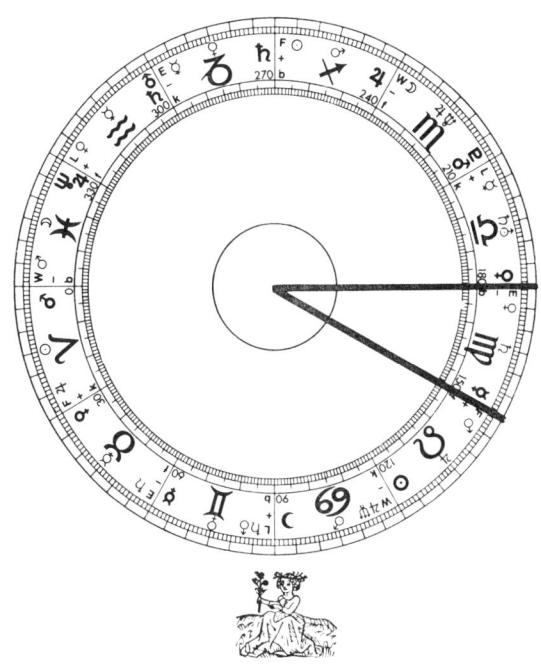

Le signe de la **VIERGE**
né entre le 24 août
et le 23 septembre

Planète dominante: Mercure.
Sexe: féminin.
Élément: terre.
Tempérament: flegmatique.
Type: l'homme au service des autres. L'homme de sciences. L'organisateur méthodique. Le critique. L'homme égoïste. Le rouspéteur. Le maître d'école.
Apparence: taille moyenne, mince, plus tard bien en chair. Attitude négligée, épaules tombantes. Type mobile, un peu nerveux.
Visage: front plein développé, menton peu développé et fuyant. Regard intellectuel, sobre, objectif. Yeux bruns ou gris foncé. Cheveux brun foncé allant vers le noir, légèrement ondulés.

Correspondances physiologiques: région du ventre, le nombril, les intestins, le pancréas, le foie, le péritoine, le duodénum, le système nerveux végétatif. Problèmes digestifs, appendicite.

Le type de la Vierge est soumis à l'influence de la planète Mercure. Cela provoque un rapport étroit avec la nature.

Vous êtes un homme réfléchi avec les deux pieds sur terre. Vous recherchez le bonheur simple, discret, romantique, tranquille et retiré. Comme la nature connaît des cycles, vos états d'âme sont changeants également. Votre entourage aura dès lors tendance à vous caractériser comme capricieux et irritable. Vous perdez facilement la bienveillance de ces gens et vous détruisez beaucoup de sympathies par des critiques acerbes qui blessent les côtés sensibles de ces personnes. Quelques inimitiés ou disputes peuvent se produire non sans votre responsabilité, car vous aimez vous mêler des affaires d'autrui. Le jugement très dur des autres, le penchant exagéré pour la critique et l'égoïsme vous apporteront quelque dommage car vous ne chercherez jamais la cause chez vous-même mais chez les autres. Vous vous sentez vous-même très rapidement blessé et vous percevez des conseils bien intentionnés de la part de vos amis comme une ingérence dans votre sphère personnelle. La vie avec les autres vous paraît parfois bien difficile.

Vous dirigez votre regard de préférence vers les choses terrestres. En cela, vous perdez facilement de vue l'ensemble et le sentiment subtil de la différence entre les choses et les gens. Vous vous perdez facilement dans les détails. Votre volonté est bien ferme, mais vous vous laissez facilement convaincre. Vous opposez à ces caractéristiques des qualités remarquables et éminentes. On le remarque à votre caractère bienfaisant, serviable et fiable qui n'est cependant pas toujours facilement discernable. Vous conservez très scrupuleusement les secrets. Pour les gens qui vous sont proches, vous ferez plus que vous ne pourrez justifier.

Vous disposez d'une intelligence clairvoyante, d'une bonne capacité de compréhension. Dans vos passions, vous êtes sobre et mesuré. Vous ne vous mettez pas facilement en colère; mais si cela vous arrive, on peut difficilement vous calmer. Vous êtes discret, mais vous pouvez être très franc lorsque vous avez des sympathies; on peut alors se fier pleinement à votre parole. Vous êtes fort soumis aux sympathies et antipathies.

Grâce à vos compétences, vous avancez bien dans la vie. Les luttes pour la conquête d'un poste sont nombreuses et âpres.

Mercure, qui domine le signe de la Vierge, freinera les sentiments. Un natif de la Vierge typique s'adonnera au jeu et aux spéculations. Il planifie, calcule, suppute, tient une comptabilité pour les choses les plus diverses de la vie.

Le natif typique de la Vierge est toujours prêt à apprendre, à étendre ses connaissances; il veut être au courant de tout, pouvoir parler de toutes choses, des dernières découvertes et traiter de tout de façon objective et distante. Il possède des connaissances étendues qu'il aime communiquer aux autres avec un grand talent, que ce soit en paroles ou par écrit; il dispose d'une excellente qualité de présentation. Il est capable d'argumenter avec habileté et clairvoyance et peut être un adversaire ou un défenseur très convaincant d'une cause. Dans son travail, il s'appuie sur une intelligence perspicace et élimine consciemment tous les sentiments. Il essaye de trouver des conclusions logiques, des combinaisons intelligentes, des définitions claires, une méthode conséquente et une vision sûre des faits concrets pour apporter des preuves irréfutables.

Le natif de la Vierge possède une très bonne mémoire. Elle lui permet de rassembler à tout moment un matériel accablant de preuves provenant de ses connaissances très étendues. Ce type est dès lors le scientifique-né, qui travaille de façon purement traditionnelle, qui ne s'arrête pas à des motifs sentimentaux et qui ne se plie pas à des points de vue philosophiques, éthiques ou moraux. Il ne vise que le savoir et est capable de faire de grandes choses dans ces limites.

Les natifs de la Vierge choisissent de préférence des professions comme médecin, pharmacien, technicien spécialisé, savant en sciences humaines, économiste, juriste, rédacteur en chef, vendeur avec la devise "bon service est la meilleure des publicités", technicien, artisan, mécanicien spécialisé, horloger, constructeur d'instruments, compositeur, modiste, tailleur, spécialiste de jardins d'agrément, éleveur, agriculteur, infirmière, puéricultrice, employé d'hôtel, employé à l'assistance publique ou greffier. Chez les artistes et les musiciens, le talent est souvent lié à une branche technique particulière. La plupart des natifs de la Vierge des deux sexes travaillent dans le secteur commercial: dans la comptabilité, la révision, les tarifs, les règlements des comptes, le calcul, le département des langues étrangères, le secrétariat, la programmation, les langues, l'édition. Ils sont également bien représentés dans les institutions d'État. Ils ont de bonnes aptitudes pour les professions pédagogiques: instituteur, professeur, professeur spécialisé. Pour les branches spécialisées, il a également de bonnes dispositions: les mathématiques, l'astronomie, la botanique, les activités en laboratoire, les soins de santé, les bibliothèques, l'administration des caisses des supermarchés, les hôtels et les restaurants. Les professions de la bureautique moderne sont également fort prisées: les travaux de fichier, le traitement de texte et l'information électronique.

Sur le plan de la santé, les régions sensibles sont la région abdominale, la rate, le foie, le pancréas, le système nerveux sympathique. Des troubles intestinaux, des douleurs nerveuses dans le bas-ventre et des problèmes digestifs sont également possibles. Des traitements biologiques sont conseillés. Un bon médicament pour les natifs de la Vierge est l'humour.

Il prend beaucoup de choses trop au tragique; ceci amène des troubles organiques. Celui qui reste joyeux et optimiste et se ferme à tout ce qui est négatif reste en bonne santé; cette règle ne vaut que pour des gens qui ont un horoscope de naissance positif.

Des périodes troublées et des crises professionnelles peuvent être préjudiciables à sa santé.

L'homme Vierge n'est pas toujours un amant agréable à cause de sa pauvreté intérieure de sentiments et de sa sobriété et ce, d'autant plus qu'il n'a guère d'intuition et qu'il voudrait aussi intégrer l'amour dans le schéma de son univers organisé. Les expériences érotiques, l'abandon de soi dans l'instant, voilà autant de terres inconnues pour lui. Le plus souvent, il ressent pour sa partenaire plus d'intérêt que de passion. Dans sa jeunesse, il vit souvent dans une extrême continence et, toute sa vie d'ailleurs, il garde face à l'érotisme une attitude sceptique. Il n'a que des plaisanteries grivoises et des propos équivoques; il n'a aucune compréhension pour n'importe quelle forme de magnanimité sur le plan érotique. Par contre, il est un excellent père de famille auquel on peut se fier, même s'il lui arrive d'être un peu mesquin et rouspéteur.

L'homme Vierge est sensible au sort des faibles et des pauvres; il a besoin d'aider. Il est particulièrement ordonné, objectif, adroit et éveillé. Il a des méthodes d'organisation précises et un talent pour éclaircir et régler des problèmes compliqués.

Il a une profonde horreur des hautes sphères de la fantaisie. Il est plutôt un employé, c'est-à-dire quelqu'un qui améliore des choses existantes plutôt qu'un créateur. Ses talents l'amèneront rapidement à gravir tous les échelons de la vie professionnelle. Le succès n'est pas facile, mais il viendra. Le natif de la Vierge se charge de responsabilités et souffre d'un complexe du martyr.

Il pourrait facilement rester célibataire; cela ne perturberait pas outre mesure sa vie affective. Ce n'est pas sans raisons qu'il y a beaucoup de célibataires nés sous ce signe. Les natifs de la Vierge sont souvent des encyclopédies ambulantes, ils transmettent et pratiquent toutes les ficelles du métier. Il y a aussi des pingres parmi eux; leurs méthodes d'économie prennent souvent des allures grotesques. Certains répartissent même l'argent du ménage en caisses individuelles et tiennent une comptabilité détaillée.

Au fond, l'homme Vierge est un réaliste, un planificateur; il apprécie la méthode. Toutefois, son goût inné pour la précision l'amène parfois à attacher trop d'importance à la lettre, à se perdre dans les détails de sorte que l'arbre cache la forêt.

La femme Vierge répand souvent autour d'elle une atmosphère de pureté immaculée qui dégénère parfois en hypocrisie impitoyable parce qu'elle est d'une sévérité extrême en matière de morale. Elle aime avoir du succès auprès de l'autre sexe et est d'une grande coquetterie; mais si un homme encouragé par son attitude lui fait des avances, elle le repousse avec froideur. La froideur sexuelle joue d'ailleurs un grand rôle dans sa vie, et il est prouvé statistiquement que le pourcentage des femmes frigides nées sous le signe de la Vierge est très important. Qu'il soit dit cependant en guise d'excuse pour ces femmes que cela est dû en partie à l'incompétence de leurs maris qui ne sont pas assez expérimentés pour arracher leurs froides compagnes à leur sommeil de Belle au Bois Dormant. Mais c'est en partie son attitude fortement centrée sur elle-même qui empêche la Vierge de s'abandonner entièrement à l'homme.

On rencontre parfois chez la femme Vierge de la philanthropie, une féminité démodée, des mains adroites et une intelligence ingénieuse.

Lorsqu'on les critique, elles sont facilement vexées. Cependant, elles connaissent aussi leurs propres faiblesses. Souvent, elles commencent un travail, se laissent distraire et s'adonnent à une autre activité sans terminer la première.

Elles se trouvent très ordonnées, mais il leur manque parfois le système, la méthode.

Au fond d'elles-mêmes, elles sont timides, mais elles disposent comme toutes les femmes des ruses et des armes féminines nécessaires. Les déceptions ne les découragent pas entièrement d'emblée. Elles sont capables de briser une union ou un mariage s'il leur est apparu que cette union ne présente plus que des imperfections.

La femme Vierge participera volontiers aux soucis de son partenaire. Elle est d'une précision excessive dans les petites choses, mais elle peut être la créature la meilleure, la plus généreuse et la plus aimante. Le courage tranquille et le profond sens des responsabilités des natives de la Vierge maintiennent souvent les grandes familles unies. Dans la vie conjugale quotidienne de l'homme Vierge ou de la femme Vierge, l'habitude fait bientôt son apparition. La vie commune peut devenir ennuyeuse et vide pour les deux partenaires. L'individu Vierge est difficile à épanouir sur le plan érotique, comme nous l'avons déjà mentionné, et il demeure insatisfait dans bien des cas.

Les partenaires favorables des natifs de la Vierge sont les natifs du Capricorne (du 22.12 au 20.1) et du Taureau (du 21.4 au 21.5). Les relations avec des natifs du Cancer (du 22.6 au 22.7) et du Scorpion (du 24.10 au 22.11) peuvent également être harmonieuses. Il faudrait éviter les signes des Gémeaux (du 22.5 au 21.6), du Sagittaire (du 23.11 au 21.12) et des Poissons (du 20.2 au 20.3).

Caractéristiques de la VIERGE

Caractère

+ Intellectuel, concret, rationnel, avide d'apprendre, de connaître, cultivé, compréhensif, intelligent, observateur, attentionné, éveillé, ingénieux. Attentif aux petites choses apparemment accessoires de la vie. Modeste, sans prétention, réservé, souple, serviable, soumis, humble, travailleur, zélé, conscient de son devoir, consciencieux, fiable, aimant l'ordre, honnête.

− Mesquin, étroit, pédant, égocentrique, égoïste, calculateur, rusé, malhonnête, trompeur, intrigant, sournois, calomniateur, curieux, mêle-tout, soupçonneux, accusateur, insatisfait, se tourmentant lui-même, indécis, non fiable, servile, infériorisé.

Manifestations personnelles

+ Modeste, discret, réservé, réfléchi, diplomate, plein de tact, simple.
− Inhibé, embarrassé, intimidé, timide, anxieux, pédant.

Pensée

+ Logique, sensé, raisonnable, clair, objectif, sobre, pratique, efficace, méthodique, systématique, organisateur, planificateur, analyste, adroit, perspicace, conscient de ses responsabilités, consciencieux, approfondi, chercheur, scientifique, critique, réfléchi, pondéré, a le sens du discernement, du détail, spécialisé, clairvoyant, éveillé, attentionné, souple.

− Lié à la terre, matérialiste, broyeur de noir, chicaneur, rouspéteur, méfiant, pédant, déconcentré, imprécis, incroyant, sceptique, moqueur, rusé, astucieux, blanc-bec.

Sentiment

+ Pur, chaste, continent, vertueux, fidèle, rationnel, sobre; mû par la raison, l'efficacité.

− Froid, insensible, mesquin, sec, hypersensible, récalcitrant pour des raisons objectives, plein d'abnégation, résigné.

Volonté

+ Trouve le bonheur dans le travail et le service. Se soumet de plein gré à une grande idée afin de la faire triompher, fût-ce à un poste modeste. Considère la pureté, la chasteté et la serviabilité comme le sommet de l'aspiration humaine. Veut acquérir une connaissance approfondie des choses de l'existence à l'aide de la logique et de la critique; pour ce faire, choisit un domaine de spécialisation en espérant, à partir de là, résoudre les énigmes du monde. Toutes les expériences doivent se laisser enregistrer et intégrer dans cette image du monde péniblement constituée. Le point de vue personnel est dominé par la volonté d'organiser tout ce qu'il rencontre sur sa route.

− Le refoulement des instincts n'est pas encore pureté; il confond ici pudeur et pureté, sécheresse et chasteté. La modestie devient timidité et la serviabilité fait place à l'égoïsme. La poursuite d'un objectif domine les sens. Tout mesquin et pédant qu'il soit, il ne manque pas de critiquer les autres, de les traiter en "maître d'école"; et tant qu'il fait la leçon à d'autres, il ne voit pas les "ennemis" intérieurs et il se néglige extérieurement et intérieurement.

Action

+ Souple, serviable, soumis, travailleur, zélé, actif, sobre, pratique, méthodique, pédagogique, efficace, soigneux, organisateur, prudent, ponctuel, fiable, constant, persévérant, faisant un choix.

– Mesquin, étroit, pédant, scolaire, égoïste, déraisonnable, désordonné, indécis, non fiable.

Effet sur le destin

Les conditions de travail du natif. Le fardeau de sa vie. Les crises à surmonter. Les conditions de santé du natif. La prédisposition aux maladies.

Effet sur le plan des idées

+ Des considérations rationnelles dominent l'attitude face au destin. Il s'intéresse à des études sérieuses. Seuls des progrès dans la connaissance et le travail peuvent satisfaire le natif de la Vierge.

– Des influences égocentriques incitent le natif de la Vierge à s'occuper exagérément de lui-même et à finalement se tourmenter lui-même. Il est facilement vexé, insatisfait et se critique lui-même et son entourage. Il trouve d'ailleurs que tout est imparfait sur terre.

Effet sur le plan matériel

+ Conditions de travail favorables. Bonnes nominations. Avantages grâce à des oncles, des tantes, des employés, des subordonnés et d'autres personnes qui, d'une façon ou d'une autre, peuvent être utiles au natif de la Vierge. État de santé satisfaisant.

– Conditions de travail critiques. Pertes d'emploi. Désavantages à cause de personnes nommées plus haut. Problèmes à cause d'animaux domestiques. Mauvais état de santé.

Art

Art de guérir.

Sciences

Toutes les sciences exactes, surtout les mathématiques: également la pédagogie, la médecine, l'hygiène, les soins corporels.

Animaux

Tous les animaux domestiques: chiens, chats, etc.

Plantes

Avoine, persil, lierre, plantes tombantes, fenouil, carottes, noisettes.

Pierres précieuses

Agate, cornaline, topaze, pierres semi-précieuses et d'imitation.

Métal

Mercure.

Couleur

Violet.

Objets

Tous ceux qu'on utilise pour les soins corporels et l'alimentation. Objets nécessaires au médecin. Équipement des locaux de travail, fichiers.

Région

Régions industrielles, zones industrielles, champs de céréales.

Lieux

Lieu de travail, salle de bains, salle de consultation et salle d'attente du médecin, hôpital, bibliothèque, grenier.

Pays

Hessen-Nassau, Sachsen-Anhalt, Schwarzburg-Sonderhausen, Schwarzburg-Rudolfstadt, Alsace, Suisse, Turquie, Grèce, Assyrie, Babylonie, Kurdistan, Brésil, Inde occidentale.

Villes

Breslau, Briez, Glatz, Schweidnitz, Strasbourg, Waldenburg, Erfurt, Heilignstadt, Langensalza, Worbis, Mulhouse, Kassel, Eschwege, Fulda, Gersfeld, Gelnhausen, Hanau, Heidelberg, Jérusalem, Paris, Lyon, Norwich, Cheltenham, Bagdad, Boston, Los Angeles, Riga, Novarra, Rhodes, Bâle, Toulouse.

Jour de la semaine

Mercredi.

Personnalités importantes nées sous le signe de la Vierge

Hans Albers
Albert Bassermann
Albert Wallenstein
le roi Baudouin
Ingrid Bergman

Agatha Christie
Franz Werfel
Peter Sellers
Franz-Joseph Strauss
Gerhard Schröder

Leonard Bernstein
Willy Birgel
Greta Garbo
Lyndon B. Johnson
Elia Kazan
Sophia Loren
Romy Schneider
Ferdinand Porsche Jr
John Priestley
Maurice Chevalier
Johann Wolfgang Goethe

Vico Torriani
Aristoteles Onassis
Rudolf August Oetker
Franz Beckenbauer
Léon Tolstoï
Willy Reichert
Theodor Storm
Wilhelm Raabe
D.H. Lawrence
Theodore Dreiser
Edouard Mörike

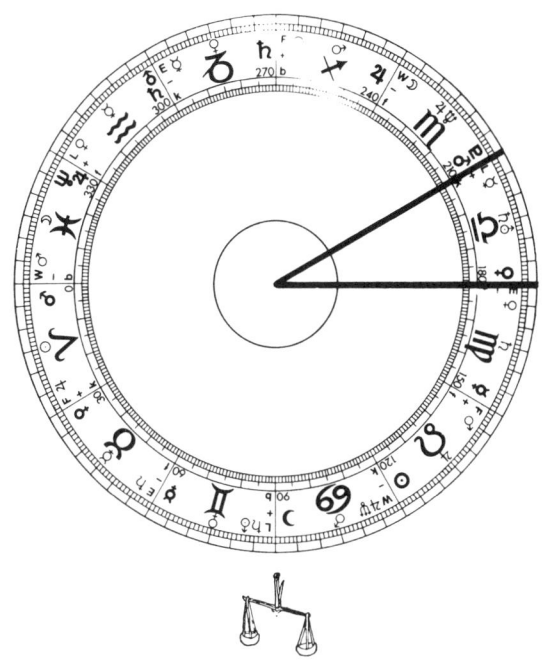

Le signe de la BALANCE
né entre le 24 septembre
et le 23 octobre

Planète dominante: Vénus.
Sexe: masculin.
Élément: air.
Tempérament: sanguin.
Type: l'artiste, l'homme harmonieux, l'homme heureux de vivre, le diplomate, l'homme indifférent, le bohémien.
Apparence: aspect agréable et sympathique. Silhouette bien proportionnée. L'équilibre qui doit être atteint. Membres minces, mais d'artiste, petits pieds. Démarche charmante, gracieuse, glissante, dansante.

Visage: traits réguliers, profil grec. Joues roses et ovales. Teint clair, yeux bleu clair, lèvres bien dessinées. Cheveux blonds, bruns, légèrement ondulés.

Correspondances physiologiques: régions lombaires, reins, joues, lèvres, vessie, région inguinale, colonne vertébrale inférieure. Troubles du métabolisme, circulation veineuse (phlébite), maladies de la peau (causées par des médicaments).

L'individu Balance est soumis surtout à l'influence de la planète Vénus. C'est ce qui lui donne son caractère de douceur et d'honnêteté. Sa charité peut même le pousser à abandonner ses dernières possessions sans rien exiger en retour. Il est inconscient dans les affaires d'argent. Il a un caractère nettement social; il est libre et droit, très intuitif et apte à saisir les états d'âme des autres hommes; il s'entend à aplanir les oppositions et les tensions. Ce qui l'y amène tout naturellement, c'est le fait que deux âmes cohabitent en lui: l'une veut saisir la vie sur le plan des sentiments, l'autre voudrait la vivre sous toutes ses formes sur le plan de la connaissance. Il devient ainsi le gardien et le protecteur des chemins de la vie; il est passé maître dans l'art de vivre et dispose d'un équilibre intérieur; des événements psychologiques peuvent perturber cet équilibre et peuvent mener à des joies et à des peines extrêmes.

Dans de telles conditions, il lui arrive de souffrir de mélancolie. Il ne se sent bien que dans un environnement harmonieux; l'influence de Vénus le rend réceptif à la beauté extérieure et intérieure. Dans ses contacts avec les gens, il se montre particulièrement poli, délicat et plein de tact.

Il convient fort bien pour des missions de médiateur et des entretiens pour la paix. Il lui est difficile de prendre des décisions; même si la volonté est forte, elle ne suffit pas pour satisfaire à toutes les exigences. Le besoin d'action fait défaut; il lui est pénible de s'imposer. Cette insuffisance est souvent palliée par son intelligence, son adresse et sa diplomatie.

Son âme est à la mesure de sentiments profonds. Ses passions sont de nature violente mais sincère. Son sens puissant du réel qui s'en tient aux faits de la vie, saisit avec une égale justesse les deux niveaux de réalité, le spirituel comme le matériel.

Il se distingue par une bonne vivacité intellectuelle, par le sens de la justice et un don d'observation perçant. Sa franchise et son amour de la vérité lui attirent parfois des ennuis. L'homme Balance est un esthète, un homme sensuel. Il aime passionnément ce qui est beau, noble, harmonieux. Il recherche une relation, un complément dans la personne d'un partenaire aimant et compréhensif; mais il n'est pas capable de se donner à fond. Son amabilité rayonnante, son charme ravissent et lui aussi recherche la fascination de l'abandon dans l'amour. Mais son exaltation et son inconstance l'empêchent de nouer une relation profonde. On pourrait le comparer au papillon qui voltige d'un ravissement à l'autre à la recherche d'une harmonie et d'une beauté toujours plus grandes. Son sens de la beauté et son ouverture aux joies du monde font de ce protégé de Vénus un homme sensuel. Les sens sont le seul instrument grâce auquel il peut pleinement saisir la beauté de la terre.

Dans le cas de constellations négatives, des tendances à la facilité, à la coquetterie, au manque de profondeur peuvent se manifester.

L'individu Balance jouit de la beauté de la nature, de la splendeur d'un paysage, du bruissement d'un ruisseau, du chant des oiseaux, du charme des mouvements, de la séduction sensuelle des corps.

L'individu Balance supporte difficilement la solitude. Il a besoin de contacts personnels. Dans les rapports sociaux, on observe chez lui une certaine flexibilité, une façon pleine de tact d'aplanir les oppositions. Il se crée rapidement et facilement des contacts et des sympathies. Son allure est souple. Toute son attitude est légère, élégante, gracieuse et se distingue par un charme communicatif. Il est aussi réceptif aux flatteries.

Son désir de promotion sociale, de succès est important. L'individu Balance est facilement offusqué ou blessé si on ne le remarque pas. L'individu Balance s'apparente au planeur qui se maintient dans les airs et progresse en réalisant un équilibre entre les courants qu'il capte; il prend de la hauteur en investissant un minimum d'énergie personnelle, en saisissant et en détournant des stimulations extérieures. L'harmonie, la justice et l'objectivité peuvent représenter des étapes éclatantes de son développement mais restent souvent un voeu pieux pour un homme qui traverse sereinement l'existence et s'abandonne à la jouissance de la beauté de l'instant. Les tendances professionnelles caractéristiques se situent dans le domaine artistique ou ont un rapport quelconque avec les critères du bon goût. Ces activités artistiques s'exerceront tout en légèreté en accordant la préférence aux sons clairs et aux couleurs vives. L'accent est mis sur la note décorative, sur la grande surface et l'intérêt ira à l'art de l'affiche, l'architecture d'intérieur, la décoration murale, la décoration pour des fêtes, la mise en scène, l'aménagement d'espaces publics et de parcs. La régie et la mise en scène de théâtre, le ballet, la danse en société, la musique, le chant, les formes artistiques du patinage sur glace de même que d'autres activités sportives pour lesquelles il importe de collaborer et de se situer dans une équipe intéressent aussi l'individu Balance. Il trouve également des affinités avec la création de mode, les représentations de mode, les articles de luxe et de fantaisie.

Le natif de la Balance peut être attiré aussi par la littérature, l'histoire de l'art, la recherche en langues et les travaux de traduction.

Les médecins et les psychologues nés sous le signe de la Balance établissent de bons diagnostics. Il possède également une prédisposition pour les métiers sociaux. Son sens des combinaisons mathématiques et son sens de l'équilibre peuvent être exploités avantageusement dans les tâches constructives de la technique comme la construction de ponts, d'avions, dans l'élaboration de plans stratégiques, dans les sondages d'opinion, dans le commerce en gros.

Il faut mentionner encore ses talents pour exercer le métier de professeur. Beaucoup de juristes et de juges sont des natifs de la Balance.

Les maladies ou les prédispositions se manifestent au niveau des reins, de la vessie, de l'utérus, de la région lombaire et inguinale, du bas de la colonne vertébrale. Sont possibles également les maladies veineuses, les varices, les maladies cutanées, les troubles de la prostate et du métabolisme.

Le natif de la Balance masculin aspire à l'harmonie et à la justice. Il se montre prévenant, juste et fair-play dans son travail et dans sa vie familiale.

Dans un cercle plus large, le natif de la Balance est toujours à la recherche de l'équilibre. Il s'efforce de surmonter les oppositions et veille à l'unification et à l'harmonisation des choses.

On se laissera facilement prendre par le charme d'un homme né sous le signe de la Balance. Il est quelque peu inconstant, bien sûr, mais son sourire impressionne bien des coeurs féminins.

La vie amoureuse avec un partenaire Balance n'est pas de tout repos parce que son amour n'est pas constant. De plus, il a de bons et de mauvais jours. Ce qu'il supporte le moins bien, c'est l'ennui. Il aime le luxe, le confort et les belles choses de la vie. Il est extrêmement doué pour l'amour. Dans l'érotisme, il recherche la multiplicité des formes, l'expérimentation et le changement. Les hommes nés sous le signe de la Balance sont d'une infatigable curiosité et le facteur esthétique compte pour beaucoup. Son attirance pour l'autre sexe est si grande qu'un natif de la Balance ne peut que difficilement vivre seul. Sa capacité d'aimer embrasse toute la gamme des sentiments depuis l'authentique ivresse amoureuse jusqu'au primitif délire des sens et à l'amour platonique. Il n'est pas rare qu'il sublime une aspiration amoureuse non comblée sur le plan artistique. Il a une sensibilité très fine dans ses relations amoureuses et il attend la même chose de sa partenaire. S'il s'est senti une fois repoussé, il se replie sur lui-même et se montre froid et fermé.

Il a le don d'oublier certaines choses, surtout les désagréables. Il flirte volontiers avec toutes les jolies filles, mais il a rarement une liaison. Il ne prend pas ce genre de choses à coeur. L'argent lui file entre les doigts; cela peut aller jusqu'au gaspillage.

Dans la vie professionnelle, on ne peut pas dire qu'il aspire aux travaux écrasants. Il accomplit sa tâche avec aisance et élégance. Il possède une réelle faculté d'adaptation, des dons de conciliation, une expression verbale élégante et un talent oratoire. Il a un important besoin de changement dans son travail.

Dans la dure lutte de la vie, les hommes natifs de la Balance sont souvent trop peu aguerris. Ils ne sont pas assez durs pour s'imposer. On les exploite en raison de leur bonté et de leur générosité. Leur slogan est "vivre et laisser vivre".

La femme née sous le signe de la Balance a beaucoup de charme et d'attraits. Son corps est délicat et mince quoique d'une féminité marquée. La démarche est légère et rythmée. La native de la Balance a beaucoup de charme et attire les hommes comme la lumière le papillon; elle possède en outre la souplesse et l'habileté d'une grande dame, mais elle paraît parfois froide et isolée. Elle est passée maître dans l'art d'aimer et fait songer parfois à une classique hétaïre. Les hommes succombent rapidement à sa force d'attraction érotique. Elle est fort vaniteuse et a besoin d'être admirée. Ceci met parfois la fidélité conjugale en péril. S'il n'y a pas un amour profond qui l'unit à son partenaire, elle a tendance à mener une vie amoureuse fort variée dans laquelle le flirt prend une place importante. Cette amie de Vénus aime les mondanités et apprécie peu les travaux ménagers.

Les femmes nées sous le signe de la Balance n'aiment pas l'injustice et la discorde. Elles souhaitent aplanir les conflits et répandre l'harmonie.

Dans la vie professionnelle, elles s'entendent bien avec leurs collaborateurs. Elles répandent une ambiance harmonieuse et créent un climat de travail agréable. Grâce à leur diplomatie, elles ont un bon contact avec les gens. Elles évitent les prises de position nettes et se montrent tolérantes. Leurs manières courtoises sont l'expression de leur désir de comprendre et de s'adapter. Leur bon goût est frappant tant dans leur façon de s'habiller que d'agencer des objets familiers.

Elles aiment s'appuyer sur les autres gens, être en contact très étroit avec eux, se laisser sensuellement influencer par eux. Elles veulent être aimées, protégées, choyées, dorlotées, flattées et adorées; elles veulent aussi être possédées sexuellement. Le monde qui les entoure et, plus encore, leur partenaire doivent déclencher en elles toute la gamme de la sensualité.

Elles mettent tout en oeuvre pour offrir à leur partenaire la jouissance de toutes les sensations sensuelles par leur abandon total et désintéressé. Cet abandon même est jouissance parce que le plaisir des sens et l'aptitude à la jouissance sont caractéristiques pour la femme native de la Balance. Dans de bonnes prédispositions, l'union amoureuse est vécue de façon épanouie et harmonieuse grâce au choix instinctif et sûr du partenaire qui convient. L'expérience sexuelle en devient esthétique, plus noble, plus belle.

Par contre, dans de mauvaises prédispositions, le choix instinctivement incertain du partenaire et, plus largement, de l'environnement personnel amène des différends, des tensions, des froids, des brouilles, des séparations, des jalousies; l'expérience sexuelle peut devenir inesthétique, grossière et débauchée. Alors apparaît le danger de se laisser séduire sans limites par toutes les tentations sexuelles, ce qui peut aller jusqu'à la débauche et à la perversité.

Les femmes nées sous le signe de la Balance savent d'instinct que leur charme attire les hommes. Elles jouent avec l'amour et ignorent souvent quand le jeu devient sérieux. Il s'avère souvent qu'elles souhaitent de nouveau se débarrasser du partenaire. Comme elles ne se fixent jamais, il leur est facile de se défaire d'une liaison amoureuse comme d'un vulgaire vêtement. Elles n'en éprouvent aucun sentiment de pitié.

Toutefois, elles peuvent aussi rencontrer un homme qui triomphe de leur instabilité et de leur indécision. Dès lors, elles ne penseront plus qu'à lui. Elles ressentent alors une intense intimité avec leur partenaire dans leur âme, dans leur esprit et dans leur corps. Elles paraissent détendues, presque aériennes, très rapides à saisir les stimulations sensuelles.

La femme née sous le signe de la Balance aime beaucoup ses enfants et veille sur eux tendrement. Cependant, elle accordera toujours la priorité à son partenaire. Dès l'antiquité, on célébra le "sex-appeal" de la native de la Balance. Les caprices ludiques attirent beaucoup d'hommes. En amour, épanouissement et déception alternent; il y aura des larmes de joie et de chagrin; c'est le destin qui le veut.

L'harmonie peut exister avec les natifs des Gémeaux (22.5 au 21.6), du Verseau (du 21.1 au 19.2), du Sagittaire (23.11 au 21.12) et du Lion (du 23.7 au 23.8). Les signes du Bélier (du 21.3 au 20.4), du Capricorne (du 22.12 au 20.1) et du Cancer (du 22.6 au 22.7) sont nettement moins favorables.

Caractéristiques de la BALANCE

Caractère

+ Sentimental, doux, naturel, simple, modeste, charmant, aimable, accommodant, affectueux, souple, affable, agréable, sympathique, aimé, optimiste, plein de joie de vivre, pétulant, joyeux, satisfait, heureux, idéaliste, serviable, désintéressé, altruiste, dévoué, compatissant, charitable, tolérant, juste, diplomate.

− Inconscient, téméraire, nonchalant, malléable, crédule, dédaigneux, exalté, gaspilleur, avide de plaisir et de jouissance, vaniteux, coquet, avide de luxe, sans goût, peu débrouillard, capricieux, influençable, entêté, désordonné, ouvert aux influences étrangères.

Manifestations personnelles

+ Agréable, poli, plein de tact, distingué, simple, sympathique, aimable, prévenant, modéré, raffiné, charmant, bonnes manières.

− Affecté, maniéré, guindé, indifférent, négligent, étourdi, nonchalant.

Pensée

+ Intuitif, poétique, lyrique, artistique, subtil, créateur, harmonieux.

- Insouciant, téméraire, crédule, superficiel, irréfléchi, sensiblerie.

Sentiment

+ Sensible, sentimental, esthétique, pur, chaste, vertueux, innocent, nostalgique, passionné, affectueux, aimant, amoureux, tendre, voluptueux, mais également modeste, compatissant, charitable.
− Sensible, sentimental, avide de plaisir, sensuel, débridé, voluptueux, exalté, jaloux, étourdi, insouciant, grivois, inconstant, frivole, séducteur, dépravé, corrompu. Absence de moralité, tendance à la perversité. Se rend sans se battre; faible, peu débrouillard, sans résistance, coquet, précoce (puberté précoce).

Volonté

+ Aspiration à l'équilibre, harmonie. Aspiration au "toi", à l'équilibre intérieur. Toutes les forces contribuent à réconcilier les oppositions, à l'harmonisation des choses. Initiatives en faveur de la paix. Aspiration à l'amour et à la réalisation de la beauté dans le monde.
− Négation de la volonté; résultat: passivité absolue. Résignation et démission face aux événements de la vie. La vie est supportée et non aimée. Comme la force manque pour approuver ou nier quoi que ce soit, on accepte tout avec résignation.

Action

+ Marqué par le sentiment régulier, ordonné, complaisant, joueur, poli, plein de tact, prodigue.
− Sans énergie, passif, indifférent, se laisse aller, nonchalant, négligent, désordonné, débauché, oisif, tiède, paresseux, lent, mou, débraillé, sale. Le genre de gens trop beaux pour être authentiques et fidèles.

Effet sur le destin

+ Les associations du natif. Le partenaire conjugal et le partenaire commercial.
− Ennemis déclarés. Les relations à la vie publique. Procès civils. Plaisirs. Flirts, fiançailles, mariage.

Effet sur le plan des idées

+ Mouvements harmonieux, impressions artistiques. Le sentiment que tout finit par s'arranger pour le mieux.

- Conflits moraux. On se sent incompris. On ne fait plus confiance à sa bonne étoile. On a tendance à la morosité.

Effet sur le plan matériel

+ Rapports harmonieux avec le monde environnant. Bonheur grâce au partenaire. Succès dans la vie politique. Issue heureuse de procès.
- Rapports critiques à l'autre sexe. Relation difficile avec l'environnement. Discorde. Perte de la considération publique. Pertes suite à des procès. Combats avec des ennemis déclarés.

Art

L'art pour l'art, surtout la peinture, la danse et la musique.

Sciences

La science du beau. L'esthétique. Sciences qui procèdent du contact avec les belles choses, par exemple l'histoire de l'art.

Animaux

Pigeon, papillon, oiseau chanteur, libellule, hanneton, biche.

Plantes

Fleurs, surtout les lilas, les muguets, les violettes, les myosotis, le romarin, les lys. La myrthe. Toutes les fleurs qui sont un plaisir pour la vue et qui sont prisées des amoureux. Le bouleau, le peuplier, le tilleul, la poire, la cerise, la fraise, la prune, la banane, le froment.

Pierres précieuses

Saphir bleu clair, agate, émeraude, turquoise, corail, perle.

Métaux

Cuivre.

Couleur

Bleu clair, bleu azur, rose.

Objets

Fleurs, tous les bijoux, les alliances, les instruments de musique, les instruments du peintre, les vêtements, les chapeaux, les tableaux pour l'embellissement de l'intérieur. Le confort et le luxe. Tout ce qui est l'expression du "bon goût". Les cosmétiques, les jouets, le pèse-personnes.

Région

Les beaux parcs, les vallées et les prairies.

Lieux

Tous les lieux publics, les parcs, les jardins de fleurs. Dans la galerie d'art, le salon de mode, le salon de coiffure, la salle de concert, le théâtre, le cabaret. Tous les lieux de plaisir. Café, maison de tolérance. Bureau de l'état civil.

Pays

Rhénanie-Palatinat, district de Westerwald, Savoie, Japon, Chine, Tibet, Argentine, Autriche, Haute-Égypte, la mer Caspienne.

Villes

Francfort sur le Main, Wiesbaden, Höchst, Homburg, St Goarshausen, Rüdesheim, Usingen, Speyer, Zweibrucken, Kaiserlautern, Ellwangen, Fribourg, Lörrach, Schwäbisch Hall, Marbach, Heilbronn, Vienne, Graz, Anvers, Lisbonne, Nottingham, Copenhague, Johannesbourg, Rio de Janeiro.

Jour de la semaine

Vendredi.

Personnalités importantes nées sous le signe de la Balance

Dwight D. Eisenhower	T.S. Eliot
Mahatma Gandhi	William Faulkner
Paul von Hindenburg	Heinrich George
Heinrich Lübke	George Gershwin
Walther Rathenau	Graham Greene
Eleonora Duse	Rita Hayworth
Brigitte Bardot	Michel Jary
Sarah Bernhardt	Liselotte Pulver
Charles Boyer	Louis Trenker
Goerg Büchner	Udo Jürgens
Hienrich von Kleist	Anita Ekberg
Baron von Knigge	Elly Ney
Franz Liszt	Friedrich Nietzsche
Max Schmeling	Le Corbusier
Hans Söhnker	Fridtjof Nansen
Freddy Quinn	Hermann Abs
Oscar Wilde	Thomas Wolfe
Lil Dagover	Margot Hielscher

Le signe du SCORPION
né entre le 24 octobre
et le 22 novembre

Planète dominante: Mars.

Sexe: féminin.

Élément: eau.

Tempérament: mélancolique.

Type: le lutteur, l'homme à problèmes, l'homme faustien, l'occultiste, l'homme démoniaque, l'homme violent, le séducteur.

Apparence: taille moyenne, robuste, large d'épaules. Démarche énergique, raide.

Visage: forme du crâne marquée. Front bien développé, large, expressif, bombé. Regard perçant, sombre, défiant. Sourcils broussailleux. Commissures des lèvres indiquant l'opiniâtreté. Partie inférieure proéminente. Menton fortement accentué. Cheveux foncés.

Correspondances physiologiques: le bas-ventre, les organes sexuels, le système génital, le sperme, la région inguinale, la vessie, l'urètre, le bassin, l'anus, les organes excréteurs, l'appendice, les globules rouges, le nez, la bile, le bassin rénal. Maladies de la gorge, du nez et du palais, troubles de la prostate, hémorrhoïdes.

Le signe du Scorpion est dominé par Mars. Mars est la planète des passions, des oppositions.

Il est frappant que vous soyez doté d'une volonté particulièrement énergique qui s'extériorise régulièrement sous forme d'insubordination. Par conséquent, il vous est parfois difficile de vous faire pleinement comprendre par votre entourage.

C'est aussi l'influence de Mars qui explique que, parfois, dans votre vie, tout soit centré autour de l'amour. Votre caractère oscille pour beaucoup entre deux extrêmes, ce qui vous amène bien des moments pénibles; c'est une situation bien désagréable en effet lorsque vos souhaits, vos désirs, vos aspirations, vos aversions et vos états d'âme se répercutent en sens divers.

Votre développement et votre grandeur d'âme sont déterminés par les répercussions de ces tiraillements. Vos opinions sont souvent entêtées, inflexibles voire même belliqueuses et violentes. S'il vous arrive de reconnaître une erreur, il faut avouer que, bien souvent, vous vous empressez de trouver une échappatoire. C'est typique: c'est Scorpion! Si cela ne devait pas être le cas chez un natif du Scorpion, sa force dynamique s'investirait dans des activités spirituelles plus élevées.

Mars est le dieu de la guerre. N'avez-vous pas encore remarqué de quelles qualités il vous a doté pour la vie? N'est-ce pas votre ardent désir d'être en tête, de dominer? Vous sentez-vous bien dans votre peau en tant que subordonné?

Vous possédez un important pouvoir d'attraction, vous exercez une grande influence sur l'autre sexe. On pourrait croire que vous recherchez le danger et vous avez tendance à combattre les opinions et les institutions existantes. Il faut mentionner aussi votre capacité d'aller au fond des choses, votre esprit de recherche approfondi et perspicace.

Il y a aussi des moments où vous êtes particulièrement bon et serviable, voire même bienfaisant. Votre désir ardent de percer les secrets de la nature est inexorable. Vous aimez les sciences secrètes et vous vous sentez attiré par l'occultisme.

Vous vous entendez à pénétrer et à approfondir les secrets d'autres personnes. Vous êtes plus réticent à faire part de vos propres secrets. On peut vous faire part de communications importantes sans arrière-pensée et se fier à votre discrétion une fois que vous l'avez promise.

Grâce à votre ambition et à votre indiscutable valeur, vous pouvez atteindre bien des objectifs inaccessibles à d'autres. Vous êtes sensible aux flatteries sans être vaniteux pour autant. Si vous entrez en contact avec des gens qui connaissent bien cette faiblesse et, qui plus est, l'exploitent adroitement, ils pourront obtenir beaucoup de vous en bien comme en mal.

Dans votre propre intérêt, vous devrez combattre votre colère, votre jalousie et toutes vos passions présentes ou latentes. En effet, elles risquent de compromettre non seulement votre équilibre spirituel mais aussi vos relations avec votre entourage.

Le Scorpion cherche les causes de conflit et, en tout cas, ne les évite pas; ses pas semblent se diriger là où il y a de l'orage dans l'air. Il provoque des oppositions, des divergences et s'acharne particulièrement sur les tâches difficiles.

L'individu Scorpion est un être tiraillé entre deux issues et qui est consumé par une brûlante contradiction interne.

Les passions dévastatrices peuvent alterner avec une grande froideur. Son impatience intérieure le rend parfois violent. Il se présente comme quelqu'un d'imprévisible et d'inaccessible, mais il exige de ceux qu'il aime une soumission absolue.

Le charme sensuel du Scorpion est pour lui un moyen d'atteindre l'union tant souhaitée avec le partenaire. Il n'est jamais seul; il réussit toujours à attirer des gens qui le suivent. Il a un comportement ouvert mais il est susceptible. Il reste fidèle à son enthousiasme fanatique, à son dévouement altruiste, à ses idéaux, à ses devoirs. Son sens prémonitoire est très développé.

L'individu Scorpion tend à choisir des métiers qui sont pour ainsi dire des critères de mesure de la personnalité. Il dispose d'une grande ambition sur le plan du travail; il fait face à toutes les menaces et à toutes les attaques et met toute son énergie à défendre ce qui a été réalisé. La force déployée pour s'imposer est variable, la ténacité est à la mesure de la participation; à l'occasion, les moyens choisis sont assez impitoyables.

Les natifs du Scorpion sont indiqués pour devenir chirurgien, médecin des services d'urgence, infirmière en salle d'opérations et accoucheuse. Ils ont également de bonnes aptitudes pour devenir médecin généraliste. Les domaines suivants peuvent également être choisis avec des chances de succès: la pharmacologie, la chimie, l'étude de la conjoncture économique, l'étude expérimentale des matières premières, la surveillance du personnel, la police, la criminalistique, les institutions pénitentiaires ou maisons de correction, les services secrets militaires, la diplomatie, le service des pompiers. On peut aussi enregistrer des succès dans le domaine sportif. Il faut encore signaler les domaines de la technique électronique, des poids lourds, de la construction de turbines, l'industrie métallique et métallurgique, la technique de la haute fréquence.

Dans le domaine de la vente, on trouve des tendances aux sciences de l'organisation de l'entreprise, au calcul des coûts, à la technique de bureau et à la technique de l'ordinateur. Le Scorpion s'intéresse également au monde de l'édition. Dans l'administration, les employés chargés des inhumations, les exécuteurs testamentaires, les curateurs subissent le plus fréquemment une influence Scorpion. Des métiers manuels peuvent bien convenir également, surtout dans l'industrie du fer et de l'acier. Les femmes natives du Scorpion sont souvent attirées par ces métiers: infirmière, assistante médicale, assistante de laboratoire, médecin, pédiatre, pharmacienne, droguiste, dentiste.

Dans l'administration, les bureaux de contributions, les études d'avocat, les bureaux judiciaires, tout le service juridique entrent en ligne de compte. Dans les carrières artistiques, on choisit souvent la spécialisation, surtout au théâtre. Il n'est pas rare que le sarcasme, l'ironie ou le satire aient la préférence (cabaret, comédie); il arrive fréquemment que la carrière soit interrompue par le mariage et soit reprise seulement par la suite.

Dans les métiers scientifiques, la physique, la zoologie et la philosophie ont la prépondérance. Les domaines voisins rencontrent aussi un vif intérêt: la métaphysique, les sciences ésotériques, la psychologie, la parapsychologie, l'occultisme. Les Scorpions sont extraordinairement attirés par l'inconnu, l'inexploré, le mystère, la face cachée des choses.

Des entraves peuvent surgir sur le plan de la santé au niveau du bas-ventre, des organes sexuels, du système génital, de la vessie, de la région inguinale, du bassin, des organes excréteurs, de l'appendice, des reins, de la bile. Des ulcères, des inflammations, des troubles menstruels peuvent également se présenter.

L'homme Scorpion possède un sentiment amoureux prononcé. Sa vie instinctive débute dès la prime jeunesse et se prolonge jusqu'à la vieillesse. L'amour et la sexualité exercent sur lui une grande fascination. Il aime avec une grande passion sans se perdre lui-même. Il est de nature très romantique et souhaite trouver cette qualité chez sa partenaire également. Pour lui, un amour sans jalousie, sans attirance sexuelle, sans sensualité est comme une soupe sans sel. La force d'attraction érotique est grande; elle désarme la gent féminine par sa magie particulière. Quand il sollicite les faveurs de quelqu'un, il le fait avec toute l'ardeur de sa personnalité. Il exige un don de soi total, l'abandon de toute personnalité propre; il veut que sa partenaire se rende à sa merci. Dans son choix, il fait preuve d'un instinct très marqué qui se manifeste d'ailleurs dans toutes ses sympathies et antipathies. Son mariage, quand il en conclut un, est par excellence un mariage d'amour, qui n'est cependant pas toujours de longue durée. Sa jalousie prononcée et sa cruauté à peine déguisée ne facilitent pas la vie de sa partenaire. Dans certains cas isolés, la tendance sadique est fortement marquée et il développe une fantaisie débordante pour tourmenter sa "victime" tout en s'assurant son solide attachement. Mais lorsqu'il tourmente, il le fait par amour et non par haine; il est animé du désir de s'approprier sa partenaire entièrement, même dans la douleur.

Il y a beaucoup de célibataires sous le signe du Scorpion. Sans doute, est-ce dû au fait qu'il n'y a que peu de femmes qui parviennent à retenir un natif du Scorpion.

Dans la vie professionnelle, le Scorpion est un bourreau de travail. Il convient particulièrement pour des activités qui font appel à des qualités de chef, au pouvoir de suggestion, au courage, à l'engagement total des forces. L'homme natif du Scorpion ne vit pas que l'amour avec une puissante intensité; il en est de même pour la politique, le travail, l'amitié, la religion, bref, presque tous les domaines. Il réussit à éliminer les obstacles qui s'opposent à la réalisation de ses objectifs.

L'individu dominé par Mars dispose d'une remarquable volonté de s'imposer; il prend beaucoup d'initiatives et est toujours prêt à l'action. Son ambition est grande et elle exprime davantage un désir de se distinguer que le souci de s'assurer de sa propre valeur. Il doit s'affirmer dans un combat constant. Dès lors, son ambition va de pair avec son zèle, son assiduité, son goût de l'effort, de la performance. Parfois, elle s'associe aussi à de l'excès de zèle, de l'agitation, de l'intolérance, de la brutalité, du despotisme.

La femme Scorpion rayonne d'un charme magique. Son attirance sexuelle est forte et sa passion est ardente en bien comme en mal. Elle vit avec une égale intensité les hauts et les bas de l'émoi amoureux; sa jalousie démesurée n'en fait pas une épouse accommodante. À partir du moment où elle aime, elle reste fidèle malgré tout parce qu'elle s'accroche à son partenaire. Elle cherche à maintenir une liaison même quand elle n'est plus que torture pour l'un et l'autre. En général, elle est extrêmement féconde et apte à concevoir.

D'une façon générale, pour vivre avec une femme Scorpion, le partenaire doit faire preuve de compréhension, de dévouement, d'esprit de sacrifice et d'intelligence et il doit, en même temps, participer avec passion à la relation amoureuse. Dans ces conditions seulement, il pourra supporter les hauts et les bas à travers lesquels la femme Scorpion entraîne la "victime de son amour" et aussi s'assurer une portion de bonheur vrai et durable.

Chez une femme Scorpion, la volonté est en général au service des instincts; elle lui sert à atteindre ses buts. On pourrait dire que la force de la volonté se fonde sur la force des instincts orientés vers un but. La femme Scorpion est passée maître dans la défense. Elle est soucieuse d'assurer ses arrières afin de pouvoir faire front à une éventuelle attaque de l'ennemi et afin de briser ses forces, de l'anéantir à petit feu par une résistance opiniâtre.

Dans la vie professionnelle, les natives du Scorpion disposent du talent de conquérir le pouvoir et de l'utiliser. Le travail est leur affaire. Un travail facile, confortable ne les intéresse pas. Elles sont opiniâtres, critiques et vont droit au but.

Elles choisissent leurs amis avec soin, mais elles sont parfaitement capables de rester fidèles à un véritable ami. La qualité de la relation amoureuse leur importe davantage que la bague au doigt. Elles ne se soucient pas de l'opinion de leur entourage. Leurs relations sont authentiques et honnêtes. Elles font preuve de beaucoup de courage et réagissent contre l'hypocrisie de la société. Elles mettent tous leurs talents au service des objectifs de leur partenaire, qu'il soit ami ou époux. Son avenir leur importe plus que leur propre carrière.

Elles aiment leur propre maison qu'elles décorent avec goût et entretiennent parfaitement.

On ne devrait jamais rendre une femme Scorpion jalouse. Elle est très méfiante. Si elle trouve une raison à sa jalousie, l'explosion est imminente!

Sur le plan des finances, la femme Scorpion est très variable. Elle peut se montrer très économe, voire avare, puis soudain devenir dépensière. En tout cas, elle aime l'argent. Toutefois, si son époux gagne moins, elle s'en contentera. Elle est capable de sacrifices quand il le faut. Ses enfants sentiront qu'ils ont une bonne mère. Elles ont peut-être des difficultés à manifester leur amour, mais soutiennent leurs enfants en tout point. Elles leur communiquent une vision de la vie avec ses hauts et ses bas.

Les natifs du Cancer (du 22.6 au 22.7), des Poissons (du 20.2 au 20.3), du Capricorne (du 22.12 au 20.1) et de la Vierge (du 24.8 au 23.9) sont susceptibles de réaliser une entente harmonieuse avec les Scorpions. Les signes du Taureau (du 21.4 au 21.5), du Lion (du 23.7 au 23.8) et du Verseau (du 21.1 au 19.2) sont moins indiqués.

Caractéristiques du SCORPION

Caractère

+ Zélé, courageux, franc, décidé, ambitieux, inflexible, mystérieux, approfondi, insondable.
− Rude, entêté, casse-cou, irascible, insatisfait, impatient, susceptible, vulnérable, vite vexé, rancunier, méfiant, fermé, acharné, indocile, rébarbatif, emporté, colérique, furieux, malveillant, vindicatif, avare, cruel, sadique, destructeur, réceptif aux flatteries.

Manifestations personnelles

+ Énergique, puissant, courageux, décidé, péremptoire.
− Fier, défiant, agressif, débridé, dominateur, brutal, rude, grossier.

Pensée

+ Subtil, investigateur, percutant, pénétrant, insondable, profond, mystique, occultiste.
− Obsessionnel, partial, irritable, susceptible, trop critique, compliqué, démoralisant, crispé, combatif, hargneux, fanatique, rébarbatif, malveillant, sournois, rusé, astucieux, raffiné, vindicatif, démoniaque.

Sentiment

+ Primaire, instinctif, dynamique, passionné.
− Téméraire, concupiscent, sensuel, débridé, débauché, dépravé, voluptueux, violenteur, grossier, jaloux, chaotique.

Volonté

+ Saisir le fondement de l'univers. Révéler ce qui est voilé. Vaincre la mort. Développer des pouvoirs magiques. Se dépasser soi-même. Libérer "ce qui est en bas". Relier le "haut" avec le "bas".
− Vivre pleinement, suivre ses envies. Arracher, détruire. S'imposer par la force. Vouloir dominer les autres. Détruire d'autres existences. Livré à ses instincts de puissance, le Scorpion ne réalise pas qu'en anéantissant les autres, il cause sa propre perte.

Action

+ Énergique, péremptoire, zélé, impulsif, vaillant, courageux, héroïque, titanesque, ambitieux.
− Impatient, impétueux, violent, fougueux, sauvage, défiant impératif, casse-cou, irréfléchi, autoritaire, imprudent, manquant de maîtrise de soi, impérieux, malveillant, combatif, sans égards, grossier, rude, vindicatif, inflexible.

Effet sur le destin

La possession de l'environnement. La chose publique, les fonds publics. Des testaments, des héritages, des legs. Des pertes, des dangers de mort, des accidents, des interventions chirurgicales, des cas de décès, des enterrements. La mort de sa propre personnalité.

Effet sur le plan des idées

+ Les pensées sont totalement concentrées sur le processus de transformation. Expériences occultes et parapsychiques. Le caractère éphémère de la nature rend songeur. Les problèmes de la survie après la mort incitent à des recherches sans cesse renouvelées.
− Insistance sur les états de tristesse. Le caractère éphémère de toutes choses pèse sur la vie spirituelle; on cherche en vain le sens des phénomènes de décomposition.

Effet sur le plan matériel

+ Legs, héritages, augmentation des biens par les relations avec des associés comme avec la chose publique. Surmonte des crises.
− Pertes par des associés comme par la chose publique. Effondrement d'entreprises. Faillites. Issue critique de jeux de loterie

et de paris. Des héritages attendus ne se présentent pas. Les possessions s'évanouissent. Des conflits, des querelles, des séparations, des cas de décès, des enterrements, des maladies vénériennes. Des interventions chirurgicales. Des accidents, des dangers de mort. Mort.

Art

Arts martiaux. Gravure à l'eau forte.

Sciences

Chirurgie, sciences naturelles, surtout la physique, la chimie, les techniques, la zoologie, l'occultisme, la parapsychologie.

Animaux

Le loup, les félins (tigre, panthère, léopard), le scorpion, le serpent, l'hyène, insectes (guêpes, moustiques) et autres animaux munis de griffes.

Plantes

Houx, buissons d'épines, orties, chardons, épineux, oignon, ail, raifort; tout ce qui est amer, piquant, brûlant.

Pierres précieuses

Rubis, jaspe, pierre magnétique.

Métaux

Fer, acier.

Couleur

Rouge.

Objets

Tous les objets en fer ou en acier. Des machines, des outils (marteau, clous, hache, etc.). Tous les outils tranchants (couteau, ciseaux, etc.). Toutes les armes à feu ou armes blanches. Comme aliments: moutarde, poivre, vinaigre; toutes les épices piquantes. Tous les objets qui servent à la stimulation sexuelle.

Régions

Régions stériles. Montagnes volcaniques. Régions inondées. Marais. Zones de chasse.

Lieux

Dans les usines, les casernes, les salles d'opération, les abattoirs. Sur les champs de bataille. Dans les laboratoires chimiques, dans une distillerie. L'endroit où le natif meurt, la morgue, au cimetière, la tombe. Au jardin zoologique.

Pays

La Haute et la Basse-Bavière, le Würtemberg, la Forêt noire, la Norvège, la Suède occidentale, le Jutland, la Lapponie, l'Algérie, la Syrie, le Maroc, le Transvaal, le Queensland.

Villes

Munich, Baden-Baden, Tübingen, Reutlingen, Francfort sur l'Oder, Danzig, Kottbus, Kattowitz, Ingolstadtd, Passau, Landshut, Straubing, Rosenheim, Traunstein, Bruchsal, Brixen, Gand, Douvres, Liverpool, Washington, Milwaukee.

Jour de la semaine

Mardi.

Personnalités importantes nées sous le signe du Scorpion

Charles de Gaulle	Grace Kelly
Friedmann Bach	princesse Grace Patricia de Monaco
Georges Bizet	Friedrich von Schiller
Richard Burton	Martin Luther
Thomas Cook	Reza Pahlevi, Shah d'Iran
Marie Curie	le prince Charles d'Angleterre
Georges Danton	Niccolo Papanini
Robert Kennedy	Paul Linke
Indira Gandhi	Fritz Reuter
Curt Götz	Elke Sommer
Katherine Hepburn	Dieter Borsche
Paul Hindemith	Luise Ullrich
Rudolf Forster	Alain Delon

Le signe du SAGITTAIRE
né entre le 23 novembre
et le 21 décembre

Planète dominante: Jupiter.

Sexe: masculin.

Élément: feu.

Tempérament: colérique.

Type: l'homme religieux, le sportif, l'aventurier, l'hypocrite, le faux prophète.

Apparence: silhouette imposante tendant à l'embonpoint. Allure sympathique, qui a de la prestance. Mains puissantes. Corps mobile, sportif, garde une apparence jeune jusqu'à un âge mûr.

Visage: front haut et bombé, nez habituellement long. Les yeux la plupart du temps bleu foncé; regard ouvert, clair, bienveillant, jovial, brillant. Cheveux clairs, chevelure abondante, souvent barbe.

Correspondances physiologiques: hanches, cuisses, muscles du dos, articulation de la hanche, foie, sang, région inguinale, lombes, circulation veineuse, poumons, bronches, système nerveux végétatif.

Les Sagittaires sont soumis à l'influence de la planète Jupiter. C'est pourquoi ils sont extérieurement très calmes mais intérieurement très sensibles, même s'ils ne le laissent pas paraître immédiatement.

En amour, ils sont ardents et enflammés; mais la raison les maintient à l'intérieur des limites raisonnables. Ils ont un caractère intègre et font le bien pour le bien. Ils ont une certaine nature prophétique; aussi, peuvent-ils souvent dans la vie pratique se fier à leurs intuitions. Ils aiment la tranquillité et le confort par-dessus tout; le revers de la médaille est un manque d'esprit de décision. Ils adorent organiser leur vie de manière libre et indépendante. Ils sont également très libres à l'égard du sexe opposé, ce qui est souvent mal interprété. Ils suivent l'élan de leur coeur, les impulsions de leurs sentiments, sans toujours faire intervenir la raison; ils sont pacifiques, pleins d'égards, conciliants, droits et honnêtes. Leur esprit est au-dessus de la moyenne. Ils peuvent être ingénieux et même géniaux, surtout dans leurs réflexions libres et affranchies.

Si vous êtes Sagittaire, votre besoin de mouvement vous pousse continuellement à voyager. Vous aimez le sport et les ballades. Vous adorez les animaux, vous avez également de bonnes prédispositions pour les sciences naturelles et les études.

Vous souffrez par moments d'une tension intérieure, le signe le plus sûr d'une nature double. Cela tient au fait que vous percevez facilement des impressions psychiques et que vous êtes tantôt renfermé et inaccessible, tantôt impétueux et excité. Cette susceptibilité est souvent sans fondement et n'est explicable que par votre double nature. Vos passions et vos jalousies sont profondes. Vous avez une forte tendance à être méfiant mais vous ne pouvez empêcher d'être souvent trompé et leurré.

Le Sagittaire sait toujours ce qui est le mieux pour chacun; et il n'est pas timide non plus pour le dire ouvertement. La plupart du temps, c'est lui qui dirige et les autres forment la troupe. Il ne s'agit pas de demander pourquoi; ce qui est important, c'est que les autres suivent le chef. Il peut prendre une mauvaise direction, cela arrive. Si on suit un Sagittaire sur sa route, il vaut mieux partir avec des provisions, car il est possible qu'il n'atteigne pas son lieu de destination, étant donné que le Sagittaire n'a pas le sens de l'orientation.

Le Sagittaire est un collectionneur. Il peut collectionner des livres, des dessous de verres de bière, des boîtes à musique, de vieilles lettres, des morceaux de papier; ses poches sont toujours remplies. Il adore soigner des animaux, surtout exotiques, dans son appartement. Gare à celui qui dérange ses collections ou même les range! Le natif du Sagittaire possède ces objets parce qu'il en a besoin.

La nature du Sagittaire est surtout déterminée par sa vision positive de la vie. Il connaît les faiblesses et les tentations de la vie et commence très tôt à les comprendre et à les dominer. Sa sagesse est instinctive et lui donne une grande bonté et une grande capacité de compréhension.

Les Sagittaires aiment la tradition et le conservatisme. Ils sont des défenseurs passionnés du droit et de la pureté des moeurs. Le Sagittaire "positif" est d'une cordialité toujours chaleureuse; il est bienveillant et intègre, avec un sens toujours en éveil pour les vibrations de la vie et avec un regard pour la beauté et l'harmonie. La compréhension est intuitive; la caractéristique la plus forte de son caractère est la reconnaissance complète de l'autorité.

Le Sagittaire "négatif" est par contre un sophiste; les sentiments profonds deviennent de la sentimentalité, la foi de la superstition, la justice hypocrisie. Il essaie de camoufler son vide intérieur par le plagiat et des imitations de toutes sortes; il aime se parer des plumes d'autrui.

Sur le plan professionnel, le Sagittaire aime la vie sans attaches, spécialement dans la nature pour laquelle il a une profonde compréhension. Toutes les professions qui le rapprochent de la nature semblent très prometteuses. Les Sagittaires ont des dons spéciaux. Ils flairent les occasions payantes. Souvent, ils ont le sentiment que la "vraie occasion" devrait encore se présenter. Ceci et le besoin de voyager ainsi que des changements au cours du temps expliquent bien des changements professionnels. On trouve beaucoup de Sagittaires dans l'économie et l'industrie, dans l'exportation et l'importation, dans les représentations à l'étranger. Le domaine juridique les attire également très fort (juges et avocats). D'autres domaines attirant le Sagittaire sont l'État, les autorités, les religieux, les officiers, les employés d'armée, de police, le secteur touristique, la politique, le secteur de l'édition, le service diplomatique, la philosophie, la médecine, la psychologie, la géographie, le sport, les banques.

Les secteurs privilégiés des femmes Sagittaires sont les langues étrangères, le sport, le professorat, les professions sociales, la médecine, reporter, représentante à l'étranger, vendeuse, vétérinaire, employée d'agence de voyages, artiste.

Les correspondances corporelles du signe du Sagittaire sont les hanches, les cuisses, le foie, la musculature (également celle du coeur), la respiration, le système nerveux, la région inguinale, le dos, la région lombaire, la circulation veineuse. Il a des prédispositions pour les rhumatismes, la goutte, le lumbago, les luxations, les blessures sportives. Les poumons peuvent également être endommagés. Il y a des déchirures de ligament, des entorses, des paralysies de membres, des fractures du fémur, des douleurs aux articulations, des handicaps à la marche.

Le natif du Sagittaire est la plupart du temps très coriace et résistant; il récupère vite. Cela entraîne dans de nombreux cas un genre de vie excessif. Celui qui vit avec modération et bon sens peut devenir très vieux et garde une très grande fraîcheur à beaucoup d'égards jusqu'à un âge avancé. Le corps du Sagittaire a besoin de beaucoup d'oxygène; c'est pourquoi il doit faire beaucoup d'exercices respiratoires. Le meilleur médicament: les randonnées! Une consommation exagérée de nicotine entraîne dans tous les cas des dommages pour les poumons.

Les hommes Sagittaires ont par moment de grandes idées et de grands projets dont ils commencent l'exécution mais qu'ils ne mènent pas à terme. Une certaine envie d'aventures va souvent de pair avec une insouciance et un manque du sens des responsabilités. Sur le plan professionnel, le Sagittaire préfère une activité libre à des heures de bureau fixes. Il est d'un naturel ardent, son amour est toujours une passion. Il a beaucoup de succès auprès des femmes et s'enflamme très vite. Lorsqu'il a pris feu, il passe à l'action de façon extrêmement impulsive. Il ne cache pas ses intentions. Sa capacité de se passionner est un danger considérable pour la fidélité. Là où il trouve du neuf, il se sent concerné; l'inconnu l'attire de façon irrésistible. Son désir de liberté est très marqué; le seul moyen de l'entraîner devant l'officier de l'état civil est de lui dire qu'on ne le veut à aucun prix. Il mobilisera alors toutes ses forces pour faire changer d'avis sa partenaire et conquérir l'objet de ses désirs. En mariage, il faut être très prudent car la fidélité est étrangère à sa nature. Les femmes intelligentes ne lui gâcheront pas son désir d'avoir de petits flirts et lui laisseront, du moins de façon apparente, la liberté qu'il aime avoir.

Les femmes Sagittaires se comportent comme les hommes. Ce n'est pas un excès de passion qui les pousse continuellement à des aventures nouvelles, mais bien un besoin de liberté incoercible et la tendance à susciter le plus d'admiration possible. Elles en restent le plus souvent à des flirts superficiels; et comme la femme Sagittaire attache beaucoup d'attention aux coutumes et traditions, elle est la plupart du temps une bonne épouse si on n'essaie pas de réduire ses droits à ce qu'elle appelle sa vie privée.

La femme Sagittaire est une optimiste convaincue. Elle appelle les choses par leur nom. Ses remarques et questions sont parfois vexantes. Elle aime jouer; la loterie et d'autres jeux de hasard l'attirent très fort. Elle apprécie la sensation agréable de faire et de ne pas faire ce qu'elle veut.

Vous, native du Sagittaire, vous n'appartenez pas à cette catégorie de femmes qui restent muettes. Votre grande franchise vous attirera parfois des ennuis, des conflits et malentendus. Vous êtes rarement malheureuse, vous ne pleurez quasiment jamais. Si quelque chose vous touche de très près, vous ne le laisserez pas paraître. Vous devriez retenir ceci: vos paroles peuvent être très blessantes. Mais, par ailleurs, vous serez facilement vexée si on vous rend la monnaie de votre pièce.

Le sens de la justice et de l'injustice se base bien plus sur le sentiment que sur la connaissance du droit. Si elle est bien formée, cette intuition peut juger de manière plus juste que la connaissance de la cause. Si elle est mal formée, la conséquence inévitable sera de mauvais jugements, l'injustice, l'indécision (à cause de ses sentiments mal définis), l'effet d'influence, même la vénalité et la perversion. Même une injustice personnelle flagrante sera attribuée à d'autres à cause d'un manque de compréhension de sa propre nature.

Les Sagittaires aiment tous les plaisirs matériels de la vie, tant sur le plan de la sexualité, de la bonne chère (ils aiment les bons repas et les bons vins) que des voyages et de la bonne compagnie. Si on demande à une femme Sagittaire, si elle a des talents de ménagère, elle répondra ouvertement qu'elle n'en a pas. Elle trouve horrible de ramasser des poussières et de laver la vaisselle. Mais elle peut se dominer et avoir une maison très bien tenue. Elle n'a pas de talents de cuisinière non plus. La femme native de ce signe n'aime pas se trouver à la cuisine. Mais elle réussit très bien une chose: elle vous préparera de merveilleux desserts.

La femme Sagittaire est comme une grande soeur vis-à-vis des enfants, elle est une bonne camarade. Elle élèvera bien ses enfants, sans trop de sévérité.

N'essayez pas d'influencer exagérément votre mari selon vos points de vue. Les hommes n'aiment pas cela.

Vous n'avez pas en général de grandes ambitions personnelles. Vous voulez seulement bien vivre. Vous ne voulez pas être ou devenir quelqu'un de spécial. Mais lorsqu'il s'agit d'un objectif spécial, vous pourrez faire preuve d'un zèle qui peut paraître inexplicable et incompréhensible.

Les signes harmonieux pour le natif du Sagittaire sont le Bélier (du 21.3 au 20.4), le Lion (du 23.7 au 23.8), le Verseau (du 21.1 au 19.2) et la Balance (du 24.9 au 23.10). Moins favorables sont les signes des Gémeaux (du 22.5 au 21.6), les Poissons (du 20.2 au 20.3) et la Vierge (du 24.8 au 23.9).

Caractéristiques du SAGITTAIRE

Caractère

+ Bon, jovial, généreux, large, bienveillant, protecteur, noble, charitable, ouvert, à l'aise, harmonieux, doux, joyeux, plein d'humour, conciliant, tolérant, indulgent, philanthrope, social, juste, loyal, ayant confiance en lui, reconnaissant, ayant le goût des voyages.
− Crédule, insouciant, fanfaron, gaspilleur, exubérant, aimant le faste, le luxe, démesuré, jouisseur, arrogant, pétulant, faux, prétentieux, vantard, imbu, vaniteux, hypocrite, simulateur, sensible à la corruption, injuste, contre la loi, aventurier, intolérant, se permettant de juger et de condamner.

Manifestations personnelles

+ Joli, jovial, digne, calme, détendu, tranquille, équilibré.
− Vantard, hautain, arrogant, prétentieux, pathétique, hypocrite. A une tendance à la simulation.

Pensée

+ Humain, croyant, idéaliste, philosophe, compréhensif, abstrait, perspicace, large d'esprit, raisonnable, éthique, optimiste, con-

fiant, juste, sincère, aimant la vérité, libéral, enthousiaste; ouvert au vrai, au bon et au beau.
- Superstitieux, fanatique, dogmatique, moralisateur, sceptique, présomptueux, excessif, vantard, arrogant, hypocrite, simulateur, faux, prolixe, joueur; opposé à tout ce qui est raisonnable, à tout ce qui se rapporte aux sciences exactes.

Sentiment

+ Compatissant, moral, vertueux, calme, libre, plein d'espoir, gentil, capable de se sacrifier.
- Prolixe, jouisseur, excessif, avide d'amusement, extravagant, sans inhibition ni gêne, superficiel, se donnant de façon inconsidérée, moralisateur.

Volonté

+ Développer, conserver, compléter, améliorer. Tendre vers une harmonie intérieure. La volonté d'aller loin. Laisser planer l'esprit très haut. Le désir d'indépendance et de liberté. La foi en un ordre mondial équitable. Le principe suprême: concilier, aimer.
- Élévation jusqu'à la démesure. Les efforts se concentrent sur tout ce qui pourrait améliorer la considération et l'apparence extérieure. Briller, jeter de la poudre aux yeux, même si l'intérieur est vide, procure du plaisir: "Le monde veut être trompé." Vouloir vivre au-dessus de ses moyens.

Action

+ Altruiste, honnête, honorable, juste, sage, aimable, aimant offrir, protecteur, complaisant, coopératif, charitable, magnanime, fiable.
- Emploie des moyens douteux, faux, dissimulateur, trompeur, corruptible, fanfaron, indécis.

Effet sur le destin

Occasions favorables, ascension, élévation, protection. Le capitalisme. Spéculations financières, entreprises sportives, relations internationales, voyages, affaires juridiques. Haute politique.

Effet sur le plan des idées

+ Comportement sage face aux choses. La possibilité de dominer et de surmonter toutes les crises.
- Conflits idéologiques, tensions religieuses, divergences d'opinions politiques. Non-réalisation d'espoirs démesurés.

165

Effet sur le plan matériel

+ Aime bien vivre, le bien-être matériel. La plénitude, la bénédiction, la moisson, la richesse, le succès, la santé. Les honneurs, distinctions, la gloire, la puissance, les succès sportifs, les avantages par de grands voyages, l'étranger, le sport, la religion, la justice. Progrès par le bien-être, les héritages, les gains à la loterie, également par des spéculations, spécialement les paris sur les chevaux. Guérison de maladies.

− Mauvaises spéculations. Difficultés judiciaires. Pertes par la passion du jeu. Échecs sportifs et politiques. Fin défavorable de grands voyages. Désavantages par des relations internationales.

Art

Art religieux, art de guérir.

Sciences

Philosophie, théologie, droit, médecine, botanique.

Animaux

Éléphant, cheval, chevaux de course, paon, chouette, cerf, génisse.

Plantes

Frêne, figuier, asperge, rhubarbe, pêche, jasmin, oeillet.

Pierres précieuses

Saphir bleu foncé, turquoise, améthyste, lapis-lazuli.

Métaux

Étain.

Couleur

Bleu foncé et pourpre.

Objets

Autels, objets du culte, tous les objets en bois.

Régions

Terres fertiles, contrées luxuriantes, les champs.

Lieux

Églises, bâtiments judiciaires, maisons de bienfaisance et toutes les institutions qui sont entretenues par des dons de charité. Jardins et parcs publics. Couvents, banques.

Pays

Espagne, Hongrie, Tchécoslovaquie, Yougoslavie, Madagascar, Arabie, Australie.

Villes

Cologne, Dusseldorf, Barmen, Elberfeld, Krefeld, Duisburg, Hamborn, Remscheid, Oberhausen, Bonn, Mühlheim, Siegen, Siegburg, Stuttgart, Esslingen, Rothenburgob der Tauber, Narbonne, Avignon, Tolède, Cadix, Budapest, Toronto.

Jour de la semaine

Jeudi.

Personnalités importantes nées sous le signe du Sagittaire

Willy Brandt
Francisco Franco
Néron
Léonid Brejnev
Robert Koch
Maria Callas
Betty Grable
Curd Jürgens
Gérard Philippe
Kirk Douglas
Maximilien Shell
Paul Getty
John Osborne

Winston Churchill
Gustave Adolphe de Suède
Joseph Staline
Carlo Schmid
Walt Disney
Sammy Davis
Johannes Heesters
Jean Marais
Édith Piaf
Horst Buchholz
Frank Sinatra
Mark Twain
Ludwig von Beethoven

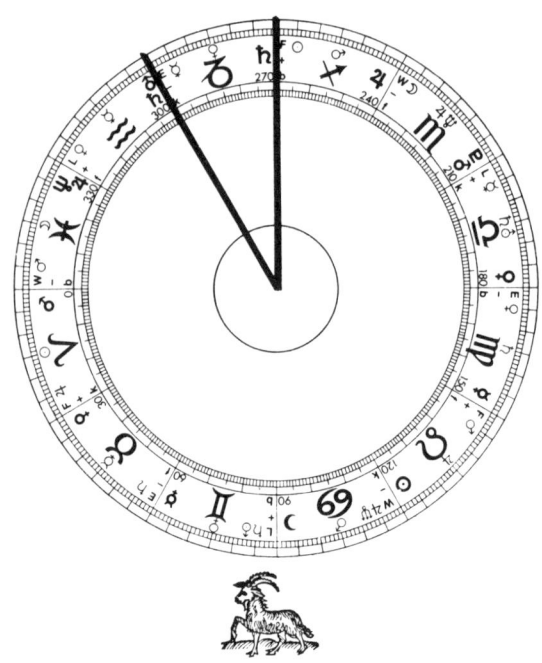

Le signe du CAPRICORNE
né entre le 22 décembre
et le 20 janvier

Planète dominante: Saturne.
Sexe: féminin.
Élément: terre.
Tempérament: flegmatique.
Type: l'homme conscient de ses responsabilités, l'homme créateur, l'ambitieux, le parvenu.
Apparence: maigre, silhouette longue et disproportionnée. Corps osseux. Démarche prudente, fatiguée, traînante. Mouvements contrôlés, calmes, lents.
Visage: grandes oreilles, front soucieux et ridé. Pommettes accentuées, menton pointu. Regard sérieux, yeux enfoncés, lèvres

minces et pressées. Pas d'aisance dans l'élocution. Constitution souvent plus résistante passé un certain âge que dans la jeunesse. *Correspondances physiologiques:* le système osseux, le squelette, les articulations, les cheveux, les oreilles, les dents, les ongles, la rate, la bile, le foie. Prédispositions aux troubles du métabolisme et de la digestion: rhumatismes, goutte, maladies de la peau, genoux sensibles, chutes fréquentes, indurations, scléroses, artérioscléroses. Maladies des vaisseaux coronaires, maladies dues à des refroidissements.

Le signe du Capricorne est soumis à l'influence de Saturne. Le Capricorne se veut un grimpeur adroit et donne une indication sur la façon dont cet individu devra traverser l'existence. Le besoin pressant de progresser dans la vie et le désir d'accéder aux sommets de la création, de l'honneur, de la puissance et de l'influence prouvent combien il est influencé par Saturne. Ce qui est certain, c'est qu'il ne se laisse déconcerter par aucune difficulté, par aucun obstacle. Il doit sans cesse se rappeler que le chemin qui monte est parsemé de pierres et de dangers. Ses conditions de vie sont changeantes dès l'enfance. Ce n'est qu'à un âge mûr que la vie lui apporte plus de stabilité et de succès.

L'ensemble des qualités du natif du Capricorne convergent vers son désir d'accomplir de grandes actions.

Vous êtes un homme infatigable, conscient de votre devoir et persévérant. Vous apprenez et vous comprenez facilement, vous êtes éloquent quand il le faut; sinon, vous êtes taciturne, très fermé et aussi méfiant face à votre entourage. Pour atteindre un objectif que vous vous êtes fixé, vous êtes capable de renoncer à beaucoup de choses et de supporter des privations. Vous développez une remarquable endurance et, s'il le faut, un entêtement qui heurtera souvent les autres. Il ne vous est pas facile de vous faire des amis ni de maintenir d'anciennes amitiés.

Vous êtes doté d'une optique de vie sérieuse, d'une bonne intelligence pratique et d'un sens de l'observation aigu et critique. Il ne vous est pas toujours facile d'être le vainqueur dans la lutte pour la vie. En effet, vous ne pouvez vous fier qu'à vos propres forces; vous ne pouvez pas espérer que d'autres vous faciliteront la tâche. Il faut noter que les conditions financières ne sont pas défavorables, mais vous ne devez vos succès matériels qu'à vous-même et à votre propre travail. Votre profession ne va pas sans dures luttes, surtout au cours de vos jeunes années. Après trente-cinq, quarante ans environ, vous rencontrerez plus de succès.

D'une façon générale, les chances de succès sont meilleures dans l'âge mûr. On peut dire que la voie du destin que vous avez à parcourir est rectiligne: après que vous avez surmonté les obstacles professionnels, elle vous mène vers un but qui se dessine de façon de plus en plus précise si bien qu'avec l'âge, vous voyez se réaliser beaucoup de vos souhaits et de vos espoirs.

Vous gardez longtemps en mémoire une humiliation que vous avez subie sans pour autant souhaiter vous venger. Votre haine et vos amitiés sont fermes et durables. À cause de votre caractère taciturne, vos bons côtés restent cachés.

Dans les affaires de coeur, vous êtes sans passion, maître de vous et fidèle. Dans la jeunesse, on observe souvent de la mélancolie. Il faudrait lutter contre ces accès parce que la force créatrice et le goût du travail peuvent en pâtir.

Quand vous aimez, c'est profondément et avec tout votre coeur. Mais vous ne pouvez pas le montrer en partie parce que vous êtes assez timide et en partie à cause de votre façon d'être un peu rude, typique de tous les Capricornes.

Votre façon de penser est juste et votre jugement sur les autres gens est souvent dur, et il n'est pas facile de vous faire changer d'avis. Vous êtes un penseur et vous résolvez des problèmes difficiles avec aisance. Vous êtes intelligent et vous n'entreprenez rien sans mûre réflexion. Vous aimez l'indépendance, la beauté, l'harmonie.

Le Capricorne vise le succès matériel et ne se laisse pas distraire de son but; il est capable d'adopter un mode de vie spartiate. Il trime sans arrêt pour se faire une position. Les individus influencés par le Capricorne aiment amasser des biens, enterrent leur butin et thésaurisent ce qu'ils ont épargné; ils préfèrent que leur argent se dévalorise plutôt que de partager avec quelqu'un.

En général, les relations humaines restent à l'arrière-plan. Ce qui caractérise surtout la personnalité du Capricorne, c'est son énorme ambition et sa grande capacité de travail. Le natif du Capricorne est un homme qui réfléchit, qui se concentre intérieurement pour rassembler ses forces, qui mesure et évalue ses objectifs et qui termine ce qu'il a commencé. Il est toujours en marche, vers l'action qui représente son être profond. Le Capricorne est souvent comparable à un rocher qui se dresse de manière imposante et, dans sa façon de s'exprimer, il est avare de paroles.

Le Capricorne s'exprime tout aussi peu sur le plan des sentiments. Sa profonde timidité et sa vulnérabilité, qui lui donnent des aspects virginaux, l'empêchent de déclarer son amour. Mais une fois qu'il s'est donné, il est l'incarnation de la fidélité. Il ne connaît rien des feux de la passion, de la plénitude et de la gratuité de l'amour. Ses sentiments sont constants, stables et englobent toute la personnalité humaine. Il prend l'amour au sérieux; pour lui, c'est un problème grave qu'il prend au sérieux et auquel il réfléchit; l'aventure amoureuse n'est pas pour lui une forteresse qu'on prend d'assaut ou un fleuve dans lequel on se précipite.

Le Capricorne gravira patiemment tous les échelons qui mènent au succès. Il ne craint pas les obstacles et peut supporter les échecs. Il est endurant et va au fond des choses; il est consciencieux, persévérant et respecte les prescriptions de façon correcte.

Sur le plan professionnel, les Capricornes ont les tendances et les perspectives suivantes: service de l'État, carrière dans l'administration, poste de responsabilité dans une grande entreprise économique, poste de cadre; caissier, archiviste, magasinier; service scolaire; les professions scientifiques: astronome, grammairien, théologien, mathématicien; des activités en relation avec le bâtiment, les terrains à bâtir, les maisons, la propriété du sol, l'industrie minière, l'étude des sols, l'agriculture.

Le natif du Capricorne est un fanatique dans sa profession. Le travail, le devoir et la lutte pour le pouvoir marquent son caractère. Il enregistre les plus grands succès passé un certain âge; il peut alors jouir en paix des fruits de son travail. Il recherche sans cesse la sécurité matérielle.

Les femmes nées sous le signe du Capricorne conviennent comme secrétaires, vendeuses, pour les travaux de bureau, dans l'administration et pour des postes de confiance. Elles ont également des talents d'actrice. De plus, elles peuvent se plaire dans les travaux du cuir, de la soie et du textile.

Sur le plan de la santé, les zones particulièrement sensibles sont le système osseux, les articulations, la peau, les oreilles, la rate, les dents. Il existe également une prédisposition aux troubles du métabolisme et de la digestion, à une élimination insuffisante de sels, dépôts aux os et aux articulations, rhumatismes, scléroses, difficultés auditives, problèmes dermatologiques. Des maladies dues à des refroidissements et le rhumatisme articulaire sont également possibles; les genoux aussi sont une région vulnérable. Ceci amène des fractures osseuses, de l'eczéma, des furoncles et des maladies du foie. Plus tard dans l'existence, on rencontre une prédisposition au rétrécissement des vaisseaux coronaires et à l'artériosclérose. L'espérance de vie des Capricornes est très grande.

En général, toutes les maladies commencent lentement, puis deviennent chroniques. Dans presque tous les cas, la cause est un mode de vie impossible ou de la négligence dans les soins corporels. Une alimentation variée comprenant peu de viande mais beaucoup de fruits est indispensable. Un bon équilibre moral est également très important; les dissensions rendent le Capricorne malade. Il faut éviter les alcools forts.

L'homme Capricorne apprécie la systématique, la méthodologie, la schématisation et il s'en tient toujours à un plan précis. Dès sa prime jeunesse, il reste fidèle à ses principes et il est absolument fiable; il se montre sévère pour lui-même et pour les autres, il a un sens du devoir marqué, une stricte auto-discipline et des activités unilatérales mais importantes, et poursuit ses objectifs avec persévérance. L'argent joue un rôle important dans la vie des Capricornes; ils sont capables d'en faire des prodiges. Ils réalisent des économies, qu'ils aient peu ou beaucoup d'argent. L'argent se multiplie sans arrêt. Ils ont le flair pour les transactions financières et les affaires. Le manque d'efficacité, la paresse et le gaspillage leur font horreur. Ils s'efforcent surtout d'acquérir des choses qui coûtent peu ou rien. Ils essaient d'ériger autour d'eux un mur invisible. En tant que cadre, l'homme Capricorne fera parfois preuve de rigidité, de dureté, de manque d'égards et de froideur. Il va jusqu'à reprocher à de bons collaborateurs qui lui sont tout dévoués des soi-disant erreurs de planification dont il est lui-même responsable. Jamais un homme Capricorne ne s'accusera lui-même d'une faute. Il se mordra plutôt la langue que de s'excuser pour une injustice commise.

Dans la vie professionnelle, le Capricorne est un réaliste, un homme pratique, un homme d'action. Son ambition, sa fierté intérieure ne diminuent jamais. Dès lors, il vise imperturbablement la sécurité matérielle et le succès professionnel.

En amour, il n'est pas toujours facile à vivre. Cela peut durer très longtemps avant qu'il ne se déclare à une femme. Il n'apprécie pas le flirt ni le badinage. Mais quand il aime, c'est de toute son âme. L'idée du mariage n'est pas sans lui inspirer une certaine angoisse. Il redoute de devoir partager sa vie. Il est très discret également quand il fait la cour. Mais une fois marié, il prend ses engagements très au sérieux. Sa maison et sa famille ont beaucoup d'importance pour lui. Il ne mettra pas son mariage en péril pour une amourette.

L'homme Capricorne est un bon époux. Sur le plan érotique aussi, l'amour fait problème à l'individu influencé par le Capricorne: il redoute de montrer sa vraie personnalité et est souvent plus bourru qu'il ne le voudrait. La peur de l'échec sur le plan érotique l'incite à s'activer sur le plan physique en faisant de la gymnastique, en nageant.

Il apparaît inaccessible et discipliné. En secret, il est romantique. Dans ses rêves, il voudrait se lancer dans une aventure. Mais Saturne, la planète dominante du Capricorne, l'enchaîne. Il surprend parfois par un humour inattendu qui contient en général une pointe d'ironie.

Comme père, il est extraordinaire. Mais il exige respect et obéissance. Pour ses enfants, il est prêt à tous les sacrifices. Il apprécie les fêtes de famille, les anniversaires, la fête de Noël dans le respect de la tradition. Il fera de ses enfants des hommes bien élevés et pratiques. Les femmes Capricornes prennent, quand elles travaillent à l'extérieur, leur métier très au sérieux. Elles se montrent travailleuses, actives, ambitieuses et disposent d'une grande capacité d'endurance.

Mais la femme Capricorne n'est pas qu'un bourreau de travail. Elle apprécie également les compagnies agréables et joyeuses. Cependant, son ambition se dirige toujours vers les choses pratiques. Elle pense à l'avenir, à la sécurité. Elle gardera l'argent qu'elle a gagné. C'est pourquoi son entourage la trouve souvent grippe-sou. Elle ne révélera pas facilement ses véritables sentiments. Mais une fois qu'elle a surmonté une certaine inhibition, elle peut être chaleureuse et passionnée.

La femme Capricorne a bien des penchants sexuels, mais elle garde la tête froide. Elle ne se laisse pas enthousiasmer par une passion mais la rattache en général à un but concret. Elle est ambitieuse, elle incite sans cesse son époux à améliorer ses prestations professionnelles. Dans ses sentiments, elle est parfois inhibée, souvent même frigide et étroite d'esprit sur le plan moral. Elle est incapable d'oublier ou de pardonner un faux pas de son mari.

Le seul moyen de bien s'entendre avec une femme Capricorne est de lui répéter et de lui faire savoir qu'on a besoin d'elle et qu'on l'aime. Dans ce cas, elle est capable de surmonter ses propres inhibitions.

L'individu influencé par Saturne ne recule devant aucun effort et aucun moyen pour surmonter les obstacles qu'il rencontrera. Il y arrivera par son endurance exceptionnelle, par l'engagement inlassable de toutes les forces disponibles, par une concentration efficace, par un instinct très sûr pour évaluer l'importance de l'obstacle et ses propres possibilités; à l'occasion, il utilisera la force brutale, l'acharnement fanatique, il soumettra sans pitié les plus faibles ou utilisera une tactique raffinée, une diplomatie étudiée et sapera avec ruse les résistances d'autrui.

Celui qui entretient des relations avec une femme Capricorne doit réaliser qu'elle paraît plus équilibrée et maîtresse d'elle-même qu'elle ne l'est en réalité. Il ne faut pas croire qu'elle est stoïque et inébranlable. Elle est aussi soumise à des états d'âme et à des humeurs. Les humeurs des femmes Capricornes sont importantes: ce sont parfois des dépressions et des accès de pessimisme.

Les enfant auront une mère très dévouée. Elle sera parfois sévère mais s'occupera toujours des petits problèmes. Elle éduquera ses petits à l'ordre et à l'épargne.

Les signes du Taureau (du 21.4 au 21.5), de la Vierge (du 24.8 au 23.9), des Poissons (du 20.2 au 20.3) et du Scorpion (du 24.10 au 22.11) s'accordent bien avec le signe du Capricorne. L'entente est moins bonne avec les signes du Cancer (du 22.6 au 22.7), de la Balance (du 24.9 au 23.10) et du Bélier (du 21.3 au 20.4).

Caractéristiques du CAPRICORNE

Caractère

+ Sérieux, ferme, stable, maître de soi, concentré, conscient de sa valeur, ambitieux, pratique, patient, obéissant, constant, persévérant, endurant, assidu, circonspect, prudent, économe, mesuré, modéré, réservé, taciturne, secret, aimant la solitude, naïf, modeste, simple, frugal, peu exigeant, humble, précis, soigneux, ponctuel, discret, soucieux, conservateur, conventionnel, paternel, autoritaire.

− Égocentrique, entêté, mesquin, impitoyable, inflexible, aigri, fermé, rancunier, dur, encroûté, avare, cupide, craintif, soupçonneux, rusé, despotique, garde son sang-froid, sombre, farouche, timide, craintif, soucieux, chagrin, sec, aigri, morose, méfiant, envieux, vindicatif, menteur, hypocrite, rampant, temporisant, hésitant, non ponctuel, indiscret, culpabilisé, sévère.

Manifestations personnelles

+ Sérieux, déterminé, concentré, maître de soi, discipliné, réservé, effacé, hésitant, modeste, circonspect, prudent, discret.
− Timide, inhibé, intimidé, guindé, abattu, farouche, indécis, complexé, incertain, timide, fermé, méfiant, crispé, engourdi, craint d'être maintenu à l'arrière-plan et de devoir y rester, formel, timoré, gêné.

Pensée

+ Sérieux, pensif, pondéré, perdu dans ses pensées, paisible, objectif, critique, concentré, méthodique, réfléchi, approfondi, systématique, philosophe, profond, méditatif, intelligent, mûr, consciencieux, pratique l'auto-critique, diplomate.
− Rêveur, dubitatif, pessimiste, engourdi, déprimé, abattu, soucieux, découragé, torturé, sceptique, méfiant, incroyant, dogmatique, réactionnaire, entêté, figé, pétrifié, sclérosé, encroûté, limité, lié à la terre, matérialiste, démodé, superficiel, calculateur, égoïste, rusé, astucieux, méchant, fanatique, cynique, vindicatif, grossier, méprisable, vil, abruti, stérile, obstiné, borné, étroit, se butant dans ses idées fausses. Originalité.

Sentiment

+ Profond, humble, aspire à la pureté, chaste, continent, modéré, fidèle, convenable.
− Froid, dur, sobre, sans cœur, refoulant, de mauvaise humeur, découragé, jaloux. Cédant à ses sentiments d'infériorité, stérile, impuissant.

Volonté

+ Approfondir, compenser, individualiser. Poursuivre un objectif fixé sur une voie solitaire et jusqu'au bout. Aspiration à atteindre les sommets.
− Égocentrique, isolant, renonçant à regret. Exposé à son besoin de se faire valoir, à sa volonté de puissance, poursuivant inlassablement le mal jusqu'à l'écroulement, jusqu'à l'anéantissement.

Action

+ Travailleur, actif, ambitieux, zélé, soigneux, assidu, régulier, fiable, digne de confiance, honorable, obéissant, conscient de son devoir, de ses responsabilités, consciencieux, décidé, persé-vérant, infatigable, prudent, circonspect, économe, pratique, efficace.

– Lent, ennuyeux, travaillant difficilement, engourdi, astrei-gnant, entêté, paresseux, apathique, indolent, négligent, remet à plus tard, ne rien terminer, l'abandonner en chantier. Indécis, timide, pédant, cupide, calculateur, dominateur, cruel, froid.

Effet sur le destin

La manière d'agir, la vie professionnelle. La considération publique. Son ambition, ses buts. Destins à cause du père. Effets sur l'économie, surtout l'agriculture, le secteur du bâtiment et la propriété foncière.

Effet sur le plan des idées

+ Attitude intelligente face au sérieux de la vie, face aux gens et aux choses. La paix du coeur et des sentiments empêchent l'in-tervention des forces néfastes du destin. Concentration, con-naissance de soi.

– Tentations. Abandon et solitude intérieures. Résignation. Impressions de deuil. Réflexions sur le destin, sur le caractère éphémère de toutes choses. Désespoir. Coups du sort. Destins à cause de représentations erronées.

Effet sur le plan matériel

+ Le but de la vie. Fait de l'effet sur la considération, sur la répu-tation, confère l'autorité. Le succès dans l'existence s'ac-quiert avec peine, mais avec d'autant plus de sécurité. La façon d'agir concentrée empêche les coups du destin néfastes.

– Attitude égocentrique. Combats professionnels. Manque d'oc-casions. Chômage. Dure lutte pour l'existence. Pauvreté, indi-gence, besoin, privations, faim, soucis, tracas, chagrin, deuil. Vie pénible, laborieuse, remplie de difficultés et de crises. État de besoin permanent. Poursuivi par la malchance. Entraves au progrès, trahison, persécution. Isolement. Ruine. Dislocation. Dégénérescence, décadence sociale, effondrement, dégradation, tombé de haut. Privation, méconnaissance, inimitiés, emprison-nements. Maladies sournoises et chroniques. Infirmité.

Art

Architecture et sculpture.

Sciences

Géographie, géologie, géométrie, économie nationale, agriculture, sciences empiriques. Ce qui a été transmis: étude de l'Antiquité.

Animaux

Chameau, âne, bouquetin, cheval de trait, chien, cochon, ours, rat, taupe. Tout ce qui rampe sur le sol et vit sous terre; coléoptères et insectes; toute la vermine nuisible, en particulier dans les maisons.

Plantes

Tous les arbres avec une écorce dure et rugueuse: sapin, épicéa, hêtre, chêne, saule pleureur, palmier, peuplier, gui, lin, chanvre, lierre, l'oignon et, parmi les céréales, l'orge.

Pierres précieuses

Toutes les pierres sombres: onyx, cornaline, saphir, diamant noir, perles noires.

Métal

Plomb.

Couleur

Noir, toutes les couleurs sombres, sales ainsi que le gris foncé et le brun foncé.

Objets

Tous les corps solides: maisons, matériel de construction, bâtiments, pierres; asphalte, goudron, plastiques; appareils agricoles, outils, charbon; montres, coffres, cercueils, urnes, croix.

Région

Chemins escarpés, montagnes, sommets, régions pauvres. À la campagne.

Lieux

La première pierre. Dans des maisons, sur des toits, au cimetière. Le tombeau. Dans la cave, la mine, les rochers, dans les cavernes, les ravins, les ruines, en ermitage, dans les déserts, les prisons, les hôpitaux, au mont-de-piété, les maisons de correction.

Pays

La marche de Brandebourg, Hesse, Thuringe, Mecklenburg, le Schleswig, la Bulgarie, la Bosnie, l'Afghanistan, la Macédoine, l'Albanie, la Grèce, la Lituanie, l'Islande, l'Estonie, l'Inde, le Mexique, le Guatemala.

Villes

Münster, Recklinghausen, Bielefeld, Minden, Herford, Paderborn, Stade, Bremervörde, Osnabrück, Flensburg, Husum, Neumünster, Rendsburg, Wandsbeck, Usedom, Wollin, Kolberg, Sttetin, Brandebourg, Constance, Augsbourg, Moscou, Varsovie, Posen, Bruxelles, Oxford, Port-Saïd.

Jour de la semaine

Samedi.

Personnalités importantes nées sous le signe du Capricorne

Konrad Adenauer	Richard Nixon
Benjamin Franklin	Gamal Abd el Nasser
Mao Tsé-toung	Carl Zuckmayer
Albert Schweitzer	Friedrich Dürrenmatt
Hermann Göring	Wilhelm Canaris
Hildegarde Knef	Gustave Gründgens
Marlène Dietrich	Maria Schell
Elvis Presley	Cary Grant
Cassius Clay	Martin Luther King
Heinrich Zille	Willy Millowitsch

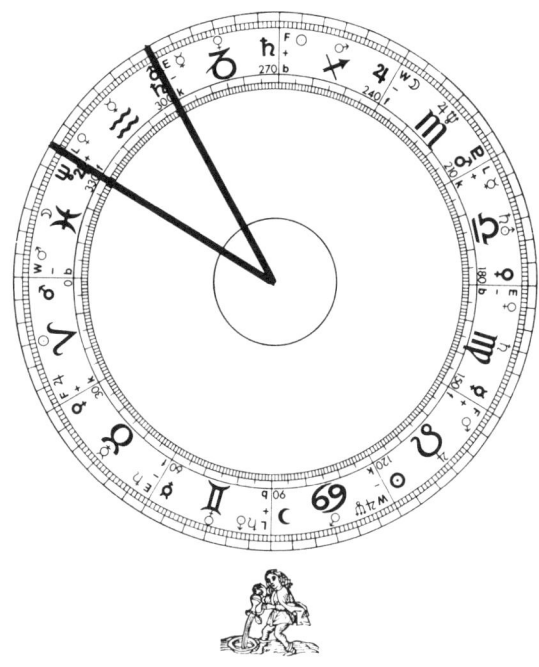

Le signe du VERSEAU
né entre le 21 janvier
et le 19 février

Planète dominante : Uranus.

Sexe : masculin.

Élément : air.

Tempérament : sanguin.

Type : l'homme lucide, l'homme magique, l'homme relié à la totalité du cosmos, l'homme sociable, le réorganisateur, le réformateur, l'homme de l'avenir, l'homme révolutionnaire, l'homme démoniaque.

Apparence : taille moyenne, vigoureux, silhouette charnue, bien proportionnée et imposante. Grande mobilité, relations multiples. Nature nettement sociale. Démarche frappante, originale, décontractée.

Visage: rond à allongé, ovale plein, front bombé, cheveux foncés.

Correspondances physiologiques: cuisses, jambes, articulations du pied, chevilles, mollets, circulation du sang (dépression), troubles cardiaques, crampes, palpitations, désordre nerveux, neurasthénie, varices, empoisonnement du sang, luxations, entorses.

Le signe du Verseau est soumis à l'influence de la planète Uranus. Il vous est donné de vous épanouir comme être lucide et sensible. Vous vous efforcez sans relâche d'approfondir les mystères de l'existence grâce à votre puissante logique et à votre perspicacité.

Vous remarquerez combien, avec votre goût pour le fantastique et votre tempérament vigoureux et vivant, vous surmontez aisément les aléas de la vie quotidienne. Ceci vous pousse parfois à la solitude sans que vous soyez pour autant farouche ou même peu sociable. Vos propres états d'âme sont souvent mêlés de versatilité et d'indécision. Vous êtes sensible aux influences extérieures; le destin place à vos côtés des amis serviables à tout moment. En général, on peut dire du Verseau que c'est un homme honnête, exemplaire, un esprit noble.

Vous êtes aimable et divertissant. Vous avez le sens pratique et vous êtes utilitariste. Vous êtes un bon organisateur. Dans les conflits, vous devriez vous montrer réservé, diplomate, intelligent et calme.

Un trait caractéristique de votre signe est votre intérêt et votre engagement pour les grandes questions qui touchent l'humanité. Vous vous intéressez particulièrement aux sciences naturelles, à la technique, à l'art, à la médecine et aux sciences parallèles. Vous convenez également pour les tâches éducatives et administratives. Il faut aussi mentionner votre fine perception sur le plan de l'occultisme et une certaine curiosité. De nature, vous êtes un rationaliste vous avez un esprit ordonné capable de penser de façon logique et intuitive et de régler les problèmes. Vous vous laissez très rarement désarçonner par des influences étrangères.

Votre point de vue est réfléchi, vous planifiez intuitivement. Vous vous laissez peu ou pas impressionner par des stimulations sensorielles. Dans votre comportement et votre for intérieur, vous avez toujours un système prêt que vous pouvez appliquer à beaucoup de domaines. Cela peut amener parfois un schématisme abstrait; alors, se développent de l'affectation et des doctrines exsangues.

Dans votre existence, vous vous déciderez toujours vite et avec détermination. Vous êtes capable de discuter des problèmes épineux sans illusions ni sentimentalité. Si vous n'êtes plus d'accord avec le fond d'un problème ou d'une idée, vous changez aussitôt votre direction et vos objectifs. Vous pouvez à cause de votre façon de penser unilatérale, vous aveugler face à la réalité.

Les individus Verseau évoluent parfois parmi leurs congénères comme des dictionnaires ambulants ou des experts en chiffres qui ont toujours quelque "règle immuable" sous la main. Il leur échappe bien des fois que la règle ou la solution n'est pas juste.

Le caractère des Verseaux est marqué par un sentiment important d'indépendance personnelle. Ils rejettent tout ce qui rétrécit ou limite. Pour eux, rien n'est impossible. Ce qu'ils attendent de la vie est souvent inaccessible, ce qui leur amène bien des déceptions.

Dans la vie professionnelle, les Verseaux veulent sortir des sentiers battus et étonnent par leurs méthodes peu communes. Ils sont toujours à la recherche de nouvelles voies et veulent produire quelque chose de neuf, d'unique.

Les domaines suivants rencontrent les intérêts des Verseaux: la construction d'avions, le trafic aérien, les chemins de fer, la poste et la radio, la carrière commerciale avec des représentations à l'étranger, le secteur des agences de voyage. Leur goût du classement les amène aussi à s'intéresser au monde de l'édition, à la presse et la librairie. On trouve aussi des Verseaux dans les administrations et le service diplomatique. Dans le domaine des sciences, de l'art de guérir et dans la psychiatrie, les individus influencés par le Verseau peuvent réaliser leurs plans novateurs. La technique, l'électrotechnique, la technique de la télévision, du radar et de l'ordinateur les intéressent également. Il faut mentionner aussi le cinéma, la télévision, la danse, le ballet et le sport.

En toute circonstance, les natifs du Verseau, de sexe masculin ou féminin, essayent de donner libre cours à leur goût d'indépendance.

Pour les Verseaux, les régions vulnérables sur le plan physique sont le système circulatoire et les affections du myocarde. Les jambes, les muscles du mollet, les tibias et les chevilles, le système nerveux sont d'autres endroits menacés. On constate souvent des crampes dans le mollet, des varices et des maux de tête.

Les maladies trouvent souvent leur origine dans un mauvais fonctionnement du système nerveux et dans une élimination insuffisante des impuretés du métabolisme, surtout si la musculature des Verseaux manque de fermeté. On ne devrait pas trop manger le soir afin que l'organisme puisse bien se régénérer la nuit. Il faut également veiller à un bon équilibre nerveux. Beaucoup ont un défaut cardiaque inné que la pratique d'un sport sous contrôle médical peut corriger partiellement.

L'homme Verseau est un peu plus compliqué en amour. Son goût de l'indépendance l'amène à redouter les liaisons fixes et sa curiosité le rend disponible pour toutes les aventures. Il s'enflamme vite et s'enthousiasme tout aussi rapidement pour autre chose. Sur le plan érotique, il se montre libre, pour ainsi dire primitif, romantique et attirant; en tout cas, ses relations sont davantage basées sur l'intérêt et l'admiration que sur la passion.

Il se montre aimable, mais il garde son jardin secret. Il aime se laisser prendre au jeu de la tendresse et multiplier les expériences. La curiosité et son sens aigu de l'observation psychologique l'accompagnent même au lit. Il ne connaît que rarement la jalousie. Il fait confiance à sa partenaire jusqu'à ce qu'il soit convaincu du contraire.

Il aime les hobbies extravagants: collectionner les amies, changer ses opinions sur la vie et d'autres idées assez originales. La nouveauté et l'inconnu l'attirent, il a besoin de liberté et recherche les plaisirs défendus. C'est un excellent compagnon, bavard et réconfortant.

Certains disent du Verseau qu'il n'a pas de sentiments. Cette affirmation est tout à fait erronée. Au contraire, on observe souvent chez le Verseau ce sentiment amoureux idéaliste et enthousiaste. Toutefois, on trouve souvent une tendance à l'excentricité; il a parfois des attirances homophiles.

Les hommes nés sous le signe du Verseau ont une certaine peur des bacilles et des bactéries. Ils se croient allergiques à tout ce qui est possible et imaginable comme les variations climatiques, le poisson, les fraises, le gâteau, etc.

Dans la vie professionnelle, on les considère comme des hommes modernes, progressistes et bien informés.

Les caractéristiques les plus importantes sont l'irrationnalisme, une capacité de compréhension très vive, l'inspiration, la versatilité, le caractère imprévisible, l'originalité, l'indépendance, les tendances révolutionnaires actives.

On trouve souvent parmi les Verseaux des individus des plus particuliers, d'authentiques "originaux", des énergumènes anachroniques, des gens aux idées utopiques voire grotesques. Ils sont en révolte intérieurement et extérieurement contre les us et coutumes en cours; ils ne veulent se conformer qu'à leurs propres lois et se situent en marge de la société bourgeoise, que ce soit en bien ou en mal.

Leur refus de toute autorité centrale est caractéristique (État, gouvernement) aussi longtemps qu'ils lui sont soumis; de même, leur despotisme et leur goût de l'autorité sont typiques dès qu'ils sont au pouvoir. Ils ont des idées inattendues, ce qui amène un mode de pensée discontinu qui étonne et surprend souvent par ses résultats et qui révèle des rapports inattendus entre les choses.

On observe chez eux beaucoup d'esprit, le sens de la répartie spirituelle et des inspirations soudaines, l'originalité dans la représentation et un style aphoristique, le bluff et l'effet de surprise.

La femme Verseau se montre très disponible pour des liaisons non conventionnelles. Elle est souvent capricieuse et fascinante dans sa manière d'être. Intérieurement, elle est froide; la sexualité ne compte guère pour elle. Elle recherche plutôt des intérêts spirituels et psychologiques auprès de son partenaire. Elle se révolte si on essaye de la contraindre à quoi que ce soit. Elle n'est pas une partenaire facile, mais elle est intéressante et stimulante. La femme Verseau aime prévoir longtemps à l'avance. Elle fait des projets et s'intéresse au progrès dans les domaines les plus variés. Elle cherche de nouvelles méthodes, de nouvelles voies, de nouvelles découvertes. La femme Verseau se fie toujours à ses propres forces. Elle s'attaque aux injustices sociales et politiques. L'indépendance est très importante dans sa vie. Elle a confiance en elle et en ses possibilités; elle se montre désintéressée, fraternelle et progressiste. Elle est infatigable au travail et ne regarde pas sa montre quand elle a entrepris une tâche.

Mais un jour, vous vous désintéressez d'un ami. La profession vous paraît sans importance. Dans ce cas, vous plantez là le compagnon et la profession sans autre forme de procès. Vous ne pouvez pas vous-même justifier votre comportement. C'est votre destin de rompre brutalement avec une tranche de vie pour en entamer une nouvelle. Comme vous êtes plutôt oublieuse, vous oubliez rapidement votre ancienne profession, votre ami d'antan dès que vous avez trouvé un nouveau milieu professionnel et de nouveaux amis.

La femme Verseau n'est pas lâche, sans être pour autant combative. S'il vous arrive d'être mêlée à un conflit, vous ralliez à l'opinion dominante, quitte à changer d'avis à un autre moment. Vous êtes du genre "éternel distrait". Vous n'avez pas la meilleure mémoire, mais votre instinct est très fiable. Vous êtes capable de retenir des choses comme si vous aviez en vous un enregistreur incorporé. Toutefois, il vous arrive aussi de vous tromper lourdement.

Une femme Verseau peut être fidèle quand elle aime mais, si son intérêt faiblit, elle devient indifférente et froide. Elle doit pouvoir suivre ses intérêts et disposer de sa liberté et de son indépendance. Le mot "amour" est le plus souvent une affaire de l'esprit. La sexualité joue un rôle de bien moindre importance. Lorsqu'une femme Verseau se marie, son partenaire devra entendre souvent qu'elle irait bien mieux sans lui.

Une femme Verseau peut exercer un métier dans les domaines politique, économique ou de l'éducation.

Les relations à autrui manquent le plus souvent de sentiments et ne sont basées que sur une compréhension psychologique dénuée de toute compassion. Elle refuse impitoyablement et sèchement toute tentative d'autrui pour avoir avec elle des contacts plus humains.

Pour autant qu'on ne vous écrase pas, vous respectez par principe le droit des autres à la différence et vous en exigez autant pour vous. Vous êtes individualiste jusqu'à la moelle. Vous défendez de façon fanatique ce que vous croyez être votre droit et qui se base sur vos propres convictions au mépris de toute convention. À cette mentalité, s'ajoute un comportement peu commun qui se traduit déjà extérieurement par des tenues vestimentaires frappantes, voire singulières. Votre refus orgueilleux des normes créées dans l'intérêt de la collectivité vous rendent parfois asocial, rebelle, immoral, dissolu, versatile, adultère, pervers (homosexuel), bref vous opposant à tout ce qui est tradition et convention collective.

Les femmes Uranus (Verseaux) choquent parfois par leur tenue vestimentaire. Elles aiment suivre une nouvelle mode, mais restent attachées au style grand-mère. Elles oseraient aller faire leurs courses habillée d'une chemise de nuit en dentelle ou se rendre au théâtre en pantalon ample et souliers de gymnastique.

On ne peut pas dire que les femmes Verseaux soient des mères dans l'âme. Souvent, la maternité les désoriente un peu. Les petits devront se passer de tendresse maternelle. Les traits fondamentaux de leur caractère sont l'aspiration à des relations amicales et une conception de vie humaniste. La vie en société leur est indispensable pour s'épanouir. Elles ont le contact facile; elles cherchent et trouvent l'approbation de leur entourage.

Les signes qui conviennent comme partenaires du Verseau sont les Gémeaux (du 22.5 au 21.6), la Balance (du 24.9 au 23.10). L'entente est harmonieuse aussi avec les signes du Bélier (du 21.3 au 20.4) et du Sagittaire (du 23.11 au 21.12). Les signes du Lion (du 23.7 au 23.8), du Scorpion (du 24.10 au 22.11) et du Taureau (du 21.4 au 21.5) sont moins favorables.

Caractéristiques du VERSEAU

Caractère

+ Énergique, décidé, indépendant, affranchi, autonome, non conventionnel, souple, progressiste, enthousiaste, créatif, génial, humain.
− Non contrôlé, imprévisible, inconstant, sans but, crispé, excentrique, irascible, étourdi, subversif, anormal, désordonné, névrosé, démoniaque.

Pensée

+ Humain, idéaliste, intuitif, plein d'esprit et d'idées, inspiré, prévoyant, esprit de discernement, original, singulier, vif comme l'éclair, versatile, souple, libéral, sort des sentiers battus.
− Individualiste, têtu, négatif, rebelle, obstiné, entêté, fanatique, acharné, susceptible, confus, survolté, extravagant, dément.

Sentiment

+ Primitif, élémentaire, affranchi, non conventionnel; penchant pour l'amour libre, etc. Romantique, attirant, fascinant.
− Survolté, excessif, pervers, extravagant, excentrique, dégénéré, vicieux, libertin, sans foi ni loi, adultère, anormal, bisexué, débauché, immoral, séducteur, violeur. Tout ce qui n'est pas permis, défendu, offense les conventions et l'ordre établi.

Volonté

+ Réformer, changer, réorganiser. La recherche de ce qui est inaccessible. Vouloir décrocher la lune. La volonté de se dépasser soi-même. La victoire sur la matière. La volonté de réaliser ce qui ne sera compris et apprécié que plus tard.

— Renverser, abattre, violer. La dictature de la violence. La
volonté de disloquer le monde. La volonté de destruction. La
lutte contre la tradition, ce qui est anachronique. L'amour de la
sensation. La volonté d'assouvir ses instincts chaotiques.

Action

+ Décidé, énergique, impulsif, constructif, allant de l'avant, plein
de vitalité, n'a pas froid aux yeux, hardi, spontané, saccadé,
versatile, audacieux, explosif.
— Têtu, casse-cou, pressé, précipité, indocile, effréné, imprévisible, non conventionnel, rebelle, changeant, inconstant, singulier.

Effet sur le destin

Les tournants inattendus de la vie. Tous les événements qui
interviennent par surprise dans le destin et provoquent des changements notoires. Les hasards présumés. Des vies étranges semées
de vicissitudes. Des informations soudaines, des télégrammes. Tous
les bouleversements, transformations, catastrophes naturelles.
L'aviation. L'électricité. Toutes les innovations techniques: la
radio, la télévision, l'ordinateur, la technique des fusées.

Effet sur le plan des idées

+ Inspirations, inventions, découvertes, changements, expériences extra-sensorielles. La connaissance de connexions
supérieures. Les transformations qui sont vécues.
— La lutte avec tout ce qui existe. Le combat contre l'anachro-
nisme. L'effondrement de ce qui est vieux, en particulier de
"l'homme ancien". La volonté d'entreprendre des changements
importants amène des tensions intérieures qui se déchargent
de façon violente. Des psychoses, psychose collective.

Effet sur le plan matériel

+ Gains soudains. Augmentation de fortune par l'exploitation
d'inventions. Bienfaits grâce à des installations modernes.
Avantages grâce à des amis et des sociétés, des bienfaiteurs,
des protecteurs. Liaisons romantiques. Progrès surprenants
dans tous les intérêts vitaux. Changements et renversements
inattendus.
— Revers, coup du destin difficile à surmonter. Catastrophes,
effondrements, accidents, surtout des chutes, des fractures de la
jambe, des attentats. Des crises qui se produisent la nuit. Pertes
suite à des faillites, des krachs bancaires, l'inflation. Tragédies

conjugales, pertes de contacts, séparations, divorces. Désavantages à cause des collectivités. Le danger d'une dépression nerveuse. Danger de mort lors d'explosions, d'incendies, d'effondrements de maisons, de rassemblements de foules, de machinations révolutionnaires, etc.

Art

L'art royal : l'astrologie, l'alchimie.

Sciences

L'électrotechnique, la métaphysique, l'occultisme, la magie, l'alchimie, l'hypnose, l'astrologie, la chiromancie, la graphologie, la psychanalyse, l'anthropologie. Traitement électronique de l'information, technique de l'ordinateur, technique des satellites et des fusées, astronomie.

Animaux

Porc-épic, hérisson, hibou, crapaud. Tous les animaux exotiques.

Plantes

Bourdaine, raifort, brize, cactus.

Pierres précieuses

Améthyste, ambre jaune, basalte.

Métaux

Aluminium, radium.

Couleur

Lilas, violet.

Objets

Avions, objets volants, appareils de radio, émetteurs, ordinateurs, appareils de télécommunication. Tous les fils et câbles électriques. Télégrammes. Explosifs.

Région

L'air, la stratosphère, le cosmos ; régions volcaniques.

Lieux

Dans les véhicules modernes (autos, avions), les fusées. Dans les usines modernes, dans les studios de cinéma et de télévision, les variétés, le cirque, etc.

Pays

Prusse orientale et occidentale, en partie la Westphalie. La Pologne, la Suède, l'Abyssinie, l'Arabie, les États-Unis d'Amérique.

Villes

Hambourg, Brême, Bochum, Arnsberg, Dortmund, Gelsenkirchen, Hagen, Hameln, Herne, Hörde, Iserlohn, Lüdenscheid, Lippstadt, Siegen, Soest, Aurich, Emden, Berlin, Potsdam, Eberswalde, Jüterbog, Lukkenwalde, Perleberg, Königsberg (Prusse orientale appelée de nos jours Kaliningrad), Tilsit, Allenstein, Lyck, Marienwerder, Marienburg, Stralsund, Greifswald, Rügen, Trient, Salzbourg, Ingolstadt, Günzburg, Montfort, Brighton, Los Angeles.

Jour de la semaine

Samedi.

Personnalités importantes nées sous le signe du Verseau

Frédéric II le Grand
Friedrich Ebert
E.T.A. Hoffmann
Franz Schubert
Hedwig Courths-Mahler
Ludwig Erhard
l'ex-roi Farouk d'Égypte
le cardinal Frings
Vera Brühne
Heidi Brühl
Georg Thomalla
Kim Novak
Mario Lanza
Wilhelm Furtwängler
Juliette Greco

Abraham Lincoln
Theodor Heuss
Wolfgang Amadeus Mozart
Norman Mailer
Somerset Maugham
Christian Dior
Wladislaw Gomulka
Han-Jochen Vogel
Eva Braun
Willy Fritsch
Hazy Osterwald
Jeanne Moreau
Clark Gable
Franklin D. Roosevelt
Jack Lemmon

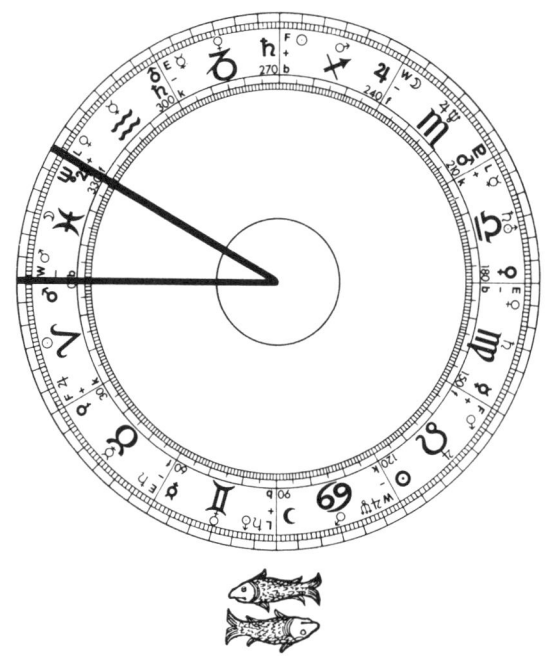

Le signe des POISSONS
né entre le 20 février et le 20 mars

Planète dominante: Neptune.
Sexe: féminin.
Élément: eau.
Tempérament: mélancolique, un peu flegmatique.
Type: le croyant, le mystique, le solitaire, l'hystérique, l'homme perverti en relation avec des choses extraordinaires.
Apparence: opulent, charnu, trapu, parfois un peu bouffi. Membres courts, pieds sensibles. Attitude relâchée. Démarche silencieuse, mystérieuse, furtive.
Visage: front large, traits du visage pâles; regard endormi, flou, fixant l'infini, comme transparent, mais toujours bon, bienveillant. Cheveux blond clair ou brun clair.

Correspondances physiologiques: les pieds, orteils, tendons, articulations. Région de l'estomac et des intestins, système lymphatique. Prédisposition aux maladies psychiques, maladies nerveuses, épilepsie, hypocondrie, névrose, manies, névralgie, paralysie. Pieds faibles (pieds froids, pieds plats). Tendance à la toxicomanie (alcool).

Le signe des Poissons est dominé par la planète Neptune. Les natifs du Poisson sont des gens avec une forte perception, ce qui donne de grandes forces intérieures. Vos capacités spirituelles, qui ne peuvent pas toujours s'exprimer, provoquent dans votre vie de durs combats pour parvenir au développement psychique et mental. C'est pourquoi vous avez une tendance à reprendre toujours vos problèmes et à paraître, tragiquement, comme un incompris.

À cause de votre caractère sensible, vous aurez souvent du mal à faire passer vos vues. Parce que vous êtes trop doux pour vous faire respecter, vous devez déployer de grands efforts pour grimper les échelons du succès. Vous êtes exploité par les autres, vous vous laissez influencer et n'avez pas les moyens pour jouer des coudes.

Vous essayez par d'autres moyens qui sont compréhensibles et loyaux d'arriver à vos fins; mais vous le verrez, vous y parviendrez. Suite aux déceptions, vous deviendrez progressivement prudent et même méfiant à l'égard de votre entourage; cela peut occasionnellement toucher également des innocents.

Aux natifs du Poisson, on devrait donner le conseil suivant: soyez égoïstes, contre votre conviction intime! Toute votre nature est à la poursuite d'idéaux, dans lesquels vous cherchez sans conteste le bonheur intérieur; mais la vie en décide souvent autrement. Vos désirs sont trop grands pour l'énergie dont vous disposez, ce qui vous gâche le plaisir de vivre au milieu de la dure lutte pour l'existence. Le manque de capacité combative vous amène à vivre ce mécontentement pénible. À cause de votre nature modeste, réservée, vous vous faites difficilement connaître. Vous rencontrez les gens avec grande délicatesse et vous tenez à vos amis, dont vous ignorez facilement les défauts.

Vous aimez prodiguer des bienfaits et apporter un peu de poésie et de beauté dans la vie de tous les jours. Votre imagination fertile vous élève alors dans des régions supra-sensorielles ou bien vous retournez dans la vie de tous les jours avec un penchant pour le pessimisme. Il y a alors des périodes d'étourderie et de doutes intérieurs et, parallèlement, le désir de tout abandonner et d'errer au loin. Vous êtes fort attiré par ce qui est étranger. Mais les natifs des Poissons ne sont pas toujours les natures sacrifiées qu'on croit qu'ils sont.

Vous pouvez tromper les autres et même vous-même au sujet de votre véritable motivation par des succès. Vous vous y entendez pour naviguer en eaux troubles, mais il vous sera difficile de pêcher un poisson et de le tenir.

Les natifs des Poissons sont souvent d'excellents comédiens. Mais ils ne peuvent pas tous faire du théâtre ou de la télévision; il faut alors jouer le jeu, là où on se trouve. Les Poissons ont une capacité extraordinaire pour mêler les autres gens à leurs élucubrations. Ils développent souvent des idées très bizarres et ils aiment s'entourer de mystères. Les étrangers ont parfois beaucoup de difficultés à comprendre ce que les Poissons veulent vraiment. Lorsqu'ils parlent de don de soi et de service, ils ne le feront pas toujours sans contrepartie.

Beaucoup de ces Poissons doux et rêveurs sont très habiles pour utiliser des "appâts sexuels". Lorsque vous tenez quelqu'un au bout de votre ligne, vous pouvez étonner les gens par votre manque de pitié vis-à-vis la proie ou vous la jetez parce que vous ne la vouliez pas vraiment.

Les Poissons peuvent être les meilleurs maris, pères et amis, ou les pires; tout dépend de la constellation cosmique. Ils font rarement les choses à moitié et ils ne font jamais deux fois la même chose.

À cause de ses sentiments très intenses, le natif des Poissons est moins un penseur qu'un homme qui rencontre le monde de manière intuitive et souvent productive. Sa vie affective très élaborée lui permet beaucoup de sentiments délicats que l'homme moyen ne percevra pas.

Une des caractéristiques des Poissons est une certaine angoisse qui ne le quitte jamais et qui est une composante tragique du caractère. Lorsqu'il est heureux, il craint de devenir malheureux; lorsqu'il aime, il a peur de perdre l'objet de son amour; lorsqu'il a le confort matériel, il se sent menacé par de mauvaises affaires.

Le manque de résistance intérieure le rend vulnérable aux influences étrangères de toutes sortes. Les personnes de ce signe devraient surtout se méfier des drogues de toute sortes, car elles deviendraient facilement toxicomanes.

Le natif des Poissons est attiré par l'inattendu, l'insaisissable. Même si le train-train quotidien est pauvre et modeste, le natif des Poissons sera également en mesure de rendre sa vie intéressante grâce à son imagination. Il se rebiffe contre toute contrainte qui lui est imposée. Il rejettera toutes les normes et lois usuelles et les considérera comme des limitations.

Sur le plan professionnel, les Poissons aiment les activités commerciales: les supermarchés, les brocantes, les produits pharmaceutiques, les parfums, les boissons alcoolisées. Leur caractère désintéressé les incite à des activités en rapport avec des organisations de secours et d'aide aux moins favorisés, handicapés, sourds-muets, aveugles, comme des asiles, des stations de secours, des institutions pour alcooliques; on trouve également beaucoup de Poissons parmi les médecins, les professeurs, les infirmières. La motivation sociale influence le choix professionnel. À cause de leurs rapports étroits avec l'eau, les liquides, ils sont attirés par la marine, la pêche, l'activité hôtelière et le commerce des boissons. Ils ont également un grand intérêt pour les professions en rapport avec les arts comme le théâtre, le film, la télévision, la musique, le chant, la peinture, la littérature. Le secteur bancaire et boursier est entièrement placé sous le signe des Poissons. Les professions dans des institutions fermées comme les hôpitaux, les cliniques, les sanatoriums, les institutions de bienfaisance et de secours les attirent également très fort. Pour le Poisson, les métiers de détective, de criminologue, et d'agent des services secrets sont fort intéressants.

En ce qui concerne la constitution physique, les symptômes de maladie des Poissons se trouvent dans les pieds, les articulations des orteils, les tendons. Le système des ganglions lymphatiques, la région de l'estomac et des intestins sont sensibles. Dans le dernier tiers de la vie, ils ont des prédispositions aux faiblesses cardiaques et aux maladies du système circulatoire. Chez les sujets très négatifs, il y a un penchant pour l'alcool et d'autres drogues et une prédisposition pour les états d'épuisement, les diarrhées ainsi que les troubles nerveux qui se produisent à cause de soucis, de problèmes et de réflexions moroses. Le meilleur remède est une vie conjugale harmonieuse et un bon foyer.

Tous les excitants et spécialement l'alcool, la nicotine ou les drogues narcotiques devraient être évités. Le froid, l'humidité, les pieds froids ont également une répercussion négative sur la santé.

Sur le plan psychique, on peut rencontrer des maladies nerveuses, des névroses, de la neurasthénie, des manies, des névralgies. Les Poissons devraient ménager très fort leur corps.

Jadis, on disait que les hommes Poissons étaient instables et faibles. On sait aujourd'hui que ce n'est pas tout à fait vrai. L'homme Poisson n'est pas faible, mais il se perd par moment dans ses rêves. Il peut faire preuve d'esprit de décision et d'action. Grâce à son intuition et son intelligence, il peut trouver la gloire et la reconnaissance. Il est toujours ouvert à de nouvelles impressions, que ce soit sur le plan professionnel ou en amour.

L'inspiration, le tact, aident le natif des Poissons pour l'apprentissage, l'étude, le travail. Il peut attendre longtemps; son intuition le guidera pour trouver sa vraie place dans la vie. Très souvent, les sujets plus faibles ont besoin d'une impulsion de l'extérieur pour se mettre à la recherche d'une nouvelle place plus avantageuse.

Un homme Poisson peut parler énormément de ses plans et de ses idées. Mais il peut également se taire des jours entiers, plongé dans des pensées et des plans qui paraissent parfois délirants pour son entourage. Mais ces idées ne sont pas tellement irréalistes; en pratiques, elles peuvent être parfaitement réalisées. Beaucoup d'hommes Poissons changent subitement de vie à l'âge mûr, recommencent une nouvelle profession. Ils le font comme s'ils se sentaient obligés de le faire.

Chaque homme Poisson a comme un rêve en lui selon lequel il doit organiser sa vie. Mais chacun ne réussit pas à le réaliser. Les hommes Poissons sont réputés pour être capables de lire la situation psychique des gens de leur entourage. Pour beaucoup, le natif des Poissons est une sorte de consolateur, qui peut aborder les problèmes de ses amis, de ses collaborateurs et de ses voisins. Si on demande à un Poisson de garder quelque chose pour lui, il sera muet comme une tombe.

L'homme Poisson est très influencé par ses sentiments, mais il ne sera pas un amant passionné. Sa force réside plutôt dans la "conquête passive" qui va parfois jusqu'à l'abandon de soi. Ses relations amoureuses sont la plupart du temps un peu compliquées, car le natif des Poissons met dans chaque relation amoureuse plus de profondeur de sentiment que les hommes des autres signes. Pour ses approches, il sera d'une grande retenue; il n'aime pas faire le premier pas. Il se contente plutôt d'une admiration secrète jusqu'au moment où l'autre vient à sa rencontre. Il se complaît dans le rôle de l'amoureux malheureux; occasionnellement, l'amour est vécu en imagination seulement. Cette sensibilité accrue et cette excitabilité entraînent, dans un sens positif, un contact perceptuel direct avec les expressions les plus différenciées de l'environnement. Dans un sens négatif, cette sensibilité aura comme conséquence que toute peine et tout chagrin seront vécus plus intensivement.

Celui qui est fortement influencé par Neptune a une grande peur devant les douleurs physiques et morales parce qu'il les vit de façon tellement intense. Toute expérience amère et pénible comme toute déception psychique laisseront dès lors le plus souvent la peur d'un retour de ces expériences, ce qui devient finalement une peur de douleurs imaginaires.

Les hommes Poissons tout comme les femmes Poissons sont fortement marqués par l'art. Les arts qui agissent directement sur les sens leur conviennent le mieux; la musique et la poésie (surtout le lyrisme) les intéressent également beaucoup.

L'homme Poisson a le talent très rare de pouvoir écouter les autres gens. Ce n'est pas monnaie courante. La plupart des gens n'écoutent que d'une oreille distraite et ne pensent qu'à leurs propres opinions et vues personnelles.

L'ordre est pour le Poisson quelque chose d'indispensable. Ses affaires personnelles, son habillement, ses papiers, son foyer sont propres et ordonnés.

La femme Poisson veut être gâtée et dominée par son partenaire en amour. Beaucoup de gens pensent que les femmes Poissons sont faibles. Leurs sentiments sont vite froissés, mais il est facile de se réconcilier avec elles. La faiblesse de ces femmes est leur force: une foule d'hommes veulent gâter, consoler et dorloter. Vous êtes flexible; cette souplesse excite les hommes. Par moments, vous êtes trop sensible, hésitante et rêveuse.

Vous êtes joyeuse avec les gens joyeux et triste avec les gens tristes. Votre coeur sensible veut aimer; là où vous pouvez être comblée, vous mettez beaucoup de passion, mais celle-ci doit être éveillée avec beaucoup de précaution avant d'arriver à maturité. Le monde des rêves est votre jardin secret.

Lorsque la vie sentimentale de la femme Poisson n'arrive pas à un plein épanouissement, cela arrive également, il y a des déceptions et des blessures morales profondes. Elle sera alors abattue et souffrira par moments d'un complexe d'infériorité. Les femmes Poissons se sentent souvent attirées par des hommes plus âgés, qui peuvent être mariés. Mais ces affaires secrètes stimulent les natives des Poissons. Vous vous enivrez de cette mystification que vous créez vous-même. Vous déclarez alors fréquemment que l'amour ne connaît pas de limites légales. Vous pouvez également être pendant des années l'amie d'un partenaire plus fort. Vous ne désirez rien d'autre que la protection et la consolation. Vous pouvez être douce, tendre, romantique, fervente et compatissante; plus d'un homme y aspire. Par moments, vous éprouvez une attirance mystérieuse pour le monde masculin qui vous fascine.

Le comportement personnel des Poissons est fait de douceur, de tendresse, de ferveur, de don de soi et d'esprit de sacrifice. Dans les moments de déception et de souffrance, il y a souvent un fort besoin de drogues (alcool, etc.). De cette manière, vous obtenez une augmentation d'activité, même si elle est passagère et artificielle, fut-elle dans l'imagination seulement.

Les femmes Poissons sont pleines de tact et sont des mères fiables, qui peuvent se sacrifier. Vous aimez vos enfants, leurs petits soucis et besoins. Une discipline forte vous paraît difficile, c'est pourquoi vous trouvez la bonne moyenne entre la sévérité et la bonté.

Là où vous le pouvez, vous évitez un certain ordre bourgeois. Vous le percevez comme restrictif. Même si vous veillez à l'ordre et à la propreté dans votre foyer, vous aimez parfois vivre au jour le jour.

Il y a des natifs des Poissons qui souffrent de l'absurdité et de la déraison du monde. Il est possible que, dans cet état d'esprit, ils fassent leurs bagages et errent dans le monde, poussés par une nostalgie indéfinissable. Ils abandonnent en cela des personnes aimées et des conditions de vie bien ordonnées. Cette tendance à poursuivre des illusions ne se retrouve que chez certaines personnes ayant cette prédisposition.

Les signes qui conviennent bien aux Poissons sont le Cancer (du 22.6 au 22.7) et le Scorpion (du 24.10 au 22.11). Les signes du Taureau (du 21.4 au 21.5) et du Capricorne (du 22.12 au 20.1) s'harmonisent également avec le Poisson. La Vierge (du 24.8 au 23.9), les Gémeaux (du 22.5 au 21.6) et le Sagittaire (du 23.11 au 21.12) sont des signes critiques pour le Poisson.

Caractéristiques des POISSONS

Caractère

+ Retiré en soi, intériorisé, croyant, religieux, idéaliste, aimant la
vérité, désintéressé, bienveillant, doux, tendre, serviable, prêt
au don de soi, aimable, confiant, compatissant, large d'esprit,
tolérant, humble, bienfaisant, aux petits soins, sensible.

− Sournois, mystérieux, espionnant, se mêlant de tout, faux,
incorrect, fourbe, traître, intrigant, hypocrite, perfide, trompeur, corruptible, aventurier, gaspilleur, buveur, insatisfait,
découragé, facilement abattu, sensible, facilement vexé,
manquant de contrôle, inquiet, torturé, mou, sans ligne de conduite, peureux, désemparé, inconstant, incertain, influençable,
naïf, névrosé, pathologique, hystérique.

Manifestations personnelles

+ Tranquille, silencieux, solennel, inhabituel, spécial, mystérieux, rêveur, retiré en soi.

− Se faufilant, mystérieux, sournois, traître, fourbe, caché, jouant
la comédie, hypocrite, simulateur, séducteur, embrouillé,
incertain.

Pensée

+ Abstrait, inspiré, mystique, romantique, plein d'imagination,
poétique, exalté, utopique, subtil, synthétique.

− Inconscient, peu pratique, irréel, indéterminé, vague, nébuleux,
imprécis, diffus, tordu, trompeur, faisant erreur, influençable,
rêveur, divagateur, borné, soucieux, peureux, fou.

Sentiment

+ Esthétique, platonique, pur, chaste, romantique, nostalgique,
tendre, fervent, envoûtant, plein de tact, compatissant, avec une
grande âme, renonçant, se sacrifiant.

− Hypersensible, sentimental, peureux, résigné, mélancolique,
pleurnichard, se sentant incompris, percevant de faux sentiments, extravagant, immoral, séducteur, dégénéré, déréglé,
maladif, anormal, pervers, bigame, hystérique, pathologique.

Volonté

+ Désir de paix, de tranquillité, d'unité. Le besoin de vérité.
L'amour de l'exceptionnel. Par tous les moyens, on recherche
ce qui est beau et grand, élevé. Efforts pour accepter les rejetés

de la société, les marginaux, ceux qui souffrent et qui sont isolés.
- Vouloir s'anesthésier, ne voulant pas voir la vérité. S'entourer de mystères, s'enfoncer dans les affaires mystérieuses, souvent criminelles. Toujours à la poursuite d'illusions, voulant réaliser ses fantasmes. Tendance à tordre les choses. Conspirateur. Filant à l'anglaise.

Action

+ Serviable, désintéressé, prêt au don de soi, altruiste, mystérieux, spécial.
- Pas pratique, désordonné, incorrect, sans esprit d'honneur, trompeur, escroc, criminel, intrigant, hystérique, inexplicable, non fiable, indécis, mou, incertain, sans ligne de conduite, lent, couard, fuyant, peu dispos, sans soucis, vivant au jour le jour, gaspilleur. Penchant pour les actions asociales et criminelles.

Effet sur le destin

Réclusion volontaire et involontaire. Peines d'emprisonnement. Exil. Épidémies. Affaires embrouillées, conspirations, inimitiés, épreuves, restrictions, douleurs. Isolement. Événements mystérieux. Procès criminels. Amour de l'eau, penchant pour les sports nautiques.

Effet sur le plan des idées

+ Impressions artistiques. Perceptions esthétiques. Inspirations. Châteaux en Espagne.
- Intrigues, calomnies, secrets, illusions, représentations fausses. Peine par des tensions psychiques. États d'âme changeants, angoisses.

Effet sur le plan matériel

+ Commerce avec des liquides, surtout des drogues et des boissons enivrantes. Commerce maritime, succès en natation.
- Vie changeante, agitée. Besoin de voyager, pas de point d'attache, pertes par inimitiés, aventures, mythomanies. Escroqueries, chantages, poursuites, scandales publics. Maladies mystérieuses, cachées. Mort mystérieuse par poison, noyade. Vie double, disparition. Absence.

Art

Musique, peinture, art religieux (messes, oratoires, concerts d'orgues). Art de guérir.

Sciences

Mystique, sciences secrètes, théosophie, occultisme (surtout le spiritisme), parapsychologie, pharmacie.

Animaux

Tous les animaux aquatiques: poissons, baleines, requins, anguilles, mouettes, crocodiles, méduses, moules, lézards, caméléons, cygnes, phoques.

Plantes

Joncs, anémones, saule pleureur, belladone, champignons, toutes les plantes enivrantes et poisons (nicotine, opium), perce-neige, rose de Noël.

Pierres précisuses

Topaze, opaline, toutes les pierres irisées.

Métal

Platine.

Couleur

Toutes les couleurs iridescentes, chatoyantes. Bleu de mer. Couleur de la mer.

Objets

Peintures, instruments de musique et spécialement les harpes, les flûtes, les violons. Les poisons, les barbituriques, les anxiolytiques, le tabac, l'alcool, les drogues, les plantes médicinales.

Régions

La mer, les marais, les régions inondées, les îles; toutes les eaux souterraines. Les régions isolées, peu habitées. Contrées désertiques et régions inexplorées. Tout ce qui est souterrain. Les mirages. Les viviers.

Lieux

Toutes les grandes maisons comme les hôpitaux, les sanatoriums, les asiles d'aliénés, les couvents, les monastères, les prisons. Dans des loges et des sociétés secrètes. Au bassin de natation, au cinéma. Les pensionnats, les institutions pédagogiques. Toutes les institutions fermées. Les lieux de bienfaisance et de secours.

Pays

Brésil, le cap de Bonne-Espérance, Malte, Nouvelle-Hollande, Nubie, Sahara, Asie Mineure méridionale, Portugal, Normandie, Pays-Bas, Sri Lanka, Calabre, Perse, Java, Galicie.

Villes

Worms, Ratisbonne, Bournemouth, Alexandrie, Leicester, Séville, Bâle, Braunschweig, Calais, Duderstadt, Lüneburg, Reval, Rio de Janeiro, Sao Paulo, Sofia, St. Gallen, Ulm, Wilna, Lancaster.

Personnalités importantes nées sous le signe des Poissons

Arthur Schopenhauer
Frédéric Chopin
Albert Einstein
Georg Friedrich Haendel
Karl Jaspers
Sven Hedin
Gottlieb Daimler
Oskar Kokoschka
Enrico Caruso
Rex Harrison
Rudolf Nureyev
Elisabeth Taylor
Joachim Fuchsberger
Victor de Kowa
Grete Weiser
Ernst Löhndorff
Carl Raddatz
Karlheinz Böhm

Joseph von Eichendorff
Henrik Ibsen
Otto Hahn
Victor Hugo
Eric Kästner
Galileo Galilei
Hermann Hollerith
Rudolf Steiner
Benjamino Gigli
Karl May
Heinz Rühmann
Zarah Leander
Marlon Brando
Nadja Tiller
Michèle Morgan
Jennifer Jones
Elisabeth Flickenschildt
Hans Kanppersbusch

V

Divisions du zodiaque

Concentration des planètes dans les signes et les Maisons

Pour interpréter un horoscope, il faut tenir compte des signes du zodiaque et des maisons qui sont le plus occupés par les planètes. Il y a par moment des concentrations de planètes dans les signes et les maisons; c'est le présage d'événements importants dans les affaires auxquelles le signe ou la maison a trait.

Les trois croix

La croix cardinale ou croix principale
Il s'agit de signes mobiles.
Attribution: Bélier (Feu), Cancer (Eau), Balance (Air), Capricorne (Terre).
Maisons correspondantes: 1, 4, 7, 10.
Archétypes: activité, ambition, lutte, action, principe de direction, volonté d'arriver au sommet, force de volonté.
Nature:
+ Autonome, impulsif, entreprenant, allant de l'avant, lutteur, ambitieux, conscient du but.
− Autoritaire, impitoyable. Besoin de se faire valoir.
Mode d'action:
Homme d'action, d'une activité intérieure et extérieure. Les buts de la vie sont réalisés. Désir de puissance, de lutte et d'indépendance. Tendance à se montrer en public, ascension professionnelle, sociale et publique. Il faut compter avec le succès, la reconnaissance, la considération.

La croix cardinale (signes mobiles)

202

La croix fixe

Il s'agit de signes immobiles.

Attribution: Taureau (Terre), Lion (Feu), Scorpion (Eau), Verseau (Air).

Maisons correspondantes: 2, 5, 8, 11.

Archétypes; stabilité, endurance, ténacité, constance, patience.

Nature:

+ Ferme, décidé, constant, tenace, réservé, fiable.
– Dogmatique, insurmontable, rigide, têtu, fanatique.

Mode d'action:

Homme de la constance. Forte résistance, fermeté très grande; il est imperturbable et tenace. Tranquillité intérieure, réflexion, opiniâtreté.

La croix fixe (signes immobiles)

203

La croix simple ou commune

Il s'agit de signes mutables.

Attribution: Gémeaux (Air), Vierge (Terre), Sagittaire (Feu), Poissons (Eau).

Maisons correspondantes: 3, 6, 9, 12.

Archétypes: instabilité, multitude, adaptation, soumission, synthèse, réduction des oppositions.

Nature:

+ Mouvant, serviable, attaché, mettant de l'ordre.
- Instable, irrésolu, inquiet, dissipé, indécis, inconstant, incohérent, non fiable.

Mode d'action:

Homme de la soumission, orienté vers le spirituel, recherchant les idées derrière la forme, le centre des choses. Grand désir d'intériorisation. Tendance à céder, à s'insérer dans l'ensemble. Désir de paix, d'harmonie, d'équilibre, d'adaptation. Diplomatie, tolérance.

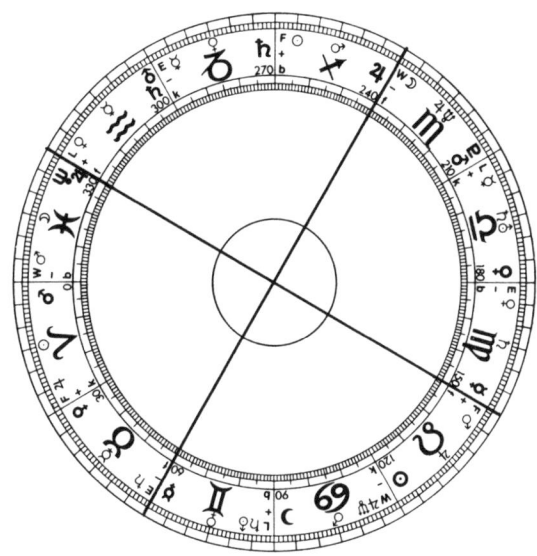

La croix simple ou commune (signes mutables)

Les quatre éléments

Le trigone du Feu

Attribution: Bélier, Lion, Sagittaire.

Maisons correspondantes: 1, 5, 9.

Force: ressort, force d'expansion, force d'action, force de volonté, force créatrice.

Archétypes: force vitale créatrice, individualité. Initiative, activité, énergie, productivité. Chaleur, force expansive, plaisir d'exister.

Nature:

+ Animateur, rayonnant, réchauffant, créateur, magnanime, impulsif, passionné, aimant la liberté, conscient de soi, décidé, courageux, téméraire, entreprenant, vital, disant oui à la vie.

− Dominateur, arrogant, présomptueux, vaniteux, gaspilleur, sensuel, agressif, belliqueux, violent, colérique, emporté.

Type: l'homme actif, le dirigeant, l'homme ouvert, le représentant.

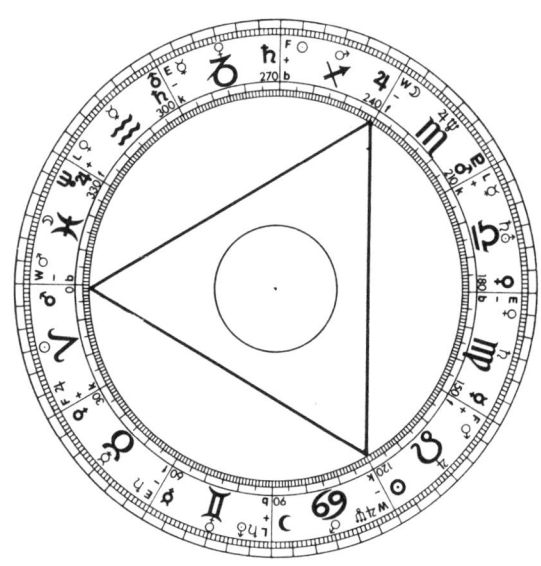

Le trigone du Feu

Le trigone de la Terre

Attribution: Taureau, Vierge, Capricorne.

Maisons correspondantes: 2, 6, 10.

Force: force de pesanteur.

Archétypes: la matière originelle, la substance, l'instinct de conservation, l'espace, le temps, la limitation, le fondement.

Nature:

+ Façonnant, concentrant, prenant forme, durcissant, conscient du but, objectif, zélé, actif, pratique, économique, ferme, décidé, coriace, patient, endurant, constant, tranquille, réfléchi, lucide, ayant les pieds sur terre.

− Matérialiste, terre à terre, lourdaud, obstiné, têtu, dogmatique, accroché à son point de vue, mentalité matérielle.

Type: l'homme pratique, l'homme d'action, le réaliste. L'homme de la réflexion lucide et de l'action pratique. L'homme patient, ambitieux. L'homme pragmatique.

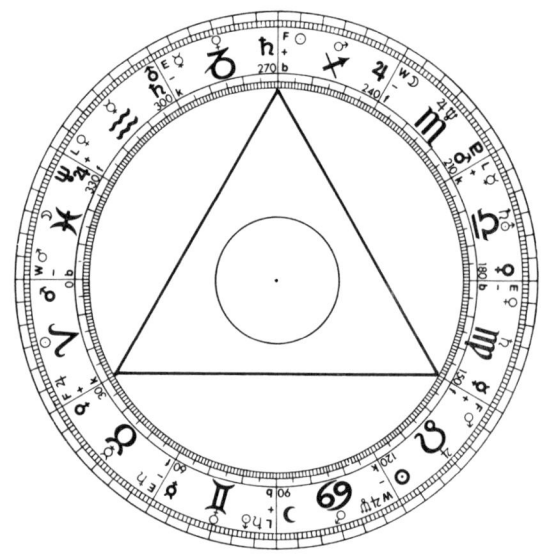

Le trigone de la Terre

206

Le trigone de l'Air

Attribution: Gémeaux, Balance, Verseau.

Maisons correspondantes: 3, 7, 11.

Force: l'élan.

Archétypes: la vie psychique. Le point de vue supérieur aux choses. La multitude, l'adaptation. Le mouvement. La compréhension.

Nature:

+ Compréhensif, intellectuel; reconnaissant, comprenant, réalisant; approfondissant, pensif, polyvalent, capable de s'adapter; idéaliste, animé, mobile, reliant, intercédant, mettant en relation; débrouillard, caractère mobile, rapide au niveau de la parole, de l'action, de la décision, aimant la discussion, jovial.

− Distrait, dispersé, superficiel; bavard, indiscret, inquiet, nerveux, peu concentré; indifférent, non fiable, exhubérant, emporté.

Type: l'homme de réflexion, l'intellectuel, le penseur.

Le trigone de l'Air

Le trigone de l'Eau

Attribution: Cancer, Scorpion, Poissons.

Maisons correspondantes: 4, 8, 12.

Force: force instinctive, détente, intuition.

Nature:

+ Sentimental, doux, serviable, altruiste, miséricordieux; tendre, débonnaire, réceptif, impressionnable, débordant d'imagination, romantique, rêveur, sensible, câlin, fidèle, populaire; délicat, humain.

− Inconstant, capricieux, flegmatique, hésitant, indécis, changeant, passif; sensible, sentimental, hystérique; capricieux, paresseux, se laissant aller, résigné.

Type: l'homme de sentiments, l'homme de coeur. L'homme du contact, l'homme qui se met en sécurité. L'homme serviable, plein de tact, coopératif. Le rêveur, celui qui louvoie, le jouisseur.

Le trigone de l'Eau

Si une de ces trois croix, trigones ou éléments, est exceptionnellement occupée par des planètes dans le thème (schéma de l'horoscope), nous pouvons retrouver les traits de caractère, les qualités et dispositions du tempérament que nous venons d'évoquer.

VI

La signification des positions du Soleil, de la Lune et des Planètes dans le zodiaque et les Maisons

Les pages suivantes éclaireront le mode d'action de chaque astre dans les douze signes du zodiaque et Maisons. Les relations des aspects des différents astres seront également expliquées.

Le Soleil dans les signes du zodiaque

Le Soleil dans le signe du Bélier

Lorsque le Soleil est dans le Bélier, il procure beaucoup d'énergie, de force d'action et de conscience de soi. Les hommes avec cette position du Soleil sont capables d'être des innovateurs, des pionniers et d'occuper une position de dirigeant. Ils disposent d'une grande énergie vitale, d'une dureté ainsi que d'une grande force de volonté. La tête est exposée à des maladies et des blessures.

Le Soleil dans le signe du Taureau

Grande force vitale mais si les aspects avec Mars ou Saturne sont défavorables, il y a danger de maladies graves. Conservateur à tout point de vue, très imbu de soi. Prédilection pour les beaux-arts. Heureux de vivre, aimant le confort; la plupart du temps fidèle dans ses amitiés. Doué pour le travail méthodique, à construction progressive. Le cou est la partie du corps la plus exposée.

Le Soleil dans le signe des Gémeaux

Produit une intelligence rapide, réceptive. Amour pour l'art et les sciences. Produit de bons orateurs, journalistes. Un esprit très mobile mais changeant, qui devient facilement superficiel. Le natif se montre aimable, poli, amical. Propension au changement dans les sentiments et l'esprit. Ce n'est que lorsque les prédispositions sont bonnes que les personnes avec cette position du Soleil se montrent méthodiques et endurantes. Les organes respiratoires sont en danger.

Le Soleil dans le signe du Cancer

Très réceptif pour toutes les impressions extérieures; réagissant très fort à la sympathie ou à l'antipathie. Facilement influençable, car il dispose de peu de volonté et de confiance en soi. Dans le fond, généreux, aimable, très casanier et harmonieux, plein de tact; imagination fertile. Par moments, accès d'égoïsme poussé. La région abdominale et l'estomac sont exposés.

Le Soleil dans le signe du Lion

Une nature fidèle et sympathique qui fait preuve de beaucoup de dignité, qui méprise tout ce qui est vil et bas et qui possède un sentiment de responsabilité prononcé. Les gens avec cette position du Soleil sont capables de diriger et de dominer. Ils se montrent corrects à l'égard de leurs amis et indulgents à l'égard de leurs ennemis. Si les aspects sont négatifs, l'amour se transforme en puissance et l'autorité en despotisme, arrogance et même rudesse. Le coeur et l'appareil circulatoire sont exposés à des dangers.

Le Soleil dans le signe de la Vierge

Produit une nature intellectuelle, ingénieuse et méthodique. Penchant pour la critique; par moments égoïste. Les personnes concernées se perdent trop dans les détails, sans le coup d'oeil pour la situation générale. Elles sont gaies, aiment les amusements et font volontiers des excursions en agréable compagnie. Peu douées pour les professions indépendantes. Elles ont des aptitudes pratiques. Elles font preuve d'ambition; sens de l'épargne. Les organes digestifs courent des risques.

Le Soleil dans le signe de la Balance

Donne un être intuitif, qui perçoit très justement avec une aspiration marquée à l'harmonie et l'équilibre. Rend très aimable, sociable, amical dans les contacts avec les gens. Il y a une fibre artistique. Rend la personne désireuse d'amusements ; renvoie à un érotisme raffiné. Il y a danger pour les reins, la région lombaire et l'aine.

Le Soleil dans le signe du Scorpion

Personnes très intelligentes, mais également orgueilleuses, arrogantes. Très réceptives pour la sympathie et l'antipathie. Beaucoup de passion, de force d'action, d'opiniâtreté ; présomption. Beaucoup de coriacité dans la poursuite du but. Si les aspects sont négatifs, ils sont souvent aussi jaloux, rudes, despotiques, têtus, brusques ; personnes désagréables, belliqueuses. Le type supérieur a déjà vaincu la période de développement inférieure et fait alors preuve d'une grande force d'action et d'une ambition soutenue. Le bas-ventre est la partie la plus exposée.

Le Soleil dans le signe du Sagittaire

Conne un caractère sincère qui sera facilement irascible mais qui se calmera tout aussi vite. Il aime très fort la liberté, est communicatif, aime les animaux et les sports, est capable de s'enthousiasmer, méprise tout ce qui est vil et bas. Sa nature agréable, conciliante conquiert autour de lui amour et amitié. Les cuisses et les hanches sont les parties les plus exposées.

Le Soleil dans le signe du Capricorne

Produit une nature pratique, réfléchie ; rend la réflexion pondérée. Une grande endurance et une forte ambition permettent d'atteindre de grands objectifs. Les difficultés et les oppositions sont vaincues par l'habileté et la réflexion. Il est diplomate, peu communicatif, très constant et concentré. Le système osseux et les genoux sont en danger.

Le Soleil dans le signe du Verseau

Donne une grande philanthropie, une grande force intuitive et un enthousiasme pour l'art, une facilité d'adaptation, un mode de compréhension large. Les gens avec cette position du Soleil sont exposés à de fortes sautes d'humeur ; ils ne sont pas toujours fiables dans leurs promesses. Il y a un profond amour de la liberté, une grande autonomie, une pensée humanitaire, mais également des tendances spéciales, des tendances au changement et à la mutation. Il y a danger pour les mollets et les articulations.

Le Soleil dans le signe des Poissons

Nature amicale, gentille et serviable, pleine de dévouement. Les gens avec cette position du Soleil connaîtront beaucoup d'opposition dans leur vie et pourront difficilement s'affirmer et faire passer leurs vues. Ils sont facilement influençables. L'influence des Poissons les rend très rêveurs; l'imagination fertile domine les sentiments et les pensées. De fortes passions sommeillent sous la surface. Il y a un très grand amour pour le foyer et la famille. Les parties exposées sont les pieds, les articulations, les tendons, la région de l'estomac et de l'intestin.

Le Soleil dans les Maisons

Le Soleil dans la 1re Maison

Produit un caractère ferme et une personnalité marquante; suscite l'honneur, le succès et l'ascension dans la vie. On possède une grande conscience de soi, dignité, autorité et une forte volonté. Les hommes avec cette position du Soleil émergent entre leurs semblables.

Le Soleil dans la 2e Maison

Si les aspects sont positifs: grands succès financiers, afflux continuel d'argent et de biens, surtout si le Soleil reçoit de bons aspects de la Lune, de Jupiter, de Mars ou de Vénus. Si les aspects sont négatifs, le natif est dépensier sur le plan financier.

Le Soleil dans la 3e Maison

Si les aspects sont positifs: succès dans les travaux écrits, l'activité littéraire; penchants pour le journalisme. Beaucoup de voyages brefs. Bonne entente avec frères et soeurs. Procure un caractère ferme et une bonne intelligence. Amour de l'art et des sciences; travail profitable dans ces domaines. Le Soleil dans la 3e Maison indique une personne célèbre dans la famille.

Le Soleil dans la 4e Maison

Procure beaucoup de succès dans la deuxième tranche de vie, une vieillesse heureuse et sans souci dans une situation bien établie. Favorable pour le père du natif ainsi que pour l'acquisition d'une propriété personnelle. Si les aspects sont négatifs, ce sera le contraire.

Le Soleil dans la 5e Maison

Favorable pour les entreprises et les spéculations qui ont un rapport avec les amusements et les divertissements. C'est une constellation favorable pour les affaires amoureuses et pour les enseignants. Il y a un vif intérêt pour la vie en société. Chance avec les enfants.

Le Soleil dans la 6e Maison

Affaiblit un peu la force vitale et indique une santé faible; mais si le Soleil ne reçoit pas de mauvais rayons, cela n'aura aucune importance. Il peut y avoir des problèmes de santé par surmenage. Si les aspects sont bons, il y a succès comme préposé, organisateur, également par des subordonnés ou des gens à son service.

Le Soleil dans la 7e Maison

Si les aspects sont bons, c'est le présage d'une position publique couronnée de succès; dans les relations commerciales par exemple, les honneurs et distinctions sont certains. Le natif émergera de la foule et aura une vie inhabituelle, couronnée de succès. Le conjoint sera souvent riche ou de milieu aisé, peut-être même célèbre. Il y a une indication d'un mariage heureux. Si les aspects sont négatifs, ce sera le contraire.

Le Soleil dans la 8e Maison

Donne, par aspects favorables, une grande force vitale, la longévité, des gains par héritage. Si les aspects de Neptune et Uranus sont bons, il y aura une tendance ou un engouement pour les sciences occultes. Si le Soleil est défavorablement influencé par Mars ou Saturne, il y a danger de mort par maladie cardiaque.

Le Soleil dans la 9e Maison

Promet de grands voyages heureux, le succès à l'étranger, un séjour à l'étranger plus long. Le natif possède une bonne intuition, est intelligent et habile dans les relations avec autrui, possède un esprit qui vise haut. Succès dans les affaires qui ont trait au droit, aux universités, à l'église et aux sciences.

Le Soleil dans la 10e Maison

Cette constellation cosmique influence surtout la vie professionnelle, mène à l'ascension et fréquemment même à la célébrité, produit honneurs et reconnaissances, popularité, beaucoup de succès dans la vie. Le natif sera probablement le membre de la famille qui aura le plus de succès. Il y a de bonnes relations avec la mère. Si les aspects sont défavorables, le natif se montrera impertinent, arrogant, vaniteux et très orgueilleux.

Le Soleil dans la 11e Maison

Aide et avantages par des amis bien placés. Faveurs. Des espoirs et des désirs sont exaucés; il y a un succès social.

Le Soleil dans la 12e Maison

Une constellation généralement défavorable: elle impose une lourde croix au natif, apporte beaucoup de restrictions, de limitations et d'obstacles, des attaques par des inimitiés mystérieuses, la séparation de la famille. Il y a de grands penchants pour l'occultisme. Il y a également un manque d'appréciation de la part des supérieurs, l'arrestation ou le bannissement, des ennuis de santé, des séjours en clinique. Si les rayons sont favorables, ces influences sont affaiblies, mais le natif n'aura pas une vie facile.

La Lune dans les signes du zodiaque

La Lune dans le signe du Bélier

Donne une intelligence éveillée, de l'impulsivité, de la vivacité, beaucoup de confiance dans sa propre force et ses activités. Les gens de cette position de la Lune agissent selon leurs propres impulsions, sans égard pour l'opinion de leur entourage, sont soumis à beaucoup de changements dans leur vie.

La Lune dans le signe du Taureau

Rend endurant et conservateur, entêté et sensuel, mais également poli, juste et raisonnable. Le natif fait preuve de volonté individuelle, mais également de bonhomie et de plaisir des sens. Il y a succès financier par l'activité artistique comme la musique et le chant, mais aussi par l'agriculture et la propriété de biens financiers.

La Lune dans le signe des Gémeaux

Rend intelligent mais superficiel, indécis, inconstant, futé et versatile. Il y a un bon talent d'orateur et un amour pour l'activité intellectuelle. Ces gens aiment se promener et voyager, ils rendent volontiers visite.

La Lune dans le signe du Cancer

Donne une prédilection pour les voyages en bateau; rend très sensible, amoureux de la paix, intuitif, aimable et agréable dans les contacts mais très inconstant en amitiés. Amour pour le foyer et pour la mère. Tendance à imiter les autres, réfléchi en action, assez libre de passions fortes.

La Lune dans le signe du Lion

Donne l'amour de la splendeur et du luxe; rend ambitieux, orgueilleux, endurant, sensuel. Attirance pour l'autre sexe; grand désir de création.

La Lune dans le signe de la Vierge

Rend critique, pédant, indécis. Bonne force intellectuelle avec une bonne capacité de discernement. Grand attachement au détail. Se prête pour les professions de voyageur, d'enseignant, de fonctionnaire, d'employé. Rarement capable de grandes actions.

La Lune dans le signe de la Balance

Donne l'amour de l'art et des amusements; forte attraction pour l'autre sexe. De nature gaie et joviale, agréable dans les contacts. Plaisir à la création commune. Cette position amène beaucoup de prétendants pour les femmes, mais si les rayons de Vénus sont défavorables, peu de bonheur en amour.

La Lune dans le signe du Scorpion

Produit une forte sensualité, un penchant pour l'alcool, une forte attirance pour l'autre sexe. Rend impulsif, belliqueux et revanchard, parfois même rude, énergique et arrogant. Il y a une grande mobilité dans la pensée et les sentiments, ambition, mais aussi amour du changement. Soucis pour la mère, malchance dans le mariage. La position de la Lune dans le signe du Scorpion est surtout défavorable pour un horoscope féminin. Si, en outre, Mars et Saturne forment un aspect dissonant avec la Lune, il y a une grande impulsivité et un orgueil blessé; on heurte facilement.

La Lune dans le signe du Sagittaire

Rend inquiet et mobile, facilement irritable et inconstant, passionné. Donne une prédilection pour le sport et les animaux, mais aussi l'amour de la religion, de la philosophie, des idéaux supérieurs, un penchant pour l'occultisme et le mysticisme. On se montre franc, pacifique, amical et sincère. La nature est ouverte et libre, gentille, magnanime et pleine de joie de vivre.

La Lune dans le signe du Capricorne

Égoïsme, parcimonie, chasteté, endurance; beaucoup d'obstacles et de difficultés. On observe une certaine paresse, de l'égoïsme, de l'insensibilité. Il faut relever des aptitudes pratiques, le sérieux et la circonspection, le repli sur soi-même.

La Lune dans le signe du Verseau

Donne un altruisme universel et une vision de la vie idéaliste, l'amour pour l'art, les sciences, l'occultisme. Talent d'inventeur; intérêt pour les choses qui s'écartent de l'habituel. L'influence de la Lune rend intelligent, poli, philantrophe, gentil, sociable et câlin.

La Lune dans le signe des Poissons

Cette constellation rend sensible et réceptif, tranquille et réservé, un peu indécis, parfois découragé, résigné, rêveur, fort dépendant de la vie psychique. Donne une propension au romantisme et au fantastique; on se tient le plus souvent à l'arrière-plan, on aime le foyer.

La Lune dans les Maisons

La Lune dans la 1re Maison

Rend très sentimental, intuitif, donne une grande capacité d'imagination. Cette influence se fait surtout sentir lorsque la Lune se trouve dans le signe du Cancer ou des Poissons; dans le signe du Bélier, des Gémeaux, du Cancer, du Capricorne et des Poissons, le natif est de nature inquiète avec un fort désir de changement et de voyage. Ces gens trouvent rarement la paix. Dans les signes du Taureau, du Scorpion, du Lion et du Verseau, il y a une plus grande sédentarité; une grande partie de la vie est néanmoins occupée par des voyages et des changements.

La Lune dans la 2e Maison

Donne, si les rayons en provenance du Soleil, de Jupiter et de Vénus sont favorables, la fortune et beaucoup de chance dans les entreprises et les affaires financières. Il y a un accroissement de la fortune par des voyages ou des affaires qui ont un rapport avec les activités de la Lune (comme les liquides, les boissons, par des représentations, etc.). Si les aspects avec Saturne sont dissonants, on trouve de la pauvreté, des dommages et beaucoup de changements.

La Lune dans la 3e Maison

Occasionne beaucoup de voyages brefs, surtout si elle reçoit des rayons harmonieux et ne se trouve pas dans le Scorpion ou le Capricorne. En outre, cette position indique une bonne entente avec les frères et soeurs ainsi que la famille. Donne un esprit apte aux études.

La Lune dans la 4e Maison

Provoque beaucoup de changements et de mutations, surtout dans la deuxième partie de la vie; si Uranus et Mars influencent les aspects, il y a des déménagements répétés. En outre, on trouvera le succès par l'agriculture, l'immobilier, la construction. Une fin de vie dans l'indépendance. Si les aspects sont mauvais, il y a malheur au foyer et une fin de vie soucieuse; complications avec la maison paternelle ou le lieu de naissance.

La Lune dans la 5e Maison

Si les aspects sont bons, donne beaucoup d'enfants et du plaisir avec eux; bonheur et succès dans les spéculations, les jeux de hasard, la loterie, les affaires amoureuses. Si la Lune reçoit des rayons négatifs, il y aura inconstance en amour et en amitiés, des brouilles dans les affaires d'amour, des maladies chez les enfants.

La Lune dans la 6e Maison

Si les aspects sont bons, une bonne circulation sanguine; si les aspects sont mauvais, si elle se trouve dans le Bélier, le Cancer, la Balance, le Capricorne, il y a des prédispositions pour les maladies des poumons ou de l'estomac; si elle se trouve dans le Taureau, le Lion, le Scorpion, le Verseau, il y a une tendance aux maladies de la gorge, de la vessie et du coeur; si elle reçoit de mauvais rayons de

Mercure: maladie des nerfs; si elle reçoit de mauvais rayons de Mars: maladie des reins; si elle reçoit de mauvais rayons de Jupiter: maladie du foie. Si les aspects sont dissonants, ce sont surtout les femmes qui ont une mauvaise santé. Il y a des ennuis de santé suite à des problèmes nerveux ou du surmenage. Dans l'ensemble, cette constellation apporte beaucoup de changements dans les activités et occupations. Maladies d'enfance.

La Lune dans la 7e Maison

Mène en règle générale à un mariage précoce; celui-ci sera réussi si la Lune reçoit des aspects harmonieux. La Lune indique en outre de la chance en public, de l'activité artistique, de la popularité. En cas d'aspects dissonants, il faut s'attendre à de l'inconstance dans le mariage et de l'infidélité. Des aspects d'Uranus avec la Lune mènent la plupart du temps à des séparations, des scandales, des événements dans le mariage, à un veuvage précoce.

La Lune dans la 8e Maison

Si les aspects sont bons, il y a accroissement de fortune par héritage ou par mariage; si les aspects sont défavorables, le conjoint n'aura pas de fortune, dangers par accidents, mort inopinée. Si les aspects avec Mars sont mauvais, il y aura un décès brutal; si les aspects avec Saturne sont mauvais, il y aura une mort lente et douloureuse; si les aspects avec Neptune sont mauvais, il y aura mort par drogue (poisons).

La Lune dans la 9e Maison

Produit une bonne intelligence et un grand désir de voyager; beaucoup de longs voyages qui améliorent la vie. Beaucoup de changements favorables dans la vie. Tendance à un changement de foi. De longs séjours à l'étranger.

La Lune dans la 10e Maison

Donne un changement professionnel fréquent, mais malgré beaucoup de changements et de mutations dans la vie, succès et ascension; bonne réputation et considération. Aide d'amis, rôle bienfaisant de la mère; occupation d'un poste public, popularité. Si les aspects sont défavorables, surtout par Uranus et Mars, peu de chance dans la vie professionnelle, une vie pleine de soucis et dépourvue de succès, changement professionnel constant, danger de perdre l'honneur.

La Lune dans la 11e Maison

Beaucoup de connaissances et d'amitiés, penchant pour les mondanités. Amitiés pour les femmes. Si les aspects sont dissonants, elle apporte des amis et connaissances superficiels et non fiables.

La Lune dans la 12e Maison

N'est favorable pour le succès dans la vie que si les aspects sont très bons; sinon, elle provoque beaucoup d'obstacles et de restrictions, beaucoup d'inimitiés et d'oppositions cachées. Si les aspects d'Uranus, de Saturne ou de Mars sont mauvais, il y a danger d'emprisonnement, de séjour en clinique, de maladies graves et d'opérations. Les gens qui ont la Lune dans leur 12e Maison se trouvent bien dans des activités dans des lieux clos (comme hôpitaux, orphelinats) et pour les professions sociales.

Mercure dans les signes du zodiaque

Mercure dans le signe du Bélier

Penchants pour l'argumentation et pour l'exaspération. Impulsif, inconstant. Bonne intelligence; soif de savoir.

Mercure dans le signe du Taureau

Diplomate et doué sur le plan tactique, prudent en paroles, têtu et dogmatique, aimant le confort. Intelligence pratique, réflexion lucide. Les personnes concernées aiment l'agrément et les plaisirs de la vie.

Mercure dans le signe des Gémeaux

Spirituel, bons talents d'orateur, amour des études et des voyages. Bon jugement, intérêt spirituel, intelligence claire. Si les aspects sont mauvais, bavardage, tendance à la tromperie.

Mercure dans le signe du Cancer

Très réceptif et capable de s'adapter, prudent mais inconstant. Profite bien de ses avantages; très changeant dans ses opinions. Si les aspects sont dissonants, facilement vexé, mécontent et exposé aux maladies nerveuses.

Mercure dans le signe du Lion

Confiance en soi, orgueil, talent d'organisateur, ambition. Si les aspects sont mauvais, humeur belliqueuse, vanité, maniérisme.

Mercure dans le signe de la Vierge

Donne une intelligence critique, rend talentueux, spirituel, scientifique; si les aspects sont bons, la personne concernée est apte pour une profession scientifique. Il y a également de bonnes dispositions plastiques, de la dextérité. De mauvais aspects indiquent l'égocentrisme, l'inconstance, des plaisanteries vexantes, l'égoïsme.

Mercure dans le signe de la Balance

Raffine l'intelligence, donne l'aspiration à l'harmonie et à l'équilibre, la sincérité. Le natif rassemble beaucoup de connaissances. Cette constellation engendre des personnes cultivées, qui veulent faire des études et possèdent de grandes forces psychiques.

Mercure dans le signe du Scorpion

Donne une intelligence fine et critique. Le natif aime la simplicité, fait preuve de peu de sens de l'amusement. Il faudrait éviter un mode d'expression tranchant, souvent vexant. Il est très soucieux de son bien-être et très attiré par l'autre sexe.

Mercure dans le signe du Sagittaire

Impulsif et facilement irritable; grand désir d'indépendance. Un trop grand empressement provoque quelques dommages. Bonnes dispositions philosophiques, aspiration aux honneurs et aux distinctions, beaucoup d'ambition. Si les rayons sont dissonants, un trop grand désir d'indépendance, irritabilité et inquiétude.

Mercure dans le signe du Capricorne

Rend parcimonieux, très critique, méfiant, têtu, mais également constant et zélé. Grande capacité de concentration; bonnes dispositions psychiques visant l'approfondissement. De mauvais aspects amènent des troubles dans la vie mentale.

Mercure dans le signe du Verseau

Produit des gens intelligents, polis avec une compassion chaleureuse pour les faiblesses et la détresse d'autrui. Penseurs abstraits qui disposent de bonnes capacités pour juger les caractères humains ainsi qu'une bonne capacité de concentration

Mercure dans le signe des Poissons

Si les aspects sont bons, cette constellation produit des gens sensibles, réceptifs, avec de bonnes capacités d'adaptation et une grande richesse d'idées. Si les aspects sont mauvais, elle rend vaniteux, superficiel, désordonné, insignifiant, falot, négatif.

Mercure dans les Maisons

Mercure dans la 1re Maison

Produit un tempérament nerveux, mobile, donne une bonne capacité de compréhension, favorise l'intelligence et les aptitudes psychiques. Il y a un bon talent d'orateur et un penchant pour les sciences, les livres, l'éducation. Si les aspects sont dissonants, les personnes concernées sont très imbues d'elles-mêmes; elles aiment critiquer, sont facilement irritables, bavardes, superficielles, vantardes et non fiables.

Mercure dans la 2e Maison

Donne succès et gains pour les professions qui se trouvent sous le signe de Mercure: la littérature, les sciences, l'enseignement ou les activités commerciales. Si l'aspect avec la Lune est bon, succès dans la vie publique; si l'aspect avec Jupiter est bon, succès dans la fonction publique, le droit, le sport, à l'étranger; si l'aspect avec Mars est bon, succès dans la technique, l'industrie; si l'aspect avec Vénus est bon, succès dans les beaux-arts, la mode et des choses semblables; si l'aspect avec Uranus est bon, succès dans les inventions ou des activités extraordinaires. Si la position de Mercure est dissonante, il y a danger de pertes par imprudence, insouciance.

Mercure dans la 3e Maison

Si les rayons sont bons, c'est une bonne constellation pour les voyageurs de commerce; promet beaucoup de voyages courts.

Donne un sens des affaires éveillé, la parole facile; amour pour l'art et les sciences, la littérature. La personne concernée rassemble beaucoup de connaissances et d'expériences. Un bon aspect par rapport à Saturne procure une pensée profonde et une bonne capacité de concentration; un bon aspect par rapport à Uranus donne un penchant pour le mysticisme. Si les aspects sont négatifs avec Saturne, une humeur maussade, un penchant pour la mélancolie; si, en outre, il y a un aspect défavorable avec Neptune sans qu'il y ait un effet favorable en provenance de Jupiter ou de Vénus, il y a danger de troubles mentaux.

Mercure dans la 4e Maison

Si les aspects sont mauvais, donne du malheur, des soucis et des problèmes dans la vieillesse, des situations défavorables dans la maison paternelle, beaucoup de problèmes au foyer et beaucoup de changements (également des changements de lieux et de résidences). Si les aspects sont harmonieux il indique de bonnes capacités psychiques, un esprit alerte jusqu'à la fin de la vie, des succès dans les affaires ayant trait à l'agriculture, à la propriété foncière.

Mercure dans la 5e Maison

Donne l'amour des activités de l'esprit. La personne concernée se laisse plus guider par la raison que par ses sentiments; mais elle aime le jeu, les amusements, les paris. Il y a succès dans l'enseignement ou dans des professions qui touchent aux amusements, aux divertissements et aux fêtes organisées. Si les aspects sont dissonants, il y a des difficultés dans les affaires amoureuses, des pertes par jeux, paris, spéculations; il y a des soucis et des problèmes avec les enfants, une vie amoureuse changeante.

Mercure dans la 6e Maison

Est généralement défavorable pour l'état de santé, surtout pour le système nerveux, car il y a une tendance à l'inquiétude mentale et au surmenage. Dans le signe des Gémeaux, de la Vierge, du Sagittaire, des Poissons, prédisposition à une maladie de l'estomac et des organes respiratoires; surtout si les aspects sont mauvais par Uranus ou Saturne, il y a des prédispositions pour des maladies du système nerveux suite à un surmenage. Si les aspects sont bons, il y a, par contre, un penchant pour les études de médecine. Ce n'est que si les aspects sont très bons que cette constellation apporte le succès dans la vie et en public.

Mercure dans la 7e Maison

Si les aspects sont bons, une position publique en rapport avec les sciences ou la littérature. Le conjoint est généralement plus jeune; il est possible que le mariage se fasse avec une personne apparentée. Si les aspects sont mauvais, il y a brouille dans le mariage, inquiétude par des procès, pertes à cause d'un partenaire, d'un associé.

Mercure dans la 8e Maison

Si les aspects sont bons, profit par héritage ou mariage. Mort d'un frère ou d'un autre parent, d'un ami ou d'un collaborateur; peine à cause de cela, mais profit possible malgré tout. Un voyage à cause d'un décès. La mort survient habituellement en pleine conscience. Si les aspects sont mauvais, il y a danger de maladies du cerveau ou des nerfs; il y a également danger de mort par troubles nerveux.

Mercure dans la 9e Maison

Donne de bonnes habitudes de l'esprit, le succès par l'écriture ou dans l'édition, par de longs voyages, des affaires à l'étranger. Si les aspects sont mauvais, beaucoup d'indécision et d'hésitation, des échecs, des problèmes judiciaires.

Mercure dans la 10e Maison

Produit un esprit en permanente activité, un esprit commercial éveillé, une capacité de jugement pratique; donne une tendance à exercer plusieurs professions différentes en même temps. Succès dans la littérature, dans les affaires, par le commerce et les communications, dans le secteur des agences de voyages. Si les aspects sont mauvais, beaucoup de difficultés et d'embarras, atteinte à la réputation.

Mercure dans la 11e Maison

Indique beaucoup d'amitiés, où règne plus la raison que les sentiments. Beaucoup d'aide et de soutien de la part des personnes qui s'occupent de littérature, de sciences et d'affaires commerciales. Si les aspects sont négatifs, il y aura beaucoup d'ennuis et de déboires par des amitiés.

Mercure dans la 12e Maison

Donne un penchant pour l'occultisme. Si les aspects de Mars sont bons, aptitudes mathématiques et habileté pour la construction. Si les aspects sont mauvais, manque de constance et de confiance en soi, peu de compassion, beaucoup de soucis par des inimitiés cachées, danger de poursuites judiciaires.

Vénus dans les signes du zodiaque

Vénus dans le signe du Bélier

Rend rapide, fonceur, précipité, souvent enclin à des mesures excessives. Forte passion qui mène souvent à un mariage précipité et malheureux. Grande tendance à s'enthousiasmer; amour de l'art.

Vénus dans le signe du Taureau

Produit une nature bienveillante, polie, sympathique, une attitude de philanthrope. Sociable et agréable, très attaché à la forme extérieure. Une constellation favorable pour les affaires financières, qui influence avantageusement toutes les situations de la vie. Prédispositions artistiques pour le chant; amour du luxe, des plaisirs.

Vénus dans le signe des Gémeaux

Raffine les sentiments et les pensées, donne une vie intérieure subtile. Rend de bonne humeur, aimable et attaché à la vérité. Il y a de fortes passions qui sont toutefois dominées. Il y a un talent pour la poésie. Des actes répréhensibles sont exclus.

Vénus dans le signe du Cancer

Suite à l'influence de la Lune, qui est active dans ce signe changeant, inconstant, négligent. Le pouvoir imaginaire est grand. Vers l'extérieur, on feint souvent d'avoir des qualités et des aptitudes qu'on n'a pas. Peu de fermeté, très sensible, facilement influençable.

Vénus dans le signe du Lion

Rend passionné, mais avec une nuance de douce tendresse et de sentiments d'amour. Un tempérament fougueux, honnête et magnanime; grand orgueil. Très touché par l'amour de même que par la beauté, les plaisirs, le luxe. La personne attache beaucoup d'importance aux beaux habits, à la bonne chère.

Vénus dans le signe de la Vierge

Rend actif, habile, spirituel. Grande compassion pour toute faiblesse et abandon. Favorable pour les soins de santé, la chimie. Il y a une bonne facilité d'expression, des penchants littéraires et artistiques.

Vénus dans le signe de la Balance

Gens bienveillants, serviables, aimables, appréciés par leur entourage. Sens de la musique et des beaux-arts. Nature très attrayante, très sociable, amoureuse de l'art. Si Vénus est dans ce signe à l'ascendant, ne reçoit pas d'aspects dissonants et reçoit de bons aspects de Jupiter, les personnes concernées, surtout celles du sexe féminin, sont la plupart du temps des beautés parfaites.

Vénus dans le signe du Scorpion

Dans l'ensemble, une position défavorable: porté à fortes passions, à la sensualité, la luxure, aux déviations sexuelles. Tendances immorales; satisfaction effrénée des instincts.

Vénus dans le signe du Sagittaire

Produit une nature raffinée et un esprit cultivé avec une grande capacité de représentation et beaucoup d'intuition. Ces gens sont généreux, parfois orgueilleux et passionnés, peu capables d'une mauvaise action déshonorante. Forte confiance en soi, amour du sport.

Vénus dans le signe du Capricorne

Donne quelque chose de mélancolique, de rêveur à la nature. Rend ambitieux, avide d'honneur et de reconnaissance. Arrivisme prononcé, capacité de résistance. Fortes passions avec, par moments, des inhibitions. Humeurs maussades occasionnelles.

Vénus dans le signe du Verseau

Grande sincérité, sentiment d'indépendance; tendance à la résistance contre toute restriction et limitation. Il y a un dégoût pour les mauvaises actions; le natif se montre pacifique. Dans les arts, il est pour les réformes. Respect de la part d'amis et de connaissances.

Vénus dans le signe des Poissons

Les sentiments purs sont à l'avant-plan. La personne concernée se montre juste, sincère et aimable, intelligente mais parfois aussi inconstante. Elle est serviable jusqu'au sacrifice. Il y a des changements répétés dans les liaisons amoureuses, parfois aussi une forte sensualité. Prédispositions artistiques.

Vénus dans les Maisons

Vénus dans la 1re Maison

Rend l'aspect extérieur attrayant et aimable, sociable, agréable, amical et sincère dans les contacts. Cette constellation produit des gens avec un beau corps. Grand intérêt pour la poésie, la musique, le chant, la danse, les arts dramatiques, la peinture comme pour l'ensemble des beaux-arts. Les gens de cette constellation sont aimés partout; ils sont des philanthropes et aiment participer à des fêtes ou à des soirées. Si les aspects sont dissonants, cette personne est très instable, jalouse, changeante et excessive; elle fait alors preuve d'une grande passion et d'une grande sensualité.

Vénus dans la 2e Maison

Si les aspects sont bons, c'est une indication du succès matériel dans la vie, surtout dans les choses qui sont du domaine de Vénus: bijoux, vêtements, mode, cosmétiques, fleurs, jouets, articles de peinture, instruments de musique, histoire de l'art, activités artistiques. De mauvais aspects par Mars ou Jupiter donnent un penchant pour le gaspillage et la vie extravagante; l'argent est vite dépensé.

Vénus dans la 3e Maison

Goût prononcé pour les beaux-arts; talent artistique (de musicien ou d'écrivain). Les forces de l'esprit et de l'intelligence sont bien développées, l'humeur est tout à fait optimiste. Il y a un grand désir de gaieté; le natif se montre spirituel mais sans sarcasme. Il y a une bonne entente avec les frères et soeurs. Succès lors des courts voyages.

Vénus dans la 4e Maison

Si les aspects sont bons, indique une jeunesse harmonieuse, insouciante, une maison paternelle gaie. Dans cette constellation, Vénus embellit le foyer, donne chance et succès à l'âge mûr. À un âge plus avancé, le niveau de vie est assuré, libéré de tout souci.

Vénus dans la 5e Maison

Rend particulièrement attrayant, passionné, amoureux, sensuel. Intérêt prononcé pour les amusements, les représentations artistiques; talent créateur pour différentes manifestations artistiques. Si l'aspect de Vénus est bon, il faut compter des liaisons amoureuses harmonieuses et heureuses. Il y a une attirance très forte pour l'autre sexe. Si les aspects de Vénus sont mauvais, il y a des complications avec les enfants, dans les affaires amoureuses, de la morosité à cause de l'autre sexe.

Vénus dans la 6e Maison

Produit l'appréciation des patrons et des subordonnés. La santé n'est pas trop forte, mais bonne. Il y a un fort désir d'embellissement, un grand intérêt pour les beaux vêtements et la gastronomie.

Vénus dans la 7e maison

Si Vénus reçoit des aspects harmonieux d'autres astres, c'est un signe d'un mariage heureux et harmonieux. Il y a également succès dans les affaires qui ont un rapport avec le public. Des artistes, chanteurs, orateurs et écrivains célèbres ont cette constellation. Il y a également de bonnes perspectives pour des associations. On peut s'attendre à un accroissement des moyens grâce au mariage. Si les aspects sont défavorables, il faut s'attendre au contraire.

Vénus dans la 8e Maison

Profit par mariage et héritage. Indique une mort douce et paisible. Si les aspects sont mauvais, il y a disputes pour des affaires d'héritage, mariage avec un partenaire dépensier.

Vénus dans la 9e Maison

Amour de l'art et de la musique, pour tout ce qui est beau et élevé; talent pour les sciences, l'écriture. Tempérament serviable.

Don des langues. Il y a des possibilités de succès en rapport avec de grands voyages, en l'occurrence à l'étranger. Si la position de Vénus est mauvaise, le destin sera défavorable : elle rend les espoirs et désirs quasiment irréalisables, puisque tout rencontrera des obstacles et des résistances.

Vénus dans la 10e Maison

Si la position de Vénus est bonne, c'est une des meilleures indications d'une vie couronnée de succès. Elle mène au bonheur, au bien-être, à une situation financière favorable et, par le mariage, à une position sociale appréciable. Succès en amour. Cette constellation apporte également beaucoup de succès dans les carrières artistiques de même que dans la mode, les cosmétiques, les bijoux, la culture physique, les affaires juridiques, les reportages en images, la danse, la peinture, la décoration, l'architecture d'intérieur. La reconnaissance publique est très probable. Des aspects de Vénus défavorables dans cette Maison indiquent quand même aussi des succès, mais la chance sera inconstante, ne restera pas fidèle.

Vénus dans la 11e Maison

Apporte beaucoup d'amis et de connaissances, d'aide et d'amélioration à travers eux, des liaisons favorables, un mariage avantageux. Si les aspects sont mauvais, les amis profiteront de la personne concernée et la tromperont même.

Vénus dans la 12e Maison

Si les aspects sont mauvais, beaucoup d'inimitiés et d'oppositions cachées; penchant pour les amours secrètes, l'infidélité, les conflits moraux, la jalousie, les tendances perverses. Des aspects favorables de Vénus indiquent un équilibre, une harmonie, une stabilité intérieure. Toutes les forces sont tendues vers la réconciliation d'oppositions. Attirance vers des activités qui ont peu de contacts avec le grand public (dans les sanatoriums, les maisons fermées, les hôpitaux, les maisons d'éducation, les institutions charitables, les internats).

Mars dans les signes du zodiaque

Mars dans le signe du Bélier

Donne de l'énergie et la faculté de s'enthousiasmer, rend téméraire et intrépide, orgueilleux, enclin à la dispute, rarement dépourvu de moyens de s'en sortir. La force d'action ne connaît pas d'obstacles; il y a une forte conscience de soi, une grande énergie. Les aptitudes manuelles sont bien développées. La liberté et l'indépendance sont des nécessités vitales. Si les aspects sont mauvais, la personne concernée fait preuve d'un tempérament violent, est querelleuse et bagarreuse.

Mars dans le signe du Taureau

Si les aspects sont bons, le besoin d'acquérir est développé. Décidé et calme, patient, endurant et magnanime; très tolérant également vis-à-vis de soi-même. Grande endurance et constance dans la poursuite des objectifs. Sensualité qui peut dépasser toutes les bornes à l'occasion. Si les aspects sont mauvais, il y a des accès de colère, de l'obstination, de la fausseté.

Mars dans le signe des Gémeaux

Donne un esprit habile, rend actif, spirituel, intelligent. Cette intelligence est vive: il y a des décisions rapides, des dons d'inventeur, un penchant pour la dispute et la discussion, une prédisposition pour la technique, un plaisir à prendre la parole, un sens de la réplique sarcastique. Si les aspects sont dissonants, les natifs sont intraitables, querelleurs, cyniques, non fiables et changeants.

Mars dans le signe du Cancer

Un tempérament indéterminé, instable avec la tendance à procéder souvent à des changements et à des transformations. Le natif est très casanier, ambitieux et arriviste, amoureux d'indépendance, très dépendant de l'humeur. Si les aspects sont mauvais, il est insouciant, indolent, négligent dans ses devoirs.

Mars dans le signe du Lion

Droit en paroles et en écrits, actif et conscient de soi dans le travail et l'exercice du devoir, énergique, allant de l'avant, intrépide, capable de remplir une fonction dirigeante. Sens de l'honneur et de la responsabilité fort développé. Si les aspects sont mauvais, il y a une certaine témérité; le natif ne garde pas la mesure et perd de vue son objectif. Cela mène à un égoïsme poussé, à l'orgueil et à l'arrogance.

Mars dans le signe de la Vierge

Produit une compréhension rapide. Il y a de bonnes aptitudes mentales avec une pensée qui s'appuie sur la logique, la raison, les sciences. Se montre entreprenant, joyeux et subtil. C'est une bonne constellation pour les professions qui s'occupent de maladies (par exemple, médecin, pharmacien, infirmier). Si les aspects sont mauvais, traître, dénigrant, critiquant, constamment mécontent, déloyal, ne méritant aucune confiance.

Mars dans le signe de la Balance

Forte attirance pour l'autre sexe, sens de l'amour et de la beauté des formes. Tempérament rigoureux; aimant la vie en société. Attache beaucoup d'importance à ses habits. Si les aspects sont mauvais, vie déréglée, changeant dans les sympathies, infidèle sur le plan sexuel.

Mars dans le signe du Scorpion

Intelligence bonne et éveillée. Grande force et énergie pour atteindre un objectif; alors, impitoyable à l'extrême. Le natif se montre peu serviable pour son entourage. Il y a de bonnes aptitudes pour la mécanique et la construction. Grande sensualité passionnelle. Si les aspects sont dissonants, il y a des excès sur le plan sexuel ainsi que certains vices; le caractère est alors despotique, violent et bagarreur.

Mars dans le signe du Sagittaire

Donne le talent d'orateur et le sens de la réplique, une pensée logique, ordonnée, de l'ambition et de l'enthousiasme; avide d'approbation, ouvert lors de toute négociation, passionné, magnanime, courageux. Si les aspects sont mauvais, belliqueux, querelleur, agressif, injurieux et vexant, désagréable dans les contacts.

Mars dans le signe du Capricorne

Grand sens des responsabilités. Il y a un accord ici entre une endurance patiente et constante et le courage, l'enthousiasme, le sens de l'action, l'ambition, l'activité et le désir d'entreprendre. Si les aspects sont mauvais, manque d'endurance, actes irréfléchis, poussés par une énergie trop forte; se surestime, est têtu et précipité.

Mars dans le signe du Verseau

Esprit éveillé, intuitif, tranchant, inventeur. Aptitude pour les sciences techniques; veut aller son propre chemin. Si les aspects sont dissonants, vantard, ergoteur, imbu, exigeant, difficile à guider.

Mars dans le signe des Poissons

Rend réceptif, trop tolérant vis-à-vis de soi-même, rêveur. Il y a des sautes d'humeur, peu de domination de soi. Sens de l'abnégation, enflammé. Les passions sont fortes. Il y a un penchant pour les amusements et les soirées; grande hospitalité. Si les aspects sont négatifs, le caractère laisse percevoir des faiblesses de volonté; il est facilement influençable, trompeur, dépendant.

Mars dans les Maisons

Mars dans la 1re Maison

Si les aspects sont bons, confiance en soi, force et courage, grande énergie, combativité, bonne intelligence avec une compréhension rapide. Les aptitudes manuelles sont bien développées. Si Mars est défavorablement influencé, il rend irritable, impitoyable, obstiné, têtu, querelleur et colérique. Les gens avec cette constellation essayent d'atteindre leur but par la violence et veulent à tout prix faire passer leur point de vue; ils foncent à travers tout.

Mars dans la 2e Maison

Très bonne habileté pour gagner sa vie. Succès dans les professions et les affaires qui sont attribuées à Mars (médecin, chirurgien, ingénieur, technicien, artisan, etc.). Il y a une grande disposition pour toutes les affaires financières et beaucoup d'audace, une prodigalité extraordinaire. La personne concernée développe de bonnes forces utiles, mais a des penchants extravagants. Si les aspects sont dissonants, imprudence dans des questions d'argent, l'argent s'en va très vite; la situation aisée ne se maintient que rarement. Les gens avec cette constellation doivent apprendre à vivre avec plus de soin et de parcimonie pour atteindre une situation financière assurée.

Mars dans la 3e Maison

Donne une façon de s'exprimer précise et adéquate, qui cerne immédiatement le coeur des choses; rend ingénieux, jamais dépourvu de moyens de s'en sortir. Si les aspects sont mauvais, la personne concernée est belliqueuse, aime critiquer; elle aime l'individualisme, les contresens, l'impulsivité. Il y a des embarras avec la famille, des problèmes par des affaires écrites, des dangers lors de courts voyages.

Mars dans la 4e Maison

Si les aspects sont bons, fraîcheur physique et mentale jusqu'à un âge avancé; situation pécuniaire assurée mais seulement après beaucoup de travail et de lutte. Si les aspects sont mauvais, le caractère est querelleur, désagréable. Les gens avec cette constellation ne trouvent pas le bonheur sur leur lieu de naissance; ils feraient mieux de le quitter rapidement. Il y a danger de brouille dans le ménage, d'une mort précipitée d'un des deux parents, de feu ou d'un accident dans le foyer; pertes par la possession de maisons ou de terrains.

Mars dans la 5e Maison

Si les aspects sont bons, il se manifestera une aptitude à être un dirigeant, un enseignant ou un exemple pour les autres, spécialement la jeunesse. Le fait de tomber facilement amoureux mènera à beaucoup d'aventures amoureuses et de liaisons. Penchant pour le jeu, les spéculations, les amusements, les divertissements. Si les constellations sont mauvaises, il y a danger d'affaires amoureuses illicites, d'infortune avec les enfants, de naissances difficiles, de maladies d'enfants ou d'accidents. Ces gens ont un penchant pour un érotisme exagéré.

Mars dans la 6e Maison

Si les aspects sont mauvais, donne une prédisposition à la fièvre, aux maladies inflammatoires, à des blessures par le feu, par accident; tendance à avoir des opérations. Si Mars est bien disposé dans la 6e Maison, cela indique une nature travailleuse et active, une grande force vitale. Sur le plan professionnel, il y a un bon avancement; on parvient à des positions dirigeantes.

Mars dans la 7e Maison

Si les constellations sont défavorables, cela mène à un amour ou un mariage précoce et peut-être même précipité, à un mariage peu heureux, au danger d'une séparation ou d'une mort prématurée soudaine. Il y a la menace de perdre des procès. Si, à la limite de la Maison, se trouve le signe du Cancer, du Scorpion ou des Poissons, alors le conjoint s'adonne souvent à l'alcool ou il a un penchant pour les déviations sexuelles. Si les aspects sont favorables, il y a également une tendance au mariage prématuré; le conjoint aura toutefois un caractère résolument positif et fidèle.

Mars dans la 8e Maison

Si les aspects sont bons, gains par le mariage ou des héritages. Si les aspects sont mauvais, il y a des possibilités de danger de mort, de grands dangers d'accidents et éventuellement même d'une mort soudaine et inattendue.

Mars dans la 9e Maison

Si les aspects sont bons, Mars produit un esprit progressiste et très actif, qui fait preuve d'un vif intérêt pour toutes les questions sociales et spirituelles et qui est à même de propager ses opinions sur ce plan et d'agir sur son environnement et sur les hommes en général dans le sens d'une amélioration. Grâce au mode de pensée clair et logique, la capacité de pouvoir communiquer clairement ses idées aux autres est bien développée. On fait preuve d'envie de voyager et de se déplacer. Si les aspects sont mauvais, l'influence de Mars mène au fanatisme, à l'intolérance à l'égard d'autres opinions et avis, à une opposition inhabituelle et au despotisme. Par contre, avec des voyages plus longs, il y a infortune et désagréments. On ferait mieux de ne pas quitter son pays.

Mars dans la 10e Maison

Si les aspects sont bons, il assure une bonne ascension sociale grâce aux aptitudes constructives, à l'initiative et à la conscience du but. Cette constellation est surtout favorable aux professions qui sont attribuées à Mars. L'influence de Mars indique ici une forte volonté de faire passer son point de vue, d'où arrivisme, aptitude à agir vite, esprit de décision prompt, polyvalence des impulsions énergétiques. Si les aspects sont moins bons, il y a mort du père ou des disputes avec lui; difficultés professionnelles, pertes d'emploi. Il faut lutter pour conserver les positions acquises. Il y a de mauvaises initiatives dans la vie professionnelle, des conflits et des disputes, des décisions précipitées et des erreurs. Il manque au caractère la force de jugement et la réflexion nécessaires; la nature est arrogante et exigeante et ceci mènera à une vie pleine de luttes et d'inquiétudes.

Mars dans la 11e Maison

Si les aspects sont mauvais, il provoque la surestimation de ses propres forces et capacités, de la méfiance et de la susceptibilité à l'égard des amis. Il y a menace de pertes et de dommages par des amis et connaissances, qui mènent à la débauche, au libertinage. Si les aspects sont bons, Mars donne ici la force de mettre les espoirs et les désirs dans la bonne forme. Beaucoup d'aide et de soutien par des amitiés influentes. Danger lors de naissances.

Mars dans la 12e Maison

Est une constellation dangereuse si Mars se trouve dans de mauvais aspects. Il y a beaucoup d'inquiétudes et de soucis dans la vie, le danger de beaucoup d'inimitiés, de la perte de liberté, le danger de fausses accusations. Si les aspects sont très mauvais, il conditionne des hommes qui sont en marge de la société. Si les aspects sont bons, les personnes concernées se prêtent à des activités qui sont soumises à la 12e Maison, par exemple les travaux dans les hôpitaux, les cliniques, les sanatoriums, les instituts d'éducation, les internats, les institutions de bienfaisance, les services sociaux.

Jupiter dans les signes du zodiaque

Jupiter dans le signe du Bélier

Donne des aptitudes littéraires et juridiques; une nature pleine d'abnégation, serviable, un caractère sincère et lutteur et apprécié par l'entourage. Les amitiés sont très cultivées; il y a un vif intérêt pour le sport. Si les aspects sont mauvais, le caractère est moins équilibré, dépensier, exagéré, impétueux.

Jupiter dans le signe du Taureau

Produit un coeur compatissant pour toute peine, donne un comportement impeccable, rend économe, libéral, mais en gardant toujours la mesure. Si les aspects sont dissonants, le natif est un peu avide des plaisirs de ce monde.

Jupiter dans le signe des Gémeaux

Donne un caractère gentil, aimable qui mérite la pleine confiance de par son honorabilité. Beaucoup d'adoration pour l'autre sexe. Dons d'écrivain, penchant pour l'étude, habileté pour la technique et les mathématiques. Si les aspects sont défavorables, assez imbu de lui-même et querelleur.

Jupiter dans le signe du Cancer

Fait des hommes fiables, doués pour les affaires, avec de bonnes capacités, extraordinairement bons et polis. Imagination éveillée, un peu bavards. Amis de l'autre sexe; penchant pour le luxe et la jouissance. Si les aspects sont défavorables, la santé est atteinte; penchant pour l'ostentation.

Jupiter dans le signe du Lion

Est une des meilleures positions de cette planète. On peut faire pleine confiance à ces gens, ils n'en abuseront jamais. Ils refusent de se soumettre; ils sont énergiques, dirigeants, conscients d'eux-mêmes et magnanimes, aiment les décorations et les titres. Si les aspects sont mauvais, ils sont avides de plaisirs, froids et cruels.

Jupiter dans le signe de la Vierge

Rend prudent, donne le sens de l'analyse, une intelligence critique, qui aime vérifier. La personne n'est pas facilement trompée ou dupée: elle est apte à séparer très vite le faux du vrai et à porter intuitivement un jugement. Il y a un bon talent d'orateur. Si les aspects sont dissonants, les personnes concernées sont extrêmement méfiantes, cyniques, méprisantes, pédantes.

Jupiter dans le signe de la Balance

Donne le goût des arts, de la musique, de la littérature. Donne un caractère sincère, amical, aimable, capable de s'adapter. Le natif se montre gai, content, amusé et heureux. Si les aspects sont mauvais, le caractère devient léger, vaniteux, capricieux, écervelé et superficiel.

Jupiter dans le signe du Scorpion

Donne une nature consciente de soi, agressive, véhémente. Aptitudes constructives, un bon sens pratique. Rend décidé et confiant. Si les aspects sont négatifs, aime exagérément les plaisirs de la table; est négligent, se laisse aller.

Jupiter dans le signe du Sagittaire

Produit un homme juste, aimable, philanthrope. Amateur de plaisirs sportifs, conscient de soi, ambitieux. Le natif se contrôle bien, est intelligent, mais a peu de coeur. Si les aspects sont mauvais, avarice prononcée.

Jupiter dans le signe du Verseau

*JUPITER -EN-
CAPRICORE
?*

Rend optimiste, philanthrope, avec des aptitudes philosophiques. Bon humour, travailleur. Penchant pour des extravagances. Si les aspects sont mauvais, une nature nerveuse, inquiète, qui est incapable d'un travail sérieux.

Jupiter dans le signe des Poissons

Une nature très sensible; des gens bons, aimables. Très talentueux. Compréhension facile, amour de l'art, de la musique, de la littérature, intérêt pour le paranormal. Si les aspects sont mauvais, la volonté est faible, il y a une tendance au vice, à la débauche. De telles personnes deviennent facilement des parasites pour la société.

Jupiter dans les Maisons

Jupiter dans la 1re Maison

On peut caractériser cette constellation comme très favorable pour le sort du natif. Si Jupiter a en outre des aspects positifs, cela indique de bonnes dispositions caractérielles, du talent et des aptitudes. Il a un caractère magnanime, généreux, bienveillant et sociable. La personne est serviable, juste et fiable et dispose d'une grande autorité. Cette position cosmique étend les possibilités d'une vie couronnée de succès, elle indique la possession, la promotion, l'ascension sociale et produit une vraie personnalité. Si les influences sont négatives, la personne concernée penche pour la vantardise, la fanfaronnade, l'ostentation; elle est avide de plaisirs, a une énergie réduite, est en opposition avec la loi, l'autorité.

Jupiter dans la 2e Maison

Si les aspects sont bons, il y a de grands succès financiers, un bien-être général; la pauvreté est exclue. Si les aspects sont négatifs, il y a de mauvaises spéculations, des tendances dépensières, la passion du jeu, des pertes et des difficultés. Même si les influences de Jupiter sont défavorables, le natif ne sera pas sans moyens.

Jupiter dans la 3e Maison

Le tempérament est fondamentalement optimiste, ce qui permet de vaincre tous les obstacles. Il y a succès lors de voyages, par des écrits, la littérature. Il y a un penchant pour les études, des dons d'écrivain. Le natif est apprécié des frères et des soeurs ainsi que de la famille. Si les aspects sont mauvais, c'est le contraire. Attaqué par Saturne: insouciant et indifférent; par Mars: indiscret, précipité, penchant vers l'extravagance.

Jupiter dans la 4e Maison

Indique le succès et la sécurité à l'âge mûr, une vieillesse paisible, sans soucis, dans une situation aisée. En outre, cette constellation indique une bonne situation dans la maison paternelle, l'aide et des promotions par les parents; elle annonce des perspectives de possession propre d'une maison ou d'un terrain. Si Jupiter reçoit de mauvais rayons, la personne devrait quitter prématurément le pays et le lieu de naissance puisqu'elle n'y trouvera pas de succès. Jupiter attaqué provoque de grandes dépenses dans le ménage, qui rendent la relation beaucoup plus difficile.

Jupiter dans la 5e Maison

Si les rayons sont bons, cette constellation apporte la chance, le succès dans les amours, de nombreuses liaisons heureuses et harmonieuses avant le mariage. À cause du caractère optimiste et amoureux de la vie, les contacts avec l'autre sexe sont vite établis. L'attitude vis-à-vis des enfants, du sport et des carrières dans l'enseignement est positive. Si Jupiter reçoit de bons aspects de Pluton, on a de la chance à la loterie et aux autres jeux. Si les influences sont moins favorables à l'égard de Jupiter, la personne concernée sera avide de plaisirs, même dépensière, hostile à tout travail constructif; elle n'aura pas de chance en amour, pas de gain au jeu.

Jupiter dans la 6e Maison

Si les aspects sont favorables, cette constellation indique une bonne santé. Le travail quotidien et aussi l'activité dans une profession libérale seront promus. La personne fait preuve d'un bon talent d'organisateur, d'ardeur à l'apprentissage, d'ambition; comme employé, on pourra s'attendre à des succès significatifs. Si les aspects sont mauvais, il y aura des possibilités de maladies du foie, de l'estomac, de pleurésie. Cette personne sera dominée par une ambition exagérée, l'insouciance, une tendance à la critique superficielle.

Jupiter dans la 7e Maison

Mène à un mariage heureux et harmonieux. Le conjoint est magnanime, compatissant, gentil et confiant. La fortune peut augmenter. Il y a des avantages en rapport avec des participations. Les gens nés sous cette constellation planétaire jouissent d'une grande faveur, peuvent être populaires. Il y a un penchant marqué pour l'action publique. Si les aspects sont mauvais, on peut observer des mauvaises spéculations, des ennuis judiciaires, des échecs sportifs et politiques, des retards ou même absence de mariage, un conjoint indifférent qui ne s'attache pas aux intérêts communs. Il peut y avoir des pertes par des procès ou par une trop grande crédulité.

Jupiter dans la 8e Maison

Avantage financier par mariage ou héritage. Vieillesse, plaisir de vivre. Si les aspects sont négatifs, danger de mort par maladies de la vésicule biliaire ou du foie. Lutte impitoyable pour la possession ou la jouissance, point de vue matérialiste, surestimation de soi; vie instinctive exagérée.

Jupiter dans la 9e Maison

Grande sincérité, bonté, tolérance; lutte pour un développement éthique. Optimisme. Ascension à un poste élevé dans l'État, l'Église, les sciences, la politique. Il y a un intérêt pour le droit, la médecine. Jupiter, dans cette constellation, indique de longs voyages couronnés de succès, la chance à l'étranger; il y a la possibilité que la personne concernée reste un plus longtemps à l'étranger. Si les aspects sont défavorables, il y a une tendance au gaspillage et à la spéculation. Danger lors de voyages et à l'étranger, difficultés avec les autorités judiciaires.

Jupiter dans la 10e Maison

Une constellation très heureuse de Jupiter. Si les aspects sont bons, cette planète indique la reconnaissance professionnelle, la considération et le succès, l'ascension à des fonctions et des postes élevés. Le natif émerge de sa sphère; le public le remarque et en prend note. C'est surtout après la quarantaine qu'il y aura de bonnes possibilités professionnelles, l'accès aux couches sociales élevées, une libération et une extension de la situation et de l'existence. Si Jupiter est en outre bien influencé par le Soleil ou la Lune, il s'ensuivra un succès extraordinaire, une grande popularité, la richesse. Si les aspects sont mauvais, il y a hypocrisie, méfiance, égoïsme. Le caractère n'est plus fiable, amène des revers professionnels. La capacité de faire passer son point de vue fait défaut; il y a menace pour l'existence. L'insécurité personnelle rend mécontent, provoque des conflits, mène à une attitude irréaliste.

Jupiter dans la 11e Maison

Donne un caractère sociable, des amis influents, puissants, qui contribuent à la réalisation des désirs et des espérances. Collaboration ou association avec des gens d'un rang social plus élevé. Tendance à vouloir accéder à des cercles distingués; les plans ambitieux se réaliseront. Pour le natif masculin, un mariage heureux. Défavorablement influencé par de mauvais aspects, ce sera le contraire; entêtement et indécision forment le caractère.

Jupiter dans la 12e Maison

Donne une grande attirance personnelle, du succès dans les occupations qui exigent un certain isolement. La vieillesse est paisible, empreinte de méditation calme. Il y a bonhomie, satisfaction dans des conditions modestes, amour pour la solitude et pour les plaisirs tranquilles. Mauvais aspects, il y a possibilité d'être influençable, indifférent; des ennemis cachés causeront des soucis à la personne influencée.

Saturne dans les signes du zodiaque

Saturne dans le signe du Bélier

Donne le talent d'organisateur, l'ambition, la diplomatie, l'endurance et l'opiniâtreté, mais aussi une tendance à la mélancolie et à la solitude. Trop de sévérité à l'égard des autres. Avec de mauvais rayonnements, Saturne indique le despotisme, l'entêtement, l'indocilité et rend bouillant, fourbe, individualiste.

Saturne dans le signe du Taureau

Produit une grande force de volonté, de l'endurance, une énergie permanente, de la constance et de l'opiniâtreté, de la méthode et de la parcimonie, de la coriacité, un goût de la possession. De mauvais aspects apportent une âme vile, un comportement rustre et emporté, de l'égoïsme; des inhibitions freinent l'avancement.

Saturne dans le signe des Gémeaux

Apporte de bonnes capacités mentales, un esprit logique, capable de s'adapter, un grand zèle à l'étude, de la rigueur dans le travail, une prédilection pour les sciences exactes. Occupé par des problèmes ardus. Habileté, endurance, don d'invention et de découverte. De mauvais aspects: il y a une tendance à la vérité partielle, à l'irritabilité, à une adaptation réduite, à la maladresse. Mauvais aspects de Vénus, Mars ou Uranus: perceptions sexuelles anormales.

Saturne dans le signe du Cancer

Dans l'ensemble, une position peu favorable qui ne fait ressortir que très faiblement les bons côtés de Saturne: réserve, vie sentimentale contrôlée, susceptibilité, obstination, amour de l'indépendance, contact plus difficile avec les membres de la famille, soucis et brouilles dans la famille; le natif est très concerné par sa petite personne. Avec de mauvais aspects, il est hypersensible, renfrogné, calculateur, égoïste; conditions de vie modestes ou détériorées à cause de la famille.

Saturne dans le signe du Lion

Endurance, force de volonté, tact, fermeté, discrétion, envie d'entreprendre, dispositions pour atteindre des positions plus élevées, fiabilité, horreur des formalités, diplomatie. De mauvais aspects: il y a peu de penchants pour les amusements, une vie instinctive, inhibée, un caractère dur, froid, jaloux, colérique, rusé.

Saturne dans le signe de la Vierge

Produit un esprit critique, analytique, un sens profond, scientifique. Soin, précision, correction, sérieux, rigueur, discrétion sont typiques de même qu'une grande prudence pour toutes les entreprises; il y a un penchant pour la pédanterie. Avec de mauvais aspects, il y a morosité, mélancolie, réserve, méfiance, individualisme.

Saturne dans le signe de la Balance

Une vie intérieure très développé, raffinée, un intellect vif, ingénieux; une avidité de savoir, une forte conscience du devoir, de la rigueur, de la fiabilité. De mauvais aspects: il y a tendance au gaspillage, inhibitions pour la vie en société, mécontentement; caractère belliqueux.

Saturne dans le signe du Scorpion

Il y a association ici de l'aspect enflammé de Mars avec la retenue de Saturne; cela donne une énergie liée à l'endurance, la force de volonté, un bon sens de l'acquisition, de l'ambition, de la clairvoyance et de la prudence. Capacités excellentes sur le plan de la technique et de la mécanique. Dans les jeunes années, la santé est un peu menacée; il y a également des dangers dans des opérations, des accidents. De mauvais aspects: fortes passions et une grande sensualité.

Saturne dans le signe du Sagittaire

Prédispositions philosophiques; religieux, constructif, honnête, fiable, philanthrope, idéaliste, indépendant en pensées, libre de préjugés. Sérieux dans tous les efforts, libre de mobiles intéressés; grand sens de la justice, prédispositions juridiques. Il y a un vif intérêt pour le sport et un désir d'exercer deux professions à la fois. De mauvais aspects: le natif est sarcastique, manque de sincérité, est cynique; il désire occuper un poste public pour l'exploiter à des fins personnelles.

241

Saturne dans le signe du Capricorne

Honnêteté à toute épreuve, une volonté forte, endurante, une individualité bien formée avec une grande domination de soi et autorité, conservatisme et opiniâtreté. Limitation de soi, concentration, zèle, parcimonie, diplomatie; avancement lent mais certain. Si les aspects sont moins bons, il y a partialité, obstination, méfiance, mélancolie; le natif est renfermé et taciturne, pessimiste, morose, torturé. La situation financière n'est pas toujours brillante; il y a également une tendance aux maladies chroniques. Il y a souvent un dégoût pour le mariage; en amitié et en amour, la personne manifeste un fort mauvais goût.

Saturne dans le signe du Verseau

Rend décidé et persuasif dans l'action et la réflexion, sérieux et réfléchi. On a le succès dans les arts, les sciences et la technique; on aime les contacts sociaux et on est fidèle en amitié. Il y a un lien harmonieux entre la planification et la réalisation, entre la création sur le plan des idées et celle sur le plan pratique. Les gens avec cette constellation ont un penchant pour les études, la recherche et les observations scientifiques et développent la rigueur et le sens du devoir. La personne concernée est fiable comme partenaire. La situation financière est bonne. Elle aime participer à des organisations d'intérêt public et ne ménage pas ses efforts sur le plan social. En amour et dans le mariage, les liens sont harmonieux et durables; il y a fidélité et affection. De mauvais aspects: attentes exagérées qui vont de pair avec des déceptions consécutives; ruse, infidélité et malice.

Saturne dans le signe des Poissons

Une position peu favorable pour cette planète qui apporte beaucoup de soucis et de restrictions. Le caractère manque de la fermeté nécessaire, de la confiance et de l'appui sur ses propres forces et aptitudes. Il est vrai aussi qu'il y a une certaine modestie et retenue; mais la prudence exagérée endigue par contre la force créatrice. On observe de l'angoisse, de l'isolement, des dépressions, une lutte avec l'environnement. Les liaisons amoureuses et le mariage débutent dans le romantisme mais se terminent dans le malheur ou même tragiquement.

Saturne dans les Maisons

Saturne dans la 1re Maison

Rend conscient du but, patient, pratique, travailleur, ambitieux, consciencieux et prudent. Tout aspect superficiel est réprimé. Les objectifs fixés seront poursuivis de manière infatigable jusqu'à ce qu'ils soient atteints. Saturne produit des natures sérieuses, procure un grand soin, une conscience du devoir, l'amour de la justice, de bonnes aptitudes mentales et une prédilection pour les sciences comme la géographie, la géologie, la géométrie, l'agriculture, l'archéologie. Ceux qui sont influencés par Saturne ne prennent rien à la légère; il faut travailler et lutter pour conquérir tout succès. Il manque une certaine magnanimité et un certain optimisme face à la vie. L'influence de Saturne donne une certaine volonté d'acquérir et la propriété ainsi que l'argent sont pris fort au sérieux. Les gens de cette constellation cosmique sont des épargnants-nés; leur but consiste à se mettre économiquement à l'abri et à mener un train de vie stable et budgété. Les personnes avec un Saturne bien disposé dans la première Maison ne parviendront à la sécurité matérielle qu'à un âge avancé. De mauvais aspects: il faut s'attendre à une lutte existentielle dure, la pauvreté, des privations, des restrictions et à une vie pénible. Il y a beaucoup de soucis, de crises, de changements professionnels, d'obstacles dans l'avancement ainsi que des maladies sérieuses.

Saturne dans la 2e Maison

Si Saturne reçoit des rayonnements favorables, cela indique un bon instinct d'acquisition, le sens de l'économie et l'esprit méthodique, des gains financiers par un travail constant et dur. On ne reçoit pas de cadeaux, tout doit être acquis par le travail. Si Saturne reçoit de bons rayons de Jupiter, on peut s'attendre à des succès financiers substantiels. Les activités favorables sont les entreprises sur le plan de l'agriculture, tout ce qui touche à la construction, les immeubles, les mines, les minéraux, les couleurs, le cuir, la poterie, le textile. Il faut s'attendre également à des profits matériels en rapport avec les syndicats, l'industrie forestière, la chimie, les grands magasins, la politique économique et la politique régionale ainsi que par les antiquités. Si les aspects sont mauvais, il y a des problèmes pour l'acquisition de l'argent; des inhibitions rendent l'avancement plus difficile.

243

Saturne dans la 3e Maison

Donne une bonne faculté de concentration, un esprit sincère, une réflexion profonde, une attitude sérieuse et une grande conscience du devoir, de l'endurance et une bonne méthode. On peut observer de la rigueur au travail, un esprit logique, une attitude compréhensive à l'égard du sérieux de la vie, des choses et des gens. De mauvais aspects: Il y a une tendance à se procurer des avantages par des moyens malhonnêtes: ruse et malice exagérées. Si le rayonnement de Jupiter est mauvais: hypocrisie; si celui de Mars est mauvais: infidélité, fausseté, passion, nature exacerbée; Vénus: mauvaise orientation des goûts; Mercure: tendance au mensonge, à la tromperie, au vol, à la malhonnêteté. De mauvais aspects du Soleil ou de la Lune affaiblissent l'esprit. Il y a également des brouilles avec des frères et soeurs et des membres de la famille. Des écrits provoquent des obstacles et des difficultés; des activités littéraires échouent. La santé est mise en danger par des voyages par terre et par mer, des influences climatiques ou des travaux pénibles.

Saturne dans la 4e Maison

Cette constellation produit une forte volonté d'acquisition et provoque le succès à un âge déjà plus avancé; elle donne la propriété foncière ou immobilière à l'âge mûr. De mauvais aspects, surtout par le Soleil, entraînent la mort prématurée d'un des parents, des situations familiales désagréables, la dispute chez soi, une perte de la propriété et une fin de vie dans des circonstances défavorables, dans la pauvreté. Il arrive souvent que ces personnes soient liées par des circonstances qui entravent leurs possibilités d'épanouissement. Le lieu de naissance peut également être défavorable.

Saturne dans la 5e Maison

Est défavorable pour des affaires amoureuses précoces et mène à cause d'elles à beaucoup de chagrin et de déceptions. Disputes, malheurs, pertes par spéculations. Saturne a un effet inhibiteur et problématique pour toutes les affaires amoureuses; on observe de la timidité, une prudence exagérée, peu d'intérêt pour les divertissements; les passions sont freinées. La mort d'une personne aimée peut survenir. On peut également s'attendre à un nombre d'enfants restreint. Si les aspects de Mars ou de Vénus sont dissonants, la personne concernée n'éprouve pas beaucoup de sentiments et a un penchant pour des actions non naturelles. En tout cas, la vie instinctive est inhibée. Si les aspects sont bons, le caractère est porté vers la constance et la fidélité, la simplicité et la fiabilité. Le natif peut s'attendre à des succès sur le plan pédagogique, dans l'enseignement, l'agriculture, l'architecture, la géologie, mais également dans des entreprises qui ont trait aux divertissements, aux paris et loteries et autres choses semblables.

Saturne dans la 6e Maison

Donne les aptitudes à être un supérieur; zèle, sérieux, calme et tranquillité, soin et correction. Pour la santé, cette position de Saturne est par contre moins favorable. Les personnes influencées ont une tendance à multiplier les maladies, les prédispositions maladives et une faiblesse générale. C'est surtout pour des aspects dissonants de la Lune et du Soleil que les personnes concernées ont tendance à avoir des maladies chroniques, des refroidissements, la goutte, des rhumatismes; mais également les bronches, les poumons, l'estomac et l'intestin, la vessie et le coeur peuvent être affectés. En général, Saturne indique, lorsqu'il est dans cette partie de l'horoscope, un dur combat pour l'existence; les natifs ne trouveront que très difficilement une position sûre.

Saturne dans la 7e Maison

Ce n'est que si Saturne est bien disposé que le mariage sera heureux et que le partenaire sera fidèle, intelligent, économe avec un sens des responsabilités prononcé et un attachement constant; il y a des retards et des obstacles pour contracter mariage. La cohabitation se basera moins sur un amour passionnel que sur une bonne camaraderie et sur la confiance. Si les aspects sont mauvais, il faudra s'attendre à un partenaire froid, égoïste, indifférent avec lequel il y aura bien des divergences et des conflits. La vie commune sera rendue difficile; il y a des problèmes et de la résignation; il peut également y avoir un divorce ou la mort inopinée du partenaire. Il n'y a succès dans la vie publique que si les aspects sont très bons; si les influences sont négatives, il y a des procès, des problèmes avec des partenaires, des échecs dans la vie publique.

Saturne dans la 8e Maison

Bien influencé par de bons aspects, surtout pour le signe de la Balance, du Capricorne et du Verseau: gain par mariage ou héritage, une longue vie, fraîcheur corporelle et spirituelle jusqu'à un âge avancé. Des aspects dissonants entraînent une détérioration de la situation financière après le mariage, souvent une liaison illégitime, des maladies chroniques ou des accidents. L'espérance de vie ne devrait pas être très grande.

Saturne dans la 9e Maison

Donne de l'intérêt pour la philosophie, le droit; produit de grands penseurs, des caractères sérieux, réfléchis. Les pensées créatrices et le sens de la justice sont fort développés. Des gens avec cette position de Saturne peuvent être séparés de leur lieu d'origine; il y a une tendance à l'émigration. S'il y a de mauvais aspects, l'indifférence prédomine contre toute pensée élevée, idéale ainsi qu'une vision étriquée, de la méfiance et du pessimisme. Il y a la menace de longs voyages d'affaires à l'étranger à cause de procès.

Saturne dans la 10e Maison

C'est une constellation cosmique très significative. Elle donne une grande confiance en soi, de l'ambition, du zèle et de l'endurance au plus haut point. Par ce moyen, la personne fait une carrière importante et connaît une ascension à des postes dirigeants. Mais les succès ne seront durables qu'après de dures luttes et un difficile travail. Certaines périodes de la vie sont peu sûres. Même si, par moments, la personne atteint une grande célébrité à cause de cette constellation, il planera une certaine fatalité au-dessus d'elle. Surtout si les aspects sont mauvais, il peut y avoir une lourde chute après une grande ascension, car il y aura surestimation des forces. Se succèdent alors un manque d'occasions, une lutte difficile pour l'existence, le désespoir, des obstacles à l'avancement. Pour celui qui est dominé par Saturne, il n'y a pas de cadeau; tout doit être acquis au prix d'un effort pénible. Il y a déjà des tendances inhibitrices pendant la jeunesse, dans la maison paternelle. Il manque un certain entrain. Beaucoup de personnalités célèbres de l'histoire qui avaient cette constellation connurent une ascension fulgurante suivie d'une chute profonde; que l'on songe à Napoléon 1er, Hitler, Göring, Himmler, Raspoutine.

Saturne dans la 11e Maison

Ne permet que peu d'amis véritablement fidèles et fiables; ceux-ci seront souvent plus âgés. Si Saturne est mal influencé, surtout par le Soleil, la Lune ou Mars, c'est un avertissement de chercher des amis plus âgés que la personne influencée. Dans le signe du Bélier, de la Balance, du Cancer, du Capricorne, lourdes pertes à cause d'amis et de connaissances; dans le signe du Taureau, du Scorpion, de Lion, du Verseau, obstacles et retards nombreux dans la vie, surtout dans la première moitié; dans le signe des Gémeaux, de la Vierge, du Sagittaire, des Poissons, beaucoup d'obstacles dans la vie professionnelle.

Saturne dans la 12e Maison

Ce n'est que si les aspects sont très bons que Saturne apporte par un grand zèle et une grande économie la victoire sur toutes les difficultés et obstacles. Cette constellation provoque l'amour de la solitude, la mélancolie. Si les aspects avec Mars sont mauvais, il y a la menace d'une fin tragique; avec Uranus, perte de l'honneur, inimitiés; avec le Soleil ou la Lune, peine et tristesse par la perte d'une personne aimée, tendance aux maladies nerveuses et à l'hypocondrie. L'influence de Saturne dans cette Maison crée le danger d'avoir beaucoup d'ennemis cachés et de facteurs inhibiteurs; des tendances criminelles et leurs conséquences, la séparation volontaire ou involontaire, l'emprisonnement, des procès criminels, des difficultés et privations, un danger de longues maladies, de maladies ignorées.

Uranus dans les signes du zodiaque

Uranus dans le signe du Bélier

Donne une grande force spirituelle, une grande impulsivité, un esprit qui va de l'avant, en recherche, à qui il ne manquera aucun moyen, un grand désir d'indépendance et de liberté mais également un manque de tact et de retenue; c'est pourquoi il y a souvent des actions choquantes et blessantes sans que ce ne soit voulu. Il y a une énergie inhabituelle avec mise en oeuvre foudroyante, un don de compréhension rapide, des visées réformatrices.

Uranus dans le signe du Taureau

Donne une forte intuition, un esprit de décision rapide, une endurance coriace, un maintien ferme de l'opinion une fois acquise ou du but fixé. Les passions sont fortes. Il y a un sens artistique original. Dans la vie active, le natif est ingénieux, parvient à trouver des sources d'argent inhabituelles. De mauvais aspects: la personne influencée est méfiante, jalouse; elle aime la spéculation et aime miser le tout sur la même carte.

Uranus dans le signe des Gémeaux

Rend original, intuitif, scientifique avec un intérêt particulier pour les sciences exactes, ingénieux; prédilection pour des occupations non habituelles, par exemple pour l'occultisme. Cette constellation donne une compréhension rapide, de la circonspection, de l'organisation, un tempérament capricieux. De mauvais aspects: la personne concernée est excentrique, étrange, non appréciée par son entourage.

Uranus dans le signe du Cancer

Sensible, facilement excitable, impatient, impressionnable. Changement rapide d'idée, désir de voyager, nostalgie des contrées lointaines. De mauvais aspects: désir de résoudre les problèmes par le foyer ou la maison paternelle, insubordination.

Uranus dans le signe du Lion

Très décidé, conscient de soi-même; désir immense de liberté et d'indépendance, résistance contre tout ce qui est conventionnel, fort dans l'amour et l'attachement ainsi que dans l'antipathie. Désir d'entreprendre, témérité, penchant pour les spéculations. Peu fiable en amour; désir d'aventures, libertinage.

Uranus dans le signe de la Vierge

Un esprit fin, perçant, original avec un intérêt pour la science et la technique. Sens des affaires développé, perception fort intuitive, ambition non assouvie par moments. De mauvais aspects: tendance à broyer du noir, à faire des critiques inadéquates, à être franc sans prendre des égards et à être mécontent de soi-même.

Uranus dans le signe de la Balance

Don de compréhension rapide, imagination fertile, aptitudes littéraires et artistiques inhabituelles. Cette nature exerce une grande force d'attraction. Inspiration, capacité de bonne compréhension de toutes les situations. Désir de faire passer des réformes en public. De mauvais aspects; une trop grande impulsivité et ténacité, vues très personnelles sur le mariage, manque d'adaptation, irritabilité.

Uranus dans le signe du Scorpion

Endurance, patience, grande détermination, volonté forte qui ne s'éloigne pas facilement des projets conçus. Un esprit perspicace, intrépide qui comprend rapidement chaque problème et qui aborde avec sérieux toute tâche qui s'impose. Don scientifique, habileté constructive, amour de l'occultisme. Si les aspects sont moins favorables, il y a une nature rebelle, agressive, qui se met soi-même ainsi que les autres en danger à cause de sa brutalité.

Uranus dans le signe du Sagittaire

Imagination fertile, intuition, désir d'un bon développement éthique, grande imagination, ingéniosité. De mauvais aspects: il y a une certaine obsession avec idées bizarres, une lutte contre la tradition et la convention, une opposition à la religion et à la loi; mentalité excentrique, illogique, troublée.

Uranus dans le signe du Capricorne

Sentiment des responsabilités marqué, cherche de nouvelles voies et de nouveaux moyens dans les relations commerciales, ambition, désir d'entreprendre, endurance. Il y a une tendance à aller vers le public, à devenir fonctionnaire; la personne recherche la responsabilité et l'autorité. On trouve ici l'inflexibilité, des aptitudes et de l'intérêt pour la technique. Si les aspects sont négatifs, la personne influencée a un fort désir de domination et de destruction, elle est entêtée; il y a des divergences de vues avec les parents, des difficultés professionnelles.

Uranus dans le signe du Verseau

Renforce considérablement l'intuition et l'originalité; rend indépendant dans les sentiments, les pensées et les actions. Il faut mentionner des aptitudes constructives, une capacité de compréhension rapide, une bonne mémoire, de grandes aptitudes spirituelles, le bonheur dans le travail d'équipe. De mauvais aspects: les idées manquent de clarté, de logique, de buts malgré toute la bonne volonté.

Uranus dans le signe des Poissons

Amour pour les sciences occultes, fort penchant pour la mystique, intense vie imaginaire, visées étranges, forces inconscientes. De mauvais aspects: il y a un manque de sens social; le natif est un esprit superficiel, inconstant. Penchant pour les mystères, sentiment de ne pas être compris, exaltation. Morale faible avec force de résistance peu importante.

Uranus dans les Maisons

Uranus dans la 1re Maison

Attitude bizarre, penchants spéciaux, comportement difficilement compréhensible; fort désir d'indépendance, résistance contre tout ce qui est conventionnel, traditionnel. Grande force spirituelle, désir de réformes; compréhension rapide, lutte fanatique contre des idées. Si les aspects sont dissonants, il y a inconstance dans les sentiments et les idées, excentricité, entêtement et obstination; la personne s'oriente vers des extrêmes dangereux, des actions déraisonnables, un zèle aveugle, la brutalité. Il y a danger pour la santé par accident, blessure, opération. Sur le plan sexuel, il y a un penchant pour l'amour libre, pour le mariage de raison, les relations anormales.

Uranus dans la 2e Maison

Apporte des situations financières fort changeantes, beaucoup de hauts et de bas à cet égard: des pertes soudaines alternent avec un subit afflux d'argent et de biens. Il y a des gains avec des antiquités, de vieux objets spéciaux, des occupations sur un plan spirituel et occulte, littéraire, musical, technique, dans le show-business, le film, la télévision. Si les influences sont moins bonnes, il y a une situation financière incertaine et précaire. Il y a un désir de spéculation; on aime tout miser sur la même carte. La précipitation amène des échecs, des crises, des faillites, des revers de fortune difficilement surmontables.

Uranus dans la 3e Maison

Produit un esprit original, ingénieux, riche en idées, qui préfère toutes les études qui requièrent une recherche profonde. Grand amour pour les sciences mystérieuses; penchant pour les idées altruistes, les nouvelles réformes. Si l'aspect à Mercure est bon, le natif est un bon orateur; à Vénus, c'est un bon musicien ou un bon comédien. On observe également une certaine inconstance, une bonne compréhension, de la circonspection, un talent d'organisateur et des activités scientifiques. Si les aspects sont mauvais, il y a des plans embrouillés, excentriques, des pensées floues, un caractère changeant. Il y a des rapports bizarres avec la famille, des voyages inattendus, improvisés. La nature est inquiète et dispersée.

Uranus dans la 4e Maison

Une position très défavorable pour cette planète. Elle donne une vie mouvementée, singulière, la malchance au lieu de naissance, à la maison paternelle, beaucoup de problèmes qui ont leur origine dans la maison paternelle, souvent une profession ratée. Les gens avec cette position d'Uranus feraient bien de quitter le plus rapidement possible leur lieu de naissance. Si Uranus est mal disposé, ces gens ne trouveront pas non plus leur bonheur et leur tranquillité dans leur propre maison; ils feraient mieux de ne pas se marier. Si les aspects sont mauvais par le Soleil ou la Lune, il y a danger d'une maladie cérébrale, d'une mort subite; par Mercure, troubles du système nerveux; par Mars, danger d'un acte violent à la fin de la vie. Le natif connaît rarement un domicile fixe; il y a beaucoup de changements de domicile dans la vie. Il y a également un rapide changement d'idées, le désir de voyager, la nostalgie des contrées lointaines et le besoin d'avoir des relations avec des personnes spéciales et étranges.

Uranus dans la 5e Maison

Penchants pour les affaires amoureuses secrètes et romantiques, qui sont en contradiction avec les lois et les opinions en vigueur. C'est une position qui indique une forte sensualité chez les femmes. Si les aspects avec le Soleil et la Lune sont bons, les affaires amoureuses ont un caractère idéal; si les aspects sont mauvais avec Vénus, il y a une tendance à la perversion. En outre, il y a danger de pertes par le jeu et les spéculations. En général, il n'y a pas d'enfants ou beaucoup de peines et de soucis par les enfants. La personne influencée est excitée par tout ce qui est interdit et qui va à l'encontre des us et coutumes.

Uranus dans la 6e Maison

Rend nerveux, surexcité, conduit en règle générale à des troubles du système nerveux. Si la position est mauvaise, il y a danger de maladie mentale. Le natif est de nature brusque, cassante et est peu aimé de son entourage. La santé est changeante. Il y a des maladies inhabituelles qui sont liées au système nerveux et au métabolisme. C'est une position malheureuse pour les professions dépendantes. Par des critiques mal placées et une franchise sans tact, il y a des conflits et des brouilles.

Uranus dans la 7e Maison

Même si la position est bonne, Uranus exerce une influence défavorable sur toutes les affaires de cette maison. Conduit à des liaisons irréfléchies, établies de façon impulsive et précipitée, à un mariage prématuré suivi rapidement de l'éloignement et de la séparation. À cause de leur nature indépendante, les gens avec cette position d'Uranus ne se sentent pas bien dans le mariage; pour eux, il est une prison. À la longue, ils ne peuvent bien vivre avec quelqu'un que s'il s'agit de camaraderie plutôt que d'un amour conjugal. Si Uranus reçoit de mauvais rayons dans cette Maison, cela indique l'éloignement dans le mariage, la séparation et le divorce.

Uranus dans la 8e Maison

Si les aspects sont bons, apporte des gains imprévus par le mariage, l'héritage; mal disposé, pertes financières dans le mariage, pertes subites par le conjoint, pertes par héritages. Uranus est le signe d'ennuis de santé subits qui sont liés à un grand danger de mort; il y a également possibilité d'accidents, de mort subite. Il y a un grand intérêt pour les sciences occultes.

Uranus dans la 9e Maison

Donne un caractère indépendant avec une forte intuition et la volonté de servir le développement moral de l'humanité. Progressiste, ingénieux, entreprenant. Il y a des visées de réformes philosophiques, des objectifs élevés. Si Uranus est sous de bons aspects avec le Soleil ou la Lune, il faut s'attendre à des voyages lointains favorables et des changements de lieu. Si les aspects sont mauvais, il y a une vision matérialiste de la vie, l'infortune à l'étranger, un danger d'accident lors de longs voyages, des difficultés dans des affaires judiciaires.

Uranus dans la 10e Maison

Indique un caractère qui va son propre chemin, qui ne regarde pas à gauche ou à droite, qui se soucie peu de l'avis d'autrui; il y a une vie très changeante, très animée avec beaucoup de hauts et de bas. Si les aspects sont bons, les gens sont capables d'avancer dans la vie malgré les obstacles et les résistances; ils parviennent à la considération et sont souvent des pionniers. Il y a une énergie concentrée; la personne se fixe des objectifs extraordinaires qui sont poursuivis avec zèle et ambition; elle fait preuve d'intransigeance, d'aptitudes techniques, de talent d'inventeur. Les gens avec cette position d'Uranus sont attirés par l'inhabituel, l'original. Cette constellation cosmique a un effet remarquable: le destin n'aura pas une trajectoire uniforme; il y a toujours des tournants inattendus dans la vie. Des événements surgissent, qui ont une influence étonnante dans la vie. Ces "hasards" ont été produits par le caractère d'Uranus. Beaucoup de grands esprits avaient cette constellation planétaire, par exemple Karl Marx, Lénine, Albert Einstein, Friedrich Nietzsche, Alexandre le Grand, Pie XII, Eleonora Duse, Benito Mussolini. Un bon Uranus dans la 10e Maison apporte le succès comme inventeur, technicien, ingénieur, chercheur, psychanalyste, médecin, industriel. Le film et la télévision sont également soumis à l'influence d'Uranus. Dans le cas de mauvais aspects, il n'y a, malgré tous les efforts, que peu de succès et une vie ratée; des conflits, des disputes, des changements professionnels à cause d'une pulsion intérieure de s'opposer aux vues et aux lois prédominantes.

Uranus dans la 11e Maison

Si les aspects sont mauvais, le natif est trompé et exploité sous le prétexte de l'amitié. Les amis sont instables, exaltés et non fiables. Il y a des contacts précipités, des liaisons bizarres qui se terminent la plupart du temps par une séparation et des affaires amoureuses romantiques, peu banales. De bons aspects apportent beaucoup d'aide par les amis; les espoirs et les souhaits sont comblés par eux.

Uranus dans la 12e Maison

De bons aspects indiquent le succès en rapport avec les hôpitaux, les sanatoriums, les prisons, les instituts d'éducation, les institutions, les internats, les services sociaux. Si les aspects sont mauvais, il y a une grande lutte dans la vie contre les inimitiés cachées, l'éloignement du foyer et de la patrie, les restrictions, les limitations, le danger de privation de la liberté.

Neptune dans les signes du zodiaque

Neptune dans le signe du Bélier

Indique un esprit abstrait, lucide mais également rêveur et porté vers la poésie; donne de l'idéalisme et, par moments, une imagination contrôlée, de la richesse d'idées, rend coopératif. Si les aspects sont moins bons, on peut observer les mêmes qualités mais également une certaine sensibilité excessive, de l'angoisse, un manque de buts et un esprit indécis.

Neptune dans le signe du Taureau

Bienveillant, sociable; un penchant pour l'art, la musique, la peinture, le spectacle, tout ce qui est beau, pour un art de vivre raffiné. La mentalité est très impressionnable. Il y a un bon goût, un talent créateur, un sens des formes, du tact. Si les aspects sont mauvais, il y a également une prédisposition artistique mais aussi un manque d'endurance, une tendance à chercher ses aises, une certaine insouciance. Penchant pour les drogues.

Neptune dans le signe des Gémeaux

Bonnes aptitudes spirituelles, imagination extraordinaire, inspiration, amour de la nature, aspirations mystiques, esprit ingénieux. La personne concernée est diplomate, éloquente et éveillée mais, par moments aussi, capricieuse et contrariée. Dans les mauvais aspects, il y a un manque de capacité de concentration, une imagination en désordre, un manque de clarté, un penchant pour la tromperie, la fourberie et l'escroquerie.

Neptune dans le signe du Cancer

Rend gentil, miséricordieux et compatissant, très habile sur le plan spirituel. Cette constellation se retrouve souvent chez les personnes douées sur le plan psychométrique. Les états d'âme changent souvent. Si les aspects avec la Lune ou Mercure sont bons, on observe une bonne mémoire. Si les aspects sont mauvais, il y a un penchant pour l'alcoolisme ou pour les calmants. On observe également une certaine morosité, un manque de ligne de conduite, une sensibilité exagérée; il y a des déceptions sur le plan psychologique.

Neptune dans le signe du Lion

Fidèle et attaché dans toutes les affaires de coeur, magnanime, sympathique; bonne compréhension pour la nature et le caractère des autres. Nature romantique qui dispose d'une grande capacité de planifier et d'une grande envie d'entreprendre. Amour de la beauté et de l'art, mais aussi du jeu et de la spéculation. Si les aspects sont mauvais, peu fiable, exagérément sensible, avec une grande importance attachée aux sentiments, manque d'énergie, penchant pour le gaspillage; passions mal canalisées.

Neptune dans le signe de la Vierge

Penchant pour le mysticisme; profonde compassion et sens humain. Prédispositions artistiques, mais aussi intérêt pour l'art de guérir, la médecine et les forces magnétiques de guérison; esprit pratique. Dans l'action, les personnes influencées se montrent méthodiques et ont une grande facilité d'adaptation et de planification.

Neptune dans le signe de la Balance

Aptitudes artistiques, vie intérieure très raffinée, perception de l'amour empreinte de délicatesse; idéaux élevés; goût raffiné; nature gaie, joyeuse et amusée. Si les aspects sont mauvais, avide de divertissements, très sensuel, extravagant; difficile à traiter.

Neptune dans le signe du Scorpion

Donne force et enthousiasme, une perception instinctive des bonnes occasions. Un caractère orgueilleux, énergique, décidé et ambitieux. De mauvais aspects; passions, faiblesse de la volonté, dépressions, égarements, souffrances psychiques.

Neptune dans le signe du Sagittaire

Sens de l'admiration, grande imagination, harmonie, esprit d'abnégation, fiabilité; envie de voyager dans des pays lointains. Imagination très vive avec des représentations extraordinaires. On observe une aspiration à une compréhension élevée, une foi dans un ordre mondial juste. De mauvais aspects: peureux, facilement effrayé, oppressé par des dangers imaginaires. Le natif agit avec des moyens peu recommendables, est menteur et vit d'illusions par manque de critique.

Neptune dans le signe du Capricorne

Sérieux, pondéré, concentré, va au fond des choses, scrupuleux, zélé, soigneux. De mauvais aspects: grand égoïsme, intelligent et rusé, négligent; par moments, emprunte des chemins tortueux, se fie à des notions fausses.

Neptune dans le signe du Verseau

Idéalisme, compassion, amour des hommes, prédispositions d'un grand esprit, indépendance dans la réflexion, force d'attraction bizarre, vues larges, richesse d'idées; penchant pour les réformes, versatilité mentale. De mauvais aspects; les mêmes capacités mais manque d'énergie; grande influençabilité, entêtement, allant à l'encontre des coutumes courantes; désir de renverser quelque chose.

Neptune dans le signe des Poissons

Nature sympathique, tolérante et réservée, ayant un penchant pour la rêverie, le mysticisme et l'art; amour de l'exceptionnel. Esprit sensible, romantique, plein d'abnégation. Si les aspects sont mauvais: traître, excentrique, sensible avec une volonté faible, mystérieux, extraordinaire. Penchant pour les drogues.

Neptune dans les Maisons

Neptune dans la 1re Maison

Si les aspects sont bons, sens artistique, génie. Finesse psychique, grande richesse de perception, fort penchant pour le mysticisme. La personne influencée est très sensible, romantique, rêveuse, compatissante. Les désirs et l'imaginaire sont fortement relevés. On peut observer des aptitudes intuitives et des dispositions de médium; inspirations. Dans de mauvais aspects: la possibilité de réagir aux hautes vibrations de la planète n'est pas présente à cause d'un caractère capricieux, sans but et faible qui est soumis à des dépressions nerveuses et à des représentations fausses et qui a une tendance à l'alcoolisme, à la prise de calmants et au dérangement mental. Beaucoup d'artistes ont cette constellation de Neptune, qui n'est pas toujours heureuse, et qui, au contraire, représente une tare.

Neptune dans la 2e Maison

Produit la tendance à rechercher une aisance financière par des occupations extraordinaires. Le natif peut s'enrichir par des activités en rapport avec des liquides, l'alcool, le commerce des boissons, les activités artistiques, le film, la télévision, le théâtre, la police criminelle. C'est surtout dans les aspects harmonieux avec le Soleil que l'on peut s'attendre à de plus grands succès financiers. Mais également l'astrologie et les zones frontières promettent le succès et le gain. Dans de mauvais aspects, la personne manque d'esprit pratique, est désordonnée et incorrecte en matière financière. Il faut s'attendre à une situation financière incertaine. Il existe également un danger de pertes, d'escroquerie, d'événements mystérieux, de faillite. Tendance à commettre des actions illégales.

Neptune dans la 3e Maison

Exerce une forte influence sur les aptitudes mentales, féconde l'imagination, donne des idéaux élevés, une grande admiration, une perception intuitive, un talent pour les beaux-arts, un intérêt prononcé pour les sciences occultes. Talent pour la poésie et la peinture. Si les aspects sont mauvais, cette constellation produit une intelligence faible; elle rend idéaliste, flou, vague, bête. Goût impur, penchants pervers, troubles mentaux, relations bizarres avec la famille; il faut observer des dangers lors de voyages.

Neptune dans la 4e Maison

Bien disposé, Neptune raffine et spiritualise la vie au foyer et crée une base pour le développement intérieur. Si les aspects sont mauvais, la vieillesse se passera dans le besoin et la misère. Il y a des pertes par tromperie et escroquerie, un destin bizarre à la fin de la vie; les dernières années de la vie, le natif vit très retiré, par exemple à l'hospice ou à l'hôpital. Dans les aspects très dissonants, il y a des influences défavorables de la part de la maison paternelle.

Neptune dans la 5e Maison

Avec de bons aspects, Neptune indique ici des liaisons amoureuses romantiques, tendres et ferventes. Il y a un désir de paix et de calme, un penchant pour les rapports hors du commun. Le natif est attentif, bienfaisant et sensible à l'égard des proches parents. Si les aspects sont mauvais, il y a beaucoup de soucis et de déconvenues en affaires amoureuses; le caractère est empreint d'une grande sensualité, d'extravagance, de perversité. Il y a un grand désir de divertissements sensuels. Neptune avec de mauvais rayons a des effets pernicieux surtout sur un horoscope féminin; il provoque la stérilité, une vie amoureuse inquiète et changeante.

Neptune dans la 6e Maison

Avec de bons aspects, il existe une possibilité de développer les aptitudes mentales; il y a un grand intérêt pour l'art de guérir. Cette constellation est moins favorable pour la santé. Avec des aspects défavorables par Vénus ou Mars, il peut y avoir des problèmes de santé suite à des excès. Le danger de maladie mentale existe également. Dans le rapport avec l'entourage, surtout sur le plan professionnel, on observe des conflits et une collaboration difficile.

Neptune dans la 7e Maison

Il apporte toujours d'étranges rapports dans la vie amoureuse et conjugale. Avec de bons aspects, il indique un mariage avec un partenaire très spirituel et désintéressé qui apportera une relation harmonieuse sur le plan corporel et spirituel. On observe des rapports spéciaux, hors du commun, surtout sur le plan érotique. De mauvais aspects indiquent un mariage malheureux, la tromperie et l'infidélité de la part du partenaire conjugal; celui-ci peut également souffrir d'une maladie nerveuse. La 7e Maison concerne également l'aspect public. Un mauvais Neptune peut provoquer des événements mystérieux, des procès et des inimitiés. Un bon Neptune, avec des rayons harmonieux de Vénus ou de la Lune, indique des succès artistiques en public.

Neptune dans la 8e Maison

Avec de bons aspects, augmentation de la fortune par le mariage ou des héritages; aptitude à pénétrer au fond des choses occultes. Neptune mal disposé apporte un partenaire conjugal indifférent, négligent, des pertes par le mariage, par des successions, des testaments, etc. Danger de mort mystérieuse, de maladies cachées, sournoises, d'une double vie, de disparition.

Neptune dans la 9e Maison

Oriente la réflexion vers des choses extrasensorielles; donne de fortes aptitudes psychiques et une nature impressionnable, méditative, très influençable. La personne concernée s'occupe de théories et de domaines qui sont souvent hors du commun. Avec de mauvais aspects, il y a danger de troubles mentaux, d'hallucinations religieuses, de dangers lors de voyages à l'étranger.

Neptune dans la 10e Maison

Produit une vie professionnelle à l'étranger et riche en événements; donne un esprit qui vise haut et inspire. Avec de bons aspects, on observe honneur, reconnaissance et distinction dans les professions artistiques ou par une action héroïque. Celui qui est influencé par Neptune trouve également le succès dans le commerce avec des liquides (surtout drogues et produits enivrants), dans le commerce des boissons, le commerce maritime, dans la navigation, dans la natation, dans la police secrète, dans la criminologie. Neptune est le symbole de l'erreur, du mystérieux, de l'illusion. La vie professionnelle de celui qui est influencé par Neptune aura toujours un caractère vague, flou, changeant. Avec de mauvais aspects, on observe une vie professionnelle changeante, inquiète, beaucoup de soucis, de discrédit, de déshonneur, de scandales publics. La personne aime emprunter des chemins tortueux pour arriver au but. Il y a un manque d'amour de la vérité et du sens des réalités.

Neptune dans la 11e Maison

Donne de grandes dispositions et aspirations spirituelles, des amitiés avec des natures apparentées. Force d'attraction spéciale; la personne recherche des liens psychiques. Mal disposée, elle entretient des rapports étranges, subit l'escroquerie et la tromperie de la part de faux amis. Les gens avec cette disposition de Neptune doivent être prudents lorsqu'ils se font des amis; pour le choix des amis, ils n'ont pas l'instinct indispensable.

Neptune dans la 12e Maison

Promet le succès dans des activités et des professions inhabituelles il peut s'agir de choses qui doivent être tenues cachées. Neptune indique également une attirance secrète, mais avec un idéal élevé. Mal disposé, danger d'intrigues, d'inimitiés, de scandales, d'actions criminelles, de séjours dans des institutions fermées, de souffrances secrètes.

Pluton dans les signes du zodiaque

Pluton dans le signe du Bélier

Forte impulsivité, énergie extraordinaire, capacité d'exécution, enthousiasme, énergie, qualités de dirigeant et de pionnier.

Pluton dans le signe du Taureau

Forte dépendance à l'argent et à la propriété. L'instinct d'acquisition est fort développé. Beaucoup d'endurance et d'opiniâtreté. Érotisme fort développé.

Pluton dans le signe des Gémeaux

Sur le plan spirituel, de grandes choses peuvent être réalisées. Compréhension rapide, jugement tranchant et esprit de répartie, bon talent d'organisateur. Penchant pour la critique et la précipitation.

Pluton dans le signe du Cancer

Imagination vive, capacité de compréhension; penchant pour le romantisme, exaltation. Modestie, capacité d'adaptation. Nature rêveuse. Force d'attraction remarquable.

Pluton dans le signe du Lion

Rend magnanime, provoque un vif désir de pouvoir. Conscient de soi, vigoureux, désintéressé, ambitieux et juste. Par moments, autoritaire, oppresseur, discourtois, déshonorant, sensuel, avide d'amusements, arrogant, gaspilleur.

Pluton dans le signe de la Vierge

Rend intellectuel, avide d'apprendre, curieux sur le plan intellectuel, bien formé, observateur, intéressé au point de vue scientifique, objectif. Grand désir de recherche. Capable de s'adapter, très soigneux. Les buts professionnels sont poursuivis avec un zèle quasi fanatique. Dans le cas négatif, on observe des penchants matérialistes, de la méfiance, du dédain, un manque de coeur, de la pruderie et du désordre.

Pluton dans le signe de la Balance

Produit la politesse, une attitude naturelle mais également une grande capacité de s'imposer à l'égard de la famille, de l'entourage, du public. Aime la beauté, est aimé; tend vers l'équilibre et le dépassement d'antithèses. Dans le cas négatif, on observe une passivité absolue, un manque de force pour faire passer quelque chose.

Pluton dans le signe du Scorpion

Le zèle, le courage, la fermeté, la lucidité, l'énergie, l'ambition, les instincts et la passion se développent ici. Mais on peut également observer le fanatisme, l'opiniâtreté, l'indocilité, l'entêtement, la méchanceté et l'envie du pouvoir.

Pluton dans le signe du Sagittaire

Rend optimiste, amoureux de la vérité, juste, philanthrope, social. Fort désir de compréhension, désir de l'inaccessible; envie de voyager, désir de vivre quelque chose, serviabilité. Dans le cas négatif, extravagance, démesure, opulence, indécision, prolixité.

Pluton dans le signe du Capricorne

Rend sérieux, stable, appliqué, endurant, conservateur, réservé, clair et objectif, très zélé, conscient du devoir. Dans les rapports avec l'entourage, les sentiments sont très profonds, fidèles et décents. Dans le sens négatif, on peut observer la crainte, la timidité, le manque de liberté, le calcul, la cupidité, la pusillanimité, la malice et la froideur du coeur.

Pluton dans le signe du Verseau

On observe de l'indépendance, l'amour de la liberté, un sens collectif très fort, une propension pour la planification, une tendance aux réformes, l'originalité, la mobilité, la progressivité, l'humanisme et un penchant pour l'amour libre. Mais il y a aussi un manque de domination de soi, de l'agressivité, de l'incohérence, un manque de fiabilité, de la perversité, de l'excentricité, de la témérité. Tout ce qui est défendu attire très fort.

Pluton dans le signe des Poissons

Rend très réceptif, influençable, sensible, intériorisé. On désire une vie retirée, un travail caché ou aux zones frontières du savoir. Prédisposition artistique; bienveillance, tendresse, exaltation, romantisme. Dans le cas négatif, on est très sensible, torturé, obsédé, sentimental, sensuel, extravagant, immoral.

Pluton dans les Maisons

Pluton dans la 1re Maison

Nature double, division, besoin de nouvelles choses mais ne sachant se détacher de l'ancien que très difficilement; brutal tantôt face au nouveau, tantôt face à l'ancien. Nature très capable de se développer. Les personnes influencées sont pleines de mystères et de secrets, difficilement accessibles. Ce sont des gens déviants, rudes, méfiants et sceptiques. On observe de l'opposition, de la sensualité, de la liberté, une grande force d'opposition, de la force d'esprit et une volonté à toute épreuve. Pluton, dans cette position, produit des personnalités, des pionniers, des gens attirants avec une solide conscience de soi, de la témérité, de l'audace, un courage sans limites. Carrière spéciale avec bouleversements répétés et changements importants, souvent à la croisée des chemins, exposée à des tentations et des épreuves. Avec de bons aspects, ascension ou popularité. Avec de mauvais aspects, force brutale, manque d'égards, de scrupules, volonté d'anéantissement, danger d'une mort brutale, tendances criminelles.

Pluton dans la 2e Maison

Pluton convoite, veut attirer à soi, rassemble. Grand instinct d'acquisition, volonté de possession, grande dépendance envers l'argent. Plusieurs sources de revenus sont présentes; par moments, la personne fait de l'argent d'une manière sensationnelle, aventureuse (spéculations, inventions, concours). Pluton en bons aspects avec Jupiter indique des gains d'argent subits, à la loterie par exemple. Pluton dans la 2e Maison est une position importante pour les banquiers, les hommes d'affaires, les spéculateurs, les agents de change. Avec de bons rayons, il offre de grandes richesses et des biens matériels. La force de travail et le don de soi sont vendus le plus chèrement possible. Avec de mauvais aspects,

Pluton rend très dépensier, possessif, impitoyable et sans scrupules vis-à-vis les gains d'argent. Cela peut aller jusqu'à l'enrichissement par la force (extorsion, chantage, etc.). Grandes pertes de fortune et d'argent se produisant souvent de façon inattendue, surtout par des aventures financières très risquées, de mauvaises spéculations, des événements économiques et politiques, des crises bancaires ou également en rapport avec des décès.

Pluton dans la 3e Maison

La personne concernée aime se sentir à l'arrière-plan ou comme laissée pour compte, mais elle prend sa revanche sur le plan des sentiments: éternellement mécontente, souhaitant toujours de grandes choses, toujours en recherche, allant souvent au-delà des frontières. Les personnes ainsi influencées aspirent à quelque chose qui n'existe pas, travaillent beaucoup sur le plan des sentiments et s'y entendent bien pour bluffer ou pour tromper. Ils veulent par tous les moyens faire passer leur personnalité et emploient parfois des moyens tout à fait bizarres. Ils sont incapables — ils ne veulent d'ailleurs pas — de s'introduire dans l'univers mental et les vues des autres. Les actes sont camouflés. Ils sont souvent rapides, polyvalents, divisés intérieurement, révolutionnaires dans la réflexion et sont souvent des natures doubles jusqu'à la scission du moi. Les natifs aspirent parfois à une chose et en même temps à son contraire. Éparpillement des forces mentales; également un double moral. Il y a un esprit aventurier; ce qui est vicieux est consolidé et le nouveau est construit. Les pionniers spirituels ont souvent une telle constellation de planètes. D'autres caractéristiques: un grand besoin de parler et de se faire valoir, un manque d'égards lors de la poursuite des objectifs, une énergie mentale inépuisable, des plans téméraires. Planificateurs, nature d'inventeurs, tournés très tôt vers la pensée mystique. C'est ainsi que se développent des orateurs, des écrivains, des critiques, des satiristes, des caricaturistes fascinants et passionnés. Intérêt pour les aventures pendant les voyages, la littérature sensationnelle. Avec des aspects dissonants, Pluton provoque dans la 3e Maison de l'irritabilité, de l'entêtement, de l'opposition, beaucoup de va-et-vient, la lutte de deux principes, des allées et venues entre la lumière et l'ombre. Résistance contre les autorités et la convention. Penchant pour la dissolution, la destruction, le sarcasme, le cynisme, la tromperie et l'escroquerie.

Pluton dans la 4e Maison

Inquiétude spirituelle, bouleversement répété de plans et d'idées, grandes réformes spirituelles, grands désirs, grande nostalgie et imagination, esprit d'aventure, sens de la recherche, pas d'esprit sédentaire. Pour eux, leur patrie, c'est le monde entier. La maison paternelle est trop étroite et trop petite pour ces gens; ils ont un besoin de liberté prononcé: le besoin d'aller dans la nature et les régions sauvages, de se retirer dans l'isolement, la nostalgie de ce qui est grand, étendu et inexploré et le désir de sortir des sentiers battus. Il y a des prédispositions pour devenir naturaliste, géologue, météorologue, archéologue, physicien; intérêt pour les recherches hors du commun. Pluton dans la 4e Maison provoque en outre de fortes disputes avec les parents, surtout par des aspects dissonants avec Mars. À l'âge mûr, il y a encore beaucoup de changements, de révolutions mentales; il faut observer de l'inquiétude au lieu de naissance et un changement de lieu fréquent. Pluton provoque ici, lorsqu'il est dans les aspects dissonants, du fanatisme, de l'intolérance, de la mythomanie et de l'isolement. Menace par des catastrophes naturelles. Il vaut mieux alors quitter le lieu de naissance qui ne présage rien de bon.

Pluton dans la 5e Maison

Désir violent et passionné; vie instinctive débridée, effrénée: pratique de l'amour, aventures érotiques, liaisons malheureuses, anomalies sexuelles. Recherche permanente de nouvelles liaisons avec tous les gens possibles. Utilisation très forte de la force sexuelle. Les gens avec Pluton dans la 5e ou la 11e Maison dévient souvent des perceptions sexuelles normales. Pluton a donc un lien étroit avec Eros et le sexe. Aspects entre Pluton et Vénus: érotisme véhément, bouleversé, entreprises sexuelles de toutes sortes; Pluton et Mars: envie des sens déchaînée, aventures amoureuses; Pluton et Mercure: faux-semblant, notions amoureuses crispées; Pluton et Jupiter: penchants extrêmes, beaucoup de liaisons mais qui ne durent pas longtemps, excès; Pluton, Saturne et Neptune: instinct sexuel refoulé, continence, ascèse, liaisons platoniques; Pluton et Uranus: des instincts égarés provoquent l'inquiétude, également l'homosexualité. Pluton dans la 5e Maison provoque la spéculation, l'envie d'aventures, mais aussi le don pédagogique et le talent de comédien. Pluton fortement blessé indique le chagrin et la peine en rapport avec les enfants.

Pluton dans la 6e Maison

Une position excellente pour les médecins, les chirurgiens; penchant et don pour les problèmes métaphysiques, amour des activités aventureuses. Pluton produit des fanatiques du travail, des bourreaux du travail qui sont capables de grandes choses, même surhumaines. Si Pluton est dans le signe du Cancer, les personnes concernées n'abandonnent plus leurs idées. Ces gens souffrent souvent de maladies du sang, d'infections, d'hydropisie et de maladies de l'estomac.

Pluton dans la 7e Maison

À propos de la vie au foyer: la cohabitation ne se passera pas sans luttes et crises; il y a beaucoup de préparations, mais celles-ci ne mèneront que rarement au vrai but; séparations pour amorcer de nouvelles relations. Bouleversements, aventures, ennemis, jalousie, infidélité secouent le mariage. Si Pluton reçoit de bons rayons de Neptune, cela présage un mariage spiritualisé, idéal, la liaison parfaite avec le partenaire, la fusion, l'union totale. Si les aspects sont mauvais, on observera des promesses de mariage, des aventures et des brouilles. Les gens avec un Pluton mal irradié ne devraient pas se marier; tout mariage sera à nouveau dissous au bout d'un certain temps. Pluton dans la 7e Maison a également de grands rapports avec la vie publique. On assiste au développement d'individus qui font fureur par leur note tout à fait personnelle, par des aptitudes extrasensorielles, par leurs activités sur des plans très spéciaux, étrangers au monde, mais aussi par leur initiative créatrice et par leur génie. Ils deviennent des personnages publics ou arrivent au pouvoir. Ces gens vont toujours leur propre chemin, sont des originaux, des pionniers dans leur domaine, ils font preuve de productions de pointe: ils représentent le type du dirigeant, du chef, de l'initiateur, de l'auteur, du créateur d'une idée; ce sont de vrais lutteurs. Avec des aspects favorables, succès par l'utilisation de la force, pouvoir et succès en public, popularité, politiciens à succès. Les natifs ont aussi beaucoup d'ennemis et sont obligés de se défendre continuellement et de se mesurer à des adversaires; on ne voit pas d'un oeil favorable leur force et leur pouvoir. Les capacités doivent continuellement être prouvées à nouveau. C'est pourquoi ils sont jaloux la plupart du temps et ne supportent pas d'être dépassés dans leurs productions; ils cherchent continuellement à conserver leur prestige et à rester les premiers dans leur domaine. Avec des aspects dissonants, Pluton apporte des revers de fortune qui ont une profonde influence sur le déroulement de la vie et qui provoquent un danger de mort, des possibilités d'accidents, une mort brutale et sans gloire, la mort du partenaire.

Pluton dans la 8e Maison

Dans cette Maison, Pluton donne l'envie de s'occuper du monde supranaturel, de la magie, du mysticisme; les personnes influencées ont des inspirations. Avec des aspects dissonants, il y a le danger de troubles mentaux. Pluton indique dans cette constellation des dangers de mort répétés, des tendances à l'auto-destruction et une mort inhabituelle, tragique ou suite à un mal congénital sournois. Certaines personnes avec Pluton dans la 8e Maison disparaissent sans jamais plus revenir.

Pluton dans la 9e Maison

Position très favorable. Elle indique un besoin de savoir insatiable et une grande soif de connaître ainsi qu'une nostalgie intérieure de ce qui ne peut être atteint. La pensée est indépendante, aventureuse, libre, réceptive pour les idéaux élevés. Il y a des directions extrêmes, une prédilection pour l'inexploré, une attirance pour l'érotisme, un penchant pour la vie mouvementée, un intérêt pour les voyages, les déplacements et les aventures. Les natifs sont porteurs de certaines idées spirituelles, fondateurs de nouvelles philosophies. Pluton promet dans ce cas une large vue, la perspicacité, le tact et le pressentiment. En général, ce sont des aventuriers, des gens à la recherche du sensationnel, des romantiques, des chercheurs, des globe-trotters; à un niveau plus élevé, ce sont des idéalistes, des lutteurs et pionniers spirituels, des fondateurs de sectes, des adeptes de l'occultisme, des libre-penseurs, des philosophes, des prophètes, des voyants, des écrivains occultes, des astrologues. Avec de mauvais aspects, il y a le danger de détruire des connaissances spirituelles. Surexcitation, exagération, malveillance, finasserie, hypocrisie, morosité, danger de mort ou mort à l'étranger également.

Pluton dans la 10e Maison

Type du dominateur, du dictateur, du tyran, du dirigeant, du chef. Dure lutte pour le pouvoir et l'autonomie, grand désir d'indépendance et de se faire valoir, désir de ne pas être lié; forte envie d'entreprendre, affirmation de soi brutale, dictature. L'action sociale est souvent spéciale. On observe souvent les penchants et les aptitudes les plus diverses; de là, difficultés pour le choix professionnel. Les personnes influencées possèdent une certaine immunité: toutes les attaques sont repoussées, on ne peut vraiment jamais les contenter et difficilement rester leurs amis. Ils sont agressifs mais ne peuvent supporter les attaques d'autrui; ils veulent être bien considérés partout. La profession est remplie de luttes et emprunte souvent des voies inhabituelles; il y a fréquemment des situations changées, des bouleversements, des renversements, des crises, des secrets, des dangers ou des hostilités. Il y a des changements marquants imprévus sur le chemin du destin, un renversement dans le genre de vie. Avec de bons aspects, Pluton indique dans la 10e Maison une grande ascension, des succès professionnels inhabituels et une grande reconnaissance. Avec de mauvais aspects, il y a une chute brutale, l'effondrement, la catastrophe, des discussions véhémentes, des inimitiés, des changements profonds des conditions de vie, la perte du pouvoir et de la considération. Pluton dans la 10e Maison, en aspect avec Vénus, indique la plupart du temps une profession artistique et la popularité sur ce plan.

Pluton dans la 11e Maison

Pluton donne dans cette Maison, surtout en aspects avec Vénus et Jupiter, un grand amour du prochain et un esprit d'abnégation, il fait de vrais philanthropes et des pères spirituels; on trouve souvent cette constellation chez les prêtres, les médecins et les gens qui rendent leur entourage heureux, qui le réjouissent et l'améliorent par leurs oeuvres, leur nature tout à fait personnelle et leur savoir-vivre. Ce sont des idéalistes, des meneurs qui luttent pour un idéal avec enthousiasme, apportent souvent aussi de nouvelles doctrines et ont quelque chose à donner à l'humanité. Ils ont également toujours beaucoup d'amis, d'admirateurs ou de défenseurs de leurs idées, jouissent d'une grande popularité et exercent une grande force d'attraction. La plupart du temps, on observe des relations spéciales, polyvalentes, mais aussi malheureuses; elles peuvent également être de nature érotique. Si les aspects sont mauvais, Pluton provoque des influences défavorables, des viols ou des dangers par des amis, la mort d'amis, des dangers lors de naissances, des anomalies sexuelles. Si les aspects défavorables de la 5e

Maison s'ajoutent, on peut observer de l'impuissance, l'absence de descendance, des liaisons platoniques et ainsi de suite. Les gens avec cette constellation se réjouiront toujours d'une grande popularité ou d'une estime universelle à cause de leur note personnelle ou de leur talent unique.

Pluton dans la 12e Maison

De loin la plus mauvaise position de Pluton. Son effet est ici maléfique, mais encore plus dévastateur que celui de Mars : minant, sapant, sournois, caché, camouflé. Ce n'est qu'avec de très bons aspects que les ennemis toujours présents pourront être repoussés avec succès et éliminés. Succès dans le domaine social : les hôpitaux, les sanatoriums, les hospices, les instituts d'éducation, les institutions, les internats ; également comme détective, criminologue, juriste. Intérêt ou don pour le mysticisme, la magie, l'occultisme. Les gens avec Pluton dans la 12e Maison sont toujours tentés ou attirés dans des aventures malheureuses et sont souvent à la croisée des chemins. Déjà, une faible blessure de Pluton prédispose à des types criminels et immoraux. Sentiments véhéments, agressifs, cachés et opprimés peuvent apparaître tout à coup ; abus et errements de nature sexuelle et érotique, rapports érotiques secrets et non permis. Avec des aspects dissonants, la personne concernée est souvent atteinte d'un mal sournois, souvent incurable ou congénital ; elle souffre de trahison, d'escroquerie, d'emprisonnement, de punition, de bannissement. Si, de la 4e à la 8e Maison, surviennent des aspects négatifs, il y a un danger de mort brutale ou ignominieuse, par exemple par accident, attaque ou suicide.

VII

Interprétation des aspects

L'astrologie parle des rapports angulaires entre les astres. L'importance de la distance entre les astres a elle aussi son importance. Il existe des aspects "harmonieux" et "dissonants". Nous indiquerons les aspects harmonieux par + et les dissonants par −; le signe "C" indique la conjonction.

Aspects du Soleil

Soleil et Lune

+ Chance en général, succès dans la vie, bonne santé, force vitale, harmonie avec les parents et la famille, concordance avec le conjoint.
− Santé troublée, difficultés familiales, difficultés dans la profession, désagréments avec l'autre sexe, ennuis publics.
C Faible volonté de s'imposer, inconstance, crispation.

Soleil et Mercure

Mercure n'est jamais éloigné de plus de 28 degrés du Soleil. Si Mercure est éloigné jusqu'à 6 degrés du Soleil, c'est défavorable; cela provoque un esprit superficiel, de faibles forces spirituelles. Une distance entre 6 et 13 degrés présage une grande intelligence, une bonne capacité de concentration, une bonne mémoire, des capacités d'orateur, une bonne compréhension artistique, du talent pour les langues et un grand intérêt pour la littérature.

Soleil et Vénus

La distance entre le Soleil et Vénus peut être au maximum de 48 degrés; il ne peut donc y avoir qu'une conjonction.
+ Forte perception amoureuse, envie de s'amuser, amour du luxe et de la beauté; succès auprès de l'autre sexe.
− Vanité, exagérations; très instinctif sur le plan érotique.

C Aimable; prédilection pour les amusements, la bonne compagnie, bon goût, peut-être mariage à cause de l'argent.

Soleil et Mars

+ Grande énergie et force d'action, activité, force de volonté, courage et confiance en soi. La capacité de conduire les autres; reprise de grandes responsabilités. Le natif exige, il ne demande pas.
− Précipitation, sens de l'indépendance et de la fermeté, esprit belliqueux. Les passions sont plus fortes que la volonté; froid avec des préposés, événements désagréables avec les autorités; instinctivité.
C Grande force vitale, mais tendance à mettre trop sa santé à contribution; accidents, fièvre, surmenage.

Soleil et Jupiter

+ Très bon aspect: bonne santé, grande force vitale, succès dans la vie, popularité générale, ascension professionnelle et sociale, fort sentiment de justice; le natif est chanceux.
− Vanité, extravagances, gaspillage; révolte contre la loi et les préposés, conflits juridiques; forte volonté.
C Une conjonction entre ces deux astres indique de grands coups de chance dans la vie. Le natif est chanceux dans beaucoup d'entreprises; les gains matériels sont sûrs.

Soleil et Saturne

+ Grande fermeté et succès, constance, objectivité et contrôle de soi. Le but est atteint parfois péniblement mais l'endurance, le sens de l'ordre et la coriacité y contribuent. Chaque travail est mené à terme avec opiniâtreté. Capacité de diriger de grandes entreprises commerciales et de les organiser. Bons rapports avec le père.
− Difficultés dans la vie professionnelle, insécurité, timidité. Ces défauts sont cachés par une conscience de soi augmentée, du sang-froid et de l'endurance. Limitations, obstacles et difficultés dans la vie. Il y a une tendance à la morosité et à la mélancolie. Le père joue un grand rôle dans la vie: soit que le père se sépare tôt de la famille, soit que le natif perd très tôt son père.

C   Mauvais pour l'énergie vitale et la constitution. Froid, avare. Constellation défavorable pour la vie amoureuse; éventuellement divorce ou séparation précoce.

Soleil et Uranus

+   Forte conscience de soi, originalité de l'esprit; bonne confiance en soi, envie d'entreprendre; ambition, intelligence claire et active, intérêt pour toutes les nouveautés, désir d'indépendance; le traditionnel est rejeté. Personnalité attrayante.

−   Excentrique, entêté, facilement irritable, impulsif, précipité. Le natif heurte très vite, est en opposition ou en hostilité avec la vie publique. Conflits avec l'autre sexe, les liaisons seront rapidement dissoutes, un divorce est probable. Tendances aux accidents.

C   Le natif n'aime pas se soumettre, il ne veut pas être comme la masse. Mariage romantique qui se terminera bientôt par la séparation ou le divorce.

Soleil et Neptune

+   Sentiments et perceptions raffinées, bon goût, amour pour tout ce qui est beau, forte perception artistique, penchants pour les études mystiques, compréhension profonde, originalité.

−   Perceptions fausses, influençabilité, espérances déçues. Tendance au mensonge, au goût du plaisir; grandes déceptions, moralité dissolue.

C   Caractère spécial. Penchant pour l'occultisme. Le natif se sent repoussé, a une santé faible, est plein de tact.

Soleil et Pluton

+   Grande force vitale, énergie et force d'action, estime; capacité de faire de grandes choses.

−   Manque de réflexion, tendance à la précipitation, arrogance, esprit d'opposition, surestimation de soi, sentiment de supériorité. Chocs psychiques, amour tragique. Danger d'accident. Tendances aux maladies cardiaques; gaspillage de la force vitale.

C   Aspect des catastrophes qui s'exprime dans les crises de la vie, la lutte pour le pouvoir, les crises de nerfs; il s'exprime également dans le handicap physique, la restriction, la séparation, le manque d'adaptation, les liaisons fatales, des démêlés avec l'État, les autorités, les préposés.

Soleil et noeuds lunaires

+ Liaisons favorables, collaboration harmonieuse, aimant les contacts.
− Problèmes par des réunions; travail en collectivité, séparations.
C Désir des liaisons.

Soleil et ascendant

+ Forte énergie vitale, reconnaissance professionnelle et publique, volonté de s'imposer, capacité de se faire valoir; perception positive de la vie.
− Peu de succès dans la vie, faible force vitale. Pertes par d'autres, déceptions, calomnies, dégradation.
C Perception harmonieuse de l'entourage, zèle, reconnaissance publique; désir de se faire valoir, désir d'action; bonne santé.

Soleil et milieu du ciel (M.C.)

+ Ascension consciente du but dans la vie, reconnaissances personnelles. Par une perception positive de la vie, le natif arrive à la gloire et aux honneurs.
− Des visées vagues et un manque de buts entraînent des difficultés sociales.
C Forte individualité, prédisposition harmonieuse, vue positive de la vie; des plans extraordinaires sont mis à exécution. Personnalité forte. Par l'intelligence et l'expérience, le natif atteint une position élevée.

Aspects de la Lune

Lune et Mercure

+ Bonne compréhension, grande envie d'apprendre, esprit de répartie et don des langues, bon jugement. Intelligence développée, talent d'orateur, pensée indépendante et pratique, esprit ouvert à la nouveauté.
− Il y a de bons talents spirituels, mais ils sont mal développés; la réflexion est changeante; le natif n'est pas trop pointilleux en ce qui concerne la vérité. Il se montre inconstant, superficiel et agit de façon précipitée.

C   Bonne prédisposition pour toutes les affaires. Vivacité spirituelle. Bonne capacité de jugement, esprit ouvert, pensée synthétique.

Lune et Vénus

+   C'est un bon aspect en ce qui concerne l'amour et le mariage:
forte perception amoureuse. Le natif se montre capable de
s'adapter et il est prévenant, de nature gaie, aux petits soins
pour la famille. Il évite les disputes et les brouilles et cherche
plutôt la négociation.
−   Forte vie instinctive; action à partir des perceptions. Obstacles
en amour; passion inassouvie, emportement des sentiments,
problèmes au foyer; négligence, influençabilité. Maladies
gynécologiques, fausses couches.
C   La vie sentimentale est très importante. Prédisposition artistique, désir de tendresse, désir d'union, bons rapports avec la
mère, vie de famille harmonieuse.

Lune et Mars

+   Grande volonté d'action, courage, action énergique, souvent
impulsive, envie d'entreprendre. Activité, amour de la vérité,
franchise.
−   Facilement irrité, belliqueux, précipité. Disputes avec l'autre
sexe, possibilité de divorce, séparation de la mère ou sa mort
précoce. Gaspilleur en affaires; refoulement des sentiments,
versatilité, passion.
C   Irritable, véhément, vantard, prolixe, passionné. Fortes
tensions intérieures, différends conjugaux, tendance aux
maladies.

Lune et Jupiter

+   Constellation très favorable! Succès sociaux, gains
matériels, conception positive de la vie, nature sincère, popularité. De grandes entreprises sont réalisées. Plans très
étendus, intérêts artistiques. Force d'attraction, optimisme.
−   Opposition à la loi et à l'autorité, penchant pour ce qui est
extravagant, gaspillage. Le natif vit volontiers au-dessus de ses
moyens. Dans les liaisons amoureuses, il y a des conflits, des
désavantages, des pertes; séparation de l'épouse ou de la mère.
Tendance aux maladies (bile, foie).

C   Grands gains financiers, richesse, tendance aux amusements et
    à la bonne compagnie. Accès à une situation matérielle sûre
    par le mariage. Vie instinctive saine, richesse de sentiments,
    penchants artistiques, désir de succès.

Lune et Saturne

+   Conscience de la responsabilité, talent d'organisation, con-
    science du devoir; convient pour les postes de confiance. Les
    buts proposés sont poursuivis avec soin et prudence.

−   Aspect très défavorable, provoque beaucoup de restrictions,
    limitations, des dépressions nerveuses, la mélancolie, une santé
    fragile. La personne influencée est insatisfaite, renfermée,
    entêté, non sincère. Dans les associations, le natif n'a pas la
    main heureuse; inhibitions dans la vie amoureuse; éloignement
    ou séparation de la femme ou de la mère. Laissé à lui-même,
    il se sent délaissé ou abandonné.

C   Angoisse, façon de penser unilatérale, isolement, troubles de
    santé.

Lune et Uranus

+   Grande attention et force de persuasion suggestive, ambition.
    Esprit original, indépendant, cherchant ses propres méthodes.
    Grande envie de voyager. Conscience du but à atteindre,
    richesse d'idées, satisfaction dans les entreprises. Indécision
    dans les relations amoureuses.

−   Défavorable pour la santé. Les personnes influencées sont
    excentriques, entêtées, fanatiques, surmenées, irritées et capri-
    cieuses; elles tendent à des humeurs changeantes, des déri-
    vatifs, des erreurs. On observe un entêtement dans l'amour, une
    excitabilité opprimée, une forte sensualité; cela mène souvent
    à une séparation du conjoint ou à une vie amoureuse tra-
    gique, des penchants anormaux, des atteintes à ses propres
    intérêts.

C   Manque d'équilibre intérieur, vues non raisonnables, habitudes
    étranges; des liaisons amoureuses romantiques durant toute la
    vie.

Lune et Neptune

+   Esprit très impressionnable, grande force de l'imagination,
    sensibilité, grand talent de compréhension; talents artistiques

ou compréhension artistique remarquable. Les personnes influencées sont attrayantes, rêveuses ou emballées, ont un esprit fantaisiste. Dépendance de toutes les influences de l'environnement.

— Esprit rêveur, passif; tendance à se tromper soi-même, aux déséquilibres. Peu d'importance accordée à la vérité. Sensibilité exagérée, vie instinctive affaiblie, troubles nerveux par un comportement non naturel, chimères.

C Très inconstant, ayant beaucoup de tact, aimant la solitude, insatisfait, nature bizarre.

Lune et Pluton

+ La vie sentimentale est très grande et est orientée par moments de manière unilatérale; la nature sentimentale suscite cependant l'envie d'aventures et d'actions extrêmes, de beaucoup de voyages et de changements de lieux.

— Vie sentimentale unilatérale, extrême, fortes inhibitions; dons psychologiques; abattement, recherche du plaisir, comportement débridé, tendance à des maladies.

C Violentes explosions sentimentales menant à des actes incontrôlés.

Lune et noeuds lunaires

+ Grande estime de la part des autres personnes. La chance joue un grand rôle dans les relations; le natif établit rapidement un contact affectif profond avec les personnes du sexe féminin.

— Une certaine sensibilité mène à des éloignements; les liaisons ne sont donc que de courte durée. Pertes et désavantages par les collaborateurs féminins.

C Rapports avec l'art. Des relations personnelles sont établies.

Lune et ascendant

+ Relations harmonieuses avec l'environnement, adaptation, approche positive de l'autre sexe, nature gentille, penchant pour la bonne compagnie, sens de la communauté.

— Versatilité, conflits avec des personnes de l'autre sexe, séparation de la famille; comportement nerveux, esprit indécis.

C Penchant pour les changements; bonne capacité de contact.

Lune et milieu du ciel (M.C.)

+ Vie psychique riche et profonde, approche positive de la vie; assiduité dans les affaires professionnelles; buts changeants, adaptation.
− Les buts sont vagues, la nature est changeante et sans ligne bien précise. Beaucoup de changements, d'inhibitions psychologiques, de bouderie, de versatilité. La relation avec les personnes aimantes est interrompue. Forte irritabilité; bouleversements.
C Ascension professionnelle, mais postes changeants et modifications.

Aspects de Mercure

Mercure et Vénus

+ Seuls la conjonction et le sextile sont possibles: la personne concernée est très sympathique, gaie, joyeuse, amicale, capable de s'adapter; elle a un grand penchant pour les beaux-arts. Énergie créatrice, aptitude à mettre en forme, grande capacité de représentation, imagination et inspiration; gaieté, joie de vivre.
− Conjonction dissonante: manque de tact, esprit superficiel; les plaisirs et la bonne compagnie occupent la première place. Manque d'une poursuite assidue du but fixé.
C Volonté esthétique, sens des bonnes manières, talent social.

Mercure et Mars

+ Intelligence positive et originale, activité mentale, talents pratiques, don d'orateur, capacités artisanales, dextérité.
− Nerveux, facilement irritable, aimant la critique, exagérateur, intolérant, sarcastique, peu d'amour de la vérité.
C Désavantages par des excès, force de décision inhibée.

Mercure et Jupiter

+ L'approche de la vie est gaie et optimiste, l'intelligence est bien développée. Aimant la justice, prodigue. Don d'orateur, beaucoup de bon sens, penchant pour la discussion, la bonne compagnie. Talent d'organisateur, imagination riche, soif de savoir.
− Versatilité dans les vues, précipitation, entêtement, légèreté, manque de fiabilité.

C Esprit de répartie, désir de construire; succès professionnel, considération.

Mercure et Saturne

+ Appliqué, ambitieux, réfléchissant logiquement, consciencieux, capable de se concentrer; bonne mémoire. Les actions sont planifiées objectivement et les plans sont mis à exécution avec soin. Toute légèreté est réprimée. Méthode, zèle, succès dans une activité pénible.

− Matérialiste, soupçonneux, rancunier, bagarreur, entêté. Obstacles dans le développement mental; inconstance, beaucoup d'échecs. Dans la famille, il y a des disputes, des séparations.

C Actions égocentriques, obstacles dans la progression; entêtement, doute, méfiance.

Mercure et Uranus

+ Progressiste, énergique, décidé, non conventionnel, créateur. Pensée ingénieuse, intuition, don d'orateur, originalité, capacité de changement, rapidité de la pensée. Dons pour la technique, la physique, les mathématiques. Les personnes influencées suivent leur propre chemin, leurs propres lois. Les opinions traditionnelles ne sont pas prises en considération. Talent pour les découvertes et les inventions.

− Manquant de contrôle de soi, non fiable, tordu, excentrique, bouillant, nerveux, précipité, dispersé. Les idées ne peuvent pas toujours être mises à exécution; le natif n'est pas pratique et il est très imbu de ses propres considérations et penchants. Échecs par précipitation, changements subits et incidents.

C Troubles nerveux mais aussi des succès surprenants; compréhension rapide de la situation; surmontant rapidement des obstacles par l'action rapide; don d'orateur.

Mercure et Neptune

+ Perception mentale raffinée, forte intuition, monde de représentations riches, sens de la poésie et de l'art, réalisation de plans. Poursuite de grands espoirs, de plans étendus et d'idées larges.

− Esprit peu pratique, rêveur, hésitant, non fiable, facilement influençable; doué d'imagination, équilibré psychologiquement. Tendance aux dépressions et à la morosité.

C Penchant pour le mysticisme, talent artistique, représentations idéalisées, chimères; imagination subitement détrompée, troubles du système nerveux.

Mercure et Pluton

+ Très bonnes capacités mentales, compréhension rapide, bon jugement, talent diplomatique; succès comme orateur ou écrivain mais aussi comme comédien.
− Fort entêtement, manque de contrôle de soi, précipitation, surestimation des forces. Un zèle excessif provoque des échecs. Défavorable pour les nerfs.
C Avantages par fausses promesses; manipulation de la vérité.

Mercure et les noeuds lunaires

+ Vif échange de vues avec les autres, grand intérêt spirituel; des relations positives apportent des avantages professionnels. Stimulations par d'autres personnes; entourage mental stimulant.
− Timidité, inhibitions à l'égard de l'entourage, difficultés de contact; cessation de rapports, déceptions.
C Franchise, échanges de vues, intérêts communs.

Mercure et ascendant

+ Cherchant les stimulations spirituelles, aimant participer aux amusements; objectif en action, ordonné, affairé, habile, adroit.
− Inconstant, non réfléchi, inquiet, nerveux. Approche peu harmonieuse des autres, irritabilité; disputes soudaines.
C Très bonne intelligence, aptitudes commerciales. La pensée est logique, spirituelle, éveillée et habile.

Mercure et le milieu du ciel (M.C.)

+ Richesse d'idées, conscience du but; compréhension, soif d'apprendre, talent d'inventeur. Des buts précis sont poursuivis et atteints; bonne progression professionnelle.
− Retards professionnels, obstacles, ambition exagérée.
C Pensée et action autonomes, changements professionnels favorables.

Aspects de Vénus

Vénus et Mars

+ Très passionné et sensuel, amoureux, franc. Grand amour de l'art; dons de comédien, inspirations artistiques. Précocité des relations sexuelles. Fortes impulsions sentimentales, vie instinctive saine. Apprécié de l'autre sexe; léger en affaires financières.

− Sensualité et passion sont fort prononcées. Souvent, érotisme non dominé, insatisfaction, irritabilité, brouilles ou séparation du conjoint. Penchant pour l'infidélité, vie instinctive malade, penchant pour les perversités; beaucoup d'affaires amoureuses.

C Moralité dissolue, désir d'amusement, soucis dans l'amour et le mariage. Sentiments fort changeants, tendance à changer de partenaire, divorce éventuel.

Vénus et Jupiter

+ Très bon aspect: la personne concernée est philanthrope, cordiale, charmante, idéaliste, amicale et gentille. Grande popularité, rapports harmonieux avec les autres personnes, constellation favorable pour l'amour et le mariage. Intérêt pour les côtés agréables de la vie.

− Imprudence et précipitation dans les liaisons amoureuses; négligence, manque de correction, rapports dissonants et fatigants, pertes par les femmes.

C Chance en amour, mariage et associations.

Vénus et Saturne

+ Précision et exactitude; les sentiments sont fidèles et sincères. Le caractère est maîtrisé, endurant, concentré, décent. Les gens ne se décident que très lentement au mariage; il y a occasionnellement une grande différence d'âge entre les partenaires. Le natif ne fait pas de grosses dépenses; il aime la simplicité et la discrétion.

− Peines et soucis en amour et dans le mariage, jalousie, désillusion, séparation du partenaire. Dépressions suite aux insatisfactions, inhibitions des instincts; attitudes érotiques malheureuses ou rapports amoureux difficiles. Difficultés avec les parents. Séparation à cause d'idées fausses ou d'espoirs déçus.

Les rapports amoureux apportent plus de déception que de satisfaction. Mariage tardif.

C Mariage conclu la plupart du temps par devoir; tensions, séparations subites.

Vénus et Uranus

+ Très réceptif à l'amour; forte excitabilité, réceptivité de la vie sentimentale, réactions rapides à des stimulations sensorielles. Amour de l'art, animation culturelle. Nombreux amis et beaucoup de rapports; le natif se crée facilement des contacts; le romantisme joue alors un grand rôle. Il est très souvent porté vers les côtés agréables de la vie; il aime les amusements et les mondanités.

− Caractère romantique entêté, original, toujours amoureux. Les personnes influencées sont versatiles dans leurs sentiments, capricieuses, sensibles, jalouses. La liberté et l'indépendance signifient tout pour elles; elles aiment passer outre les normes et les lois existantes. Elles ont horreur des liaisons fermes et étroites. Il y a un besoin d'indépendance en amour et le désir d'érotisme; les liaisons amoureuses sont vite établies mais tout aussi vite dissoutes.

C Fort penchant pour la sensualité, l'infidélité comme souvent pour des sensations sexuelles inhabituelles. Force d'imagination surabondante, mentalité singulière, jalousie, penchant sexuel débridé, conception libre de l'amour et du mariage.

Vénus et Neptune

+ Vie sentimentale et perceptuelle raffinée, philanthropie, sensibilité en amour; réceptivité pour la beauté, l'art, la musique. Horreur de tout ce qui est rude et commun. Désir enthousiaste de l'amour.

− Sentiments bizarres et déviants, surtout sur le plan sexuel; inhibitions en amour, par moments timidité, possibilité d'être séduit, renoncement douloureux, affectivité intense dans la vie amoureuse; déviations érotiques par besoin d'amour intense sans être comblé. Une certaine scission en soi-même et avec l'environnement qui causent aigreur et découragement.

C Extravagance, besoin de jouissances, déviations en amour. Inconstant, sensuel, infidèle et non fiable; mise en danger du mariage.

Vénus et Pluton

+ Fortes passions, chance en amour; amitiés et relations sans problèmes. Capacité d'attraction extraordinaire et vie instinctive intense. Sens des formes inhabituel, grand amour de l'art, mentalité gaie, efforts idéalistes; succès dans la vie professionnelle.

− Érotisme exagéré, façon de vivre immorale, penchant pour les excès et la luxure, désir de volupté, indécence.

C Forte sensualité, immoralité; infidélité, amour tragique.

Vénus et les noeuds lunaires

+ Liaisons amoureuses favorables, adaptation, rapports sympathiques. Cherchant les contacts, passionné, bien en société, trouvant rapidement le contact.

− Les contacts se dispersent souvent; inhibitions, difficultés, sentiments d'infériorité, penchant amoureux non comblé.

C Cordialité, relation amoureuse épanouie; trouvant vite quelqu'un de sympathique, liaison subite.

Vénus et ascendant

+ Aptitude à créer un environnement artistiquement aménagé, penchants artistiques; nature attirante et sympathique, attachement instinctif, grande force d'attraction.

− Tendance à l'excès, difficultés, distanciation, séparation d'une liaison, désirs non comblés.

C Être harmonieux; sens de la beauté, compréhension de l'art.

Vénus et le milieu du ciel (M.C.)

+ Ascension professionnelle, en partie grâce aux personnes de l'autre sexe. Profonde perception amoureuse, sens de la beauté et de l'art, attitude saine et confiante face à la vie. Ces personnes sont aimées et heureuses et ont une grande force d'attraction.

− Besoin d'amusements, une vie facile rend le succès dans la vie difficile. Prédisposition instinctive, désaffections, séparations, déceptions.

C Préférence aux professions qui ont un rapport avec les arts; ascension sociale, succès auprès des femmes.

Aspects de Mars

Mars et Jupiter

+ Forte vitalité, bonne santé, grand enthousiasme, action décidée, énergie, envie d'entreprendre, joie de vivre, talent d'organisateur; succès professionnels. Désir d'indépendance; respect de la loi; décisions heureuses sur le plan sentimental.
− Arrogant, rude, matérialiste, gaspilleur. Énergie extrême, précipitation, rébellion contre les prescriptions et les préposés; pertes de procès, différends conjugaux.
C Activité, énergie, ambition, agressivité, richesse de projets, esprit d'initiative.

Mars et Saturne

+ Grande endurance, force de résistance, témérité, envie d'entreprendre, courage et ardeur infatigable. Don pour les positions élevées. Les personnes influencées sont fidèles et fiables mais, par moments aussi, dures et sévères.
− Violent, rebelle, égoïste, manquant de contrôle de soi. Il y a des fluctuations entre le zèle et la paresse, un manque de profondeur et d'exactitude, un penchant pour la dureté et l'âpreté.
C Tendance aux maladies chroniques ou aux accidents.

Mars et Uranus

+ Grande fermeté, énergie extraordinaire, enthousiasme, zèle, beaucoup d'impulsivité. Esprit rapide, vif; adresse technique, besoin de liberté et d'indépendance, richesse des idées; désir de réaliser quelque chose d'exceptionnel.
− Tendance à l'irritabilité, esprit belliqueux, inquiétude, manque d'équilibre, penchant pour les solutions réglées par la force, irritabilité passionnée; nature pleine de contradictions, voulant forcer l'amour. Blessures, opérations.
C Manque d'équilibre spirituel, d'objectivité et de sobriété. La contrainte n'est pas supportée; beaucoup d'épreuves pour les nerfs. Danger de blessures corporelles.

Mars et Neptune

+ Vie sentimentale prononcée; les passions sont dominées par l'attitude mentale; l'imagination est excitée. Ouverture à l'entourage et à l'environnement; le natif aide les autres par ses conseils et son action. Il se rebiffe contre ce qui est conventionnel et habituel. Il a une force d'attraction spéciale.

− Insatisfaction, irritabilité, inconstance, versatilité; sentiments d'infériorité.

C Faiblesse de volonté, insatisfaction, faible force vitale, tendance à la toxicomanie; représentations fausses dans la vie amoureuse, perceptions amoureuses singulières; désavantages par un manque d'énergie. Crise dans la vie; maladie ou accident.

Mars et Pluton

+ Grande capacité de résistance, forte confiance en soi, énergie et volonté d'aboutir, grande ambition, force d'exécution, courage. Peu d'égards pour les autres. Bourreau de travail: réalisation des projets avec fanatisme, les obstacles et les difficultés sont franchis avec force.

− Incontrôlé, brutal, vexant, sans tact, sans égards, méfiant, jaloux. Énervement par une autorité supérieure, surexcitation nerveuse; les relations amoureuses et le mariage sont de courte durée, séparation par la force. Instincts dangereux, tendance au gaspillage, perte financière, érotisme exagéré; danger pour la santé, opération.

C Brutalité comme caractéristique prépondérante.

Mars et les noeuds lunaires

+ Désir de contacts, liaisons, collaboration, rapports sexuels de courte durée.

− Liaisons et amitiés dissoutes; dérangements, différends, désavantages ou difficultés par des liaisons, collaboration rendue difficile, séparation de la famille proche, détérioration des relations.

C Séparation brutale d'une communauté.

Mars et ascendant

+ Collaboration harmonieuse, désir de combattre, passion, esprit de camaraderie; forte énergie vitale, capacité de faire passer ses vues.

− Brutalité, luttes, conflits; excitabilité, envie de lutter; liaisons instinctives.

C Séparations, divorce, troubles de santé, accident, blessure; collaboration peu harmonieuse; manque d'énergie.

Mars et le milieu du ciel (M.C.)

+ Capacité de faire passer son avis, talent d'organisation, clair-voyance, joie de créer, initiative personnelle; réalisation des buts fixés.
− Précipitation, impatience, légèreté, âpreté; échecs suite à de mauvaises décisions; revers inattendus, plans avortés, changements professionnels.
C Confiance en soi, témérité, courage, fermeté; ascension professionnelle, succès et considération.

Aspects de Jupiter

Jupiter et Saturne

+ Confiance, patience et endurance, poursuite entêtée des plans, sens de l'ordre et du droit, exactitude, ponctualité, forts intérêts professionnels, prédisposition philosophique, fiabilité. Cet aspect garantit le succès dans la vie; bonne entente avec le père, ascension sociale.
− Esprit superficiel, distraction, insatisfaction, volonté faible, intolérance, indifférence, méfiance. Difficultés professionnelles, succès fluctuant; changements, modification des rapports.
C Soucis financiers et pertes en affaires. Vie inconstante, changement professionnel.

Jupiter et Uranus

+ Désir de liberté et d'indépendance; rejet des liaisons fixes. Prédilection pour la bonne compagnie et l'activité; grande envie de voyager. Bonne intuition, idées heureuses, originales, vue large et lucide, approche optimiste, coups de chance dans la vie, aménagement de l'environnement selon ses idées propres.
− Défense des principes personnels plus par opposition que par conviction. Manque de compréhension pour la vie sociale, tendance à l'exagération, à l'inconstance, au dogmatisme entêté; conflits avec la justice et les autorités. Penchant pour l'isolement, principes unilatéraux, inhibitions soudaines avant d'atteindre les buts, manque de vision large et lucide.
C Capacité d'entraîner et d'enthousiasmer les autres. Esprit ingénieux, humour, esprit de répartie; chance soudaine, changements professionnels heureux.

Jupiter et Neptune

+ Gentillesse, magnanimité, humanité, justice, fidélité; idéalisme, richesse de sentiments, faculté de partager le destin des autres; grande force d'attraction personnelle, convient pour les professions sociales.
− Esprit influençable, tendance à la tromperie et à l'escroquerie, possibilité d'être séduit; déception en amour; imagination érotique, vie dans l'illusion. Difficultés financières, gaspillage. Troubles de santé, mauvaises spéculations, pertes.
C Grande philanthropie, sentiment artistique raffiné, intérêt pour le mysticisme.

Jupiter et Pluton

+ Optimisme, ambition, désir d'exercer le pouvoir; succès et honneurs. De bons projets sont mis à exécution; chance professionnelle, avantages, promotion, ascension. Possibilité de grands gains (loterie).
− Conception matérialiste, goût du plaisir, excès. Tous les moyens sont bons pour atteindre le but, comme le manque de pitié et les actes illégaux. Le manque d'intelligence et la malhonnêteté mènent à de grands échecs.
C Désir d'aventures, mécontentement, désir de rébellion; dommages cachés, déception générale.

Jupiter et les noeuds lunaires

+ Harmonie avec d'autres personnes, bonne capacité d'adaptation; recherche des liaisons légales. Prodigalité, bonté, sentiment de tact.
− Insouciance, vanité, démesure; collaboration rendue difficile, cessation de liaisons, séparation; entreprises retardées, manque de ligne de conduite.
C Occasion favorable; ascension, protection, bien-être matériel.

Jupiter et ascendant

+ Forte énergie vitale, bonne constitution; environnement harmonieux, sens du foyer; le natif peut s'attendre au succès et à la reconnaissance.
− Tendance au gaspillage, mauvaises spéculations; difficultés judiciaires, frictions et différends; non-respect des convictions d'autrui; espoirs inassouvis, éloignement, séparation.

Jupiter et le milieu du ciel (M .C.)

+ Le natif favorise la vie professionnelle et vit dans de bonnes conditions; il établit de bonnes relations commerciales par la richesse de ses idées, sa vue claire et lucide des choses; il a de la chance dans ses entreprises.

− Les rapports ne sont pas sûrs, inhibitions; de bonnes occasions ne sont pas exploitées parce qu'il rate le bon moment.

C Changements professionnels heureux, choses extraordinaires, reconnaissance, ascension sociale.

Aspects de Saturne

Saturne et Uranus

+ Désintéressement, sincérité, endurance, ardeur infatigable, force de volonté, grande force de concentration, conception magnanime; luttes existentielles dures mais couronnées de succès.

− Influence défavorable pour la santé; maladies longues, chroniques et liées à de nombreuses complications. L'endurance et la force de volonté sont mal utilisées. Révolte contre l'autorité et la limitation de la liberté. Manque d'occasions favorables pour avancer dans la vie. Entêtement, irritabilité, rébellion, inaccessibilité, versatilité. La personne influencée ne s'adapte pas à la vie en société; le mariage et la cohabitation ne seront pas de longue durée.

C Fermeté, forte capacité de concentration, entêtement, énergie extraordinaire, grande intelligence. La force propre et le corps sont exposés à de grandes exigences.

Saturne et Neptune

+ Grande domination de soi, bonne capacité de concentration; abnégation, bonne moralité. Sérieux et idéaliste; position obtenue par une activité soutenue et beaucoup d'efforts.

− Beaucoup d'ennemis et de jaloux; c'est pourquoi la personne influencée devient méfiante et renfermée. Il y a une lutte entre les bas instincts et les aspirations plus élevées, d'où changements d'humeur fréquents, états d'âme torturés. Lassitude de la vie à combattre absolument. Force vitale faible, corps sensible, réceptivité.

C Névroses, dépressions nerveuses, sensibilité, inhibitions, timidité; changement d'humeur, penchants anormaux, inhibitions de la pensée.

Saturne et Pluton

+ Défense du droit et de l'ordre avec insistance; fermeté, endurance, conscience professionnelle et exactitude.
− Problèmes de santé; charges et difficultés.
C Pertes, relations difficiles, éloignements.

Saturne et les noeuds lunaires

+ Cette influence indique une affection particulière pour les vieilles personnes, des liaisons avec une différence d'âge, la protection.
− Oppressions psychiques; adaptation difficile, sentiment d'isolation. Cessation de liaisons. Le développement de la personnalité propre est inhibé.
C Désavantages par des personnes plus vieilles, difficultés avec la famille.

Saturne et ascendant

+ Cette personnalité est inhibée; des événements sérieux font mûrir la personne influencée et lui font faire des expériences. Oppressions violentes; isolements.
− Constitution affaiblie, conditions de vie instables, séparation, décès, difficultés familiales.
C Maladies, séparation violente.

Saturne et le milieu du ciel (M.C.)

+ Le succès dans la vie vient tard et lentement avec de grandes difficultés; beaucoup de zèle, de conscience professionnelle et de concentration sont nécessaires. La personne s'en tient aux objectifs qu'elle s'est fixés une fois pour toutes, avec le sens des responsabilités et avec opiniâtreté.
− Le découragement et le manque d'énergie rendent le cheminement dans la vie plus difficile. Elle ne peut s'affirmer que difficilement et manque de courage pour vivre; des dépressions provoquent souvent des difficultés professionnelles.
C Dure lutte existentielle, obstacles dans l'avancement; par une

énergie de fer, l'ascension peut être réalisée, mais à cause du manque de force, il s'ensuit une chute. Maladies sournoises chroniques.

Aspects d'Uranus

Uranus et Neptune

+ Élévation du niveau de vie; intérêt pour les choses qui sortent de l'ordinaire; forces inconscientes développées. Monde de représentations spécial, activités dans des domaines à la frontière des sciences et des problèmes suprasensoriels.
− Sensibilité excessive, manque de ligne de conduite, manque de force vitale, pessimisme.
C Buts existentiels vagues, penchants étranges, sensibilité très poussée, amour spécial, énergie mal canalisée, action sans pratique, manque de capacité de résistance. Maladie nerveuse.

Uranus et Pluton

+ Esprit vif, talent d'inventeur, inquiétude, énergie créatrice, grand courage, agitation spirituelle, conscience de soi, fermeté. Par des efforts sérieux, de grands buts sont atteints; risques dans des grandes entreprises.
− Esprit débridé, dispersion, tendance à la destruction, violence. Entreprise de renversement, effondrement, catastrophe; fanatisme, danger d'accident.
C Toutes les forces nuisibles se déchaînent. Entêtement, contradiction, témérité, manque de fiabilité. Utilisation de la force, accident, blessure.

Uranus et noeuds lunaires

+ Liaisons subites, et de courte durée; tempérament vif; recherche du changement, participation à des amusements en bonne compagnie, recherche des stimulations par l'environnement.
− Surexcité, excentrique, excité en présence des autres. Disputes, inhibitions soudaines, séparations.
C Incidents subits dans la famille; création de liens superficiels et éphémères; perceptions accentuées, excitabilité nerveuse.

Uranus et ascendant

+ Humain, idéaliste, intuitif. Personnalité originale et prompte; pensée capable de s'adapter, persuasive, créatrice, ingénieuse. Tendance à réaliser ce qui n'est compris que bien plus tard. Liaisons amoureuses vite conclues, recherche des communautés d'intérêt.
− Toutes les liaisons existantes sont modifiées, souvent même rompues. Excitation interne, inconstance, irritabilité; crises conjugales, événements excitants, incidents subits, divorces. Le corps également, la santé sont soumis à des tensions; il y a des accidents, il faut s'attendre à des blessures soudaines.
C Incidents subits dans la communauté, excitations, troubles dans le mariage, voyages défavorables et changements de domicile; tendance à la rébellion, à la dispute, à des attaques violentes.

Uranus et le milieu du ciel (M.C.)

+ Changements importants dans la vie, succès surprenants et soudains qui conduisent à un changement subit des rapports. des rapports.
− Irritation de la vie sentimentale, mécontentement, manque de contrôle de soi, égoïsme; buts existentiels changeants, changements dans la profession; des positions apparemment sûres doivent être abandonnées. La vie familiale ou le mariage sont soumis à des tensions soudaines.
C Recherche des buts professionnels sans relâche et avec énergie; zèle fanatique au travail.

Aspects de Neptune

Neptune et Pluton

+ Les grands problèmes stimulent l'imagination; recherche inlassable de réponses aux grandes questions existentielles.
− Grands désarrois et incertitudes; la personne influencée est aventureuse, insatisfaite, fantasque, frauduleuse, intrigante. Elle attache une grande importance à la possession matérielle; elle s'empêtre dans la confusion, dans des marchés fictifs. Il y a également une tendance aux calmants, aux drogues.
C Penchant pour la criminalité, les drogues. Influençabilité, faiblesse nerveuse, dépérissement.

Neptune et les noeuds lunaires

+ Serviable, désintéressé, se sacrifiant et amical. Pôle fixe dans une communauté.

− Personne exploitée par la communauté, trompée ou abandonnée. Poursuite d'illusions, manque d'esprit d'adaptation et de sentiments de communauté; liaisons sabotées.

C Comportement indécis, sans ligne précise, insouciant. Tendance aux actions asociales, criminelles.

Neptune et ascendant

+ Tact, intuition, romantisme, aspiration à la tranquillité, à la paix, à l'unité; liaisons bizarres. Intérêt pour tout ce qui est inhabituel; recherche de ce qui est beau et élevé.

− Intrigues, calomnies, secrets, illusions, représentations fausses, humeurs changeantes. Tromperies, déceptions, expériences désagréables en amour. Vie changeante, mouvementée, mauvaise compagnie, possibilité d'être séduit.

C Faiblesse corporelle, dépendance de l'environnement, dommage, pertes.

Neptune et le milieu du ciel (M.C.)

+ Effet sur la vie professionnelle surtout; buts très ambitieux, idées spéciales. Capacité de jouer la comédie; vif intérêt pour l'art. La personne influencée est enivrée par l'art; elle est pleine d'imagination, optimiste.

− Le but de la vie est nébuleux, voilé, incertain; elle ne veut pas voir la vérité, poursuit des représentations fausses, se laisse berner; elle mise tout sur une seule carte et spécule; des actions erronées conduisent à l'insécurité et à la maladie.

C Actes criminels. Vie dans les chimères. Représentations vagues.

Aspects de Pluton

Pluton et les noeuds lunaires

+ Recherche des contacts; une force d'attraction spéciale fait devenir la personne célèbre; le pouvoir doit parfois être obtenu par la lutte.

- Crises, excès d'énergie, fort besoin de se faire valoir. Problèmes par d'autres gens, destin tragique.
C Oppression psychique.

Pluton et ascendant
+ La personne veut acquérir de l'influence par sa grande force vitale, sa volonté; elle fera passer ses vues et exigera le respect; sa nature attirante lui procure rapidement des sympathies chez l'autre sexe.
- Disputes graves, inquiétude, séparation de personnes proches; fréquente utilisation des propres forces. Tendance aux blessures, aux accidents, aux troubles organiques.
C Force de réalisation brutale, aggressivité. Dommages corporels, blessures avec danger de mort.

Pluton et le milieu du ciel (M.C.)
+ Envie d'entreprendre, impulsivité, ambition, initiative personnelle, victoire sur les obstacles, estime et reconnaissance dans la vie professionnelle; mise en avant du moi.
- Disputes, crise professionnelle; tendance à l'excès, mauvaise utilisation des forces; défaites subites.
C Luttes professionnelles, procès, pertes d'emploi.

VIII

Observations finales

Observations finales

Des instituts démoscopiques ont constaté que, dans la République fédérale d'Allemagne (y compris Berlin-Ouest), environ soixante-dix pour cent des personnes interrogées ont été capables d'indiquer leur signe horoscopique de naissance. En bien d'autres pays, la situation n'est guère différente. Mes nombreuses expériences dans le domaine astrologique m'ont incité à écrire ce livre pour répondre au vif intérêt que suscite l'astrologie.

Un grand pourcentage des gens intéressés se contente hélas d'un aspect ordinaire de l'astrologie, à savoir l'astrologie des journaux. Ces publications sont sans conteste très discutables.

Ce livre devrait fournir la possibilité de s'initier à l'astrologie sérieuse. Je ne prétends pas avoir touché tous les domaines de l'astrologie ni avoir étudié de manière exhaustive tous les problèmes de l'astrologie. Ce livre veut plutôt éveiller l'intérêt pour cette discipline. Il ne devrait pas être un manuel avec des règles, même si nous avons donné certaines règles.

Il faut encore une fois le répéter: l'art de l'interprétation de l'horoscope est la combinaison, la confrontation. On ne peut se perdre dans les détails; il faut les prendre en considération mais, en même temps, se concentrer sur l'ensemble.

Le ciel astral au-dessus de nous suit certaines lois. Le soleil et la lune dictent le rythme de la vie sur terre. Les effets du soleil — les énergies solaires — font naître la vie sur terre; le soleil donne la chaleur, produit la nourriture.

Les effets de la lune nous sont également connus. Les médecins savent que sa croissance et sa décroissance influencent le cycle des menstruations chez la femme. Les hôpitaux, les aubergistes et la police connaissent également les effets de la pleine lune chaque mois: elle provoque une accumulation d'événements désagréables comme des accès de violence, des disputes conjugales, des différends, de la brouille chez soi, des excès alcooliques.

L'expérience a montré qu'un horoscope de naissance individualisé qui est composé suivant la minute de naissance précise et le lieu de naissance, peut donner des informations sur le caractère, les prédispositions, les aptitudes, les possibilités d'un homme selon sa destinée. Un horoscope est une "expression" symbolique ou un miroir d'un individu.

Mais ce serait une fausse conclusion que de croire qu'une configuration astrale nous oblige à une obéissance aveugle. C'est la tâche de chacun de décider s'il vivra non en opposition avec les possibilités données mais en accord avec elles et surtout qu'il utilisera ses capacités et ses forces de manière positive. Les constellations des horoscopes ne sont donc pas des données inaltérables. Dans une certaine mesure, il nous reste la liberté de prendre des mesures contraires face à des constellations défavorables et d'organiser nous-même notre vie ou du moins de connaître cette influence. Le médecin peut également dire: la maladie X se déroulera normalement ainsi. Cela ne veut pas dire que la maladie aura automatiquement ce déroulement.

Pour l'astrologie, il en va de même: nous avons affaire à des tendances. Celles-ci produiront leurs effets mais uniquement si d'autres forces ne s'y opposent pas. L'astrologie ne peut donc indiquer que des directions, des possibilités. C'est pourquoi un enseignement astrologique sérieux doit être modeste et rester conscient de ses limites.

Le caractère et le destin d'un homme sont déterminés par des forces étrangères à l'horoscope: par exemple, la situation générale, le milieu individuel, les circonstances économiques, politiques ou culturelles. Il est évident que les tendances fondamentales d'un horoscope s'exercent différemment pour un homme qui vivait il y a mille ans que pour un homme de l'époque actuelle. Le développement, l'état de maturité et la condition d'une personne pour qui on fait un horoscope jouent également un grand rôle pour l'établissement de celui-ci.

L'astrologue peut montrer à celui qui demande un horoscope les tendances qui s'annoncent. En un temps de constellations favorables, les affaires et les entreprises de toute nature réussiront plus facilement qu'en un temps où l'influence des astres est négative.

Pour conclure, nous pouvons affirmer ceci (et nous devons même l'accepter comme un fait): il y a des rapports entre les astres et les êtres vivants. Il n'est pas nécessaire qu'il s'agisse de relations causales, mais ces rapports, ces relations existent.

Explication des signes

Signes des astres		Signes du zodiaque
☉ Soleil	= ♈ *	Bélier
☽ Lune	= ♉	Taureau
☿ Mercure	= ♊	Gémeaux
♀ Vénus	= ♋	Cancer
♂ Mars	= ♌	Lion
♃ Jupiter	= ♍	Vierge
♄ Saturne	= ♎	Balance
♅ Uranus	= ♏	Scorpion
♆ Neptune	= ♐	Sagittaire
♇ Pluton	= ♑	Capricorne
☊ Noeuds lunaires	= ♒	Verseau
	= ♓	Poissons

* Signes conventionnels en astrologie pour les signes du zodiaque (symboles).

Les positions géographiques
sont indiquées en degrés, minutes et secondes (° ' ").

Le temps
en heures, minutes, secondes (h m s).

Positions géographiques

Positions géographiques

des principales villes du monde entre le 38e et le 60e degré de latitude

Position géographique

Localité (obs. = observatoire)	Latitude °	'		Longitude par rapport à Greenwich °	'	h	m	s
Aix-la-Chapelle,	+50	46.6	ö.	6	4.5	0	24	18
Aalborg	+57	03	ö.	9	55	0	39	40
Aberdeen	+57	09	w.	2	6	0	8	24
Agram, place du monument	+45	48.8	ö.	15	58.8	1	3	55
Allenstein	+53	46	ö.	20	28	1	21	52
Amsterdam	+52	22.5	ö.	4	53.1	0	19	32
Ankara	+39	57	ö.	32	50	2	11	20
Ansbach	+49	18.2	ö.	10	34.4	0	42	18
Anvers, obs.	+51	12.5	ö.	4	24.7	0	17	39
Aschaffenburg	+49	59.5	ö.	9	8.6	0	36	35
Athènes, obs.	+37	58.3	ö.	23	43.3	1	34	53
Augsbourg, St-Ulrich	+48	21.7	ö.	10	54.1	0	43	37
Avignon	+43	57	ö.	4	48	0	19	12
Baden-Baden	+48	46	ö.	8	14	0	32	56
Bakou	+40	25	ö.	49	50	3	19	20
Bamberg	+49	53.1	ö.	10	53.3	0	43	33
Barcelone, mont Jony	+41	21.7	ö.	2	9.9	0	8	40
Bari	+41	07	ö.	16	53	1	07	32
Bâle, cathédrale	+47	33.4	ö.	7	35.6	0	30	20
Bayreuth	+49	56.7	ö.	11	35.7	0	46	23
Belgrade, fortification	+44	49.8	ö.	20	27.3	1	21	49
Berlin, obs.	+52	30.3	ö.	13	23.7	0	53	35
Berne, obs.	+46	57.0	ö.	7	26.4	0	29	46
Besançon, cbs.	+47	15.0	w.	5	59.3	0	23	57
Beuthen	+50	21	ö.	18	56	1	15	44
Bialystock	+53	08	ö.	23	10	1	32	40
Bieleveld	+52	01	ö.	8	31	0	34	04
Bilbao	+43	15	w.	2	56	0	11	44
Birmingham	+52	28.0	w.	1	53.8	0	7	35
Bochum	+51	29	ö.	7	12	0	28	48

Position géographique

Localité (obs. = observatoire)	Latitude °	'		Longitude par rapport à Greenwich °	'	h	m	s
Bonn, obs.	+50	43.7	ö.	7	5.8	0	28	23
Bordeaux, obs.	+44	50.1	w.	0	31.3	0	2	5
Boston	+42	21.5	w.	71	3.8	4	44	15
Bolzano	+46	30	ö.	11	20	0	45	20
Brandebourg	+52	24	ö.	12	34	0	50	16
Braunschweig, église St-André	+52	16.1	ö.	10	31.5	0	42	6
Brême	+53	4.8	ö.	8	48.3	0	35	13
Brescia	+45	32	ö.	10	12	0	40	48
Breslau, obs.	+51	6.9	ö.	17	2.2	1	8	9
Brest, obs.	+48	23.5	w.	4	29.6	0	17	58
Brighton	+50	50	w.	0	8	0	00	32
Brindisi	+40	39	ö.	17	56	1	11	44
Bristol, cathédrale	+51	27.4	w.	2	36.0	0	10	24
Brno	+49	11.7	ö.	16	36.8	1	6	27
Bruxelles	+50	51.2	ö.	4	22.2	0	17	29
Budapest, point géodésique	+47	29.6	ö.	19	3.8	1	16	15
Bucarest, église métropolitaine	+44	25.6	ö.	26	6.3	1	44	25
Calais	+50	57	ö.	1	51	0	7	24
Cambridge, obs.	+52	12.9	ö.	0	5.7	0	0	23
Chemnitz	+50	50.0	ö.	12	55.0	0	51	40
Cherbourg	+49	39	w.	1	37	0	6	28
Chicago, obs.	+52	3.0	w.	87	40.0	5	50	42
Cotbus	+51	46	ö.	14	20	0	57	20
Gdansk, obs.	+54	21.4	ö.	18	39.9	1	14	40
Darmstadt	+49	52.4	ö.	8	39.6	0	34	38
Delft	+52	00	ö.	4	22	0	17	28
Dessau	+51	50.1	ö.	12	16.9	0	49	8

Position géographique

Localité (obs. = observatoire)	Latitude			Longitude par rapport à Greenwich				
	°	′		°	′	h	m	s
Dortmund	+51	31.4	ö.	7	28.0	0	29	52
Douvres	+51	08	ö.	1	19	0	5	16
Dresde, salon math.	+51	3.2	ö.	13	44.0	0	54	56
Dublin, obs.	+53	23.3	w.	6	20.3	0	25	21
Dubrovnik	+42	40	ö.	18	7	1	12	28
Duisbourg, tour	+51	26.2	ö.	6	45.9	0	27	4
Düsseldorf, obs.	+51	12.4	ö.	6	46.2	0	27	5
Édimbourg, obs.	+55	57.4	w.	3	10.8	0	12	43
Eisenach	+50	58.9	ö.	10	20.2	0	41	21
Elberfeld	+51	15.4	ö.	7	9.9	0	28	40
Elbing, tour	+54	9.7	ö.	19	23.9	1	17	36
Emden, port	+53	22.1	ö.	7	12.4	0	28	50
Erfurt	+50	58.8	ö.	11	2.5	0	44	10
Erlangen, église protestante	+49	35.8	ö.	11	0.3	0	44	1
Essen	+51	27	ö.	7	00	0	28	00
Esslingen	+48	44.5	ö.	9	18.0	0	37	12
Feldkirch, gare	+47	14.6	ö.	9	36.5	0	38	26
Ferrara	+44	50	ö.	11	38	0	46	32
Fiume	+45	20	ö.	14	27	0	57	48
Flensburg, église	+54	47.1	ö.	9	26.3	0	37	45
Florence, obs.	+43	46.1	ö.	11	15.5	0	45	2
Francfort-sur-le-Main	+50	6.7	ö.	8	41.2	0	34	45
Francfort-sur-l'Oder	+52	22.1	ö.	14	33.2	0	58	13
Fribourg-en-Brisgau	+47	59.0	ö.	7	50.0	0	31	20
Freising	+48	24.0	ö.	11	44.9	0	47	00
Genève, obs.	+46	12.0	ö.	6	9.2	0	24	37
Gênes, obs.	+44	25.2	ö.	8	55.3	0	35	41
Gera	+50	53.4	ö.	12	4.0	0	48	16
Giessen	+50	34	ö.	8	40	0	34	40
Glasgow, obs.	+55	52.7	w.	4	17.6	0	17	10
Gorki	+56	20	ö.	44	00	2	56	00
Görlitz	+51	9.0	ö.	15	0.0	1	00	00

Localité (obs. = observatoire)	Latitude			Longitude par rapport à Greenwich				
	°	′		°	′	h	m	s
Göteborg	+57	43	ö.	11	58	0	47	52
Göttingen, obs.	+51	31.8	ö.	9	56.6	0	39	46
Gotha, obs.	+50	56.6	ö.	10	42.6	0	42	51
Graz	+47	4.6	ö.	15	27.0	1	1	48
Greenwich, obs.	+51	28.6	—	0	0.0	0	00	00
Groningue	+53	13	ö.	6	32	0	26	8
Haarlem	+52	23	ö.	4	38	0	18	32
Hagen	+51	22	ö.	7	28	0	29	52
Halberstadt	+51	54.1	ö.	11	3.2	0	44	13
Halle s/S.	+51	29.6	ö.	11	57.7	0	47	51
Hambourg, obs.	+53	33.1	ö.	9	58.4	0	39	54
Hanovre, tour du marché	+52	22.3	ö.	9	44.4	0	38	58
Hastings	+50	51	ö.	0	54	0	3	36
Heidelberg, obs.	+49	23.9	ö.	8	43.5	0	34	54
Heilbronn	+49	8.0	ö.	9	13.0	0	36	52
Helgoland	+54	11	ö.	7	53	0	31	32
Helsingborg	+56	03	ö.	12	42	0	50	48
Helsingfors, obs.	+60	9.7	ö.	24	57.3	1	39	49
Helsingör	+56	02	ö.	12	36	0	50	24
Hermannstadt	+45	47.9	ö.	24	9.5	1	36	38
Hildesheim	+52	09	ö.	9	57	0	39	48
Hilversum	+52	13	ö.	5	11	0	20	44
Hof	+50	19.4	ö.	11	55.3	0	47	41
Ingolstadt	+48	45.9	ö.	11	25.2	0	45	41
Innsbruck	+47	16.2	ö.	11	23.9	0	45	36
Insterburg	+54	38	ö.	21	47	1	27	8
Iéna, obs.	+50	55.6	ö.	11	35.2	0	46	21
Jérusalem	+31	47	ö.	35	10	2	20	40
Le Caire	+30	03	ö.	31	15	2	5	00
Kaiserslautern	+49	26.7	ö.	7	46.5	0	31	6
Kalinine	+56	50	ö.	35	55	2	23	40

Position géographique

Localité (obs. = observatoire)	Latitude °	′		Longitude °	′	h	m	s
Kalouga	+54	30	ö.	36	18	2	25	12
Le Cap	−33	56.1	ö.	18	28.7	1	13	55
Karlovy Vary	+50	13	ö.	12	24	0	51	36
Karlsruhe, anc. obs.	+49	0.5	ö.	8	24.1	0	33	36
Kazan, obs.	+55	47.4	ö.	49	7.3	3	16	29
Kassel,	+51	19.0	ö.	9	23.9	0	37	36
Kempten	+47	43.5	ö.	10	19.3	0	41	17
Kiel, obs.	+54	19	ö.	10	7	0	40	36
Kiev, obs.	+50	27.2	ö.	30	30.2	2	2	1
Kissingen	+50	12.1	ö.	10	4.7	0	40	19
Klagenfurt	+46	34.4	ö.	14	18.6	0	57	15
Cologne, dôme	+50	56.5	ö.	6	57.8	0	27	15
Könisberg, obs.	+54	42.8	ö.	20	29.8	1	21	59
Constantinople, Ste-Sophie	+41	0.5	ö.	28	58.3	1	55	58
Constance	+47	39	ö.	9	10	0	36	40
Copenhague, obs.	+55	41.2	ö.	12	34.7	0	50	19
Cracovie, obs.	+50	3.8	ö.	19	57.6	1	19	50
Krasnodar	+45	02	ö.	39	00	2	36	00
Krefeld	+51	19.9	ö.	6	33.9	0	26	16
Kronstadt, place principale	+45	38.6	ö.	25	35.8	1	42	23
Kufstein	+47	34	ö.	12	11	0	48	44
Lahore	+31	34	ö.	74	20	4	57	20
Laibach	+46	3.0	ö.	14	30.7	0	58	3
Lausanne	+46	31	ö.	6	39	0	26	36
Le Havre	+49	29.3	ö.	0	6.5	0	00	26
Leiden, obs.	+52	9.3	ö.	4	29.1	0	17	56
Leipzig, obs.	+51	20.1	ö.	12	23.5	0	49	34
Lemberg	+49	50.8	ö.	24	3.2	1	36	13
Léningrad	+59	56.5	ö.	30	17.8	2	1	11

Position géographique

Localité (obs. = observatoire)	Latitude °	′		Longitude °	′	h	m	s
Leoben, église	+47	23.1	ö.	15	5.5	1	00	22
Lille, église Ste-Madeleine	+50	38.7	ö.	3	3.8	0	12	15
Lindau	+47	32.8	ö.	9	41.3	0	38	45
Linz	+48	18.3	ö.	14	17.3	0	57	9
Lisbonne, obs.	+38	42.5	w.	9	11.2	0	36	45
Lodz	+51	46	ö.	19	27	1	17	48
Londres, église St-Paul	+51	30.8	w.	0	5.7	0	00	23
Lübeck, obs.	+53	31.5	ö.	10	41.4	0	42	46
Lublin	+51	14	ö.	22	33	1	30	12
Ludwingshafen-sur-le-Rhin	+49	28.5	ö.	8	27.0	0	33	48
Luxembourg	+49	37.1	ö.	6	9.7	0	24	39
Lucerne	+47	37.6	ö.	8	18	0	33	12
Lyon, obs.	+45	41.7	ö.	4	47.0	0	19	8
Madrid, obs.	+40	24.5	w.	3	41.3	0	14	45
Magdebourg, cathédrale	+52	8.1	ö.	11	38.7	0	46	35
Milan, obs.	+45	28.0	ö.	9	11.5	0	36	46
Mayence, église St-Étienne	+49	59.7	ö.	8	16.3	0	33	5
Malmö	+55	36	ö.	13	00	0	52	00
Manchester, église Ste-Marie	+53	29.0	w.	2	14.7	0	8	59
Mannheim, obs.	+49	29.2	ö.	8	27.6	0	33	50
Mantoue	+45	09	ö.	10	47	0	43	8
Marburg, obs.	+50	48.8	ö.	8	46.4	0	35	6
Marseille, obs.	+43	18.3	ö.	5	23.7	0	21	35
Melbourne	−37	50	ö.	145	00	9	44	00
Memel	+55	43	ö.	21	7	1	24	28
Messine, phare	+38	11.6	ö.	15	34.3	1	2	17

Position géographique

(Colonne de gauche)

Localité (obs. = observatoire)	Latitude °	'		Longitude °	'	h	m	s
Metz, cathédrale	+ 49	7.2	ö.	6	10.6	0	24	43
Montevideo	− 34	53	w.	56	10	3	44	40
Moscou, obs.	+ 55	45.3	ö.	37	34.3	2	30	17
Mulhouse-en Alsace	+ 47	44.9	ö.	7	20.4	0	29	22
Mülheim-sur-le-Rhin	+ 47	48.7	ö.	7	37.6	0	30	31
Munich, obs.	+ 48	8.8	ö.	11	36.5	0	46	26
Münster	+ 51	58.2	ö.	7	37.7	0	30	31
Nagoja	+ 35	08	ö.	136	55	9	7	40
Namur	+ 50	28	ö.	4	51	0	19	24
Nancy	+ 48	42	ö.	6	11	0	24	44
Nantes, cathédrale	+ 47	13.1	w.	1	33.1	0	6	12
Naples	+ 40	51.8	ö.	14	15.5	0	57	2
New Castle	+ 54	58	w.	1	36	0	6	24
Nouvelle-Orléans, hôtel de ville	+ 29	57.8	w.	90	3.5	6	0	14
New York, Columbia College	+ 40	45.4	w.	73	58.4	4	55	54
Nimègue	+ 51	50	ö.	5	52	0	23	28
Nice	+ 43	43.3	ö.	7	8.1	0	29	12
Nördhaüsen	+ 51	30.4	ö.	10	48.9	0	43	16
Nördlingen, de l'église	+ 48	51.1	ö.	10	29.3	0	41	58
Nottingham	+ 52	57	w.	1	9	0	4	33
Nuremberg, tour ronde	+ 49	27.5	ö.	11	4.7	0	44	19
Odense	+ 55	23	ö.	10	23	0	41	32
Odessa, obs.	+ 46	28.6	ö.	30	45.6	2	3	2
Oldenburg	+ 53	8.3	ö.	8	13.2	0	32	53
Olmütz, anc. obs.	+ 49	35.7	ö.	17	17.0	1	9	8
Omsk	+ 55	00	w.	73	24	4	53	36
Oporto, phare	+ 41	9.2	w.	8	38.2	0	34	33
Orléans	+ 47	54	ö.	1	55	0	7	40

(Colonne de droite)

Localité (obs. = observatoire)	Latitude °	'		Longitude °	'	h	m	s
Osaka	+ 34	39	ö.	135	29	9	1	56
Oslo	+ 59	55	ö.	10	44	0	42	56
Osnabrück	+ 52	16.6	ö.	8	2.5	0	32	10
Ostende	+ 51	14	ö.	2	55	0	11	40
Ottawa	+ 45	25	w.	75	42	5	2	48
Osford, obs.	+ 51	45.6	w.	1	15.0	0	5	00
Palerme, obs.	+ 38	6.7	ö.	13	21.2	0	53	25
Paris, obs.	+ 48	50.2	ö.	2	20.2	0	9	21
Passau, coupole	+ 48	34.4	ö.	13	28.1	0	53	52
Pékin	+ 39	36	ö.	126	24	8	25	36
Perm	+ 58	00	ö.	56	15	3	45	00
Philadelphie, obs.	+ 39	57.1	w.	75	9.6	5	0	38
Plzen	+ 49	45	ö.	13	23	0	53	32
Pirmasens	+ 49	12.0	ö.	7	36.4	0	30	26
Pise	+ 43	43	ö.	10	24	0	41	36
Plauen	+ 50	30.0	ö.	12	7.5	0	48	30
Plymouth	+ 50	22.3	w.	4	8.0	0	16	32
Port-Saïd	+ 31	15	ö.	32	18	2	9	12
Poznan	+ 52	25	ö.	16	55	1	7	40
Prague, obs.	+ 50	5.3	ö.	14	25.4	0	57	42
Québec	+ 46	48	w.	71	13	4	44	52
Rabitor	+ 50	06	ö.	18	13	1	12	52
Ravenne	+ 44	25	ö.	12	12	0	48	48
Ratisbonne, St-Emmeran	+ 49	1.0	ö.	12	5.7	0	48	23
Reims	+ 49	15	ö.	4	2	0	16	8
Reval	+ 59	26	ö.	24	43	1	38	42
Riga, école polytechnique	+ 56	57.1	ö.	24	7.0	1	36	28
Rome, obs.	+ 41	53.9	ö.	12	28.8	0	49	55
Rosenheim	+ 47	51.4	ö.	12	5.2	0	48	30
Rostock,	+ 54	5.5	ö.	12	8.2	0	48	33
	+ 47	15	ö.	39	53	2	39	32

Position géographique

Localité (obs. = observatoire)	Latitude °	'	ö./w.	Longitude °	'	Longitude par rapport à Greenwich h	m	s
Rotterdam,	+51	54.5	ö.	4	29.8	0	17	59
Rouen	+49	26	ö.	1	8	0	4	32
Saarbrücken	+49	14	ö.	6	59	0	27	56
Salonique, bastion sud	+40	37.5	ö.	22	58.0	1	31	52
Salzbourg	+47	47.8	ö.	13	3.0	0	52	12
San Francisco	+37	47.4	w.	122	25.6	9	9	42
Santiago	−33	27	w.	70	40	4	42	40
Saragosse	+41	39	ö.	0	54	0	3	36
Shangaï	+31	14	ö.	121	30	8	6	00
Schleswig	+54	30	ö.	9	33	0	38	12
Scheindemühl	+53	09	ö.	16	45	1	7	00
Schweinfurt	+50	2.7	ö.	10	14.4	0	40	58
Schwerin	+53	37.6	ö.	11	25.2	0	45	41
Séoul	+37	32	ö.	126	57	8	27	48
Séville, la Giralda	+37	22.7	w.	6	1.2	0	24	5
Sébastopol	+44	35	ö.	33	34	2	14	16
Sheffield	+53	23	w.	1	29	0	5	56
Sienne	+43	19	ö.	11	18	0	45	12
Skopje	+42	00	ö.	21	25	1	25	40
Smolensk	+54	46	ö.	32	3	2	8	12
Sofia,	+42	42.0	ö.	23	19.8	1	33	19
Southampton	+50	54	w.	1	23	0	5	32
Spire, anc. obs.	+49	18.9	ö.	8	26.4	0	33	46
Stavanger	+58	58	ö.	5	44	0	22	56
Stettin	+53	25.7	ö.	14	33.9	0	58	16
Stetr	+48	2.3	ö.	14	25.2	0	57	41
St-Gallen	+47	25	ö.	9	23	0	37	32
Stockholm, obs.	+59	20.6	ö.	18	3.5	1	12	14
Stralsund	+54	18.7	ö.	13	5.5	0	52	22
Strasbourg	+48	35.0	ö.	7	46.2	0	31	5
Stuttgart	+48	46.6	ö.	9	10.7	0	36	43

Position géographique

Localité (obs. = observatoire)	Latitude °	'	ö./w.	Longitude °	'	Longitude par rapport à Greenwich h	m	s
Sydney	−33	55	ö.	151	10	10	4	40
Taganrog	+47	14	ö.	38	57	2	35	48
Tanger	+35	47	w.	5	48	0	23	12
Tarnopol	+49	33	ö.	25	38	1	42	32
Théréran	+35	40	ö.	51	26	3	25	44
Temesvar	+45	45.6	ö.	21	15.3	1	25	1
Teplitz	+50	39	ö.	13	49	0	55	16
Tiflis	+44	45	ö.	44	50	2	59	40
Tilsit	+55	05	ö.	21	53	1	27	32
Tokyo	+35	40	ö.	139	45	9	19	00
Toronto	+43	39	w.	79	22	5	17	28
Toulon, obs.	+43	7.4	ö.	5	55.4	0	23	42
Toulouse, obs.	+43	36.8	ö.	1	27.5	0	5	50
Traunstein	+47	52.4	ö.	10	34.7	0	42	19
Trèves	+49	46	ö.	6	39	0	26	36
Trieste, obs.	+45	38.8	ö.	13	45.7	0	55	3
Tripoli	+32	54	ö.	13	10	0	52	40
Tunis	+36	48	ö.	10	10	0	40	40
Turin, obs.	+45	4.1	ö.	7	41.8	0	30	47
Ulm, cathédrale	+48	23.8	ö.	9	59.4	0	39	58
Uppsala	+59	52	ö.	17	38	1	10	32
Utrecht, obs.	+52	5.2	ö.	5	7.9	0	20	32
Vaduz	+47	08	ö.	9	31	0	38	4
Vérone	+45	26	ö.	11	00	0	44	00
Villach	+46	36.8	ö.	13	50.9	0	55	24
Plessigue	+51	26	ö.	3	34	0	14	16
Varsovie, obs.	+52	13.1	ö.	21	1.8	1	24	7
Washington, obs.	+38	55.2	w.	77	4.0	5	8	16
Weimar	+50	59.2	ö.	11	19.9	0	45	20
Wellington	−41	18	ö.	74	47	11	39	8
Wesermünde	+53	32	ö.	8	33	0	34	12

Position géographique				
Localité (obs. = observatoire)	Latitude o '	Longitude par rapport à Greenwich o '	h m	s
Wiborg	+ 60 43. ö.	28 44	1 54	56
Vienne, St-Étienne	+ 48 12.6 ö.	16 22.7	1 5	31
Wiesbaden	+ 50 05 ö.	8 14	0 32	56
Wilna	+ 54 41 ö.	25 17	1 41	8
Wittenberg	+ 51 52 ö.	12 38	0 50	32
Worms, église protestante	+ 49 37.8 ö.	8 21.9	0 33	38

Position géographique				
Localité (obs. = observatoire)	Latitude o '	Longitude par rapport à Greenwich o '	h m	s
Würzburg	+ 49 47.7 ö.	9 56.0	0 39	44
Zurich	+ 47 22.7 ö.	8 33.1	0 34	12
Zweibrücken	+ 49 14.8 ö.	7 22.0	0 29	28
Zwickau	+ 50 43.0 ö.	12 28.5	0 49	54
Zwittau, église	+ 49 45.4 ö.	16 28.9	1 5	56

Tableau

Pour la détermination de la différence entre le temps normal (heure de naissance) et le temps local dans le fuseau horaire de l'Europe centrale

Le tableau suivant indique les différences horaires des grandes villes d'Europe centrale, spécialement d'Allemagne, d'Autriche et de Suisse.

Le signe + indique qu'il faut ajouter la différence horaire, le signe −, qu'il faut retrancher la différence horaire. Pour les villes non requises dans cette liste, il faut prendre en considération la ville la plus proche. (Pour les naissances en dehors de ces pays, il faut calculer la différence horaire selon les instructions données page 66 et suivantes. Pour les naissances en dehors du fuseau horaire de l'Europe centrale, il faut suivre les instructions pages 76 et suivantes.)

Aix-la-Chapelle	−35	Elberfeld	−31	Coblence	−29
Allenstein	+21	Elbing	+17	Kolberg	+ 2
Augsbourg	−16	Erfurt	−15	Cologne	−32
Baden	+27	Essen	−31	Königsberg	+22
Bamberg	−16	Flensburg	−22	Constance	−23
Bâle	−29	Francfort s/Main	−25	Kottbus	− 2
Bautzen	− 2	Francfort s/oder	− 1	Cracovioe	+19
Berlin	− 6	Fribourg	−28	Kremsmünster	− 3
Berne	− 30	Gleiwitz	+14	Leipzig	−10
Beuthen	+15	Glogau	+ 4	Liegnitz	+ 4
Bielefeld	−25	Gotha	−17	Lübeck	−17
Bonn	−31	Görlitz	0	Magdebourg	−13
Braunschweig	−17	Göttingen	−20	Mayence	−26
Brême	−24	Graz	+ 1	Mannheim	−26
Breslau	+ 8	Halle,Saale	−12	Memel	+24
Bromberg	+12	Hambourg	−20	Munich	−13
Celle	−19	Hannovre	−21	Münster	−29
Chemnitz	− 8	Heidelberg	−25	Neisse	+ 9
Gdansk	+14	Innsbruck	−14	Nikolsburg	+ 6

Darmsadt	−25	Iéna	−13	Nuremberg	−15
Dortmund	−30	Kaiserslautern	−28	Oldenburg	−27
Dresde	− 5	Karlsruhe	−26	Oppeln	+11
Duisburg	−32	Kassel	−21	Osnabrück	−27
Düsseldorf	−32	Kiel	−19	Plauen	−11
Eger	−10	Klagenfurt	− 2	Poznan	+ 7
Prague	− 2	Schweidnitz	+ 5	Troppau	+12
Quedlinburg	−15	Schwerin	−14	Ulm	−20
Ratibor	+12	Stargrad	0	Wesel	−33
Ratisbonne	−11	Stettin	− 1	Vienne	+ 5
Rostock	−11	Strasbourg	−29	Wiesbaden	−27
Saarbrücken	−32	Stuttgart	−23	Würzbirg	−20
Salzbourg	− 7	Trèves	−33	Zurich	−25
Scheleswig	−21				

Tableau

Pour la détermination de l'heure sidérale

Toutes les valeurs de l'heure sidérale (h = heure, m = minute) sont données pour 0h, heure universelle, c'est-à-dire minuit à Greenwich.

Janvier

Jour	Heure sidérale h	m
1	6	41
2	6	45
3	6	49
4	6	53
5	6	56
6	7	00
7	7	4
8	7	8
9	7	12
10	7	16
11	7	20
12	7	24
13	7	28
14	7	32
15	7	36
16	7	40
17	7	44
18	7	48
19	7	52
20	7	56
21	8	00
22	8	3
23	8	7
24	8	11
25	8	15
26	8	19
27	8	23
28	8	27
29	8	31
30	8	35
31	8	39

Février

Jour	Heure sidérale h	m
1	8	43
2	8	47
3	8	51
4	8	55
5	8	59
6	9	3
7	9	7
8	9	10
9	9	14
10	9	18
11	9	22
12	9	26
13	9	30
14	9	34
15	9	38
16	9	42
17	9	46
18	9	50
19	9	54
20	9	58
21	10	2
22	10	6
23	10	10
24	10	14
25	10	18
26	10	21
27	10	25
28	10	29

Mars

Jour	Heure sidérale h	m
1	10	33
2	10	37
3	10	41
4	10	45
5	10	49
6	10	53
7	10	57
8	11	1
9	11	5
10	11	9
11	11	13
12	11	17
13	11	21
14	11	25
15	11	28
16	11	32
17	11	36
18	11	40
19	11	44
20	11	48
21	11	52
22	11	56
23	12	0
24	12	4
25	12	8
26	12	12
27	12	16
28	12	20
29	12	24
30	12	28
31	12	32

Avril

Jour	Heure sidérale h	m
1	12	36
2	12	39
3	12	43
4	12	47
5	12	51
6	12	55
7	12	59
8	13	3
9	13	7
10	13	11
11	13	15
12	13	19
13	13	23
14	13	27
15	13	31
16	13	35
17	13	39
18	13	43
19	13	46
20	13	50
21	13	54
22	13	58
23	14	2
24	14	6
25	14	10
26	14	14
27	14	18
28	14	22
29	14	26
30	14	30

Mai			Juin			Juillet			Août		
Jour	*Heure sidérale* h	m	*Jour*	*Heure sidérale* h	m	*Jour*	*Heure sidérale* h	m	*Jour*	*Heure sidérale* h	m
1	14	34	1	16	36	1	18	34	1	20	37
2	14	38	2	16	40	2	18	38	2	20	40
3	14	42	3	16	44	3	18	42	3	20	44
4	14	46	4	16	48	4	18	46	4	20	48
5	14	50	5	16	52	5	18	50	5	20	52
6	14	53	6	16	56	6	18	54	6	20	56
7	14	57	7	17	0	7	18	58	7	21	0
8	15	1	8	17	4	8	19	2	8	21	4
9	15	5	9	17	8	9	19	6	9	21	8
10	15	9	10	17	11	10	19	10	10	21	12
11	15	13	11	17	15	11	19	14	11	21	16
12	15	17	12	17	19	12	19	18	12	21	20
13	15	21	13	17	23	13	19	22	13	21	24
14	15	25	14	17	27	14	19	26	14	21	28
15	15	29	15	17	31	15	19	29	15	21	32
16	15	33	16	17	35	16	19	33	16	21	36
17	15	37	17	17	39	17	19	37	17	21	40
18	15	41	18	17	43	18	19	41	18	21	44
19	15	45	19	17	47	19	19	45	19	21	47
20	15	49	20	17	51	20	19	49	20	21	51
21	15	53	21	17	55	21	19	53	21	21	55
22	15	57	22	17	59	22	19	57	22	21	59
23	16	1	23	18	3	23	20	1	23	22	3
24	16	4	24	18	7	24	20	5	24	22	7
25	16	8	25	18	11	25	20	9	25	22	11
26	16	12	26	18	15	26	20	13	26	22	15
27	16	16	27	18	19	27	20	17	27	22	19
28	16	20	28	18	22	28	20	21	28	22	23
29	16	24	29	18	26	29	20	25	29	22	27
30	16	28	30	18	30	30	20	29	30	22	31
31	16	32				31	20	33	31	22	35

	Septembre			Octobre			Novembre			Décembre		
	Jour	*Heure sidérale*		*Jour*	*Heure sidérale*		*Jour*	*Heure sidérale*		*Jour*	*Heure sidérale*	
		h	m		h	m		h	m		h	m
	1	22	39	1	0	37	1	2	39	1	4	37
	2	22	43	2	0	41	2	2	43	2	4	41
	3	22	47	3	0	45	3	2	47	3	4	45
	4	22	51	4	0	49	4	2	51	4	4	49
	5	22	54	5	0	53	5	2	55	5	4	53
	6	22	58	6	0	57	6	2	59	6	4	57
	7	23	2	7	1	1	7	3	3	7	5	1
	8	23	6	8	1	5	8	3	7	8	5	5
	9	23	10	9	1	9	9	3	11	9	5	9
	10	23	14	10	1	12	10	3	15	10	5	13
	11	23	18	11	1	16	11	3	19	11	5	17
	12	23	22	12	1	20	12	3	23	12	5	21
	13	23	26	13	1	24	13	3	27	13	5	25
	14	23	30	14	1	28	14	3	30	14	5	29
	15	23	34	15	1	32	15	3	34	15	5	33
	16	23	38	16	1	36	16	3	38	16	5	37
	17	23	42	17	1	40	17	3	42	17	5	41
	18	23	46	18	1	44	18	3	46	18	5	45
	19	23	50	19	1	48	19	3	50	19	5	48
	20	23	54	20	1	52	20	3	54	20	5	52
	21	23	58	21	1	56	21	3	58	21	5	56
	22	0	2	22	2	0	22	4	2	22	6	0
	23	0	5	23	2	4	23	4	6	23	6	4
	24	0	9	24	2	8	24	4	10	24	6	8
	25	0	13	25	2	12	25	4	14	25	6	12
	26	0	17	26	2	16	26	4	18	26	6	16
	27	0	21	27	2	20	27	4	22	27	6	20
	28	0	25	28	2	23	28	4	26	28	6	24
	29	0	29	29	2	27	29	4	30	29	6	28
	30	0	33	30	2	31	30	4	34	30	6	32
				31	2	35				31	6	36

Tableau des Maisons

38°

Heure sidérale (h m s)	10e maison °	11e maison °	12e maison °	1re maison Ascendant ° '	2e maison °	3e maison °
	♈	♉	♊	♋	♌	♍
0 00 00	00	06	14	17 15	08	01
0 03 40	01	07	15	18 01	08	02
0 07 20	02	08	16	18 47	09	03
0 11 00	03	09	17	19 33	10	04
0 14 41	04	10	18	20 19	11	04
0 18 21	05	11	18	21 04	12	05
0 22 02	06	12	19	21 50	12	06
0 25 42	07	13	20	22 35	13	07
0 29 23	08	14	21	23 20	14	08
0 33 04	09	15	22	24 06	15	09
0 36 45	10	16	23	24 51	15	10
0 40 26	11	17	24	25 36	16	11
0 44 08	12	18	25	26 21	17	11
0 47 50	13	19	25	27 06	18	12
0 51 32	14	20	26	27 51	19	13
0 55 14	15	21	27	28 36	19	14
0 58 57	16	22	28	29 22	20	15
1 02 40	17	23	29	♌ 0 06	21	16
1 06 23	18	24	♋ 0	00 52	22	17
1 10 07	19	25	01	01 37	23	18
1 13 51	20	26	01	02 22	23	19
1 17 35	21	27	02	03 07	24	20
1 21 20	22	28	03	03 52	25	21
1 25 06	23	29	04	04 37	26	21
1 28 52	24	♊ 0	05	05 23	27	22
1 32 38	25	01	06	06 08	28	23
1 36 25	26	02	07	06 54	28	24
1 40 12	27	03	07	07 39	29	25
1 44 00	28	04	08	08 25	♍ 0	26
1 47 48	29	05	09	09 11	01	27
1 51 37	♉ 0	06	10	09 56	02	28
1 55 27	01	07	11	10 42	02	29
1 59 17	02	08	12	11 28	03	♎ 0
2 03 08	03	09	12	12 14	04	01
2 06 59	04	10	13	13 01	05	02
2 10 51	05	10	14	13 47	06	03
2 14 44	06	11	15	14 33	07	04
2 18 37	07	12	16	15 20	08	05
2 22 31	08	13	17	16 07	08	05
2 26 25	09	14	18	16 54	09	06
2 30 20	10	15	18	17 40	10	07
2 34 16	11	16	19	18 28	11	08
2 38 13	12	17	20	19 15	12	09
2 42 10	13	18	21	20 02	13	10
2 46 08	14	19	22	20 50	14	11

38°

Heure sidérale (h m s)	10e maison °	11e maison °	12e maison °	1re maison Ascendant ° '	2e maison °	3e maison °
	♉	♊	♋	♌	♍	♎
2 50 07	15	20	23	21 37	14	12
2 54 07	16	21	24	22 25	15	13
2 58 07	17	22	24	23 13	16	14
3 02 08	18	23	25	24 02	17	15
3 06 09	19	24	26	24 50	18	16
3 10 12	20	25	27	25 38	19	17
3 14 15	21	25	28	26 27	20	18
3 18 19	22	26	29	27 16	21	19
3 22 23	23	27	30	28 05	22	20
3 26 29	24	28	♌ 0	28 54	22	21
3 30 35	25	29	01	29 44	23	22
3 34 41	26	♋ 0	02	♍ 0 34	24	23
3 38 49	27	01	03	01 24	25	24
3 42 57	28	02	04	02 14	26	25
3 47 06	29	03	05	03 04	27	26
3 51 15	♊ 0	04	06	03 54	28	27
3 55 25	01	05	07	04 44	29	28
3 59 36	02	06	07	05 35	♎ 0	29
4 03 48	03	07	08	06 26	01	♏ 0
4 08 00	04	08	09	07 17	02	01
4 12 13	05	09	10	08 08	03	02
4 16 26	06	10	11	08 59	04	03
4 20 40	07	11	12	09 50	05	04
4 24 55	08	12	13	10 42	05	05
4 29 10	09	13	14	11 33	06	06
4 33 26	10	14	15	12 25	07	07
4 37 42	11	14	16	13 17	08	08
4 41 59	12	15	17	14 09	09	09
4 46 16	13	16	17	15 01	10	10
4 50 34	14	17	18	15 53	11	11
4 54 52	15	18	19	16 45	12	12
4 59 10	16	19	20	17 38	13	13
5 03 29	17	20	21	18 30	14	14
5 07 49	18	21	22	19 23	15	15
5 12 09	19	22	23	20 16	16	16
5 16 29	20	23	24	21 09	17	17
5 20 49	21	24	25	22 02	18	18
5 25 09	22	25	26	22 55	19	19
5 29 30	23	26	27	23 48	20	20
5 33 51	24	27	28	24 41	21	21
5 38 12	25	28	29	25 34	22	22
5 42 34	26	29	♍ 0	26 27	23	23
5 46 55	27	♌ 0	01	27 20	24	24
5 51 17	28	01	01	28 13	25	25
5 55 38	29	02	02	29 07	26	26

38° — Table des maisons (left)

Heure sidérale h m s	10e maison ♋	11e maison ♌	12e maison ♍	1re maison Ascendant ♎ (° ')	2e maison ♎	3e maison ♏
6 00 00	00	03	03	00 00	27	27
6 04 22	01	04	04	00 53	28	28
6 08 43	02	05	05	01 47	29	29
6 13 05	03	06	06	02 40	29	♐0
6 17 26	04	07	07	03 33	♏0	01
6 21 48	05	08	08	04 26	01	02
6 26 09	06	09	09	05 19	02	03
6 30 30	07	10	10	06 12	03	04
6 34 51	08	11	11	07 05	04	05
6 39 11	09	12	12	07 58	05	06
6 43 31	10	13	13	08 51	06	07
6 47 51	11	14	14	09 44	07	08
6 52 11	12	15	15	10 37	08	09
6 56 31	13	16	16	11 30	09	10
7 00 50	14	17	17	12 22	10	11
7 05 08	15	18	18	13 15	11	12
7 09 26	16	19	19	14 07	12	13
7 13 44	17	20	20	14 59	13	14
7 18 01	18	21	21	15 51	13	15
7 22 18	19	22	22	16 43	14	16
7 26 34	20	23	23	17 35	15	16
7 30 50	21	24	24	18 27	16	17
7 35 05	22	25	25	19 18	17	18
7 39 20	23	26	25	20 10	18	19
7 43 34	24	27	26	21 01	19	20
7 47 47	25	28	27	21 52	20	21
7 52 00	26	29	28	22 43	21	22
7 56 12	27	♌0	29	23 34	22	23
8 00 24	28	01	♎0	24 25	23	24
8 04 35	29	02	01	25 16	23	25
8 08 45	♌0	03	02	26 06	24	26
8 12 54	01	04	03	26 56	25	27
8 17 03	02	05	04	27 46	26	28
8 21 11	03	06	05	28 36	27	29
8 25 19	04	07	06	29 26	28	♑0
8 29 26	05	08	07	♏0 16	29	01
8 33 31	06	09	08	01 06	30	02
8 37 37	07	10	08	01 55	♐0	03
8 41 41	08	11	09	02 44	01	04
8 45 45	09	12	10	03 33	02	05
8 49 48	10	13	11	04 22	03	05
8 53 51	11	14	12	05 10	04	06
8 57 52	12	15	13	05 58	05	07
9 01 53	13	16	14	06 47	06	08
9 05 53	14	17	15	07 35	06	09

38° — Table des maisons (right)

Heure sidérale h m s	10e maison ♌	11e maison ♍	12e maison ♎	1re maison Ascendant ♏ (° ')	2e maison ♐	3e maison ♑
9 09 53	15	18	16	08 23	07	10
9 13 52	16	19	16	09 10	08	11
9 17 50	17	20	17	09 58	09	12
9 21 47	18	21	18	10 45	10	13
9 25 44	19	22	19	11 32	11	14
9 29 40	20	23	20	12 20	12	15
9 33 35	21	24	21	13 06	12	16
9 37 29	22	25	22	13 53	13	17
9 41 23	23	25	22	14 40	14	18
9 45 16	24	26	23	15 27	15	19
9 49 09	25	27	24	16 13	16	20
9 53 01	26	28	25	16 59	17	20
9 56 52	27	29	26	17 46	18	21
10 00 42	28	♎0	27	18 32	18	22
10 04 33	29	01	28	19 18	19	23
10 08 23	♍0	02	28	20 04	20	24
10 12 12	01	03	29	20 49	21	25
10 16 00	02	04	♏0	21 35	22	26
10 19 48	03	05	01	22 21	23	27
10 23 35	04	06	02	23 06	23	28
10 27 22	05	07	02	23 52	24	29
10 31 08	06	08	03	24 37	25	♒0
10 34 54	07	09	04	25 23	26	01
10 38 40	08	09	05	26 08	27	02
10 42 25	09	10	06	26 53	28	03
10 46 09	10	11	07	27 38	29	04
10 49 53	11	12	07	28 23	30	05
10 53 37	12	13	08	29 08	♑0	06
10 57 20	13	14	09	29 54	01	07
11 01 03	14	15	10	♐0 38	02	08
11 04 46	15	16	11	01 24	03	09
11 08 28	16	17	11	02 09	04	10
11 12 10	17	18	12	02 54	05	11
11 15 52	18	19	13	03 39	05	12
11 19 34	19	19	14	04 24	06	13
11 23 15	20	20	15	05 09	07	14
11 26 56	21	21	15	05 54	08	15
11 30 37	22	22	16	06 40	09	16
11 34 18	23	23	17	07 25	10	17
11 37 58	24	24	18	08 10	11	18
11 41 39	25	25	18	08 56	12	19
11 45 19	26	26	19	09 41	12	20
11 49 00	27	26	20	10 27	13	21
11 52 40	28	27	21	11 13	14	22
11 56 20	29	28	22	11 59	15	23

38°

Heure sidérale h m s	10e maison °	11e maison °	12e maison °	1re maison Ascendant ° '	2e maison °	3e maison °
	♎	♎	♏	♐	♑	♒
12 00 00	00	29	22	12 45	16	24
12 08 40	01	♏0	23	13 31	17	25
12 07 20	02	01	24	14 17	18	26
12 11 00	03	02	25	15 03	19	27
12 14 41	04	03	26	15 50	20	28
12 18 21	05	03	26	16 37	21	29
12 22 02	06	04	27	17 24	22	♓0
12 25 42	07	05	28	18 11	23	02
12 29 23	08	06	29	18 58	24	03
12 33 04	09	07	30	19 46	25	04
12 36 45	10	08	♐0	20 33	26	05
12 40 26	11	09	01	21 21	27	06
12 44 08	12	10	02	22 10	28	07
12 47 50	13	10	03	22 58	29	08
12 51 32	14	11	03	23 47	♐0	09
12 55 14	15	12	04	24 36	01	10
12 58 57	16	13	05	25 25	02	11
13 02 40	17	14	06	26 16	03	12
13 06 23	18	15	07	27 05	04	14
13 10 07	19	16	07	27 56	05	15
13 13 51	20	16	08	28 47	06	16
13 17 35	21	17	09	29 38	07	17
13 21 20	22	18	10	♐0 30	08	18
13 25 06	23	19	11	01 22	09	19
13 28 52	24	20	11	02 14	10	20
13 32 38	25	21	12	03 07	11	22
13 36 25	26	22	13	04 01	12	23
13 40 12	27	22	14	04 55	13	24
13 44 00	28	23	15	05 49	15	25
13 47 48	29	24	16	06 44	16	26
13 51 37	♏0	25	16	07 39	17	27
13 55 27	01	26	17	08 35	18	29
13 59 17	02	27	18	09 32	19	♑0
14 03 08	03	28	19	10 29	20	01
14 06 59	04	29	20	11 26	22	02
14 10 51	05	29	21	12 24	23	03
14 14 44	06	♐0	21	13 23	24	04
14 18 37	07	01	22	14 23	25	06
14 22 31	08	02	23	15 23	27	07
14 26 25	09	03	24	16 24	28	08
14 30 20	10	04	25	17 26	29	09
14 34 16	11	05	26	18 29	♒0	10
14 38 13	12	06	27	19 32	02	12
14 42 10	13	06	28	20 36	03	13
14 46 08	14	07	29	21 41	04	14

38°

Heure sidérale h m s	10e maison °	11e maison °	12e maison °	1re maison Ascendant ° '	2e maison °	3e maison °
	♏	♐	♐	♑	♒	♓
14 50 07	15	08	29	22 47	06	15
14 54 07	16	09	♐0	23 53	07	17
14 58 07	17	10	01	25 01	08	18
15 02 08	18	11	02	26 09	10	19
15 06 09	19	12	03	27 18	11	20
15 10 12	20	13	04	28 29	13	21
15 14 15	21	14	05	29 41	14	23
15 18 19	22	15	06	♑0 53	15	24
15 22 23	23	16	07	02 06	17	25
15 26 29	24	16	08	03 21	18	26
15 30 35	25	17	09	04 36	20	27
15 34 41	26	18	10	05 53	21	29
15 38 49	27	19	11	07 11	23	♓0
15 42 57	28	20	12	08 29	24	01
15 47 06	29	21	13	09 49	25	02
15 51 15	♑0	22	14	11 10	27	03
15 55 25	01	23	15	12 32	28	05
15 59 36	02	24	16	13 56	♓0	06
16 03 48	03	25	17	15 20	01	07
16 08 00	04	26	18	16 46	03	08
16 12 13	05	27	19	18 13	04	09
16 16 26	06	28	20	19 41	06	11
16 20 40	07	29	21	21 11	07	12
16 24 55	08	♑0	22	22 41	09	13
16 29 10	09	01	24	24 13	10	14
16 33 26	10	02	25	25 46	12	15
16 37 42	11	03	26	27 21	13	16
16 41 59	12	04	27	28 56	15	18
16 46 16	13	05	28	♈0 33	16	19
16 50 34	14	06	29	02 10	18	20
16 54 52	15	07	♈0	03 49	19	21
16 59 10	16	08	02	05 28	21	22
17 03 29	17	09	03	07 09	22	23
17 07 49	18	10	04	08 51	24	24
17 12 09	19	11	05	10 33	25	26
17 16 29	20	12	07	12 16	26	27
17 20 49	21	13	08	14 00	28	28
17 25 09	22	14	09	15 44	29	29
17 29 30	23	15	10	17 30	♉0	♊0
17 33 51	24	16	12	19 16	02	01
17 38 12	25	17	13	21 02	04	02
17 42 34	26	18	14	22 49	05	03
17 46 55	27	19	16	24 37	06	04
17 51 17	28	20	17	26 24	08	06
17 55 38	29	21	18	28 12	09	07

314

38° Heure sidérale	10e maison	11e maison	12e maison	1re maison Ascendant		2e maison	3e maison	38° Heure sidérale	10e maison	11e maison	12e maison	1re maison Ascendant		2e maison	3e maison
h m s	°	°	°	°	'	°	°	h m s	°	°	°	°	'	°	°
18 00 00	00	22	20	00	00	10	08	21 09 53	15	15	24	07	13	01	22
18 04 22	01	23	21	01	48	12	09	21 13 52	16	16	26	08	19	01	23
18 08 43	02	24	22	03	36	13	10	21 17 50	17	17	27	09	24	02	24
18 13 05	03	26	24	05	23	14	11	21 21 47	18	18	28	10	28	03	24
18 17 26	04	27	25	07	11	16	12	21 25 44	19	20 ≈0	30	11	31	04	25
18 21 48	05	28	26	08	58	17	13	21 29 40	20	21	01	12	34	05	26
18 26 09	06	29	28	10	44	18	14	21 33 35	21	22	02	13	36	06	27
18 30 30	07 ♑0	≈0	30	12	30	20	15	21 37 29	22	23	03	14	37	07	28
18 34 51	08	01	01	14	16	21	16	21 41 23	23	24	05	15	37	08	29
18 39 11	09	02	02	16	00	22	17	21 45 16	24	26	06	16	37	09 ♈0	30
18 43 31	10	03	04	17	44	23	18	21 49 09	25	27	07	17	36	09	01
18 47 51	11	04	05	19	27	25	19	21 53 01	26	28	08	18	34	10	01
18 52 11	12	06	06	21	09	26	20	21 56 52	27	29	10	19	31	11	02
18 56 31	13	07	08	22	51	27	21	22 00 43	28 ♓0	30	11	20	28	12	03
19 00 50	14	08	09	24	32	28	22	22 04 33	29	01	12	21	25	13	04
19 05 08	15	09	11	26	11 ♈0		23	22 08 23 ♓0		03	13	22	21	14	05
19 09 26	16	10	12	27	50	01	24	22 12 12	01	04	14	23	16	14	06
19 13 44	17	11	14	29	27	02	25	22 16 00	02	05	15	24	11	15	07
19 18 01	18	12	15 ♈1	02	04	03	26	22 19 48	03	06	17	25	05	16	08
19 22 18	19	14	17	02	39	04	27	22 23 35	04	07	18	25	59	17	08
19 26 34	20	15	18	04	14	05	28	22 27 22	05	08	19	26	53	18	09
19 30 50	21	16	20	05	47	06	29	22 31 08	06	10	20	27	46	19	10
19 35 05	22	17	21	07	19	08 ♉0		22 34 54	07	11	21	28	38	19	11
19 39 20	23	18	23	08	49	09	01	22 38 40	08	12	22	29	30	20	12
19 43 34	24	19	24	10	19	10	02	22 42 25	09	13	23	♋0	22	21	13
19 47 47	25	21	26	11	47	11	03	22 46 09	10	14	24	01	13	22	14
19 52 00	26	22	27	13	14	12	04	22 49 53	11	15	25	02	04	23	14
19 56 12	27	23	28	14	40	13	05	22 53 37	12	16	26	02	55	23	15
20 00 24	28	24 ♒0		16	04	14	06	22 57 20	13	18	27	03	44	24	16
20 04 35	29	25	02	17	28	15	07	23 01 03	14	19	28	04	35	25	17
20 08 45 ♒0		27	03	18	50	16	08	23 04 46	15	20	29	05	24	26	18
20 12 54	01	28	05	20	11	17	09	23 08 28	16	21 ♋0		06	13	27	19
20 17 03	02	29	06	21	31	18	10	23 12 10	17	22	01	07	02	27	20
20 21 11	03 ♓0		07	22	49	19	11	23 15 52	18	23	02	07	50	28	20
20 25 19	04	01	09	24	07	20	12	23 19 34	19	24	03	08	39	29	21
20 29 26	05	03	10	25	24	21	13	23 23 15	20	25	04	09	27	30	22
20 33 31	06	04	12	26	39	22	14	23 26 56	21	26	05	10	14 ♌0		23
20 37 37	07	05	13	27	54	23	14	23 30 37	22	27	06	11	02	01	24
20 41 41	08	06	15	29	07	24	15	23 34 18	23	28	07	11	49	02	25
20 45 45	09	07	16 ♈0		19	25	16	23 37 58	24 ♋0		08	12	36	03	26
20 49 48	10	09	17	01	31	26	17	23 41 39	25	01	09	13	23	04	27
20 53 51	11	10	19	02	42	27	18	23 45 19	26	02	10	14	10	04	27
20 57 52	12	11	20	03	51	28	19	23 49 00	27	03	11	14	57	05	28
21 01 53	13	12	22	04	59	29	20	23 52 40	28	04	12	15	43	06	29
21 05 53	14	13	23	06	07 ♈0		21	23 56 20	29	05	13	16	29	07 ♍0	

39° | **39°**

Left panel:

Heure sidérale	10e maison	11e maison	12e maison	1re maison Ascendant		2e maison	3e maison
h m s	°	°	°	°	'	°	°
	♐	♐	♐	♐		♑	♒
0 00 00	00	06	14	17	42	08	01
0 03 40	01	07	15	18	27	09	02
0 07 20	02	08	16	19	13	09	03
0 11 00	03	09	17	19	58	10	04
0 14 41	04	10	18	20	44	11	04
0 18 21	05	11	19	21	29	12	05
0 22 02	06	12	20	22	14	13	06
0 25 42	07	13	21	22	59	13	07
0 29 23	08	14	21	23	41	14	08
0 33 04	09	15	22	24	29	15	09
0 36 45	10	16	23	25	14	16	10
0 40 26	11	17	24	25	59	16	11
0 44 08	12	18	25	26	44	17	12
0 47 50	13	19	26	27	29	18	12
0 51 32	14	20	27	28	14	19	13
0 55 14	15	21	28	28	59	20	14
0 58 57	16	22	28	29	44	20	15
1 02 40	17	23	29	♑0	29	21	16
1 06 23	18	24	♑0	01	13	22	17
1 10 07	19	25	01	01	58	23	18
1 13 51	20	26	02	02	43	24	19
1 17 35	21	27	03	03	28	24	20
1 21 20	22	28	04	04	13	25	21
1 25 06	23	29	04	04	58	26	21
1 28 52	24	♑0	05	05	44	27	22
1 32 38	25	01	06	06	29	28	23
1 36 25	26	02	07	07	14	29	24
1 40 12	27	03	08	07	59	29	25
1 44 00	28	04	09	08	44	♒0	26
1 47 48	29	05	09	09	30	01	27
1 51 37	♑0	06	10	10	15	02	28
1 55 27	01	07	11	11	01	03	29
1 59 17	02	08	12	11	47	03	♓0
2 03 08	03	09	13	12	33	04	01
2 06 59	04	10	14	13	19	05	02
2 10 51	05	11	14	14	05	06	03
2 14 44	06	12	15	14	51	07	04
2 18 37	07	13	16	15	37	08	05
2 22 31	08	14	17	16	24	08	05
2 26 25	09	14	18	17	10	09	06
2 30 20	10	15	19	17	57	10	07
2 34 16	11	16	20	18	44	11	08
2 38 13	12	17	20	19	31	12	09
2 42 10	13	18	21	20	18	13	10
2 46 08	14	19	22	21	06	14	11

Right panel:

Heure sidérale	10e maison	11e maison	12e maison	1re maison Ascendant		2e maison	3e maison
h m s	°	°	°	°	'	°	°
	♑	♑	♑	♑		♒	♓
2 50 07	15	20	23	21	53	15	12
2 54 07	16	21	24	22	40	15	13
2 58 07	17	22	25	23	28	16	14
3 02 08	18	23	26	24	16	17	15
3 06 09	19	24	26	25	04	18	16
3 10 12	20	25	27	25	52	19	17
3 14 15	21	26	28	26	41	20	18
3 18 19	22	27	29	27	29	21	19
3 22 23	23	28	♒0	28	18	22	20
3 26 29	24	29	01	29	07	23	21
3 30 35	25	29	02	29	56	23	22
3 34 41	26	♒0	02	♒0	45	24	23
3 38 49	27	01	03	01	35	25	24
3 42 57	28	02	04	02	25	26	25
3 47 06	29	03	05	03	14	27	26
3 51 15	♒0	04	06	04	04	28	27
3 55 25	01	05	07	04	54	29	28
3 59 36	02	06	08	05	44	♓0	29
4 03 48	03	07	09	06	35	01	♈0
4 08 00	04	08	10	07	26	02	01
4 12 13	05	09	11	08	16	03	02
4 16 26	06	10	11	09	07	04	03
4 20 40	07	11	12	09	58	05	04
4 24 55	08	12	13	10	49	05	05
4 29 10	09	13	14	11	40	06	06
4 33 26	10	14	15	12	32	07	07
4 37 42	11	15	16	13	23	08	08
4 41 59	12	16	17	14	15	09	09
4 46 16	13	17	18	15	07	10	10
4 50 34	14	18	19	15	59	11	11
4 54 52	15	19	20	16	51	12	12
4 59 10	16	20	20	17	43	13	13
5 03 29	17	21	21	18	35	14	14
5 07 49	18	21	22	19	27	15	15
5 12 09	19	22	23	20	20	16	16
5 16 29	20	23	24	21	13	17	17
5 20 49	21	24	25	22	05	18	18
5 25 09	22	25	26	22	58	19	19
5 29 30	23	26	27	23	50	20	20
5 33 51	24	27	28	24	43	21	21
5 38 12	25	28	29	25	35	22	22
5 42 34	26	29	♓0	26	28	23	23
5 46 55	27	♓0	01	27	21	24	24
5 51 17	28	01	02	28	14	24	25
5 55 38	29	02	03	29	07	25	26

39° Heure sidérale	10e maison	11e maison	12e maison	1re maison Ascendant		2e maison	3e maison
h m s	° ♏	° ♐	° ♑	° ♒	'	° ♓	° ♈
6 00 00	00	03	03	00	00	26	27
6 04 22	01	04	04	00	53	27	28
6 08 43	02	05	05	01	46	28	29
6 13 05	03	06	06	02	39	29 ♈0	
6 17 26	04	07	07	03	32	♓0	01
6 21 48	05	08	08	04	25	01	02
6 26 09	06	09	09	05	17	02	03
6 30 30	07	10	10	06	10	03	04
6 34 51	08	11	11	07	02	04	05
6 39 11	09	12	12	07	55	05	06
6 43 31	10	13	13	08	47	06	07
6 47 51	11	14	14	09	40	07	08
6 52 11	12	15	15	10	33	08	09
6 56 31	13	16	16	11	25	09	09
7 00 50	14	17	17	12	17	10	10
7 05 08	15	18	18	13	09	10	11
7 09 26	16	19	19	14	01	11	12
7 13 44	17	20	20	14	53	12	13
7 18 01	18	21	21	15	45	13	14
7 22 18	19	22	22	16	37	14	15
7 26 34	20	23	23	17	28	15	16
7 30 50	21	24	24	18	20	16	17
7 35 05	22	25	25	19	11	17	18
7 39 20	23	26	25	20	02	18	19
7 43 34	24	27	26	20	53	19	20
7 47 47	25	28	27	21	44	19	21
7 52 00	26	29	28	22	34	20	22
7 56 12	27	♐0	29	23	25	21	23
8 00 24	28	01	♑0	24	16	22	24
8 04 35	29	02	01	25	06	23	25
8 08 45	♏0	03	02	25	56	24	26
8 12 54	01	04	03	26	46	25	27
8 17 03	02	05	04	27	35	26	28
8 21 11	03	06	05	28	25	27	29
8 25 19	04	07	06	29	15	28	♈0
8 29 26	05	08	07	♒0	04	28	01
8 33 31	06	09	07	00	53	29	01
8 37 37	07	10	08	01	42	♓0	02
8 41 41	08	11	09	02	31	01	03
8 45 45	09	12	10	03	19	02	04
8 49 48	10	13	11	04	08	03	05
8 53 51	11	14	12	04	56	04	06
8 57 52	12	15	13	05	44	04	07
9 01 53	13	16	14	06	32	05	08
9 05 53	14	17	15	07	20	06	09

39° Heure sidérale	10e maison	11e maison	12e maison	1re maison Ascendant		2e maison	3e maison
h m s	° ♏	° ♑	° ♒	° ♓	'	° ♈	° ♉
9 09 53	15	18	15	08	07	07	10
9 13 52	16	19	16	08	54	08	11
9 17 50	17	20	17	09	42	09	12
9 21 47	18	21	18	10	29	10	13
9 25 44	19	22	19	11	16	10	14
9 29 40	20	23	20	12	03	11	15
9 33 35	21	24	21	12	50	12	16
9 37 29	22	25	22	13	36	13	16
9 41 23	23	25	22	14	23	14	17
9 45 16	24	26	23	15	09	15	18
9 49 09	25	27	24	15	55	16	19
9 53 01	26	28	25	16	41	16	20
9 56 52	27	29	26	17	27	17	21
10 00 42	28	♒0	27	18	13	18	22
10 04 33	29	01	27	18	59	19	23
10 08 23	♒0	02	28	19	45	20	24
10 12 12	01	03	29	20	30	21	25
10 16 00	02	04	♓0	21	16	21	26
10 19 48	03	05	01	22	01	22	27
10 23 35	04	06	01	22	46	23	28
10 27 22	05	07	02	23	31	24	29
10 31 08	06	08	03	24	16	25	♉0
10 34 54	07	09	04	25	02	26	01
10 38 40	08	09	05	25	47	26	02
10 42 25	09	10	06	26	32	27	03
10 46 09	10	11	06	27	17	28	04
10 49 53	11	12	07	28	02	29	05
10 53 37	12	13	08	28	47	♈0	06
10 57 20	13	14	09	29	31	01	07
11 01 03	14	15	10	♈0	16	02	08
11 04 46	15	16	10	01	01	02	09
11 08 28	16	17	11	01	46	03	10
11 12 10	17	18	12	02	31	04	11
11 15 52	18	18	13	03	16	05	12
11 19 34	19	19	14	04	01	06	13
11 23 15	20	20	14	04	46	07	14
11 26 56	21	21	15	05	31	08	15
11 30 37	22	22	16	06	16	09	16
11 34 18	23	23	17	07	01	09	17
11 37 58	24	24	17	07	46	10	18
11 41 39	25	25	18	08	31	11	19
11 45 19	26	26	19	09	16	12	20
11 49 00	27	26	20	10	02	13	21
11 52 40	28	27	21	10	47	14	22
11 56 20	29	28	21	11	33	15	23

317

39°

Heure sidérale (h m s)	10e maison °	11e maison °	12e maison °	1re maison Ascendant °	'	2e maison °	3e maison °
	♎	♎	♏	♑		♒	♓
12 00 00	00	29	22	12	18	16	24
12 03 40	01	♏0	23	13	04	17	25
12 07 20	02	01	24	13	50	18	26
12 11 00	03	02	24	14	36	19	27
12 14 41	04	02	25	15	22	19	28
12 18 21	05	03	26	16	09	20	29
12 22 02	06	04	27	16	56	21	♈0
12 25 42	07	05	28	17	43	22	01
12 29 23	08	06	28	18	30	23	02
12 33 04	09	07	29	19	18	24	04
12 36 45	10	08	♐0	20	05	25	05
12 40 26	11	09	01	20	53	26	06
12 44 08	12	09	02	21	41	27	07
12 47 50	13	10	02	22	29	28	08
12 51 32	14	11	03	23	17	29	09
12 55 14	15	12	04	24	06	♓0	10
12 58 57	16	13	05	24	55	01	11
13 02 40	17	14	05	25	45	02	12
13 06 23	18	15	06	26	35	03	14
13 10 07	19	15	07	27	26	04	15
13 13 51	20	16	08	28	17	05	16
13 17 35	21	17	09	29	08	07	17
13 21 20	22	18	09	29	59	08	18
13 25 06	23	19	10	♑0	51	09	19
13 28 52	24	20	11	01	43	10	20
13 32 38	25	21	12	02	36	11	22
13 36 25	26	21	13	03	29	12	23
13 40 12	27	22	14	04	23	13	24
13 44 00	28	23	14	05	17	14	25
13 47 48	29	24	15	06	12	15	26
13 51 37	♏0	25	16	07	07	17	27
13 55 27	01	26	17	08	03	18	29
13 59 17	02	27	18	09	00	19	♉0
14 03 08	03	28	19	09	57	20	01
14 06 59	04	28	19	10	54	21	02
14 10 51	05	29	20	11	52	23	03
14 14 44	06	♐0	21	12	51	24	05
14 18 37	07	01	22	13	50	25	06
14 22 31	08	02	23	14	50	26	07
14 26 25	09	03	24	15	51	28	08
14 30 20	10	04	25	16	53	29	09
14 34 16	11	05	26	17	56	♈0	11
14 38 13	12	05	26	18	59	02	12
14 42 10	13	06	27	20	03	03	13
14 46 08	14	07	28	21	08	04	14

39°

Heure sidérale (h m s)	10e maison °	11e maison °	12e maison °	1re maison Ascendant °	'	2e maison °	3e maison °
	♏	♐	♐	♒		♈	♉
14 50 07	15	08	29	22	14	06	15
14 54 07	16	09	♑0	23	20	07	17
14 58 07	17	10	01	24	28	08	18
15 02 08	18	11	02	25	36	10	19
15 06 09	19	12	03	26	45	11	20
15 10 12	20	13	04	27	56	12	21
15 14 15	21	14	05	29	08	14	23
15 18 19	22	14	06	♓0	20	15	24
15 22 23	23	15	07	01	34	17	25
15 26 29	24	16	08	02	48	18	26
15 30 35	25	17	09	04	04	20	27
15 34 41	26	18	10	05	21	21	29
15 38 49	27	19	11	06	39	23	♊0
15 42 57	28	20	12	07	57	24	01
15 47 06	29	21	13	09	17	25	02
15 51 15	♐0	22	14	10	39	27	04
15 55 25	01	23	15	12	02	28	05
15 59 36	02	24	16	13	26	♉0	06
16 03 48	03	25	17	14	50	01	07
16 08 00	04	26	18	16	16	03	08
16 12 13	05	27	19	17	44	04	09
16 16 26	06	28	20	19	13	06	11
16 20 40	07	29	21	20	44	07	12
16 24 55	08	29	22	22	15	09	13
16 29 10	09	♑0	23	23	47	10	14
16 33 26	10	01	24	25	21	12	15
16 37 42	11	02	25	26	56	13	17
16 41 59	12	03	27	28	32	15	18
16 46 16	13	04	28	♈0	10	16	19
16 50 34	14	05	29	01	49	18	20
16 54 52	15	06	♒0	03	28	19	21
16 59 10	16	07	01	05	08	21	22
17 03 29	17	08	02	06	50	22	24
17 07 49	18	09	04	08	33	24	25
17 12 09	19	10	05	10	17	25	26
17 16 29	20	11	06	12	01	27	27
17 20 49	21	13	07	13	47	28	28
17 25 09	22	14	09	15	33	♊0	29
17 29 30	23	15	10	17	20	01	♋0
17 33 51	24	16	11	19	07	02	01
17 38 12	25	17	13	20	55	04	03
17 42 34	26	18	14	22	43	05	04
17 46 55	27	19	15	24	32	07	05
17 51 17	28	20	17	26	21	08	06
17 55 38	29	21	18	28	10	09	07

39° Heure sidérale	10e maison	11e maison	12e maison	1re maison Ascendant		2e maison	3e maison
h m s	°	°	°	°	′	°	°
18 00 00	♐ 00	♐ 22	♒ 19	♈ 00	00	♋ 11	♌ 08
18 04 22	01	23	21	01	50	12	09
18 08 43	02	24	22	03	39	13	10
18 13 05	03	25	23	05	28	15	11
18 17 26	04	26	25	07	17	16	12
18 21 48	05	27	26	09	05	17	13
18 26 09	06	28	28	10	53	19	14
18 30 30	07 ♒0	29	12	40	20	15	
18 34 51	08	01 ♓0	14	27	21	16	
18 39 11	09	02	02	16	13	23	17
18 43 31	10	03	03	17	59	24	19
18 47 51	11	04	05	19	43	25	20
18 52 11	12	05	06	21	27	26	21
18 56 31	13	06	08	23	10	28	22
19 00 50	14	08	09	24	52	29	23
19 05 08	15	09	11	26	32 ♈0	24	
19 09 26	16	10	12	28	11	01	25
19 13 44	17	11	14	29	50	02	26
19 18 01	18	12	15 ♉0	28	03	27	
19 22 18	19	13	17	03	04	05	28
19 26 34	20	15	18	04	39	06	29
19 30 50	21	16	20	06	13	07 ♊0	
19 35 05	22	17	21	07	45	08	01
19 39 20	23	18	23	09	16	09	01
19 43 34	24	19	24	10	47	10	02
19 47 47	25	21	26	12	16	11	03
19 52 00	26	22	27	13	44	12	04
19 56 12	27	23	28	15	10	13	05
20 00 24	28	24 ♋0	16	34	14	06	
20 04 35	29	25	02	17	58	15	07
20 08 45	♑0	26	03	19	21	16	08
20 12 54	01	28	05	20	43	17	09
20 17 03	02	29	06	22	03	18	10
20 21 11	03 ♒0	07	23	21	19	11	
20 25 19	04	01	09	24	39	20	12
20 29 26	05	03	10	25	56	21	13
20 33 31	06	04	12	27	12	22	14
20 37 37	07	05	13	28	26	23	15
20 41 41	08	06	15	29	40	24	16
20 45 45	09	07	16 ♌0	52	25	16	
20 49 48	10	09	18	02	04	26	17
20 53 51	11	10	19	03	15	27	18
20 57 52	12	11	20	04	24	28	19
21 01 53	13	12	22	05	32	29	20
21 05 53	14	13	23	06	40 ♋0	21	

39° Heure sidérale	10e maison	11e maison	12e maison	1re maison Ascendant		2e maison	3e maison
h m s	°	°	°	°	′	°	°
21 09 53	♒ 15	♓ 15	♉ 24	♋ 07	46	♌ 01	♍ 22
21 13 52	16	16	26	08	52	02	23
21 17 50	17	17	27	09	57	03	24
21 21 47	18	18	28	11	01	04	25
21 25 44	19	19 ♓0	12	04	04	25	
21 29 40	20	21	01	13	07	05	26
21 33 35	21	22	02	14	09	06	27
21 37 29	22	23	04	15	10	07	28
21 41 23	23	24	05	16	10	08	29
21 45 16	24	25	06	17	09	09 ♈0	
21 49 09	25	27	07	18	08	10	01
21 53 01	26	28	09	19	06	11	02
21 56 52	27	29	10	20	03	11	02
22 00 43	28 ♈0	11	21	00	12	03	
22 04 33	29	01	12	21	57	13	04
22 08 23	♓0	03	13	22	53	14	05
22 12 12	01	04	15	23	48	15	06
22 16 00	02	05	16	24	43	16	07
22 19 48	03	06	17	25	37	16	08
22 23 35	04	07	18	26	31	17	09
22 27 22	05	08	19	27	24	18	09
22 31 08	06	10	20	28	17	19	10
22 34 54	07	11	21	29	09	20	11
22 38 40	08	12	12 ♈0	01	21	12	
22 42 25	09	13	23	00	52	21	13
22 46 09	10	14	25	01	43	22	14
22 49 53	11	15	26	02	34	23	15
22 53 37	12	16	27	03	25	24	15
22 57 20	13	18	28	04	15	25	16
23 01 03	14	19	29	05	05	25	17
23 04 46	15	20 ♈0	05	54	26	18	
23 08 28	16	21	01	06	43	27	19
23 12 10	17	22	02	07	31	28	20
23 15 52	18	23	03	08	19	28	21
23 19 34	19	24	04	09	07	29	21
23 23 15	20	25	05	09	55 ♊0	22	
23 26 56	21	26	06	10	42	01	23
23 30 37	22	28	07	11	30	02	24
23 34 18	23	29	08	12	17	02	25
23 37 58	24 ♈0	09	13	04	03	26	
23 41 39	25	01	10	13	51	04	27
23 45 19	26	02	11	14	38	05	28
23 49 00	27	03	11	15	24	06	28
23 52 40	28	04	12	16	10	06	29
23 56 20	29	05	13	16	56	07 ♌0	

Left table

Heure sidérale (h m s)	10e maison (°)	11e maison (°)	12e maison (°)	1re maison Ascendant (° ')	2e maison (°)	3e maison (°)
	♈	♊	♊	♋	♌	♍
0 00.00	00	06	15	18 24	08	01
0 03 40	01	07	16	19 09	09	02
0 07 20	02	08	17	19 55	10	03
0 11 00	03	09	18	20 40	11	04
0 14 41	04	10	19	21 26	11	05
0 18 21	05	11	19	22 11	12	05
0 22 02	06	12	20	22 55	13	06
0 25 42	07	13	21	23 40	14	07
0 29 23	08	15	22	24 25	14	08
0 33 04	09	16	23	25 10	15	09
0 36 45	10	17	24	25 54	16	10
0 40 26	11	18	25	26 39	17	11
0 44 08	12	19	26	27 23	18	12
0 47 50	13	20	26	28 08	18	13
0 51 32	14	21	27	28 52	19	13
0 55 14	15	22	28	29 36	20	14
0 58 57	16	23	29	♌0 21	21	15
1 02 40	17	24	♋0	01 05	21	16
1 06 23	18	25	01	01 50	22	17
1 10 07	19	26	02	02 34	23	18
1 13 51	20	26	02	03 19	24	19
1 17 35	21	27	03	04 03	25	20
1 21 20	22	28	04	04 48	25	21
1 25 06	23	29	05	05 32	26	22
1 28 52	24	♋0	06	06 16	27	22
1 32 38	25	01	07	07 02	28	23
1 36 25	26	02	07	07 46	29	24
1 40 12	27	03	08	08 31	29	25
1 44 00	28	04	09	09 16	♍0	26
1 47 48	29	05	10	10 01	01	27
1 51 37	♉0	06	11	10 46	02	28
1 55 27	01	07	12	11 31	03	29
1 59 17	02	08	12	12 17	04	♎0
2 03 08	03	09	13	13 03	04	01
2 06 59	04	10	14	13 49	05	02
2 10 51	05	11	15	14 34	06	03
2 14 44	06	12	16	15 20	07	04
2 18 37	07	13	17	16 06	08	04
2 22 31	08	14	18	16 52	09	05
2 26 25	09	15	18	17 38	10	06
2 30 20	10	16	19	18 24	10	07
2 34 16	11	17	20	19 10	11	08
2 38 13	12	18	21	19 57	12	09
2 42 10	13	18	22	20 43	13	10
2 46 08	14	19	23	21 31	14	11

Right table

Heure sidérale (h m s)	10e maison (°)	11e maison (°)	12e maison (°)	1re maison Ascendant (° ')	2e maison (°)	3e maison (°)
	♉	♋	♋	♌	♍	♎
2 50 07	15	20	23	22 18	15	12
2 54 07	16	21	24	23 05	16	13
2 58 07	17	22	25	23 52	16	14
3 02 08	18	23	26	24 39	17	15
3 06 09	19	24	27	25 27	18	16
3 10 12	20	25	28	26 14	19	17
3 14 15	21	26	29	27 02	20	18
3 18 19	22	27	29	27 50	21	19
3 22 23	23	28	♌0	28 38	22	20
3 26 29	24	29	01	29 27	23	21
3 30 35	25	♌0	02	♍0 15	23	22
3 34 41	26	01	03	01 04	24	23
3 38 49	27	02	04	01 53	25	24
3 42 57	28	03	05	02 42	26	25
3 47 06	29	03	06	03 31	27	26
3 51 15	♊0	04	06	04 21	28	27
3 55 25	01	05	07	05 11	29	28
3 59 36	02	06	08	06 01	♎0	29
4 03 48	03	07	09	06 50	01	♏0
4 08 00	04	08	10	07 40	02	01
4 12 13	05	09	11	08 30	03	02
4 16 26	06	10	12	09 21	03	03
4 20 40	07	11	13	10 11	04	04
4 24 55	08	12	14	11 02	05	05
4 29 10	09	13	14	11 52	06	06
4 33 26	10	14	15	12 43	07	07
4 37 42	11	15	16	13 34	08	08
4 41 59	12	16	17	14 25	09	09
4 46 16	13	17	18	15 16	10	10
4 50 34	14	18	19	16 08	11	11
4 54 52	15	19	20	16 59	12	12
4 59 10	16	20	21	17 51	13	13
5 03 29	17	21	22	18 42	14	14
5 07 49	18	22	23	19 34	15	15
5 12 09	19	23	23	20 26	16	16
5 16 29	20	24	24	21 18	17	17
5 20 49	21	25	25	22 10	18	18
5 25 09	22	26	26	23 02	19	19
5 29 30	23	27	27	23 54	20	20
5 33 51	24	28	28	24 47	21	21
5 38 12	25	29	29	25 39	21	22
5 42 34	26	29	♍0	26 31	22	23
5 46 55	27	♍0	01	27 23	23	24
5 51 17	28	01	02	28 15	24	25
5 55 38	29	02	03	29 08	25	26

Heure sidérale	10e maison	11e maison	12e maison	1re maison Ascendant		2e maison	3e maison
h m s	°	°	°	°	'	°	°
6 00 00	00	03	04	00	00	26	27
6 04 22	01	04	05	00	52	27	28
6 08 43	02	05	06	01	45	28	29
6 13 05	03	06	07	02	37	29	0
6 17 26	04	07	08	03	29	0	01
6 21 48	05	08	09	04	21	01	01
6 26 09	06	09	09	05	13	02	02
6 30 30	07	10	10	06	06	03	03
6 34 51	08	11	11	06	58	04	04
6 39 11	09	12	12	07	50	05	05
6 43 31	10	13	13	08	42	06	06
6 47 51	11	14	14	09	34	07	07
6 52 11	12	15	15	10	26	07	08
6 56 31	13	16	16	11	18	08	09
7 00 50	14	17	17	12	09	09	10
7 05 08	15	18	18	13	01	10	11
7 09 26	16	19	19	13	52	11	12
7 13 44	17	20	20	14	44	12	13
7 18 01	18	21	21	15	35	13	14
7 22 18	19	22	22	16	26	14	15
7 26 34	20	23	23	17	17	15	16
7 30 50	21	24	24	18	08	16	17
7 35 05	22	25	25	18	58	16	18
7 39 20	23	26	26	19	49	17	19
7 43 34	24	27	27	20	39	18	20
7 47 47	25	28	27	21	30	19	21
7 52 00	26	29	28	22	20	20	22
7 56 12	27	0	29	23	10	21	23
8 00 24	28	01	0	23	59	22	24
8 04 35	29	02	01	24	49	23	25
8 08 45	0	03	02	25	39	24	26
8 12 54	01	04	03	26	29	24	27
8 17 03	02	05	04	27	18	25	27
8 21 11	03	06	05	28	07	26	28
8 25 19	04	07	06	28	56	27	29
8 29 26	05	08	07	29	45	28	0
8 33 31	06	09	07	0	33	29	01
8 37 37	07	10	08	01	22	0	02
8 41 41	08	11	09	02	10	01	03
8 45 45	09	12	10	02	58	01	04
8 49 48	10	13	11	03	46	02	05
8 53 51	11	14	12	04	33	03	06
8 57 52	12	15	13	05	21	04	07
9 01 53	13	16	14	06	08	05	08
9 05 53	14	17	14	06	55	06	09

Heure sidérale	10e maison	11e maison	12e maison	1re maison Ascendant		2e maison	3e maison
h m s	°	°	°	°	'	°	°
9 09 53	15	18	15	07	42	07	10
9 13 52	16	19	16	08	29	07	11
9 17 50	17	20	17	09	17	08	12
9 21 47	18	21	18	10	03	09	12
9 25 44	19	22	19	10	50	10	13
9 29 40	20	23	20	11	36	11	14
9 33 35	21	24	20	12	22	12	15
9 37 29	22	25	21	13	08	12	16
9 41 23	23	26	22	13	54	13	17
9 45 16	24	26	23	14	40	14	18
9 49 09	25	27	24	15	26	15	19
9 53 01	26	28	25	16	11	16	20
9 56 52	27	29	26	16	57	17	21
10 00 42	28	0	26	17	43	18	22
10 04 33	29	01	27	18	29	18	23
10 08 23	0	02	28	19	14	19	24
10 12 12	01	03	29	19	59	20	25
10 16 00	02	04	0	20	44	21	26
10 19 48	03	05	00	21	29	22	27
10 23 35	04	06	01	22	14	23	28
10 27 22	05	07	02	22	58	23	29
10 31 08	06	08	03	23	43	24	0
10 34 54	07	08	04	24	28	25	01
10 38 40	08	09	05	25	12	26	02
10 42 25	09	10	05	25	57	27	03
10 46 09	10	11	06	26	04	28	04
10 49 53	11	12	07	27	26	28	04
10 53 37	12	13	08	28	10	29	05
10 57 20	13	14	09	28	55	0	06
11 01 03	14	15	09	29	39	01	07
11 04 46	15	16	10	0	24	02	08
11 08 28	16	17	11	01	08	03	09
11 12 10	17	17	12	01	52	04	10
11 15 52	18	18	12	02	37	04	11
11 19 34	19	19	13	03	21	05	12
11 23 15	20	20	14	04	06	06	13
11 26 56	21	21	15	04	50	07	14
11 30 37	22	22	16	05	35	08	15
11 34 18	23	23	16	06	20	09	17
11 37 58	24	24	17	07	05	10	18
11 41 39	25	25	18	07	49	11	19
11 45 19	26	25	19	08	34	11	20
11 49 00	27	26	19	09	20	12	21
11 52 40	28	27	20	10	05	13	22
11 56 20	29	28	21	10	51	14	23

40°

Heure sidérale h m s	10e maison °	11e maison °	12e maison °	1re maison Ascendant ° ′		2e maison °	3e maison °
	♏	♏	♐	♑		♈	♈
12 00 00	00	29	22	11	36	15	24
12 03 40	01	♒0	23	12	21	16	25
12 07 20	02	01	23	13	07	17	26
12 11 00	03	01	24	13	53	18	27
12 14 41	04	02	25	14	39	19	28
12 18 21	05	03	26	15	25	20	29
12 22 02	06	04	26	16	11	21	♒0
12 25 42	07	05	27	16	58	22	01
12 29 23	08	06	28	17	45	23	02
12 33 04	09	07	29	18	32	24	03
12 36 45	10	08	30	19	19	25	05
12 40 26	11	08	♈0	20	06	26	06
12 44 08	12	09	01	20	54	27	07
12 47 50	13	10	02	21	42	28	08
12 51 32	14	11	03	22	30	29	09
12 55 14	15	12	03	23	19	♉0	10
12 58 57	16	13	04	24	08	01	11
13 02 40	17	14	05	24	57	02	12
13 06 23	18	14	06	25	46	03	14
13 10 07	19	15	07	26	37	04	15
13 13 51	20	16	07	27	27	05	16
13 17 35	21	17	08	28	17	06	17
13 21 20	22	18	09	29	08	07	18
13 25 06	23	19	10	♊0	00	08	19
13 28 52	24	20	11	00	52	09	20
13 32 38	25	20	11	01	44	10	21
13 36 25	26	21	12	02	37	12	23
13 40 12	27	22	13	03	31	13	24
13 44 00	28	23	14	04	24	14	25
13 47 48	29	24	15	05	19	15	26
13 51 37	♐0	25	16	06	14	16	27
13 55 27	01	26	16	07	09	17	29
13 59 17	02	26	17	08	06	19	♋0
14 03 08	03	27	18	09	03	20	01
14 06 59	04	28	19	10	00	21	02
14 10 51	05	29	20	10	58	22	03
14 14 44	06	♊0	21	11	57	23	05
14 18 37	06	01	21	12	56	25	06
14 22 31	08	02	22	13	56	26	07
14 26 25	09	03	23	14	57	27	08
14 30 20	10	03	24	15	58	29	09
14 34 16	11	04	25	1/	01 ♌0	11	
14 38 13	12	05	26	18	04	01	12
14 42 10	13	06	27	19	08	03	13
14 46 08	14	07	28	20	13	04	14

40°

Heure sidérale h m s	10e maison °	11e maison °	12e maison °	1re maison Ascendant ° ′		2e maison °	3e maison °
	♐	♑	♑	♌	♍	♎	♏
14 50 07	15	08	28	21	18	05	15
14 54 07	16	09	29	22	25	07	17
14 58 07	17	10	♐0	23	33	08	18
15 02 08	18	11	01	24	41	09	19
15 06 09	19	11	02	25	51	11	20
15 10 12	20	12	03	27	01	12	22
15 14 15	21	13	04	28	13	14	23
15 18 19	22	14	05	29	25	15	24
15 22 23	23	15	06	♏0	39	17	25
15 26 29	24	16	07	01	54	18	26
15 30 35	25	17	08	03	10	19	28
15 34 41	26	18	09	04	27	21	29
15 38 49	27	19	10	05	45	22	♐0
15 42 57	28	20	11	07	04	24	01
15 47 06	29	21	12	08	25	25	02
15 51 15	♐0	22	13	09	47	27	04
15 55 25	01	23	14	11	10	28	05
15 59 36	02	23	15	12	35	♑0	06
16 03 48	03	24	16	14	01	01	07
16 08 00	04	25	17	15	28	03	08
16 12 13	05	26	18	16	57	04	10
16 16 26	06	27	19	18	26	06	11
16 20 40	07	28	20	19	58	07	12
16 24 55	08	29	21	21	30	09	13
16 29 10	09	♑0	23	23	04	10	14
16 33 26	10	01	24	24	39	12	16
16 37 42	11	02	25	26	15	13	17
16 41 59	12	03	26	27	53	15	18
16 46 16	13	04	27	29	32	16	19
16 50 34	14	05	28	♒1	12	18	20
16 54 52	15	06	♒0	02	54	19	21
16 59 10	16	07	01	04	37	21	23
17 03 29	17	08	02	06	21	22	24
17 07 49	18	09	03	08	05	24	25
17 12 09	19	10	04	09	50	25	26
17 16 29	20	11	06	11	37	27	27
17 20 49	21	12	07	13	25	28	28
17 25 09	22	13	08	15	13	♓0	29
17 29 30	23	14	09	17	02	01	♈0
17 33 51	24	15	11	18	52	03	02
17 38 12	25	16	12	20	42	04	03
17 42 34	26	17	13	22	34	06	04
17 46 55	27	19	15	24	25	07	05
17 51 17	28	20	16	26	16	08	06
17 55 38	29	21	17	28	08	10	07

40° Heure sidérale	10e maison	11e maison	12e maison	1re maison Ascendant		2e maison	3e maison
h m s	o	o	o	o	'	o	o
18 00 00	00	22	19	00	00	11	08
18 04 22	01	23	20	01	52	13	09
18 08 43	02	24	22	03	44	14	10
18 13 05	03	25	23	05	35	15	11
18 17 26	04	26	24	07	26	17	13
18 21 48	05	27	26	09	18	18	14
18 26 09	06	28	27	11	08	19	15
18 30 30	07	0	29	12	58	21	16
18 34 51	08	01	0	14	47	22	17
18 39 11	09	02	02	16	35	23	18
18 43 31	10	03	03	18	23	24	19
18 47 51	11	04	05	20	10	26	20
18 52 11	12	05	06	21	55	27	21
18 56 31	13	06	08	23	39	28	22
19 00 50	14	07	09	25	23	29	23
19 05 08	15	09	11	27	06	0	24
19 09 26	16	10	12	28	48	02	25
19 13 44	17	11	14	0	28	03	26
19 18 01	18	12	15	02	07	04	27
19 22 18	19	13	17	03	45	05	28
19 26 34	20	14	18	05	21	06	29
19 30 50	21	16	20	06	56	07	0
19 35 05	22	17	21	08	30	09	01
19 39 20	23	18	23	10	02	10	02
19 43 34	24	19	24	11	34	11	03
19 47 47	25	20	26	13	03	12	04
19 52 00	26	22	27	14	32	13	05
19 56 12	27	23	29	15	59	14	06
20 00 24	28	24	0	17	25	15	07
20 04 35	29	25	02	18	50	16	07
20 08 45	0	26	03	20	13	17	08
20 12 54	01	28	05	21	35	18	09
20 17 03	02	29	06	22	56	19	10
20 21 11	03	0	08	24	15	20	11
20 25 19	04	01	09	25	33	21	12
20 29 26	05	02	11	26	50	22	13
20 33 31	06	04	12	28	06	23	14
20 37 37	07	05	13	29	21	24	15
20 41 41	08	06	15	0	35	25	16
20 45 45	09	07	16	01	47	26	17
20 49 48	10	08	18	02	59	27	18
20 53 51	11	10	19	04	09	28	19
20 57 52	12	11	21	05	19	29	19
21 01 53	13	12	22	06	27	0	20
21 05 53	14	13	23	07	35	01	21

40° Heure sidérale	10e maison	11e maison	12e maison	1re maison Ascendant		2e maison	3e maison
h m s	o	o	o	o	'	o	o
21 09 53	15	15	25	08	42	02	22
21 13 52	16	16	26	09	47	02	23
21 17 50	17	17	27	10	52	03	24
21 21 47	18	18	29	11	56	04	25
21 25 44	19	19	0	12	59	05	26
21 29 40	20	21	01	14	02	06	27
21 33 35	21	22	03	15	03	07	27
21 37 29	22	23	04	16	04	08	28
21 41 23	23	24	05	17	04	09	29
21 45 16	24	25	07	18	03	09	0
21 49 09	25	27	08	19	02	10	01
21 53 01	26	28	09	20	00	11	02
21 56 52	27	29	10	20	57	12	03
22 00 43	28	0	11	21	54	13	04
22 04 33	29	01	13	22	51	14	04
22 08 23	0	03	14	23	46	14	05
22 12 12	01	04	15	24	41	15	06
22 16 00	02	05	16	25	36	16	07
22 19 48	03	06	17	26	29	17	08
22 23 35	04	07	18	27	23	18	09
22 27 22	05	09	20	28	16	19	10
22 31 08	06	10	21	29	08	19	10
22 34 54	07	11	22	0	00	20	11
22 38 40	08	12	23	00	52	21	12
22 42 25	09	13	24	01	43	22	13
22 46 09	10	14	25	02	33	23	14
22 49 53	11	15	26	03	23	23	15
22 53 37	12	16	27	04	14	24	16
22 57 20	13	18	29	05	03	25	16
23 01 03	14	19	0	05	52	26	17
23 04 46	15	20	0	06	41	27	18
23 08 28	16	21	01	07	30	27	19
23 12 10	17	22	02	08	18	28	20
23 15 52	18	23	03	09	06	29	21
23 19 34	19	24	04	09	54	0	22
23 23 15	20	25	05	10	41	00	22
23 26 56	21	27	06	11	28	01	23
23 30 37	22	28	07	12	15	02	24
23 34 18	23	29	08	13	02	03	25
23 37 58	24	0	09	13	49	04	26
23 41 39	25	01	10	14	35	04	27
23 45 19	26	02	11	15	21	05	28
23 49 00	27	03	12	16	07	06	29
23 52 40	28	04	13	16	53	07	29
23 56 20	29	05	14	17	39	07	0

41°

Heure sidérale	10e maison	11e maison	12e maison	1re maison Ascendant		2e maison	3e maison
h m s	°	°	°	°	'	°	°
	♑	♒	♓	♈		♊	♌
0 00 00	00	06	15	18	53	08	01
0 03 40	01	07	16	19	38	09	02
0 07 20	02	08	17	20	23	10	03
0 11 00	03	09	18	21	12	11	04
0 14 41	04	11	19	21	55	12	05
0 18 21	05	12	20	28	40	12	05
0 22 02	06	13	21	23	24	13	06
0 25 42	07	14	22	24	08	14	07
0 29 23	08	15	23	24	54	15	08
0 33 04	09	16	23	25	37	15	09
0 36 45	10	17	24	26	22	16	10
0 40 26	11	18	25	27	05	17	11
0 44 08	12	19	26	27	50	18	12
0 47 50	13	20	27	28	33	19	13
0 51 32	14	21	28	29	18	19	13
0 55 14	15	22	28	♋0	03	20	14
0 58 57	16	23	29	00	46	21	15
1 02 40	17	24	♋0	01	31	22	16
1 06 23	18	25	01	02	14	22	17
1 10 07	10	26	02	02	58	23	18
1 13 51	20	27	03	03	43	24	19
1 17 35	21	28	03	04	27	25	20
1 21 20	22	29	04	05	12	25	21
1 25 06	23	♊0	05	05	56	26	22
1 28 52	24	01	06	06	40	27	22
1 32 38	25	03	07	07	25	28	23
1 36 25	26	02	08	08	09	29	24
1 40 12	27	03	09	08	53	♌0	25
1 44 00	28	04	10	09	38	01	26
1 47 48	29	05	10	10	24	01	27
1 51 37	♒0	06	11	11	08	02	28
1 55 27	01	07	12	11	53	03	29
1 59 17	02	08	13	12	38	04	♍0
2 03 08	03	09	14	13	22	05	01
2 06 59	04	10	15	14	08	05	02
2 10 51	05	11	15	14	53	06	03
2 14 44	06	12	16	15	39	07	04
2 18 37	07	13	17	16	24	08	04
2 22 31	08	14	18	17	10	09	05
2 26 25	09	15	19	17	56	10	06
2 30 20	10	16	20	18	41	10	07
2 34 16	11	17	20	19	27	11	08
2 38 13	12	18	21	20	14	12	09
2 42 10	13	19	22	21	00	13	10
2 46 08	14	19	23	21	47	14	11

41°

Heure sidérale	10e maison	11e maison	12e maison	1re maison Ascendant		2e maison	3e maison
h m s	°	°	°	°	'	°	°
	♒	♊	♋	♌		♎	♏
2 50 07	15	20	24	22	33	15	12
2 54 07	16	21	25	23	20	16	13
2 58 07	17	22	25	24	07	17	14
3 02 08	18	23	26	24	54	17	15
3 06 09	19	24	27	25	42	18	16
3 10 12	20	25	28	26	29	19	17
3 14 15	21	26	29	27	17	20	18
3 18 19	22	27	♋0	28	04	21	19
3 22 23	23	28	01	28	52	22	20
3 26 29	24	29	01	29	40	23	21
3 30 35	25	♌0	02	♍0	29	24	22
3 34 41	26	01	03	01	17	24	23
3 38 49	27	02	04	02	06	25	24
3 42 57	28	03	05	02	55	26	25
3 47 06	29	04	06	03	43	27	26
3 51 15	♊0	05	07	04	32	28	27
3 55 25	01	06	08	05	22	29	28
3 59 36	02	06	08	06	10	♎0	29
4 03 48	03	07	09	07	00	01	♏0
4 08 00	04	08	10	07	49	02	01
4 12 13	05	09	11	08	40	03	02
4 16 26	06	10	12	09	30	04	03
4 20 40	07	11	13	10	19	04	04
4 24 55	08	12	14	11	10	05	05
4 29 10	09	13	15	12	00	06	06
4 33 26	10	14	16	12	51	07	07
4 37 42	11	15	16	13	41	08	08
4 41 59	12	16	17	14	32	09	09
4 46 16	13	17	18	15	23	10	10
4 50 34	14	18	19	16	14	11	11
4 54 52	15	19	20	17	05	12	12
4 59 10	16	20	21	17	56	13	13
5 03 29	17	21	22	18	47	14	14
5 07 49	18	22	23	19	39	15	15
5 12 09	19	23	24	20	30	16	16
5 16 29	20	24	25	21	22	17	17
5 20 49	21	25	25	22	13	18	18
5 25 09	22	26	26	23	05	18	19
5 29 30	23	27	27	23	57	19	20
5 33 51	24	28	28	24	49	20	21
5 38 12	25	29	29	25	40	21	22
5 42 34	26	♍0	♎0	26	32	22	22
5 46 55	27	01	01	27	25	23	23
5 51 17	28	02	02	28	16	24	24
5 55 38	29	03	03	29	08	25	25

Heure sidérale h m s	10e maison °	11e maison °	12e maison °	1re maison Ascendant °	1re maison Ascendant '	2e maison °	3e maison °
	♈	♋	♌	♎		♏	♐
6 00 00	00	04	04	00	00	26	26
6 04 22	01	05	05	00	52	27	27
6 08 43	02	06	06	01	44	28	28
6 13 05	03	06	07	02	35	29	29
6 17 26	04	07	08	03	28	♏0	♐0
6 21 48	05	08	09	04	20	01	01
6 26 09	06	09	10	05	11	02	02
6 30 30	07	10	11	06	03	03	03
6 34 51	08	11	12	06	55	03	04
6 39 11	09	12	13	07	47	04	05
6 43 31	10	13	14	08	38	05	06
6 47 51	11	14	15	09	30	06	07
6 52 11	12	15	15	10	21	07	08
6 56 31	13	16	16	11	13	08	09
7 00 50	14	17	17	12	04	09	10
7 05 08	15	18	18	12	55	10	11
7 09 26	16	19	19	13	46	11	12
7 13 44	17	20	20	14	37	12	13
7 18 01	18	21	21	15	28	13	14
7 22 18	19	22	22	16	19	14	15
7 26 34	20	23	23	17	09	14	16
7 30 50	21	24	23	18	00	15	17
7 35 05	22	25	24	18	50	16	18
7 39 20	23	26	25	19	41	17	19
7 43 34	24	27	26	20	30	18	20
7 47 47	25	28	27	21	20	19	21
7 52 00	26	29	28	22	11	20	22
7 56 12	27	♌0	29	23	00	21	23
8 00 24	28	01	♎0	23	50	21	24
8 04 35	29	02	01	24	38	22	24
8 08 45	♋0	03	02	25	28	23	25
8 12 54	01	04	03	26	17	24	26
8 17 03	02	05	04	27	05	25	27
8 21 11	03	06	05	27	54	26	28
8 25 19	04	07	06	28	43	27	29
8 29 26	05	08	07	29	31	28	♐0
8 33 31	06	09	07	♏0	20	28	01
8 37 37	07	10	08	01	08	29	02
8 41 41	08	11	09	01	56	♑0	03
8 45 45	09	12	10	02	43	01	04
8 49 48	10	13	11	03	31	02	05
8 53 51	11	14	12	04	18	03	06
8 57 52	12	15	12	05	06	04	07
9 01 53	13	16	13	05	53	05	08
9 05 53	14	17	14	06	40	05	09

Heure sidérale h m s	10e maison °	11e maison °	12e maison °	1re maison Ascendant °	1re maison Ascendant '	2e maison °	3e maison °
	♌	♎	♏	♐		♑	♒
9 09 53	15	18	15	07	27	06	10
9 13 52	16	19	16	08	13	07	10
9 17 50	17	20	17	09	00	08	11
9 21 47	18	21	18	09	46	09	12
9 25 44	19	22	19	10	33	10	13
9 29 40	20	23	19	11	19	10	14
9 33 35	21	24	20	12	04	11	15
9 37 29	22	24	21	12	50	12	16
9 41 23	23	25	22	13	36	13	17
9 45 16	24	26	23	14	21	14	18
9 49 09	25	27	24	15	07	15	19
9 53 01	26	28	24	15	52	15	20
9 56 52	27	29	25	16	38	16	21
10 00 43	28	♏0	26	17	22	17	22
10 04 33	29	01	27	18	07	18	23
10 08 23	♎0	02	28	18	52	19	24
10 12 12	01	03	29	19	36	20	25
10 16 00	02	04	29	20	22	20	26
10 19 48	03	05	♐0	21	07	21	27
10 23 35	04	06	01	21	51	22	28
10 27 22	05	07	01	22	35	23	28
10 31 08	06	07	02	23	20	24	29
10 34 54	07	08	03	24	04	25	♒0
10 38 40	08	09	04	24	48	25	01
10 42 25	09	10	05	25	33	26	02
10 46 09	10	11	06	26	17	27	03
10 49 53	11	12	07	27	02	28	04
10 53 37	12	13	07	27	46	29	05
10 57 20	13	14	08	28	29	♒0	06
11 01 03	14	15	09	29	14	01	07
11 04 46	15	16	10	29	57	01	08
11 08 28	16	17	♑0	00	42	02	09
11 12 10	17	17	11	01	27	03	10
11 15 52	18	18	12	02	10	04	11
11 19 34	19	19	13	02	55	05	12
11 23 15	20	20	14	03	38	06	13
11 26 56	21	21	14	04	23	07	14
11 30 37	22	22	15	05	06	07	15
11 34 18	23	23	16	05	52	08	16
11 37 58	24	23	17	06	36	09	17
11 41 39	25	24	18	07	20	10	18
11 45 19	26	25	18	08	05	11	19
11 49 00	27	26	19	08	48	12	20
11 52 40	28	27	20	09	37	13	22
11 56 20	29	28	21	10	22	14	23

Heure sidérale h m s	10e maison °	11e maison °	12e maison °	1re maison Ascendant °	'	2e maison °	3e maison °
12 00 00	00	29	21	11	07	15	24
12 03 40	01	♑0	22	11	52	16	25
12 07 20	02	01	23	12	37	17	26
12 11 00	03	01	24	13	19	17	27
12 14 41	04	02	25	14	07	18	28
12 18 21	05	03	25	14	52	19	29
12 22 02	06	04	26	15	38	20	♓0
12 25 42	07	05	27	16	23	21	01
12 29 23	08	06	28	17	11	22	02
12 33 04	09	06	28	17	58	23	03
12 36 45	10	07	29	18	45	24	04
12 40 26	11	08	♒0	19	32	25	05
12 44 08	12	09	01	20	20	26	07
12 47 50	13	10	02	21	08	27	08
12 51 32	14	11	02	21	57	28	09
12 55 14	15	12	03	22	43	29	10
12 58 57	16	13	04	23	33	♈0	11
13 02 40	17	13	05	24	22	01	12
13 06 23	18	14	06	25	11	02	13
13 10 07	19	15	07	26	01	03	15
13 13 51	20	16	07	26	51	05	16
13 17 35	21	17	08	27	40	06	17
13 21 20	22	18	09	28	32	07	18
13 25 06	23	19	10	29	23	08	19
13 28 52	24	19	10	♉0	14	09	20
13 32 38	25	20	11	01	07	10	21
13 36 25	26	21	12	02	00	11	23
13 40 12	27	22	13	02	52	12	24
13 44 00	28	23	13	03	46	13	25
13 47 48	29	24	14	04	41	15	26
13 51 37	♒0	25	15	05	35	16	27
13 55 27	01	25	16	06	30	17	29
13 59 17	02	26	17	07	27	18	♊0
14 03 08	03	27	18	08	23	20	01
14 06 59	04	28	18	09	20	21	02
14 10 51	05	29	19	10	18	22	03
14 14 44	06	♈0	20	11	16	23	05
14 18 37	07	01	21	12	15	24	06
14 22 31	08	02	22	13	15	26	07
14 26 25	09	02	23	14	16	27	08
14 30 20	10	03	24	15	17	28	09
14 34 16	11	04	24	16	19	♋0	11
14 38 13	12	05	25	17	23	01	12
14 42 10	13	06	26	18	27	02	13
14 46 08	14	07	27	19	32	04	14

Heure sidérale h m s	10e maison °	11e maison °	12e maison °	1re maison Ascendant °	'	2e maison °	3e maison °
14 50 07	15	08	28	20	37	05	16
14 54 07	16	09	29	21	44	06	17
14 58 07	17	10	♐0	22	51	08	18
15 02 08	18	10	01	23	59	09	19
15 06 09	19	11	02	25	09	11	20
15 10 12	20	12	03	26	19	12	22
15 14 15	21	13	04	27	31	14	23
15 18 19	22	14	05	28	43	15	24
15 22 23	23	15	06	29	57	16	25
15 26 29	24	16	06	♌1	14	18	26
15 30 35	25	17	07	02	28	19	28
15 34 41	26	18	08	03	46	21	29
15 38 49	27	19	09	05	05	22	♍0
15 42 57	28	20	10	06	25	24	01
15 47 06	29	21	11	07	46	25	03
15 51 15	♐0	21	13	09	08	27	04
15 55 25	01	22	14	10	31	28	05
15 59 36	02	23	15	11	56	♎0	06
16 03 48	03	24	16	13	23	01	07
16 08 00	04	25	17	14	50	03	09
16 12 13	05	26	18	16	09	04	10
16 16 26	06	27	19	17	50	06	11
16 20 40	07	28	20	19	22	07	12
16 24 55	08	29	21	20	56	09	13
16 29 10	09	♑0	22	22	30	11	15
16 33 26	10	01	23	24	07	12	16
16 37 42	11	02	24	25	44	14	17
16 41 59	12	03	26	27	23	15	18
16 46 16	13	04	27	29	04	17	19
16 50 34	14	05	28	♏0	45	18	20
16 54 52	15	06	29	02	27	20	22
16 59 10	16	07	♒0	04	11	21	23
17 03 29	17	08	02	05	56	23	24
17 07 49	18	09	03	07	43	24	25
17 12 09	19	10	04	09	30	26	26
17 16 29	20	11	05	11	18	27	27
17 20 49	21	12	07	13	08	29	28
17 25 09	22	13	08	14	57	♐0	♏0
17 29 30	23	14	09	16	48	02	01
17 33 51	24	15	10	18	41	03	02
17 38 12	25	16	12	20	33	05	03
17 42 34	26	17	13	22	25	06	04
17 46 55	27	19	14	24	19	07	05
17 51 17	28	20	16	26	12	09	06
17 55 38	29	21	17	28	07	10	07

41°

Heure sidérale h m s	10e maison °	11e maison °	12e maison °	1re maison Ascendant ° '	2e maison °	3e maison °
18 00 00	00	22	18	00 00	12	09
18 04 22	01	23	20	01 53	13	10
18 08 43	02	24	21	03 48	14	11
18 13 05	03	25	23	05 41	16	12
18 17 26	04	26	24	07 35	17	13
18 21 48	05	27	25	09 27	18	14
18 26 09	06	28	27	11 19	20	15
18 30 30	07	29	28	13 12	21	16
18 34 51	08 00	00	15 03	22	17	
18 39 11	09	02	01	16 52	23	18
18 43 31	10	03	03	18 42	25	19
18 47 51	11	04	04	20 30	26	20
18 52 11	12	05	05	22 17	27	21
18 56 31	13	06	07	24 04	29	22
19 00 50	14	07	09	25 49	00	23
19 05 08	15	09	10	27 33	01	24
19 09 26	16	10	12	29 15	02	25
19 13 44	17	11	13	00 56	03	26
19 18 01	18	12	15	02 37	04	27
19 22 18	19	13	16	04 16	06	28
19 26 34	20	14	18	05 53	07	29
19 30 50	21	16	19	07 30	08	00
19 35 05	22	17	21	09 04	09	01
19 39 20	23	18	22	10 38	10	02
19 43 34	24	19	24	12 10	11	03
19 47 47	25	20	25	13 41	12	04
19 52 00	26	21	27	15 10	13	05
19 56 12	27	23	29	16 37	14	06
20 00 24	28	24	00	18 04	15	07
20 04 35	29	25	02	19 29	16	08
20 08 45	00	26	03	20 52	17	09
20 12 54	01	27	05	22 14	18	09
20 17 03	02	29	06	23 35	19	10
20 21 11	03	00	08	24 55	20	11
20 25 19	04	01	09	26 14	21	12
20 29 26	05	02	11	27 32	22	13
20 33 31	06	03	12	28 46	23	14
20 37 37	07	05	14	00 03	24	15
20 41 41	08	06	15	01 17	25	16
20 45 45	09	07	16	02 29	26	17
20 49 48	10	08	18	03 41	27	18
20 53 51	11	10	19	04 51	28	19
20 57 52	12	11	21	06 01	29	20
21 01 53	13	12	22	07 09	00	20
21 05 53	14	13	24	08 16	01	21

Heure sidérale h m s	10e maison °	11e maison °	12e maison °	1re maison Ascendant ° '	2e maison °	3e maison °
21 09 53	15	14	25	09 23	02	22
21 13 52	16	16	26	10 30	03	23
21 17 50	17	17	28	11 33	04	24
21 21 47	18	18	29	12 37	05	25
21 25 44	19	19	00	13 41	06	26
21 29 40	20	21	02	14 43	06	27
21 33 35	21	22	03	15 44	07	28
21 37 29	22	23	04	16 45	08	28
21 41 23	23	24	06	17 45	09	29
21 45 16	24	25	07	18 44	10	00
21 49 09	25	27	08	19 42	11	01
21 53 01	26	28	09	20 40	12	02
21 56 52	27	29	11	21 37	12	03
22 00 43	28	00	12	22 33	13	04
22 04 33	29	01	13	23 30	14	05
22 08 33	00	03	14	24 25	15	05
22 12 12	01	04	15	25 19	16	06
22 16 00	02	05	17	26 14	17	07
22 19 48	03	06	18	27 08	17	08
22 23 35	04	07	19	28 00	18	09
22 27 22	05	08	20	28 53	19	10
22 31 08	06	10	21	29 46	20	11
22 34 54	07	11	22	00 37	21	11
22 38 40	08	12	23	01 28	21	12
22 42 25	09	13	24	02 20	22	13
22 46 09	10	14	25	03 09	23	14
22 49 53	11	15	27	03 59	24	15
22 53 37	12	17	28	04 49	24	16
22 57 20	13	18	29	05 38	25	17
23 01 03	14	19	00	06 27	26	17
23 04 46	15	20	01	07 17	27	18
23 08 28	16	21	02	08 03	28	19
23 12 10	17	22	03	08 53	28	20
23 15 52	18	23	04	09 40	29	21
23 19 34	19	24	05	10 28	00	22
23 23 15	20	26	06	11 15	01	23
23 26 56	21	27	07	12 02	02	23
23 30 37	22	28	08	12 49	02	24
23 34 18	23	29	09	13 37	03	25
23 37 58	24	00	10	14 22	04	26
23 41 39	25	01	11	15 08	05	27
23 45 19	26	02	12	15 53	05	28
23 49 00	27	03	12	16 41	06	29
23 52 40	28	04	13	17 23	07	29
23 56 20	29	05	14	18 08	08	00

Heure sidérale h m s	10e maison °	11e maison °	12e maison °	1re maison Ascendant ° '	2e maison °	3e maison °	Heure sidérale h m s	10e maison °	11e maison °	12e maison °	1re maison Ascendant ° '	2e maison °	3e maison °
0 00 00	00	07	16	19 39	09	01	2 50 07	15	21	24	22 59	15	12
0 03 40	01	08	17	20 24	10	02	2 54 07	16	22	25	23 45	16	13
0 07 20	02	09	18	21 08	10	03	2 58 07	17	23	26	24 32	17	14
0 11 00	03	10	19	21 53	11	04	3 02 08	18	24	27	25 18	17	15
0 14 41	04	11	19	22 37	12	05	3 06 09	19	25	28	26 05	18	16
0 18 21	05	12	20	23 22	13	06	3 10 12	20	26	28	26 52	19	17
0 22 02	06	13	21	24 06	13	07	3 14 15	21	26	29	27 39	20	18
0 25 42	07	14	22	24 50	14	07	3 18 19	22	27	0	28 26	21	19
0 29 23	08	15	23	25 34	15	08	3 22 23	23	28	01	29 14	22	20
0 33 04	09	16	24	26 18	16	09	3 26 29	24	29	02	0 01	23	21
0 36 45	10	17	25	27 02	17	10	3 30 35	25	0	03	00 49	24	22
0 40 26	11	18	26	27 46	17	11	3 34 41	26	01	04	01 37	25	23
0 44 08	12	19	26	28 29	18	12	3 38 49	27	02	04	02 25	25	24
0 47 50	13	20	27	29 13	19	13	3 42 57	28	03	05	03 13	26	25
0 51 32	14	21	28	29 57	20	14	3 47 06	29	04	06	04 01	27	26
0 55 14	15	22	29	0 41	20	14	3 51 15	0	05	07	04 50	28	27
0 58 57	16	23	0	01 24	21	15	3 55 25	01	06	08	05 39	29	28
1 02 40	17	24	01	02 08	22	16	3 59 36	02	07	09	06 27	0	29
1 06 23	18	25	02	02 52	23	17	4 03 48	03	08	10	07 16	01	30
1 10 07	19	26	02	03 36	24	18	4 08 00	04	09	11	08 05	02	0
1 13 51	20	27	03	04 20	25	19	4 12 13	05	10	11	08 55	03	01
1 17 35	21	28	04	05 03	25	20	4 16 26	06	11	12	09 44	04	02
1 21 20	22	29	05	05 47	26	21	4 20 40	07	12	13	10 34	04	03
1 25 06	23	0	06	06 31	27	22	4 24 55	08	13	14	11 23	05	04
1 28 52	24	01	07	07 15	28	22	4 29 10	09	14	15	12 13	06	05
1 32 38	25	02	07	07 59	29	23	4 33 26	10	14	16	13 03	07	06
1 36 25	26	03	08	08 43	29	24	4 37 42	11	15	17	13 53	08	07
1 40 12	27	04	09	09 27	0	25	4 41 59	12	16	18	14 43	09	08
1 44 00	28	05	10	10 11	01	26	4 46 16	13	17	19	15 33	10	09
1 47 48	29	06	11	10 56	02	27	4 50 34	14	18	19	16 24	11	10
1 51 37	0	07	12	11 40	02	28	4 54 52	15	19	20	17 14	12	11
1 55 27	01	08	12	12 25	03	29	4 59 10	16	20	21	18 05	13	12
1 59 17	02	09	13	13 09	04	0	5 03 29	17	21	22	18 55	14	13
2 03 08	03	10	14	13 54	05	01	5 07 49	18	22	23	19 46	15	14
2 06 59	04	10	15	14 39	06	02	5 12 09	19	23	24	20 37	16	15
2 10 51	05	11	16	15 23	06	03	5 16 29	20	24	25	21 28	17	16
2 14 44	06	12	17	16 08	07	04	5 20 49	21	25	26	22 19	17	17
2 18 37	07	13	17	16 54	08	04	5 25 09	22	26	27	23 10	18	18
2 22 31	08	14	18	17 39	09	05	5 29 30	23	27	28	24 01	19	19
2 26 25	09	15	19	18 24	10	06	5 33 51	24	28	29	24 52	20	20
2 30 20	10	16	20	19 10	11	07	5 38 12	25	29	30	25 44	21	21
2 34 16	11	17	21	19 55	12	08	5 42 34	26	0	0	26 35	22	22
2 38 13	12	18	22	20 41	12	09	5 46 55	27	01	01	27 26	23	23
2 42 10	13	19	23	21 27	13	10	5 51 17	28	02	02	28 17	24	24
2 46 08	14	20	23	22 13	14	11	5 55 38	29	03	03	29 09	25	25

42°

Table des maisons — Latitude 42° (Heure sidérale 6h00 à 9h05)

Heure sidérale (h m s)	10e maison ♋	11e maison ♋	12e maison ♌	1re maison Ascendant ♎ (° ')	2e maison ♎	3e maison ♏
6 00 00	00	04	04	00 00	26	26
6 04 22	01	05	05	00 51	27	27
6 08 43	02	06	06	01 43	28	28
6 13 05	03	07	07	02 34	29	29
6 17 26	04	08	08	03 25	30	♐0
6 21 48	05	09	09	04 16	♏0	01
6 26 09	06	10	10	05 08	01	02
6 30 30	07	11	11	05 59	02	03
6 34 51	08	12	12	06 50	03	04
6 39 11	09	13	13	07 41	04	05
6 43 31	10	14	14	08 32	05	06
6 47 51	11	15	14	09 23	06	07
6 52 11	12	16	15	10 14	07	08
6 56 31	13	17	16	11 05	08	09
7 00 50	14	18	17	11 55	09	10
7 05 08	15	19	18	12 46	10	11
7 09 26	16	20	19	13 36	11	12
7 13 44	17	21	20	14 27	11	13
7 18 01	18	22	21	15 17	12	14
7 22 18	19	23	22	16 07	13	15
7 26 34	20	24	23	16 57	14	16
7 30 50	21	25	24	17 47	15	16
7 35 05	22	26	25	18 37	16	17
7 39 20	23	27	26	19 26	17	18
7 43 34	24	28	26	20 16	18	19
7 47 47	25	29	27	21 05	19	20
7 52 00	26	30	28	21 55	19	21
7 56 12	27	♌0	29	22 44	20	22
8 00 24	28	01	♍0	23 33	21	23
8 04 35	29	02	01	24 21	22	24
8 08 45	♌0	03	02	25 10	23	25
8 12 54	01	04	03	25 59	24	26
8 17 03	02	05	04	26 47	25	27
8 21 11	03	06	05	27 35	26	28
8 25 19	04	07	05	28 23	26	29
8 29 26	05	08	06	29 11	27	♑0
8 33 31	06	09	07	29 59	28	01
8 37 37	07	10	08	♏0 46	29	02
8 41 41	08	11	09	01 34	♐0	03
8 45 45	09	12	10	02 21	01	04
8 49 48	10	13	11	03 08	02	04
8 53 51	11	14	12	03 55	02	05
8 57 52	12	15	13	04 42	03	06
9 01 53	13	16	13	05 28	04	07
9 05 53	14	17	14	06 15	05	08

Table des maisons — Latitude 42° (Heure sidérale 9h09 à 11h56)

Heure sidérale (h m s)	10e maison ♌	11e maison ♌	12e maison ♍	1re maison Ascendant ♏ (° ')	2e maison ♐	3e maison ♑
9 09 53	15	18	15	07 01	06	09
9 13 52	16	19	16	07 47	07	10
9 17 50	17	20	17	08 33	08	11
9 21 47	18	21	18	09 19	08	12
9 25 44	19	22	19	10 05	09	13
9 29 40	20	23	19	10 50	10	14
9 33 35	21	24	20	11 37	11	15
9 37 29	22	25	21	12 21	12	16
9 41 23	23	26	22	13 06	13	17
9 45 16	24	26	23	13 52	13	18
9 49 09	25	27	24	14 37	14	19
9 53 01	26	28	24	15 21	15	20
9 56 52	27	29	25	16 06	16	20
10 00 42	28	♍0	26	16 51	17	21
10 04 33	29	01	27	17 35	18	22
10 08 23	♍0	02	28	18 20	18	23
10 12 12	01	03	28	19 04	19	24
10 16 00	02	04	29	19 49	20	25
10 19 48	03	05	♎0	20 33	21	26
10 23 35	04	06	01	21 17	22	27
10 27 22	05	07	02	22 01	23	28
10 31 08	06	07	02	22 45	23	♒0
10 34 54	07	08	03	23 29	24	01
10 38 40	08	09	04	24 13	25	02
10 42 25	09	10	05	24 57	26	03
10 46 09	10	11	06	25 40	27	04
10 49 53	11	12	06	26 24	28	05
10 53 37	12	13	07	27 08	28	06
10 57 20	13	14	08	27 52	29	06
11 01 03	14	15	09	28 36	♑0	07
11 04 46	15	16	10	29 19	01	08
11 08 28	16	16	10	♐0 03	02	09
11 12 10	17	17	11	00 47	03	10
11 15 52	18	18	12	01 31	04	11
11 19 34	19	19	13	02 14	04	12
11 23 15	20	20	14	02 58	05	13
11 26 56	21	21	14	03 42	06	14
11 30 37	22	22	15	04 26	07	15
11 34 18	23	23	16	05 10	08	16
11 37 58	24	23	17	05 54	09	17
11 41 39	25	24	17	06 38	10	18
11 45 19	26	25	18	07 23	11	19
11 49 00	27	26	19	08 07	11	20
11 52 40	28	27	20	08 52	12	21
11 56 20	29	28	20	09 36	13	22

42°

Heure sidérale (h m s)	10e maison	11e maison	12e maison	1re maison Ascendant °	'	2e maison	3e maison
12 00 00	00	29	21	10	21	14	23
12 03 40	01	29	22	11	06	15	24
12 07 20	02	♏0	23	11	51	16	25
12 11 00	03	01	23	12	36	17	27
12 14 41	04	02	24	13	21	18	28
12 18 21	05	03	25	14	07	19	29
12 22 02	06	04	26	14	52	20	♒0
12 25 42	07	05	27	15	38	21	01
12 29 23	08	05	27	16	24	22	02
12 33 04	09	06	28	17	11	23	03
12 36 45	10	07	29	17	57	24	04
12 40 26	11	08	30	18	44	25	05
12 44 08	12	09	♐0	19	31	26	06
12 47 50	13	10	01	20	19	27	08
12 51 32	14	11	02	21	06	28	09
12 55 14	15	11	03	21	54	29	10
12 58 57	16	12	03	22	43	♑0	11
13 02 40	17	13	04	23	31	01	12
13 06 23	18	14	05	24	20	02	13
13 10 07	19	15	06	25	10	03	14
13 13 51	20	16	07	25	59	04	16
13 17 35	21	17	07	26	49	05	17
13 21 20	22	17	08	27	40	06	18
13 25 06	23	18	09	28	31	07	19
13 28 52	24	19	10	29	22	08	20
13 32 38	25	20	11	♐0	14	10	21
13 36 25	26	21	11	01	06	11	23
13 40 12	27	22	12	01	59	12	24
13 44 00	28	23	13	02	52	13	25
13 47 48	29	23	14	03	46	14	26
13 51 37	♏0	24	15	04	41	15	27
13 55 27	01	25	16	05	36	17	29
13 59 17	02	26	16	06	31	18	♓0
14 03 08	03	27	17	07	27	19	01
14 06 59	04	28	18	08	24	20	02
14 10 51	05	29	19	09	22	21	03
14 14 44	06	29	20	10	20	23	05
14 18 37	07	♐0	21	11	19	24	06
14 22 31	08	01	21	12	19	25	07
14 26 25	09	02	22	13	19	27	08
14 30 20	10	03	23	14	20	28	10
14 34 16	11	04	24	15	22	29	11
14 38 13	12	05	25	16	25	♒0	12
14 42 10	13	06	26	17	29	02	13
14 46 08	14	07	27	18	33	03	14

42°

Heure sidérale (h m s)	10e maison	11e maison	12e maison	1re maison Ascendant °	'	2e maison	3e maison
14 50 07	15	07	28	19	39	05	16
14 54 07	16	08	29	20	45	06	17
14 58 07	17	09	29	21	53	07	18
15 02 08	18	10	♑0	23	01	09	19
15 06 09	19	11	01	24	11	10	21
15 10 12	20	12	02	25	21	12	22
15 14 15	21	13	03	26	33	13	23
15 18 19	22	14	04	27	46	15	24
15 22 23	23	15	05	29	00	16	26
15 26 29	24	15	06	♑0	15	18	27
15 30 35	25	16	07	01	31	19	28
15 34 41	26	17	08	02	49	21	29
15 38 49	27	18	09	04	08	22	♈0
15 42 57	28	19	10	05	28	24	02
15 47 06	29	20	11	06	50	25	03
15 51 15	♐0	21	12	08	13	27	04
15 55 25	01	22	13	09	37	28	05
15 59 36	02	23	14	11	03	♓0	07
16 03 48	03	24	15	12	30	01	08
16 08 00	04	25	16	13	59	03	09
16 12 13	05	26	17	15	29	05	10
16 16 26	06	27	18	17	00	06	11
16 20 40	07	28	20	18	33	08	13
16 24 55	08	29	21	20	08	09	14
16 29 10	09	♑0	22	21	43	11	15
16 33 26	10	01	23	23	21	12	16
16 37 42	11	02	24	25	00	14	17
16 41 59	12	03	25	26	40	15	18
16 46 16	13	04	26	28	22	17	20
16 50 34	14	05	28	♒0	05	18	21
16 54 52	15	06	29	01	50	20	22
16 59 10	16	07	♒0	03	36	22	23
17 03 29	17	08	01	05	23	23	24
17 07 49	18	09	02	07	11	25	25
17 12 09	19	10	04	09	01	26	27
17 16 29	20	11	05	10	52	28	28
17 20 49	21	12	06	12	43	29	29
17 25 09	22	13	07	14	36	♈0	♉0
17 29 30	23	14	09	16	29	02	01
17 33 51	24	15	10	18	24	04	02
17 38 12	25	16	11	20	19	05	03
17 42 34	26	17	13	22	14	06	04
17 46 55	27	18	14	24	10	08	05
17 51 17	28	19	15	26	07	09	07
17 55 38	29	20	17	28	03	11	08

Heure sidérale h m s	10e maison °	11e maison °	12e maison °	1re maison Ascendant ° '	2e maison °	3e maison °
18 00 00	00	21	18	00 00	12	09
18 04 22	01	22	19	01 57	13	10
18 08 43	02	23	21	03 53	15	11
18 13 05	03	25	22	05 50	16	12
18 17 26	04	26	24	07 46	17	13
18 21 48	05	27	25	09 41	19	14
18 26 09	06	28	26	11 36	20	15
18 30 30	07	29	28	13 31	21	16
18 34 51	08	0	29	15 24	23	17
18 39 11	09	01	0	17 17	24	18
18 43 31	10	02	02	19 08	25	19
18 47 51	11	03	04	20 59	27	20
18 52 11	12	05	06	22 49	28	21
18 56 31	13	06	07	24 37	29	22
19 00 50	14	07	08	26 24	0	23
19 05 08	15	08	10	28 10	01	24
19 09 26	16	09	12	29 55	03	25
19 13 44	17	10	13	1 38	04	26
19 18 01	18	12	15	03 20	05	27
19 22 18	19	13	16	05 00	06	28
19 26 34	20	14	18	06 39	07	29
19 30 50	21	15	19	08 17	08	0
19 35 05	22	16	21	09 52	09	01
19 39 20	23	17	22	11 27	11	02
19 43 34	24	19	24	13 00	12	03
19 47 47	25	20	25	14 31	13	04
19 52 00	26	21	27	16 01	14	05
19 56 12	27	22	29	17 30	15	06
20 00 24	28	23	0	18 57	16	07
20 04 35	29	25	02	20 23	17	08
20 08 45	0	26	03	21 47	18	09
20 12 54	01	27	05	23 10	19	10
20 17 03	02	28	06	24 32	20	11
20 21 11	03	0	08	25 52	21	12
20 25 19	04	01	09	27 11	22	13
20 29 26	05	02	11	28 29	23	14
20 33 31	06	03	12	29 45	24	15
20 37 37	07	04	14	1 00	25	15
20 41 41	08	06	15	02 14	26	16
20 45 45	09	07	17	03 27	27	17
20 49 48	10	08	18	04 39	28	18
20 53 51	11	09	20	05 49	29	19
20 57 52	12	11	21	06 59	0	20
21 01 53	13	12	23	08 07	01	21
21 05 53	14	13	24	09 15	02	22

Heure sidérale h m s	10e maison °	11e maison °	12e maison °	1re maison Ascendant ° '	2e maison °	3e maison °
21 09 53	15	14	25	10 21	02	23
21 13 52	16	16	27	11 27	03	24
21 17 50	17	17	28	12 31	04	24
21 21 47	18	18	29	13 35	05	25
21 25 44	19	19	0	14 38	06	26
21 29 40	20	21	02	15 40	07	27
21 33 35	21	22	03	16 41	08	28
21 37 29	22	23	05	17 41	09	29
21 41 23	23	24	06	18 41	09	0
21 45 16	24	25	07	19 40	10	01
21 49 09	25	27	09	20 38	11	01
21 53 01	26	28	10	21 36	12	03
21 56 52	27	29	11	22 33	13	03
22 00 43	28	0	12	23 29	14	04
22 04 33	29	01	13	24 24	14	05
22 08 33	0	03	15	25 19	15	06
22 12 12	01	04	16	26 14	16	07
22 16 00	02	05	17	27 08	17	07
22 19 48	03	06	18	28 01	18	08
22 23 35	04	07	19	28 54	19	09
22 27 22	05	09	20	29 46	19	10
22 31 08	06	10	22	0 38	20	11
22 34 54	07	11	23	01 29	21	12
22 38 40	08	12	24	02 20	22	13
22 42 25	09	13	25	03 11	23	13
22 46 09	10	14	26	04 01	23	14
22 49 53	11	16	27	04 50	24	15
22 53 37	12	17	28	05 40	25	16
22 57 20	13	18	29	06 29	26	17
23 01 03	14	19	0	07 17	27	18
23 04 46	15	20	01	08 06	27	19
23 08 28	16	21	02	08 54	28	19
23 12 10	17	22	03	09 41	29	20
23 15 52	18	23	04	10 29	30	21
23 19 34	19	25	05	11 16	0	22
23 23 15	20	26	06	12 03	01	23
23 26 56	21	27	07	12 49	02	24
23 30 37	22	28	08	13 36	03	25
23 34 18	23	29	09	14 22	03	25
23 37 58	24	0	10	15 08	04	26
23 41 39	25	01	11	15 53	05	27
23 45 19	26	02	12	16 39	06	28
23 49 00	27	03	13	17 24	07	29
23 52 40	28	05	14	18 09	07	0
23 56 20	29	06	15	18 54	08	01

331

43° Heure sidérale	10e maison	11e maison	12e maison	1re maison Ascendant		2e maison	3e maison
h m s	°	°	°	°	'	°	°
	♈	♉	♊	♋		♌	♍
0 00 00	00	07	16	20	10	09	01
0 03 40	01	08	17	20	55	10	02
0 07 20	02	09	18	21	39	11	03
0 11 00	03	10	19	22	23	12	04
0 14 41	04	11	20	23	07	12	05
0 18 21	05	12	21	23	51	13	06
0 22 02	06	13	22	24	35	14	07
0 25 42	07	14	23	25	19	15	07
0 29 23	08	15	24	26	02	15	08
0 33 04	09	16	24	26	46	16	09
0 36 45	10	17	25	27	29	17	10
0 40 26	11	18	26	28	13	18	11
0 44 08	12	19	27	28	57	18	12
0 47 50	13	20	28	29	41	19	13
0 51 32	14	21	29	♌0	24	20	14
0 55 14	15	22	30	01	07	21	14
0 58 57	16	23	♋0	01	51	21	15
1 02 40	17	24	01	02	34	22	16
1 06 23	18	25	02	03	17	23	17
1 10 07	19	26	03	04	01	24	18
1 13 51	20	27	04	04	44	25	19
1 17 35	21	28	05	05	28	25	20
1 21 20	22	29	06	06	12	26	21
1 25 06	23	♊0	06	06	55	27	22
1 28 52	24	01	07	07	39	28	23
1 32 38	25	02	08	08	23	29	23
1 36 25	26	03	09	09	06	29	24
1 40 12	27	04	10	09	50	♍0	25
1 44 00	28	05	11	10	34	01	26
1 47 48	29	06	11	11	18	02	27
1 51 37	♉0	07	12	12	02	03	28
1 55 27	01	08	13	12	47	03	29
1 59 17	02	09	14	13	31	01	♎0
2 03 08	03	10	15	14	15	05	01
2 06 59	04	11	15	14	59	06	02
2 10 51	05	12	16	15	44	07	03
2 14 44	06	13	17	16	28	07	03
2 18 37	07	14	18	17	13	08	04
2 22 31	08	15	19	17	58	09	05
2 26 25	09	15	20	18	43	10	06
2 30 20	10	16	20	19	29	11	07
2 34 16	11	17	21	20	14	12	08
2 38 13	12	18	22	20	59	12	09
2 42 10	13	19	23	21	44	13	10
2 46 08	14	20	24	22	30	14	11

43° Heure sidérale	10e maison	11e maison	12e maison	1re maison Ascendant		2e maison	3e maison
h m s	°	°	°	°	'	°	°
	♉	♊	♋	♌		♍	♎
2 50 07	15	21	25	23	16	15	12
2 54 07	16	22	25	24	02	16	13
2 58 07	17	23	26	24	48	17	14
3 02 08	18	24	27	25	35	18	15
3 06 09	19	25	28	26	21	18	16
3 10 12	20	26	29	27	07	19	17
3 14 15	21	27	♌0	27	54	20	18
3 18 19	22	28	01	28	41	21	19
3 22 23	23	29	01	29	28	22	20
3 26 29	24	30	02	♍0	15	23	21
3 30 35	25	♋0	03	01	03	24	22
3 34 41	26	01	04	01	50	25	23
3 38 49	27	02	05	02	38	25	24
3 42 57	28	03	06	03	25	26	24
3 47 06	29	04	07	04	13	27	25
3 51 15	♊0	05	07	05	01	28	26
3 55 25	01	06	08	05	50	29	27
3 59 36	02	07	09	06	39	♎0	28
4 03 48	03	08	10	07	27	01	29
4 08 00	04	09	11	08	16	02	♏0
4 12 13	05	10	12	09	04	03	01
4 16 26	06	11	13	09	53	03	02
4 20 40	07	12	14	10	42	04	03
4 24 55	08	13	15	11	31	05	04
4 29 10	09	14	15	12	21	06	05
4 33 26	10	15	16	13	11	07	06
4 37 42	11	16	17	14	00	08	07
4 41 59	12	17	18	14	50	09	08
4 46 16	13	18	19	15	40	10	09
4 50 34	14	19	20	16	30	11	10
4 54 52	15	20	21	17	20	12	11
4 59 10	16	20	22	18	10	13	12
5 03 29	17	21	22	19	00	14	13
5 07 49	18	22	23	19	50	15	14
5 12 09	19	23	24	20	41	15	15
5 16 29	20	24	25	21	32	16	16
5 20 49	21	25	26	22	22	17	17
5 25 09	22	26	27	23	13	18	18
5 29 30	23	27	28	24	04	19	19
5 33 51	24	28	29	24	55	20	20
5 38 12	25	29	♍0	25	45	21	21
5 42 34	26	♌0	01	26	36	22	22
5 46 55	27	01	02	27	27	23	23
5 51 17	28	02	02	28	18	24	24
5 55 38	29	03	03	29	09	25	25

Heure sidérale (h m s)	10e maison (°)	11e maison (°)	12e maison (°)	1re maison Ascendant (° ')		2e maison (°)	3e maison (°)
6 00 00	00	04	04	00	00	26	26
6 04 22	01	05	05	00	51	27	27
6 08 43	02	06	06	01	42	28	28
6 13 05	03	07	07	02	33	28	29
6 17 26	04	08	08	03	24	29	♎0
6 21 48	05	09	09	04	15	♋0	01
6 26 09	06	10	10	05	05	01	02
6 30 30	07	11	11	05	56	02	03
6 34 51	08	12	12	06	47	03	04
6 39 11	09	13	13	07	38	04	05
6 43 31	10	14	14	08	28	05	06
6 47 51	11	15	15	09	19	06	07
6 52 11	12	16	15	10	10	07	08
6 56 31	13	17	16	11	00	08	09
7 00 50	14	18	17	11	50	08	10
7 05 08	15	19	18	12	40	09	10
7 09 26	16	20	19	13	30	10	11
7 13 44	17	21	20	14	20	11	12
7 18 01	18	22	21	15	10	12	13
7 22 18	19	23	22	16	00	13	14
7 26 34	20	24	23	16	49	14	15
7 30 50	21	25	24	17	39	15	16
7 35 05	22	26	25	18	29	15	17
7 39 20	23	27	26	19	18	16	18
7 43 34	24	28	27	20	07	17	19
7 47 47	25	29	27	20	56	18	20
7 52 00	26	♍0	28	21	44	19	21
7 56 12	27	01	29	22	33	20	22
8 00 24	28	02	♎0	23	21	21	23
8 04 35	29	03	01	24	10	22	24
8 08 45	♌0	04	02	24	59	23	25
8 12 51	01	05	03	25	47	23	26
8 17 03	02	06	04	26	35	24	27
8 21 11	03	06	05	27	22	25	28
8 25 19	04	07	05	28	10	26	29
8 29 26	05	08	06	28	57	27	♐0
8 33 31	06	09	07	29	45	28	00
8 37 37	07	10	08	♍0	32	29	01
8 41 41	08	11	09	01	19	29	02
8 45 45	09	12	10	02	06	♎0	03
8 49 48	10	13	11	02	53	01	04
8 53 51	11	14	12	03	39	02	05
8 57 52	12	15	12	04	25	03	06
9 01 53	13	16	13	05	12	04	07
9 05 53	14	17	14	05	58	05	08
9 09 53	15	18	15	06	44	05	09
9 13 51	16	19	16	07	30	06	10
9 17 50	17	20	17	08	16	07	11
9 21 47	18	21	18	09	01	08	12
9 25 44	19	22	18	09	46	09	13
9 29 40	20	23	19	10	31	10	14
9 33 35	21	24	20	11	17	10	15
9 37 29	22	25	21	12	02	11	15
9 41 23	23	26	22	12	47	12	16
9 45 16	24	27	23	13	32	13	17
9 49 09	25	27	23	14	16	14	18
9 53 01	26	28	24	15	01	15	19
9 56 52	27	29	25	15	45	15	20
10 00 42	28	♏0	26	16	29	16	21
10 04 33	29	01	27	17	13	17	22
10 08 23	♎0	02	27	17	58	18	23
10 12 12	01	03	28	18	42	19	24
10 16 00	02	04	29	19	26	19	25
10 19 48	03	05	♐0	20	10	20	26
10 23 35	04	06	01	20	54	21	27
10 27 22	05	07	01	21	37	22	28
10 31 08	06	07	02	22	21	23	29
10 34 54	07	08	03	23	05	24	♑0
10 38 40	08	09	04	23	48	24	01
10 42 25	09	10	05	24	32	25	02
10 46 09	10	11	05	25	16	26	03
10 49 53	11	12	06	25	59	27	04
10 53 37	12	13	07	26	43	28	05
10 57 20	13	14	08	27	26	29	06
11 01 03	14	15	09	28	09	♒0	07
11 04 46	15	16	09	28	53	00	08
11 08 28	16	16	10	29	36	01	09
11 12 10	17	17	11	♐0	19	02	10
11 15 52	18	18	12	01	03	03	11
11 19 34	19	19	12	01	47	04	12
11 23 15	20	20	13	02	31	05	13
11 26 56	21	21	14	03	14	06	14
11 30 37	22	22	15	03	58	06	15
11 34 18	23	23	15	04	41	07	16
11 37 58	24	23	16	05	25	08	17
11 41 39	25	24	17	06	09	09	18
11 45 19	26	25	18	06	53	10	19
11 49 00	27	26	18	07	37	11	20
11 52 40	28	27	19	08	21	12	21
11 56 20	29	28	20	09	05	13	22

333

43° Heure sidérale	10e maison	11e maison	12e maison	1re maison Ascendant		2e maison	3e maison
h m s	°	°	°	°	′	°	°
	♊	♊	♋	♌		♍	♎
12 00 00	00	29	21	09	50	14	23
12 03 40	01	29	21	10	34	15	24
12 07 20	02	♋0	22	11	19	15	25
12 11 00	03	01	23	12	04	16	26
12 14 41	04	02	24	12	49	17	28
12 18 21	05	03	25	13	34	18	29
12 22 02	06	04	25	14	19	19	♎0
12 25 42	07	05	26	15	05	20	01
12 29 23	08	05	27	15	52	21	02
12 33 04	09	06	28	16	38	22	03
12 36 45	10	07	28	17	24	23	04
12 40 26	11	08	29	18	10	24	05
12 44 08	12	09	♌0	18	56	25	06
12 47 50	13	10	01	19	44	26	08
12 51 32	14	10	02	20	31	27	09
12 55 14	15	11	02	21	19	28	10
12 58 57	16	12	03	22	07	29	11
13 02 40	17	13	04	22	56	♍0	12
13 06 23	18	14	05	23	45	01	13
13 10 07	19	15	05	24	34	02	14
13 13 51	20	16	06	25	23	04	15
13 17 35	21	16	07	26	12	05	17
13 21 20	22	17	08	27	02	06	18
13 25 06	23	18	09	27	53	07	19
13 28 52	24	19	09	28	44	08	20
13 32 38	26	20	10	29	35	09	21
13 36 25	26	21	11	♍0	27	10	23
13 40 12	27	22	12	01	20	11	24
13 44 00	28	22	13	02	14	13	25
13 47 48	29	23	13	03	07	14	26
13 51 37	♌0	24	14	04	01	15	27
13 55 27	01	25	15	04	56	16	29
13 59 17	02	26	16	05	51	17	♏0
14 03 08	03	27	17	06	47	19	01
14 06 59	04	28	18	07	44	20	02
14 10 51	05	28	18	08	41	21	03
14 14 44	06	29	19	09	39	22	05
14 18 37	07	♍0	20	10	38	24	06
14 22 31	08	01	21	11	38	25	07
14 26 25	09	02	22	12	37	26	08
14 30 20	10	03	23	13	38	28	10
14 34 16	11	04	24	14	40	29	11
14 38 13	12	05	24	15	43	♏0	12
14 42 10	13	05	25	16	46	02	13
14 46 08	14	06	26	17	51	03	14

43° Heure sidérale	10e maison	11e maison	12e maison	1re maison Ascendant		2e maison	3e maison
h m s	°	°	°	°	′	°	°
	♋	♌	♌	♎		♏	♏
14 50 07	15	07	27	18	56	04	16
14 54 07	16	08	28	20	03	06	17
14 58 07	17	09	29	21	10	07	18
15 02 08	18	10	♎0	22	18	09	19
15 06 09	19	11	01	23	28	10	21
15 10 12	20	12	02	24	38	12	22
15 14 15	21	13	03	25	50	13	23
15 18 19	22	13	04	27	03	15	24
15 22 23	23	14	04	28	17	16	26
15 26 29	24	15	05	29	32	18	27
15 30 35	25	16	06	♏0	49	19	28
15 34 41	26	17	07	02	07	21	29
15 38 49	27	18	08	03	26	22	♐0
15 42 57	28	19	09	04	47	24	02
15 47 06	29	20	10	06	09	25	03
15 51 15	♌0	21	11	07	32	27	04
15 55 25	01	22	12	08	56	28	05
15 59 36	02	23	13	10	22	♐0	07
16 03 48	03	24	14	11	50	01	08
16 08 00	04	25	16	13	19	03	09
16 12 13	05	26	17	14	50	04	10
16 16 26	06	27	18	16	22	06	11
16 20 40	07	27	19	17	56	08	13
16 24 55	08	28	20	19	31	09	14
16 29 10	09	29	21	21	08	11	15
16 33 26	10	♐0	22	22	46	12	16
16 37 42	11	01	23	24	27	14	17
16 41 59	12	02	24	26	07	16	19
16 46 16	13	03	26	27	50	17	20
16 50 34	14	04	27	29	35	19	21
16 54 52	15	05	28	♐1		20	22
16 59 10	16	06	29	03	08	22	23
17 03 29	17	07	♐0	04	58	23	24
17 07 49	18	08	02	06	47	25	25
17 12 09	19	09	03	08	38	26	27
17 16 29	20	10	04	10	31	28	28
17 20 49	21	11	05	12	25	♑0	29
17 25 09	22	13	07	14	19	01	♒0
17 29 30	23	14	08	16	15	02	01
17 33 51	24	15	09	18	11	04	02
17 38 12	25	16	11	20	08	05	04
17 42 34	26	17	12	22	05	07	05
17 46 55	27	18	13	24	04	08	06
17 51 17	28	19	15	26	03	10	07
17 55 38	29	20	16	28	01	11	08

334

Heure sidérale h m s	10e maison °	11e maison °	12e maison °	1re maison Ascendant °	′	2e maison °	3e maison °
18 00 00	00	21	18	00	00	12	09
18 04 22	01	22	19	01	59	14	10
18 08 43	02	23	20	03	67	15	11
18 13 05	03	24	22	05	56	17	12
18 17 26	04	25	23	07	55	18	13
18 21 48	05	26	25	09	52	19	14
18 26 09	06	28	26	11	49	21	15
18 30 30	07	29	28	13	45	22	16
18 34 51	08	0	29	15	41	23	17
18 39 11	09	01	0	17	35	25	19
18 43 31	10	02	02	19	29	26	20
18 47 51	11	03	04	21	22	27	21
18 52 11	12	05	05	23	13	28	22
18 56 31	13	06	07	25	02	0	23
19 00 50	14	07	08	26	52	01	24
19 05 08	15	08	10	28	39	02	25
19 09 26	16	09	11	0	25	03	26
19 13 44	17	10	13	02	10	04	27
19 18 01	18	11	14	03	53	06	28
19 22 18	19	13	16	05	33	07	29
19 26 34	20	14	18	07	14	08	0
19 30 50	21	15	19	08	52	09	01
19 35 05	22	16	21	10	29	10	02
19 39 20	23	17	22	12	04	11	03
19 43 34	24	19	24	13	38	12	03
19 47 47	25	20	26	15	10	13	04
19 52 00	26	21	27	16	41	14	05
19 56 12	27	22	29	18	10	16	06
20 00 24	28	23	0	19	38	17	07
20 04 35	29	25	02	21	04	18	08
20 08 45	0	26	03	22	28	19	09
20 12 54	01	27	05	23	51	20	10
20 17 03	02	28	06	25	13	21	11
20 21 11	03	0	08	26	34	22	12
20 25 19	04	01	09	27	53	23	13
20 29 26	05	02	11	29	11	24	14
20 33 31	06	03	12	0	28	25	15
20 37 37	07	04	14	01	43	26	16
20 41 41	08	06	15	02	57	26	17
20 45 45	09	07	17	04	10	27	17
20 49 48	10	08	18	05	22	28	18
20 53 51	11	09	20	06	32	29	19
20 57 52	12	11	21	07	42	0	20
21 01 53	13	12	23	08	50	01	21
21 05 53	14	13	24	09	57	02	22

Heure sidérale h m s	10e maison °	11e maison °	12e maison °	1re maison Ascendant °	′	2e maison °	3e maison °
21 09 53	15	14	26	11	04	03	23
21 13 52	16	16	27	12	09	04	24
21 17 50	17	17	28	13	14	05	25
21 21 47	18	18	0	14	17	06	25
21 25 44	19	19	01	15	20	06	26
21 29 40	20	20	02	16	22	07	27
21 33 35	21	22	04	17	23	08	28
21 37 29	22	23	05	18	22	09	29
21 41 23	23	24	06	19	22	10	0
21 45 16	24	25	08	20	21	11	01
21 49 09	25	27	09	21	19	12	02
21 53 01	26	28	10	22	16	12	02
21 56 52	27	29	11	23	13	13	03
22 02 43	28	0	13	24	09	14	04
22 04 33	29	01	14	25	04	15	05
22 08 23	0	03	15	25	59	16	06
22 12 12	01	04	16	26	53	17	07
22 16 00	02	05	17	27	46	17	08
22 19 48	03	06	19	28	40	18	08
22 23 35	04	07	20	29	33	19	09
22 27 22	05	09	21	0	25	20	10
22 31 08	06	10	22	01	16	21	11
22 34 54	07	11	23	02	07	21	12
22 38 40	08	12	24	02	58	22	13
22 42 25	09	13	25	03	48	23	14
22 46 09	10	15	26	04	37	24	14
22 49 53	11	16	28	05	26	25	15
22 53 37	12	17	29	06	15	25	16
22 57 20	13	18	0	07	04	26	17
23 01 03	14	19	01	07	53	27	18
23 04 46	15	20	02	08	41	28	19
23 08 28	16	21	03	09	29	28	20
23 12 10	17	22	04	10	16	29	20
23 15 52	18	24	05	11	04	0	21
23 19 34	19	25	06	11	50	01	22
23 23 15	20	26	07	12	36	02	23
23 26 56	21	27	08	13	22	02	24
23 30 37	22	28	09	14	08	03	25
23 34 18	23	29	10	14	55	04	25
23 37 58	24	0	11	15	41	05	26
23 41 39	25	01	12	16	26	05	27
23 45 19	26	02	13	17	11	06	28
23 49 00	27	04	14	17	56	07	29
23 52 40	28	05	15	18	41	08	0
23 56 20	29	06	15	19	26	09	01

335

44° Heure sidérale h m s	10e maison °	11e maison °	12e maison °	1re maison Ascendant ° '	2e maison °	3e maison °
0 00 00	00	07	17	20 48	09	02
0 03 40	01	08	18	21 32	10	02
0 07 20	02	09	19	22 16	11	03
0 11 00	03	10	20	23 00	12	04
0 14 41	04	11	21	23 43	13	05
0 18 21	05	12	21	24 27	13	06
0 22 02	06	13	22	25 11	14	07
0 25 42	07	14	23	25 55	15	08
0 29 23	08	15	24	26 38	16	08
0 33 04	09	16	25	27 21	16	09
0 36 45	10	17	26	28 04	17	10
0 40 26	11	18	27	28 47	18	11
0 44 08	12	19	28	29 30	19	12
0 47 50	13	20	28	00 14	19	13
0 51 32	14	21	29	00 57	20	14
0 55 14	15	22	0	01 40	21	15
0 58 57	16	23	01	02 23	22	15
1 02 40	17	24	02	03 06	22	16
1 06 23	18	25	03	03 49	23	17
1 10 07	19	26	04	04 32	24	18
1 13 51	20	27	04	05 15	25	19
1 17 35	21	28	05	05 59	26	20
1 21 20	22	29	06	06 42	26	21
1 25 06	23	0	07	07 25	27	22
1 28 52	24	01	08	08 08	28	23
1 32 38	25	02	08	08 52	29	23
1 36 25	26	03	09	09 35	30	24
1 40 00	27	04	10	10 18	0	25
1 44 00	28	05	11	11 02	01	26
1 47 48	29	06	12	11 45	02	27
1 51 37	0	07	13	12 29	03	28
1 55 27	01	08	14	13 13	04	29
1 59 17	02	09	14	13 57	04	0
2 03 08	03	10	15	14 41	05	01
2 06 59	04	11	16	15 25	06	02
2 10 51	05	12	17	16 09	07	03
2 14 44	06	13	18	16 53	08	03
2 18 37	07	14	18	17 38	08	04
2 22 31	08	15	19	18 22	09	05
2 26 25	09	16	20	19 07	10	06
2 30 20	10	17	21	19 51	11	07
2 34 16	11	18	22	20 36	12	08
2 38 13	12	19	23	21 21	13	09
2 42 10	13	19	23	22 06	13	10
2 46 08	14	20	24	22 51	14	11

44° Heure sidérale h m s	10e maison °	11e maison °	12e maison °	1re maison Ascendant ° '	2e maison °	3e maison °
2 50 07	15	21	25	23 37	15	12
2 54 07	16	22	26	24 23	16	13
2 58 07	17	23	27	25 08	17	14
3 02 08	18	24	28	25 54	18	15
3 06 09	19	25	28	26 40	19	16
3 10 12	20	26	29	27 26	19	17
3 14 15	21	27	0	28 13	20	18
3 18 19	22	28	01	28 59	21	19
3 22 23	23	29	02	29 46	22	19
3 26 29	24	0	03	0 32	23	20
3 30 35	25	01	04	01 19	24	21
3 34 41	26	02	04	02 06	25	22
3 38 49	27	03	05	02 53	25	23
3 42 57	28	04	06	03 41	26	24
3 47 06	29	04	07	04 29	27	25
3 51 15	0	05	08	05 16	28	26
3 55 25	01	06	09	06 04	29	27
3 59 36	02	07	09	06 52	0	28
4 03 48	03	08	10	07 40	01	29
4 08 00	04	09	11	08 29	02	0
4 12 13	05	10	12	09 17	03	01
4 16 26	06	11	13	10 05	03	02
4 20 40	07	12	14	10 54	04	03
4 24 55	08	13	15	11 42	05	04
4 29 10	09	14	16	12 31	06	05
4 33 26	10	15	16	13 21	07	06
4 37 42	11	16	17	14 10	08	07
4 41 59	12	17	18	14 59	09	08
4 46 16	13	18	19	15 48	10	09
4 50 34	14	19	20	16 38	11	10
4 54 52	15	20	21	17 28	12	11
4 59 10	16	21	22	18 18	13	12
5 03 29	17	22	23	19 07	14	13
5 07 49	18	23	24	19 57	15	14
5 12 09	19	24	24	20 47	15	15
5 16 29	20	25	25	21 37	16	16
5 20 49	21	25	26	22 27	17	17
5 25 09	22	26	27	23 17	18	18
5 29 30	23	27	28	24 07	19	19
5 33 51	24	28	29	24 58	20	20
5 38 12	25	29	0	25 48	21	21
5 42 34	26	0	01	26 38	22	22
5 46 55	27	01	02	27 29	23	23
5 51 17	28	02	03	28 19	24	24
5 55 38	29	03	04	29 10	25	25

44°

Heure sidérale h m s	10e maison °	11e maison °	12e maison °	1re maison Ascendant ° '	2e maison °	3e maison °
	♋	♋	♋	♎	♎	♎
6 00 00	00	04	04	00 00	26	26
6 04 22	01	05	05	00 50	26	27
6 08 43	02	06	06	01 41	27	28
6 13 05	03	07	07	02 31	28	29
6 17 26	04	08	08	03 22	29	♏0
6 21 48	05	09	09	04 12	♏0	01
6 26 09	06	10	10	05 02	01	02
6 30 30	07	11	11	05 53	02	03
6 34 51	08	12	12	06 43	03	04
6 39 11	09	12	13	07 37	04	05
6 43 31	10	14	14	08 23	05	05
6 47 51	11	15	15	09 13	06	06
6 52 11	12	16	15	10 03	06	07
6 56 31	13	17	16	10 53	07	08
7 00 50	14	18	17	11 42	08	09
7 05 08	15	19	18	12 32	09	10
7 09 26	16	20	19	13 22	10	11
7 13 44	17	21	20	14 12	11	12
7 18 01	18	22	21	15 01	12	13
7 22 18	19	23	22	15 50	13	14
7 26 34	20	24	23	16 39	14	15
7 30 50	21	25	24	17 29	14	16
7 35 05	22	26	25	18 18	15	17
7 39 20	23	27	26	19 06	16	18
7 43 34	24	28	27	19 55	17	19
7 47 47	25	29	27	20 43	18	20
7 52 00	26	♌0	28	21 31	19	21
7 56 12	27	01	29	22 20	20	22
8 00 24	28	02	♌0	23 08	21	23
8 04 35	29	03	01	23 56	21	24
8 08 45	♌0	04	02	24 44	22	25
8 12 54	01	05	03	25 31	23	26
8 17 03	02	06	04	26 19	24	26
8 21 11	03	07	05	27 07	25	27
8 25 19	04	08	05	27 54	26	28
8 29 26	05	09	06	28 41	26	29
8 33 31	06	10	07	29 28	27	♐0
8 37 37	07	11	08	♏0 14	28	01
8 41 41	08	11	09	01 01	29	02
8 45 45	09	12	10	01 47	♐0	03
8 49 48	10	13	11	02 34	01	04
8 53 51	11	14	11	03 20	02	05
8 57 52	12	15	12	04 06	02	06
9 01 53	13	16	13	04 52	03	07
9 05 53	14	17	14	05 37	04	08
9 09 53	15	18	15	06 23	05	09
9 13 52	16	19	16	07 09	06	10
9 17 50	17	20	17	07 54	07	11
9 21 47	18	21	17	08 39	07	11
9 25 44	19	22	18	09 24	08	12
9 29 40	20	23	19	10 09	09	13
9 33 35	21	24	20	10 53	10	14
9 37 29	22	25	21	11 38	11	15
9 41 23	23	26	22	12 22	12	16
9 45 16	24	27	22	13 07	12	17
9 49 09	25	27	23	13 51	13	18
9 53 01	26	28	24	14 35	14	19
9 56 52	27	29	25	15 19	15	20
10 00 42	28	♍0	26	16 03	16	21
10 04 33	29	01	26	16 47	16	22
10 08 23	♍0	02	27	17 31	17	23
10 12 12	01	03	28	18 15	18	24
10 16 00	02	04	29	18 58	19	25
10 19 48	03	05	30	19 42	20	26
10 23 35	04	06	♍0	20 25	21	27
10 27 22	05	07	01	21 08	22	28
10 31 08	06	07	02	21 52	22	29
10 34 54	07	08	03	22 35	23	♑0
10 38 40	08	09	04	23 18	24	01
10 42 25	09	10	04	24 01	25	02
10 46 09	10	11	05	24 45	26	03
10 49 53	11	12	06	25 28	26	04
10 53 37	12	13	07	26 11	27	05
10 57 20	13	14	08	26 54	28	06
11 01 03	14	15	08	27 37	29	07
11 04 46	15	15	09	28 20	♑0	08
11 08 28	16	16	10	29 03	01	09
11 12 10	17	17	11	29 46	02	10
11 15 52	18	18	11	♐0 30	02	11
11 19 34	19	19	12	01 13	03	12
11 23 15	20	20	13	01 56	04	13
11 26 56	21	21	14	02 39	05	14
11 30 37	22	22	14	03 22	06	15
11 34 18	23	22	15	04 05	07	16
11 37 58	24	23	16	04 49	08	17
11 41 39	25	24	17	05 33	09	18
11 45 19	26	25	17	06 17	09	19
11 49 00	27	26	18	07 00	10	20
11 52 40	28	27	19	07 44	11	21
11 56 20	29	28	20	08 28	12	22

Heure sidérale h m s	10e maison °	11e maison °	12e maison °	1re maison Ascendant °	'	2e maison °	3e maison °
12 00 00	00	28	21	09	12	13	23
12 03 40	01	29	21	09	56	14	24
12 07 20	02	♋0	22	10	40	15	25
12 11 00	03	01	23	11	25	16	26
12 14 41	04	02	23	12	10	17	27
12 18 21	05	03	24	12	54	18	28
12 22 02	06	04	25	13	39	19 ♏0	
12 25 42	07	04	26	14	24	20	01
12 29 23	08	05	27	15	10	21	02
12 33 04	09	06	27	15	56	22	03
12 36 45	10	07	28	16	42	23	04
12 40 26	11	08	29	17	28	24	05
12 44 08	12	09	30	18	14	25	06
12 47 50	13	09 ♎0		19	01	26	07
12 51 32	14	10	01	19	48	27	09
15 55 14	15	11	02	20	35	28	10
12 58 57	16	12	03	21	23	29	11
13 02 40	17	13	03	22	11 ♏0		12
13 06 23	18	14	04	23	00	01	13
13 10 07	19	15	05	23	48	02	14
13 13 51	20	15	06	24	37	03	15
13 17 35	21	16	07	25	26	04	17
13 21 20	22	17	07	26	16	05	18
13 25 06	23	18	08	27	06	06	19
13 28 52	24	19	09	27	57	07	20
13 32 38	25	20	10	28	48	09	21
13 36 25	26	20	10	29	40	10	22
13 40 12	27	21	11 ♐0		32	11	24
13 44 00	28	22	12	01	25	12	25
13 47 48	29	23	13	02	18	13	26
13 51 37	♑0	24	14	03	12	14	27
13 55 27	01	25	15	04	06	16	29
13 59 17	02	26	15	05	01	17 ♒0	
14 03 08	03	27	16	05	57	18	01
14 06 59	04	27	17	06	54	19	02
14 10 51	05	28	18	07	51	21	03
14 14 44	06	29	19	08	49	22	05
14 18 37	07 ♎0		20	09	47	23	06
14 22 31	08	01	20	10	46	25	07
14 26 25	09	02	21	11	46	26	08
14 30 20	10	03	22	12	46	27	10
14 34 16	11	03	23	13	47	29	11
14 38 13	12	04	24	14	50 ♓0		12
14 42 10	13	05	25	15	53	01	13
14 46 08	14	06	26	16	58	03	14

Heure sidérale h m s	10e maison °	11e maison °	12e maison °	1re maison Ascendant °	'	2e maison °	3e maison °
14 50 07	15	07	27	18	03	04	16
14 54 07	16	08	27	19	10	05	17
14 58 07	17	09	28	20	17	07	18
15 02 08	18	10	29	21	25	08	19
15 06 09	19	11 ♐0		22	35	10	21
15 10 12	20	11	01	23	45	11	22
15 14 15	21	12	02	24	57	13	23
15 18 19	22	13	03	26	10	14	25
15 22 23	23	14	04	27	24	16	26
15 26 29	24	15	05	28	39	17	27
15 30 35	25	16	06	29	56	19	28
15 34 41	26	17	07 ♑1		14	20	29
15 38 49	27	18	08	02	33	22 ♈0	
15 42 57	28	19	09	03	54	24	02
15 47 06	29	20	10	05	16	25	03
15 51 15	♐0	21	11	06	39	27	04
15 55 25	01	21	12	08	05	28	06
15 59 30	02	22	13	09	31 ♈0		07
16 03 48	03	23	14	11	00	01	08
16 08 04	04	24	15	12	30	03	09
16 12 13	05	25	16	14	01	05	10
16 16 26	06	26	17	15	34	06	12
16 20 40	07	27	18	17	09	08	13
16 24 55	08	28	19	18	45	09	14
16 29 10	09	29	20	20	23	11	15
16 33 26	10 ♑0		22	22	02	13	16
16 37 42	11	01	23	23	44	14	18
16 41 59	12	02	24	25	27	16	19
16 46 16	13	03	25	27	11	17	20
16 50 34	14	04	26	28	57	19	21
16 54 52	15	05	27 ♒0		45	20	22
16 59 10	16	06	29	02	34	22	23
17 03 29	17	07 ♒0		04	25	24	25
17 07 49	18	08	01	06	17	25	26
17 12 09	19	09	02	08	10	27	27
17 16 29	20	10	04	10	04	28	28
17 20 49	21	11	05	12	01 ♓0		29
17 25 09	22	12	06	13	58	01 ♉0	
17 29 30	23	13	07	15	56	03	02
17 33 51	24	14	09	17	55	04	03
17 38 12	25	15	10	19	54	06	04
17 42 34	26	16	11	21	55	07	05
17 46 55	27	18	13	23	55	09	06
17 51 17	28	19	14	25	57	10	07
17 55 38	29	20	16	27	58	12	08

44°

Heure sidérale	10e maison	11e maison	12e maison	1re maison Ascendant		2e maison	3e maison
h m s	°	°	°	°	′	°	°
	♑	♑	♒	♈		♉	♊
18 00 00	00	21	17	00	00	13	09
18 04 22	01	22	18	02	02	14	10
18 08 43	02	23	20	04	03	16	11
18 13 05	03	24	21	06	05	17	12
18 17 26	04	25	23	08	05	19	14
18 21 48	05	26	24	10	06	20	15
18 26 09	06	27	26	12	05	21	16
18 30 30	07	28	27	14	04	23	17
18 34 51	08	♒0	28	16	02	24	18
18 39 11	09	01	♓0	17	59	25	19
18 43 31	10	02	02	19	56	26	20
18 47 51	11	03	03	21	50	28	21
18 52 11	12	04	05	23	43	29	22
18 56 31	13	05	06	25	35	♊0	23
19 00 50	14	07	08	27	26	01	24
19 05 08	15	08	10	29	15	03	25
19 09 26	16	09	11	♉1	03	04	26
19 13 44	17	10	13	02	49	05	27
19 18 01	18	11	14	04	33	06	28
19 22 18	19	12	16	06	16	07	29
19 26 34	20	14	17	07	58	08	♋0
19 30 50	21	15	19	09	37	10	01
19 35 05	22	16	21	11	15	11	02
19 39 20	23	17	22	12	51	12	03
19 43 34	24	18	24	14	26	13	04
19 47 47	25	20	25	15	59	14	05
19 52 00	26	21	27	17	30	15	06
19 56 12	27	22	29	19	00	16	07
20 00 24	28	23	♈0	20	29	17	08
20 04 35	29	24	02	21	55	18	09
20 08 45	♒0	26	03	23	21	19	09
20 12 54	01	27	05	24	44	20	10
20 17 03	02	28	06	26	06	21	11
20 21 11	03	♓0	08	27	27	22	12
20 25 19	04	01	10	28	46	23	13
20 29 26	05	02	11	♊0	04	24	14
20 33 31	06	03	13	01	21	25	15
20 37 37	07	04	14	02	36	26	16
20 41 41	08	05	16	03	50	27	17
20 45 45	09	07	17	05	03	28	18
20 49 48	10	08	19	06	15	29	19
20 53 51	11	09	20	07	25	♋0	19
20 57 52	12	11	22	08	35	01	20
21 01 53	13	12	23	09	43	02	21
21 05 53	14	13	25	10	50	03	22
21 09 53	15	14	26	11	57	03	23
21 13 52	16	16	27	13	02	04	24
21 17 50	17	17	29	14	07	05	25
21 21 47	18	18	♉0	15	10	06	26
21 25 44	19	19	01	16	13	07	27
21 29 40	20	20	03	17	14	08	27
21 33 35	21	22	04	18	14	09	28
21 37 29	22	23	05	19	14	10	29
21 41 23	23	24	07	20	13	10	♌0
21 45 16	24	25	08	21	11	11	01
21 49 09	25	27	09	22	09	12	02
21 53 01	26	28	11	23	06	13	03
21 56 52	27	29	12	24	03	14	03
22 00 43	28	♈0	13	24	59	15	04
22 04 33	29	01	14	25	54	15	05
22 08 23	♓0	03	16	26	48	16	06
22 12 12	01	04	17	27	42	17	07
22 16 00	02	05	18	28	35	18	08
22 19 48	03	06	19	29	28	19	09
22 23 35	04	08	20	♋0	20	20	10
22 27 22	05	09	21	01	12	20	10
22 31 08	06	10	23	02	03	21	11
22 34 54	07	11	24	02	54	22	12
22 38 40	08	12	25	03	44	23	13
22 42 25	09	13	26	04	34	23	14
22 46 09	10	15	27	05	23	24	15
22 49 53	11	16	28	06	12	25	15
22 53 37	12	17	29	07	00	26	16
22 57 20	13	18	♊0	07	49	27	17
23 01 03	14	19	01	08	37	27	18
23 04 46	15	20	02	09	25	28	19
23 08 28	16	21	03	10	12	29	20
23 12 10	17	23	04	10	59	30	21
23 15 52	18	24	05	11	46	♌0	21
23 19 34	19	25	06	12	32	01	22
23 23 15	20	26	07	13	18	02	23
23 26 56	21	27	08	14	04	03	24
23 30 37	22	28	09	14	50	03	25
23 34 18	23	29	10	15	36	04	26
23 37 58	24	♉0	11	16	21	05	26
23 41 30	25	02	12	17	06	06	27
23 45 19	26	03	13	17	50	07	28
23 49 00	27	04	14	18	35	07	29
23 52 40	28	05	15	19	20	08	♍0
23 56 20	29	06	16	20	04	09	01

45°

Heure sidérale h m s	10e maison ♈ °	11e maison ♉ °	12e maison ♊ °	1re maison Ascendant ♋ ° '	2e maison ♌ °	3e maison ♍ °
0 00 00	00	07	18	21 34	10	02
0 03 40	01	08	18	22 18	11	03
0 07 20	02	09	19	23 01	11	03
0 11 00	03	10	20	23 44	12	04
0 14 41	04	11	21	24 27	13	05
0 18 21	05	13	22	25 11	14	06
0 22 02	06	14	23	25 54	14	07
0 25 42	07	15	24	26 37	15	08
0 29 23	08	16	25	27 20	16	09
0 33 04	09	17	26	28 03	17	09
0 36 45	10	18	27	28 46	17	10
0 40 26	11	19	27	29 29	18	11
0 44 08	12	20	28	♌ 0 11	19	12
0 47 50	13	21	29	00 54	20	13
0 51 32	14	22	♋ 0	01 36	21	14
0 55 14	15	23	01	02 19	21	15
0 58 57	16	24	02	03 01	22	15
1 02 40	17	25	02	03 44	23	16
1 06 23	18	26	03	04 26	24	17
1 10 07	19	27	04	05 09	24	18
1 13 51	20	28	05	05 52	25	19
1 17 35	21	29	06	06 35	26	20
1 21 20	22	♊ 0	07	07 18	27	21
1 25 06	23	01	07	08 00	27	22
1 28 52	24	02	08	08 43	28	23
1 32 38	25	03	09	09 26	29	23
1 36 25	26	04	10	10 09	♍ 0	24
1 40 12	27	05	11	10 52	01	25
1 44 00	28	05	12	11 35	01	26
1 47 48	29	06	12	12 18	02	27
1 51 37	♉ 0	07	13	13 01	03	28
1 55 27	01	08	14	13 44	04	29
1 59 17	02	09	15	14 28	05	♎ 0
2 03 08	03	10	16	15 12	05	01
2 06 59	04	11	16	15 55	06	02
2 10 51	05	12	17	16 39	07	03
2 14 44	06	13	18	17 23	08	03
2 18 37	07	14	19	18 07	09	04
2 22 31	08	15	20	18 50	09	05
2 26 25	09	16	21	19 34	10	06
2 30 20	10	17	21	20 19	11	07
2 34 16	11	18	22	21 03	12	08
2 38 13	12	19	23	21 47	13	09
2 42 10	13	20	24	22 32	14	10
2 46 08	14	21	25	23 17	14	11

45°

Heure sidérale h m s	10e maison ♉ °	11e maison ♊ °	12e maison ♋ °	1re maison Ascendant ♌ ° '	2e maison ♍ °	3e maison ♎ °
2 50 07	15	22	26	24 02	15	12
2 54 07	16	23	26	24 47	16	13
2 58 07	17	24	27	25 33	17	14
3 02 08	18	24	28	26 18	18	15
3 06 09	19	25	29	27 03	19	16
3 10 12	20	26	♌ 0	27 49	19	17
3 14 15	21	27	01	28 34	20	18
3 18 19	22	28	01	29 20	21	18
3 22 23	23	29	02	♍ 0 06	22	19
3 26 29	24	♋ 0	03	00 52	23	20
3 30 35	25	01	04	01 39	24	21
3 34 41	26	02	05	02 26	25	22
3 38 49	27	03	06	03 13	25	23
3 42 57	28	04	06	03 49	26	24
3 47 06	29	05	07	04 46	27	25
3 51 15	♊ 0	06	08	05 33	28	26
3 55 25	01	07	09	06 20	29	27
3 59 36	02	08	10	07 08	♎ 0	28
4 03 48	03	09	11	07 55	01	29
4 08 00	04	10	12	08 43	02	♏ 0
4 12 13	05	11	13	09 31	03	01
4 16 26	06	11	13	10 19	03	02
4 20 40	07	12	14	11 08	04	03
4 24 55	08	13	15	11 56	05	04
4 29 10	09	14	16	12 44	06	05
4 33 26	10	15	17	13 32	07	06
4 37 42	11	16	18	14 21	08	07
4 41 59	12	17	19	15 09	09	08
4 46 16	13	18	19	15 58	10	09
4 50 34	14	19	20	16 47	11	10
4 54 52	15	20	21	17 36	12	11
4 59 10	16	21	22	18 26	13	12
5 03 29	17	22	23	19 15	13	13
5 07 49	18	23	24	20 04	14	14
5 12 09	19	24	25	20 54	15	15
5 16 29	20	25	26	21 43	16	16
5 20 49	21	26	27	22 32	17	17
5 25 09	22	27	27	23 22	18	18
5 29 30	23	28	28	24 11	19	19
5 33 51	24	29	29	25 01	20	20
5 38 12	25	♌ 0	♍ 0	25 51	21	21
5 42 34	26	01	01	26 41	22	22
5 46 55	27	02	02	27 31	23	23
5 51 17	28	02	03	28 20	23	24
5 55 38	29	03	04	29 10	24	25

Heure sidérale h m s	10e maison °	11e maison °	12e maison °	1re maison Ascendant ° '	2e maison °	3e maison °
6 00 00	00	04	05	00 00	25	26
6 04 22	01	05	06	00 50	26	27
6 08 43	02	06	07	01 40	27	28
6 13 05	03	07	07	02 29	28	28
6 17 26	04	08	08	03 19	29	29
6 21 48	05	09	09	04 09	♋0	♌0
6 26 09	06	10	10	04 59	01	01
6 30 30	07	11	11	05 49	02	02
6 34 51	08	12	12	06 38	03	03
6 39 11	09	13	13	07 28	03	04
6 43 31	10	14	14	08 17	04	05
6 47 51	11	15	15	09 06	05	06
6 52 11	12	16	16	09 56	06	07
6 56 31	13	17	17	10 45	07	08
7 00 50	14	18	17	11 34	08	09
7 05 08	15	19	18	12 24	09	10
7 09 26	16	20	19	13 13	10	11
7 13 44	17	21	20	14 02	11	12
7 18 01	18	22	21	14 51	11	13
7 22 18	19	23	22	15 39	12	14
7 26 34	20	24	23	16 28	13	15
7 30 50	21	25	24	17 16	14	16
7 35 05	22	26	25	18 04	15	17
7 39 20	23	27	26	18 52	16	18
7 43 34	24	28	27	19 41	17	19
7 47 47	25	29	27	20 29	17	19
7 52 00	26	♍0	28	21 17	18	20
7 56 12	27	01	29	22 05	19	21
8 00 24	28	02	♎0	22 52	20	22
8 04 35	29	03	01	23 40	21	23
8 08 45	♌0	04	02	24 27	22	25
8 12 54	01	05	03	25 14	23	26
8 17 03	02	06	04	26 01	24	26
8 21 11	03	07	05	26 47	24	27
8 25 19	04	08	05	27 34	25	28
8 29 26	05	09	06	28 21	26	29
8 33 31	06	10	07	29 08	27	♏0
8 37 37	07	11	08	29 54	28	01
8 41 41	08	12	09	♎0 40	29	02
8 45 45	09	12	10	01 26	29	03
8 49 48	10	13	11	02 11	♏0	04
8 53 51	11	14	11	02 57	01	05
8 57 52	12	15	12	03 42	02	06
9 01 53	13	16	13	04 27	03	06
9 05 53	14	17	14	05 13	04	07

Heure sidérale h m s	10e maison °	11e maison °	12e maison °	1re maison Ascendant ° '	2e maison °	3e maison °
9 09 53	15	18	15	05 58	04	08
9 13 52	16	19	16	06 43	05	09
9 17 50	17	20	16	07 28	06	10
9 21 47	18	21	17	08 13	07	11
9 25 44	19	22	18	08 57	08	12
9 29 40	20	23	19	09 41	09	13
9 33 35	21	24	20	10 26	09	14
9 37 29	22	25	21	11 10	10	15
9 41 23	23	26	21	11 53	11	16
9 45 16	24	27	22	12 37	12	17
9 49 09	25	27	23	13 21	13	18
9 53 01	26	28	24	14 05	14	19
9 56 52	27	29	25	14 48	14	20
10 00 42	28	♐0	25	15 32	15	21
10 04 33	29	01	26	16 16	16	22
10 08 23	♏0	02	27	16 59	17	23
10 12 12	01	03	28	17 42	18	24
10 16 00	02	04	29	18 25	18	25
10 19 48	03	05	29	19 08	19	25
10 23 35	04	06	♑0	19 51	20	26
10 27 22	05	07	01	20 34	21	27
10 31 08	06	07	02	21 17	22	28
10 34 54	07	08	03	22 00	23	29
10 38 40	08	09	03	22 42	23	♒0
10 42 25	09	10	04	23 25	24	01
10 46 09	10	11	05	24 08	25	02
10 49 53	11	12	06	24 51	26	03
10 53 37	12	13	06	25 34	27	04
10 57 20	13	14	07	26 16	28	05
11 01 03	14	15	08	26 59	28	06
11 04 46	15	15	09	27 41	29	07
11 08 28	16	16	09	28 24	♒0	08
11 12 10	17	17	10	29 06	01	09
11 15 52	18	18	11	29 49	02	10
11 19 34	19	19	12	♒0 31	03	11
11 23 15	20	20	13	01 14	03	12
11 26 56	21	21	13	01 57	04	13
11 30 37	22	21	14	02 40	05	14
11 34 18	23	22	15	03 23	06	15
11 37 58	24	23	16	04 06	07	16
11 41 39	25	24	16	04 49	08	17
11 45 19	26	25	17	05 33	09	19
11 49 00	27	26	18	06 16	10	20
11 52 40	28	27	19	06 59	11	21
11 56 20	29	27	19	07 42	12	22

Heure sidérale h m s	10e maison °	11e maison °	12e maison °	1re maison Ascendant ° '	2e maison °	3e maison °
12 00 00	00	28	20	08 26	12	23
12 03 40	01	29	21	09 09	13	24
12 07 20	02	⌖0	22	09 53	14	25
12 11 00	03	01	22	10 37	15	26
12 14 41	04	02	23	11 22	16	27
12 18 21	05	03	24	12 06	17	28
12 22 02	06	03	25	12 51	18	29
12 25 42	07	04	25	13 36	19 ♐0	
12 29 23	08	05	26	14 21	20	02
12 33 04	09	06	27	15 06	21	03
12 36 45	10	07	28	15 51	22	04
12 40 26	11	08	28	16 37	23	05
12 44 08	12	08	29	17 23	24	06
12 47 50	13	09 ♑0	18 09	25	07	
12 51 32	14	10	01	18 55	26	08
12 55 14	15	11	01	19 42	27	10
12 58 57	16	12	02	20 30	28	11
13 02 40	17	13	03	21 17	29	12
13 06 23	18	13	04	22 06 ♒0	13	
13 10 07	19	14	04	22 54	01	14
13 13 51	20	15	05	23 42	02	15
13 17 35	21	16	06	24 31	03	17
13 21 20	22	17	07	25 20	05	18
13 25 06	23	18	08	26 10	06	19
13 28 52	24	19	08	27 00	07	20
13 32 38	25	20	09	27 51	08	21
13 36 25	26	20	10	28 42	09	22
13 40 12	27	21	11	29 34	10	24
13 44 00	28	22	11 ♓0	26	11	25
13 47 48	29	23	12	01 19	13	26
13 51 37	♒0	24	13	02 13	14	27
13 55 27	01	25	14	03 07	15	29
13 59 17	02	25	15	04 01	16 ♈0	
14 03 08	03	26	16	04 57	18	01
14 06 59	04	27	16	05 53	19	02
14 10 51	05	28	17	06 49	20	03
14 14 44	06	29	18	07 46	21	05
14 18 37	07 ♓0	19	08 44	23	06	
14 22 31	08	01	20	09 43	24	07
14 26 25	09	01	21	10 42	25	08
14 30 20	10	02	21	11 42	27	10
14 34 16	11	03	22	12 43	28	11
14 38 13	12	04	23	13 46 ♉0	12	
14 42 10	13	05	24	14 49	01	13
14 46 08	14	06	25	15 53	02	15
14 50 07	15	07	26	16 59	04	16
14 54 07	16	08	27	18 05	05	17
14 58 07	17	08	28	19 12	07	18
15 02 08	18	09	29	20 20	08	20
15 06 09	19	10	30	21 29	10	21
15 10 12	20	11 ♉0	22 39	11	22	
15 14 15	21	12	01	23 51	13	23
15 18 19	22	13	02	25 04	14	25
15 22 23	23	14	03	26 18	16	26
15 26 29	24	15	04	27 33	17	27
15 30 35	25	16	05	28 50	19	28
15 34 41	26	17	06 ♊0	08	20 ♋0	
15 38 49	27	17	07	01 28	22	01
15 42 57	28	18	08	02 49	23	02
15 47 06	29	19	09	04 11	25	03
15 51 15	♈0	20	10	05 35	27	05
15 55 25	01	21	11	07 01	28	06
15 59 36	02	22	12	08 28 ♌0	07	
16 03 48	03	23	13	09 57	01	08
16 08 00	04	24	14	11 28	03	09
16 12 13	05	25	15	13 00	05	11
16 16 26	06	26	16	14 34	06	12
16 20 40	07	27	18	16 10	08	13
16 24 55	08	28	19	17 47	10	14
16 29 10	09	29	20	19 26	11	15
16 33 26	10 ♋0	21	21 07	13	17	
16 37 42	11	01	22	22 50	14	18
16 41 59	12	02	23	24 35	16	19
16 46 16	13	03	24	26 21	18	20
16 50 34	14	04	26	28 09	19	21
16 54 52	15	05	27	29 58	21	23
16 59 10	16	06	28 ♍1	50	22	24
17 03 29	17	07	29	03 43	24	25
17 07 49	18	08 ♍0	05 38	25	26	
17 12 09	19	09	02	07 34	27	27
17 16 29	20	10	03	09 32	29	28
17 20 49	21	11	04	11 30 ♎0	♏0	
17 25 09	22	12	05	13 31	02	01
17 29 30	23	13	07	15 31	03	02
17 33 51	24	14	08	17 34	05	03
17 38 12	25	15	09	19 36	06	04
17 42 34	26	16	11	21 41	08	05
17 46 55	27	17	12	23 45	09	06
17 51 17	28	18	14	25 49	11	07
17 55 38	29	19	15	27 55	12	08

45°

Heure sidérale (h m s)	10e maison (♑) °	11e maison (♑) °	12e maison (♑) °	1re maison Ascendant (♒) °	'	2e maison (♉) °	3e maison (♊) °
18 00 00	00	20	16	00	00	14	10
18 04 22	01	22	18	02	05	15	11
18 08 43	02	23	19	04	11	16	12
18 13 05	03	24	21	06	15	18	13
18 17 26	04	25	22	08	19	19	14
18 21 48	05	26	24	10	24	21	15
18 26 09	06	27	25	12	26	22	16
18 30 30	07	28	27	14	29	23	17
18 34 51	08	29	28	16	29	25	18
18 39 11	09	♒0	♒0	17	30	26	19
18 43 31	10	02	01	20	28	27	20
18 47 51	11	03	03	22	26	28	21
18 52 11	12	04	05	24	22	♊0	22
18 56 31	13	05	06	26	17	01	23
19 00 50	14	06	08	28	10	02	24
19 05 08	15	07	09	♓0	02	03	25
19 09 26	16	09	11	01	51	04	26
19 13 44	17	10	12	03	39	06	27
19 18 01	18	11	14	05	25	07	28
19 22 18	19	12	16	07	10	08	29
19 26 34	20	13	17	08	53	09	♋0
19 30 50	21	15	19	10	34	10	01
19 35 05	22	16	20	12	13	11	02
19 39 20	23	17	22	13	50	12	03
19 43 34	24	18	24	15	26	14	04
19 47 47	25	19	25	17	00	15	05
19 52 00	26	21	27	18	32	16	06
19 56 12	27	22	28	20	03	17	07
20 00 24	28	23	♓0	21	32	18	08
20 04 35	29	24	02	22	59	19	09
20 08 45	♒0	25	03	24	25	20	10
20 12 54	01	27	05	25	49	21	11
20 17 03	02	28	07	27	11	22	12
20 21 11	03	29	08	28	32	23	13
20 25 19	04	♓0	10	29	52	24	13
20 29 26	05	02	11	♈1	10	25	14
20 33 31	06	03	13	02	27	26	15
20 37 37	07	04	14	03	42	27	16
20 41 41	08	05	16	04	56	28	17
20 45 45	09	07	17	06	09	29	18
20 49 48	10	08	19	07	21	♋0	19
20 53 51	11	09	20	08	31	00	20
20 57 52	12	10	22	09	40	01	21
21 01 53	13	12	23	10	48	02	22
21 05 53	14	13	25	11	55	03	22

45°

Heure sidérale (h m s)	10e maison (♒) °	11e maison (♓) °	12e maison (♓) °	1re maison Ascendant (♈) °	'	2e maison (♋) °	3e maison (♋) °
21 09 53	15	14	26	13	01	04	23
21 13 52	16	15	28	14	07	05	24
21 17 50	17	17	29	15	11	06	25
21 21 47	18	18	♈0	16	14	07	26
21 25 44	19	19	02	17	17	08	27
21 29 40	20	20	03	18	18	09	28
21 33 35	21	22	05	19	18	09	29
21 37 29	22	23	06	20	17	10	29
21 41 23	23	24	07	21	16	11	♌0
21 45 16	24	25	09	22	14	12	01
21 49 09	25	27	10	23	11	13	02
21 53 01	26	28	11	24	07	14	03
21 56 52	27	29	12	25	03	14	04
22 00 43	28	♈0	14	25	59	15	05
22 04 33	29	01	15	26	53	16	05
22 08 23	♓0	03	16	27	47	17	06
22 12 12	01	04	17	28	41	18	07
22 16 00	02	05	19	29	34	19	08
22 19 48	03	06	20	♉0	26	19	09
22 23 35	04	08	21	01	18	20	10
22 27 22	05	09	22	02	09	21	10
22 31 08	06	10	23	03	00	22	11
22 34 54	07	11	24	03	50	22	12
22 38 40	08	12	25	04	40	23	13
22 42 25	09	13	27	05	29	24	14
22 46 09	10	15	28	06	18	25	15
22 49 53	11	16	29	07	06	26	16
22 53 37	12	17	♉0	07	54	26	17
22 57 20	13	18	01	08	43	27	17
23 01 03	14	19	02	09	30	28	18
23 04 46	15	20	03	10	18	29	19
23 08 28	16	22	04	11	05	29	20
23 12 10	17	23	05	11	51	♌0	21
23 15 52	18	24	06	12	37	01	22
23 19 34	19	25	07	13	23	02	22
23 23 15	20	26	08	14	09	02	23
23 26 56	21	27	09	14	54	03	24
23 30 37	22	28	10	15	39	04	25
23 34 18	23	♉0	11	16	24	05	26
23 37 58	24	01	12	17	09	05	27
23 41 39	25	02	13	17	54	06	27
23 45 19	26	03	14	18	38	07	28
23 49 00	27	04	15	19	23	08	29
23 52 40	28	05	16	20	07	08	♍0
23 56 20	29	06	17	20	51	09	01

343

46°

Heure sidérale (h m s)	10e maison (°)	11e maison (°)	12e maison (°)	1re maison Ascendant (° ')	2e maison (°)	3e maison (°)
	♑	♒	♓	♓	♈	♉
0 00 00	00	08	18	22 32	10	02
0 03 40	01	09	19	23 15	11	03
0 07 20	02	10	20	23 58	12	04
0 11 00	03	11	21	24 41	13	04
0 14 41	04	12	22	25 24	13	05
0 18 21	05	13	23	26 06	14	06
0 22 02	06	14	24	26 49	15	07
0 25 42	07	15	25	27 31	16	08
0 29 23	08	16	26	28 14	16	09
0 33 04	09	17	27	28 56	17	10
0 36 45	10	18	27	29 38	18	10
0 40 26	11	19	28	♈ 0 20	19	11
0 44 08	12	20	29	01 02	19	12
0 47 50	13	21	♈ 0	01 44	20	13
0 51 32	14	22	01	02 26	21	14
0 55 14	15	23	02	03 08	22	15
0 58 57	16	24	03	03 51	22	16
1 02 40	17	25	03	04 33	23	17
1 06 23	18	26	04	05 15	24	17
1 10 07	19	27	05	05 57	25	18
1 13 51	20	28	06	06 39	26	19
1 17 35	21	29	07	07 21	26	20
1 21 20	22	♓ 0	07	08 03	27	21
1 25 06	23	01	08	08 45	28	22
1 28 52	24	02	09	09 27	29	23
1 32 38	25	03	10	10 09	29	24
1 36 25	26	04	11	10 52	♉ 0	24
1 40 12	27	05	12	11 34	01	25
1 44 00	28	06	12	12 17	02	26
1 47 48	29	07	13	12 59	02	27
1 51 37	♒ 0	08	14	13 42	03	28
1 55 27	01	09	15	14 25	04	29
1 59 17	02	10	16	15 08	05	♊ 0
2 03 08	03	11	16	15 51	06	01
2 06 59	04	12	17	16 34	06	02
2 10 51	05	13	18	17 16	07	03
2 14 44	06	14	19	17 59	08	03
2 18 37	07	15	20	18 43	09	04
2 22 31	08	16	20	19 26	10	05
2 26 25	09	16	21	20 10	10	06
2 30 20	10	17	22	20 53	11	07
2 34 16	11	18	23	21 37	12	08
2 38 13	12	19	24	22 21	13	09
2 42 10	13	20	25	23 05	14	10
2 46 08	14	21	25	23 50	15	11

46°

Heure sidérale (h m s)	10e maison (°)	11e maison (°)	12e maison (°)	1re maison Ascendant (° ')	2e maison (°)	3e maison (°)
	♒	♓	♈	♈	♉	♊
2 50 07	15	22	26	24 34	15	12
2 54 07	16	23	27	25 18	16	13
2 58 07	17	24	28	26 03	17	14
3 02 08	18	25	29	26 47	18	15
3 06 09	19	26	29	27 32	19	16
3 10 12	20	27	♉ 0	28 17	20	16
3 14 15	21	28	01	29 02	20	17
3 18 19	22	29	02	29 47	21	18
3 22 23	23	♈ 0	03	♉ 0 33	22	19
3 26 29	24	01	04	01 18	23	20
3 30 35	25	01	04	02 04	24	21
3 34 41	26	02	05	02 50	25	22
3 38 49	27	03	06	03 36	26	23
3 42 57	28	04	07	04 22	26	24
3 47 06	29	05	08	05 08	27	25
3 51 15	♓ 0	06	09	05 55	28	26
3 55 25	01	07	10	06 41	29	27
3 59 36	02	08	10	07 28	♊ 0	28
4 03 48	03	09	11	08 15	01	29
4 08 00	04	10	12	09 02	02	♋ 0
4 12 13	05	11	13	09 49	02	01
4 16 26	06	12	14	10 36	03	02
4 20 40	07	13	15	11 24	04	03
4 24 55	08	14	16	12 11	05	04
4 29 10	09	15	16	12 59	06	05
4 33 26	10	16	17	13 47	07	06
4 37 42	11	17	18	14 35	08	07
4 41 59	12	18	19	15 23	09	08
4 46 16	13	19	20	16 11	10	09
4 50 34	14	19	21	17 00	10	10
4 54 52	15	20	22	17 48	11	11
4 59 10	16	21	22	18 36	12	12
5 03 29	17	22	23	19 24	13	13
5 07 49	18	23	24	20 13	14	14
5 12 09	19	24	25	21 01	15	15
5 16 29	20	25	26	21 50	16	16
5 20 49	21	26	27	22 39	17	17
5 25 09	22	27	28	23 28	18	18
5 29 30	23	28	29	24 17	19	18
5 33 51	24	29	29	25 06	20	19
5 38 12	25	♉ 0	♊ 0	25 55	20	20
5 42 34	26	01	01	26 43	21	21
5 46 55	27	02	02	27 32	22	22
5 51 17	28	03	03	28 21	23	23
5 55 38	29	04	04	29 11	24	24

46°

Heure sidérale	10e	11e	12e	1re maison Ascendant		2e	3e
h m s	° ♋	° ♌	° ♍	° ♎	'	° ♏	° ♐
6 00 00	00	05	05	00	00	25	25
6 04 22	01	06	06	00	49	26	26
6 08 43	02	07	07	01	39	27	27
6 13 05	03	08	08	02	28	28	28
6 17 26	04	09	09	03	17	29	29
6 21 48	05	10	10	04	05	♏0	♐0
6 26 09	06	11	10	04	54	00	01
6 30 30	07	12	11	05	43	01	02
6 34 51	08	12	12	06	32	02	03
6 39 11	09	13	13	07	21	03	04
6 43 31	10	14	14	08	10	04	05
6 47 51	11	15	15	08	59	05	06
6 52 11	12	16	16	09	47	06	07
6 56 31	13	17	17	10	36	07	08
7 00 50	14	18	18	11	24	08	09
7 05 08	15	19	19	12	12	08	10
7 09 26	16	20	20	13	00	09	11
7 13 44	17	21	20	13	49	10	11
7 18 01	18	22	21	14	37	11	12
7 22 18	19	23	22	15	25	12	13
7 26 34	20	24	23	16	13	13	14
7 30 50	21	25	24	17	01	14	15
7 35 05	22	26	25	17	49	14	16
7 39 20	23	27	26	18	36	15	17
7 43 34	24	28	27	19	24	16	18
7 47 47	25	29	28	20	11	17	19
7 52 00	26	♐0	28	20	58	18	20
7 56 12	27	01	29	21	45	19	21
8 00 24	28	02	♑0	22	32	20	22
8 04 35	29	03	01	23	19	20	23
8 08 45	♌0	04	02	24	05	21	24
8 12 54	01	05	03	24	52	22	25
8 17 03	02	06	04	25	38	23	26
8 21 11	03	07	04	26	24	24	27
8 25 19	04	08	05	27	10	25	28
8 29 26	05	09	06	27	56	26	29
8 33 31	06	10	07	28	42	26	29
8 37 37	07	11	08	29	27	27	♐0
8 41 41	08	12	09	♑0	13	28	01
8 45 45	09	13	10	00	58	29	02
8 49 48	10	14	10	01	43	♒0	03
8 53 51	11	14	11	02	28	01	04
8 57 52	12	15	12	03	13	01	05
9 01 53	13	16	13	03	57	02	06
9 05 53	14	17	14	04	42	03	07

46°

Heure sidérale	10e	11e	12e	1re maison Ascendant		2e	3e
h m s	° ♌	° ♍	° ♎	° ♏	'	° ♎	° ♏
9 09 53	15	18	15	05	26	04	08
9 13 52	16	19	15	06	10	05	09
9 17 50	17	20	16	06	55	05	10
9 21 47	18	21	17	07	39	06	11
9 25 44	19	22	18	08	23	07	12
9 29 40	20	23	19	09	07	08	13
9 33 35	21	24	20	09	50	09	14
9 37 29	22	25	20	10	34	10	14
9 41 23	23	26	21	11	17	10	15
9 45 16	24	27	22	12	01	11	16
9 49 09	25	27	23	12	44	12	17
9 53 01	26	28	24	13	26	13	18
9 56 52	27	29	24	14	09	14	19
10 00 42	28	♒0	25	14	52	14	20
10 04 33	29	01	26	15	35	15	21
10 08 23	♓0	02	27	16	18	16	22
10 12 12	01	03	28	17	01	17	23
10 16 00	02	04	28	17	43	18	24
10 19 48	03	05	29	18	26	18	25
10 23 35	04	06	♏0	19	08	19	26
10 27 22	05	06	01	19	51	20	27
10 31 08	06	07	01	20	33	21	28
10 34 54	07	08	02	21	15	22	29
10 38 40	08	09	03	21	57	23	♈0
10 42 25	09	10	04	22	39	23	01
10 46 09	10	11	04	23	21	24	02
10 49 53	11	12	05	24	03	25	03
10 53 37	12	13	06	24	45	26	04
10 57 20	13	13	07	25	27	27	05
11 01 03	14	14	08	26	09	27	06
11 04 46	15	15	08	26	52	28	07
11 08 28	16	16	09	27	34	29	08
11 12 10	17	17	10	28	16	♈0	09
11 15 52	18	18	11	28	58	01	10
11 19 34	19	19	11	29	40	02	11
11 23 15	20	20	12	♈0	22	03	12
11 26 56	21	20	13	01	04	03	13
11 30 37	22	21	14	01	46	04	14
11 34 18	23	22	14	02	29	05	15
11 37 58	24	23	15	03	11	06	16
11 41 39	25	24	16	03	54	07	17
11 45 19	26	25	17	04	36	08	18
11 49 00	27	26	17	05	19	09	19
11 52 40	28	26	18	06	02	10	20
11 56 20	29	27	19	06	45	11	21

46°

Table des maisons — Latitude 46° (première partie)

Heure sidérale h m s	10e maison ♎	11e maison ♏	12e maison ♑	1re maison Ascendant ♊ (° ')	2e maison ♋	3e maison ♌
12 00 00	00	28	20	07 28	12	22
12 03 40	01	29	20	08 11	12	24
12 07 20	02	♐0	21	08 54	13	25
12 11 00	03	01	22	09 37	14	26
12 14 41	04	01	22	10 21	15	27
12 18 21	05	02	23	11 05	16	28
12 22 02	06	03	24	11 49	17	29
12 25 42	07	04	25	12 33	18	♍0
12 29 23	08	05	25	13 18	19	01
12 33 04	09	06	26	14 03	20	03
12 36 45	10	06	27	14 47	21	04
12 40 26	11	07	28	15 32	22	05
12 44 08	12	08	28	16 17	23	06
12 47 50	13	09	29	17 03	24	07
12 51 32	14	10	♒0	17 48	25	08
12 55 14	15	11	01	18 34	26	09
12 58 57	16	12	02	19 21	27	11
13 02 40	17	12	02	20 08	28	12
13 06 23	18	13	03	20 56	29	13
13 10 07	19	14	04	21 44	♌0	14
13 13 51	20	15	05	22 32	02	15
13 17 35	21	16	05	23 20	03	16
13 21 20	22	17	06	24 09	04	18
13 25 06	23	17	07	24 58	05	19
13 28 52	24	18	08	25 47	06	20
13 32 38	25	19	08	26 37	07	21
13 36 25	26	20	09	27 28	08	22
13 40 12	27	21	10	28 19	09	24
13 44 00	28	22	11	29 11	11	25
13 47 48	29	23	12	♋0 03	12	26
13 51 37	♏0	23	12	00 56	13	27
13 55 27	01	24	13	01 49	14	28
13 59 17	02	25	14	02 43	16	♎0
14 03 08	03	26	15	03 38	17	01
14 06 59	04	27	16	04 33	18	02
14 10 51	05	28	16	05 29	19	03
14 14 44	06	29	17	06 26	21	05
14 18 37	07	29	18	07 23	22	06
14 22 31	08	♑0	19	08 21	23	07
14 26 25	09	01	20	09 20	25	08
14 30 20	10	02	21	10 20	26	10
14 34 16	11	03	22	11 21	28	11
14 38 13	12	04	22	12 23	29	12
14 42 10	13	05	23	13 25	♍0	13
14 46 08	14	06	24	14 28	02	15

46°

Table des maisons — Latitude 46° (seconde partie)

Heure sidérale h m s	10e maison ♏	11e maison ♑	12e maison ♒	1re maison Ascendant ♋ (° ')	2e maison ♍	3e maison ♎
14 50 07	15	06	25	15 33	03	16
14 54 07	16	07	26	16 38	05	17
14 58 07	17	08	27	17 45	06	19
15 02 08	18	09	28	18 53	08	20
15 06 09	19	10	29	20 02	09	21
15 10 12	20	11	♓0	21 12	11	22
15 14 15	21	12	01	22 23	12	24
15 18 19	22	13	01	23 36	14	25
15 22 23	23	13	02	24 50	15	26
15 26 29	24	14	03	26 06	17	27
15 30 35	25	15	04	27 22	18	29
15 34 41	26	16	05	28 41	20	♏0
15 38 49	27	17	06	♌0 00	22	01
15 42 57	28	18	07	01 22	23	02
15 47 06	29	19	08	02 44	25	04
15 51 15	♐0	20	09	04 09	26	05
15 55 25	01	21	10	05 35	28	06
15 59 36	02	22	11	07 03	♎0	07
16 03 48	03	23	12	08 33	01	09
16 08 00	04	24	13	10 04	03	10
16 12 13	05	25	15	11 38	05	11
16 16 26	06	26	16	13 13	06	12
16 20 40	07	27	17	14 50	08	13
16 24 55	08	27	18	16 29	10	15
16 29 10	09	28	19	18 10	11	16
16 33 26	10	29	20	19 53	13	17
16 37 42	11	♒0	21	21 37	15	18
16 41 59	12	01	22	23 24	16	19
16 46 16	13	02	23	25 13	18	21
16 50 34	14	03	25	27 04	19	22
16 54 52	15	04	26	28 56	21	23
16 59 10	16	05	27	♍0 51	23	24
17 03 29	17	06	28	02 46	24	25
17 07 49	18	07	♈0	04 44	26	26
17 12 09	19	08	01	06 44	28	28
17 16 29	20	09	02	08 46	29	29
17 20 49	21	10	03	10 49	♏0	♐0
17 25 09	22	12	05	12 53	02	01
17 29 30	23	13	06	14 59	04	02
17 33 51	24	14	07	17 05	05	04
17 38 12	25	15	09	19 12	07	04
17 42 34	26	16	10	21 21	08	06
17 46 55	27	17	11	23 30	10	07
17 51 17	28	18	13	25 40	11	08
17 55 38	29	19	14	27 50	13	09

46° Heure sidérale	10e maison	11e maison	12e maison	1re maison Ascendant		2e maison	3e maison
h m s	°	°	°	°	'	°	°
18 00 00	00	20	16	00	00	14	10
18 04 22	01	21	17	02	10	16	11
18 08 43	02	22	19	04	20	17	12
18 13 05	03	23	20	06	30	19	13
18 17 26	04	24	22	08	39	20	14
18 21 48	05	26	23	10	48	21	15
18 26 09	06	27	25	12	55	23	16
18 30 30	07	28	26	15	01	24	17
18 34 51	08	29	28	17	07	25	18
18 39 11	09 ♒0	♓0	19	11	27	20	
18 43 31	10	01	01	21	14	28	21
18 47 51	11	02	02	23	16	29	22
18 52 11	12	04	04	25	16 ♈0	23	
18 56 31	13	05	06	27	14	02	24
19 00 50	14	06	07	29	09	03	25
19 05 08	15	07	09 ♈0	04	04	04	26
19 09 26	16	08	11	02	56	05	27
19 13 44	17	09	12	04	47	07	28
19 18 01	18	11	14	06	36	08	29
19 22 18	19	12	15	08	23	09 ♋0	
19 26 34	20	13	17	10	07	10	01
19 30 50	21	14	19	11	50	11	02
19 35 05	22	15	20	13	31	12	03
19 39 20	23	17	22	15	10	13	03
19 43 34	24	18	24	16	47	14	04
19 47 47	25	19	25	18	22	15	05
19 52 00	26	20	27	19	56	17	06
19 56 12	27	21	28	21	27	18	07
20 00 24	28	23 ♉0	22	57	19	08	
20 04 35	29	24	02	24	25	20	09
20 08 45	♒0	25	04	25	51	21	10
20 12 54	01	26	05	27	16	22	11
20 17 03	02	28	07	28	38	23	12
20 21 11	03	29	08 ♌0	00	00	24	13
20 25 19	04 ♓0	10	01	19	25	14	
20 29 26	05	01	12	02	38	26	15
20 33 31	06	03	13	03	54	27	16
20 37 37	07	04	15	05	10	28	17
20 41 41	08	05	16	06	24	29	17
20 45 45	09	06	18	07	37	29	18
20 49 48	10	08	19	08	48 ♍0	19	
20 53 51	11	09	21	09	58	01	20
20 57 52	12	10	22	11	07	02	21
21 01 53	13	11	24	12	15	03	22
21 05 53	14	13	25	13	22	04	23

46° Heure sidérale	10e maison	11e maison	12e maison	1re maison Ascendant		2e maison	3e maison
h m s	°	°	°	°	'	°	°
21 09 53	15	14	27	14	27	05	24
21 13 52	16	15	28	15	32	06	24
21 17 50	17	17 ♈0	16	35	07	25	
21 21 47	18	18	01	17	37	08	26
21 25 44	19	19	02	18	39	08	27
21 29 40	20	20	04	19	40	09	28
21 33 35	21	22	05	20	40	10	29
21 37 29	22	23	07	21	39	11 ♍0	
21 41 23	23	24	08	22	37	12	01
21 45 16	24	25	09	23	34	13	01
21 49 09	25	27	11	24	31	14	02
21 53 01	26	28	12	25	27	14	03
21 56 52	27	29	13	26	22	15	04
22 00 43	28 ♈0	15	27	17	16	05	
22 04 33	29	02	16	28	11	17	06
22 08 23	♓0	03	17	29	04	18	07
22 12 12	01	04	18	29	57	18	07
22 16 00	02	05	19	♏0	49	18	08
22 19 48	03	06	21	01	41	20	09
22 23 35	04	08	22	02	32	21	10
22 27 22	05	09	23	03	23	22	11
22 31 08	06	10	24	04	13	22	12
22 34 54	07	11	25	05	02	23	13
22 38 40	08	12	26	05	51	24	13
22 42 25	09	14	27	06	40	25	14
22 46 09	10	15	28	07	28	25	15
22 49 53	11	16 ♏0	08	16	26	16	
22 53 37	12	17	01	09	04	27	17
22 57 20	13	18	02	09	52	28	18
23 01 03	14	19	03	10	39	28	18
23 04 46	15	21	04	11	26	29	19
23 08 28	16	22	05	12	12 ♐0	20	
23 12 10	17	23	06	12	57	01	21
23 15 52	18	24	07	13	43	02	22
23 19 34	19	25	08	14	28	02	23
23 23 15	20	26	09	15	13	03	24
23 26 56	21	27	10	15	57	04	24
23 30 37	22	29	11	16	42	05	25
23 34 18	23 ♈0	12	17	27	05	26	
23 37 58	24	01	13	18	11	06	27
23 41 39	25	02	14	18	55	07	28
23 45 19	26	03	15	19	39	08	29
23 49 00	27	04	16	20	23	08	29
23 52 40	28	05	17	21	06	09 ♑0	
23 56 20	29	06	18	21	49	10	01

47°

Heure sidérale h m s	10e maison °	11e maison °	12e maison °	1re maison Ascendant ° '	2e maison °	3e maison °
0 00 00	00	08	19	23 28	11	02
0 03 40	01	09	20	24 11	12	03
0 07 20	02	10	21	24 53	12	04
0 11 00	03	11	22	25 35	13	05
0 14 41	04	12	23	26 17	14	05
0 18 21	05	13	24	26 59	15	06
0 22 02	06	14	25	27 41	15	07
0 25 42	07	15	26	28 23	16	08
0 29 23	08	16	26	29 04	17	09
0 33 04	09	17	27	29 46	18	10
0 36 45	10	18	28	♋0 28	18	11
0 40 26	11	19	29	01 10	19	11
0 44 08	12	20	♌0	01 51	20	12
0 47 50	13	21	01	02 32	21	13
0 51 32	14	22	02	03 14	21	14
0 55 14	15	23	02	03 56	22	15
0 58 57	16	24	03	04 37	23	16
1 02 40	17	25	04	05 18	24	17
1 06 23	18	26	05	06 00	24	17
1 10 07	19	27	06	06 41	25	18
1 13 51	20	28	07	07 23	26	19
1 17 35	21	29	07	08 04	27	20
1 21 20	22	♍0	08	08 45	27	21
1 25 06	23	01	09	09 27	28	22
1 28 52	24	02	10	10 09	29	23
1 32 38	25	03	11	10 51	30	24
1 36 25	26	04	11	11 33	♎0	24
1 40 12	27	05	12	12 14	01	25
1 44 00	28	06	13	12 56	02	26
1 47 48	29	07	14	13 38	03	27
1 51 37	♑0	08	15	14 20	03	28
1 55 27	01	09	16	15 02	04	29
1 59 17	02	10	16	15 44	05	♏0
2 03 08	03	11	17	16 27	06	01
2 06 59	04	12	18	17 10	07	02
2 10 51	05	13	19	17 52	07	03
2 14 44	06	14	20	18 34	08	03
2 18 37	07	15	20	19 17	09	04
2 22 31	08	16	21	20 00	10	05
2 26 25	09	17	22	20 43	11	06
2 30 20	10	18	23	21 26	11	07
2 34 16	11	19	24	22 09	12	08
2 38 13	12	20	24	22 52	13	09
2 42 10	13	21	25	23 36	14	10
2 46 08	14	22	26	24 20	15	11

47°

Heure sidérale h m s	10e maison °	11e maison °	12e maison °	1re maison Ascendant ° '	2e maison °	3e maison °
2 50 07	15	23	27	25 03	16	12
2 54 07	16	23	28	25 47	16	13
2 58 07	17	24	28	26 31	17	14
3 02 08	18	25	29	27 15	18	15
3 06 09	19	26	♏0	27 59	19	15
3 10 12	20	27	01	28 43	20	16
3 14 15	21	28	02	29 28	21	17
3 18 19	22	29	03	♐0 13	21	18
3 22 23	23	♏0	03	00 57	22	19
3 26 29	24	01	04	01 42	23	20
3 30 35	25	02	05	02 27	24	21
3 34 41	26	03	06	03 13	25	22
3 38 49	27	04	07	03 58	26	23
3 42 57	28	05	07	04 43	26	24
3 47 06	29	06	08	05 29	27	25
3 51 15	♐0	07	09	06 15	28	26
3 55 25	01	08	10	07 01	29	27
3 59 36	02	08	11	07 47	♑0	28
4 03 48	03	09	12	08 33	01	29
4 08 00	04	10	13	09 20	02	♒0
4 12 13	05	11	13	10 06	02	01
4 16 26	06	12	14	10 52	03	02
4 20 40	07	13	15	11 39	04	03
4 24 55	08	14	16	12 26	05	04
4 29 10	09	15	17	13 13	06	05
4 33 26	10	16	18	14 00	07	06
4 37 42	11	17	19	14 48	08	07
4 41 59	12	18	19	15 35	09	08
4 46 16	13	19	20	16 22	10	09
4 50 34	14	20	21	17 10	10	10
4 54 52	15	21	22	17 58	11	11
4 59 10	16	22	23	18 46	12	12
5 03 29	17	23	24	19 33	13	12
5 07 49	18	24	25	20 21	14	13
5 12 09	19	24	25	21 09	15	14
5 16 29	20	25	26	21 57	16	15
5 20 49	21	26	27	22 45	17	16
5 25 09	22	27	28	23 33	18	17
5 29 30	23	28	29	24 21	18	18
5 33 51	24	29	♑0	25 09	19	19
5 38 12	25	♐0	01	25 58	20	20
5 42 34	26	01	02	26 46	21	21
5 46 55	27	02	03	27 34	22	22
5 51 17	28	03	03	28 23	23	23
5 55 38	29	04	04	29 11	24	24

47° — Heure sidérale — Tables des maisons

Partie gauche

47° Heure sidérale	10e maison ♈	11e maison ♌	12e maison ♍	1re maison Ascendant ♎ (°)	(′)	2e maison ♐	3e maison ♑
6 00 00	00	05	05	00	00	25	25
6 04 22	01	06	06	00	49	26	26
6 08 43	02	07	07	01	37	27	27
6 13 05	03	08	08	02	26	27	28
6 17 26	04	09	09	03	14	28	29
6 21 48	05	10	10	04	02	29	♒0
6 26 09	06	11	11	04	51	♑0	01
6 30 30	07	12	12	05	39	01	02
6 34 51	08	13	12	06	27	02	03
6 39 11	09	14	13	07	15	03	04
6 43 31	10	15	14	08	03	04	05
6 47 51	11	16	15	08	51	05	06
6 52 11	12	17	16	09	39	05	06
6 56 31	13	18	17	10	27	06	07
7 00 50	14	18	18	11	14	07	08
7 05 08	15	19	19	12	02	08	09
7 09 26	16	20	20	12	50	09	10
7 13 44	17	21	20	13	38	10	11
7 18 01	18	22	21	14	25	11	12
7 22 18	19	23	22	15	12	11	13
7 26 34	20	24	23	16	00	12	14
7 30 50	21	25	24	16	47	13	15
7 35 05	22	26	25	17	34	14	16
7 39 20	23	27	26	18	21	15	17
7 43 34	24	28	27	19	08	16	18
7 47 47	25	29	28	19	54	17	19
7 52 00	26	♍0	28	20	40	17	20
7 56 12	27	01	29	21	27	18	21
8 00 24	28	02	♎0	22	13	19	22
8 04 35	29	03	01	22	59	20	22
8 08 45	♉0	04	02	23	45	21	23
8 12 54	01	05	03	24	31	22	24
8 17 03	02	06	04	25	17	23	25
8 21 11	03	07	04	26	02	23	26
8 25 19	04	08	05	26	47	24	27
8 29 26	05	09	06	27	33	25	28
8 33 31	06	10	07	28	18	26	29
8 37 37	07	11	08	29	03	27	♓0
8 41 41	08	12	09	29	47	27	01
8 45 45	09	13	09	♏0	32	28	02
8 49 48	10	14	10	01	17	29	03
8 53 51	11	15	11	02	01	♒0	04
8 57 52	12	15	12	02	45	01	05
9 01 53	13	16	13	03	29	02	06
9 05 53	14	17	14	04	13	02	07

Partie droite

47° Heure sidérale	10e maison ♉	11e maison ♍	12e maison ♎	1re maison Ascendant ♏ (°)	(′)	2e maison ♒	3e maison ♓
9 09 53	15	18	14	04	57	03	07
9 13 52	16	19	15	05	40	04	08
9 17 50	17	20	16	06	24	05	09
9 21 47	18	21	17	07	08	06	10
9 25 44	19	22	18	07	51	06	11
9 29 40	20	23	19	08	34	07	12
9 33 35	21	24	19	09	17	08	13
9 37 29	22	25	20	10	00	09	14
9 41 23	23	26	21	10	43	10	15
9 45 16	24	27	22	11	26	10	16
9 49 09	25	27	23	12	08	11	17
9 53 01	26	28	23	12	50	12	18
9 56 52	27	29	24	13	33	13	19
10 00 42	28	♎0	25	14	16	14	20
10 04 33	29	01	26	14	58	14	21
10 08 23	♊0	02	27	15	40	15	22
10 12 12	01	03	27	16	22	16	23
10 16 00	02	04	28	17	04	17	24
10 19 48	03	05	29	17	46	18	25
10 23 35	04	06	30	18	27	19	26
10 27 22	05	06	♏0	19	09	19	27
10 31 08	06	07	01	19	51	20	28
10 34 54	07	08	02	20	33	21	29
10 38 40	08	09	03	21	15	22	♈0
10 42 25	09	10	03	21	56	23	01
10 46 09	10	11	04	22	37	23	02
10 49 53	11	12	05	23	19	24	03
10 53 37	12	13	06	24	00	25	04
10 57 20	13	13	06	24	42	26	05
11 01 03	14	14	07	25	23	27	06
11 04 46	15	15	08	26	04	28	07
11 08 28	16	16	09	26	46	28	08
11 12 10	17	17	09	27	28	29	09
11 15 52	18	18	10	28	09	♓0	10
11 19 34	19	19	11	28	50	01	11
11 23 15	20	19	12	29	32	02	12
11 26 56	21	20	12	♐0	14	03	13
11 30 37	22	21	13	00	56	04	14
11 34 18	23	22	14	01	37	04	15
11 37 58	24	23	15	02	19	05	16
11 41 39	25	24	15	03	01	06	17
11 45 19	26	25	16	03	43	07	18
11 49 00	27	25	17	04	25	08	19
11 52 40	28	26	18	05	07	09	20
11 56 20	29	27	18	05	49	10	21

Heure sidérale h m s	10e maison °	11e maison °	12e maison °	1re maison Ascendant ° '	2e maison °	3e maison °
	♎	♎	♏	♐	♐	♐
12 00 00	00	28	19	06 32	11	22
12 03 40	01	29	20	07 15	12	23
12 07 20	02	♏0	21	07 57	12	24
12 11 00	03	01	21	08 40	13	26
12 14 41	04	01	22	09 23	14	27
12 18 21	05	02	23	10 06	15	28
12 22 02	06	03	24	10 49	16	29
12 25 42	07	04	24	11 33	17	♐0
12 29 23	08	05	25	12 17	18	01
12 33 04	09	06	26	13 02	19	02
12 36 45	10	06	26	13 45	20	03
12 40 26	11	07	27	14 29	21	05
12 44 08	12	08	28	15 14	22	06
12 47 50	13	09	29	16 00	23	07
12 51 32	14	10	29	16 45	24	08
12 55 14	15	11	♐0	17 30	25	09
12 58 57	16	11	01	18 16	26	10
13 02 40	17	12	02	19 02	27	12
13 06 23	18	13	02	19 48	28	13
13 10 07	19	14	03	20 36	29	14
13 13 51	20	15	04	21 23	♑0	15
13 17 35	21	16	05	22 11	02	16
13 21 20	22	16	06	22 59	03	18
13 25 06	23	17	06	23 48	04	19
13 28 52	24	18	07	24 37	05	20
13 32 38	25	19	08	25 26	06	21
13 36 25	26	20	09	26 16	07	22
13 40 12	27	21	09	27 06	09	24
13 44 00	28	22	10	27 57	10	25
13 47 48	29	22	11	28 49	11	26
13 51 37	♏0	23	12	29 41	13	27
13 55 27	01	24	13	♑0 34	14	28
13 59 17	02	25	13	01 27	15	♒0
14 03 08	03	26	14	02 21	16	01
14 06 59	04	27	15	03 16	18	02
14 10 51	05	27	16	04 11	19	04
14 14 44	06	28	17	05 07	20	05
14 18 37	07	29	17	06 04	21	06
14 22 31	08	♐0	18	07 01	23	07
14 26 25	09	01	19	08 00	24	09
14 30 20	10	02	20	08 59	26	10
14 34 16	11	03	21	09 59	27	11
14 38 13	12	03	22	11 00	29	12
14 42 10	13	04	23	12 02	♓0	14
14 46 08	14	05	23	13 05	01	15

Heure sidérale h m s	10e maison °	11e maison °	12e maison °	1re maison Ascendant ° '	2e maison °	3e maison °
	♏	♐	♐	♑	♒	♒
14 50 07	15	06	24	14 09	03	16
14 54 07	16	07	25	15 14	04	17
14 58 07	17	08	26	16 21	06	19
15 02 08	18	09	27	17 28	07	20
15 06 09	19	10	28	18 36	09	21
15 10 12	20	10	29	19 46	10	23
15 14 15	21	11	♐0	20 57	12	24
15 18 19	22	12	01	22 10	13	25
15 22 23	23	13	02	23 24	15	26
15 26 29	24	14	03	24 39	17	27
15 30 35	25	15	04	25 56	18	29
15 34 41	26	16	04	27 14	20	♒0
15 38 49	27	17	05	28 33	22	01
15 42 57	28	18	06	29 55	23	03
15 47 06	29	19	07	♑1 18	25	04
15 51 15	♐0	20	08	02 43	26	05
15 55 25	01	20	09	04 09	28	06
15 59 36	02	21	10	05 38	♓0	07
16 03 48	03	22	11	07 08	01	09
16 08 00	04	23	13	08 41	03	10
16 12 13	05	24	14	10 15	05	11
16 16 26	06	25	15	11 51	07	12
16 20 40	07	26	16	13 29	08	14
16 24 55	08	27	17	15 09	10	15
16 29 10	09	28	18	16 52	12	16
16 33 26	10	29	19	18 37	13	17
16 37 42	11	♑0	20	20 23	15	18
16 41 59	12	01	21	22 12	17	20
16 46 16	13	02	23	24 03	18	21
16 50 34	14	03	24	25 56	20	22
16 54 52	15	04	25	27 52	22	23
16 59 10	16	05	26	29 49	23	25
17 03 29	17	06	27	♓1 49	25	26
17 07 49	18	07	29	03 50	26	27
17 12 09	19	08	♒0	05 54	28	28
17 16 29	20	09	01	07 58	♈0	29
17 20 49	21	10	02	10 06	01	♈0
17 25 09	22	11	04	12 14	03	01
17 29 30	23	12	05	14 24	04	03
17 33 51	24	13	06	16 35	06	04
17 38 12	25	14	08	18 47	08	05
17 42 34	26	15	09	21 01	09	06
17 46 55	27	16	11	23 15	11	07
17 51 17	28	17	12	25 30	12	08
17 55 38	29	19	14	27 45	13	09

Heure sidérale h m s	10e maison °	11e maison °	12e maison °	1re maison Ascendant ° '	2e maison °	3e maison °
18 00 00	00	20	15	00 00	15	10
18 04 22	01	21	17	02 15	16	11
18 08 43	02	22	18	04 30	18	13
18 13 05	03	23	19	06 45	19	14
18 17 26	04	24	21	08 59	21	15
18 21 48	05	25	22	11 13	22	16
18 26 09	06	26	24	13 25	24	17
18 30 30	07	27	26	15 36	25	18
18 34 51	08	29	27	17 46	26	19
18 39 11	09 ♒0	29	19 54	28	20
18 43 31	10	01 ♓0	22 02	29	21
18 47 51	11	02	02	24 06 ♈0	22
18 52 11	12	03	04	26 10	01	23
18 56 31	13	04	05	28 11	03	24
19 00 50	14	05	07 ♓0	11	04	25
19 05 08	15	07	08	02 08	05	26
19 09 26	16	08	10	04 04	06	27
19 13 44	17	09	12	05 57	07	28
19 18 01	18	10	13	07 48	09	29
19 22 18	19	12	15	09 37	10 ♉0
19 26 34	20	13	17	11 23	11	01
19 30 50	21	14	18	13 08	12	02
19 35 05	22	15	20	14 51	13	03
19 39 20	23	16	22	16 31	14	04
19 43 34	24	18	23	18 09	15	05
19 47 47	25	19	25	19 45	16	06
19 52 00	26	20	27	21 19	17	07
19 56 12	27	21	29	22 52	19	08
20 00 24	28	23 ♓0	24 22	20	09
20 04 35	29	24	02	25 51	21	10
20 08 45	♒0	25	04	27 17	22	10
20 12 54	01	26	05	28 42	23	11
20 17 03	02	27	07 ♈0	05	24	12
20 21 11	03	29	09	01 27	25	13
20 25 19	04 ♓0	10	02 46	26	14
20 29 26	05	01	12	04 04	26	15
20 33 31	06	03	13	05 21	27	16
20 37 37	07	04	15	06 36	28	17
20 41 41	08	05	17	07 50	29	18
20 45 45	09	06	18	09 03 ♉0	19
20 49 48	10	07	20	10 14	01	20
20 53 51	11	09	21	11 24	02	20
20 57 52	12	10	23	12 32	03	21
21 01 53	13	11	24	13 39	04	22
21 05 53	14	13	26	14 46	05	23

Heure sidérale h m s	10e maison °	11e maison °	12e maison °	1re maison Ascendant ° '	2e maison °	3e maison °
21 09 53	15	14	27	15 51	06	24
21 13 52	16	15	29	16 55	07	25
21 17 50	17	16 ♓0	17 58	07	26
21 21 47	18	18	01	19 00	08	27
21 25 44	19	19	03	20 01	09	27
21 29 40	20	20	04	21 01	10	28
21 33 35	21	21	06	22 00	11	29
21 37 29	22	23	07	22 59	12 ♋0
21 41 23	23	24	09	23 56	13	01
21 45 16	24	25	10	24 53	13	02
21 49 09	25	26	11	25 49	14	03
21 53 01	26	28	12	26 44	15	03
21 56 52	27	29	14	27 39	16	04
22 00 43	28 ♈0	15	28 33	17	05
22 04 33	29	02	16	29 26	17	06
22 08 23	♓0	03	18 ♊0	19	18	07
22 12 12	01	04	19	01 11	19	08
22 16 00	02	05	20	02 03	20	08
22 19 48	03	06	21	02 54	21	09
22 23 35	04	08	23	03 44	21	10
22 27 22	05	09	24	04 34	22	11
22 31 08	06	10	25	05 23	23	12
22 34 54	07	11	26	06 12	24	13
22 38 40	08	12	27	07 01	24	14
22 42 25	09	14	28	07 49	25	14
22 46 09	10	15 ♊0	08 37	26	15
22 49 53	11	16	01	09 24	27	16
22 53 37	12	17	02	10 12	28	17
22 57 20	13	18	03	10 58	28	18
23 01 03	14	20	04	11 44	29	19
23 04 46	15	21	05	12 30 ♌0	19
23 08 28	16	22	06	13 15	01	20
23 12 10	17	23	07	14 00	01	21
23 15 52	18	24	08	14 46	02	22
23 19 34	19	25	09	15 31	03	23
23 23 15	20	27	10	16 15	04	24
23 26 56	21	28	11	16 58	04	24
23 30 37	22	29	12	17 43	05	25
23 34 18	23 ♊0	13	18 27	06	26
23 37 58	24	01	14	19 11	06	27
23 41 39	25	02	15	19 54	07	28
23 45 19	26	03	16	20 37	08	29
23 49 00	27	04	17	21 20	09	29
23 52 40	28	06	18	22 03	09 ♍0
23 56 20	29	07	18	22 45	10	01

48° — Tables des maisons pour la latitude 48° (première moitié)

Heure sidérale (h m s)	10e maison ♈	11e maison ♉	12e maison ♊	1re maison Ascendant ♋ (°)	(')	2e maison ♌	3e maison ♍
0 00 00	00	08	20	23	50	11	02
0 03 40	01	09	21	24	33	12	03
0 07 20	02	10	22	25	15	13	04
0 11 01	03	11	22	25	57	13	05
0 14 41	04	12	23	26	38	14	05
0 18 21	05	13	24	27	20	15	06
0 22 02	06	14	25	28	02	16	07
0 25 43	07	15	26	28	43	16	08
0 29 23	08	16	27	29	25	17	09
0 33 04	09	17	28	♌0	06	18	10
0 36 45	10	18	29	00	48	19	11
0 40 27	11	19	29	01	29	19	11
0 44 08	12	20	♋0	02	10	20	12
0 47 50	13	21	01	02	52	21	13
0 51 32	14	23	02	03	33	22	14
0 55 15	15	24	03	04	14	22	15
0 58 57	16	25	04	04	56	23	16
1 02 40	17	26	04	05	37	24	17
1 06 24	18	27	05	06	18	24	17
1 10 08	19	28	06	06	59	25	18
1 13 52	20	29	07	07	41	26	19
1 17 36	21	♊0	08	08	22	27	20
1 21 21	22	01	09	09	03	28	21
1 25 07	23	02	09	09	45	28	22
1 28 52	24	03	10	10	26	29	23
1 32 39	25	04	11	11	07	♍0	24
1 36 26	26	05	12	11	49	01	24
1 40 13	27	05	13	12	31	01	25
1 44 01	28	06	13	13	12	02	26
1 47 49	29	07	14	13	54	03	27
1 51 38	♉0	08	15	14	36	04	28
1 55 28	01	09	16	15	18	04	29
1 59 18	02	10	17	16	00	05	♎0
2 03 09	03	11	17	16	42	06	01
2 07 00	04	12	18	17	24	07	02
2 10 52	05	13	19	18	06	08	03
2 14 45	06	14	20	18	48	08	03
2 18 38	07	15	21	19	31	09	04
2 22 32	08	16	21	20	13	10	05
2 26 26	09	17	22	20	56	11	06
2 30 22	10	18	23	21	39	12	07
2 34 17	11	19	24	22	22	12	08
2 38 14	12	20	25	23	05	13	09
2 42 11	13	21	25	23	48	14	10
2 46 10	14	22	26	24	31	15	11

48° — Tables des maisons pour la latitude 48° (seconde moitié)

Heure sidérale (h m s)	10e maison ♉	11e maison ♊	12e maison ♋	1re maison Ascendant ♌ (°)	(')	2e maison ♍	3e maison ♎
2 50 08	15	23	27	25	15	16	12
2 54 08	16	24	28	25	58	16	13
2 58 08	17	25	29	26	42	17	14
3 02 09	18	25	♌0	27	26	18	15
3 06 10	19	26	00	28	10	19	15
3 10 13	20	27	01	28	54	20	16
3 14 16	21	28	02	29	38	21	17
3 18 20	22	29	03	♍0	23	21	18
3 22 24	23	♋0	04	01	07	22	19
3 26 30	24	01	04	01	52	23	20
3 30 36	25	02	05	02	37	24	21
3 34 42	26	03	06	03	22	25	22
3 38 50	27	04	07	04	07	26	23
3 42 58	28	05	08	04	52	26	24
3 47 07	29	06	09	05	38	27	25
3 51 16	♊0	07	09	06	23	28	26
3 55 26	01	08	10	07	09	29	27
3 59 37	02	09	11	07	55	♎0	28
4 03 49	03	10	12	08	41	01	29
4 08 01	04	10	13	09	27	02	♏0
4 12 14	05	11	14	10	13	03	01
4 16 27	06	12	14	10	59	03	02
4 20 41	07	13	15	11	46	04	03
4 24 56	08	14	16	12	33	05	04
4 29 11	09	15	17	13	19	06	05
4 33 27	10	16	18	14	06	07	06
4 37 43	11	17	19	14	53	08	07
4 41 59	12	18	20	15	40	09	07
4 46 17	13	19	20	16	27	10	08
4 50 34	14	20	21	17	15	10	09
4 54 53	15	21	22	18	02	11	10
4 59 11	16	22	23	18	49	12	11
5 03 30	17	23	24	19	37	13	12
5 07 49	18	24	25	20	25	14	13
5 12 09	19	25	26	21	12	15	14
5 16 29	20	26	27	22	00	16	15
5 20 49	21	27	27	22	48	17	16
5 25 10	22	27	28	23	36	18	17
5 29 31	23	28	29	24	24	18	18
5 33 51	24	29	♍0	25	12	19	19
5 38 13	25	♌0	01	26	00	20	20
5 42 34	26	01	02	26	48	21	21
5 46 55	27	02	03	27	36	22	22
5 51 17	28	03	04	28	24	23	23
5 55 38	29	04	04	29	12	24	24

48° Heure sidérale	10e maison	11e maison	12e maison	1re maison Ascendant	2e maison	3e maison
h m s	♋ °	♌ °	♍ °	♎ ° '	♏ °	♐ °
6 00 00	00	05	05	00 00	25	25
6 04 22	01	06	06	00 48	26	26
6 08 43	02	07	07	01 36	26	27
6 13 05	03	08	08	02 24	27	28
6 17 26	04	09	09	03 12	28	29
6 21 47	05	10	10	04 00	29	♑ 0
6 26 09	06	11	11	04 48	♐ 0	01
6 30 29	07	12	12	05 36	01	02
6 34 50	08	13	12	06 24	02	03
6 39 11	09	14	13	07 12	03	03
6 43 31	10	15	14	08 00	03	04
6 47 51	11	16	15	08 48	04	05
6 52 11	12	17	16	09 35	05	06
6 56 30	13	18	17	10 23	06	07
7 00 49	14	19	18	11 11	07	08
7 05 07	15	20	19	11 58	08	09
7 09 26	16	21	20	12 45	09	10
7 13 43	17	22	20	13 33	10	11
7 18 00	18	23	21	14 20	10	12
7 22 17	19	23	22	15 07	11	13
7 26 33	20	24	23	15 54	12	14
7 30 49	21	25	24	16 41	13	15
7 35 04	22	26	25	17 27	14	16
7 39 19	23	27	26	18 14	15	17
7 43 33	24	28	27	19 01	16	18
7 47 46	25	29	27	19 47	16	19
7 51 59	26	♍ 0	28	20 33	17	20
7 56 11	27	01	29	21 19	18	20
8 00 23	28	02	♎ 0	22 05	19	21
8 04 34	29	03	01	22 51	20	22
8 08 44	♌ 0	04	02	23 37	21	23
8 12 53	01	05	03	24 22	21	24
8 17 02	02	06	04	25 08	22	25
8 21 10	03	07	04	25 53	23	26
8 25 18	04	08	05	26 38	24	27
8 29 24	05	09	06	27 23	25	28
8 33 30	06	10	07	28 08	26	29
8 37 36	07	11	08	28 53	26	♒ 0
8 41 40	08	12	09	29 37	27	01
8 45 44	09	13	09	♏ 0 22	28	02
8 49 47	10	14	10	01 06	29	03
8 53 50	11	15	11	01 50	♑ 0	04
8 57 51	12	15	12	02 34	00	05
9 01 52	13	16	13	03 18	01	05
9 05 52	14	17	14	04 02		06

48° Heure sidérale	10e maison	11e maison	12e maison	1re maison Ascendant	2e maison	3e maison
h m s	♌ °	♍ °	♎ °	♏ ° '	♑ °	♒ °
9 09 52	15	18	14	04 45	03	07
9 13 50	16	19	15	05 29	04	08
9 17 49	17	20	16	06 12	05	09
9 21 46	18	21	17	06 55	05	10
9 25 42	19	22	18	07 38	06	11
9 29 38	20	23	18	08 21	07	12
9 33 34	21	24	19	09 04	08	13
9 37 28	22	25	20	09 47	09	14
9 41 22	23	26	21	10 29	09	15
9 45 15	24	27	22	11 12	10	16
9 49 08	25	27	22	11 54	11	17
9 53 00	26	28	23	12 36	12	18
9 56 51	27	29	24	13 18	13	19
10 00 42	28	♎ 0	25	14 00	13	20
10 04 32	29	01	26	14 42	14	21
10 08 22	♍ 0	02	26	15 24	15	22
10 12 11	01	03	27	16 06	16	23
10 15 59	02	04	28	16 48	17	24
10 19 47	03	05	29	17 29	17	25
10 23 34	04	06	29	18 11	18	25
10 27 21	05	06	♏ 0	18 53	19	26
10 31 08	06	07	01	19 34	20	27
10 34 53	07	08	02	20 15	21	28
10 38 39	08	09	02	20 57	21	29
10 42 24	09	10	03	21 38	22	♓ 0
10 46 08	10	11	04	22 19	23	01
10 49 52	11	12	05	23 01	24	02
10 53 36	12	13	06	23 42	25	03
10 57 20	13	13	06	24 23	26	04
11 01 03	14	14	07	25 04	26	05
11 04 45	15	15	08	25 46	27	06
11 08 28	16	16	08	26 27	28	07
11 12 10	17	17	09	27 08	29	09
11 15 52	18	18	10	27 50	♒ 0	10
11 19 33	19	19	11	28 31	01	11
11 23 15	20	19	11	29 23	01	12
11 26 56	21	20	12	29 54	02	13
11 30 37	22	21	13	♐ 0 35	03	14
11 34 17	23	22	14	01 17	04	15
11 37 58	24	23	14	01 58	05	16
11 41 39	25	24	15	02 40	06	17
11 45 19	26	25	16	03 22	07	18
11 48 59	27	25	17	04 03	08	19
11 52 40	28	26	17	04 45	08	20
11 56 20	29	27	18	05 27	09	21

Heure sidérale h m s	10e maison °	11e maison °	12e maison °	1re maison Ascendant ° '	2e maison °	3e maison °
12 00 00	00	28	19	06 10	10	22
12 03 40	01	29	20	06 52	11	23
12 07 20	02	♋0	20	07 34	12	24
12 11 01	03	00	21	08 17	13	26
12 14 41	04	01	22	09 00	14	27
12 18 21	05	02	23	09 43	15	28
12 22 02	06	03	23	10 26	16	29
12 25 42	07	04	24	11 09	17	♒0
12 29 23	08	05	25	11 53	18	01
12 33 04	09	05	25	12 36	19	02
12 36 45	10	06	26	13 20	20	03
12 40 27	11	07	27	14 05	21	05
12 44 08	12	08	28	14 49	22	06
12 47 50	13	09	28	15 34	23	07
12 51 32	14	10	29	16 19	24	08
12 55 15	15	10	♌0	17 04	25	09
12 58 57	16	11	01	17 50	26	10
13 02 40	17	12	01	18 36	27	12
13 06 24	18	13	02	19 22	28	13
13 10 08	19	14	03	20 09	29	14
13 13 52	20	15	04	20 56	♓0	15
13 17 36	21	15	05	21 44	01	16
13 21 21	22	16	05	22 32	03	17
13 25 07	23	17	06	23 20	04	19
13 28 52	24	18	07	24 09	05	20
13 32 39	25	19	08	24 58	06	21
13 36 26	26	20	08	25 47	07	22
13 40 13	27	20	09	26 38	08	24
13 44 01	28	21	10	27 28	10	25
13 47 49	29	22	11	28 20	11	26
13 51 38	♍0	23	12	29 12	12	27
13 55 28	01	24	12	♈0 04	13	29
13 59 18	02	25	13	00 57	15	♉0
14 03 09	03	26	14	01 51	16	01
14 07 00	04	26	15	02 45	17	02
14 10 52	05	27	16	03 40	19	04
14 14 45	06	28	16	04 36	20	05
14 18 38	07	29	17	05 33	21	06
14 22 32	08	♎0	18	06 30	23	07
14 26 26	09	01	19	07 28	24	09
14 30 22	10	02	20	08 27	25	10
14 34 17	11	02	21	09 27	27	11
14 38 14	12	03	21	10 28	28	12
14 42 11	13	04	22	11 30	♊0	14
14 46 10	14	05	23	12 32	01	15

Heure sidérale h m s	10e maison °	11e maison °	12e maison °	1re maison Ascendant ° '	2e maison °	3e maison °
14 50 08	15	06	24	13 36	03	16
14 54 08	16	07	25	14 41	04	17
14 58 08	17	08	26	15 47	06	19
15 02 09	18	09	27	16 54	07	20
15 06 10	19	09	28	18 03	09	21
15 10 13	20	10	29	19 12	10	23
15 14 16	21	11	29	20 23	12	24
15 18 20	22	12	♐0	21 35	13	25
15 22 24	23	13	01	22 49	15	26
15 26 30	24	14	02	24 04	17	28
15 30 36	25	15	03	25 21	18	29
15 34 42	26	16	04	26 39	20	♋0
15 38 50	27	17	05	27 59	22	01
15 42 58	28	18	06	29 20	23	03
15 47 07	29	18	07	♑0 43	25	04
15 51 16	♏0	19	08	02 06	26	05
15 55 26	01	20	09	03 35	28	06
15 59 37	02	21	10	05 04	♌0	08
16 03 49	03	22	11	06 34	02	09
16 08 01	04	23	12	08 07	03	10
16 12 14	05	24	13	09 41	05	11
16 16 27	06	25	14	11 18	07	13
16 20 41	07	26	16	12 56	08	14
16 24 56	08	27	17	14 37	10	15
16 29 11	09	28	18	16 20	12	16
16 33 27	10	29	19	18 06	13	17
16 37 43	11	♐0	20	19 53	15	19
16 41 59	12	01	21	21 43	17	20
16 46 17	13	02	22	23 35	18	21
16 50 34	14	03	24	25 29	20	22
16 54 53	15	04	25	27 25	22	23
16 59 11	16	05	26	29 24	23	25
17 03 30	17	06	27	♒1 25	25	26
17 07 49	18	07	29	03 27	27	27
17 12 09	19	08	♑0	05 32	28	28
17 16 29	20	09	01	07 39	♍0	29
17 20 49	21	10	02	09 48	01	♓0
17 25 10	22	11	04	11 58	03	02
17 29 31	23	12	05	14 09	05	03
17 33 51	24	13	06	16 23	06	04
17 38 13	25	14	08	18 37	08	05
17 42 34	26	15	09	20 52	09	06
17 46 55	27	16	11	23 08	11	07
17 51 17	28	17	12	25 25	12	08
17 55 38	29	18	13	27 43	14	09

Heure sidérale (h m s)	10e maison °	11e maison °	12e maison °	1re maison Ascendant ° '	2e maison °	3e maison °
18 00 00	00	19	15	00 00	15	11
18 04 22	01	21	16	02 17	17	12
18 08 43	02	22	18	04 35	18	13
18 13 05	03	23	19	06 52	19	14
18 17 26	04	24	21	09 08	21	15
18 21 47	05	25	22	11 23	22	16
18 26 09	06	26	24	13 37	24	17
18 30 29	07	27	25	15 51	25	18
18 34 50	08	28	27	18 02	26	19
18 39 11	09	00	29	20 12	28	20
18 43 31	10	01	00	22 21	29	21
18 47 51	11	02	02	24 28	00	22
18 52 11	12	03	03	26 33	01	23
18 56 30	13	04	05	28 35	03	24
19 00 49	14	05	07	00 36	04	25
19 05 07	15	07	08	02 35	05	26
19 09 26	16	08	10	04 31	06	27
19 13 43	17	09	12	06 25	08	28
19 18 00	18	10	13	08 17	09	29
19 22 17	19	11	15	10 07	10	00
19 26 33	20	13	17	11 54	11	01
19 30 49	21	14	18	13 40	12	02
19 35 04	22	15	20	15 23	13	03
19 39 19	23	16	22	17 04	14	04
19 43 33	24	17	23	18 42	16	05
19 47 46	25	19	25	20 19	17	06
19 51 59	26	20	27	21 53	18	07
19 56 11	27	21	28	23 26	19	08
20 00 23	28	22	00	24 56	20	09
20 04 34	29	24	02	26 25	21	10
20 08 44	00	25	04	27 52	22	11
20 12 53	01	26	05	29 17	23	12
20 17 02	02	27	07	00 40	24	12
20 21 10	03	29	08	02 01	25	13
20 25 18	04	00	10	03 21	26	14
20 29 24	05	01	12	04 39	27	15
20 33 30	06	02	13	05 56	28	16
20 37 36	07	04	15	07 11	29	17
20 41 40	08	05	17	08 25	00	18
20 45 44	09	06	18	09 37	01	19
20 49 47	10	07	20	10 48	01	20
20 53 50	11	09	21	11 57	02	21
20 57 51	12	10	23	13 06	03	21
21 01 52	13	11	24	14 13	04	22
21 05 52	14	13	26	15 19	05	23

Heure sidérale (h m s)	10e maison °	11e maison °	12e maison °	1re maison Ascendant ° '	2e maison °	3e maison °
21 09 52	15	14	27	16 24	06	24
21 13 50	16	15	29	17 28	07	25
21 17 49	17	16	00	18 30	08	26
21 21 46	18	18	02	19 32	09	27
21 25 42	19	19	03	20 33	09	28
21 29 38	20	20	05	21 33	10	28
21 33 34	21	21	06	22 32	11	29
21 37 28	22	23	07	23 30	12	00
21 41 22	23	24	09	24 27	13	01
21 45 15	24	25	10	25 24	14	02
21 49 08	25	26	11	26 20	14	03
21 53 00	26	28	13	27 15	15	04
21 56 51	27	29	14	28 09	16	04
22 00 42	28	00	15	29 03	17	05
22 04 32	29	01	17	29 56	18	06
22 08 22	00	03	18	00 48	18	07
22 12 11	01	04	19	01 40	19	08
22 15 59	02	05	20	02 32	20	09
22 19 47	03	06	22	03 22	21	10
22 23 34	04	08	23	04 13	22	10
22 27 21	05	09	24	05 02	22	11
22 31 08	06	10	25	05 51	23	12
22 34 53	07	11	26	06 40	24	13
22 38 39	08	13	27	07 28	25	14
22 42 24	09	14	29	08 16	25	15
22 46 08	10	15	00	09 04	26	15
22 49 52	11	16	01	09 51	27	16
22 53 36	12	17	02	10 38	28	17
22 57 20	13	18	03	11 24	29	18
23 01 03	14	20	04	12 10	29	19
23 04 45	15	21	05	12 56	00	20
23 08 28	16	22	06	13 41	01	20
23 12 10	17	23	07	14 26	02	21
23 15 52	18	24	08	15 11	02	22
23 19 33	19	25	09	15 55	03	23
23 23 15	20	27	10	16 40	04	24
23 26 56	21	28	11	17 24	05	25
23 30 37	22	29	12	18 07	05	26
23 34 17	23	00	13	18 51	06	26
23 37 58	24	01	14	19 34	07	27
23 41 39	25	02	15	20 17	07	28
23 45 19	26	03	16	21 00	08	29
23 48 59	27	04	17	21 43	09	00
23 52 40	28	06	18	22 26	10	00
23 56 20	29	07	19	23 08	10	01

49°

Heure sidérale	10e	11e	12e	1re maison Ascendant °	'	2e	3e
h m s	♈	♓	♓	♓		♈	♉
0 00 00	00	08	20	24	28	12	02
0 03 40	01	09	21	25	10	12	03
0 07 20	02	10	22	25	52	13	04
0 11 00	03	12	23	26	33	14	05
0 14 41	04	13	24	27	15	15	06
0 18 21	05	14	25	27	56	15	07
0 22 02	06	15	26	28	37	16	07
0 25 42	07	16	27	29	19	17	08
0 29 23	08	17	27	♈0	00	18	09
0 33 04	09	18	28	00	41	18	10
0 36 45	10	19	29	01	22	19	11
0 40 26	11	20	♈0	02	03	20	12
0 44 08	12	21	01	02	44	20	12
0 47 50	13	22	02	03	25	21	13
0 51 32	14	23	02	04	05	22	14
0 55 14	15	24	03	04	46	23	15
0 58 57	16	25	04	05	27	23	16
1 02 40	17	26	05	06	08	24	17
1 06 23	18	27	06	06	49	25	18
1 10 07	19	28	07	07	30	26	18
1 13 51	20	29	07	08	11	26	19
1 17 35	21	♈0	08	08	51	27	20
1 21 20	22	01	09	09	32	28	21
1 25 06	23	02	10	10	13	29	22
1 28 52	24	03	11	10	54	29	23
1 32 38	25	04	12	11	35	♉0	24
1 36 25	26	05	12	12	17	01	25
1 40 12	27	06	13	12	58	02	25
1 44 00	28	07	14	13	39	02	26
1 47 48	29	08	15	14	20	03	27
1 51 37	♉0	09	16	15	02	04	28
1 55 27	01	10	16	15	43	05	29
1 59 17	02	11	17	16	25	06	♊0
2 03 08	03	12	18	17	06	06	01
2 06 59	04	13	19	17	48	07	02
2 10 51	05	14	20	18	30	08	03
2 14 44	06	15	20	19	12	09	03
2 18 37	07	16	21	19	54	09	04
2 22 31	08	17	22	20	36	10	05
2 26 25	09	18	23	21	18	11	06
2 30 20	10	18	24	22	01	12	07
2 34 16	11	19	24	22	43	13	08
2 38 13	12	20	25	23	26	13	09
2 42 10	13	21	26	24	09	14	10
2 46 08	14	22	27	24	52	15	11

49°

Heure sidérale	10e	11e	12e	1re maison Ascendant °	'	2e	3e
h m s	♉	♈	♈	♈		♉	♊
2 50 07	15	23	28	25	35	16	12
2 54 07	16	24	28	26	18	17	13
2 58 07	17	25	29	27	01	17	13
3 02 08	18	26	♉0	27	45	18	14
3 06 09	19	27	01	28	28	19	15
3 10 12	20	28	02	29	12	20	16
3 14 15	21	29	02	29	56	21	17
3 18 19	22	♉0	03	♉0	40	22	18
3 22 23	23	01	04	01	24	22	19
3 26 29	24	02	05	02	08	23	20
3 30 35	25	03	06	02	53	24	21
3 34 41	26	04	07	03	37	25	22
3 38 49	27	04	07	04	22	26	23
3 42 57	28	05	08	05	07	27	24
3 47 06	29	06	09	05	52	27	25
3 51 15	♊0	07	10	06	37	28	26
3 55 25	01	08	11	07	22	29	27
3 59 36	02	09	12	08	07	♊0	28
4 03 48	03	10	12	08	53	01	28
4 08 00	04	11	13	09	39	02	29
4 12 13	05	12	14	10	24	02	♋0
4 16 26	06	13	15	11	10	03	01
4 20 40	07	14	16	11	56	04	02
4 24 55	08	15	17	12	43	05	03
4 29 10	09	16	17	13	29	06	04
4 33 26	10	17	18	14	15	07	05
4 37 42	11	18	19	15	02	08	06
4 41 59	12	18	20	15	48	09	07
4 46 16	13	19	21	16	35	09	08
4 50 34	14	20	22	17	22	10	09
4 54 52	15	21	23	18	09	11	10
4 59 10	16	22	23	18	56	12	11
5 03 29	17	23	24	19	43	13	12
5 07 49	18	24	25	20	30	14	13
5 12 09	19	25	26	21	17	15	14
5 16 29	20	26	27	22	05	16	15
5 20 49	21	27	28	22	52	16	16
5 25 09	22	28	29	23	39	17	17
5 29 30	23	29	♊0	24	27	18	18
5 33 51	24	♊0	01	25	14	19	19
5 38 12	25	01	01	26	02	20	20
5 42 34	26	02	02	26	49	21	21
5 46 55	27	03	03	27	37	22	22
5 51 17	28	04	04	28	25	23	22
5 55 38	29	05	05	29	12	23	23

49°

Heure sidérale (h m s)	10e maison ♋ (°)	11e maison ♌ (°)	12e maison ♍ (°)	1re maison Ascendant ♎ (°)	(')	2e maison ♏ (°)	3e maison ♐ (°)
6 00 00	00	06	06	00	00	24	24
6 04 22	01	07	07	00	48	25	25
6 08 43	02	08	07	01	35	26	26
6 13 05	03	08	08	02	23	27	27
6 17 26	04	09	09	03	11	28	28
6 21 48	05	10	10	03	58	29	29
6 26 09	06	11	11	04	46	30	♑0
6 30 30	07	12	12	05	33	♐0	01
6 34 51	08	13	13	06	21	01	02
6 39 11	09	14	14	07	08	02	03
6 43 31	10	15	14	07	55	03	04
6 47 51	11	16	15	08	43	04	05
6 52 11	12	17	16	09	30	05	06
6 56 31	13	18	17	10	17	06	07
7 00 50	14	19	18	11	04	07	08
7 05 08	15	20	19	11	51	07	09
7 09 26	16	21	20	12	38	08	10
7 13 44	17	22	21	13	25	09	11
7 18 01	18	23	21	14	12	10	12
7 22 18	19	24	22	14	58	11	13
7 26 34	20	25	23	15	45	12	13
7 30 50	21	26	24	16	31	13	14
7 35 05	22	27	25	17	17	13	15
7 39 20	23	28	26	18	04	14	16
7 43 34	24	29	27	18	50	15	17
7 47 47	25	♍0	28	19	36	16	18
7 52 00	26	01	28	20	21	17	19
7 56 12	27	02	29	21	07	18	20
8 00 24	28	03	♎0	21	53	18	21
8 04 35	29	03	01	22	38	19	22
8 08 45	♌0	04	02	23	23	20	23
8 12 54	01	05	03	24	08	21	24
8 17 03	02	06	03	24	53	22	25
8 21 11	03	07	04	25	38	23	26
8 25 19	04	08	05	26	23	23	27
8 29 26	05	09	06	27	07	24	27
8 33 31	06	10	07	27	52	25	28
8 37 37	07	11	08	28	36	26	29
8 41 41	08	12	08	29	20	27	♒0
8 45 45	09	13	09	♏0	04	28	01
8 49 48	10	14	10	00	48	28	02
8 53 51	11	15	11	01	32	29	03
8 57 52	12	16	12	02	15	♑0	04
9 01 53	13	17	13	02	59	01	05
9 05 53	14	17	13	03	42	02	06

Heure sidérale (h m s)	10e maison ♌ (°)	11e maison ♍ (°)	12e maison ♎ (°)	1re maison Ascendant ♏ (°)	(')	2e maison ♑ (°)	3e maison ♒ (°)
9 09 53	15	18	14	04	25	02	07
9 13 52	16	19	15	05	08	03	08
9 17 50	17	20	16	05	51	04	09
9 21 47	18	21	17	06	34	05	10
9 25 44	19	22	17	07	17	06	11
9 29 40	20	23	18	07	59	06	12
9 33 35	21	24	19	08	42	07	13
9 37 29	22	25	20	09	24	08	13
9 41 23	23	26	21	10	06	09	14
9 45 16	24	27	21	10	48	10	15
9 49 09	25	27	22	11	30	10	16
9 53 01	26	28	23	12	12	11	17
9 56 52	27	29	24	12	54	12	18
10 00 42	28	♎0	24	13	35	13	19
10 04 33	29	01	25	14	17	14	20
10 08 23	♍0	02	26	14	58	14	21
10 12 12	01	03	27	15	40	15	22
10 16 00	02	04	28	16	21	16	23
10 19 48	03	05	28	17	02	17	24
10 23 35	04	05	29	17	43	18	25
10 27 22	05	06	♏0	18	25	19	26
10 31 08	06	07	01	19	06	19	27
10 34 54	07	08	01	19	47	20	28
10 38 40	08	09	02	20	28	21	29
10 42 25	09	10	03	21	09	22	♓0
10 46 09	10	11	04	21	50	23	01
10 49 53	11	12	04	22	30	23	02
10 53 37	12	12	05	23	11	24	03
10 57 20	13	13	06	23	52	25	04
11 01 03	14	14	07	24	33	26	05
11 04 46	15	15	07	25	14	27	06
11 08 28	16	16	08	25	55	28	07
11 12 10	17	17	09	26	36	28	08
11 15 52	18	18	09	27	16	29	09
11 19 34	19	18	10	27	57	♒0	10
11 23 15	20	19	11	28	38	01	11
11 26 56	21	20	12	29	19	02	12
11 30 37	22	21	12	♐0	00	03	13
11 34 18	23	22	13	00	41	03	14
11 37 58	24	23	14	01	23	04	15
11 41 39	25	23	15	02	04	05	16
11 45 19	26	24	15	02	45	06	17
11 49 00	27	25	16	03	27	07	18
11 52 40	28	26	17	04	08	08	20
11 56 20	29	27	18	04	50	09	21

Heure sidérale h m s	10e maison °	11e maison °	12e maison °	1re maison Ascendant ° '	2e maison °	3e maison °
12 00 00	00	28	18	05 32	10	22
12 03 40	01	28	19	06 13	11	23
12 07 20	02	29	20	06 55	11	24
12 11 00	03	♒0	21	07 38	12	25
12 14 41	04	01	21	08 20	13	26
12 18 21	05	02	22	09 03	14	27
12 22 02	06	03	23	09 45	15	28
12 25 42	07	03	24	10 28	16	29
12 29 23	08	04	24	11 11	17	♓0
12 33 04	09	05	25	11 55	18	02
12 36 45	10	06	26	12 38	19	03
12 40 26	11	07	27	13 22	20	04
12 44 08	12	08	27	14 06	21	05
12 47 50	13	08	28	14 50	22	06
12 51 32	14	09	29	15 35	23	08
12 55 14	15	10	29	16 20	24	09
12 58 57	16	11	♈0	17 05	25	10
13 02 40	17	12	01	17 50	26	11
13 06 23	18	13	02	18 37	27	12
13 10 07	19	13	02	19 23	28	14
13 13 51	20	14	03	20 09	29	15
13 17 35	21	15	04	20 56	♉0	16
13 21 20	22	16	05	21 44	02	17
13 25 06	23	17	05	22 31	03	18
13 28 52	24	18	06	23 20	04	20
13 32 38	25	18	07	24 08	05	21
13 36 25	26	19	08	24 58	06	22
13 40 12	27	20	09	25 47	08	23
13 44 00	28	21	09	26 38	09	25
13 47 48	29	22	10	27 28	10	26
13 51 37	♓0	23	11	28 20	11	27
13 55 27	01	23	12	29 12	12	28
13 59 17	02	24	13	♈0 04	14	♊0
14 03 08	03	25	13	00 57	15	01
14 06 59	04	26	14	01 51	16	02
14 10 51	05	27	15	02 46	18	04
14 14 44	06	28	16	03 41	19	05
14 18 37	07	29	17	04 37	20	06
14 22 31	08	29	17	05 34	22	07
14 26 25	09	♈0	18	06 32	23	09
14 30 20	10	01	19	07 30	25	10
14 34 16	11	02	20	08 30	26	11
14 38 13	12	03	21	09 30	27	13
14 42 10	13	04	22	10 32	29	14
14 46 08	14	05	23	11 34	♋0	15

Heure sidérale h m s	10e maison °	11e maison °	12e maison °	1re maison Ascendant ° '	2e maison °	3e maison °
14 50 07	15	05	23	12 37	02	16
14 54 07	16	06	24	13 42	03	18
14 58 07	17	07	25	14 47	05	19
15 02 08	18	08	26	15 54	07	20
15 06 09	19	09	27	17 02	08	22
15 10 12	20	10	28	18 11	10	23
15 14 15	21	11	29	19 22	11	24
15 18 19	22	12	♑0	20 34	13	25
15 22 23	23	13	01	21 47	15	27
15 26 29	24	13	02	23 02	16	28
15 30 35	25	14	03	24 19	18	29
15 34 41	26	15	04	25 37	20	♌0
15 38 49	27	16	04	26 56	21	02
15 42 57	28	17	05	28 18	23	03
15 47 06	29	18	06	29 41	25	04
15 51 15	♑0	19	07	♒1 06	26	06
15 55 25	01	20	08	02 33	28	07
15 59 36	02	21	09	04 01	♍0	08
16 03 48	03	22	11	05 32	02	09
16 08 00	04	23	12	07 05	03	11
16 12 13	05	24	13	08 40	05	12
16 16 26	06	25	14	10 17	07	13
16 20 40	07	25	15	11 57	09	14
16 24 55	08	26	16	13 39	10	15
16 29 10	09	27	17	15 23	12	17
16 33 26	10	28	18	17 09	14	18
16 37 42	11	29	19	18 58	15	19
16 41 59	12	♑0	20	20 49	17	20
16 46 16	13	01	22	22 43	19	22
16 50 34	14	02	23	24 38	21	23
16 54 52	15	03	24	26 37	22	24
16 59 10	16	04	25	28 38	24	25
17 03 29	17	05	26	♓0 41	26	26
17 07 49	18	06	28	02 46	27	28
17 12 09	19	07	29	04 53	29	29
17 16 29	20	08	♓0	07 03	♎0	♏0
17 20 49	21	09	02	09 14	02	01
17 25 09	22	10	03	11 28	04	02
17 29 30	23	11	04	13 43	05	03
17 33 51	24	13	06	16 00	07	04
17 38 12	25	14	07	18 17	08	06
17 42 34	26	15	08	20 37	10	07
17 46 55	27	16	10	22 57	11	08
17 51 17	28	17	11	25 17	13	09
17 55 38	29	18	13	27 39	14	10

Left table

Heure sidérale h m s	10e maison °	11e maison °	12e maison °	1re maison Ascendant ° '	2e maison °	3e maison °
(sign)	♐	♑	♒	♓	♉	♋
18 00 00	00	19	14	00 00	16	11
18 04 22	01	20	15	02 21	17	12
18 08 43	02	21	17	04 43	19	13
18 13 05	03	22	18	07 03	20	14
18 17 26	04	23	20	09 23	22	15
18 21 48	05	24	22	11 43	23	16
18 26 09	06	26	23	14 00	24	17
18 30 30	07	27	25	16 17	26	18
18 34 51	08	28	26	18 32	27	20
18 39 11	09	29	28	20 46	28	21
18 43 31	10	♒0	29	22 57	♊0	22
18 47 51	11	01	♓0	25 07	01	23
18 52 11	12	02	03	27 14	02	24
18 56 31	13	04	04	29 19	04	25
19 00 50	14	05	06	♈01 22	05	26
19 05 08	15	06	08	03 23	06	27
19 09 26	16	07	09	05 22	07	28
19 13 44	17	08	11	07 17	08	29
19 18 01	18	10	13	09 11	10	♌0
19 22 18	19	11	15	11 02	11	01
19 26 34	20	12	16	12 51	12	02
19 30 50	21	13	18	14 37	13	03
19 35 05	22	14	20	16 21	14	04
19 39 20	23	16	22	18 03	15	05
19 43 34	24	17	23	19 43	16	06
19 47 47	25	18	25	21 20	17	06
19 52 00	26	19	27	22 55	18	07
19 56 12	27	21	28	24 28	19	08
20 00 24	28	22	♈0	25 59	20	09
20 04 35	29	23	02	27 27	21	10
20 08 45	♑0	24	04	28 54	22	11
20 12 54	01	26	05	♊00 19	23	12
20 17 03	02	27	07	01 42	24	13
20 21 11	03	28	09	03 04	25	14
20 25 19	04	29	10	04 23	26	15
20 29 26	05	♓0	12	05 41	27	16
20 33 31	06	02	14	06 58	28	17
20 37 37	07	03	15	08 13	29	18
20 41 41	08	05	17	09 26	♋0	19
20 45 45	09	06	19	10 38	01	19
20 49 48	10	07	20	11 49	02	20
20 53 51	11	08	22	12 58	03	21
20 57 52	12	10	23	14 06	04	22
21 01 53	13	11	25	15 13	05	23
21 05 53	14	12	27	16 18	06	24

49°

Right table

Heure sidérale h m s	10e maison °	11e maison °	12e maison °	1re maison Ascendant ° '	2e maison °	3e maison °
(sign)	♒	♓	♈	♊	♍	♎
21 09 53	15	14	28	17 23	07	25
21 13 52	16	15	♉0	18 26	07	25
21 17 50	17	16	01	19 29	08	26
21 21 47	18	17	03	20 30	09	27
21 25 44	19	19	04	21 30	10	28
21 29 40	20	20	05	22 30	11	29
21 33 35	21	21	07	23 28	12	♏0
21 37 29	22	23	08	24 26	13	01
21 41 23	23	24	10	25 23	13	02
21 45 16	24	25	11	26 19	14	02
21 49 09	25	26	12	27 14	15	03
21 53 01	26	28	14	28 09	16	04
21 56 52	27	29	15	29 03	17	05
22 00 43	28	♈0	16	29 56	17	06
22 04 33	29	02	18	♋0 48	18	07
22 08 23	♓0	03	19	01 40	19	07
22 12 12	01	04	20	02 32	20	08
22 16 00	02	05	21	03 22	21	09
22 19 48	03	07	22	04 13	21	10
22 23 35	04	08	24	05 02	22	11
22 27 22	05	09	25	05 52	23	12
22 31 08	06	10	26	06 40	24	12
22 34 54	07	12	27	07 29	25	13
22 38 40	08	13	28	08 16	25	14
22 42 25	09	14	29	09 04	26	15
22 46 09	10	15	♊0	09 51	27	16
22 49 53	11	16	02	10 37	28	17
22 53 37	12	18	03	11 23	28	17
22 57 20	13	19	04	12 10	29	18
23 01 03	14	20	05	12 55	♎0	19
23 04 46	15	21	06	13 40	01	20
23 08 28	16	22	07	14 25	01	21
23 12 10	17	24	08	15 10	02	22
23 15 52	18	25	09	15 54	03	22
23 19 34	19	26	10	16 38	04	23
23 23 15	20	27	11	17 22	04	24
23 26 56	21	28	12	18 05	05	25
23 30 37	22	29	13	18 49	06	26
23 34 18	23	♉0	14	19 32	07	27
23 37 58	24	02	15	20 15	07	27
23 41 29	25	03	16	20 57	08	28
23 45 19	26	04	17	21 40	09	29
23 49 00	27	05	18	22 22	09	♐0
23 52 40	28	06	19	23 05	10	01
23 56 20	29	07	19	23 47	11	02

50° Heure sidérale	10e maison	11e maison	12e maison	1re maison Ascendant		2e maison	3e maison
h m s	°	°	°	°	′	°	°
	♈	♉	♊	♋		♌	♍
0 00 00	00	08	21	25	22	12	02
0 03 40	01	09	22	26	04	13	03
0 07 20	02	10	23	26	45	13	04
0 11 00	03	11	24	27	26	14	05
0 14 41	04	13	25	28	06	15	06
0 18 21	05	14	26	28	47	16	06
0 22 02	06	15	26	29	28	16	07
0 25 42	07	16	27	♌ 0	09	17	08
0 29 23	08	17	28	00	49	18	09
0 33 04	09	18	29	01	30	18	10
0 36 45	10	19	♋ 0	02	10	19	11
0 40 26	11	20	01	02	50	20	12
0 44 08	12	21	02	03	31	21	12
0 47 50	13	22	02	04	11	21	13
0 51 32	14	23	03	04	51	22	14
0 55 14	15	24	04	05	32	23	15
0 58 57	16	25	05	06	12	24	16
1 02 40	17	26	06	06	52	24	17
1 06 23	18	27	07	07	32	25	18
1 10 07	19	28	07	08	13	26	18
1 13 51	20	29	08	08	53	27	19
1 17 35	21	♊ 0	09	09	33	27	20
1 21 20	22	01	10	10	14	28	21
1 25 06	23	02	11	10	54	29	22
1 28 52	24	03	11	11	35	29	23
1 32 38	25	04	12	12	15	♍ 0	24
1 36 25	26	05	13	12	56	01	24
1 40 12	27	06	14	13	36	02	25
1 44 00	28	07	15	14	17	03	26
1 47 48	29	08	15	14	58	03	27
1 51 37	♉ 0	09	16	15	39	04	28
1 55 27	01	10	17	16	19	05	29
1 59 17	02	11	18	17	00	06	♎ 0
2 03 08	03	12	19	17	41	06	01
2 06 59	04	13	19	18	22	07	02
2 10 51	05	14	20	19	04	08	02
2 14 44	06	15	21	19	45	09	03
2 18 37	07	16	22	20	27	09	04
2 22 31	08	17	23	21	08	10	05
2 26 25	09	18	23	21	50	11	06
2 30 20	10	19	24	22	32	12	07
2 34 16	11	20	25	23	14	13	08
2 38 13	12	21	26	23	56	13	09
2 42 10	13	21	26	24	38	14	10
2 46 08	14	22	27	25	21	15	11

50° Heure sidérale	10e maison	11e maison	12e maison	1re maison Ascendant		2e maison	3e maison
h m s	°	°	°	°	′	°	°
	♉	♊	♋	♌		♍	♎
2 50 07	15	23	28	26	03	16	12
2 54 07	16	24	29	26	46	17	13
2 58 07	17	25	29	27	28	17	13
3 02 08	18	26	♌ 0	28	11	18	14
3 06 09	19	27	01	28	54	19	15
3 10 12	20	28	02	29	37	20	16
3 14 15	21	29	03	♍ 0	20	21	17
3 18 19	22	♋ 0	04	01	04	22	18
3 22 23	23	01	04	01	47	22	19
3 26 29	24	02	05	02	31	23	20
3 30 35	25	03	06	03	15	24	21
3 34 41	26	04	07	03	59	25	22
3 38 49	27	05	08	04	43	26	23
3 42 57	28	06	09	05	27	27	24
3 47 06	29	06	09	06	12	27	25
3 51 15	♊ 0	07	10	06	56	28	26
3 55 25	01	08	11	07	41	29	27
3 59 36	02	09	12	08	25	♎ 0	28
4 03 48	03	10	13	09	10	01	28
4 08 00	04	11	14	09	55	02	29
4 12 13	05	12	14	10	41	02	♏ 0
4 16 26	06	13	15	11	26	03	01
4 20 40	07	14	16	12	11	04	02
4 24 55	08	15	17	12	57	05	03
4 29 10	09	16	18	13	42	06	04
4 33 26	10	17	19	14	28	07	05
4 37 42	11	18	19	15	14	08	06
4 41 59	12	19	20	16	00	08	07
4 46 16	13	20	21	16	46	09	08
4 50 34	14	20	22	17	32	10	09
4 54 52	15	21	23	18	19	11	10
4 59 10	16	22	24	19	05	12	11
5 03 29	17	23	24	19	51	13	12
5 07 49	18	24	25	20	38	14	13
5 12 09	19	25	26	21	24	15	14
5 16 29	20	26	27	22	11	15	15
5 20 49	21	27	28	22	58	16	16
5 25 09	22	28	29	23	44	17	17
5 29 30	23	29	♍ 0	24	31	18	18
5 33 51	24	♌ 0	00	25	18	19	19
5 38 12	25	01	01	26	05	20	20
5 42 34	26	02	02	26	52	21	21
5 46 55	27	03	03	27	39	22	21
5 51 17	28	04	04	28	26	22	22
5 55 38	29	05	05	29	13	23	23

50° Heure sidérale (h m s)	10e maison (°)	11e maison (°)	12e maison (°)	1re maison Ascendant (°)	1re maison Ascendant (')	2e maison (°)	3e maison (°)
6 00 00	00	06	06	00	00	24	24
6 04 22	01	07	07	00	47	25	25
6 08 43	02	07	07	01	34	26	26
6 13 05	03	08	08	02	21	27	27
6 17 26	04	09	09	03	08	28	28
6 21 48	05	10	10	03	55	29	29
6 26 09	06	11	11	04	42	29	♐0
6 30 30	07	12	12	05	29	♋0	01
6 34 51	08	13	13	06	16	01	02
6 39 11	09	14	14	07	02	02	03
6 43 31	10	15	14	07	49	03	04
6 47 51	11	16	15	08	36	04	05
6 52 11	12	17	16	09	22	05	06
6 56 31	13	18	17	10	09	05	07
7 00 50	14	19	18	10	55	06	08
7 05 08	15	20	19	11	41	07	08
7 09 26	16	21	20	12	28	08	09
7 13 44	17	22	21	13	14	09	10
7 18 01	18	23	21	14	00	10	11
7 22 18	19	24	22	14	46	11	12
7 26 34	20	25	23	15	32	11	13
7 30 50	21	26	24	16	18	12	14
7 35 05	22	27	25	17	03	13	15
7 39 20	23	28	26	17	49	14	16
7 43 34	24	29	27	18	34	15	17
7 47 47	25	29	27	19	19	16	18
7 52 00	26	♌0	28	20	05	16	19
7 56 12	27	01	29	20	50	17	20
8 00 24	28	02	♍0	21	35	18	21
8 04 35	29	03	01	22	19	19	22
8 08 45	♋0	04	02	23	04	20	22
8 12 54	01	05	03	23	48	21	23
8 17 03	02	06	03	24	33	21	24
8 21 11	03	07	04	25	17	22	25
8 25 19	04	08	05	26	01	23	26
8 29 26	05	09	06	26	45	24	27
8 33 31	06	10	07	27	29	25	28
8 37 37	07	11	08	28	13	25	29
8 41 41	08	12	08	28	56	26	♐0
8 45 45	09	13	09	29	40	27	01
8 49 48	10	14	10	♎0	23	28	02
8 53 51	11	15	11	01	06	29	03
8 57 52	12	16	12	01	49	29	04
9 01 53	13	16	12	02	32	♐0	05
9 05 53	14	17	13	03	14	01	06
9 09 53	15	18	14	03	57	02	07
9 13 52	16	19	15	04	39	03	07
9 17 50	17	20	16	05	22	03	08
9 21 47	18	21	16	06	04	04	09
9 25 44	19	22	17	06	46	05	10
9 29 40	20	23	18	07	28	06	11
9 33 35	21	24	19	08	10	07	12
9 37 29	22	25	20	08	52	07	13
9 41 23	23	26	20	09	33	08	14
9 45 16	24	27	21	10	15	09	15
9 49 09	25	27	22	10	56	10	16
9 53 01	26	28	23	11	38	11	17
9 56 52	27	29	24	12	19	11	18
10 00 42	28	♍0	24	13	00	12	19
10 04 33	29	01	25	13	41	13	20
10 08 23	♌0	02	26	14	21	14	21
10 12 12	01	03	27	15	02	15	22
10 16 00	02	04	27	15	43	15	23
10 19 48	03	05	28	16	24	16	24
10 23 35	04	05	29	17	04	17	25
10 27 22	05	06	29	17	45	18	26
10 31 08	06	07	♎0	18	25	19	27
10 34 54	07	08	01	19	06	19	28
10 38 40	08	09	02	19	46	20	29
10 42 25	09	10	03	20	27	21	♑0
10 46 09	10	11	03	21	07	22	01
10 49 53	11	12	04	21	47	23	02
10 53 37	12	12	05	22	28	23	03
10 57 20	13	13	06	23	08	24	04
11 01 03	14	14	06	23	48	25	05
11 04 46	15	15	07	24	28	26	06
11 08 28	16	16	08	25	09	27	07
11 12 10	17	17	09	25	49	27	08
11 15 52	18	17	09	26	29	28	09
11 19 34	19	18	10	27	10	29	10
11 23 15	20	19	11	27	50	♑0	11
11 26 56	21	20	11	28	30	01	12
11 30 37	22	21	12	29	11	02	13
11 34 18	23	22	13	29	51	03	14
11 37 58	24	23	14	♏0	32	03	15
11 41 39	25	23	14	01	13	04	16
11 45 19	26	24	15	01	54	05	17
11 49 00	27	25	16	02	34	06	18
11 52 40	28	26	17	03	15	07	19
11 56 20	29	27	17	03	56	08	21

Heure sidérale h m s	10e maison °	11e maison °	12e maison °	1re maison Ascendant °	'	2e maison °	3e maison °
12 00 00	00	28	18	04	38	09	22
12 03 40	01	28	19	05	19	10	23
12 07 20	02	29	19	06	00	11	24
12 11 00	03	♒0	20	06	41	11	25
12 14 41	04	01	21	07	23	12	26
12 18 21	05	02	22	08	05	13	27
12 22 02	06	03	22	08	47	14	28
12 25 42	07	03	23	09	29	15	29
12 29 23	08	04	24	10	12	16 ♐1	
12 33 04	09	05	24	10	55	17	02
12 36 45	10	06	25	11	38	18	03
12 40 26	11	07	26	12	21	19	04
12 44 08	12	08	27	13	04	20	05
12 47 50	13	08	27	13	48	21	06
12 51 32	14	09	28	14	31	22	08
12 55 14	15	10	29	15	16	23	09
12 58 57	16	11	29	16	00	24	10
13 02 40	17	12	♑0	16	45	25	11
13 06 23	18	12	01	17	31	26	12
13 10 07	19	13	02	18	16	27	14
13 13 51	20	14	03	19	02	28	15
13 17 35	21	15	03	19	48	29	16
13 21 20	22	16	04	20	35 ♒1	17
13 25 06	23	17	05	21	22	02	18
13 28 52	24	17	06	22	10	03	20
13 32 38	25	18	06	22	58	04	21
13 36 25	26	19	07	23	46	06	22
13 40 12	27	20	08	24	35	07	23
13 44 00	28	21	09	25	25	08	25
13 47 48	29	22	09	26	14	09	26
13 51 37	♓0	22	10	27	05	11	27
13 55 27	01	23	11	27	56	12	28
13 59 17	02	24	12	28	48	13	29
14 03 08	03	25	13	29	41	14 ♓1	
14 06 59	04	26	13	♑0	34	16	02
14 10 51	05	27	14	01	28	17	04
14 14 44	06	28	15	02	22	19	05
14 18 37	07	28	16	03	18	20	06
14 22 31	08	29	17	04	14	21	07
14 26 25	09	♒0	17	05	11	23	09
14 30 20	10	01	18	06	08	24	10
14 34 16	11	02	19	07	07	26	11
14 38 13	12	03	20	08	07	27	12
14 42 10	13	04	21	09	07	29	14
14 46 08	14	04	22	10	09 ♈0	15

Heure sidérale h m s	10e maison °	11e maison °	12e maison °	1re maison Ascendant °	'	2e maison °	3e maison °
14 50 07	15	05	23	11	12	02	16
14 54 07	16	06	23	12	16	03	18
14 58 07	17	07	24	13	20	05	19
15 02 08	18	08	25	14	26	06	20
15 06 09	19	09	26	15	34	08	22
15 10 12	20	10	27	16	42	09	23
15 14 15	21	10	28	17	52	11	24
15 18 19	22	11	29	19	04	13	25
15 22 23	23	12	♑0	20	17	14	27
15 26 29	24	13	01	21	31	16	28
15 30 35	25	14	02	22	47	18	29
15 34 41	26	15	03	24	05	19 ♓0	
15 38 49	27	16	04	25	24	21	02
15 42 57	28	17	05	26	46	23	03
15 47 06	29	18	06	28	09	25	04
15 51 15	♑0	19	07	29	34	26	06
15 55 25	01	20	08	♒1	00	28	07
15 59 36	02	20	09	02	29	29	08
16 03 48	03	21	10	04	01 ♈1	09
16 08 00	04	22	11	05	34	03	11
16 12 13	05	23	12	07	10	05	12
16 16 26	06	24	13	08	48	07	13
16 20 40	07	25	14	10	28	09	14
16 24 55	08	26	15	12	11	10	16
16 29 10	09	27	16	13	56	12	17
16 33 26	10	28	17	15	44	14	18
16 37 42	11	29	18	17	35	16	19
16 41 59	12	♑0	19	19	28	17	20
16 46 16	13	01	20	21	54	19	22
16 50 34	14	02	21	23	22	21	23
16 54 52	15	03	22	25	23	22	24
16 59 10	16	04	23	27	27	24	25
17 03 29	17	05	24	29	34	26	26
17 07 49	18	06	26 ♓1	42		27	28
17 12 09	19	07	27	03	54	29	29
17 16 29	20	08	28	06	08 ♉1	♈0
17 20 49	21	09	29	08	24	02	01
17 25 09	22	10	♒1	10	42	04	02
17 29 30	23	11	03	13	02	06	03
17 33 51	24	12	05	15	24	07	05
17 38 12	25	13	06	17	48	09	06
17 42 34	26	14	07	20	12	10	07
17 46 55	27	15	09	22	38	12	08
17 51 17	28	17	10	25	05	14	09
17 55 38	29	18	12	27	33	15	10

50° — Left table

Heure sidérale	10e maison	11e maison	12e maison	1re maison Ascendant		2e maison	3e maison
h m s	°	°	°	°	'	°	°
	♑	♐	♑	♒		♉	♊
18 00 00	00	19	13	00	00	17	11
18 04 22	01	20	15	02	27	18	12
18 08 43	02	21	16	04	55	20	13
18 13 05	03	22	18	07	22	21	14
18 17 26	04	23	19	09	48	22	16
18 21 48	05	24	21	12	12	24	17
18 26 09	06	25	23	14	36	25	18
18 30 30	07	27	24	16	58	27	19
18 34 51	08	28	26	19	18	28	20
18 39 11	09	29	27	21	36	29	21
18 43 31	10	♑0	29	23	52	♊1	22
18 47 51	11	01	♒1	26	06	02	23
18 52 11	12	02	02	28	18	03	24
18 56 31	13	04	04	♓0	26	04	25
19 00 50	14	05	06	02	33	06	26
19 05 08	15	06	08	04	37	07	27
19 09 26	16	07	09	06	38	08	28
19 13 44	17	08	11	08	36	09	29
19 18 01	18	09	13	10	32	10	♋0
19 22 18	19	11	14	12	25	12	01
19 26 34	20	12	16	14	16	13	02
19 30 50	21	13	18	16	04	14	03
19 35 05	22	14	20	17	49	15	04
19 39 20	23	16	21	19	32	16	05
19 43 34	24	17	23	21	12	17	06
19 47 47	25	18	25	22	50	18	07
19 52 00	26	19	27	24	26	19	08
19 56 12	27	21	28	25	59	20	08
20 00 24	28	22	♓0	27	31	21	09
20 04 35	29	23	02	29	00	22	10
20 08 45	♒0	24	04	♈0	26	23	11
20 12 54	01	26	05	01	51	24	12
20 17 03	02	27	07	03	14	25	13
20 21 11	03	28	09	04	36	26	14
20 25 19	04	29	10	05	55	27	15
20 29 26	05	♒1	12	07	13	28	16
20 33 31	06	02	14	08	29	29	17
20 37 37	07	03	16	09	43	♋0	18
20 41 41	08	05	17	10	56	01	19
20 45 45	09	06	19	12	08	02	19
20 49 48	10	07	20	13	18	03	20
20 53 51	11	08	22	14	26	04	21
20 57 52	12	10	24	15	34	05	22
21 01 53	13	11	25	16	40	06	23
21 05 53	14	12	27	17	44	06	24

50° — Right table

Heure sidérale	10e maison	11e maison	12e maison	1re maison Ascendant		2e maison	3e maison
h m s	°	°	°	°	'	°	°
	♒	♒	♓	♈		♋	♋
21 09 53	15	14	28	18	48	07	25
21 13 52	16	15	29	19	51	08	26
21 17 50	17	16	♈1	20	53	09	26
21 21 47	18	17	03	21	53	10	27
21 25 44	19	19	04	22	53	11	28
21 29 40	20	20	06	23	52	12	29
21 33 35	21	21	07	24	49	12	♌0
21 37 29	22	23	09	25	46	13	01
21 41 23	23	24	10	26	42	14	02
21 45 16	24	25	11	27	38	15	02
21 49 09	25	26	13	28	32	16	03
21 53 01	26	28	14	29	26	16	04
21 56 52	27	29	15	♉0	19	17	05
22 00 43	28	♓0	17	01	12	18	06
22 04 33	29	01	18	02	04	19	07
22 08 23	♓0	03	19	02	55	20	07
22 12 12	01	04	21	03	46	20	08
22 16 00	02	05	22	04	35	21	09
22 19 48	03	06	23	05	25	22	10
22 23 35	04	08	24	06	14	23	11
22 27 22	05	09	25	07	02	24	12
22 31 08	06	10	27	07	50	24	12
22 34 54	07	11	28	08	38	25	13
22 38 40	08	13	29	09	25	26	14
22 42 25	09	14	♉0	10	12	27	15
22 46 09	10	15	01	10	58	27	16
22 49 53	11	16	02	11	44	28	17
22 53 37	12	17	03	12	29	29	17
22 57 20	13	19	04	13	15	29	18
23 01 03	14	20	06	14	00	♌0	19
23 04 46	15	21	07	14	44	01	20
23 08 28	16	22	08	15	29	02	21
23 12 10	17	23	09	16	12	02	22
23 15 52	18	25	10	16	56	03	22
23 19 34	19	26	11	17	39	04	23
23 23 15	20	27	12	18	22	05	24
23 26 56	21	28	13	19	05	05	25
23 30 37	22	29	14	19	48	06	26
23 34 18	23	♈0	15	20	31	07	27
23 37 58	24	02	16	21	13	08	27
23 41 39	25	03	17	21	55	08	28
23 45 19	26	04	17	22	37	09	29
23 49 00	27	05	18	23	19	10	29
23 52 40	28	06	19	24	00	10	♍0
23 56 20	29	07	20	24	41	11	01

Heure sidérale h m s	10e maison °	11e maison °	12e maison °	1re maison Ascendant ° '	2e maison °	3e maison °
0 00 00	00	09	22	26 11	13	03
0 03 40	01	10	23	26 52	13	03
0 07 20	02	11	24	27 32	14	04
0 11 01	03	12	24	28 13	15	05
0 14 41	04	13	25	28 53	15	06
0 18 21	05	14	26	29 33	16	07
0 22 02	06	15	27	♋0 13	17	08
0 25 42	07	16	28	00 53	18	08
0 29 23	08	17	29	01 33	18	09
0 33 04	09	18	♌0	02 13	19	10
0 36 45	10	19	01	02 53	20	11
0 40 27	11	20	01	03 33	20	12
0 44 08	12	21	02	04 13	21	13
0 47 50	13	22	03	04 53	22	13
0 51 32	14	24	04	05 32	23	14
0 55 14	15	25	05	06 12	23	15
0 58 57	16	26	06	06 52	24	16
1 02 40	17	27	06	07 32	25	17
1 06 24	18	28	07	08 11	26	18
1 10 07	19	29	08	08 51	26	19
1 13 51	20	♍0	09	09 31	27	19
1 17 36	21	01	10	10 11	28	20
1 21 21	22	02	10	10 51	28	21
1 25 06	23	03	11	11 30	29	22
1 28 52	24	04	12	12 10	♎0	23
1 32 38	25	05	13	12 50	01	24
1 36 25	26	06	14	13 30	01	25
1 40 13	27	07	14	14 11	02	25
1 44 01	28	08	15	14 51	03	26
1 47 49	29	08	16	15 31	04	27
1 51 38	♍0	09	17	16 11	04	28
1 55 28	01	10	18	16 52	05	29
1 59 18	02	11	18	17 32	06	♏0
2 03 08	03	12	19	18 12	07	01
2 07 00	04	13	20	18 53	07	02
2 10 52	05	14	21	19 34	08	03
2 14 44	06	15	22	20 15	09	03
2 18 37	07	16	22	20 56	10	04
2 22 31	08	17	23	21 37	11	05
2 26 26	09	18	24	22 18	11	06
2 30 21	10	19	25	23 00	12	07
2 34 17	11	20	25	23 41	13	08
2 38 14	12	21	26	24 23	14	09
2 42 11	13	22	27	25 04	14	10
2 46 09	14	23	28	25 46	15	11

Heure sidérale h m s	10e maison °	11e maison °	12e maison °	1re maison Ascendant ° '	2e maison °	3e maison °
2 50 09	15	24	29	26 28	16	12
2 54 07	16	25	29	27 10	17	12
2 58 08	17	26	♏0	27 52	18	13
3 02 08	18	26	01	28 35	18	14
3 06 10	19	27	02	29 17	19	15
3 10 12	20	28	03	♎0 00	20	16
3 14 16	21	29	03	00 42	21	17
3 18 19	22	♏0	04	01 25	22	18
3 22 24	23	01	05	02 08	22	19
3 26 29	24	02	06	02 51	23	20
3 30 35	25	03	07	03 35	24	21
3 34 42	26	04	08	04 18	25	22
3 38 49	27	05	08	05 02	26	23
3 42 57	28	06	09	05 45	27	24
3 47 06	29	07	10	06 29	27	25
3 51 16	♐0	08	11	07 13	28	25
3 55 26	01	09	11	07 57	29	26
3 59 37	02	10	12	08 41	♐0	27
4 03 48	03	10	13	09 25	01	28
4 08 01	04	11	14	10 10	02	29
4 12 13	05	12	14	10 55	02	♑0
4 16 27	06	13	15	11 40	03	01
4 20 41	07	14	16	12 24	04	02
4 24 55	08	15	17	13 09	05	03
4 29 11	09	16	18	13 54	06	04
4 33 26	10	17	19	14 40	07	05
4 37 42	11	18	20	15 25	07	06
4 41 59	12	19	21	16 10	08	07
4 46 17	13	20	22	16 56	09	08
4 50 34	14	21	22	17 42	10	09
4 54 52	15	22	23	18 27	11	10
4 59 11	16	23	24	19 13	12	11
5 03 30	17	24	25	19 59	13	12
5 07 49	18	25	26	20 45	14	13
5 12 09	19	25	27	21 31	14	14
5 16 29	20	26	28	22 17	15	15
5 20 49	21	27	28	23 03	16	15
5 25 10	22	28	29	23 49	17	16
5 29 30	23	29	♐0	24 35	18	17
5 33 51	24	♐0	01	25 22	19	18
5 38 13	25	01	02	26 08	20	19
5 42 34	26	02	03	26 54	20	20
5 46 55	27	03	04	27 41	21	21
5 51 17	28	04	04	28 27	22	22
5 55 38	29	05	05	29 14	23	23

Heure sidérale	10e maison	11e maison	12e maison	1re maison Ascendant		2e maison	3e maison
h m s	°	°	°	°	'	°	°
	♈	♓	♒	♑		♐	♏
6 00 00	00	06	06	00	00	24	24
6 04 22	01	07	07	00	46	25	25
6 08 43	02	08	08	01	33	26	26
6 13 05	03	09	08	02	19	27	27
6 17 26	04	10	09	03	06	28	28
6 21 47	05	11	10	03	52	28	29
6 26 09	06	12	11	·04	38	29	♐0
6 30 30	07	13	12	05	25	♏0	01
6 34 50	08	14	13	06	11	01	02
6 39 11	09	15	14	06	57	02	03
6 43 31	10	16	15	07	43	03	04
6 47 51	11	16	15	08	29	04	05
6 52 11	12	17	16	09	15	05	05
6 56 30	13	18	17	10	01	05	06
7 00 49	14	19	18	10	47	06	07
7 05 08	15	20	19	11	33	07	08
7 09 26	16	21	20	12	18	08	09
7 13 43	17	22	21	13	04	09	10
7 18 01	18	23	22	13	50	10	11
7 22 18	19	24	22	14	35	10	12
7 26 34	20	25	23	15	20	11	13
7 30 49	21	26	24	16	06	12	14
7 35 05	22	27	25	16	51	13	15
7 39 19	23	28	26	17	35	14	16
7 43 33	24	29	27	18	20	15	17
7 47 47	25	♍0	28	19	05	16	18
7 51 59	26	01	28	19	50	16	19
7 56 12	27	02	29	20	34	17	20
8 00 23	28	03	♎0	21	19	18	20
8 04 34	29	04	01	22	03	18	21
8 08 44	♋0	05	02	22	47	19	22
8 12 54	01	05	03	23	31	20	23
8 17 03	02	06	03	24	15	21	24
8 21 11	03	07	04	24	58	22	25
8 25 19	04	08	05	25	42	23	26
8 29 25	05	09	06	26	25	23	27
8 33 31	06	10	07	27	09	24	28
8 37 36	07	11	08	27	52	25	29
8 41 41	08	12	08	28	35	26	♑0
8 45 44	09	13	09	29	18	27	01
8 49 48	10	14	10	♏0	00	27	02
8 53 50	11	15	11	00	43	28	03
8 57 52	12	16	12	01	25	29	04
9 01 52	13	17	12	02	08	♑0	04
9 05 53	14	18	13	02	50	01	05

Heure sidérale	10e maison	11e maison	12e maison	1re maison Ascendant		2e maison	3e maison
h m s	°	°	°	°	'	°	°
	♌	♎	♏	♐		♑	♒
9 09 51	15	18	14	03	32	01	06
9 13 51	16	19	15	04	14	02	07
9 17 49	17	20	16	04	56	03	08
9 21 46	18	21	16	05	37	04	09
9 25 43	19	22	17	06	19	05	10
9 29 39	20	23	18	07	00	05	11
9 33 34	21	24	19	07	42	06	12
9 37 29	22	25	20	08	23	07	13
9 41 23	23	26	20	09	04	08	14
9 45 16	24	27	21	09	45	09	15
9 49 08	25	28	22	10	26	09	16
9 53 00	26	28	23	11	07	10	17
9 56 52	27	29	23	11	47	11	18
10 00 42	28	♏0	24	12	28	12	19
10 04 32	29	01	25	13	08	12	20
10 08 22	♍0	02	26	13	49	13	21
10 12 11	01	03	26	14	29	14	22
10 15 59	02	04	27	15	09	15	23
10 19 47	03	05	28	15	49	16	23
10 23 35	04	05	28	16	30	16	24
10 27 22	05	06	29	17	10	17	25
10 31 08	06	07	♐0	17	50	18	26
10 34 54	07	08	01	18	30	19	27
10 38 39	08	09	02	19	09	20	28
10 42 24	09	10	02	19	49	21	29
10 46 09	10	11	03	20	29	21	♒0
10 49 53	11	11	04	21	09	22	01
10 53 36	12	12	05	21	49	23	02
10 57 20	13	13	05	22	28	24	03
11 01 03	14	14	06	23	08	24	04
11 04 46	15	15	07	23	48	25	05
11 08 28	16	16	08	24	28	26	06
11 12 10	17	17	08	25	07	27	07
11 15 52	18	17	09	25	47	28	09
11 19 33	19	18	10	26	27	29	10
11 23 15	20	19	10	27	07	29	11
11 26 56	21	20	11	27	47	♒0	12
11 30 37	22	21	12	28	27	01	13
11 34 18	23	22	12	29	07	02	14
11 37 58	24	23	13	29	47	03	15
11 41 39	25	23	14	♑0	27	04	16
11 45 19	26	24	15	01	07	05	17
11 48 59	27	25	15	01	47	05	18
11 52 40	28	26	16	02	28	06	19
11 56 20	29	27	17	03	08	07	20

51°

Heure sidérale (h m s)	10e maison (°)	11e maison (°)	12e maison (°)	1re maison Ascendant (° ')	2e maison (°)	3e maison (°)
	♎	♏	♐	♑	♒	♓
12 00 00	00	27	17	03 49	08	21
12 03 40	01	28	18	04 30	09	22
12 07 20	02	29	19	05 10	10	24
12 11 01	03	♐0	20	05 51	11	25
12 14 41	04	01	20	06 33	12	26
12 18 21	05	02	21	07 14	13	27
12 22 02	02	06	02	22 55	14	28
12 25 42	07	03	23	08 37	15	29
12 29 23	08	04	23	09 19	16	♈0
12 33 04	09	05	24	10 01	17	02
12 36 45	10	06	25	10 43	18	03
12 40 27	11	07	26	11 26	19	04
12 44 08	12	07	26	12 09	20	05
12 47 50	13	08	27	12 52	21	06
12 51 32	14	09	28	13 35	22	07
12 55 14	15	10	28	14 19	23	09
12 58 57	16	11	29	15 03	24	10
13 02 40	17	11	♑0	15 47	25	11
13 06 24	18	12	01	16 31	26	12
13 10 07	19	13	01	17 16	27	13
13 13 51	20	14	02	18 01	28	15
13 17 36	21	15	03	18 47	29	16
13 21 21	22	16	04	19 33	♓0	17
13 25 06	23	16	04	20 20	01	18
13 28 52	24	17	05	21 06	02	20
13 32 38	25	18	06	21 54	04	21
13 36 25	26	19	07	22 42	05	22
13 40 13	27	20	07	23 30	06	23
13 44 01	28	20	08	24 19	07	25
13 47 49	29	21	09	25 08	09	26
13 51 38	♏0	22	10	25 58	10	27
13 55 28	01	23	11	26 48	11	28
13 59 18	02	24	11	27 39	12	♉0
14 03 08	03	25	12	28 31	14	01
14 07 00	04	26	13	29 24	15	02
14 10 52	05	26	14	♒0 17	16	04
14 14 44	06	27	15	01 10	18	05
14 18 37	07	28	15	02 05	19	06
14 22 31	08	29	16	03 00	20	08
14 26 26	09	♑0	17	03 57	22	09
14 30 21	10	01	18	04 54	24	10
14 34 17	11	02	19	05 52	25	11
14 38 14	12	02	19	06 50	27	13
14 42 11	13	03	20	07 50	28	14
14 46 09	14	04	21	08 51	♈0	15

51°

Heure sidérale (h m s)	10e maison (°)	11e maison (°)	12e maison (°)	1re maison Ascendant (° ')	2e maison (°)	3e maison (°)
	♏	♐	♑	♒	♈	♉
14 50 09	15	05	22	09 53	01	17
14 54 07	16	06	23	10 56	03	18
14 58 08	17	07	24	12 00	04	19
15 02 08	18	08	25	13 06	06	21
15 06 10	19	09	26	14 13	07	22
15 10 12	20	09	26	15 21	09	23
15 14 16	21	10	27	16 30	11	24
15 18 19	22	11	28	17 41	12	26
15 22 24	23	12	29	18 53	14	27
15 26 29	24	13	♒0	20 07	16	28
15 30 35	25	14	01	21 23	17	♊0
15 34 42	26	15	02	22 40	19	01
15 38 49	27	16	03	23 59	21	02
15 42 57	28	17	04	25 20	23	03
15 47 06	29	18	05	26 43	24	05
15 51 16	♐0	18	06	28 07	26	06
15 55 26	01	19	07	29 34	28	07
15 59 37	02	20	08	♓1 03	♉0	09
16 03 48	03	21	09	02 35	02	10
16 08 01	04	22	10	04 08	03	11
16 12 13	05	23	11	05 44	05	12
16 16 27	06	24	12	07 23	07	14
16 20 41	07	25	13	09 04	09	15
16 24 55	08	26	14	10 48	11	16
16 29 11	09	27	15	12 34	12	18
16 33 26	10	28	17	14 23	14	19
16 37 42	11	29	18	16 15	16	20
16 41 59	12	♑0	19	18 10	18	21
16 46 17	13	01	20	20 08	20	22
16 50 34	14	02	21	22 09	21	23
16 54 52	15	03	22	24 13	23	25
16 59 11	16	04	24	26 19	25	26
17 03 30	17	05	25	28 29	27	27
17 07 49	18	06	26	♈0 41	28	28
17 12 09	19	07	27	02 56	♊0	29
17 16 29	20	08	29	05 14	02	♋0
17 20 49	21	09	♓0	07 35	03	01
17 25 10	22	10	01	09 57	05	03
17 29 30	23	11	03	12 22	07	04
17 33 51	24	12	04	14 50	08	05
17 38 13	25	13	05	17 18	10	06
17 42 34	26	14	07	19 49	11	07
17 46 55	27	15	08	22 20	13	08
17 51 17	28	16	09	24 53	14	09
17 55 38	29	17	11	27 26	16	10

51° — Heure sidérale / Maisons

51° Heure sidérale (h m s)	10e maison ♑	11e maison ♑	12e maison ♒	1re maison Ascendant ♈ (o ')	2e maison ♉	3e maison ♊
18 00 00	00	18	13	00 00	17	12
18 04 22	01	20	14	02 34	19	13
18 08 43	02	21	16	05 07	21	14
18 13 05	03	22	17	07 40	22	15
18 17 26	04	23	19	10 11	23	16
18 21 47	05	24	20	12 42	25	17
18 26 09	06	25	22	15 10	26	18
18 30 30	07	26	23	17 38	27	19
18 34 50	08	27	25	20 03	29	20
18 39 11	09	29	27	22 25	♊0	21
18 43 31	10	♒0	28	24 46	01	22
18 47 51	11	01	♓0	27 04	03	23
19 52 11	12	02	02	29 19	04	24
18 56 30	13	03	03	♉1 31	05	25
19 00 49	14	04	05	03 41	06	26
19 05 08	15	06	07	05 48	08	27
19 09 26	16	07	09	07 51	09	28
19 13 43	17	08	10	09 52	10	29
19 18 01	18	09	12	11 50	11	♋0
19 22 18	19	10	14	13 45	12	01
19 26 34	20	12	16	15 37	13	02
19 30 49	21	13	18	17 26	14	03
19 35 05	22	14	19	19 12	16	04
19 39 19	23	15	21	20 56	17	05
19 43 33	24	16	23	22 37	18	06
19 47 47	25	18	25	24 16	19	07
19 51 59	26	19	27	25 52	20	08
19 56 12	27	20	28	27 25	21	09
20 00 23	28	21	♈0	28 57	22	10
20 04 34	29	23	02	♊0 26	23	11
20 08 44	♒0	24	04	01 53	24	12
20 12 54	01	25	06	03 17	25	12
20 17 03	02	27	07	04 40	26	13
20 21 11	03	28	09	06 01	27	14
20 25 18	04	29	11	07 20	28	15
20 29 25	05	♓0	13	08 37	29	16
20 33 31	06	02	14	09 53	♋0	17
20 37 36	07	03	16	11 07	01	18
20 41 41	08	04	18	12 19	02	19
20 45 44	09	06	19	13 30	03	20
20 49 48	10	07	21	14 39	04	21
20 53 50	11	08	23	15 47	04	21
20 57 52	12	09	24	16 54	05	22
21 01 52	13	11	26	18 00	06	23
21 05 53	14	12	28	19 04	07	24

51° Heure sidérale (h m s)	10e maison ♒	11e maison ♓	12e maison ♓	1re maison Ascendant ♊ (o ')	2e maison ♋	3e maison ♋
21 09 51	15	13	29	20 07	08	25
21 13 51	16	15	♈0	21 09	09	26
21 17 49	17	16	02	22 10	10	27
21 21 46	18	17	04	23 10	10	28
21 25 43	19	19	05	24 08	11	28
21 29 39	20	20	07	25 06	12	29
21 33 34	21	21	08	26 03	13	♌0
21 37 29	22	22	09	27 00	14	01
21 41 23	23	24	11	27 55	15	02
21 45 16	24	25	12	28 50	15	03
21 49 08	25	26	14	29 43	16	04
21 53 00	26	28	15	♋0 36	17	04
21 56 52	27	29	16	01 29	18	05
22 00 42	28	♈0	18	02 21	19	06
22 04 32	29	02	19	03 12	19	07
22 08 22	♓0	03	20	04 02	20	08
22 12 11	01	04	21	04 52	21	09
22 15 59	02	05	23	05 41	22	09
22 19 47	03	07	24	06 30	23	10
22 23 35	04	08	25	07 19	23	11
22 27 22	05	09	26	08 06	24	12
22 31 08	06	10	28	08 54	25	13
22 34 54	07	12	29	09 40	26	14
22 38 39	08	13	♉0	10 27	26	14
22 42 24	09	14	01	11 13	27	15
22 46 09	10	15	02	11 59	28	16
22 49 53	11	17	03	12 44	29	17
22 53 36	12	18	04	13 29	29	18
22 57 20	13	19	05	14 13	♌0	19
23 01 03	14	20	06	14 57	01	19
23 04 46	15	21	07	15 41	02	20
23 08 28	16	23	08	16 25	02	21
23 12 10	17	24	09	17 08	03	22
23 15 52	18	25	10	17 51	04	23
23 19 33	19	26	11	18 34	05	23
23 23 15	20	27	12	19 17	05	24
23 26 56	21	28	13	19 59	06	25
23 30 37	22	♉0	14	20 41	07	26
23 34 18	23	01	15	21 23	08	27
23 37 58	24	02	16	22 05	08	28
23 41 39	25	03	17	22 46	09	28
23 45 19	26	04	18	23 27	10	29
23 48 59	27	05	19	24 08	10	♍0
23 52 40	28	06	20	24 49	11	01
23 56 20	29	08	21	25 30	12	02

Heure sidérale h m s	10e maison °	11e maison °	12e maison °	1re maison Ascendant °	'	2e maison °	3e maison °
0 00 00	00	09	23	27	00	13	03
0 03 40	01	10	24	27	40	13	03
0 07 20	02	11	25	28	59	15	05
0 11 00	03	12	25	28	59	15	05
0 14 41	04	13	26	29	39	16	06
0 18 21	05	14	27	(♒)0	19	16	07
0 22 02	06	15	28	00	58	17	08
0 25 42	07	16	29	01	38	18	08
0 29 23	08	17	29	02	18	19	09
0 33 04	09	19	(♓)0	02	57	19	10
0 36 45	10	20	01	03	36	20	11
0 40 26	11	21	02	04	15	21	12
0 44 08	12	22	03	04	55	21	13
0 47 50	13	23	04	05	34	22	13
0 51 32	14	24	05	06	13	23	14
0 55 14	15	25	06	06	52	24	15
0 58 57	16	26	06	07	32	24	16
1 02 40	17	27	07	08	11	25	17
1 06 23	18	28	08	08	50	26	18
1 10 07	19	29	09	09	29	26	18
1 13 51	20	(♈)0	10	10	08	27	19
1 17 35	21	01	10	10	48	28	20
1 21 20	22	02	11	11	27	29	21
1 25 06	23	03	12	12	07	29	22
1 28 52	24	04	13	12	46	(♉)0	23
1 32 38	25	05	14	13	26	01	24
1 36 25	26	06	14	14	05	02	25
1 40 12	27	07	15	14	45	02	25
1 44 00	28	08	16	15	25	03	26
1 47 48	29	09	17	16	04	04	27
1 51 37	(♈)0	10	17	16	44	04	28
1 55 27	01	11	18	17	24	05	29
1 59 17	02	12	19	18	04	06	(♊)0
2 03 08	03	13	20	18	44	07	01
2 06 59	04	14	21	19	24	08	02
2 10 51	05	15	21	20	04	08	02
2 14 44	06	16	22	20	44	09	03
2 18 37	07	17	23	21	25	10	04
2 22 31	08	18	24	22	05	11	05
2 26 25	09	18	25	22	46	11	06
2 30 20	10	19	25	23	27	12	07
2 34 16	11	20	26	24	08	13	08
2 38 13	12	21	27	24	50	14	09
2 42 10	13	22	28	25	30	14	10
2 46 08	14	23	28	26	12	15	11

Heure sidérale h m s	10e maison °	11e maison °	12e maison °	1re maison Ascendant °	'	2e maison °	3e maison °
2 50 07	15	24	29	26	53	16	11
2 54 07	16	25	(♋)0	27	35	17	12
2 58 07	17	26	01	28	16	18	13
3 02 08	18	27	02	28	58	18	14
3 06 09	19	28	02	29	40	19	15
3 10 12	20	29	03	(♋)0	22	20	16
3 14 15	21	(♋)0	04	01	04	21	17
3 18 19	22	01	05	01	46	22	18
3 22 23	23	02	05	02	29	23	19
3 26 29	24	03	06	03	11	23	20
3 30 35	25	03	07	03	54	24	21
3 34 41	26	04	08	04	37	25	22
3 38 49	27	05	09	05	20	26	23
3 42 57	28	06	10	06	03	27	24
3 47 06	29	07	10	06	47	27	24
3 51 15	(♌)0	08	11	07	30	28	25
3 55 25	01	09	12	08	13	29	26
3 59 36	02	10	13	08	57	(♍)0	27
4 03 48	03	11	13	09	41	01	28
4 08 00	04	12	14	10	25	02	29
4 12 13	05	13	15	11	09	02	(♋)0
4 16 26	06	14	16	11	53	03	01
4 20 40	07	15	17	12	37	04	02
4 24 55	08	16	18	13	22	05	03
4 29 10	09	16	19	14	06	06	04
4 33 26	10	17	19	14	51	07	05
4 37 42	11	18	20	15	36	07	06
4 41 59	12	19	21	16	21	08	07
4 46 16	13	20	22	17	06	09	08
4 50 34	14	21	23	17	51	10	09
4 54 52	15	22	23	18	36	11	10
4 59 10	16	23	24	19	21	12	10
5 03 29	17	24	25	20	06	13	11
5 07 49	18	25	26	20	52	13	12
5 12 09	19	26	27	21	37	14	13
5 16 29	20	27	28	22	23	15	14
5 20 49	21	28	29	23	08	16	15
5 25 09	22	29	29	23	54	17	16
5 29 30	23	29	(♍)0	24	39	18	17
5 33 51	24	(♎)0	01	25	25	19	18
5 38 12	25	01	02	26	11	19	19
5 42 34	26	02	03	26	56	20	20
5 46 55	27	03	04	27	42	21	21
5 51 17	28	04	04	28	28	22	22
5 55 38	29	05	05	29	14	23	23

52°

Heure sidérale (h m s)	10e maison ♋ (°)	11e maison ♌ (°)	12e maison ♍ (°)	1re maison Ascendant ♎ (° ')	2e maison ♏ (°)	3e maison ♐ (°)
6 00 00	00	06	06	00 00	24	24
6 04 22	01	07	07	00 46	25	25
6 08 43	02	08	08	01 32	25	26
6 13 05	03	09	09	02 18	26	27
6 17 26	04	10	10	03 04	27	28
6 21 48	05	11	10	03 49	28	28
6 26 09	06	12	11	04 35	29	29
6 30 30	07	13	12	05 21	♐0	♑0
6 34 51	08	14	13	06 06	00	01
6 39 11	09	15	14	06 52	01	02
6 43 31	10	16	15	07 37	02	03
6 47 51	11	17	16	08 23	03	04
6 52 11	12	17	17	09 08	04	05
6 56 31	13	18	17	09 54	05	06
7 00 50	14	19	18	10 39	06	07
7 05 08	15	20	19	11 24	06	08
7 09 26	16	21	20	12 09	07	09
7 13 44	17	22	21	12 54	08	10
7 18 01	18	23	22	13 39	09	11
7 22 18	19	24	22	14 24	10	12
7 26 34	20	25	23	15 09	11	12
7 30 50	21	26	24	15 54	11	13
7 35 05	22	27	25	16 38	12	14
7 39 20	23	28	26	17 23	13	15
7 43 34	24	29	27	18 07	14	16
7 47 47	25	♍0	28	18 51	15	17
7 52 00	26	01	28	19 35	16	18
7 56 12	27	02	29	20 19	16	19
8 00 24	28	03	♎0	21 03	17	20
8 04 35	29	04	01	21 47	18	21
8 08 45	♌0	04	02	22 30	19	22
8 12 54	01	05	03	23 13	20	23
8 17 03	02	06	03	23 57	20	24
8 21 11	03	07	04	24 40	21	25
8 25 19	04	08	05	25 23	22	26
8 29 26	05	09	06	26 06	23	26
8 33 31	06	10	07	26 49	24	27
8 37 37	07	11	07	27 31	24	28
8 41 41	08	12	08	28 14	25	29
8 45 45	09	13	09	28 56	26	♒0
8 49 48	10	14	10	29 38	27	01
8 53 51	11	15	11	♏0 20	28	02
8 57 52	12	16	11	01 02	28	03
9 01 53	13	17	12	01 44	29	04
9 05 53	14	17	13	02 25	♑0	05

52°

Heure sidérale (h m s)	10e maison ♌ (°)	11e maison ♍ (°)	12e maison ♎ (°)	1re maison Ascendant ♏ (° ')	2e maison ♑ (°)	3e maison ♒ (°)
9 09 53	15	18	14	03 07	01	06
9 13 52	16	19	15	03 48	01	07
9 17 50	17	20	15	04 30	02	08
9 21 47	18	21	16	05 10	03	09
9 25 44	19	22	17	05 52	04	10
9 29 40	20	23	18	06 33	05	10
9 33 35	21	24	19	07 14	05	11
9 37 29	22	25	19	07 55	06	12
9 41 23	23	26	20	08 35	07	13
9 45 16	24	27	21	09 16	08	14
9 49 09	25	27	22	09 56	08	15
9 53 01	26	28	22	10 36	09	16
9 56 52	27	29	23	11 16	10	17
10 00 42	28	♎0	24	11 56	11	18
10 04 33	29	01	25	12 36	12	19
10 08 23	♍0	02	25	13 16	12	20
10 12 12	01	03	26	13 56	13	21
10 16 00	02	04	27	14 35	14	22
10 19 48	03	04	28	15 15	15	23
10 23 35	04	05	28	15 55	16	24
10 27 22	05	06	29	16 34	16	25
10 31 08	06	07	♏0	17 14	17	26
10 34 54	07	08	00	17 53	18	27
10 38 40	08	09	01	18 33	19	28
10 42 25	09	10	02	19 12	20	29
10 46 09	10	11	03	19 52	20	♓0
10 49 53	11	11	04	20 31	21	01
10 53 37	12	12	04	21 10	22	02
10 57 20	13	13	05	21 49	23	03
11 01 03	14	14	06	22 28	23	04
11 04 46	15	15	06	23 08	24	05
11 08 28	16	16	07	23 47	25	06
11 12 10	17	17	08	24 26	26	07
11 15 52	18	17	09	25 05	27	08
11 19 34	19	18	09	25 45	28	09
11 23 15	20	19	10	26 24	28	10
11 26 56	21	20	11	27 03	29	11
11 30 37	22	21	11	27 42	♒0	12
11 34 18	23	22	12	28 22	01	14
11 37 58	24	22	13	29 02	02	15
11 41 39	25	23	14	29 41	03	16
11 45 19	26	24	14	♐0 21	04	17
11 49 00	27	25	15	01 01	04	18
11 52 40	28	26	16	01 40	05	19
11 56 20	29	26	16	02 20	06	20

Heure sidérale h m s	10e maison °	11e maison °	12e maison °	1re maison Ascendant ° '	2e maison °	3e maison °
12 00 00	00	27	17	03 00	07	21
12 03 40	01	28	18	03 40	08	22
12 07 20	02	29	19	04 21	09	23
12 11 00	03	♎0	19	05 01	10	25
12 14 41	04	00	20	05 41	11	26
12 18 21	05	01	21	06 22	12	27
12 22 02	06	02	21	07 03	13	28
12 25 42	07	03	22	07 44	14	29
12 29 23	08	04	23	08 26	15 ♏0	
12 33 04	09	05	23	09 07	16	01
12 36 45	10	06	24	09 49	17	03
12 40 26	11	06	25	10 31	18	04
12 44 08	12	07	26	11 13	19	05
12 47 50	13	08	26	11 55	20	06
12 51 32	14	09	27	12 38	21	07
12 55 14	15	10	28	13 20	22	09
12 58 57	16	10	29	14 04	23	10
13 02 40	17	11	29	14 48	24	11
13 06 23	18	12 ♐0		15 32	25	12
13 10 07	19	13	01	16 16	26	13
13 13 51	20	14	01	17 00	27	15
13 17 35	21	14	02	17 45	28	16
13 21 20	22	15	03	18 30	29	17
13 25 06	23	16	04	19 16 ♑0		18
13 28 52	24	17	04	20 02	02	20
13 32 38	25	18	05	20 49	03	21
13 36 25	26	19	06	21 36	04	22
13 40 12	27	19	07	22 24	05	23
13 44 00	28	20	07	23 12	07	25
13 47 48	29	21	08	24 00	08	26
13 51 37	♏0	22	09	24 49	09	27
13 55 27	01	23	10	25 39	10	28
13 59 17	02	24	11	26 29	12	29
14 03 08	03	24	11	27 20	13 ♒1	
14 06 59	04	25	12	28 12	14	02
14 10 51	05	26	13	29 04	16	04
14 14 44	06	27	14	29 57	17	05
14 18 37	07	28	14 ♓0	51	19	06
14 22 31	08	29	15	01 46	20	07
14 26 25	09	29	16	02 41	21	09
14 30 20	10 ♐0		17	03 37	23	10
14 34 16	11	01	18	04 34	24	11
14 38 13	12	02	18	05 32	26	13
14 42 10	13	03	19	06 31	27	14
14 46 08	14	04	20	07 32	29	15
14 50 07	15	05	21	08 33	01	17
14 54 07	16	05	22	09 35	02	18
14 58 07	17	06	23	10 39	04	19
15 02 08	18	07	24	11 43	05	21
15 06 09	19	08	25	12 49	07	22
15 10 12	20	09	26	13 56	09	23
15 14 15	21	10	26	15 05	10	25
15 18 19	22	11	27	16 15	12	26
15 22 23	23	12	28	17 27	14	27
15 26 29	24	12	29	18 40	15	28
15 30 35	25	13 ♐0		19 55	17	29
15 34 41	26	14	01	21 11	19 ♓1	
15 38 49	27	15	02	22 30	21	02
15 42 57	28	16	03	23 50	23	04
15 47 06	29	17	04	25 13	24	05
15 51 15	♑0	18	05	26 37	26	06
15 55 25	01	19	06	28 04	28	07
15 59 36	02	20	07	29 33	29	09
16 03 48	03	21	08 ♈1	04 ♈1		10
16 08 00	04	22	09	02 38	03	11
16 12 13	05	23	10	04 14	05	12
16 16 26	06	23	11	05 53	07	14
16 20 40	07	24	12	07 35	09	15
16 24 55	08	25	13	09 19	11	16
16 29 10	09	26	14	11 07	13	17
16 33 26	10	27	16	12 57	14	19
16 37 42	11	28	17	14 50	16	20
16 41 59	12	29	18	16 47	18	21
16 46 16	13 ♒0		19	18 46	20	22
16 50 34	14	01	20	20 50	21	24
16 54 52	15	02	21	22 56	23	25
16 59 10	16	03	23	25 05	25	26
17 03 29	17	04	24	27 18	27	27
17 07 49	18	05	25	29 34	28	28
17 12 09	19	06	27 ♉1	53 ♉0		29
17 16 29	20	07	28	04 15	02 ♊1	
17 20 49	21	08	29	06 41	04	02
17 25 09	22	09 ♓0		09 09	05	03
17 29 30	23	10	02	11 39	07	04
17 33 51	24	11	03	14 12	09	05
17 38 12	25	12	04	16 46	10	06
17 42 34	26	13	06	19 23	12	08
17 46 55	27	14	07	22 01	13	09
17 51 17	28	15	09	24 40	15	10
17 55 38	29	17	10	27 20	17	11

52° Heure sidérale (h m s)	10e maison °	11e maison °	12e maison °	1re maison Ascendant °	'	2e maison °	3e maison °
	♑	♒	♓	♈		♉	♊
18 00 00	00	18	12	00	00	18	12
18 04 22	01	19	13	02	40	20	13
18 08 43	02	20	15	05	20	21	14
18 13 05	03	21	16	07	59	23	15
18 17 26	04	22	18	10	37	24	16
18 21 48	05	23	20	13	14	26	17
18 26 09	06	25	21	15	48	27	18
18 30 30	07	26	23	18	21	28	19
18 34 51	08	27	25	20	51	29	21
18 39 11	09	28	26	23	19	♊0	22
18 43 31	10	29	28	25	45	02	23
18 47 51	11	♓0	29	28	07	04	24
18 52 11	12	02	♈1	♉0	26	05	25
18 56 31	13	03	03	02	42	06	26
19 00 50	14	04	05	04	55	07	27
19 05 08	15	05	07	07	04	09	28
19 09 26	16	06	08	09	10	10	29
19 13 44	17	08	10	11	14	11	♋0
19 18 01	18	09	12	13	13	12	01
19 22 18	19	10	14	15	10	13	02
19 26 34	20	11	16	17	03	14	03
19 30 50	21	12	17	18	53	15	04
19 35 05	22	14	19	20	41	17	05
19 39 20	23	15	21	22	25	18	05
19 43 34	24	16	23	24	07	19	06
19 47 47	25	17	25	25	46	20	07
19 52 00	26	19	26	27	22	21	08
19 56 12	27	20	28	28	56	22	09
20 00 24	28	21	♉0	♊0	26	23	10
20 04 35	29	22	02	01	56	24	11
20 08 45	♒0	24	04	03	23	25	12
20 12 54	01	25	06	04	47	26	13
20 17 03	02	26	07	06	10	27	14
20 21 11	03	28	09	07	30	28	15
20 25 19	04	29	11	08	49	29	16
20 29 26	05	♈0	13	10	05	♋0	17
20 33 31	06	02	14	11	20	01	17
20 37 37	07	03	16	12	33	02	18
20 41 41	08	04	18	13	45	03	19
20 45 45	09	05	20	14	55	03	20
20 49 48	10	07	21	16	04	04	21
20 53 51	11	08	23	17	11	05	22
20 57 52	12	09	25	18	17	06	23
21 01 53	13	11	26	19	21	07	24
21 05 53	14	12	28	20	25	08	24

52° Heure sidérale (h m s)	10e maison °	11e maison °	12e maison °	1re maison Ascendant °	'	2e maison °	3e maison °
	♒	♈	♉	♊		♋	♋
21 09 53	15	13	29	21	27	09	25
21 13 52	16	15	♊1	22	28	10	26
21 17 50	17	16	02	23	29	10	27
21 21 47	18	17	04	24	28	11	28
21 25 44	19	18	05	25	26	12	29
21 29 40	20	20	07	26	23	13	29
21 33 35	21	21	08	27	19	14	♌0
21 37 29	22	22	10	28	14	15	01
21 41 23	23	24	11	29	09	15	02
21 45 16	24	25	13	♋0	03	16	03
21 49 09	25	26	14	00	56	17	04
21 53 01	26	28	16	01	48	18	05
21 56 52	27	29	17	02	40	19	06
22 00 43	28	♉0	18	03	31	19	06
22 04 33	29	01	20	04	21	20	07
22 08 23	♓0	03	21	05	11	21	08
22 12 12	01	04	22	06	00	22	09
22 16 00	02	05	23	06	48	22	10
22 19 48	03	07	25	07	36	23	11
22 23 35	04	08	26	08	24	24	11
22 27 22	05	09	27	09	11	25	12
22 31 08	06	10	28	09	58	25	13
22 34 54	07	12	29	10	44	26	14
22 38 40	08	13	♋1	11	30	27	15
22 42 25	09	14	02	12	15	28	15
22 46 09	10	15	03	13	00	28	16
22 49 53	11	17	04	13	44	29	17
22 53 37	12	18	05	14	28	♌0	18
22 57 20	13	19	06	15	12	01	19
23 01 03	14	20	07	15	56	01	19
23 04 46	15	21	08	16	40	02	20
23 08 28	16	22	09	17	22	03	21
23 12 10	17	24	10	18	05	03	22
23 15 52	18	25	11	18	47	04	23
23 19 34	19	26	12	19	29	05	24
23 23 15	20	27	13	20	11	06	24
23 26 56	21	28	14	20	53	06	25
23 30 36	22	29	15	21	34	07	26
23 34 18	23	♊1	16	22	16	08	27
23 37 58	24	02	17	22	57	09	28
23 41 39	25	03	18	23	38	09	29
23 45 19	26	04	19	24	19	10	29
23 49 00	27	05	20	24	59	11	♍0
23 52 40	28	07	21	25	39	11	01
23 56 20	29	08	22	26	20	12	02

53°

Heure sidérale h m s	10e maison ♑ °	11e maison ♑ °	12e maison ♒ °	1re maison Ascendant ♓ °	′	2e maison ♈ °	3e maison ♉ °
0 00 00	00	09	24	27	48	14	03
0 03 40	01	11	25	28	27	14	04
0 07 20	02	12	26	29	07	15	05
0 11 01	03	13	27	29	46	16	05
0 14 41	04	14	28	♈0	25	17	06
0 18 21	05	15	29	01	04	17	07
0 22 02	06	16	29	01	43	18	08
0 25 42	07	17	♓0	02	22	19	09
0 29 23	08	18	01	03	01	20	10
0 33 04	09	19	02	03	40	20	10
0 36 45	10	20	03	04	19	21	11
0 40 27	11	21	04	04	57	22	12
0 44 08	12	22	04	05	36	22	13
0 47 50	13	23	05	06	15	23	14
0 51 32	14	24	06	06	54	24	15
0 55 14	15	26	07	07	32	24	15
0 58 57	16	27	08	08	11	25	16
1 02 40	17	28	09	08	50	26	17
1 06 24	18	29	09	09	29	26	18
1 10 07	19	♒0	10	10	07	27	19
1 13 51	20	01	11	10	46	28	20
1 17 36	21	02	12	11	25	29	20
1 21 21	22	03	12	12	04	29	21
1 25 06	23	04	13	12	42	♉0	22
1 28 52	24	05	14	13	21	01	23
1 32 38	25	06	15	14	00	01	24
1 36 25	26	07	16	14	39	02	25
1 40 13	27	08	16	15	18	03	26
1 44 01	28	08	17	15	58	04	26
1 47 49	29	09	18	16	37	04	27
1 51 38	♒0	10	19	17	16	05	28
1 55 28	01	11	19	17	56	06	29
1 59 18	02	12	20	18	35	07	♊0
2 03 08	03	13	21	19	15	07	01
2 07 00	04	14	22	19	54	08	02
2 10 52	05	15	23	20	34	09	02
2 14 44	06	16	23	21	14	10	03
2 18 37	07	17	24	21	54	10	04
2 22 31	08	18	25	22	34	11	05
2 26 26	09	19	26	23	14	12	06
2 30 21	10	20	26	23	54	13	07
2 34 17	11	21	27	24	35	13	08
2 38 14	12	22	28	25	15	14	09
2 42 11	13	23	29	25	56	15	10
2 46 09	14	24	30	26	37	16	11

53°

Heure sidérale h m s	10e maison ♌ °	11e maison ♌ °	12e maison ♈ °	1re maison Ascendant ♋ °	′	2e maison ♍ °	3e maison ♎ °
2 50 09	15	25	00	27	17	16	11
2 54 07	16	26	01	27	58	17	12
2 58 08	17	27	02	28	40	18	13
3 02 08	18	27	03	29	21	19	14
3 06 10	19	28	03	♌0	02	20	15
3 10 12	20	29	04	00	44	20	16
3 14 16	21	♍0	05	01	25	21	17
3 18 19	22	01	06	02	07	22	18
3 22 24	23	02	07	02	49	23	19
3 26 29	24	03	07	03	31	24	20
3 30 35	25	04	08	04	14	24	20
3 34 42	26	05	09	04	56	25	21
3 38 49	27	06	10	05	38	26	22
3 42 57	28	07	11	06	21	27	23
3 47 06	29	08	11	07	04	28	24
3 51 16	♍0	09	12	07	47	28	25
3 55 26	01	10	13	08	30	29	26
3 59 37	02	10	14	09	13	♎0	27
4 03 48	03	11	15	09	56	01	28
4 08 01	04	12	15	10	39	02	29
4 12 13	05	13	16	11	23	02	♏0
4 16 27	06	14	17	12	07	03	01
4 20 41	07	15	18	12	50	04	02
4 24 55	08	16	19	13	34	05	03
4 29 11	09	17	19	14	18	06	03
4 33 26	10	18	20	15	02	06	04
4 37 42	11	19	21	15	46	07	05
4 41 59	12	20	22	16	31	08	06
4 46 17	13	21	23	17	15	09	07
4 50 34	14	22	23	18	00	10	08
4 54 52	15	23	24	18	44	11	09
4 59 11	16	23	25	19	29	11	10
5 03 30	17	24	26	20	14	12	11
5 07 49	18	25	27	20	58	13	12
5 12 09	19	26	28	21	43	14	13
5 16 29	20	27	28	22	28	15	14
5 20 49	21	28	29	23	13	16	15
5 25 10	22	29	♉0	23	58	17	16
5 29 30	23	♎0	01	24	43	17	17
5 33 51	24	01	02	25	29	18	18
5 38 13	25	02	03	26	14	19	19
5 42 34	26	03	03	26	59	20	20
5 46 55	27	04	04	27	44	21	21
5 51 17	28	05	05	28	29	22	21
5 55 38	29	06	06	29	15	22	22

53° — Heure sidérale / Maisons

Heure sidérale h m s	10e maison °	11e maison °	12e maison °	1re maison Ascendant ° '	2e maison °	3e maison °
	♋	♋	♌	♎	♎	♏
6 00 00	00	07	07	00 00	23	23
6 04 22	01	08	08	00 45	24	24
6 08 43	02	09	08	01 31	25	25
6 13 05	03	09	09	02 16	26	26
6 17 26	04	10	10	03 01	27	27
6 21 47	05	11	11	03 46	27	28
6 26 09	06	12	12	04 31	28	29
6 30 30	07	13	13	05 17	29	♐ 0
6 34 50	08	14	13	06 02	♏ 0	01
6 39 11	09	15	14	06 47	01	02
6 43 31	10	16	15	07 32	02	03
6 47 51	11	17	16	08 17	02	04
6 52 11	12	18	17	09 02	03	05
6 56 30	13	19	18	09 46	04	06
7 00 49	14	20	19	10 31	05	07
7 05 08	15	21	19	11 16	06	07
7 09 26	16	22	20	12 00	07	08
7 13 43	17	23	21	12 45	07	09
7 18 01	18	24	22	13 29	08	10
7 22 18	19	25	23	14 14	09	11
7 26 34	20	26	24	14 58	10	12
7 30 49	21	27	24	15 42	11	13
7 35 05	22	27	25	16 26	11	14
7 39 19	23	28	26	17 10	12	15
7 43 33	24	29	27	17 53	13	16
7 47 47	25	♌ 0	28	18 37	14	17
7 51 59	26	01	28	19 21	15	18
7 56 12	27	02	29	20 04	15	19
8 00 23	28	03	♍ 0	20 47	16	20
8 04 34	29	04	01	21 30	17	20
8 08 44	♌ 0	05	02	22 13	18	21
8 12 54	01	06	02	22 56	19	22
8 17 03	02	07	03	23 39	19	23
8 21 11	03	08	04	24 22	20	24
8 25 19	04	09	05	25 04	21	25
8 29 25	05	10	06	25 46	22	26
8 33 31	06	10	07	26 29	23	27
8 37 36	07	11	07	27 11	23	28
8 41 41	08	12	08	27 53	24	29
8 45 44	09	13	09	28 35	25	♑ 0
8 49 48	10	14	10	29 16	26	01
8 53 50	11	15	10	29 58	27	02
8 57 52	12	16	11	♏ 0 39	27	03
9 01 52	13	17	12	01 20	28	04
9 05 53	14	18	13	02 02	29	04

53° — Heure sidérale / Maisons (suite)

Heure sidérale h m s	10e maison °	11e maison °	12e maison °	1re maison Ascendant ° '	2e maison °	3e maison °
	♌	♌	♍	♏	♐	♐
9 09 51	15	19	13	02 43	00	05
9 13 51	16	20	14	03 23	01	06
9 17 49	17	20	15	04 04	01	07
9 21 46	18	21	16	04 45	02	08
9 25 43	19	22	17	05 25	03	09
9 29 39	20	23	17	06 06	04	10
9 33 34	21	24	18	06 46	04	11
9 37 29	22	25	19	07 26	05	12
9 41 23	23	26	20	08 06	06	13
9 45 16	24	27	20	08 46	07	14
9 49 08	25	28	21	09 26	07	15
9 53 00	26	28	22	10 06	08	16
9 56 52	27	29	23	10 45	09	17
10 00 42	28	♍ 0	23	11 25	10	18
10 04 32	29	01	24	12 04	11	19
10 08 22	♍ 0	02	25	12 44	11	20
10 12 11	01	03	26	13 23	12	21
10 15 59	02	04	26	14 02	13	22
10 19 47	03	04	27	14 42	14	23
10 23 35	04	05	28	15 21	14	23
10 27 22	05	06	28	16 00	15	24
10 31 08	06	07	29	16 39	16	25
10 34 54	07	08	♎ 0	17 18	17	26
10 38 39	08	09	01	17 56	18	27
10 42 24	09	10	01	18 35	18	28
10 46 09	10	10	02	19 14	19	29
10 49 53	11	11	03	19 53	20	♒ 0
10 53 36	12	12	04	20 32	21	01
10 57 20	13	13	04	21 10	21	02
11 01 03	14	14	05	21 49	22	03
11 04 46	15	15	06	22 28	23	04
11 08 28	16	16	06	23 06	24	06
11 12 10	17	16	07	23 45	25	07
11 15 52	18	17	08	24 24	26	08
11 19 33	19	18	08	25 03	26	09
11 23 15	20	19	09	25 41	27	10
11 26 56	21	20	10	26 20	28	11
11 30 37	22	20	11	26 59	29	12
11 34 18	23	21	11	27 38	♑ 0	13
11 37 58	24	22	12	28 17	01	14
11 41 39	25	23	13	28 56	01	15
11 45 19	26	24	13	29 35	02	16
11 48 59	27	25	14	♐ 0 14	03	17
11 52 40	28	25	15	00 53	04	18
11 56 20	29	26	16	01 33	05	19

53° Heure sidérale h m s	10e maison °	11e maison °	12e maison °	1re maison Ascendant ° '		2e maison °	3e maison °
12 00 00	00	27	16	02	12	06	21
12 03 40	01	28	17	02	52	07	22
12 07 20	02	29	18	03	31	08	23
12 11 01	03	29	18	04	11	08	24
12 14 41	04	♋0	19	04	51	09	25
12 18 21	05	01	20	05	31	10	26
12 22 02	06	02	20	06	12	11	27
12 25 42	07	03	21	06	52	12	29
12 29 23	08	04	22	07	33	13 ♎0	
12 33 04	09	04	23	08	13	14	01
12 36 45	10	05	23	08	55	15	02
12 40 27	11	06	24	09	36	16	03
12 44 08	12	07	25	10	17	17	05
12 47 50	13	08	25	10	59	18	06
12 51 32	14	08	26	11	41	19	07
12 55 14	15	09	27	12	23	20	08
12 58 57	16	10	28	13	06	21	09
13 02 40	17	11	28	13	49	22	11
13 06 24	18	12	29	14	32	23	12
13 10 07	19	13	30	15	16	24	13
13 13 51	20	13 ♏0		15	59	25	14
13 17 36	21	14	01	16	44	27	16
13 21 21	22	15	02	17	28	28	17
13 25 06	23	16	03	18	13	29	18
13 28 52	24	17	03	18	59 ♐0		19
13 32 38	25	17	04	19	44	01	21
13 36 25	26	18	05	20	31	02	23
13 40 13	27	19	06	21	18	04	24
13 44 01	28	20	07	22	05	05	25
13 47 49	29	21	07	22	53	06	26
13 51 38	♌0	22	08	23	41	07	27
13 55 28	01	22	09	24	30	09	28
13 59 18	02	23	09	25	19	10 ♑0	
14 03 08	03	24	10	26	10	11	01
14 07 00	04	25	11	27	00	13	02
14 10 52	05	26	12	27	52	14	04
14 14 44	06	27	13	28	44	15	05
14 18 37	07	27	13	29	37	17	06
14 22 31	08	28	14	♐0	31	18	08
14 26 26	09	29	15	01	25	20	09
14 30 21	10	♏0	16	02	20	21	10
14 34 17	11	01	17	03	17	23	12
14 38 14	12	02	17	04	14	24	13
14 42 11	13	02	18	05	12	26	14
14 46 09	14	03	19	06	11	27	16

53° Heure sidérale h m s	10e maison °	11e maison °	12e maison °	1re maison Ascendant ° '		2e maison °	3e maison °
14 50 09	15	04	20	07	11	29	17
14 54 07	16	05	21	08	13 ♓0		18
14 58 08	17	06	22	09	15	02	20
15 02 08	18	07	23	10	19	04	21
15 06 10	19	08	23	11	24	06	22
15 10 12	20	09	24	12	30	08	24
15 14 16	21	09	25	13	38	09	25
15 18 19	22	10	26	14	47	11	26
15 22 24	23	11	27	15	58	13	28
15 26 29	24	12	28	17	11	15	29
15 30 35	25	13	29	18	25	17 ♈0	
15 34 42	26	14	♐0	19	41	18	02
15 38 49	27	15	01	20	59	20	03
15 42 57	28	16	02	22	19	22	04
15 47 06	29	17	03	23	40	24	05
15 51 16	♐0	18	04	25	04	26	07
15 55 26	01	18	05	26	31	28	08
15 59 37	02	19	06	27	59 ♉0		09
16 03 48	03	20	07	29	30	02	11
16 08 01	04	21	08	♈1	04	04	12
16 12 13	05	22	09	02	40	06	13
16 16 27	06	23	10	04	19	08	14
16 20 41	07	24	11	06	01	09	16
16 24 55	08	25	12	07	47	11	17
16 29 11	09	26	13	09	35	13	18
16 33 26	10	27	14	11	26	15	19
16 37 42	11	28	15	13	21	17	21
16 41 59	12	29	16	15	19	19	22
16 46 17	13	♑0	18	17	20	21	23
16 50 34	14	01	19	19	26	23	24
16 54 52	15	02	20	21	34	25	25
16 59 11	16	03	21	23	47	27	27
17 03 30	17	04	22	26	03	28	28
17 07 49	18	05	24	28	22 ♊0		29
17 12 09	19	06	25 ♒0		45	02 ♊0	
17 16 29	20	07	26	03	12	03	01
17 20 49	21	08	27	05	42	05	02
17 25 10	22	09	29	08	15	07	04
17 29 30	23	10 ♒0		10	51	09	05
17 33 51	24	11	01	13	30	10	06
17 38 13	25	12	03	16	11	12	07
17 42 34	26	13	04	18	54	14	08
17 46 55	27	14	06	21	39	15	09
17 51 17	28	15	07	24	25	17	10
17 55 38	29	16	09	27	12	18	11

53° — Tables des maisons (latitude 53°)

Left panel

Heure sidérale h m s	10e maison (♑) °	11e maison (♑) °	12e maison (♒) °	1re maison Ascendant (♈) °	'	2e maison (♉) °	3e maison (♊) °
18 00 00	00	17	10	00	00	20	13
18 04 22	01	19	12	02	48	21	14
18 08 43	02	20	13	05	35	23	15
18 13 05	03	21	15	08	21	24	16
18 17 26	04	22	16	11	06	26	17
18 21 47	05	23	18	13	49	27	18
18 26 09	06	24	20	16	30	28	19
18 30 30	07	25	21	19	09	♊0	20
18 34 50	08	26	23	21	45	01	21
18 39 11	09	28	25	24	18	03	22
18 43 31	10	29	27	26	48	04	23
18 47 51	11	♒0	28	29	15	05	24
18 52 11	12	01	♓0	♉1	38	06	25
18 56 30	13	02	02	03	57	08	26
19 00 49	14	03	03	06	13	09	27
19 05 08	15	05	05	08	26	10	28
19 09 26	16	06	07	10	34	11	29
19 13 43	17	07	09	12	40	12	♋0
19 18 01	18	08	11	14	41	14	01
19 22 18	19	09	13	16	39	15	02
19 26 34	20	11	15	18	34	16	03
19 30 49	21	12	17	20	25	17	04
19 35 05	22	13	19	22	13	18	05
19 39 19	23	14	21	23	59	19	06
19 43 33	24	16	22	25	41	20	07
19 47 47	25	17	24	27	20	21	08
19 51 59	26	18	26	28	56	22	09
19 56 12	27	19	28	♊0	30	23	10
20 00 23	28	21	♈0	02	01	24	11
20 04 34	29	22	02	03	29	25	12
20 08 44	♒0	23	04	04	56	26	12
20 12 54	01	24	06	06	20	27	13
20 17 03	02	26	08	07	41	28	14
20 21 11	03	27	10	09	01	29	15
20 25 18	04	28	12	10	19	♋0	16
20 29 25	05	♓0	13	11	35	01	17
20 33 31	06	01	15	12	49	02	18
20 37 36	07	02	17	14	02	03	19
20 41 41	08	04	19	15	22	04	20
20 45 44	09	05	21	16	22	05	21
20 49 48	10	06	22	17	30	06	21
20 53 50	11	08	24	18	36	07	22
20 57 52	12	09	26	19	41	07	23
21 01 52	13	10	28	20	45	08	24
21 05 53	14	12	29	21	47	09	25

Right panel

Heure sidérale h m s	10e maison (♒) °	11e maison (♓) °	12e maison (♉) °	1re maison Ascendant (♊) °	'	2e maison (♋) °	3e maison (♋) °
21 09 51	15	13	00	22	49	10	26
21 13 51	16	14	02	23	49	11	27
21 17 49	17	16	04	24	48	12	28
21 21 46	18	17	06	25	46	13	28
21 25 43	19	18	07	26	43	13	29
21 29 39	20	20	09	27	40	14	♌0
21 33 34	21	21	10	28	35	15	01
21 37 29	22	22	12	29	29	16	02
21 41 23	23	24	13	♋0	23	17	03
21 45 16	24	25	15	01	16	17	03
21 49 08	25	26	16	02	08	18	04
21 53 00	26	28	17	03	00	19	05
21 56 52	27	29	19	03	50	20	06
22 00 42	28	♈0	20	04	41	21	07
22 04 32	29	02	21	05	30	21	08
22 08 22	♓0	03	23	06	19	22	08
22 12 11	01	04	24	07	07	23	09
22 15 59	02	06	25	07	55	24	10
22 19 47	03	07	27	08	42	24	11
22 23 35	04	08	28	09	29	25	12
22 27 22	05	09	29	10	16	26	13
22 31 08	06	11	♊0	11	01	27	13
22 34 54	07	12	01	11	47	27	14
22 38 39	08	13	02	12	32	28	15
22 42 24	09	14	03	13	16	29	16
22 46 09	10	16	05	14	01	30	17
22 49 53	11	17	06	14	44	♌0	17
22 53 36	12	18	07	15	28	01	18
22 57 20	13	19	08	16	11	02	19
23 01 03	14	21	09	16	54	02	20
23 04 46	15	22	10	17	37	03	21
23 08 28	16	23	11	18	19	04	22
23 12 10	17	24	12	19	01	05	22
23 15 52	18	26	13	19	43	05	23
23 19 33	19	27	14	20	24	06	24
23 23 15	20	28	15	21	05	07	25
23 26 56	21	29	16	21	47	07	26
23 30 37	22	♉0	17	22	27	08	26
23 34 18	23	01	19	23	08	09	27
23 37 58	24	03	19	23	48	10	28
23 41 39	25	04	20	24	29	10	29
23 45 19	26	05	21	25	09	11	♍0
23 48 59	27	06	22	25	48	12	01
23 52 40	28	07	22	26	29	13	01
23 56 20	29	08	23	27	08	13	02

54° Heure sidérale	10e maison	11e maison	12e maison	1re maison Ascendant		2e maison	3e maison
h m s	°	°	°	°	′	°	°
0 00 00	00	09	25	28	43	14	03
0 03 40	01	11	26	29	22	14	04
0 07 20	02	12	26	00	00	15	04
0 11 00	03	13	27	00	39	16	05
0 14 41	04	14	28	01	17	16	06
0 18 21	05	15	29	01	56	17	07
0 22 02	06	16	00	02	34	18	08
0 25 42	07	17	01	03	13	19	09
0 29 23	08	18	02	03	51	19	09
0 33 04	09	19	02	04	29	20	10
0 36 45	10	20	03	05	07	21	11
0 40 26	11	21	04	05	45	21	12
0 44 08	12	22	05	06	23	22	13
0 47 50	13	24	06	07	02	23	14
0 51 32	14	25	07	07	40	24	14
0 55 14	15	26	07	08	18	24	15
0 58 57	16	27	08	08	56	25	16
1 02 40	17	28	09	09	34	26	17
1 06 23	18	29	10	10	12	26	18
1 10 07	19	00	10	10	50	27	19
1 13 51	20	01	11	11	28	28	19
1 17 35	21	02	12	12	06	28	20
1 21 20	22	03	13	12	45	29	21
1 25 06	23	04	14	13	23	00	22
1 28 52	24	05	14	14	01	01	23
1 32 38	25	06	15	14	40	01	24
1 36 25	26	07	16	15	18	02	25
1 40 12	27	08	17	15	57	03	25
1 44 00	28	09	17	16	35	04	26
1 47 48	29	10	18	17	14	04	27
1 51 37	00	11	19	17	52	05	28
1 55 27	01	12	20	18	31	06	29
1 59 17	02	13	21	19	10	06	00
2 03 08	03	14	21	19	49	07	01
2 06 59	04	15	22	20	28	08	02
2 10 51	05	16	23	21	07	08	02
2 14 44	06	17	24	21	47	09	03
2 18 37	07	18	24	22	26	10	04
2 22 31	08	18	25	23	05	11	05
2 26 25	09	19	26	23	45	12	06
2 30 20	10	20	27	24	25	12	07
2 34 16	11	21	27	25	05	13	08
2 38 13	12	22	28	25	45	14	09
2 42 10	13	23	29	26	25	15	10
2 46 08	14	24	29	27	05	16	10

54° Heure sidérale	10e maison	11e maison	12e maison	1re maison Ascendant		2e maison	3e maison
h m s	°	°	°	°	′	°	°
2 50 07	15	25	00	27	45	16	11
2 54 07	16	26	01	28	26	17	12
2 58 07	17	27	02	29	06	18	13
3 02 08	18	28	03	29	47	19	14
3 06 09	19	29	03	00	28	19	15
3 10 12	20	00	04	01	09	20	16
3 14 15	21	01	05	01	49	21	17
3 18 19	22	02	06	02	31	22	18
3 22 23	23	02	07	03	12	23	19
3 26 29	24	03	07	03	54	23	20
3 30 35	25	04	08	04	35	24	21
3 34 41	26	05	09	05	17	25	21
3 38 49	27	06	10	05	59	26	22
3 42 57	28	07	11	06	41	27	23
3 47 06	29	08	11	07	23	27	24
3 51 15	00	09	12	08	05	28	25
3 55 25	01	10	13	08	48	29	26
3 59 36	02	11	14	09	30	00	27
4 03 48	03	12	14	10	13	01	28
4 08 00	04	13	15	10	56	02	29
4 12 13	05	14	16	11	39	02	00
4 16 26	06	15	17	12	22	03	01
4 20 40	07	15	18	13	05	04	02
4 24 55	08	16	18	13	48	05	02
4 29 10	09	17	19	14	31	06	03
4 33 26	10	18	20	15	15	07	04
4 37 42	11	19	21	15	58	07	05
4 41 59	12	20	22	16	42	08	06
4 46 16	13	21	23	17	26	09	07
4 50 34	14	22	23	18	10	10	08
4 54 52	15	23	24	18	54	11	09
4 59 10	16	24	25	19	38	11	10
5 03 29	17	25	26	20	22	12	11
5 07 49	18	26	27	21	06	13	12
5 12 09	19	26	27	21	50	14	13
5 16 29	20	27	28	22	35	15	14
5 20 49	21	28	29	23	19	16	15
5 25 09	22	29	00	24	03	17	16
5 29 30	23	00	01	24	48	17	17
5 33 53	24	01	02	25	32	18	18
5 38 12	25	02	02	26	17	19	18
5 42 34	26	03	03	27	01	20	19
5 46 55	27	04	04	27	46	21	20
5 51 17	28	05	05	28	31	22	21
5 55 38	29	06	06	29	15	22	22

54°

Heure sidérale h m s	10e maison °	11e maison °	12e maison °	1re maison Ascendant °	1re maison Ascendant '	2e maison °	3e maison °
6 00 00	00	07	07	00	00	23	23
6 04 22	01	08	08	00	45	24	24
6 08 43	02	09	09	01	29	25	25
6 13 05	03	10	09	02	14	25	26
6 17 26	04	10	10	02	59	26	27
6 21 48	05	11	11	03	43	27	28
6 26 09	06	12	12	04	28	28	29
6 30 30	07	13	13	05	12	29	♐0
6 34 51	08	14	13	05	57	♏0	01
6 39 11	09	15	14	06	41	01	02
6 43 31	10	16	15	07	25	02	02
6 47 51	11	17	16	08	10	02	03
6 52 11	12	18	17	08	54	03	04
6 56 31	13	19	18	09	38	04	05
7 00 50	14	20	18	10	22	05	06
7 05 08	15	21	19	11	06	06	07
7 09 26	16	22	20	11	50	07	08
7 13 44	17	23	21	12	34	07	09
7 18 01	18	24	22	13	18	08	10
7 22 18	19	25	23	14	02	09	11
7 26 34	20	25	23	14	45	10	12
7 30 50	21	26	24	15	29	11	13
7 35 05	22	27	25	16	12	11	14
7 39 20	23	28	26	16	55	12	14
7 43 34	24	29	27	17	38	13	15
7 47 47	25	♐0	28	18	21	14	16
7 52 00	26	01	28	19	04	15	17
7 56 12	27	02	29	19	47	16	18
8 00 24	28	03	♑0	20	30	16	19
8 04 35	29	04	01	21	12	17	20
8 08 45	♋0	05	02	21	55	18	21
8 12 54	01	06	02	22	37	19	22
8 17 03	02	07	03	23	19	19	23
8 21 11	03	08	04	24	01	20	24
8 25 19	04	08	05	24	43	21	25
8 29 26	05	09	06	25	25	22	26
8 33 31	06	10	06	26	06	23	26
8 37 37	07	11	07	26	48	23	27
8 41 41	08	12	08	27	29	24	28
8 45 45	09	13	09	28	11	25	29
8 49 48	10	14	10	28	51	26	♒0
8 53 51	11	15	10	29	32	26	01
8 57 52	12	16	11	♒0	13	27	02
9 01 53	13	17	12	00	54	28	03
9 05 53	14	18	13	01	34	29	04

54°

Heure sidérale h m s	10e maison °	11e maison °	12e maison °	1re maison Ascendant °	1re maison Ascendant '	2e maison °	3e maison °
9 09 53	15	19	14	02	15	29	05
9 13 52	16	19	14	02	55	♓0	06
9 17 50	17	20	15	03	35	01	07
9 21 47	18	21	16	04	15	02	08
9 25 44	19	22	17	04	55	03	09
9 29 40	20	23	17	05	35	03	10
9 33 35	21	24	18	06	15	04	10
9 37 29	22	25	19	06	55	05	11
9 41 23	23	26	20	07	34	06	12
9 45 16	24	27	20	08	13	06	13
9 49 09	25	27	21	08	53	07	14
9 53 01	26	28	22	09	32	08	15
9 56 52	27	29	23	10	11	09	16
10 00 42	28	♓0	23	10	50	09	17
10 04 33	29	01	24	11	28	10	18
10 08 23	♈0	02	25	12	08	11	19
10 12 12	01	03	26	12	46	12	20
10 16 00	02	04	26	13	25	12	21
10 19 48	03	04	27	14	03	13	22
10 23 35	04	05	28	14	42	14	23
10 27 22	05	06	28	15	20	15	24
10 31 08	06	07	29	15	59	16	25
10 34 54	07	08	♉0	16	37	16	26
10 38 40	08	09	01	17	15	17	27
10 42 25	09	10	01	17	54	18	28
10 46 09	10	10	02	18	32	19	29
10 49 53	11	11	03	19	10	19	♈0
10 53 37	12	12	04	19	48	20	01
10 57 20	13	13	04	20	26	21	02
11 01 03	14	14	05	21	04	22	03
11 04 46	15	15	06	21	42	23	04
11 08 28	16	15	06	22	20	23	05
11 12 10	17	16	07	22	58	24	06
11 15 52	18	17	08	23	37	25	07
11 19 34	19	18	08	24	15	26	08
11 23 15	20	19	09	24	53	27	09
11 26 56	21	20	10	25	31	28	10
11 30 37	22	20	11	26	09	28	12
11 34 18	23	21	11	26	47	29	13
11 37 58	24	22	12	27	26	♉0	14
11 41 39	25	23	13	28	04	01	15
11 45 19	26	24	13	28	43	02	16
11 49 00	27	25	14	29	21	03	17
11 52 40	28	25	15	♉0	00	03	18
11 56 20	29	26	15	00	38	04	19

54° Heure sidérale	10e maison	11e maison	12e maison	1re maison Ascendant		2e maison	3e maison
h m s	°	°	°	°	′	°	°
12 00 00	00 ♊	27 ♊	16 ♋	01 ♐	17	05 ♑	20 ♒
12 03 40	01	28	17	01	56	06	22
12 07 20	02	29	18	02	35	07	23
12 11 00	03	29	18	03	14	08	24
12 14 41	04	♋0	19	03	53	09	25
12 18 21	05	01	20	04	33	10	26
12 22 02	06	02	20	05	12	11	27
12 25 42	07	03	21	05	52	12	28
12 29 23	08	03	22	06	32	13	29
12 33 04	09	04	22	07	12	14 ♒1	
12 36 45	10	05	23	07	53	14	02
12 40 26	11	06	24	08	33	15	03
12 44 08	12	07	25	09	14	16	04
12 47 50	13	08	25	09	54	17	06
12 51 32	14	08	26	10	36	18	07
12 55 14	15	09	27	11	17	19	08
12 58 57	16	10	27	11	59	20	09
13 02 40	17	11	28	12	42	21	11
13 06 23	18	12	29	13	24	22	12
13 10 07	19	12	29	14	06	23	13
13 13 51	20	13 ♐0		14	49	24	14
13 17 35	21	14	01	15	33	25	16
13 21 20	22	15	02	16	16	26	17
13 25 06	23	16	02	17	01	28	18
13 28 52	24	16	03	17	45	29	19
13 32 38	25	17	04	18	30 ♓0		20
13 36 25	26	18	05	19	16	02	22
13 40 12	27	19	05	20	01	03	23
13 44 00	28	20	06	20	48	05	24
13 47 48	29	21	07	21	35	06	26
13 51 37	♑0	21	08	22	22	07	27
13 55 27	01	22	08	23	10	08	28
13 59 17	02	23	09	23	58	10	29
14 03 08	03	24	10	24	48	11 ♈1	
14 06 59	04	25	11	25	37	13	02
14 10 51	05	25	11	26	28	14	04
14 14 44	06	26	12	27	19	15	05
14 18 37	07	27	13	28	11	17	06
14 22 31	08	28	14	29	38	18	08
14 26 25	09	29	15	29	57	20	09
14 30 20	10	29	15 ♈0	51		21	10
14 34 16	11 ♑0		16	01	46	23	12
14 38 13	12	01	17	02	42	24	13
14 42 10	13	02	18	03	39	26	14
14 46 08	14	03	19	04	37	28	16

54° Heure sidérale	10e maison	11e maison	12e maison	1re maison Ascendant		2e maison	3e maison
h m s	°	°	°	°	′	°	°
14 50 07	15	04	19	05	36	29	17
14 54 07	16	05	20	06	37 ♈1		18
14 58 07	17	06	21	07	38	03	20
15 02 08	18	06	22	08	41	04	21
15 06 09	19	07	23	09	44	06	22
15 10 12	20	08	24	10	50	08	24
15 14 15	21	09	25	11	56	09	25
15 18 19	22	10	25	13	04	11	26
15 22 23	23	11	26	14	14	13	28
15 26 29	24	12	27	15	26	15	29
15 30 35	25	13	28	16	39	17 ♉0	
15 34 41	26	13	29	17	54	18	01
15 38 49	27	14 ♑0		19	10	20	03
15 42 57	28	15	01	20	29	22	04
15 47 06	29	16	02	21	51	24	05
15 51 15	♌0	17	03	23	14	26	07
15 55 25	01	18	04	24	39	28	08
15 59 36	02	19	05	26	07 ♊0		09
16 03 48	03	20	06	27	38	02	11
16 08 00	04	21	07	29	11	04	12
16 12 13	05	22	08 ♊0	47		06	13
16 16 26	06	23	09	02	27	07	14
16 20 40	07	24	10	04	09	09	16
16 24 55	08	25	11	05	54	11	17
16 29 10	09	25	12	07	43	13	18
16 33 26	10	26	14	09	35	15	19
16 37 42	11	27	15	11	31	17	21
16 41 59	12	28	16	13	31	19	22
16 46 16	13	29	17	15	34	21	23
16 50 34	14 ♐0		18	17	41	22	24
16 54 52	15	01	19	19	53	24	26
16 59 10	16	02	21	22	09	26	27
17 03 29	17	03	22	24	28	28	28
17 07 49	18	04	23	26	52	29	29
17 12 09	19	05	24	29	20 ♋1		♌0
17 16 29	20	06	26 ♋1	52		03	02
17 20 49	21	07	27	04	28	05	03
17 25 09	22	08	28	07	08	07	04
17 29 30	23	09	29	09	51	08	05
17 33 51	24	11 ♌1		12	37	10	06
17 38 12	25	12	02	15	26	12	07
17 42 34	26	13	04	18	18	14	08
17 46 55	27	14	05	21	12	15	10
17 51 17	28	15	07	24	07	17	11
17 55 38	29	16	08	27	03	18	12

Heure sidérale	10e maison	11e maison	12e maison	1re maison Ascendant		2e maison	3e maison
h m s	°	°	°	°	'	°	°
18 00 00	00	17	10	00	00	20	13
18 04 22	01	18	12	02	57	21	14
18 08 43	02	19	13	05	53	23	15
18 13 05	03	20	15	08	48	24	16
18 17 26	04	21	16	11	42	26	17
18 21 48	05	23	18	14	34	27	18
18 26 09	06	24	20	17	23	29	19
18 30 30	07	25	21	20	49	0	20
18 34 51	08	26	23	22	52	02	21
18 39 11	09	27	25	25	32	03	23
18 43 31	10	28	27	28	08	04	24
18 47 51	11	29	28	0	40	06	25
18 52 11	12	1	0	03	08	07	26
18 56 31	13	02	02	05	32	08	27
19 00 50	14	03	04	07	51	09	28
19 05 08	15	04	06	10	07	11	29
19 09 26	16	06	07	12	19	12	0
19 13 44	17	07	09	14	26	13	01
19 18 01	18	08	11	16	29	14	02
19 22 18	19	09	13	18	29	15	03
19 26 34	20	11	15	20	25	16	03
19 30 50	21	12	17	22	17	17	04
19 35 05	22	13	19	24	06	19	05
19 39 20	23	14	21	25	51	20	06
19 43 34	24	16	22	27	33	21	07
19 47 47	25	17	24	29	13	22	08
19 52 00	26	18	26	0	49	23	09
19 56 12	27	19	28	02	22	24	10
20 00 24	28	21	0	03	53	25	11
20 04 35	29	22	02	05	21	26	12
20 08 45	0	23	04	06	46	27	13
20 12 54	01	25	06	08	09	28	14
20 17 03	02	26	08	09	31	29	15
20 21 11	03	27	10	10	50	0	16
20 25 19	04	28	11	12	06	01	16
20 29 26	05	29	13	13	21	02	17
20 33 31	06	1	15	14	34	02	18
20 37 37	07	02	17	15	46	03	19
20 41 41	08	04	19	16	56	04	20
20 45 45	09	05	21	18	04	05	21
20 49 48	10	06	22	19	10	06	22
20 53 51	11	08	24	20	16	07	23
20 57 52	12	09	26	21	19	08	23
21 01 53	13	10	27	22	22	09	24
21 05 53	14	12	29	23	23	10	25

Heure sidérale	10e maison	11e maison	12e maison	1re maison Ascendant		2e maison	3e maison
h m s	°	°	°	°	'	°	°
21 09 53	15	13	01	24	24	10	26
21 13 52	16	14	02	25	23	11	27
21 17 50	17	16	04	26	21	12	28
21 21 47	18	17	05	27	18	13	29
21 25 44	19	18	07	28	14	14	29
21 29 40	20	20	09	29	09	15	0
21 33 35	21	21	10	0	03	15	01
21 37 29	22	22	12	00	57	16	02
21 41 23	23	24	13	01	49	17	03
21 45 16	24	25	14	02	41	18	04
21 49 09	25	26	16	03	32	18	04
21 53 01	26	28	17	04	23	19	05
21 56 52	27	29	19	05	12	20	06
22 00 43	28	0	20	06	02	21	07
22 04 33	29	02	21	06	50	21	08
22 08 23	0	03	23	07	38	22	09
22 12 12	01	04	24	08	25	23	09
22 16 00	02	05	25	09	12	24	10
22 19 48	03	07	27	09	59	25	11
22 23 35	04	08	28	10	44	25	12
22 27 22	05	09	29	11	30	26	13
22 31 08	06	11	0	12	15	27	13
22 34 54	07	12	01	12	59	27	14
22 38 40	08	13	03	13	44	28	15
22 42 25	09	14	04	14	27	29	16
22 46 09	10	16	05	15	11	29	17
22 49 53	11	17	06	15	54	0	17
22 53 37	12	18	07	16	36	01	18
22 57 20	13	19	08	17	18	02	19
23 01 03	14	21	09	18	01	03	20
23 04 46	15	22	10	18	43	03	21
23 08 28	16	23	11	19	24	04	22
23 12 10	17	24	12	20	06	05	22
23 15 52	18	25	13	20	46	05	23
23 19 34	19	27	14	21	27	06	24
23 23 15	20	28	15	22	07	07	25
23 26 56	21	29	16	22	48	07	26
23 30 37	22	0	17	23	28	08	26
23 34 18	23	01	18	24	08	09	27
23 37 58	24	02	19	24	48	10	28
23 41 39	25	04	20	25	27	10	29
23 45 19	26	05	21	26	07	11	29
23 49 00	27	06	22	26	46	12	0
23 52 40	28	07	23	27	25	12	01
23 56 20	29	08	24	28	04	13	02

379

Heure sidérale h m s	10e maison °	11e maison °	12e maison °	1re maison Ascendant ° '	2e maison °	3e maison °
0 00 00	00	10	26	29 36	15	03
0 03 40	01	11	27	00 14	15	04
0 07 20	02	12	28	00 52	16	05
0 11 01	03	14	29	01 30	17	06
0 14 41	04	15	29	02 08	17	07
0 18 21	05	16	0	02 46	18	07
0 22 02	06	17	01	03 23	19	08
0 25 42	07	18	02	04 01	20	09
0 29 23	08	19	03	04 39	20	10
0 33 04	09	20	04	05 16	21	11
0 36 45	10	21	04	05 54	22	11
0 40 27	11	22	05	06 31	22	12
0 44 08	12	23	06	07 09	23	13
0 47 50	13	24	07	07 46	24	14
0 51 32	14	25	08	08 24	24	15
0 55 14	15	26	08	09 01	25	16
0 58 57	16	28	09	09 39	26	16
1 02 40	17	29	10	10 16	26	17
1 06 24	18	0	11	10 54	27	18
1 10 07	19	01	12	11 31	28	19
1 13 51	20	02	12	12 09	29	20
1 17 36	21	03	13	12 47	29	21
1 21 21	22	04	14	13 24	0	21
1 25 06	23	05	15	14 02	01	22
1 28 52	24	06	15	14 40	01	23
1 32 38	25	07	16	15 18	02	24
1 36 25	26	08	17	15 55	03	25
1 40 13	27	09	18	16 33	04	26
1 44 01	28	10	19	17 11	04	26
1 47 49	29	10	19	17 49	05	27
1 51 38	0	11	20	18 28	06	28
1 55 28	01	12	21	19 06	06	29
1 59 18	02	13	22	19 44	07	0
2 03 08	03	14	22	20 23	08	01
2 07 00	04	15	23	21 01	09	02
2 10 52	05	16	24	21 40	09	02
2 14 44	06	17	25	22 18	10	03
2 18 37	07	18	25	22 57	11	04
2 22 31	08	19	26	23 36	11	05
2 26 26	09	20	27	24 16	12	06
2 30 21	10	21	28	24 54	13	07
2 34 17	11	22	28	25 33	14	08
2 38 14	12	23	29	26 13	14	09
2 42 11	13	24	0	26 52	15	09
2 46 09	14	25	01	27 32	16	10

Heure sidérale h m s	10e maison °	11e maison °	12e maison °	1re maison Ascendant ° '	2e maison °	3e maison °
2 50 09	15	26	01	28 12	17	11
2 54 07	16	27	02	28 51	17	12
2 58 08	17	28	03	29 31	18	13
3 02 08	18	28	04	0 12	19	14
3 06 10	19	29	05	00 52	20	15
3 10 12	20	0	05	01 32	21	16
3 14 16	21	01	06	02 13	21	17
3 18 19	22	02	07	02 53	22	17
3 22 24	23	03	08	03 34	23	18
3 26 29	24	04	08	04 15	24	19
3 30 35	25	05	09	04 56	24	20
3 34 42	26	06	10	05 37	25	21
3 38 49	27	07	11	06 19	26	22
3 42 57	28	08	12	07 00	27	23
3 47 06	29	09	12	07 42	28	24
3 51 16	0	10	13	08 23	28	25
3 55 26	01	10	14	09 05	29	26
3 59 37	02	11	15	09 47	0	27
4 03 48	03	12	15	10 29	01	27
4 08 01	04	13	16	11 11	02	28
4 12 13	05	14	17	11 54	02	29
4 16 27	06	15	18	12 36	03	0
4 20 41	07	16	19	13 19	04	01
4 24 55	08	17	19	14 01	05	02
4 29 11	09	18	20	14 44	06	03
4 33 26	10	19	21	15 27	06	04
4 37 42	11	20	22	16 10	07	05
4 41 59	12	21	23	16 53	08	06
4 46 17	13	22	23	17 36	09	07
4 50 34	14	22	24	18 19	10	08
4 54 52	15	23	25	19 03	10	09
4 59 11	16	24	26	19 46	11	10
5 03 30	17	25	27	20 30	12	10
5 07 49	18	26	27	21 13	13	11
5 12 09	19	27	28	21 57	14	12
5 16 29	20	28	29	22 41	15	13
5 20 49	21	29	0	23 24	15	14
5 25 10	22	0	01	24 08	16	15
5 29 30	23	01	02	24 52	17	16
5 33 51	24	02	02	25 36	18	17
5 38 13	25	03	03	26 20	19	18
5 42 34	26	04	04	27 04	19	19
5 46 55	27	05	05	27 48	20	20
5 51 17	28	06	06	28 32	21	21
5 55 38	29	06	06	29 16	22	22

55° Heure sidérale	10e maison	11e maison	12e maison	1re maison Ascendant		2e maison	3e maison
h m s	°	°	°	°	′	°	°
	♐	♑	♒	♓		♈	♉
6 00 00	00	07	07	00	00	23	23
6 04 22	01	08	08	00	44	24	24
6 08 43	02	09	09	01	28	24	24
6 13 05	03	10	10	02	12	25	25
6 17 26	04	11	11	02	56	26	26
6 21 47	05	12	11	03	40	27	27
6 26 09	06	13	12	04	24	28	28
6 30 30	07	14	13	05	08	28	29
6 34 50	08	15	14	05	52	29	♊0
6 39 11	09	16	15	06	36	♋0	01
6 43 31	10	17	15	07	19	01	02
6 47 51	11	18	16	08	03	02	03
6 52 11	12	19	17	08	47	03	04
6 56 30	13	20	18	09	30	03	05
7 00 49	14	20	19	10	14	04	06
7 05 08	15	21	20	10	57	05	07
7 09 26	16	22	20	11	41	06	08
7 13 43	17	23	21	12	24	07	08
7 18 01	18	24	22	13	07	07	09
7 22 18	19	25	23	13	50	08	10
7 26 34	20	26	24	14	33	09	11
7 30 49	21	27	24	15	16	10	12
7 35 05	22	28	25	15	59	11	13
7 39 19	23	29	26	16	41	11	14
7 43 33	24	♌0	27	17	24	12	15
7 47 47	25	01	28	18	06	13	16
7 51 59	26	02	29	18	49	14	17
7 56 12	27	03	29	19	31	15	18
8 00 23	28	03	♍0	20	13	15	19
8 04 34	29	04	01	20	55	16	20
8 08 44	♍0	05	02	21	37	17	20
8 12 54	01	06	02	22	18	18	21
8 17 03	02	07	03	23	00	18	22
8 21 11	03	08	04	23	41	19	23
8 25 19	04	09	05	24	23	20	24
8 29 25	05	10	06	25	04	21	25
8 33 31	06	11	06	24	45	22	26
8 37 36	07	12	07	26	26	22	27
8 41 41	08	13	08	27	07	23	28
8 45 44	09	13	09	27	47	24	29
8 49 48	10	14	09	28	28	25	♑0
8 53 50	11	15	10	29	08	25	01
8 57 52	12	16	11	29	48	26	02
9 01 52	13	17	12	♈0	29	27	02
9 05 53	14	18	13	01	09	28	03

55° Heure sidérale	10e maison	11e maison	12e maison	1re maison Ascendant		2e maison	3e maison
h m s	°	°	°	°	′	°	°
	♑	♒	♓	♈		♉	♊
9 09 51	15	19	13	01	48	29	04
9 13 51	16	20	14	02	28	29	05
9 17 49	17	21	15	03	08	♊0	06
9 21 46	18	21	16	03	47	01	07
9 25 43	19	22	16	04	27	02	08
9 29 39	20	23	17	05	06	02	09
9 33 34	21	24	18	05	45	03	10
9 37 29	22	25	19	06	24	04	11
9 41 23	23	26	19	07	03	05	12
9 45 16	24	27	20	07	42	05	13
9 49 08	25	28	21	08	20	06	14
9 53 00	26	28	21	08	59	07	15
9 56 52	27	29	22	09	37	08	16
10 00 42	28	♓0	23	10	16	08	17
10 04 32	29	01	24	10	54	09	18
10 08 22	♒0	02	24	11	32	10	19
10 12 11	01	03	25	12	11	11	20
10 15 59	02	04	26	12	49	11	21
10 19 47	03	04	26	13	26	12	21
10 23 35	04	05	27	14	05	13	22
10 27 22	05	06	28	14	43	14	23
10 31 08	06	07	29	15	20	15	24
10 34 54	07	08	29	15	58	15	25
10 38 39	08	09	♈0	16	36	16	26
10 42 24	09	10	01	17	13	17	27
10 46 09	10	10	02	17	51	18	28
10 49 53	11	11	03	18	29	18	29
10 53 36	12	12	03	19	06	19	♋0
10 57 20	13	13	04	19	44	20	01
11 01 03	14	14	05	20	21	21	02
11 04 46	15	14	05	20	59	22	04
11 08 28	16	15	06	21	36	22	05
11 12 10	17	16	07	22	14	23	06
11 15 52	18	17	07	22	51	24	07
11 19 33	19	18	08	23	29	25	08
11 23 15	20	19	09	24	06	26	09
11 26 56	21	19	09	24	44	26	10
11 30 37	22	20	10	25	21	27	11
11 34 18	23	21	11	25	59	28	12
11 37 58	24	22	11	26	37	29	13
11 41 39	25	23	12	27	14	♐0	14
11 45 19	26	23	13	27	52	01	15
11 48 59	27	24	13	28	30	01	16
11 52 40	28	25	14	29	08	02	18
11 56 20	29	26	15	29	46	03	19

Heure sidérale h m s	10e maison °	11e maison °	12e maison °	1re maison Ascendant °	'	2e maison °	3e maison °
	♐	♐	♏	♐		♒	♓
12 00 00	00	27	15	00	24	04	20
12 03 40	01	27	16	01	02	05	21
12 07 20	02	28	17	01	41	06	22
12 11 01	03	29	17	02	19	07	23
12 14 41	04	♏0	18	02	58	07	24
12 18 21	05	01	19	03	37	08	26
12 22 02	06	01	19	04	15	09	27
12 25 42	07	02	20	04	54	10	28
12 29 23	08	03	21	05	34	11	29
12 33 04	09	04	22	06	13	12	♒0
12 36 45	10	05	22	06	53	13	01
12 40 27	11	05	23	07	32	14	03
12 44 08	12	06	24	08	12	15	04
12 47 50	13	07	24	08	53	16	05
12 51 32	14	08	25	09	33	17	06
12 55 14	15	09	26	10	14	18	08
12 58 57	16	09	26	10	55	19	09
13 02 40	17	10	27	11	36	20	10
13 06 24	18	11	28	12	18	21	11
13 10 07	19	12	29	13	00	22	13
13 13 51	20	13	29	13	42	23	14
13 17 36	21	13	♐0	14	24	25	15
13 21 21	22	14	01	15	07	26	17
13 25 06	23	15	01	15	50	27	18
13 28 52	24	16	02	16	34	28	19
13 32 38	25	17	03	17	18	29	20
13 36 25	26	18	04	18	02	♓0	22
13 40 13	27	18	04	18	47	02	23
13 44 01	28	19	05	19	33	03	24
13 47 49	29	20	06	20	19	04	26
13 51 38	♑0	21	07	21	05	05	27
13 55 28	01	22	07	21	52	07	28
13 59 18	02	22	08	22	40	08	♈0
14 03 08	03	23	09	23	28	09	01
14 07 00	04	24	10	24	16	11	02
14 10 52	05	25	10	25	06	12	04
14 14 44	06	26	11	25	56	14	05
14 18 37	07	27	12	26	47	15	06
14 22 31	08	27	13	27	38	17	08
14 26 26	09	28	14	28	30	18	09
14 30 21	10	29	14	29	24	20	11
14 34 17	11	♐0	15	♑0	17	21	12
14 38 14	12	01	16	01	12	23	13
14 42 11	13	02	17	02	08	24	15
14 46 09	14	03	18	03	05	26	16

Heure sidérale h m s	10e maison °	11e maison °	12e maison °	1re maison Ascendant °	'	2e maison °	3e maison °
	♏	♑	♑	♒		♓	♈
14 50 09	15	03	18	04	03	28	17
14 54 07	16	04	19	05	02	29	19
14 58 08	17	05	20	06	02	♒0	20
15 02 08	18	06	21	07	03	03	21
15 06 10	19	07	22	08	06	05	23
15 10 12	20	08	23	09	10	06	24
15 14 16	21	09	24	10	15	08	26
15 18 19	22	09	24	11	22	10	27
15 22 24	23	10	25	12	31	12	28
15 26 29	24	11	26	13	41	14	♓0
15 30 35	25	12	27	14	53	16	01
15 34 42	26	13	28	16	07	18	02
15 38 49	27	14	29	17	22	20	04
15 42 57	28	15	♒0	18	40	22	05
15 47 06	29	16	01	20	00	24	06
15 51 16	♐0	17	02	21	22	26	07
15 55 26	01	18	03	22	47	28	09
15 59 37	02	18	04	24	14	♈0	10
16 03 48	03	19	05	25	44	02	11
16 08 01	04	20	06	27	16	04	13
16 12 13	05	21	07	28	52	06	14
16 16 27	06	22	08	♈0	31	08	15
16 20 41	07	23	09	02	13	10	16
16 24 55	08	24	10	03	58	12	18
16 29 11	09	25	11	05	47	14	19
16 33 26	10	26	12	07	40	16	20
16 37 42	11	27	13	09	37	18	21
16 41 59	12	28	14	11	38	20	23
16 46 17	13	29	16	13	43	22	24
16 50 34	14	♒0	17	15	53	24	25
16 54 52	15	01	18	18	07	26	26
16 59 11	16	02	19	20	25	28	28
17 03 30	17	03	20	22	49	♈0	29
17 07 49	18	04	22	25	17	01	♉0
17 12 09	19	05	23	27	49	03	01
17 16 29	20	06	24	♓0	27	05	02
17 20 49	21	07	26	03	09	07	03
17 25 10	22	08	27	05	55	09	05
17 29 30	23	09	28	08	46	10	06
17 33 51	24	10	♈0	11	40	12	07
17 38 13	25	11	01	14	37	14	08
17 42 34	26	12	02	17	38	15	09
17 46 55	27	13	04	20	41	17	10
17 51 17	28	14	05	23	46	19	11
17 55 38	29	15	07	26	53	20	12

55° — Tables des maisons

Heure sidérale (h m s)	10e maison °	11e maison °	12e maison °	1re maison Ascendant °	'	2e maison °	3e maison °
	♑	♒	♓	♈		♈	♉
18 00 00	00	16	08	00	00	22	14
18 04 22	01	18	10	03	07	23	15
18 08 43	02	19	11	06	14	25	16
18 13 05	03	20	13	09	19	26	17
18 17 26	04	21	14	12	22	28	18
18 21 47	05	22	16	15	23	29	19
18 26 09	06	23	18	18	20	♉0	20
18 30 30	07	24	20	21	14	02	21
18 34 50	08	25	21	24	05	03	22
18 39 11	09	27	23	26	51	04	23
18 43 31	10	28	25	29	33	06	24
18 47 51	11	29	27	♉2	11	07	25
18 52 11	12	♓0	29	04	43	08	26
18 56 30	13	01	♈0	07	11	10	27
19 00 49	14	02	02	09	35	11	28
19 05 08	15	04	04	11	53	12	29
19 09 26	16	05	06	14	07	13	♊0
19 13 43	17	06	08	16	17	14	01
19 18 01	18	07	10	18	22	15	02
19 22 18	19	08	12	20	23	17	03
19 26 34	20	10	14	22	20	18	04
19 30 49	21	11	16	24	13	19	05
19 35 05	22	12	18	26	02	20	06
19 39 19	23	14	20	27	47	21	07
19 43 33	24	15	22	29	29	22	08
19 47 47	25	16	24	♊1	08	23	09
19 51 59	26	17	26	02	44	24	10
19 56 12	27	19	28	04	16	25	11
20 00 23	28	20	♉0	05	46	26	12
20 04 34	29	21	02	07	13	27	13
20 08 44	♒0	23	04	08	38	28	13
20 12 54	01	24	06	10	00	29	14
20 17 03	02	25	08	11	20	♊0	15
20 21 11	03	26	10	12	38	01	16
20 25 18	04	28	12	13	53	02	17
20 29 25	05	29	14	15	07	03	18
20 33 31	06	♈0	16	16	19	04	19
20 37 36	07	02	18	17	29	05	20
20 41 41	08	03	20	18	38	06	21
20 45 44	09	04	22	19	45	06	21
20 49 48	10	06	24	20	50	07	22
20 53 50	11	07	25	21	54	08	23
20 57 52	12	09	27	22	57	09	24
21 01 52	13	10	29	23	58	10	25
21 05 53	14	11	♊0	24	58	11	26

55° — Tables des maisons

Heure sidérale (h m s)	10e maison °	11e maison °	12e maison °	1re maison Ascendant °	'	2e maison °	3e maison °
	♒	♈	♊	♊		♊	♊
21 09 51	15	13	02	25	57	12	27
21 13 51	16	14	04	26	55	12	28
21 17 49	17	15	06	27	52	13	28
21 21 46	18	17	07	28	48	14	29
21 25 43	19	18	09	29	43	15	♋0
21 29 39	20	19	10	♋0	36	16	01
21 33 34	21	21	12	01	30	16	02
21 37 29	22	22	13	02	21	17	03
21 41 23	23	24	15	03	13	18	03
21 45 16	24	25	16	04	04	19	04
21 49 08	25	26	18	04	54	20	05
21 53 00	26	28	19	05	44	20	06
21 56 52	27	29	21	06	32	21	07
22 00 42	28	♉0	23	07	20	22	08
22 04 32	29	02	25	08	08	23	08
22 08 22	♓0	03	25	08	55	23	09
22 12 11	01	04	26	09	41	24	10
22 15 59	02	06	27	10	27	25	11
22 19 47	03	07	28	11	13	26	12
22 23 35	04	08	♋0	11	57	26	12
22 27 22	05	10	01	12	42	27	13
22 31 08	06	11	02	13	26	28	14
22 34 54	07	12	03	14	10	29	15
22 38 39	08	13	04	14	53	29	16
22 42 24	09	15	05	15	36	♋0	17
22 46 09	10	16	07	16	18	01	17
22 49 53	11	17	08	17	00	02	18
22 53 36	12	19	09	17	42	02	19
22 57 20	12	19	09	17	42	02	19
23 01 03	14	21	11	19	05	04	21
23 04 46	15	22	12	19	46	04	21
23 08 28	16	24	13	20	27	05	22
23 12 10	17	25	14	21	07	06	23
23 15 52	18	26	15	21	48	06	24
23 19 33	19	27	16	22	28	07	25
23 23 15	20	29	17	23	07	08	25
23 26 56	21	♊0	18	23	47	08	26
23 30 37	22	01	19	24	26	09	27
23 34 18	23	02	20	25	06	10	28
23 37 58	24	03	21	25	45	11	29
23 41 39	25	04	22	26	23	11	29
23 45 19	26	06	23	27	02	12	♌0
23 48 59	27	07	23	27	41	13	01
23 52 40	28	08	24	28	19	13	02
23 56 20	29	09	25	28	58	14	03

56° Heure sidérale	10e maison	11e maison	12e maison	1re maison Ascendant		2e maison	3e maison
h m s	°	°	°	°	′	°	°
0 00 00	00	11	27	00	28	15	04
0 03 40	01	12	28	01	05	16	04
0 07 20	02	13	29	01	42	17	05
0 11 00	03	14	0	02	21	18	06
0 14 41	04	15	00	02	57	19	07
0 18 21	05	16	01	03	34	19	08
0 22 02	06	17	02	04	12	20	08
0 25 42	07	18	03	04	48	20	09
0 29 23	08	19	04	05	25	21	10
0 33 04	09	20	05	06	04	21	11
0 36 45	10	21	05	06	40	22	12
0 40 26	11	23	06	07	17	23	13
0 44 08	12	24	07	07	54	23	13
0 47 50	13	25	07	08	31	24	14
0 51 32	14	26	08	09	08	25	15
0 55 14	15	27	09	09	45	25	16
0 58 57	16	28	10	10	22	26	17
1 02 40	17	29	11	11	00	27	17
1 06 23	18	0	12	11	36	28	18
1 10 07	19	01	12	12	13	28	19
1 13 51	20	02	13	12	50	29	20
1 17 35	21	03	14	13	28	0	21
1 21 20	22	04	15	14	04	00	21
1 25 06	23	05	15	14	41	01	22
1 28 52	24	06	16	15	18	02	23
1 32 38	25	07	17	15	55	02	24
1 36 25	26	08	18	16	32	03	25
1 40 12	27	09	18	17	10	04	26
1 44 00	28	10	19	17	47	04	26
1 47 48	29	11	20	18	24	05	27
1 51 37	0	12	21	19	03	06	28
1 55 27	01	13	22	19	39	07	29
1 59 17	02	14	22	20	17	07	0
2 03 08	03	15	23	20	56	08	01
2 06 59	04	16	24	21	33	09	02
2 10 51	05	17	25	22	11	10	02
2 14 44	06	18	25	22	51	10	03
2 18 37	07	19	26	23	28	11	04
2 22 31	08	20	27	24	05	12	05
2 26 25	09	21	28	24	44	12	06
2 30 20	10	22	28	25	21	13	07
2 34 16	11	22	29	26	01	14	08
2 38 13	12	23	0	26	40	15	08
2 42 10	13	24	01	27	19	16	09
2 46 08	14	25	01	27	59	16	10

56° Heure sidérale	10e maison	11e maison	12e maison	1re maison Ascendant		2e maison	3e maison
h m s	°	°	°	°	′	°	°
2 50 07	15	26	02	28	39	17	11
2 54 07	16	27	03	29	18	18	12
2 58 07	17	28	04	29	57	18	13
3 02 08	18	29	04	0	37	19	14
3 06 09	19	0	05	01	15	20	15
3 10 12	20	01	06	01	54	21	16
3 14 15	21	02	07	02	35	21	16
3 18 19	22	03	07	03	15	22	17
3 22 23	23	04	08	03	55	23	18
3 26 29	24	05	09	04	35	24	19
3 30 35	25	05	10	05	16	24	20
3 34 41	26	06	10	05	57	25	21
3 38 49	27	07	11	06	38	26	22
3 42 57	28	08	12	07	18	27	23
3 47 06	29	09	13	08	00	28	24
3 51 15	0	10	14	08	40	28	25
3 55 25	01	11	14	09	22	29	25
3 59 36	02	12	15	10	03	0	26
4 03 48	03	13	16	10	45	01	27
4 08 00	04	14	17	11	26	02	28
4 12 13	05	15	17	12	08	03	29
4 16 26	06	16	18	12	51	04	0
4 20 40	07	16	19	13	33	04	01
4 24 55	08	17	20	14	15	05	02
4 29 10	09	18	21	14	57	06	03
4 33 26	10	19	21	15	39	06	04
4 37 42	11	20	22	16	21	07	05
4 41 59	12	21	23	17	04	08	06
4 46 16	13	22	24	17	47	09	06
4 50 34	14	23	25	18	30	10	07
4 54 52	15	24	25	19	11	10	08
4 59 10	16	25	26	19	54	11	09
5 03 29	17	26	27	20	36	12	10
5 07 49	18	27	28	21	20	13	11
5 12 09	19	28	29	22	03	14	12
5 16 29	20	29	29	22	46	14	13
5 20 49	21	29	0	23	30	15	14
5 25 09	22	0	01	24	12	16	15
5 29 30	23	01	02	24	56	17	16
5 33 51	24	02	03	25	40	18	17
5 38 12	25	03	03	26	22	18	18
5 42 34	26	04	04	27	06	19	19
5 46 55	27	05	05	27	49	20	19
5 51 17	28	06	06	28	33	21	20
5 55 38	29	07	07	29	16	22	21

Heure sidérale h m s	10e maison ♋	11e maison ♌	12e maison ♍	1re maison Ascendant ♎ °	'	2e maison ♏	3e maison ♐
6 00 00	00	08	07	00	00	23	22
6 04 22	01	09	08	00	44	23	23
6 08 43	02	10	09	01	27	24	24
6 13 05	03	11	10	02	11	25	25
6 17 26	04	11	11	02	54	26	26
6 21 48	05	12	12	03	37	27	27
6 26 09	06	13	12	04	20	27	28
6 30 30	07	14	13	05	04	28	29
6 34 51	08	15	14	05	47	29	♑0
6 39 11	09	16	15	06	30	♐0	01
6 43 31	10	17	16	07	13	01	02
6 47 51	11	18	16	07	56	01	02
6 52 11	12	19	17	08	39	02	03
6 56 31	13	20	18	09	23	03	04
7 00 50	14	21	19	10	07	04	05
7 05 08	15	22	20	10	49	05	06
7 09 26	16	23	21	11	31	05	07
7 13 44	17	24	21	12	14	06	08
7 18 01	18	24	22	12	56	07	09
7 22 18	19	25	23	13	39	08	10
7 26 34	20	26	24	14	22	09	11
7 30 50	21	27	25	15	03	09	12
7 35 05	22	28	25	15	45	10	13
7 39 20	23	29	26	16	28	11	14
7 43 34	24	♍0	27	17	09	12	14
7 47 47	25	01	28	17	51	13	15
7 52 00	26	02	29	18	33	13	16
7 56 12	27	03	29	19	15	14	17
8 00 24	28	04	♎0	19	57	15	18
8 04 35	29	05	01	20	39	16	19
8 08 45	♌0	05	02	21	20	16	20
8 12 54	01	06	02	22	01	17	21
8 17 03	02	07	03	22	41	18	22
8 21 11	03	08	04	23	21	19	23
8 25 19	04	09	05	24	03	20	24
8 29 26	05	10	06	24	45	20	25
8 33 31	06	11	06	25	24	21	25
8 37 37	07	12	07	26	06	22	26
8 41 41	08	13	08	26	44	23	27
8 45 45	09	14	09	27	24	23	28
8 49 48	10	15	09	28	05	24	29
8 53 51	11	15	10	28	45	25	♒0
8 57 52	12	16	11	29	23	26	01
9 01 53	13	17	12	♏0	05	26	02
9 05 53	14	18	12	00	43	27	03

Heure sidérale h m s	10e maison ♌	11e maison ♍	12e maison ♎	1re maison Ascendant ♏ °	'	2e maison ♐	3e maison ♒
9 09 53	15	19	13	01	22	28	04
9 13 52	16	20	14	02	02	29	05
9 17 50	17	21	15	02	40	29	06
9 21 47	18	22	15	03	20	♑0	07
9 25 44	19	22	16	03	58	01	08
9 29 40	20	23	17	04	37	02	09
9 33 35	21	24	18	05	15	02	09
9 37 29	22	25	18	05	54	03	10
9 41 23	23	26	19	06	32	04	11
9 45 16	24	27	20	07	09	05	12
9 49 09	25	28	21	07	49	05	13
9 53 01	26	28	21	08	28	06	14
9 56 52	27	29	22	09	05	07	15
10 00 43	28	♎0	23	09	43	08	16
10 04 33	29	01	23	10	20	08	17
10 08 23	♍0	02	24	10	57	09	18
10 12 12	01	03	25	11	36	10	19
10 16 00	02	04	26	12	14	11	20
10 19 48	03	04	26	12	50	12	21
10 23 35	04	05	27	13	27	12	22
10 27 22	05	06	28	14	05	13	23
10 31 08	06	07	28	14	42	14	24
10 34 54	07	08	29	15	18	14	25
10 38 40	08	09	♏0	15	57	15	26
10 42 25	09	09	00	16	33	16	27
10 46 09	10	10	01	07	10	17	28
10 49 53	11	11	02	17	46	18	29
10 53 37	12	12	03	18	24	18	♓0
10 57 20	13	13	03	19	02	19	01
11 01 03	14	13	04	19	38	20	02
11 04 46	15	14	05	20	15	21	03
11 08 28	16	15	05	20	52	22	04
11 12 10	17	16	06	21	30	22	05
11 15 52	18	17	07	22	06	23	06
11 19 34	19	18	07	22	44	24	07
11 23 15	20	18	08	23	21	25	08
11 26 56	21	19	09	23	57	25	09
11 30 37	22	20	09	24	31	26	10
11 34 18	23	21	10	25	13	27	12
11 37 58	24	22	11	25	50	28	13
11 41 39	25	22	11	26	28	29	14
11 45 19	26	23	12	27	04	♒0	15
11 49 00	27	24	13	27	41	00	16
11 52 40	28	25	14	28	07	01	17
11 56 20	29	26	14	28	56	02	18

56° Heure sidérale	10e maison	11e maison	12e maison	1re maison Ascendant		2e maison	3e maison
h m s	°	°	°	°	'	°	°
12 00 00	00 ♓♓	26 ♒	15 ♑	29 ♑	33	03 ♐	19 ♏
12 03 40	01	27	16	♒0	10	04	20
12 07 20	02	28	16	00	46	05	22
12 11 01	03	29	17	01	24	06	23
12 14 41	04	♒0	18	02	01	07	24
12 18 21	05	01	18	02	39	07	25
12 22 02	06	02	19	03	16	08	26
12 25 42	07	03	20	03	55	09	27
12 29 23	08	04	20	04	34	10	29
12 33 04	09	04	21	05	13	11	♓0
12 36 45	10	05	22	05	54	12	01
12 40 27	11	06	22	06	33	13	03
12 44 08	12	07	23	07	12	14	04
12 47 50	13	07	24	07	52	15	05
12 51 32	14	08	24	08	32	16	06
12 55 14	15	09	25	09	13	17	07
12 58 57	16	09	26	09	53	18	08
13 02 40	17	10	27	10	33	19	10
13 06 24	18	11	27	11	13	20	11
13 10 07	19	12	28	11	53	21	12
13 13 51	20	12	29	12	35	22	13
13 17 36	21	13	29	13	17	23	15
13 21 21	22	14	♈0	13	39	25	16
13 25 06	23	15	01	14	42	26	17
13 28 52	24	16	02	15	26	27	19
13 32 38	25	16	02	16	09	28	20
13 36 25	26	17	03	16	52	29	22
13 40 13	27	18	04	17	36	♉0	23
13 44 01	28	19	04	18	21	01	24
13 47 49	29	20	05	19	06	03	25
13 51 38	♈0	20	06	19	51	04	27
13 55 28	01	21	07	20	37	06	28
13 59 18	02	22	07	21	24	07	♊0
14 03 08	03	23	08	22	12	08	01
14 07 00	04	24	09	22	59	10	02
14 10 52	05	25	10	23	46	11	04
14 14 44	06	25	10	24	36	13	05
14 18 37	07	26	11	25	28	14	07
14 22 31	08	27	12	26	17	16	08
14 26 26	09	28	13	27	08	17	09
14 30 21	10	29	14	28	00	19	11
14 34 17	11	30	14	28	53	20	12
14 38 14	12	♉0	15	29	45	22	13
14 42 11	13	01	16	♈0	39	24	15
14 46 09	14	02	17	01	34	25	16
14 50 09	15 ♑	03 ♐	18 ♐	02 ♐	33	27	18
14 54 07	16	04	18	03	31	29	19
14 58 08	17	05	19	04	30	♒0	20
15 02 08	18	05	20	05	29	02	22
15 06 10	19	06	21	06	29	04	23
15 10 12	20	07	22	07	32	06	24
15 14 16	21	08	23	08	36	08	26
15 18 19	22	09	24	09	42	10	27
15 22 24	23	10	24	10	50	12	29
15 26 29	24	11	25	12	00	14	♒0
15 30 35	25	12	26	13	10	16	01
15 34 42	26	13	27	14	22	18	03
15 38 49	27	13	28	15	37	20	04
15 42 57	28	14	29	16	52	22	05
15 47 06	29	15	♐0	18	12	24	07
15 51 16	♑0	16	01	19	34	26	08
15 55 26	01	17	02	20	56	28	09
15 59 37	02	18	03	22	21	♓0	11
16 03 48	03	19	04	23	51	02	12
16 08 01	04	20	05	25	23	04	13
16 12 13	05	21	06	26	57	06	14
16 16 27	06	22	07	28	35	08	16
16 20 41	07	23	08	♈0	16	10	17
16 24 55	08	24	09	02	01	12	18
16 29 11	09	24	10	03	50	14	19
16 33 26	10	25	11	05	43	16	21
16 37 42	11	26	12	07	42	18	22
16 41 59	12	27	14	09	45	20	23
16 46 17	13	28	15	11	52	22	24
16 50 34	14	29	16	14	01	24	26
16 54 52	15	♐0	17	16	17	26	27
16 59 11	16	01	18	18	38	28	28
17 03 30	17	02	19	21	06	♊0	29
17 07 49	18	03	21	23	39	02	♋0
17 12 09	19	04	22	26	15	04	02
17 16 29	20	05	23	28	58	06	03
17 20 49	21	06	24	♊1	49	08	04
17 25 10	22	07	26	04	40	09	05
17 29 30	23	08	27	07	36	11	06
17 33 51	24	09	28	10	41	13	07
17 38 13	25	11	♑0	13	47	15	09
17 42 34	26	12	01	16	57	16	10
17 46 55	27	13	03	20	12	18	11
17 51 17	28	14	04	23	26	20	12
17 55 38	29	15	05	26	44	21	13

386

Heure sidérale h m s	10e maison °	11e maison °	12e maison °	1re maison Ascendant °	'	2e maison °	3e maison °
18 00 00	00	16	07	00	00	23	14
18 04 22	01	17	09	03	17	24	15
18 08 43	02	18	10	06	32	26	16
18 13 05	03	19	12	09	49	27	17
18 17 26	04	20	14	13	04	29	18
18 21 47	05	21	16	16	14	♈0	19
18 26 09	06	22	17	19	20	01	21
18 30 30	07	24	19	22	24	03	22
18 34 50	08	25	21	25	20	04	23
18 39 11	09	26	22	28	14	06	24
18 43 31	10	27	24	♒1	02	07	25
18 47 51	11	28	26	03	46	08	26
18 52 11	12	♒0	28	06	23	09	27
18 56 30	13	01	♒0	08	56	11	28
19 00 49	14	02	02	11	22	12	29
19 05 08	15	03	04	13	45	13	♓0
19 09 26	16	04	06	15	59	14	01
19 13 43	17	06	08	18	10	15	02
19 18 01	18	07	10	20	16	16	03
19 22 18	19	08	12	22	17	18	04
19 26 34	20	09	14	24	15	19	05
19 30 49	21	11	16	26	08	20	06
19 35 05	22	12	18	27	27	21	07
19 39 19	23	13	20	29	42	22	08
19 43 33	24	14	22	♈1	23	23	09
19 47 47	25	15	24	03	01	24	09
19 51 59	26	17	26	04	36	25	10
19 56 12	27	18	28	06	09	26	11
20 00 23	28	20	♓0	07	39	27	12
20 04 34	29	21	02	09	04	28	13
20 08 44	♑0	22	04	10	27	29	14
20 12 54	01	23	06	11	48	♈0	15
20 17 03	02	25	08	13	07	01	16
20 21 11	03	26	10	14	23	02	17
20 25 18	04	27	12	15	57	03	17
20 29 25	05	29	14	16	50	04	18
20 33 31	06	♒0	16	18	00	05	19
20 37 36	07	01	18	19	09	06	20
20 41 41	08	03	20	20	17	06	21
20 45 44	09	04	22	21	23	07	22
20 49 48	10	05	24	22	29	08	23
20 53 50	11	07	26	23	32	09	24
20 57 52	12	08	28	24	32	10	25
21 01 52	13	10	♒0	25	31	11	25
21 05 52	14	11	01	26	30	12	26

Heure sidérale h m s	10e maison °	11e maison °	12e maison °	1re maison Ascendant °	'	2e maison °	3e maison °
21 09 51	15	12	03	27	28	12	27
21 13 51	16	14	05	28	26	13	28
21 17 49	17	15	06	29	21	14	29
21 21 46	18	17	08	♊0	15	15	30
21 25 43	19	18	10	01	08	16	♋0
21 29 39	20	20	11	02	01	16	01
21 33 34	21	21	13	02	54	17	02
21 37 29	22	22	14	03	45	18	03
21 41 23	23	23	16	04	35	19	04
21 45 16	24	24	17	05	25	20	05
21 49 08	25	26	19	06	14	20	05
21 53 00	26	28	20	07	03	21	06
21 56 52	27	29	22	07	50	22	07
22 00 42	28	♓0	23	08	37	23	08
22 04 32	29	02	24	09	25	23	09
22 08 22	♓0	03	26	10	11	24	10
22 12 11	01	04	27	10	56	25	10
22 15 59	02	06	28	11	41	26	11
22 19 47	03	07	29	12	25	26	12
22 23 35	04	08	♊0	13	09	27	13
22 27 22	05	10	02	13	53	28	14
22 31 08	06	11	03	14	36	28	14
22 34 54	07	12	04	15	19	29	15
22 38 39	08	14	05	16	00	♋0	16
22 42 24	09	15	07	16	42	01	17
22 46 09	10	16	08	17	25	01	18
22 49 53	11	18	09	18	07	02	18
22 53 36	12	19	10	18	47	03	19
22 57 20	13	20	11	19	28	04	20
23 01 03	14	21	12	20	09	04	21
23 04 46	15	23	13	20	49	05	22
23 08 28	16	24	14	21	30	06	22
23 12 10	17	25	15	22	10	06	23
23 15 52	18	26	16	22	48	07	24
23 19 33	19	28	17	23	27	08	25
23 23 15	20	29	18	24	07	08	26
23 26 56	21	♈0	19	24	48	09	26
23 30 37	22	01	20	25	27	10	27
23 34 18	23	02	21	26	05	10	28
23 37 58	24	04	22	26	44	11	29
23 41 39	25	05	23	27	22	12	30
23 45 19	26	06	23	28	00	12	♌0
23 48 59	27	07	24	28	37	13	01
23 52 40	28	08	25	29	15	14	02
23 56 20	29	10	26	29	51	14	03

57°

Heure sidérale (h m s)	10e maison (°)	11e maison (°)	12e maison (°)	1re maison Ascendant (°)	(′)	2e maison (°)	3e maison (°)
	♈	♉	♊	♌		♌	♍
0 00 00	00	11	28	01	39	16	04
0 03 40	01	12	29	02	15	16	05
0 07 20	02	13	♋0	02	52	17	05
0 11 01	03	15	01	03	28	18	06
0 14 41	04	16	01	04	05	18	07
0 18 21	05	17	02	04	41	19	08
0 22 02	06	18	03	05	17	20	09
0 25 42	07	19	04	05	53	20	09
0 29 23	08	20	05	06	29	21	10
0 33 04	09	21	05	07	06	22	11
0 36 45	10	22	06	07	42	22	12
0 40 27	11	23	07	08	18	23	13
0 44 08	12	24	08	08	54	24	13
0 47 50	13	25	09	09	30	24	14
0 51 32	14	26	09	10	06	25	15
0 55 14	15	28	10	10	42	26	16
0 58 57	16	29	11	11	18	27	17
1 02 40	17	♊0	12	11	54	27	17
1 06 24	18	01	12	12	31	28	18
1 10 07	19	02	13	13	07	29	19
1 13 51	20	03	14	13	43	29	20
1 17 36	21	04	15	14	19	♍0	21
1 21 21	22	05	16	14	55	01	22
1 25 06	23	06	16	15	32	01	22
1 28 52	24	07	17	16	08	02	23
1 32 38	25	08	18	16	45	03	24
1 36 25	26	09	19	17	21	03	25
1 40 13	27	10	19	17	58	04	26
1 44 01	28	11	20	18	34	05	26
1 47 49	29	12	21	19	11	05	27
1 51 38	♉0	13	22	19	48	06	28
1 55 28	01	14	22	20	25	07	29
1 59 18	02	14	23	21	02	08	♎0
2 03 08	03	15	24	21	39	08	01
2 07 00	04	16	25	22	16	09	02
2 10 52	05	17	25	22	54	10	02
2 14 44	06	18	26	23	31	10	03
2 18 37	07	19	27	24	08	11	04
2 22 31	08	20	27	24	46	12	05
2 26 26	09	21	28	25	24	13	06
2 30 21	10	22	29	26	02	13	07
2 34 17	11	23	30	26	39	14	08
2 38 14	12	25	♌0	27	18	15	08
2 42 11	13	25	01	27	56	16	09
2 46 09	14	26	02	28	34	16	10

Heure sidérale (h m s)	10e maison (°)	11e maison (°)	12e maison (°)	1re maison Ascendant (°)	(′)	2e maison (°)	3e maison (°)
	♉	♊	♌	♍		♍	♎
2 50 09	15	27	03	29	12	17	11
2 54 07	16	28	03	29	51	18	12
2 58 08	17	29	04	♍0	30	19	13
3 02 08	18	30	05	01	09	19	14
3 06 10	19	♋0	06	01	47	20	15
3 10 12	20	01	06	02	27	21	15
3 14 16	21	02	07	03	06	22	16
3 18 19	22	03	08	03	45	22	17
3 22 24	23	04	09	04	24	23	18
3 26 29	24	05	09	05	04	24	19
3 30 35	25	06	10	05	44	25	20
3 34 42	26	07	11	06	24	25	21
3 38 49	27	08	12	07	04	26	22
3 42 57	28	09	13	07	44	27	23
3 47 06	29	10	13	08	24	28	23
3 51 16	♊0	11	14	09	04	28	24
3 55 26	01	11	15	09	45	29	25
3 59 37	02	12	16	10	25	♎0	26
4 03 48	03	13	16	11	06	01	27
4 08 01	04	14	17	11	47	01	28
4 12 13	05	15	18	12	28	02	29
4 16 27	06	16	19	13	09	03	♏0
4 20 41	07	17	19	13	50	04	01
4 24 55	08	18	20	14	32	05	02
4 29 11	09	19	21	15	13	05	03
4 33 26	10	20	22	15	55	06	03
4 37 42	11	21	23	16	36	07	04
4 41 59	12	22	23	17	18	08	05
4 46 17	13	22	24	18	00	09	06
4 50 34	14	23	25	18	42	09	07
4 54 52	15	24	26	19	24	10	08
4 59 11	16	25	27	20	06	11	09
5 03 30	17	26	27	20	48	12	10
5 07 49	18	27	28	21	30	13	11
5 12 09	19	28	29	22	12	13	12
5 16 29	20	29	♍0	22	55	14	13
5 20 49	21	♌0	01	23	37	15	14
5 25 10	22	01	01	24	19	16	14
5 29 30	23	02	02	25	02	17	15
5 33 51	24	03	03	25	44	17	16
5 38 13	25	03	04	26	27	18	17
5 42 34	26	04	05	27	09	19	18
5 46 55	27	05	05	27	52	20	19
5 51 17	28	06	06	28	35	21	20
5 55 38	29	07	07	29	17	21	21

57°

Heure sidérale (h m s)	10e maison ♊	11e maison ♑	12e maison ♒	1re maison Ascendant ♊ (° ')	2e maison ♐	3e maison ♏
6 00 00	00	08	08	00 00	22	22
6 04 22	01	09	09	00 43	23	23
6 08 43	02	10	09	01 25	24	24
6 13 05	03	11	10	02 08	25	25
6 17 26	04	12	11	02 51	25	26
6 21 47	05	13	12	03 33	26	27
6 26 09	06	14	13	04 16	27	27
6 30 30	07	15	13	04 58	28	28
6 34 50	08	16	14	05 41	29	29
6 39 11	09	16	15	06 23	29	♐ 0
6 43 31	10	17	16	07 05	♑ 0	01
6 47 51	11	18	17	07 48	01	02
6 52 11	12	19	17	08 30	02	03
6 56 30	13	20	18	09 12	03	04
7 00 49	14	21	19	09 54	03	05
7 05 08	15	22	20	10 36	04	06
7 09 26	16	23	21	11 18	05	07
7 13 43	17	24	21	12 00	06	08
7 18 01	18	25	22	12 42	07	08
7 22 18	19	26	23	13 24	07	09
7 26 34	20	27	24	14 05	08	10
7 30 49	21	27	25	14 47	09	11
7 35 05	22	28	25	15 28	10	12
7 39 19	23	29	26	16 10	11	13
7 43 33	24	♒ 0	27	16 51	11	14
7 47 47	25	01	28	17 32	12	15
7 51 59	26	02	28	18 13	13	16
7 56 12	27	03	29	18 54	14	17
8 00 23	28	04	♓ 0	19 35	14	18
8 04 34	29	05	01	20 15	15	19
8 08 44	♋ 0	06	02	20 56	16	19
8 12 54	01	07	02	21 36	17	20
8 17 03	02	07	03	22 16	17	21
8 21 11	03	08	04	22 56	18	22
8 25 19	04	09	05	23 36	19	23
8 29 25	05	10	05	24 16	20	24
8 33 31	06	11	06	24 56	21	25
8 37 36	07	12	07	25 36	21	26
8 41 41	08	13	08	26 15	22	27
8 45 44	09	14	08	26 54	23	28
8 49 48	10	15	09	27 33	24	29
8 53 50	11	15	10	28 13	24	30
8 57 52	12	16	11	28 52	25	♈ 0
9 01 52	13	17	12	29 30	26	01
9 05 53	14	18	12	♍ 0 09	27	02

57°

Heure sidérale (h m s)	10e maison ♋	11e maison ♌	12e maison ♎	1re maison Ascendant ♍ (° ')	2e maison ♍	3e maison ♏
9 09 51	15	19	13	00 48	27	03
9 13 51	16	20	14	01 26	28	04
9 17 49	17	21	15	02 04	29	05
9 21 46	18	22	15	02 42	30	06
9 25 43	19	22	16	03 21	♎ 0	07
9 29 39	20	23	17	03 58	01	08
9 33 34	21	24	17	04 36	02	09
9 37 29	22	25	18	05 14	03	10
9 41 23	23	26	19	05 52	03	11
9 45 16	24	27	20	06 29	04	12
9 49 08	25	28	20	07 06	05	13
9 53 00	26	28	21	07 44	05	14
9 56 52	27	29	22	08 21	06	15
10 00 42	28	♍ 0	22	08 58	07	16
10 04 32	29	01	23	09 35	08	16
10 08 22	♌ 0	02	24	10 12	08	17
10 12 11	01	03	25	10 49	09	18
10 15 59	02	04	25	11 26	10	19
10 19 47	03	04	26	12 02	11	20
10 23 35	04	05	27	12 39	11	21
10 27 22	05	06	27	13 15	12	22
10 31 08	06	07	28	13 52	13	23
10 34 54	07	08	29	14 28	14	24
10 38 39	08	09	29	15 05	14	25
10 42 24	09	09	♏ 0	15 41	15	26
10 46 09	10	10	01	16 17	16	27
10 49 53	11	11	01	16 53	17	28
10 53 36	12	12	02	17 29	18	29
10 57 20	13	13	03	18 06	18	♐ 0
11 01 03	14	13	04	18 42	19	01
11 04 46	15	14	04	19 18	20	02
11 08 28	16	15	05	19 54	21	04
11 12 10	17	16	06	20 30	21	05
11 15 52	18	17	07	21 06	22	06
11 19 33	19	17	07	21 42	23	07
11 23 15	20	18	08	22 18	24	08
11 26 56	21	19	09	22 54	25	09
11 30 37	22	20	09	23 31	25	10
11 34 18	23	21	10	24 07	26	11
11 37 58	24	21	10	24 43	27	12
11 41 39	25	22	11	25 19	28	13
11 45 19	26	23	12	25 55	29	14
11 48 59	27	24	12	26 32	30	15
11 52 40	28	25	13	27 08	♐ 0	17
11 56 20	29	25	14	27 45	01	18

57°

Left panel

Heure sidérale (h m s)	10e maison °	11e maison °	12e maison °	1re maison Ascendant °	'	2e maison °	3e maison °
	♎	♏	♏	♏		♐	♐
12 00 00	00	26	14	28	21	02	19
12 03 40	01	27	15	28	58	03	20
12 07 20	02	28	16	29	35	04	21
12 11 01	03	29	16	♏0	11	05	22
12 14 41	04	29	17	00	48	06	24
12 18 21	05	♏0	18	01	25	06	25
12 22 02	06	01	18	02	03	07	26
12 25 42	07	02	19	02	40	08	27
12 29 23	08	03	20	03	17	09	28
12 33 04	09	03	20	03	55	10	♑0
12 36 45	10	04	21	04	33	11	01
12 40 27	11	05	22	05	11	12	02
12 44 08	12	06	23	05	49	13	03
12 47 50	13	07	23	06	27	14	05
12 51 32	14	07	24	07	06	15	06
12 55 14	15	08	25	07	45	16	07
12 58 57	16	09	25	08	24	17	08
13 02 40	17	10	26	09	03	18	10
13 06 24	18	10	27	09	43	19	11
13 10 07	19	11	27	10	23	20	12
13 13 51	20	12	28	11	03	21	14
13 17 36	21	13	29	11	42	22	15
13 21 21	22	14	29	12	24	23	16
13 25 06	23	14	♐0	13	05	25	18
13 28 52	24	15	01	13	46	26	19
13 32 38	25	16	02	14	28	27	20
13 36 25	26	17	02	15	10	28	22
13 40 13	27	18	03	15	53	♒0	23
13 44 01	28	18	04	16	36	01	24
13 47 49	29	19	04	17	19	02	26
13 51 38	♏0	20	05	18	04	03	27
13 55 28	01	21	06	18	48	05	28
13 59 18	02	22	07	19	33	06	♓0
14 03 08	03	23	07	20	18	07	01
14 07 00	04	23	08	21	04	09	03
14 10 52	05	24	09	21	51	10	04
14 14 44	06	25	10	22	38	12	05
14 18 37	07	26	10	23	26	13	07
14 22 31	08	27	11	24	15	15	08
14 26 26	09	27	12	25	04	16	09
14 30 21	10	28	13	25	54	18	11
14 34 17	11	29	14	26	45	19	12
14 38 14	12	♐0	14	27	37	21	14
14 42 11	13	01	15	28	30	23	15
14 46 09	14	02	16	29	23	24	16

Right panel

Heure sidérale (h m s)	10e maison °	11e maison °	12e maison °	1re maison Ascendant °	'	2e maison °	3e maison °
	♏	♐	♐	♑		♒	♓
14 50 09	15	03	17	♑0	18	26	18
14 54 07	16	03	18	01	13	28	19
14 58 08	17	04	18	02	10	♓0	21
15 02 08	18	05	19	03	08	02	22
15 06 10	19	06	20	04	07	03	23
15 10 12	20	07	21	05	08	05	24
15 14 16	21	08	22	06	10	07	26
15 18 19	22	09	23	07	13	09	28
15 22 24	23	09	24	08	18	11	29
15 26 29	24	10	24	09	24	13	♈0
15 30 35	25	11	25	10	32	15	02
15 34 42	26	12	26	11	43	17	03
15 38 49	27	13	27	12	55	19	04
15 42 57	28	14	28	14	09	21	06
15 47 06	29	14	28	15	29	23	07
15 51 16	♐0	16	♒0	16	44	26	08
15 55 26	01	17	01	18	05	28	10
15 59 37	02	17	02	19	29	♈0	11
16 03 48	03	18	03	20	55	02	13
16 08 01	04	19	04	22	26	04	14
16 12 13	05	20	05	23	58	06	15
16 16 27	06	21	06	25	35	08	16
16 20 41	07	22	07	27	15	10	18
16 24 55	08	23	08	28	59	13	19
16 29 11	09	24	09	♒0	47	15	20
16 33 26	10	25	10	02	40	17	21
16 37 42	11	26	11	04	37	19	23
16 41 59	12	27	12	06	39	21	24
16 46 17	13	28	14	08	47	23	25
16 50 34	14	29	15	11	00	25	25
16 54 52	15	♑0	16	13	18	27	27
16 59 11	16	01	17	15	43	29	29
17 03 30	17	02	18	18	14	♉0	♈0
17 07 49	18	03	20	20	52	03	02
17 12 09	19	04	21	23	36	05	03
17 16 29	20	05	22	26	27	07	05
17 20 49	21	06	23	29	24	09	06
17 25 10	22	07	25	♓2	28	10	06
17 29 30	23	08	26	05	38	12	07
17 33 51	24	09	27	08	54	14	08
17 38 13	25	10	29	12	16	16	09
17 42 34	26	11	♓0	15	43	17	10
17 46 55	27	12	02	19	13	19	11
17 51 17	28	13	03	22	47	21	12
17 55 38	29	14	05	26	23	22	14

57°

Heure sidérale (h m s)	10e maison ♑	11e maison ♑	12e maison ♑	1re maison Ascendant ♈ °	Ascendant '	2e maison ♓	3e maison ♊
18 00 00	00	15	06	00	00	24	15
18 04 22	01	16	08	03	37	25	16
18 08 43	02	17	09	07	13	27	17
18 13 05	03	19	11	10	47	28	18
18 17 26	04	20	13	14	17	♈0	19
18 21 47	05	21	14	17	44	01	20
18 26 09	06	22	16	21	06	03	21
18 30 30	07	23	18	24	22	04	22
18 34 50	08	24	20	27	32	05	23
18 39 11	09	25	21	♉0	36	07	24
18 43 31	10	27	23	03	33	08	25
18 47 51	11	28	25	06	24	09	26
18 52 11	12	29	27	09	08	10	27
18 56 30	13	♒0	29	11	46	12	28
19 00 49	14	01	♒0	14	17	13	29
19 05 08	15	03	03	16	42	14	♋0
19 09 26	16	04	05	19	00	15	01
19 13 43	17	05	07	21	13	16	02
19 18 01	18	06	09	23	21	18	03
19 22 18	19	07	11	25	23	19	04
19 26 34	20	09	13	27	20	20	05
19 30 49	21	10	15	29	13	21	06
19 35 05	22	11	17	♊1	01	22	07
19 39 19	23	12	19	02	45	23	08
19 43 33	24	14	22	04	25	24	09
19 47 47	25	15	24	06	02	25	10
19 51 59	26	16	26	07	34	26	11
19 56 12	27	18	28	09	05	27	12
20 00 23	28	19	♓0	10	31	28	13
20 04 34	29	20	02	11	55	29	13
20 08 44	♒0	22	04	13	16	♉0	14
20 12 54	01	23	07	14	35	01	15
20 17 03	02	24	09	15	51	02	16
20 21 11	03	26	11	17	05	03	17
20 25 18	04	27	13	18	17	04	18
20 29 25	05	28	15	19	28	05	19
20 33 31	06	♓0	17	20	36	06	20
20 37 36	07	01	19	21	42	06	21
20 41 41	08	02	21	22	47	07	21
20 45 44	09	04	23	23	50	08	22
20 49 48	10	05	25	24	52	09	23
20 53 50	11	07	27	25	53	10	24
20 57 52	12	08	28	26	52	11	25
21 01 52	13	09	♈0	27	50	12	26
21 05 53	14	11	02	28	47	12	27

57°

Heure sidérale (h m s)	10e maison ♒	11e maison ♓	12e maison ♈	1re maison Ascendant ♊ °	Ascendant '	2e maison ♉	3e maison ♋
21 09 51	15	12	04	29	42	13	27
21 13 51	16	14	06	♋0	37	14	28
21 17 49	17	15	07	01	30	15	29
21 21 46	18	16	09	02	23	16	♌0
21 25 43	19	18	11	03	15	16	01
21 29 39	20	19	12	04	06	17	02
21 33 34	21	21	14	04	56	18	03
21 37 29	22	22	15	05	45	19	03
21 41 23	23	23	17	06	34	20	04
21 45 16	24	25	18	07	22	20	05
21 49 08	25	26	20	08	09	21	06
21 53 00	26	27	21	08	56	22	07
21 56 52	27	29	23	09	42	23	07
22 00 42	28	♈0	24	10	27	23	08
22 04 32	29	02	25	11	12	24	09
22 08 22	♓0	03	27	11	57	25	10
22 12 11	01	04	28	12	41	26	11
22 15 59	02	06	29	13	24	26	12
22 19 47	03	07	♉0	14	07	27	12
22 23 35	04	08	02	14	50	28	13
22 27 22	05	10	03	15	32	28	14
22 31 08	06	11	04	16	14	29	15
22 34 54	07	12	05	16	55	♊0	16
22 38 39	08	14	06	17	36	01	16
22 42 24	09	15	08	18	17	01	17
22 46 09	10	16	09	18	57	02	18
22 49 53	11	18	10	19	37	03	19
22 53 36	12	19	11	20	17	04	20
22 57 20	13	20	12	20	57	04	20
23 01 03	14	22	13	21	36	05	21
23 04 46	15	23	14	22	15	06	22
23 08 28	16	24	15	22	54	06	23
23 12 10	17	25	16	23	33	07	23
23 15 52	18	27	17	24	11	08	24
23 19 33	19	28	18	24	49	08	25
23 23 15	20	29	19	25	27	09	26
23 26 56	21	♉0	20	26	05	10	27
23 30 37	22	02	21	26	43	10	27
23 34 18	23	03	22	27	20	11	28
23 37 58	24	04	23	27	57	12	29
23 41 39	25	05	24	28	35	12	♍0
23 45 19	26	06	24	29	12	13	01
23 48 59	27	08	25	♌0	11	14	01
23 52 40	28	09	26	00	25	14	02
23 56 20	29	10	27	01	02	15	03

h m s	10e maison °	11e maison °	12e maison °	1re maison Ascendant ° '	2e maison °	3e maison °
0 00 00	00	12	00	02 57	17	04
0 03 40	01	13	01	03 33	17	05
0 07 20	02	14	02	04 08	18	06
0 11 01	03	15	03	04 43	19	07
0 14 41	04	17	03	05 19	19	07
0 18 21	05	18	04	05 54	20	08
0 22 02	06	19	05	06 29	21	09
0 25 42	07	20	06	07 05	21	10
0 29 23	08	21	07	07 40	22	10
0 33 04	09	22	07	08 15	23	11
0 36 45	10	23	08	08 50	23	12
0 40 27	11	24	09	09 25	24	13
0 44 08	12	26	10	10 00	25	14
0 47 50	13	27	10	10 36	25	14
0 51 32	14	28	11	11 11	26	15
0 55 14	15	29	12	11 46	27	16
0 58 57	16	♏0	13	12 21	27	17
1 02 40	17	01	13	12 56	28	18
1 06 24	18	02	14	13 32	29	18
1 10 07	19	03	15	14 07	29	19
1 13 51	20	04	16	14 42	♐0	20
1 17 36	21	05	16	15 18	01	21
1 21 21	22	06	17	15 53	01	22
1 25 06	23	07	18	16 28	02	22
1 28 52	24	08	19	17 04	03	23
1 32 38	25	09	19	17 40	03	23
1 36 25	26	10	20	18 15	04	25
1 40 13	27	11	21	18 51	05	26
1 44 01	28	12	22	19 27	05	27
1 47 49	29	13	22	20 03	06	27
1 51 38	♒0	14	23	20 39	07	28
1 55 28	01	15	24	21 15	07	29
1 59 18	02	16	25	21 51	08	♑0
2 03 08	03	17	25	22 27	09	01
2 07 00	04	18	26	23 04	09	02
2 10 52	05	19	27	23 40	10	02
2 14 44	06	19	27	24 17	11	03
2 18 37	07	20	28	24 53	12	04
2 22 31	08	21	29	25 30	12	05
2 26 26	09	22	30	26 07	13	06
2 30 21	10	23	♐0	26 44	14	07
2 34 17	11	24	01	27 21	14	07
2 38 14	12	25	02	27 58	15	08
2 42 11	13	26	03	28 36	16	09
2 46 09	14	27	03	29 13	16	10

h m s	10e maison °	11e maison °	12e maison °	1re maison Ascendant ° '	2e maison °	3e maison °
2 50 09	15	28	04	29 51	17	11
2 54 07	16	29	05	♑0 28	18	12
2 58 08	17	♐0	05	01 06	19	13
3 02 08	18	01	06	01 44	19	13
3 06 10	19	02	07	02 22	20	14
3 10 12	20	02	08	03 01	21	15
3 14 16	21	03	08	03 39	22	16
3 18 19	22	04	09	04 17	22	17
3 22 24	23	05	10	04 56	23	18
3 26 29	24	06	11	05 35	24	19
3 30 35	25	07	11	06 14	25	19
3 34 42	26	08	12	06 53	25	20
3 38 49	27	09	13	07 32	26	21
3 42 57	28	10	14	08 11	27	22
3 47 06	29	11	14	08 50	28	23
3 51 16	♒0	12	15	09 30	28	24
3 55 26	01	12	16	10 10	29	25
3 59 37	02	13	17	10 49	♑0	26
4 03 48	03	14	17	11 29	01	27
4 08 01	04	15	18	12 09	01	28
4 12 13	05	16	19	12 49	02	28
4 16 27	06	17	20	13 30	03	29
4 20 41	07	18	20	14 10	04	♒0
4 24 55	08	19	21	14 51	05	01
4 29 11	09	20	22	15 31	05	02
4 33 26	10	21	23	16 12	06	03
4 37 42	11	22	24	16 53	07	04
4 41 59	12	22	24	17 33	08	05
4 46 17	13	23	25	18 14	09	06
4 50 34	14	24	26	18 55	09	07
4 54 52	15	25	27	19 36	10	07
4 59 11	16	26	27	20 18	11	08
5 03 30	17	27	28	20 59	12	09
5 07 49	18	28	29	21 40	13	10
5 12 09	19	29	30	22 22	13	11
5 16 29	20	♑0	♒0	23 03	14	12
5 20 49	21	01	01	23 45	15	13
5 25 10	22	02	02	24 26	16	14
5 29 30	23	02	03	25 08	17	15
5 33 51	24	03	04	25 50	17	16
5 38 13	25	04	04	26 31	18	16
5 42 34	26	05	05	27 13	19	17
5 46 55	27	06	06	27 55	20	18
5 51 17	28	07	07	28 36	20	19
5 55 38	29	08	07	29 18	21	20

58°

Heure sidérale h m s	10e maison °	11e maison °	12e maison °	1re maison Ascendant °	'	2e maison °	3e maison °
6 00 00	00	09	08	00	00	22	21
6 04 22	01	10	09	00	42	23	22
6 08 43	02	11	10	01	24	23	23
6 13 05	03	12	11	02	05	24	24
6 17 26	04	13	11	02	47	25	25
6 21 47	05	13	12	03	29	26	26
6 26 09	06	14	13	04	10	27	27
6 30 30	07	15	14	04	52	28	28
6 34 50	08	16	15	05	34	28	28
6 39 11	09	17	15	06	15	29	29
6 43 31	10	18	16	06	57	≈0	♓0
6 47 51	11	19	17	07	38	01	01
6 52 11	12	20	18	08	20	02	02
6 56 30	13	21	18	09	01	02	03
7 00 49	14	22	19	09	42	03	04
7 05 08	15	23	20	10	24	04	05
7 09 26	16	24	21	11	05	05	06
7 13 43	17	24	22	11	46	05	07
7 18 01	18	25	22	12	27	06	08
7 22 18	19	26	23	13	07	07	08
7 26 34	20	27	24	13	48	07	09
7 30 49	21	28	24	14	29	08	10
7 35 05	22	29	25	15	09	09	11
7 39 19	23	♒0	26	15	50	10	12
7 43 33	24	01	27	16	30	10	13
7 47 47	25	02	28	17	11	11	14
7 51 59	26	02	29	17	51	12	15
7 56 12	27	03	29	18	31	13	16
8 00 23	28	04	♓0	19	11	13	17
8 04 34	29	05	01	19	50	14	18
8 08 44	♋0	06	02	20	30	15	18
8 12 54	01	07	02	21	10	16	19
8 17 03	02	08	03	21	49	17	20
8 21 11	03	09	04	22	28	18	21
8 25 19	04	10	05	23	07	18	22
8 29 25	05	10	05	23	46	19	23
8 33 31	06	11	06	24	25	20	24
8 37 36	07	12	07	25	04	21	25
8 41 41	08	13	08	25	43	21	26
8 45 44	09	14	08	26	21	22	27
8 49 48	10	15	09	26	59	23	28
8 53 50	11	16	10	27	38	23	28
8 57 52	12	17	11	28	16	24	29
9 01 52	13	17	11	28	54	25	♈0
9 05 53	14	18	12	29	32	25	01

58°

Heure sidérale h m s	10e maison °	11e maison °	12e maison °	1re maison Ascendant °	'	2e maison °	3e maison °
9 09 51	15	19	13	≈0	09	26	02
9 13 51	16	20	14	00	47	27	03
9 17 49	17	21	14	01	24	27	04
9 21 46	18	22	15	02	02	28	05
9 25 43	19	23	16	02	39	29	06
9 29 39	20	23	16	03	16	30	07
9 33 34	21	24	17	03	53	♓0	08
9 37 29	22	25	18	04	30	01	09
9 41 23	23	26	19	05	07	02	10
9 45 16	24	27	19	05	43	03	11
9 49 08	25	28	20	06	20	03	12
9 53 00	26	28	21	06	56	04	12
9 56 52	27	29	22	07	33	05	13
10 00 42	28	♐0	22	08	09	05	14
10 04 32	29	01	23	08	45	06	15
10 08 22	♌0	02	24	09	21	07	16
10 12 11	01	03	24	09	57	08	17
10 15 59	02	03	25	10	33	08	18
10 19 47	03	04	26	11	09	09	19
10 23 35	04	05	26	11	45	10	20
10 27 22	05	06	27	12	20	11	21
10 31 08	06	07	28	12	56	11	22
10 34 54	07	08	28	13	32	12	23
10 38 39	08	08	29	14	07	13	24
10 42 24	09	09	29	14	42	14	25
10 46 09	10	10	≈0	15	18	14	26
10 49 53	11	11	01	15	53	15	27
10 53 36	12	12	02	16	28	16	28
10 57 20	13	12	02	17	04	17	29
11 01 03	14	13	03	17	39	17	♉0
11 04 46	15	14	03	18	14	18	01
11 08 28	16	15	04	18	49	19	02
11 12 10	17	16	05	19	24	20	04
11 15 52	18	17	05	20	00	20	05
11 19 33	19	17	06	20	35	21	06
11 23 15	20	18	07	21	10	22	07
11 26 56	21	19	07	21	45	23	08
11 30 37	22	20	08	22	20	24	09
11 34 18	23	20	09	22	55	24	10
11 37 58	24	21	09	23	31	25	11
11 41 39	25	22	10	24	06	26	12
11 45 19	26	23	11	24	41	27	13
11 48 59	27	24	11	25	17	27	14
11 52 40	28	24	12	25	25	28	16
11 56 20	29	25	13	26	27	29	17

393

58°

Heure sidérale h m s	10e maison °	11e maison °	12e maison °	1re maison Ascendant ° '	2e maison °	3e maison °
	♐	♐	♑	♑	♐	♑
12 00 00	00	26	13	27 03	00	18
12 03 40	01	27	14	27 39	01	19
12 07 20	02	27	15	28 14	02	20
12 11 01	03	28	16	28 50	03	21
12 14 41	04	29	16	29 26	03	23
12 18 21	05	♒0	17	♐0 02	04	24
12 22 02	06	01	17	00 38	05	25
12 25 42	07	01	18	01 14	06	26
12 29 23	08	02	19	01 51	07	28
12 33 04	09	03	20	02 27	08	29
12 36 45	10	04	20	03 04	09	♒0
12 40 27	11	04	21	03 40	10	01
12 44 08	12	05	22	04 17	11	03
12 47 50	13	06	22	04 55	12	04
12 51 32	14	07	23	05 32	13	05
12 55 14	15	08	24	06 09	14	06
12 58 57	16	08	24	06 47	15	08
13 02 40	17	09	25	07 25	16	09
13 06 24	18	10	26	08 03	17	10
13 10 07	19	11	26	08 42	18	12
13 13 51	20	12	27	09 21	19	13
13 17 36	21	12	28	10 00	20	14
13 21 21	22	13	29	10 39	21	16
13 25 06	23	14	29	11 18	22	17
13 28 52	24	15	♐0	11 58	23	19
13 32 38	25	16	01	12 39	25	20
13 36 25	26	16	01	13 19	26	21
13 40 13	27	17	02	14 00	27	23
13 44 01	28	18	03	14 42	28	24
13 47 49	29	19	03	15 23	♐0	25
13 51 38	♑0	19	04	16 06	01	27
13 55 28	01	20	05	16 48	02	28
13 59 18	02	21	06	17 32	04	♑0
14 03 08	03	22	06	18 15	05	01
14 07 00	04	23	07	18 59	06	03
14 10 52	05	24	07	19 44	08	04
14 14 44	06	24	08	20 29	09	05
14 18 37	07	25	09	21 15	11	07
14 22 31	08	26	10	22 02	12	08
14 26 26	09	27	11	22 49	14	10
14 30 21	10	28	12	23 37	16	11
14 34 17	11	29	13	24 26	17	12
14 38 14	12	29	13	25 16	19	14
14 42 11	13	♐0	14	26 06	21	15
14 46 09	14	01	14	26 57	22	17

58°

Heure sidérale h m s	10e maison °	11e maison °	12e maison °	1re maison Ascendant ° '	2e maison °	3e maison °
	♑	♑	♑	♑	♐	♐
14 50 09	15	02	15	27 49	24	18
14 54 07	16	03	16	28 43	26	19
14 58 08	17	04	17	29 37	28	21
15 02 08	18	04	18	♐0 32	♑0	22
15 06 10	19	05	18	01 29	02	24
15 10 12	20	06	19	02 26	04	25
15 14 16	21	07	20	03 26	06	26
15 18 19	22	08	21	04 26	08	28
15 22 24	23	09	22	05 28	10	29
15 26 29	24	10	23	06 31	12	♒0
15 30 35	25	11	23	07 37	14	02
15 34 42	26	11	24	08 44	16	03
15 38 49	27	12	25	09 53	18	05
15 42 57	28	13	26	11 04	21	06
15 47 06	29	14	27	12 17	23	07
15 51 16	♐0	15	28	13 32	25	09
15 55 26	01	16	29	15 40	28	11
15 59 37	02	16	♐0	16 11	♒0	12
16 03 48	03	17	01	17 35	02	13
16 08 01	04	18	02	19 01	04	15
16 12 13	05	19	03	20 31	06	16
16 16 27	06	20	04	22 05	09	17
16 20 41	07	21	05	23 43	11	19
16 24 55	08	22	06	25 24	14	20
16 29 11	09	23	07	27 10	16	21
16 33 26	10	24	08	29 00	18	22
16 37 42	11	25	09	♒0 57	20	24
16 41 59	12	26	10	02 58	22	25
16 46 17	13	27	11	05 06	25	26
16 50 34	14	28	12	07 19	27	27
16 54 52	15	29	14	09 40	29	29
16 59 11	16	♐0	15	12 07	♓0	♈0
17 03 30	17	01	16	14 42	03	01
17 07 49	18	02	17	17 25	05	02
17 12 09	19	03	18	20 15	07	03
17 16 29	20	04	20	23 15	09	04
17 20 49	21	05	21	26 23	11	06
17 25 10	22	06	22	29 39	12	07
17 29 30	23	07	24	♓3 04	14	08
17 33 51	24	08	25	06 37	16	09
17 38 13	25	09	26	10 18	18	10
17 42 34	26	10	28	14 05	20	11
17 46 55	27	11	29	17 58	21	12
17 51 17	28	12	♒0	21 56	22	14
17 55 38	29	13	02	25 57	25	15

58° — Tables des maisons

Heure sidérale h m s	10e maison °	11e maison °	12e maison °	1re maison Ascendant ° '	2e maison °	3e maison °
	♑	♑	♒	♈	♉	♊
18 00 00	00	14	04	00 00	26	16
18 04 22	01	15	06	04 03	28	17
18 08 43	02	16	07	08 04	♊00	18
18 13 05	03	17	09	12 02	01	19
18 17 26	04	19	10	15 55	02	20
18 21 47	05	20	12	19 42	04	21
18 26 09	06	21	14	23 23	05	22
18 30 30	07	22	16	26 56	06	23
18 34 50	08	23	18	♉00 21	08	24
18 39 11	09	24	19	03 27	09	25
18 43 31	10	26	21	06 45	10	26
18 47 51	11	27	23	09 45	12	27
18 52 11	12	28	25	12 35	13	28
18 56 30	13	29	27	15 18	14	29
19 00 49	14	♒00	29	17 53	15	♋00
19 05 08	15	01	♓00	20 20	16	01
19 09 26	16	03	03	22 41	18	02
19 13 43	17	04	05	24 54	19	03
19 18 01	18	05	08	27 02	20	04
19 22 18	19	06	10	29 03	21	05
19 26 34	20	08	12	♊00 59	22	06
19 30 49	21	09	14	02 50	23	07
19 35 05	22	10	17	04 36	24	08
19 39 19	23	12	19	06 17	25	09
19 43 33	24	13	21	07 55	26	10
19 47 47	25	14	23	09 29	27	11
19 51 59	26	16	26	10 59	28	12
19 56 12	27	17	28	12 25	29	13
20 00 23	28	18	♈00	13 49	♋00	14
20 04 34	29	19	02	15 10	01	14
20 08 44	♒00	21	05	16 28	02	15
20 12 54	01	22	07	17 43	03	16
20 17 03	02	23	09	18 56	04	17
20 21 11	03	25	11	20 07	05	18
20 25 18	04	26	14	21 16	06	19
20 29 25	05	28	16	22 23	07	20
20 33 31	06	29	18	23 29	07	21
20 37 36	07	♓00	20	24 32	08	22
20 41 41	08	02	22	25 34	09	22
20 45 44	09	03	24	26 34	10	23
20 49 48	10	05	26	27 34	11	24
20 53 50	11	06	28	28 31	12	25
20 57 52	12	07	♉00	29 28	12	26
21 01 52	13	09	02	♋00 23	13	27
21 05 53	14	10	04	01 17	14	28

Heure sidérale h m s	10e maison °	11e maison °	12e maison °	1re maison Ascendant ° '	2e maison °	3e maison °
	♒	♓	♉	♋	♋	♋
21 09 51	15	12	06	02 11	15	28
21 13 51	16	13	08	03 03	16	29
21 17 49	17	15	09	03 54	16	♌00
21 21 46	18	16	11	04 44	17	01
21 25 43	19	17	13	05 34	18	02
21 29 39	20	19	14	06 23	19	03
21 33 34	21	20	16	07 11	20	03
21 37 29	22	22	18	07 58	20	04
21 41 23	23	23	19	08 45	21	05
21 45 16	24	25	21	09 31	22	06
21 49 08	25	26	22	10 16	23	07
21 53 00	26	27	24	11 01	23	07
21 56 52	27	29	25	11 45	24	08
22 00 42	28	♈00	26	12 28	25	09
22 04 32	29	02	28	13 12	26	10
22 08 22	♓00	03	29	13 54	26	11
22 12 11	01	04	♊00	14 37	27	11
22 15 59	02	06	02	15 18	28	12
22 19 47	03	07	03	16 00	28	13
22 23 35	04	09	04	16 41	29	14
22 27 22	05	10	05	17 21	30	15
22 31 08	06	11	07	18 02	♌00	15
22 34 54	07	13	08	18 42	01	16
22 38 39	08	14	09	19 21	01	17
22 42 24	09	16	10	20 00	02	18
22 46 09	10	17	11	20 39	03	19
22 49 53	11	18	12	21 18	04	19
22 53 36	12	20	13	21 57	05	20
22 57 20	13	21	14	22 35	05	21
23 01 03	14	22	15	23 13	06	22
23 04 46	15	23	16	23 51	07	22
23 08 28	16	24	17	24 28	07	23
23 12 10	17	26	18	25 05	08	24
23 15 52	18	27	19	25 43	09	25
23 19 33	19	29	20	26 20	09	26
23 23 15	20	♉00	21	26 56	10	26
23 26 56	21	01	22	27 33	11	27
23 30 37	22	02	23	28 09	11	28
23 34 18	23	03	24	28 46	12	29
23 37 58	24	04	25	29 22	13	29
23 41 39	25	06	26	29 58	13	♍00
23 45 19	26	07	27	♌00 34	14	01
23 48 59	27	09	27	01 10	15	02
23 52 40	28	10	28	01 46	15	03
23 56 20	29	11	29	02 21	16	03

h m s	10e maison (°)	11e maison (°)	12e maison (°)	1re maison Ascendant (° ')	2e maison (°)	3e maison (°)
0 00 00	00	12	00	03 31	17	04
0 03 40	01	13	01	04 06	17	05
0 07 20	02	14	02	04 41	18	06
0 11 01	03	15	03	05 16	19	07
0 14 41	04	17	03	05 51	19	07
0 18 21	05	18	04	06 26	20	08
0 22 02	06	19	05	07 01	21	09
0 25 42	07	20	06	07 35	21	10
0 29 23	08	21	07	08 10	22	10
0 33 04	09	22	07	08 45	23	11
0 36 45	10	23	08	09 20	23	12
0 40 27	11	24	09	09 54	24	13
0 44 08	12	26	10	10 29	25	14
0 47 50	13	27	10	11 04	25	14
0 51 32	14	28	11	11 39	26	15
0 55 14	15	29	12	12 13	27	16
0 58 57	16	♒0	13	12 48	27	17
1 02 40	17	01	13	13 23	28	18
1 06 24	18	02	14	13 58	29	18
1 10 07	19	03	15	14 33	29	19
1 13 51	20	04	16	15 08	♌0	20
1 17 36	21	05	16	15 43	01	21
1 21 21	22	06	17	16 18	01	22
1 25 06	23	07	18	16 53	02	22
1 28 52	24	08	19	17 28	03	23
1 32 38	25	09	19	18 03	03	24
1 36 25	26	10	20	18 39	04	25
1 40 13	27	11	21	19 14	05	26
1 44 01	28	12	22	19 49	05	27
1 47 49	29	13	22	20 25	06	27
1 51 38	♓0	14	23	21 01	07	28
1 55 28	01	15	24	21 36	07	29
1 59 18	02	16	25	22 12	08	♍0
2 03 08	03	17	25	22 48	09	01
2 07 00	04	18	26	23 24	09	02
2 10 52	05	19	27	24 00	10	02
2 14 44	06	19	27	24 36	11	03
2 18 37	07	20	28	25 13	12	04
2 22 31	08	21	29	25 49	12	05
2 26 26	09	22	30	26 26	13	06
2 30 21	10	23	♋0	27 02	14	07
2 34 17	11	24	01	27 39	14	07
2 38 14	12	25	02	28 16	15	08
2 42 11	13	26	03	28 53	16	09
2 46 09	14	27	03	29 30	16	10

h m s	10e maison (°)	11e maison (°)	12e maison (°)	1re maison Ascendant (° ')	2e maison (°)	3e maison (°)
2 50 09	15	28	04	♌0 07	17	11
2 54 07	16	29	05	00 45	18	12
2 58 08	17	♍0	05	01 22	19	13
3 02 08	18	01	06	02 00	19	13
3 06 10	19	02	07	02 37	20	14
3 10 12	20	02	08	03 15	21	15
3 14 16	21	03	08	03 53	22	16
3 18 19	22	04	09	04 31	22	17
3 22 24	23	05	10	05 10	23	18
3 26 29	24	06	11	05 48	24	19
3 30 35	25	07	11	06 27	25	19
3 34 42	26	08	12	07 05	25	20
3 38 49	27	09	13	07 44	26	21
3 42 57	28	10	14	08 23	27	22
3 47 06	29	11	14	09 02	28	23
3 51 16	♏0	12	15	09 41	28	24
3 55 26	01	12	16	10 20	29	25
3 59 37	02	13	17	11 00	♏0	26
4 03 48	03	14	17	11 39	01	27
4 08 01	04	15	18	12 19	01	28
4 12 13	05	16	19	12 59	02	28
4 16 27	06	17	20	13 39	03	29
4 20 41	07	18	20	14 19	04	♐0
4 24 55	08	19	21	14 59	05	01
4 29 11	09	20	22	15 39	05	02
4 33 26	10	21	23	16 19	06	03
4 37 42	11	22	24	17 00	07	04
4 41 59	12	22	24	17 40	08	05
4 46 17	13	23	25	18 21	09	06
4 50 34	14	24	26	19 01	09	07
4 54 52	15	25	27	19 42	10	07
4 59 11	16	26	27	20 23	11	08
5 03 30	17	27	28	21 04	12	09
5 07 49	18	28	29	21 45	13	10
5 12 09	19	29	30	22 26	13	11
5 16 29	20	♐0	♐0	23 07	14	12
5 20 49	21	01	01	23 48	15	13
5 25 10	22	02	02	24 29	16	14
5 29 30	23	02	03	25 10	17	15
5 33 51	24	03	04	25 52	17	16
5 38 13	25	04	04	26 33	18	16
5 42 34	26	05	05	27 14	19	17
5 46 55	27	06	06	27 56	20	18
5 51 17	28	07	07	28 37	20	19
5 55 38	29	08	07	29 19	21	20

59° Heure sidérale h m s	10e maison °	11e maison °	12e maison °	1re maison Ascendant ° '	2e maison °	3e maison °
6 00 00	00	09	08	00 00	22	21
6 04 22	01	10	09	00 41	23	22
6 08 43	02	11	10	01 23	23	23
6 13 05	03	12	11	02 04	24	24
6 17 26	04	13	11	02 46	25	25
6 21 47	05	13	12	03 27	26	26
6 26 09	06	14	13	04 08	27	27
6 30 30	07	15	14	04 50	28	28
6 34 50	08	16	15	05 31	28	28
6 39 11	09	17	15	06 12	29	29
6 43 31	10	18	16	06 53	♒0	♓0
6 47 51	11	19	17	07 34	01	01
6 52 11	12	20	18	08 15	02	02
6 56 30	13	21	18	08 56	02	03
7 00 49	14	22	19	09 37	03	04
7 05 08	15	23	20	10 18	04	05
7 09 26	16	24	21	10 59	05	06
7 13 43	17	24	22	11 39	05	07
7 18 01	18	25	22	12 20	06	08
7 22 18	19	26	23	13 00	07	08
7 26 34	20	27	24	13 41	07	09
7 30 49	21	28	24	14 21	08	10
7 35 05	22	29	25	15 01	09	11
7 39 19	23	♏0	26	15 41	10	12
7 43 33	24	01	27	16 21	10	13
7 47 47	25	02	28	17 01	11	14
7 51 59	26	02	29	17 41	12	15
7 56 12	27	03	29	18 21	13	16
8 00 23	28	04	♐0	19 00	13	17
8 04 34	29	05	01	19 40	14	18
8 08 44	♌0	06	02	20 19	15	18
8 12 54	01	07	02	20 58	16	19
8 17 03	02	08	03	21 37	17	20
8 21 11	03	09	04	22 16	18	21
8 25 19	04	10	05	22 55	18	22
8 29 25	05	10	05	23 33	19	23
8 33 31	06	11	06	24 12	20	24
8 37 36	07	12	07	24 50	21	25
8 41 41	08	13	08	25 29	21	26
8 45 44	09	14	08	26 07	22	27
8 49 48	10	15	09	26 45	23	28
8 53 50	11	16	10	27 23	23	28
8 57 52	12	17	11	28 00	24	29
9 01 52	13	17	11	28 38	25	♐0
9 05 53	14	18	12	29 15	25	01
9 09 51	15	19	13	29 53	26	02
9 13 51	16	20	14	♑0 30	27	03
9 17 49	17	21	14	01 07	27	04
9 21 46	18	22	15	01 44	28	05
9 25 43	19	23	16	02 21	29	06
9 29 39	20	23	16	02 58	30	07
9 33 34	21	24	17	03 34	♒0	08
9 37 29	22	25	18	04 11	01	09
9 41 23	23	26	19	04 47	02	10
9 45 16	24	27	19	05 24	03	11
9 49 08	25	28	20	06 00	03	12
9 53 00	26	28	21	06 36	04	12
9 56 52	27	29	22	07 12	05	13
10 00 42	28	♐0	22	07 48	05	14
10 04 32	29	01	23	08 24	06	15
10 08 22	♐0	02	24	08 59	07	16
10 12 11	01	03	24	09 35	08	17
10 15 59	02	03	25	10 11	08	18
10 19 47	03	04	26	10 46	09	19
10 23 35	04	05	26	11 21	10	20
10 27 22	05	06	27	11 57	11	21
10 31 08	06	07	28	12 32	11	22
10 34 54	07	08	28	13 07	12	23
10 38 39	08	08	29	13 42	13	24
10 42 24	09	09	29	14 17	14	25
10 46 09	10	10	♒0	14 52	14	26
10 49 53	11	11	01	15 27	15	27
10 53 36	12	12	02	16 02	16	28
10 57 20	13	12	02	16 37	17	29
11 01 03	14	13	03	17 12	17	♓0
11 04 46	15	14	03	17 47	18	01
11 08 28	16	15	04	18 21	19	02
11 12 10	17	16	05	18 56	20	04
11 15 52	18	17	05	19 31	20	05
11 19 33	19	17	06	20 06	21	06
11 23 15	20	18	07	20 40	22	07
11 26 56	21	19	07	21 15	23	08
11 30 37	22	20	08	21 50	24	09
11 34 18	23	20	09	22 25	24	10
11 37 58	24	21	09	22 59	25	11
11 41 39	25	22	10	23 34	26	12
11 45 19	26	23	11	24 09	27	13
11 48 59	27	24	11	24 44	27	14
11 52 40	28	24	12	25 19	28	16
11 56 20	29	25	13	25 54	29	17

59° Heure sidérale	10e maison	11e maison	12e maison	1re maison Ascendant		2e maison	3e maison
h m s	°	°	°	°	′	°	°
	♐	♐	♑	♑		♒	♓
12 00 00	00	26	13	26	29	00	18
13 03 40	01	27	14	27	04	01	19
12 07 20	02	27	15	27	39	02	20
12 11 01	03	28	16	28	15	03	21
12 14 41	04	29	16	28	50	03	23
12 18 21	05	♑0	17	29	25	04	24
12 22 02	06	01	17 ♒0	01		05	25
12 25 42	07	01	18	00	37	06	26
12 29 23	08	02	19	01	13	07	28
12 33 04	09	03	20	01	49	08	29
12 36 45	10	04	20	02	25	09 ♓0	
12 40 27	11	04	21	03	01	10	01
12 44 08	12	05	22	03	37	11	03
12 47 50	13	06	22	04	14	12	04
12 51 32	14	07	23	04	51	13	05
12 55 14	15	08	24	05	28	14	06
12 58 57	16	08	24	06	05	15	08
13 02 40	17	09	25	06	42	16	09
13 06 24	18	10	26	07	20	17	10
13 10 07	19	11	26	07	58	18	12
13 13 51	20	12	27	08	36	19	13
13 17 36	21	12	28	09	14	20	14
13 21 21	22	13	29	09	53	21	16
13 25 06	23	14	29	10	32	22	17
13 28 52	24	15 ♒0	11	11		23	19
13 32 38	25	16	01	11	51	25	20
13 36 25	26	16	01	12	31	26	21
13 40 13	27	17	02	13	11	27	23
13 44 01	28	18	03	13	52	28	24
13 47 49	29	19	03	14	33 ♓0		25
13 51 38	♑0	19	04	15	14	01	27
13 55 28	01	20	05	15	56	02	28
13 59 18	02	21	06	16	38	04 ♈0	
14 03 08	03	22	06	17	21	05	01
14 07 00	04	23	07	18	04	06	03
14 10 52	05	24	07	18	48	08	04
14 14 44	06	24	08	19	33	09	05
14 18 37	07	25	09	20	18	11	07
14 22 31	08	26	10	21	04	12	08
14 26 26	09	27	11	21	50	14	10
14 30 21	10	28	12	22	37	16	11
14 34 17	11	29	13	23	25	17	12
14 38 14	12	29	13	24	13	19	14
14 42 11	13 ♒0	14	25	02		21	15
14 46 09	14	01	14	25	53	22	17

59° Heure sidérale	10e maison	11e maison	12e maison	1re maison Ascendant		2e maison	3e maison
h m s	°	°	°	°	′	°	°
	♑	♒	♒	♒		♓	♈
14 50 09	15	02	15	26	44	24	18
14 54 07	16	03	16	27	36	26	19
14 58 08	17	04	17	28	29	28	21
15 02 08	18	04	18	29	23 ♒0		22
15 06 10	19	05	18	♐0	18	02	24
15 10 12	20	06	19	01	15	04	25
15 14 16	21	07	20	02	12	06	26
15 18 19	22	08	21	03	11	08	28
15 22 24	23	09	22	04	12	10	29
15 26 29	24	10	23	05	14	12 ♓0	
15 30 35	25	11	23	06	18	14	02
15 34 42	26	11	24	07	23	16	03
15 38 49	27	12	25	08	31	18	05
15 42 57	28	13	26	09	40	21	06
15 47 06	29	14	27	10	52	23	07
15 51 16	♐0	15	28	12	06	25	09
15 55 26	01	16	29	13	22	28	11
15 59 37	02	16 ♓0	14	41 ♓0		12
16 03 48	03	17	01	16	03	02	13
16 08 01	04	18	02	17	28	04	15
16 12 13	05	19	03	18	56	06	16
16 16 27	06	20	04	20	28	09	17
16 20 41	07	21	05	22	45	14	20
16 24 55	08	22	06	23	45	14	20
16 29 11	09	23	07	25	29	16	21
16 33 26	10	24	08	27	19	18	22
16 37 42	11	25	09	29	14	20	24
16 41 59	12	26	10 ♈1	14		22	25
16 46 17	13	27	11	03	21	25	26
16 50 34	14	28	12	05	34	27	27
16 54 52	15	29	14	07	54	29	29
16 59 11	16 ♐0	15	10	22 ♓0		♈0
17 03 30	17	01	16	12	58	03	01
17 07 49	18	02	17	15	43	05	02
17 12 09	19	03	18	18	36	07	03
17 16 29	20	04	20	21	39	09	04
17 20 49	21	05	21	24	52	11	06
17 25 10	22	06	22	28	14	12	07
17 29 30	23	07	24 ♓1	46		14	08
17 33 51	24	08	25	05	27	16	09
17 38 13	25	09	26	09	17	18	10
17 42 34	26	10	28	13	15	20	11
17 46 55	27	11	29	17	20	21	12
17 51 17	28	12 ♈0	21	30		22	14
17 55 38	29	13	02	25	44	25	15

59° — Heure sidérale

Heure sidérale (h m s)	10e maison °	11e maison °	12e maison °	1re maison Ascendant ° '	2e maison °	3e maison °
18 00 00	♑ 00	♑ 14	♒ 04	♈ 00 00	♉ 26	♊ 16
18 04 22	01	15	06	04 16	28	17
18 08 43	02	16	07	08 30	♊ 00	18
18 13 05	03	17	09	12 40	01	19
18 17 26	04	19	10	16 45	02	20
18 21 47	05	20	12	20 43	04	21
18 26 09	06	21	14	24 33	05	22
18 30 30	07	22	16	28 14	06	23
18 34 50	08	23	18	♉ 01 46	08	24
18 39 11	09	24	19	05 08	09	25
18 43 31	10	26	21	08 21	10	26
18 47 51	11	27	23	11 24	12	27
18 52 11	12	28	25	14 17	13	28
18 56 30	13	29	27	17 02	14	29
19 00 49	14	♒ 00	29	19 38	15	♋ 00
19 05 08	15	01	♓ 00	22 06	16	01
19 09 26	16	03	03	24 26	18	02
19 13 43	17	04	05	26 39	19	03
19 18 01	18	05	08	28 46	20	04
19 22 18	19	06	10	♊ 00 46	21	05
19 26 34	20	08	12	02 41	22	06
19 30 49	21	09	14	04 31	23	07
19 35 05	22	10	17	06 15	24	08
19 39 19	23	12	19	07 55	25	09
19 43 33	24	13	21	09 32	26	10
19 47 47	25	14	23	11 04	27	11
19 51 59	26	16	26	12 32	28	12
19 56 12	27	17	28	13 57	29	13
20 00 23	28	18	♈ 00	15 19	♋ 00	14
20 04 34	29	19	02	16 38	01	14
20 08 44	♒ 00	21	05	17 54	02	15
20 12 54	01	22	07	19 08	03	16
20 17 03	02	23	09	20 20	04	17
20 21 11	03	25	11	21 29	05	18
20 25 18	04	26	14	22 37	06	19
20 29 25	05	28	16	23 42	07	20
20 33 31	06	29	18	24 46	07	21
20 37 36	07	♓ 00	20	25 48	08	22
20 41 41	08	02	22	26 49	09	22
20 45 44	09	03	24	27 48	10	23
20 49 48	10	05	26	28 45	11	24
20 53 50	11	06	28	29 42	12	25
20 57 52	12	07	♉ 00	♋ 00 37	12	26
21 01 52	13	09	02	01 31	13	27
21 05 53	14	10	04	02 24	14	28

59° — Heure sidérale (suite)

Heure sidérale (h m s)	10e maison °	11e maison °	12e maison °	1re maison Ascendant ° '	2e maison °	3e maison °
21 09 51	♒ 15	♓ 12	♉ 06	♋ 03 16	♋ 15	♋ 28
21 13 51	16	13	08	04 07	16	29
21 17 49	17	15	09	04 58	16	♌ 00
21 21 46	18	16	11	05 47	17	01
21 25 43	19	17	13	06 35	18	02
21 29 39	20	19	14	07 23	19	03
21 33 34	21	20	16	08 10	20	03
21 37 29	22	22	18	08 56	20	04
21 41 23	23	23	19	09 42	21	05
21 45 16	24	25	21	10 27	22	06
21 49 08	25	26	22	11 12	23	07
21 53 00	26	27	24	11 56	23	07
21 56 52	27	29	25	12 39	24	08
22 00 42	28	♈ 00	26	13 22	25	09
22 04 32	29	02	28	14 04	26	10
22 08 22	♓ 00	03	29	14 46	26	11
22 12 11	01	04	♊ 00	15 27	27	11
22 15 59	02	06	02	16 08	28	12
22 19 47	03	07	03	16 49	28	13
22 23 35	04	09	04	17 29	29	14
22 27 22	05	10	05	18 09	30	15
22 31 08	06	11	07	18 49	♌ 00	15
22 34 54	07	13	08	19 28	01	16
22 38 39	08	14	09	20 07	01	17
22 42 24	09	16	10	20 46	02	18
22 46 09	10	17	11	21 24	03	19
22 49 53	11	18	12	22 02	04	19
22 53 36	12	20	13	22 40	05	20
22 57 20	13	21	14	23 18	05	21
23 01 03	14	22	15	23 55	06	22
23 04 46	15	23	16	24 32	07	22
23 08 28	16	24	17	25 09	07	23
23 12 10	17	26	18	25 46	08	24
23 15 52	18	27	19	26 23	09	25
23 19 33	19	29	20	26 59	09	26
23 23 15	20	♉ 00	21	27 35	10	26
23 26 56	21	01	22	28 11	11	27
23 30 37	22	02	23	28 47	11	28
23 34 18	23	03	24	29 23	12	29
23 37 58	24	04	25	29 59	13	29
23 41 39	25	06	26	♌ 00 35	13	♍ 00
23 45 19	26	07	27	01 01	14	01
23 48 59	27	09	27	01 45	15	02
23 52 40	28	10	28	02 21	15	03
23 56 20	29	11	29	02 56	16	03

Tableau de la position des astres no 1

sur la position du Soleil

(Indication des positions pour 1915, 12 h, heure universelle)
Ce tableau est valable pour n'importe quelle année.

TABLEAU 1 DE LA POSITION DES ASTRES
sur la position du soleil (1915, 12 h, heure universelle)

	Janvier ° '	Février ° '	Mars ° '	Avril ° '	Mai ° '	Juin ° '	Juillet ° '	Août ° '	Septembre ° '	Octobre ° '	Novembre ° '	Décembre ° '
1	10 00	11 33	09 49	10 41	10 01	09 54	08 33	08 08	07 57	07 13	07 58	08 12
2	11 01	12 34	10 50	11 40	11 00	10 51	09 30	09 06	08 55	08 12	08 58	09 13
3	12 02	13 35	11 50	12 39	11 58	11 49	10 27	10 03	09 53	09 11	09 59	10 14
4	13 03	14 36	12 50	13 38	12 56	12 46	11 25	11 00	10 51	10 10	10 59	11 15
5	14 04	15 36	13 50	14 37	13 54	13 44	12 22	11 58	11 49	11 09	11 59	12 16
6	15 05	16 37	14 50	15 36	14 52	14 41	13 19	12 55	12 48	12 08	12 59	13 17
7	16 07	17 38	15 50	16 35	15 50	15 39	14 16	13 53	13 46	13 08	13 59	14 18
8	17 08	18 39	16 50	17 34	16 48	16 36	15 13	14 50	14 44	14 07	14 00	15 19
9	18 09	19 40	17 50	18 33	17 46	17 33	16 11	15 48	15 43	15 06	15 00	16 20
10	19 10	20 40	18 50	19 32	18 44	18 31	17 08	16 46	16 41	16 05	16 00	17 21
11	20 11	21 41	19 50	20 31	19 42	19 28	18 05	17 43	17 39	17 05	17 00	18 22
12	21 12	22 42	20 50	21 30	20 40	20 25	19 02	18 41	18 38	18 04	18 01	19 23
13	22 13	23 42	21 50	22 28	21 38	21 23	20 00	19 38	19 36	19 04	19 01	20 24
14	23 15	24 43	22 50	23 27	22 36	22 20	20 57	20 36	20 35	20 03	20 01	21 25
15	24 16	25 44	23 49	24 26	23 34	23 17	21 54	21 34	21 33	21 02	21 02	22 26
16	25 17	26 44	24 49	25 25	24 32	24 15	22 51	22 31	22 32	22 02	22 02	23 27
17	26 18	27 45	25 49	26 23	25 30	25 12	23 49	23 29	23 30	23 02	23 03	24 28
18	27 19	28 45	26 49	27 22	26 27	26 09	24 46	24 27	24 29	24 01	24 03	25 29
19	28 20	29 46	27 48	28 21	27 25	27 07	25 43	25 24	25 27	25 01	25 04	26 30
20	29 21	00 46	28 48	29 19	28 23	28 04	26 40	26 22	26 26	26 00	26 04	27 31
21	00 22	01 47	29 47	00 18	29 21	29 01	27 38	27 20	27 24	27 00	27 05	28 32
22	01 23	02 47	00 47	01 16	00 18	29 58	28 35	28 18	28 23	28 00	28 05	29 33
23	02 25	03 48	01 47	02 15	01 16	00 56	29 32	29 16	29 22	28 59	29 06	00 34
24	03 26	04 48	02 46	03 13	02 14	01 53	00 29	00 13	00 21	29 59	00 07	01 36
25	04 27	05 48	03 45	04 12	03 11	02 50	01 27	01 11	01 19	00 59	01 07	02 37
26	05 28	06 49	04 45	05 10	04 09	03 47	02 24	02 09	02 18	01 59	02 08	03 38
27	06 29	07 49	05 44	06 08	05 06	04 44	03 21	03 07	03 17	02 59	03 09	04 39
28	07 29	08 49	06 44	07 07	06 04	05 42	04 19	04 05	04 16	03 58	04 09	05 40
29	08 30	—	07 43	08 05	07 01	06 39	05 16	05 03	05 15	04 58	05 10	06 41
30	09 31	—	08 42	09 03	07 59	07 36	06 13	06 01	06 14	05 58	06 11	07 42
31	10 32	—	09 41	—	08 56	—	07 11	06 59	—	06 58	—	08 44

402

Tableau no 2 de la position des astres

sur les positions des noeuds lunaires, Pluton, Neptune, Uranus,
Saturne, Jupiter et Mars de 1901 à 2000

(Indications des positions jusqu'en 1960, 12 h, heure universelle,
depuis 1961, o h, heure universelle pour le 1er du mois)

1901	☊	♇	♆	♅	♄	♃	♂
Jan.	29♏	16♊	27♊	14♐	8♑	26♐	12♍
Fév.	28	15		16	11	3♑	10
Mars	26		26	17	14	8	0
Avr.	25		27		16	12	23♌
Mai	23	16		16		13	27
Juin	21		28	15	15	12	8♍
Juil.	20	17	29	14	13	8	23♍
Août	18	18	0♋	13	11	5	11♎
Sept.	16		1		10	3	0♏
Oct.	15			14		5	21
Nov.	13			15	11	9	13♐
Déc.	12	17		17	14	15	6♑
1902							
Jan.	10♏	17♊	0♋	18♐	18♑	21♑	29♑
Fév.	8	16	29♊	20	21	29	24♒
Mars	7			21	24	5♒	16♓
Avr.	5				27	11	10♈
Mai	4	17			28	15	3♉
Juin	2		0♋	20	27	17	26
Juil.	0	18	1	18	26	16	17♊
Août	29♎	19	3	17	23	13	8♋
Sept.	27				22	9	28
Oct.	26		4	18	21	7	17♌
Nov.	24			19	22	9	5♍
Déc.	22	18	3	21	25	13	21
1903							
Jan.	21♏	18♊	2♋	23♐	28♑	18♒	5♎
Fév.	19	17	1	24	1♒	25	15
Mars	18			25	5	2♓	16
Avr.	16	17		26	7	9	6
Mai	14	18	2	25	9	16	28♍
Juin	13		3	24		20	0♎
Juil.	11	19	4	23	8	23	11
Août	9	20	5	22	6		27
Sept.	8		6		4	20	16♏
Oct.	6				3	16	6♐
Nov.	5			23		13	29
Déc.	3	19	5	25	5	14	22♑

1904	☊	♇	♆	♅	♄	♃	♂
Jan.	1♎	19♊	4♋	27♐	8♒	18♓	16♒
Fév.	0	18		28	12	24	10♓
Mars	28♍		3	29	15	0♈	3♈
Avr.	27				18	8	26
Mai	25	19	4		20	15	18♉
Juin	23	20	5		21	21	10♊
Juil.	22	21	6	27	20	26	1♋
Août	20		7	26	18	0♉	21
Sept.	18		8		16		11♌
Oct.	17				14	27♈	0♍
Nov.	15			27		23	19
Déc.	14	20		29	16	21	8♎
1905							
Jan.	12♍	20♊	7♋	1♑	19♒	21♈	24♎
Fév.	10	19	6	2	22	24	9♏
Mars	9		5	4	25	29	20
Avr.	8				29	5♉	25
Mai	7	20	6		1♓	12	20
Juin	6		7	3	3	20	10
Juil.	4	21	8	2		26	
Août	2	22	9	1	1	2♊	20
Sept.	1		10	0	29♒	6	6♐
Oct.	29♌				27		25
Nov.	26			1	26	4	19♑
Déc.	24	21		3	27	0	10♒
1906							
Jan.	23♌	21♊	9♋	5♑	29♒	27♉	4♓
Fév.	21	20	8	6	3♓		27
Mars	19			8	6	29	18♈
Avr.	18				10	4♊	11♉
Mai	16	21			12	10	2♊
Juin	15		9	7	14	17	23
Juil.	13	22	10	6	15	24	13♋
Août	11	23	11	5	14	0♋	3♌
Sept.	10		12		12	6	23
Oct.	8		13		10	10	12♍
Nov.	7				8	11	1♎
Déc.	5	22	12	7	9	9	20

1907	☊	♇	♆	♅	♄	♃	♂
Jan.	3♌	22♊	11♋	9♑	10♓	5♋	9♏
Fév.	2	21	10	10	13	2	28
Mars	0			12	17	1	14♐
Avr.	29♋			13	20	2	0♑
Mai	27	22			24	7	12
Juin	25		11	12	26	13	19
Juil.	24	23	12	11	27	19	15
Août	22	24	13	10		26	7
Sept.	20		14	9	25	3♌	11
Oct.	19		15		23	8	23
Nov.	17			10	21	12	12♒
Déc.	16		14	11		14	2♓
1908							
Jan.	14♋	23♊	14♋	13♑	22♓	12♌	23♓
Fév.	12	22	13	14	24	8	15♈
Mars	11		12	16	28	5	5♉
Avr.	9			17	1♈	4	26
Mai	8	23			5	5	16♊
Juin	6		13	16	8	9	6♋
Juil.	4	24	14	15	10	14	26
Août	3	25	16	14		21	16♌
Sept.	1			13	9	28	5♍
Oct.	29♊		17		7	4♍	24
Nov.	28			14	4	9	14♎
Déc.	26			15	3	13	4♏
1909							
Jan.	25♊	24♊	16♋	17♑	4♈	14♍	24♏
Fév.	23	23	15	18	6	13	15♐
Mars	21		14	20	9	9	4♑
Avr.	20			21	13	6	24
Mai	18	24	15		16	4	14♒
Juin	17				20	6	4♓
Juil.	15	25	17	19	22	10	21
Août	13	26	18	18	23	15	4♈
Sept.	12		19	17		21	6
Oct.	10				21	28	29♓
Nov.	8			18	18	4♎	26
Déc.	7			19	17	10	4♈

1910	☊	♇	♆	♅	♄	♃	♂
Jan.	5♊	25♊	18♋	21♑	17♈	13♎	18♈
Fév.	4		17	22	18	14	5♉
Mars	2	24		24	21	13	22
Avr.	0			25	24	9	11♊
Mai	29♉	25			28	6	0♋
Juin	27		18		2♉	5	19
Juil.	26	26	19	24	5	6	8♌
Août	24	27	20	23	6	10	27
Sept.	22		21	22		15	17♍
Oct.	21			21	5	21	6♎
Nov.	19		22	22	3	28	27
Déc.	18		21	23	1	4♏	17♏
1911							
Jan.	16♉	26♊	20♋	24♑	0♉	10♏	8♐
Fév.	14			26	1	13	0♑
Mars	13	25	19	28	3	15	21
Avr.	11			29	6	13	13♒
Mai	10	26			10	10	6♓
Juin	8		20		14	6	29
Juil.	6	27	21	28	17	5	20♈
Août	5	28	22	27	19	6	11♉
Sept.	3		23	26	20	10	28
Oct.	1		24	25	19	15	9♊
Nov.	0			26	17	21	
Déc.	28♈		23	27	15	28	29♉
1912							
Jan.	27♉	27♊	23♋	28♑	13♉	5♐	24♉
Fév.	25		22	0♒	14	10	1♊
Mars	23	26	21	2	15	14	12
Avr.	22			3	18	15	28
Mai	20	27			22	14	14♋
Juin	19	28	22		26	10	2♌
Juil.	17		23	2	29	7	20
Août	15	29	24	1	2♊	6	10♍
Sept.	14		25	0	4	7	29
Oct.	12	0♋	26	29♑		11	19♎
Nov.	10	29		0♒	2	16	10♏
Déc.	9			1	0	23	1♐

1913	☊	♇	♆	♅	♄	♃	♂
Jan.	8♈	28♊	25♋	2♒	28♉	0♑	23♐
Fév.	6	28	24	4	27	6	16♑
Mars	5			5	28	12	8♒
Avr.	3		23	7	0♊	16	2♓
Mai	1				4	18	25
Juin	29♓	29	24		8	17	18♈
Juil.	28	0♋	25		12	13	10♉
Août	26		26	5	15	10	2♊
Sept.	25	1	27	4	17	8	22♊
Oct.	23		28		18	9	8♋
Nov.	22				17	13	21
Déc.	20	0		5	15	18	24
1914							
Jan.	18♓	0♋	27♋	6♒	13♊	25♑	16♋
Fév.	17	29♊		8	11	3♒	7
Mars	15		26	9	11	9	
Avr.	14		25	11	13	15	16
Mai	12		26		16	20	0♌
Juin	10	0♋			20	22	26
Juil.	9	1	27		24		3♍
Août	7	2	28	10	28	19	22
Sept.	6		29	9	1♋	15	11♎
Oct.	4		0♌	8	2	13	1♏
Nov.	2		0	8			23
Déc.	1		0	8	0	17	15♐
1915							
Jan.	29♒	1♋	30♋	10♒	28♊	22	8♑
Fév.	27	0	29	12	26	0♓	2♒
Mars	26		28	13	25	6	24
Avr.	24			15	26	13	18♓
Mai	23	0			29	20	11♈
Juin	21	1		16	2♋	25	5♉
Juil.	19	2	29♌	15	6	28	27
Août	18	3	0	14	10		18♊
Sept.	16		1	13	13	26	8♋
Oct.	15		2	12	15	22	26
Nov.	13		3		16	19	13♌
Déc.	11		2				25

1916	☊	♇	♆	♅	♄	♃	♂
Jan.	10♒	2♋	2♌	14♒	13♋	22♓	0♍
Fév.	8		1	15	11	28	23♌
Mars	7	1	0	17	10	4♈	13
Avr.	5	2		19		11	11
Mai	3		0		12	19	19
Juin	2	3	1	20	15	25	2♍
Juil.	0	4	2	19	19	1♉	17
Août	28♑	4	3	18	23	5	6♎
Sept.	27		4	17	26		25
Oct.	25			16	29	3	15♏
Nov.	24		5		0♌	29♈	8♐
Déc.	22				0	26	0♑
1917							
Jan.	20♑	3♋	4♌	18♒	28♋	26♈	24♑
Fév.	19		3	19	26	28	18♒
Mars	17	2		21	24	3♉	10♓
Avr.	16		2	22		9	4♈
Mai	14	3		23	25	16	27
Juin	12		3	24	28	24	20♉
Juil.	11	4	4	23	1♌	0♊	12♊
Août	9	5	5	22	5	6	3♋
Sept.	7		6	21	9	10	23
Oct.	6		7	20	12	12	12♌
Nov.	4				14	10	29
Déc.	3					6	15♍
1918							
Jan.	1♑	4♋	6♌	21♒	13♌	3♊	27♍
Fév.	29♐			23	11	2	3♎
Mars	28	3	5	25	9	3	29♍
Avr.	26		4	26	8	8	18
Mai	25	4		27		14	14
Juin	23		5	28	10	20	21
Juil.	21	5	6	27	13	27	4♎
Août	20	6	7	26	17	4♋	20
Sept.	18		8	25	21	10	10♏
Oct.	17	7	9	24	24	14	0♐
Nov.	15	6			27	16	23
Déc.	13				28	15	15♑

1919	☊	♇	♆	♅	♄	♃	♂
Jan.	12 ♐	5 ♋	9 ♌	25 ♒	28 ♌	11 ♋	10 ♒
Fév.	10		8	27	26	7	4 ♓
Mars	9		7	28	24	6	26
Avr.	7			0 ♓	22	7	20 ♈
Mai	5			1	21	11	12 ♉
Juin	4			2	23	17	4 ♊
Juil.	2	6	8	1	25	23	25
Août	0	7	9	0	29	0 ♌	16 ♋
Sept.	29 ♏		10	29 ♒	2 ♍	6	6 ♌
Oct.	27	8	11	28	6	12	25
Nov.	26				9	16	13 ♍
Déc.	24	7			11	18	1 ♎
1920							
Jan.	22 ♏	7 ♋	11 ♌	29 ♒	12 ♍	17 ♌	17 ♎
Fév.	21	6	10	1 ♓	10	13	0 ♏
Mars	19		9	2	8	10	8
Avr.	18			4	6	8	7
Mai	16			5	5	9	27 ♎
Juin	14	7		6		13	21
Juil.	13		10	5	7	18	27
Août	11	8	11		10	24	10 ♏
Sept.	9	9	12	3	14	1 ♍	28
Oct.	8		13	2	18	7	18 ♐
Nov.	6		14		21	13	10 ♑
Déc.	5	8			24	17	3 ♒
1921							
Jan.	3 ♏	8 ♋	13 ♌	3 ♓	25 ♍	19 ♍	27 ♒
Fév.	1	7	12	4	24	18	21 ♓
Mars	0		11	6	22	14	12 ♈
Avr.	28 ♎			8	20	11	5 ♈
Mai	27			9	18	9	27 ♉
Juin	25	8		10		10	18 ♊
Juil.	23		12	9	19	13	8 ♋
Août	22	9	13		22	18	29
Sept.	20	10	14	8	25	25	19 ♌
Oct.	19		15	7	29	1 ♎	8 ♍
Nov.	17		16	6	3 ♎	8	27
Déc.	15				6	13	15 ♎

1922	☊	♇	♆	♅	♄	♃	♂
Jan.	14 ♎	9 ♋	15 ♌	7 ♓	7 ♎	17 ♎	4 ♏
Fév.	12	8		8		19	21
Mars	11		14	10	6	18	5 ♐
Avr.	9		13	11	4	14	18
Mai	7			13	2	11	25
Juin	6	9	14		1	9	22
Juil.	4	10				10	13
Août	2		15		4	13	
Sept.	1	11	16	12	7	18	24
Oct.	29 ♍		17	11	10	24	11 ♑
Nov.	28		18	10	14	1 ♏	1 ♒
Déc.	26				17	8	23
1923							
Jan.	24 ♍	10 ♋	18 ♌	10 ♓	19 ♎	13 ♏	15 ♓
Fév.	23		17	12	20	17	8 ♈
Mars	21	9	16	13	19	19	28
Avr.	20		15	15	17	18	20 ♉
Mai	18			16	15	14	10 ♊
Juin	16	10	16	17	14	11	1 ♋
Juil.	15	11		18	13	9	21
Août	13		17	17	15	10	11 ♌
Sept.	11	12	19	16	18	13	0 ♍
Oct.	10		20	15	21	18	19
Nov.	8			14	25	25	9 ♎
Déc.	7				28	1 ♐	28
1924							
Jan.	5 ♍	11 ♋	20 ♌	14 ♓	1 ♏	8 ♐	18 ♏
Fév.	3		19	15	2	14	8 ♐
Mars	2	10	18	17		18	27
Avr.	0			19	0	20	16 ♑
Mai	29 ♌	11		20	28 ♎	19	4 ♒
Juin	27			21	26	16	20
Juil.	25	12	19			12	2 ♓
Août	24		20		27	10	5
Sept.	22	13	21	20	29	11	28 ♒
Oct.	20		22	19	2 ♏	14	26
Nov.	19			18	6	20	5 ♓
Déc.	17		23		9	26	20

1925	☊	♇	♆	♅	♄	♃	♂
Jan.	16♌	13♋	22♌	18♓	12♏	3♑	8♈
Fév.	14	12	21	19	14	10	27
Mars	12			21		16	15♉
Avr.	11	11	20	23	13	20	5♊
Mai	9	12		24	11	22	25
Juin	8			25	9		14♋
Juil.	6	13	21		8	19	3♌
Août	4	14	22			15	23
Sept.	3		23	24	10	13	12♍
Oct.	1	15	24	23	12		2♎
Nov.	0		25	22	16	17	22
Déc.	28♋	14			20	22	12♏

1926	☊	♇	♆	♅	♄	♃	♂
Jan.	26♋	14♋	24♌	22♓	23	29♑	3♐
Fév.	25	13		23	25	6♒	25
Mars	23		23	24	26	13	14♑
Avr.	22		22	26	25	19	7♒
Mai	20			28	24	24	28♒
Juin	18			29	21	27	21♓
Juil.	17	14	23		20		11♈
Août	15	15	24		19	24	0♉
Sept.	13	16	25	28	21	20	14
Oct.	12		26	27	23	18	19
Nov.	10		27	26	26		12
Déc.	9				0♐	21	5

1927	☊	♇	♆	♅	♄	♃	♂
Jan.	7♋	15♋	27♌	26♓	3♐	26♒	8♉
Fév.	5	14	26	27	6	3♓	20
Mars	4		25	28	7	10	4♊
Avr.	2		24	0♈		17	21
Mai	1			2	6	24	8♋
Juin	29♊	15		3	4	29	27
Juil.	27		25		2	3♈	15♌
Août	26	16	26		1	3	4♍
Sept.	24	17	27	2	2	1	24♍
Oct.	23		28	1	3	27♓	14♎
Nov.	21		29	0	6	24	4♏
Déc.	19			30♓	10		25

1928	☊	♇	♆	♅	♄	♃	♂
Jan.	18♊	16♋	29♌	30♓	14♐	27	17♐
Fév.	16		28	1♈	16	2♈	10♑
Mars	14	15	27	2	18	8	2♒
Avr.	13			4	19	15	25
Mai	11		26	5	18	22	18♓
Juin	10	16	27	7	16	29	12♈
Juil.	8	17			14	5♉	4♉
Août	6		28		13	9	25
Sept.	5	18	29	6		10	14♊
Oct.	3		0♍	5	14	9	29
Nov.	1		1	4	17	5	9♋
Déc.	0			4	20	1	7

1929	☊	♇	♆	♅	♄	♃	♂
Jan.	28♉	17♋	0♍	4♈	24♐	0♉	25♊
Fév.	27			5	27	3	21
Mars	25	16	29♌	6	29	7	27
Avr.	23			8	0♑	13	9♋
Mai	22			9		20	24
Juin	20	17		11	28♐	27	11♌
Juil.	19	18			26	4♊	28
Août	17		0♍		24	10	17♍
Sept.	15	19	1			15	7♎
Oct.	14	20	2	9	25	16	27
Nov.	12		3	8	27	15	18♏
Déc.	11	19	4		0♑	12	9♐

1930	☊	♇	♆	♅	♄	♃	♂
Jan.	9♉	19♋	3♍	8♈	4♑	8♊	2♑
Fév.	7	18			7	6	26
Mars	6		2	10	10	8	18♒
Avr.	4	17	1	11	11	12	12♓
Mai	3	18		13	12	17	5♈
Juin	1			14	11	24	29
Juil.	29♈	19		15	9	1♋	21♉
Août	28	20	2	15	6	8	12♊
Sept.	26		4		5	14	3♋
Oct.	24	21	5	14	6	18	20♌
Nov.	23			12	7	20	5
Déc.	21		6		10		15

1931	☊	♇	♆	♅	♄	♃	♂
Jan.	20♈	20♋	6♍	12♈	14♑	16♋	16♌
Fév.	18	19	5	12	17	12	5
Mars	16		4	13	20	10	28
Avr.	15		3	15	22	11	1
Mai	13			17	23	15	11
Juin	12			18		20	25
Juil.	10	20	4	19	21	27	12♍
Août	8	21	5	19	19	3♌	0♎
Sept.	7	22	6		17	10	20
Oct.	5		7	18		16	10♏
Nov.	3		8	17	18	20	1♐
Déc.	2			16	20	23	24
1932							
Jan.	0♈	21♋	8♍	15♈	24♑	22♌	17♑
Fév.	29♓		7	16	27	18	11♒
Mars	27	20		17	1♒	15	4♓
Avr.	25		6	19	3	13	29
Mai	24		5	21	5		22♈
Juin	22	21		22		17	15♉
Juil.	21		6	23	3	22	6♊
Août	19	22			1	28	28
Sept.	17	23	8		29♑	5♍	18♋
Oct.	16		9	22	28	11	6♌
Nov.	14	24	10	21	29	17	24
Déc.	13	23		20	1♒	21	8♍
1933							
Jan.	11♓	23♋	10♍	19♈	4♒	23♍	18♍
Fév.	9	22	10	20	8	22	19
Mars	8	21	9	21	11	19	11
Avr.	6		8	23	14	16	2
Mai	5		7	24	16	13	3
Juin	3	22		26		14	13
Juil.	1	23	8	27	15	17	27
Août	0		9		13	22	15♎
Sept.	28♒	24	10		11	28	4♏
Oct.	26	25	11	26	10	5♎	24♏
Nov.	25		12	25		11	17♐
Déc.	23	24		24	12	17	9♑

1934	☊	♇	♆	♅	♄	♃	♂
Jan.	22♒	24♋	12♍	23♈	14♒	21♎	3♒
Fév.	20	23	12	24	18	23	28
Mars	18		11	25	21	22	20♓
Avr.	17		10	26	25	19	14♈
Mai	15			28	27	16	7♉
Juin	14			0♉	28	13	29
Juil.	12	24		1		14	20♊
Août	10	25	11		26	17	11♋
Sept.	9		12		24	22	1♌
Oct.	7	26	13	0	22	28	20
Nov.	5		14	29♈		5♏	8♍
Déc.	4		15	28	23	11	25
1935							
Jan.	2♒	25♋	15♍	28♈	25♒	17♏	10♎
Fév.	1		14		28	21	21
Mars	29♑	24	13	29	2♓	23	25
Avr.	27		12	0♉	5		18
Mai	26		12	2	8	20	8
Juin	24		12	4	10	16	7
Juil.	23	25		5		14	16
Août	21	26	13	5	9		2♏
Sept.	19	27	14		7	17	20
Oct.	18		15		5	22	10♐
Nov.	16		16	3	4	28	3♑
Déc.	15		17	2		5♐	26
1936							
Jan.	13♑	27♋	17♍	2♉	6♓	12♐	20♒
Fév.	11	26	16		9	18	14♓
Mars	10	25		3	13	22	6♈
Avr.	8		15	4	16	24	0♉
Mai	6		14	6	19		22
Juin	5	26		8	22	21	13♊
Juil.	3			9	23	17	4♋
Août	2	27	15	9	22	15	24
Sept.	0	28	16		20		14♌
Oct.	28♐	29	17		18	18	3♍
Nov.	27		18	8	16	24	22
Déc.	25	28	19	6		0♑	10♎

Ephemeris table (planetary positions). Planet column headers: ♂ (Mars), ♃ (Jupiter), ♄ (Saturn), ⛢ (Uranus), ♆ (Neptune), ♇ (Pluto), ☊ (Nœud).

Années 1940 – 1942

Mois	♂	♃	♄	⛢	♆	♇	☊
1940							
Jan.	28	1	24	18	25	2	26
Fév.	19	6	26			1	24
Mars	9	12	28	19	24		22
Avr.	0	19	1	20	23		21
Mai	20	27	5	21			19
Juin	10	4	9	23	24	2	17
Juil.	29	9	12	25	25	3	16
Août	19	14	14	26	26		14
Sept.	8	16	15		27	4	13
Oct.	28	14	14	25			11
Nov.	17	14	11	25			9
Déc.	7	11	9	24			8
1941							
Jan.	28	6	8	23	28	4	6
Fév.	19	7		22	27	3	5
Mars	8	11	10	23		2	3
Avr.	0	17	13	24	26		0
Mai	20	24	17	25	25		28
Juin	11	1	21	27		3	27
Juil.	0	8	24	29	26	4	25
Août	15	14	27	0	27	5	23
Sept.	24	19	28	29	28		22
Oct.	20	21	26	28	29	6	20
Nov.	12		24				18
Déc.	14	17					
1942							
Jan.	25	13	22	27	29	5	17
Fév.	11	11	23	26		4	15
Mars	27	12	26	27	28	3	14
Avr.	15	16	29	28	27		12
Mai	3	21	3	29		4	10
Juin	22	28	7	1	28	5	9
Juil.	11	5	10	3	29	6	7
Août	0	12	12	4	0	7	6
Sept.	20	18	13	5	1		4
Oct.	9	23	11	4			2
Nov.	0	25	9	2	2		0
Déc.	20						29

Années 1937 – 1939

Mois	♂	♃	♄	⛢	♆	♇	☊
1937							
Jan.	28	7	17	6	19	28	24
Fév.	14	14	20		18	27	22
Mars	26	20	23	7			20
Avr.	5	25	27	8	17		19
Mai	4	27	1	10	16		17
Juin	24		3	11		28	16
Juil.	20	24	5	13	17	29	14
Août	27	20		14	18		12
Sept.	12	18	3		19	0	11
Oct.	1	21	1	13	20		9
Nov.	22	21	29	12	21		7
Déc.	15	26	28	11			6
1938							
Jan.	8	3	29	10	21	29	4
Fév.	2	10	2		20	28	2
Mars	22	17	8	12	19		1
Avr.	5	23	12	14	18		29
Mai	5	28	15	15	19	29	28
Juin	26	2	17	17		0	26
Juil.	16	0	18	18	20	1	25
Août	6	26	18		22		23
Sept.	26	23	17	17			21
Oct.	15		15	16	22		20
Nov.	5	26	13	15	24		18
Déc.	23		11		25		16
1939							
Jan.	13	1	12	14	23	1	15
Fév.	7	7	13			0	13
Mars	19	14	16	16	22		12
Avr.	6	21	20	17	21	29	10
Mai	21	28	23	19		0	9
Juin	2	4	27	21	22	1	7
Juil.	4	8	0		21		5
Août	27	9	1	22	23		4
Sept.	24	7	29	21	24		2
Oct.	3	3	27	20	25		0
Nov.	19	0	27	19			29
Déc.	8	29	25				27

410

Ephémérides des positions planétaires (en degrés)

Partie supérieure (1946–1948)

	♂	♃	♄	♅	Ψ	♇	☊
1946 Jan.	28	25	22	14	9	11	29
Fév.	17	27	20		8	10	28
Mars	14		18	13		9	26
Avr.	22	24		14	7	10	25
Mai	4	20	20	15	6		23
Juin	20	18	22	17		11	21
Juil.	7		26	19	7	12	20
Août	25	21	0	20	8	13	18
Sept.	15	25	4	22	9		17
Oct.	5	1	7				15
Nov.	26	8	9	21	10		13
Déc.	18	14		20			12
1947 Jan.	11	20	7	19	11	13	10
Fév.	5	25	5	18		12	8
Mars	27	27	3		10		7
Avr.	22		2	19	9	11	5
Mai	15	24	3	21			4
Juin	8	20	5	23	8	12	2
Juil.	0	18	8	25		13	1
Août	22		12	26	9	14	29
Sept.	12	21	16		10		27
Oct.	0	26	19		12	15	26
Nov.	17	2	22	25	12		24
Déc.	0	8	23				22
1948 Jan.	7	15	22	23	13	14	21
Fév.	4	21	20	22	12	13	19
Mars	23	26	18				18
Avr.	18	29	16	24	11		16
Mai	24		16		10		14
Juin	6	26	18	25	11	14	13
Juil.	21	22	20	27	10	15	11
Août	9	19	24	29	11	16	10
Sept.	29	20	28	0	12		8
Oct.	19	22	1	1	13		6
Nov.	11	27	4	0	14		5
Déc.	3	3	6	29	15		3

Partie inférieure (1943–1945)

	☊	♇	Ψ	♅	♄	♃	♂
1943 Jan.	27	7	2	1	7	22	12
Fév.	26	6	1	1	6	18	4
Mars	24	5	0	2		15	25
Avr.	23		29	3	8	16	18
Mai	21			5	11	19	11
Juin	19	6	0	7	15	24	4
Juil.	18	7	1	8	19		26
Août	16	8	2	9	23	0	16
Sept.	15		3		25	7	6
Oct.	13		4	8	27	14	18
Nov.	12	9		7	26	20	22
Déc.	10				24	24	14
						27	
1944 Jan.	8	8	4	6	22	27	5
Fév.	7	7		5	20	24	8
Mars	5		3	6	21	20	18
Avr.	3	6		7	24	17	
Mai	2		2	9	28	18	18
Juin	0	7		11		21	6
Juil.	29		3	12	1	25	24
Août	27	8	4	13	5	1	13
Sept.	25	9	5		8	8	
Oct.	24	10	6	12	10	14	2
Nov.	22			11	11	20	13
Déc.	20				9	25	4
1945 Jan.	19	10	6	10	7	27	27
Fév.	17	9		9	5	24	12
Mars	16	8	5		4	20	6
Avr.	14		4	10		17	29
Mai	12			11	7	18	23
Juin	11	9	5	13	10	21	15
Juil.	9	10	6	15	14	26	6
Août	8	11	7	16	18	2	26
Sept.	6		8	17	21	8	13
Oct.	4	12			24	14	27
Nov.	3			16	25	20	
Déc.	1				24		30

411

Ephemeris tables (planetary positions by month).

Years 1952 – 1954

♂	♃	♄	♅	Ψ	♇	☊		
21	6	14	12	21	21	3	1952	Jan.
5	11	15	11	20	20	2		Fév.
15	16	14	10	19	19	29		Mars
18	23	11				27		Avr.
10	1	9	11	19	20	25		Mai
2	8	8	12	20	21	24		Juin
4	14		14	21	22	22		Juil.
16	19	10	16	22	23	20		Août
3	21	13	17	23		19		Sept.
22	20	17	18			17		Oct.
15	17	20	19					Nov.
7	13	24	18			16		Déc.
1	11	26	17	24	23	14	1953	Jan.
25	12	27	15		22	12		Fév.
16	16			22	21	11		Mars
9	22	25	16			9		Avr.
0	28	22	18	21	22	8		Mai
21	5	21	20	22	23	6		Juin
12	12	20	23	23	24	4		Juil.
2	19	22		24	25	3		Août
22	24	24		25		1		Sept.
11	26	27				0		Oct.
0		1				28		Nov.
18	23	5				26		Déc.
7	19	7	22	26	25	25	1954	Jan.
25	17	9	20	25	24	23		Fév.
11	20		19	24	23	22		Mars
25	25	8		23		20		Avr.
6	2	5	21		22	18		Mai
8	9	3	22	24		17		Juin
1	15		24	25	24	15		Juil.
26	22	5	26	26	25	14		Août
3	27	8	27	27	26	12		Sept.
18	0	12	28		27	10		Oct.
7		15	27			9		Nov.
28	23					7		Déc.

Years 1949 – 1951

		☊	♇	Ψ	♅	♄	♃	♂
1949	Jan.	1	16	15	28	6	10	27
	Fév.	0	15		27	4	18	22
	Mars	28			26	2	23	14
	Avr.	27	14	14	27	0	29	8
	Mai	25		13	28	29	2	1
	Juin	23			0	0		24
	Juil.	22	15	12	1	2	0	6
	Août	20	16	13	3	6	26	26
	Sept.	19	17	14	4	9	23	15
	Oct.	17	18	15	5	13		3
	Nov.	15		16		17	25	19
	Déc.	14		17	4	19	0	
1950	Jan.	12	18	17	3	19	7	2
	Fév.	10	17		2	18	14	10
	Mars	9			1	17	21	9
	Avr.	7	16	16	2	14	28	29
	Mai	6		15	4	13	3	22
	Juin	4			5			27
	Juil.	3	17	16	7	14	6	8
	Août	1	18	17	9	17	7	25
	Sept.	29	19	18		21	6	14
	Oct.	28		19		25	2	4
	Nov.	26	20		4	28		26
	Déc.	24		21		1	0	19
1951	Jan.	23	20	19	7	2	13	13
	Fév.	21	19		6		11	8
	Mars	20	18			0	18	0
	Avr.	18		18	8	28	26	23
	Mai	16	17		10	26	3	16
	Juin	15	18	17	12	25		8
	Juil.	13			13	26	8	28
	Août	12	19	18	14	29	13	19
	Sept.	10	20	19		2	14	9
	Oct.	8	21	20		6	13	28
	Nov.	7		21	13	9	9	17
	Déc.	5	22			12	6	4

412

1955	☊	♇	♆	♅	♄	♃	♂
Jan.	5♑	27♌	28♎	26♋	18♏	27♋	20♓
Fév.	4	26		25	20	23	12♈
Mars	2	25		24	21	20	2♉
Avr.	1		27		20		24
Mai	29♐	24	26		18	23	14♊
Juin	27			25	16	28	4♋
Juil.	26	25		27	15	4♌	24
Août	24	26		29		11	14♌
Sept.	23	27		0♌	16	17	3♍
Oct.	21	28	27	2	19	23	22
Nov.	19		28		22	28	12♎
Déc.	18		29		26	1♍	2♏
1956							
Jan.	16♐	28♌	0♏	1♌	29♏	1♍	22♏
Fév.	14			0	2♐	28♌	12♐
Mars	13	27	29♎	29♋	3	25	1♑
Avr.	11	26		28	2	22	21
Mai	10			29	1		10♒
Juin	8		28	0♌	28♏	24	29
Juil.	6	27		1	27	29	14
Août	5	28		3	26	5♍	23♓
Sept.	3	29		5	27	11	21
Oct.	2		29	6	29	18	14
Nov.	0	0♍	0♏	7	2♐	24	16
Déc.	28♏		1		6	29	28
1957							
Jan.	27♏	0♍	2♏	6♌	9♐	1♎	14♈
Fév.	25	29♌		5	12		2♉
Mars	24			4	14	29♍	20
Avr.	22	28		3		25	9♊
Mai	20		1		13	22	28
Juin	19		0	4	11		17♋
Juil.	17	29	29♎	6	9	24	6♌
Août	15		0♏	8	8	29	26
Sept.	14	0♍		9		5♎	15♍
Oct.	12	1	1	11	10	11	5♎
Nov.	11	2	2	12	13	18	25
Déc.	9		3		16	24	15♍

1958	☊	♇	♆	♅	♄	♃	♂
Jan.	7♏	2♍	4♏	11♌	20♐	29♎	7♐
Fév.	6	1		9	23	1♏	28
Mars	4			8	25		19♑
Avr.	3	0			26	29♎	11♒
Mai	1		3		25	25	3♓
Juin	29♎		2	9	23	22	26
Juil.	28			10	21		17♈
Août	26	1		12	19	24	7♉
Sept.	24	2		14		29	23
Oct.	23	3	3	15	20	5♏	2♊
Nov.	21	4	5	16	23	11	29♉
Déc.	20		6		26	18	19
1959							
Jan.	18♎	4♍	6♏	16♌	29♐	24♏	18♉
Fév.	16	3		14	3♑	29	26
Mars	15			13	5	2♐	9♊
Avr.	13	2		12	7		25
Mai	12		5			29♏	12♋
Juin	10			13	5	25	0♌
Juil.	8		4	14	3	23	18
Août	7	3		16	1	22	7♍
Sept.	6	4		18	0	25	27
Oct.	4	5	5	20	1	29	17♎
Nov.	2	6	6	21	3	5♐	8♏
Déc.	0		8		6	12	28
1960							
Jan.	29♍	6♍	8♏	20♌	9♐	19♐	21♐
Fév.	27	5	9	19	13	25	14♑
Mars	26			18	16	0♑	6♒
Avr.	24	4	8	17	18	3	29
Mai	22						23♓
Juin	21		7	18	17	1	16♈
Juil.	19			19	15	27♐	8♉
Août	17	5	6	21	13	24	0♊
Sept.	16	6	7	23	12		19♊
Oct.	14	7	7	24		26	5♋
Nov.	13	8	9	25	13	1♑	16♋
Déc.	11		10	26	16	7	18♋

1961	☊	♇	♆	♅	♄	♃	♂
Jan.	9 ♍	8 ♍	10 ♏	25 ♌	19 ♑	14 ♑	8 ♋
Fév.	7	7	11	24	23	21	0
Mars	6	6	11	23	26	27	2
Avr.	4	6	10	22	28	2 ♒	13
Mai	2	5	9	21	29	6	27
Juin	1	5	9	22	29	7	13 ♌
Juil.	29 ♌	6	8	23	27	5	1 ♍
Août	28	6	8	25	25	1	19
Sept.	26	7	9	26	23	28 ♑	9 ♎
Oct.	24	8	9	28	23	27	29
Nov.	23	9	10	29	24	29	20 ♏
Déc.	21	10	12	0 ♍	26	4 ♒	13 ♐
1962							
Jan.	20 ♌	10 ♍	12 ♏	0 ♍	29 ♑	10 ♒	5 ♑
Fév.	18	9	13	29 ♌	3 ♒	17 ♒	29
Mars	16	8	13	28	6	24	21 ♒
Avr.	15	8	12	26	9	1 ♓	15 ♓
Mai	13	7	12	26	11	7	8 ♈
Juin	12	7	11	26	11	11	2 ♉
Juil.	10	7	10	27	10	12	24
Août	8	8	10	29	8	11	15 ♊
Sept.	7	9	11	1 ♍	5	7	6 ♋
Oct.	5	10	11	3	4	4	23
Nov.	3	11	13	4	5	2	9 ♌
Déc.	2	12	14	5	6	4	21
1963							
Jan.	0 ♌	12 ♍	15 ♏	5 ♍	9 ♒	9 ♓	24 ♌
Fév.	29 ♋	11	15	4	13	15	16
Mars	27	10	15	2	16	21	6
Avr.	25	10	15	1	20	29	6
Mai	24	9	14	1	22	6 ♈	15
Juin	22	9	13	1	23	12	28
Juil.	21	9	13	2	22	17	14 ♍
Août	19	10	12	3	20	19	2 ♎
Sept.	17	11	13	5	18	18	22
Oct.	16	12	14	7	16	15	12 ♏
Nov.	14	13	15	9	16	11	4 ♐
Déc.	12	14	16	9	17	9	26

1964	☊	♇	♆	♅	♄	♃	♂
Jan.	11 ♋	14 ♍	17 ♏	9 ♍	20 ♒	10 ♈	20 ♑
Fév.	9	13	17	9	23	14	14 ♒
Mars	8	12	17	7	27	20	7 ♓
Avr.	6	12	17	6	0 ♓	27	1 ♈
Mai	4	11	16	5	3	4 ♉	25
Juin	3	11	15	6	4	11	18 ♉
Juil.	1	11	15	6	4	17	9 ♊
Août	0	12	15	8	3	23	0 ♋
Sept.	28 ♊	13	15	10	1	25	21
Oct.	26	14	16	12	29 ♒	25	9 ♌
Nov.	25	15	17	13	28	22	27
Déc.	23	16	18	14	29	18	12 ♍
1965							
Jan.	21 ♊	16 ♍	19 ♏	14 ♍	1 ♓	16 ♉	23 ♍
Fév.	20	15	19	14	4	16	27
Mars	18	15	19	12	7	20	21
Avr.	17	14	19	11	11	25	11
Mai	15	13	18	10	14	1 ♊	9
Juin	13	13	18	10	16	9	17
Juil.	12	14	17	11	17	15	0 ♎
Août	10	14	17	12	16	22	18
Sept.	9	15	17	14	14	27	7 ♏
Oct.	7	16	18	16	12	0 ♋	27
Nov.	5	17	19	18	10	1	20 ♐
Déc.	4	18	20	19	10	28 ♊	12 ♑
1966							
Jan.	2 ♊	18 ♍	21 ♏	19 ♍	12 ♓	24 ♊	6 ♒
Fév.	1	18	22	18	15	21	1 ♓
Mars	29 ♉	17	22	17	18	21	23
Avr.	27	16	21	16	22	24	17 ♈
Mai	26	15	21	15	25	29	9 ♉
Juin	24	15	20	15	28	5 ♋	2 ♊
Juil.	23	16	19	16	29	12	23
Août	21	16	19	17	29	19	13 ♋
Sept.	19	17	19	19	27	25	4 ♌
Oct.	18	18	20	21	25	0 ♌	22
Nov.	16	19	21	22	23	3	11 ♍
Déc.	14	20	22	24	22	4	28

1967	☊	♇	♆	♅	♄	♃	♂
Jan.	13♉	20♍	23♏	24♍	24♓	1♌	14♎
Fév.	11♉	20	24	23	26	27♋	26
Mars	10	19	24	22	29	25	2♏
Avr.	8	18	24	21	3♈	24	29♎
Mai	6	18	23	20	7	26	19
Juin	5	17	22	20	10	1♌	15
Juil.	3	18	21	20	11	7	22
Août	2	18	21	21	12	13	6♏
Sept.	0	19	21	23	11	20	24
Oct.	28♈	21	22	25	9	26	14♐
Nov.	27	22	23	27	6	1♍	6♑
Déc.	25	22	24	28	5	5	29
1968							
Jan.	23♈	22♍	25♏	29♍	6♈	5♍	23♒
Fév.	22	22	26	28	8	3	17♓
Mars	20	21	26	27	11	29♌	9♈
Avr.	19	21	26	26	14	26	2♉
Mai	17	20	25	25	18	25	24
Juin	15	20	24	25	21	28	16♊
Juil.	14	20	24	25	24	2♍	6♋
Août	12	21	23	26	25	8	26
Sept.	11	22	23	28	25	14	16♌
Oct.	9	23	24	0♎	23	21	5♍
Nov.	7	24	25	1	20	27	24
Déc.	6	24	26	3	19	2♎	13♎
1969							
Jan.	4♈	25♍	27♏	3♎	18♈	5♎	1♏
Fév.	2	24	28	3	20	5	18
Mars	1	24	28	2	22	3	1♐
Avr.	29♓	23	28	1	26	29♍	12
Mai	28	22	27	0	0♉	26	16
Juin	26	22	26	29♍	3	26	9
Juil.	25	22	26	0♎	6	28	2
Août	23	23	25	1	8	2♎	5
Sept.	21	24	26	2	8	8	18
Oct.	20	25	26	4	7	14	6♑
Nov.	18	26	27	6	5	21	27
Déc.	16	27	28	7	3	27	19♒

1970	☊	♇	♆	♅	♄	♃	♂
Jan.	15♓	27♍	29♏	8♎	2♉	2♏	12♓
Fév.	13	27	0♐	8	2	5	5♈
Mars	12	26	0	7	4	5	25
Avr.	10	25	0	6	8	3	17♉
Mai	8	24	0	5	11	29♎	8♊
Juin	7	24	29♏	4	15	26	29
Juil.	5	24	28	4	19	26	18♋
Août	4	25	28	5	21	28	8♌
Sept.	2	26	28	7	22	2♏	28
Oct.	0	27	28	9	22	8	17♍
Nov.	29♓	28	29	10	20	14	7♎
Déc.	27	29	0♐	12	17	21	26
1971							
Jan.	25♒	29♍	1♐	13♎	15♉	27♏	16♏
Fév.	24	29	2	13	15	2♐	5♐
Mars	22	28	3	12	17	5	23
Avr.	21	28	2	11	20	6	11♑
Mai	19	27	2	10	23	4	28
Juin	17	26	1	9	27	0♐	13♒
Juil.	16	27	0	9	1♊	27♏	21
Août	14	27	0♐	10	4	26	19
Sept.	13	28	0	11	6	28	12
Oct.	11	29	0	13	6	2♐	14
Nov.	9	0♎	1	15	4	8	27
Déc.	8	1	3	17	2	15	13♓
1972							
Jan.	6♓	2♎	4♐	18♎	0♊	22♐	3♈
Fév.	4	1	4	18	29♉	28	23
Mars	3	1	5	17	0♊	3♑	12♉
Avr.	1	0	5	16	2	7	3♊
Mai	0♒	29♍	4	15	6	8♑	22
Juin	28♑	29	3	14	10	6	12♋
Juil.	26	29	2	14	13	2	1♌
Août	25	0♎	2	14	17	29♐	21
Sept.	23	1	2	16	19	28	10♍
Oct.	22	2	3	18	20	0♑	0♎
Nov.	20	3	4	19	19	4	20
Déc.	18	4	5	21	17	10	10♏

1973	☊	♇	♆	♅	♄	♃	♂
Jan.	17♑	4♎	6♐	22♎	15♊	17♑	0♐
Fév.	15	4	7	23	13	25	22
Mars	14	3	7	22	13	1♒	11♑
Avr.	12	2	7	21	15	6	3♒
Mai	10	2	6	20	18	10	24
Juin	9	1	5	19	22	12	16♓
Juil.	7	1	5	18	26	10	6♈
Août	6	2	4	19	29	7	24
Sept.	4	3	4	20	2♋	3	6♉
Oct.	2	4	5	22	4	2	8
Nov.	1	5	6	24	4	4	29♈
Déc.	29♐	6	7	26	3	8	25
1974							
Jan.	27♐	6♎	8♐	27♎	0♋	14♒	2♉
Fév.	26	6	9	27	28♊	21	16
Mars	24	6	9	27	27	28	0♊
Avr.	23	5	9	26	28	5♓	18
Mai	21	4	8	25	1♋	11	6♋
Juin	19	4	8	24	4	15	25
Juil.	18	4	7	23	8	17	13♌
Août	16	4	6	24	12	16	2♍
Sept.	15	5	6	25	15	13	22
Oct.	13	6	7	26	18	9	11♎
Nov.	11	7	8	28	18	7	2♏
Déc.	10	8	9	0♏	18	9	23
1975							
Jan.	8♐	9♎	10♐	1♏	15♋	13♓	14♐
Fév.	6	9	11	2	13	19	7♑
Mars	5	8	11	2	12	25	28
Avr.	3	7	11	1	12	3♈	21♒
Mai	2	7	11	0♏	13	10	14♓
Juin	0♐	6	10	28♎	16	16	7♈
Juil.	29♏	6	9	28	20	21	29
Août	27	7	9	28	24	24	21♉
Sept.	25	7	9	29	28	24	10♊
Oct.	24	9	9	1♏	1♌	21	24
Nov.	22	10	10	3	2	17	2♋
Déc.	20	11	11	4	2	14	28♊

1976	☊	♇	♆	♅	♄	♃	♂
Jan.	19♏	11♎	12♐	6♏	1♌	15♈	17♊
Fév.	17	11	13	7	28♋	19	15
Mars	16	11	13	6	26	24	22
Avr.	14	10	13	6	26	1♉	6♋
Mai	12	9	13	4	·27	8	21
Juin	11	9	12	3	29	15	8♌
Juil.	9	8	11	3	2♌	22	26
Août	7	9	11	3	6	27	15♍
Sept.	6	10	11	4	10	0♊	4♎
Oct.	4	11	11	5	13	0	24
Nov.	3	12	12	7	16	28♉	15♏
Déc.	1	13	13	9	16	24	7♐
1977							
Jan.	29♎	14♎	14♐	10♏	15♌	21♉	29♐
Fév.	28	14	15	11	13	21	23♑
Mars	26	13	16	11	11	24	15♒
Avr.	25	12	16	10	10	29	9♓
Mai	23	12	15	9	10	5♊	2♈
Juin	21	11	14	8	12	12	26
Juil.	20	11	14	7	15	19	18♉
Août	18	11	13	7	18	26	9♊
Sept.	17	12	13	8	22	1♋	29
Oct.	15	13	13	10	26	5	17♋
Nov.	13	15	14	11	29	6	2♌
Déc.	12	16	15	13	0♍	3	10
1978							
Jan.	10♎	16♎	16♐	15♏	0♍	29♊	9♌
Fév.	8	16	17	16	28♌	26	27♋
Mars	7	16	18	16	26	26	22
Avr.	5	15	18	15	24	28	26
Mai	4	14	17	14	23	3♋	7♌
Juin	2	14	17	13	24	9	22
Juil.	0	13	16	12	27	15	9♍
Août	29♍	14	15	12	0♍	22	27
Sept.	27	15	15	13	4	29	17♎
Oct.	26	16	15	14	8	4♌	7♏
Nov.	24	17	16	16	11	8	29
Déc.	22	18	17	18	13	9	21♐

1979	☊	♇	♆	♅	♄	♃	♂
Jan.	21 ♍	19 ♎	18 ♐	19 ♏	13 ♍	6 ♌	14 ♑
Fév.	19	19	19	20	12	3	8 ♒
Mars	18	18	20	20	10	29 ♋	0 ♓
Avr.	16	18	20	20	8	29	25
Mai	14	17	20	19	7	0 ♌	18 ♈
Juin	13	16	19	18	7	5	11 ♉
Juil.	11	16	18	17	9	10	3 ♊
Août	9	16	17	16	12	17	24
Sept.	8	17	17	17	16	24	15 ♋
Oct.	6	18	17	18	19	0 ♍	3 ♌
Nov.	5	19	18	20	23	5	20
Déc.	3	20	19	22	25	9	4 ♍
1980							
Jan.	1 ♍	21 ♎	20 ♐	24 ♏	26 ♍	10 ♍	13 ♍
Fév.	0	21	21	25	26	8	13
Mars	28 ♌	21	22	25	24	4	3
Avr.	27	20	22	25	22	1	26 ♌
Mai	25	19	22	24	20	0	29
Juin	23	19	21	22	20	2	10 ♍
Juil.	22	18	20	21	21	6	24
Août	20	19	20	21	24	11	12 ♎
Sept.	18	20	19	21	27	18	1 ♏
Oct.	17	21	20	23	1 ♎	24	22
Nov.	15	22	20	24	4	0 ♎	14 ♐
Déc.	14	23	21	26	7	6	6 ♑
1981							
Jan.	12 ♌	24 ♎	23 ♐	28 ♏	9 ♎	9 ♎	0 ♒
Fév.	10	24	24	29	9	10	25
Mars	9	24	24	0 ♐	8	8	17 ♓
Avr.	7	23	24	29 ♏	6	4	11 ♈
Mai	6	22	24	28	3	1	4 ♉
Juin	4	21	23	27	3	0	26
Juil.	2	21	23	26	3	2	18 ♊
Août	1	21	22	26	5	6	9 ♋
Sept.	29 ♋	22	22	26	8	11	29
Oct.	28	23	22	27	12	17	18 ♌
Nov.	26	24	22	29	15	24	6 ♍
Déc.	24	25	23	0 ♐	19	0 ♏	22

1982	☊	♇	♆	♅	♄	♃	♂
Jan.	23 ♋	26 ♎	25 ♐	2 ♐	21 ♎	6 ♏	7 ♎
Fév.	21	26	26	4	22	9	16
Mars	20	26	26	4	21	10	18
Avr.	18	25	27	4	19	8	10
Mai	16	25	26	3	17	4	1
Juin	15	24	26	2	15	1	2
Juil.	13	24	25	1	15	0	12
Août	11	24	24	0	17	2	28
Sept.	10	25	24	0	19	6	17 ♏
Oct.	8	26	24	1	23	11	7 ♐
Nov.	7	27	25	3	26	18	0 ♑
Déc.	5	28	26	5	0 ♏	24	22
1983							
Jan.	3 ♋	29 ♎	27 ♐	6 ♐	2 ♏	1 ♐	17 ♒
Fév.	2	29	28	8	4	6	11 ♓
Mars	0	29	28	9	4	9	3 ♈
Avr.	29 ♊	28	29	8	2	10	26
Mai	27	27	28	8	0	9	18 ♉
Juin	25	27	28	6	28 ♎	5	10 ♊
Juil.	24	26	27	5	27	2	1 ♋
Août	22	26	26	5	28	1	21
Sept.	20	27	26	5	0 ♏	2	11 ♌
Oct.	19	28	26	6	3	6	0 ♍
Nov.	17	29	27	7	7	12	19
Déc.	16	0 ♏	28	9	10	18	7 ♎
1984							
Jan.	14 ♊	1 ♏	29 ♐	11 ♐	13 ♏	25 ♐	24 ♎
Fév.	12	2	0 ♑	12	15	2 ♑	10 ♏
Mars	11	1	1 ♑	13	16	7	21
Avr.	9	1	1	13	15	11	28
Mai	8	0	1	12	13	12	24
Juin	6	29 ♎	0	11	11	11	14
Juil.	4	29	29	10	9	11	14
Août	3	29	29	9	9	7	12
Sept.	1	0 ♏	28	9	11	4	21
Oct.	0	1	28	10	14	3	7 ♐
Nov.	28 ♉	2	29	11	17	4	27
Déc.	26	3	0 ♑	13	21	8	19 ♑

Tableau des positions planétaires (éphémérides)

1985	☊	♇	Ψ	♅	♄	♃	♂
Jan.	25	4	1	15	24	21	5
Fév.	23	4	2	16	27	28	28
Mars	22	4	3	17	28	4	19
Avr.	20	3	3	17	27	10	12
Mai	18	3	3	16	25	15	3
Juin	17	2	2	15	23	16	24
Juil.	15	1	2	14	21	15	14
Août	13	2	1	13	21	12	4
Sept.	12	2	0	14	22	8	24
Oct.	10	3	0	15	24	7	13
Nov.	9	4	1	17	28	8	2
Déc.	7	5	2	17	1	12	21
1986							
Jan.	5	6	3	19	5	18	10
Fév.	4	7	4	21	7	25	29
Mars	2	7	5	22	9	2	15
Avr.	1	6	5	22	9	9	1
Mai	29	5	5	21	8	15	15
Juin	27	4	4	20	6	20	22
Juil.	26	4	3	19	4	22	20
Août	24	4	3	18	3	22	12
Sept.	22	5	3	18	3	19	14
Oct.	21	6	3	18	5	15	25
Nov.	19	7	3	20	8	13	13
Déc.	18	8	4	21	11	13	3
1987							
Jan.	16	9	5	23	15	17	24
Fév.	14	9	6	25	18	23	16
Mars	13	9	7	26	20	29	5
Avr.	11	9	7	26	21	7	26
Mai	10	8	7	25	20	14	16
Juin	8	7	7	24	18	20	7
Juil.	6	7	6	23	16	25	26
Août	5	7	5	22	14	29	16
Sept.	3	7	5	23	14	29	5
Oct.	2	8	5	24	15	26	24
Nov.	0	9	5	25	18	22	14
Déc.	28	11	6	21	21	20	4

1988	☊	♇	Ψ	♅	♄	♃	♂
Jan.	27	12	7	27	25	20	24
Fév.	25	12	8	29	28	23	15
Mars	23	12	9	1	1	28	5
Avr.	22	11	10	0	2	5	26
Mai	20	11	10	29	2	12	16
Juin	19	10	9	29	0	19	6
Juil.	17	9	8	28	28	26	23
Août	15	9	8	27	26	1	7
Sept.	14	10	7	27	25	5	11
Oct.	12	11	7	27	26	6	4
Nov.	11	12	7	28	28	3	29
Déc.	9	13	8	29	1	29	6
1989							
Jan.	7	14	9	1	5	26	20
Fév.	6	15	11	3	9	26	7
Mars	4	15	11	4	11	28	23
Avr.	3	14	12	5	13	3	12
Mai	1	13	11	4	13	9	1
Juin	29	13	11	3	12	16	20
Juil.	28	12	11	1	10	23	8
Août	26	12	10	1	8	0	28
Sept.	24	12	9	1	7	5	18
Oct.	23	13	9	2	7	9	7
Nov.	21	14	10	3	9	10	27
Déc.	20	16	10	3	12	9	18
1990							
Jan.	18	17	12	5	15	5	9
Fév.	16	17	13	7	19	1	1
Mars	15	17	13	8	22	0	22
Avr.	13	17	14	9	24	2	15
Mai	12	16	14	9	25	6	0
Juin	10	15	14	8	24	12	22
Juil.	8	15	13	7	23	19	12
Août	7	14	12	6	20	26	0
Sept.	5	15	11	5	19	2	11
Oct.	4	16	11	6	18	8	13
Nov.	2	17	11	6	19	12	4
Déc.	0	18	13	7	22	13	4

418

Ephémérides des positions planétaires (degrés), 1991–1996

1994–1996

	☊ (db)	♇ (e)	Ψ	♅ (ô)	♄ (ħ)	♃	♂
1994							
Jan.	1	27	20	21	27	9	2
Fév.	29	27	21	23	0	13	27
Mars	27	28	22	24	3	14	24
Avr.	26	27	23	25	7	13	19
Mai	24	27	23	26	10	9	12
Juin	23	26	22	25	12	6	6
Juil.	21	25	21	24	12	4	6
Août	19	25	20	23	11	6	18
Sept.	18	25	20	22	9	9	6
Oct.	16	26	20	22	6	15	25
Nov.	14	27	20	22	5	21	16
Déc.	13	28	21	23	6	28	0
1995							
Jan.	11	29	22	25	7	4	2
Fév.	10	0	23	27	11	10	27
Mars	8	0	24	29	14	13	16
Avr.	7	0	25	0	18	15	13
Mai	5	29	25	29	21	14	20
Juin	3	28	25	29	23	10	2
Juil.	2	28	24	29	24	7	18
Août	0	27	23	28	22	5	6
Sept.	28	27	23	27	20	6	25
Oct.	27	28	22	26	18	10	16
Nov.	25	29	22	26	18	16	8
Déc.	25	0	23	27	18	22	0
1996							
Jan.	22	1	24	29	19	29	24
Fév.	20	2	25	1	22	6	18
Mars	19	3	26	2	25	11	11
Avr.	17	2	27	3	29	15	5
Mai	16	1	27	4	5	17	28
Juin	14	0	27	4	7	16	21
Juil.	12	0	26	3	5	13	13
Août	11	0	26	2	7	9	4
Sept.	9	1	25	1	5	7	24
Oct.	7	2	24	0	3	8	13
Nov.	6	2	25	0	1	12	0
Déc.	4	3	25	1	0	18	16

1991–1993

	☊ (db)	♇ (e)	Ψ	♅ (ô)	♄ (ħ)	♃	♂
1991							
Jan.	29	19	14	9	25	11	27
Fév.	27	20	15	11	29	8	2
Mars	26	20	16	12	2	4	13
Avr.	24	19	16	13	5	3	28
Mai	22	19	16	13	6	3	15
Juin	21	18	16	13	6	9	3
Juil.	19	17	15	11	5	14	21
Août	17	17	14	10	3	20	10
Sept.	16	17	14	9	1	27	29
Oct.	14	18	13	9	0	3	19
Nov.	13	19	14	10	0	9	10
Déc.	11	21	15	11	2	13	1
1992							
Jan.	9	22	16	13	5	14	23
Fév.	8	22	17	15	9	13	16
Mars	6	22	18	16	12	9	9
Avr.	4	22	18	17	15	5	3
Mai	3	21	18	17	17	4	26
Juin	1	21	18	17	18	6	19
Juil.	0	20	17	16	17	9	11
Août	28	20	16	15	15	15	3
Sept.	26	20	16	14	13	21	23
Oct.	25	21	16	14	12	27	10
Nov.	23	22	16	14	12	4	22
Déc.	22	23	17	15	13	9	27
1993							
Jan.	20	24	18	17	16	13	20
Fév.	18	25	19	19	19	14	10
Mars	17	25	20	20	23	13	9
Avr.	15	25	21	21	26	9	18
Mai	14	24	21	21	29	6	1
Juin	12	23	20	21	0	4	17
Juil.	10	23	20	20	29	6	4
Août	9	22	19	19	28	9	23
Sept.	7	22	18	18	26	15	12
Oct.	5	23	18	18	24	21	2
Nov.	4	24	18	18	23	28	24
Déc.	2	25	19	19	24	9	15

419

1997	☊	♇	♆	♅	♄	♃	♂
Jan.	3♎	4♐	26♑	3♒	1♈	25♑	29♍
Fév.	1	5	28	5	3	2♒	5♎
Mars	29♍	5	28	6	6	8	2
Avr.	28	5	29	7	10	15	21♍
Mai	26	4	29	8	14	19	16
Juin	25	4	29	8	17	21	22
Juil.	23	3	29	7	19	21	5♎
Août	21	2	28	6	20	18	22
Sept.	20	2	27	5	19	14	11♏
Oct.	18	3	27	4	17	12	1♐
Nov.	16	4	27	4	15	13	23
Déc.	15	5	27	5	13	16	16♑
1998							
Jan.	13♍	6♐	28♑	7♒	13♈	22♒	10♒
Fév.	12	7	0♒	8	15	29	5♓
Mars	10	8	1	10	18	5♓	27
Avr.	8	7	1	11	21	13	20♈
Mai	7	7	2	12	25	19	13♉
Juin	5	6	1	12	29	24	5♊
Juil.	4	5	1	11	1♉	27	26
Août	2	5	0	10	3	27	17♋
Sept.	0	5	29♑	9	3	25	7♌
Oct.	29♌	5	29	9	1	21	26
Nov.	27	6	29	8	29♈	18	14♍
Déc.	26	7	0♒	9	27	18	2♎
1999							
Jan.	24♌	9♐	1♒	10♒	26♈	21♓	18♎
Fév.	22	10	2	12	27	27	2♏
Mars	21	10	3	14	29	2♈	10
Avr.	19	10	4	15	3♉	11	11
Mai	18	9	4	16	7	18	1
Juin	16	9	4	16	11	24	24♎
Juil.	14	8	3	16	14	0♉	28
Août	13	7	2	15	16	4	11♏
Sept.	11	7	2	13	17	4	28
Oct.	9	8	1	13	16	2	18♐
Nov.	8	9	1	12	14	28♈	10♑
Déc.	6	10	2	13	11	25	3♒

2000			♆	♅	♄	♃	♂
Jan.			2♒	15♒	9♉	26♈	29♒
Fév.			3	16	10	29	23♓
Mars			4	18	11	3♉	14♈
Avr.			4	20	15	10	7♉
Mai			5	21	19	17	29
Juin			5	21	23	24	20♊
Juil.			4	20	26	0♊	10♋
Août			3	19	29	6	1♌
Sept.			3	18	1♊	10	21
Oct.			2	17	0	12	9♍
Nov.			2	17	28♉	10	29
Déc.			3	17	25	6	17♎

Tableau no 3 de la position des astres

sur la position de Vénus, Mercure et la terre
de 1901 à 2000

1901	♀	☿	☽	1902	♀	☿	☽	1903	♀	☿	☽	1904	♀	☿	☽
Jan.	11♐	28♐	25♉	Jan.	24♒	10♑	8♎	Jan.	18♑	21♑	8♒	Jan.	26♏	29♑	16♊
	23	12♑	24♍		29	24	26♑		29	6♒	5♊		6♐	2♒	27♎
	5♑	29	29♑		3♓	11♒	12♊		12♒	18	29♎		18	22♑	0♓
Fév.	20	19♒	16♋	Fév.	2	0♓	22♏	Fév.	27	13	24♓	Fév.	3♑	18	9♌
	1♒	5♓	7♏		28♒	5	15♓		8♓	4	29♋		13	24	15♐
	14	19	20♓		22	27♒	5♌		21	5	14♐		26	6♒	14♈
Mars	25	21	26♋	Mars	18	20	0♐	Mars	2♈	13	4♈	Mars	8♒	21	2♍
	6♓	14	16♏		18	23	24♓		13	24	8♌		19	5♓	6♑
	19	8	29♓		21	2♓	15♌		25	8♓	22♐		1♓	23	6♉
Avr.	3♈	13	13♍	Avr.	28	17	13♑	Avr.	10♉	29	24♉	Avr.	16	17♈	25♎
	15	23	0♑		5♓	2♈	16♉		21	17♈	0♎		27	5♉	20♒
	27	7♈	22♉		13	20	4♎		3♊	8♉	6♒		9♈	20	25♊
Mai	11♉	26	16♎	Mai	24	13♉	16♒	Mai	16	28	2♋	Mai	23	26	1♐
	22	14♉	5♒		3♈	2♊	25♊		26	10♊	6♏		4♉	24	22♓
	4♊	6♊	0♋		14	19	7♏		8♋	16	8♓		16	18	4♌
Juin	19	29	0♐	Juin	27	9♋	5♈	Juin	22	13	26♌	Juin	0♊	10	18♑
	0♋	13♋	26♓		7♉	6	18♌		2♌	8	23♐		12	26	7♉
	12	23	19♌		19	3	22♐		12	8	24♈		24	9♊	27♍
Juil.	25	26	3♑	Juil.	1♊	27♊	12♉	Juil.	24	17	3♎	Juil.	7♋	29	21♒
	6♌	22	5♉		12	28	23♍		3♍	0♋	25♑		18	18♋	12♊
	19	16	23♍		24	7♋	25♐		12	19	0♊		1♌	9♌	5♏
Août	3♍	19	22♒	Août	8♋	27	6♋	Août	21	14♌	22♏	Août	15	0♍	4♈
	14	1♌	28♊		19	16♌	9♏		27	1♍	10♓		27	13	3♌
	26	19	7♏		1♌	5♍	11♓		1♎	18	23♋		9♍	24	25♐
Sept.	11♎	13♍	14♈	Sept.	16	26	29♌	Sept.	1	4♎	7♑	Sept.	24	1♎	20♉
	22	29	19♌		27	9♎	23♐		28♍	13	27♈		5♎	28♍	26♍
	4♏	15♎	21♐		9♍	22	1♉		23	18	17♍		17	18	11♒
Oct.	17	0♏	23♉	Oct.	23	2♏	5♎	Oct.	17	11	9♒	Oct.	1♏	20	25♊
	27	11	24♍		4♎	4	25♑		16	3	3♊		12	2♎	5♏
	9♐	19	23♑		16	24♎	10♊		18	8	24♎		24	19	13♓
Nov.	23	15	16♋	Nov.	1♏	20	21♏	Nov.	25	26	23♓	Nov.	9♐	9♏	16♌
	3♑	5	9♏		13	0♏	10♓		2♎	10♏	26♋		20	24	25♐
	14	8	12♓		25	15	4♌		11	26	12♐		2♑	9♐	27♈
Déc.	26	22	22♌	Déc.	9♐	2♐	24♐	Déc.	22	14♐	27♈	Déc.	16	26	24♍
	5♒	5♐	11♐		20	16	14♈		1♏	28	5♍		27	8♑	29♑
	14	21	19♈		3♑	3♑	11♍		12	13♑	16♑		9♒	17	0♊

Tableau astronomique (positions de ☽, ☿, ♀ par mois)

1908

1908	♀	☿	☽
Jan.	6 / 18	2 / 16	6 / 18 / 20 / 29
Fév.	0 / 15	3 / 24	5 / 5
Mars	26 / 20	8 / 15	22 / 26
Avr.	0 / 12	7 / 1	27 / 15
Mai	25 / 5	3 / 14	10 / 17
Juin	15 / 26	26 / 13	21 / 12
Juil.	4 / 12	3 / 23	26 / 8
Août	19 / 22	14 / 3	27 / 19
Sept.	21 / 16	13 / 17	10 / 2
Oct.	11 / 6	14 / 9	27 / 25
Nov.	6 / 9	21 / 7	23 / 16
Déc.	14 / 23	27 / 19	10 / 1
	11 / 22	4 / 19	16 / 25
	2 / 14	3 / 11	3 / 3
	28 / 20	13 / 0	15 / 17
	4 / 8	29 / 10	17 / 19
	15 / 27	27 / 11 / 26	21

1907

1907	♀	☿	☽
Jan.	2 / 7	22 / 5	29 / 27 / 19 / 15
Fév.	14 / 25	21 / 11	20 / 25
Mars	4 / 24	27 / 15	10 / 12
Avr.	4 / 15	28 / 1	16 / 22
Mai	29 / 10	24 / 18	25 / 25
Juin	22 / 5	22 / 2	27 / 28
Juil.	15 / 27	18 / 3	13 / 15
Août	12 / 23	24 / 20	25 / 16
Sept.	5 / 18	7 / 22	22 / 13
Oct.	29 / 11	4 / 7	0 / 15
Nov.	26 / 7	27 / 28	18 / 8
Déc.	19 / 4	10 / 2	29 / 15
	28 / 12	20 / 7	13 / 18
	23 / 5	25 / 7	3 / 7
	20 / 2	20 / 29	17 / 6
	14 / 28	26 / 14	
	9 / 21	18 / 29 / 14	

1906

1906	♀	☿	☽
Jan.	0 / 11	18 / 27	28 / 17 / 4 / 12
Fév.	24 / 9	10 / 28	26 / 19
Mars	20 / 20	13 / 18	14 / 6
Avr.	14 / 25	4 / 17	3 / 7
Mai	7 / 22	17 / 10	24 / 7
Juin	3 / 16	8 / 14	16 / 28
Juil.	0 / 10	24 / 8	26 / 8
Août	22 / 7	21 / 12	12 / 4
Sept.	18 / 13	1 / 13	13 / 15
Oct.	24 / 5	23 / 25	28 / 29
Nov.	19 / 29	20 / 14	2 / 20
Déc.	10 / 23	5 / 23	13 / 13
	2 / 13	13 / 28	25 / 15
	23 / 1	0 / 10	12 / 0
	14 / 14	15 / 5	25 / 14
	13 / 6	29 / 6	5 / 2
	2 / 29		

1905

1905	♀	☿	☽
Jan.	23 / 3	8 / 1	17 / 14 / 19 / 8
Fév.	15 / 28	5 / 19	27 / 11
Mars	8 / 18	2 / 17	17 / 6
Avr.	26 / 3	3 / 20	19 / 3
Mai	10 / 14	9 / 4	21 / 13
Juin	14 / 11	7 / 5	6 / 27
Juil.	4 / 0	28 / 28	20 / 18
Août	28 / 2	4 / 18	10 / 24
Sept.	7 / 14	3 / 24	28 / 13
Oct.	23 / 12	17 / 5	13 / 21
Nov.	25 / 4	21 / 6	27 / 5
Déc.	16 / 10	13 / 13	10 / 11
	22 / 5	4 / 1	14 / 14
	16 / 28	10 / 29	14 / 7
	13 / 24	15 / 2	29 / 3
	17 / 21	21 / 4	12 / 1
	2 / 15	18 / 0 / 29 / 17	11

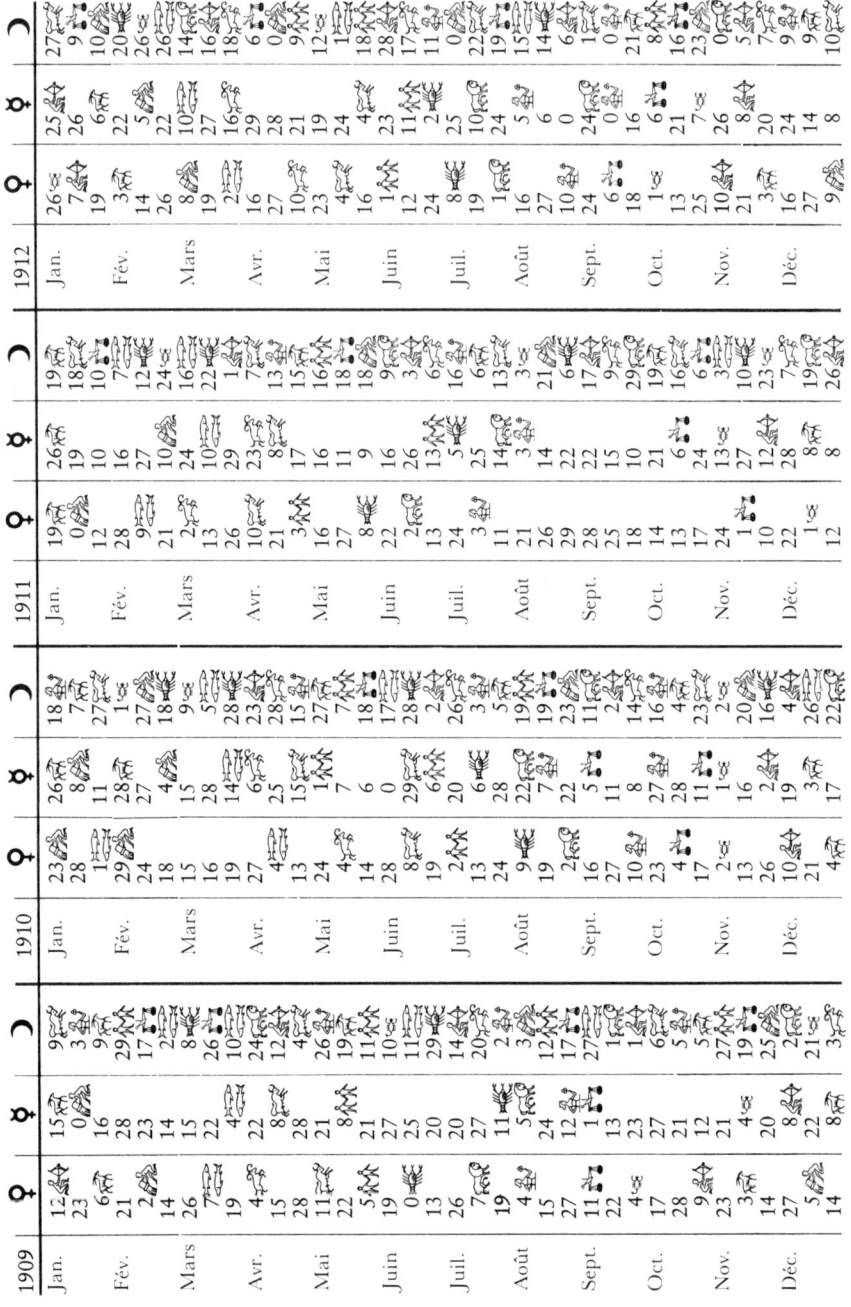

Tableau éphéméride — années 1913, 1914, 1915, 1916

☽	☿	♀	1916	☽	☿	♀	1915	☽	☿	♀	1914	☽	☿	♀	1913
			Jan.				Jan.				Jan.				Jan.
			Fév.				Fév.				Fév.				Fév.
			Mars				Mars				Mars				Mars
			Avr.				Avr.				Avr.				Avr.
			Mai				Mai				Mai				Mai
			Juin				Juin				Juin				Juin
			Juil.				Juil.				Juil.				Juil.
			Août				Août				Août				Août
			Sept.				Sept.				Sept.				Sept.
			Oct.				Oct.				Oct.				Oct.
			Nov.				Nov.				Nov.				Nov.
			Déc.				Déc.				Déc.				Déc.

425

☽	☿	♀	1920
			Jan.
			Fév.
			Mars
			Avr.
			Mai
			Juin
			Juil.
			Août
			Sept.
			Oct.
			Nov.
			Déc.

☽	☿	♀	1919
			Jan.
			Fév.
			Mars
			Avr.
			Mai
			Juin
			Juil.
			Août
			Sept.
			Oct.
			Nov.
			Déc.

☽	☿	♀	1918
			Jan.
			Fév.
			Mars
			Avr.
			Mai
			Juin
			Juil.
			Août
			Sept.
			Oct.
			Nov.
			Déc.

1917	☽	☿	♀
Jan.			
Fév.			
Mars			
Avr.			
Mai			
Juin			
Juil.			
Août			
Sept.			
Oct.			
Nov.			
Déc.			

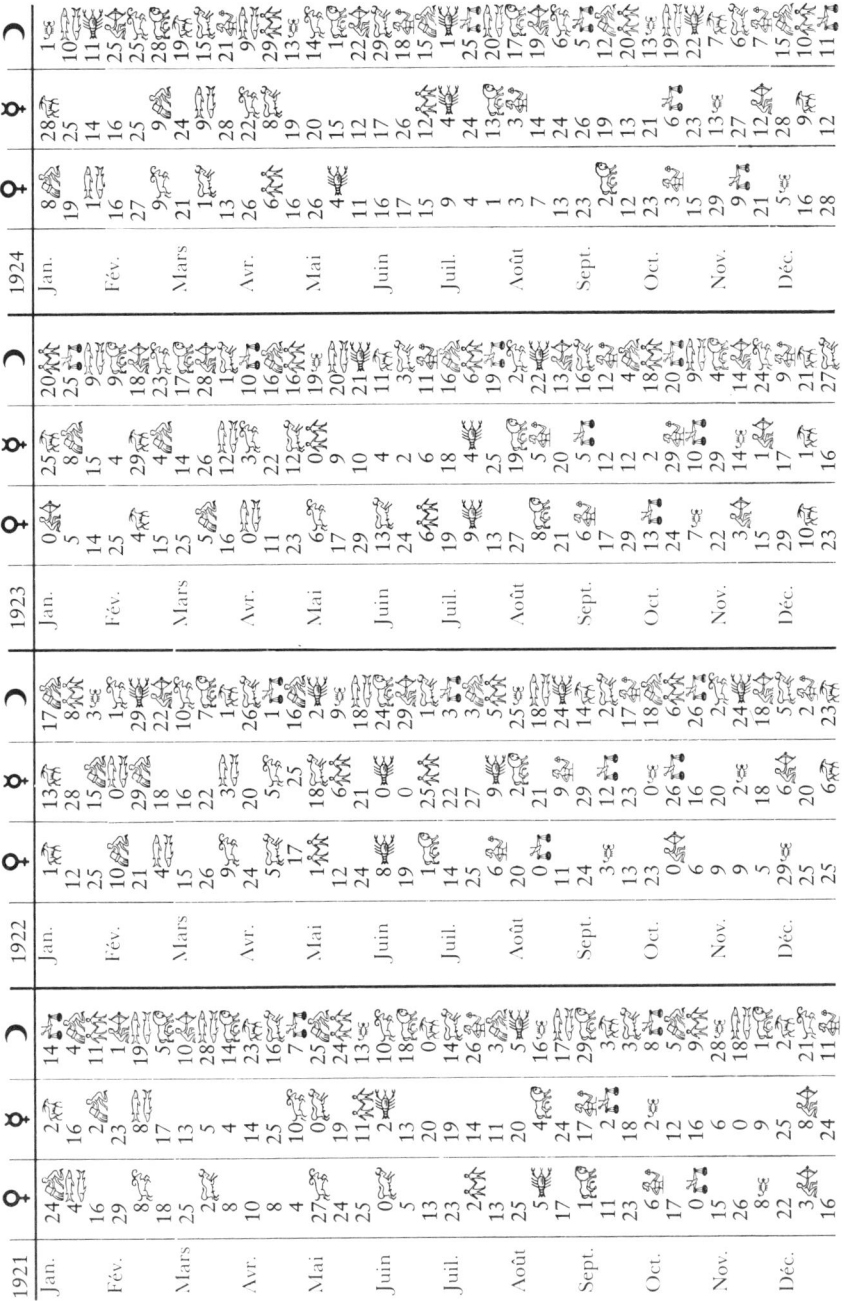

427

Tableau d'éphémérides astronomiques (symboles du zodiaque et valeurs numériques pour les années 1925, 1926, 1927, 1928).

			1925					1926					1927					1928
☽	☿	♀	Jan.	☽	☿	♀	Jan.	☽	☿	♀	Jan.	☽	☿	♀	Jan.		
			Fév.				Fév.				Fév.				Fév.		
			Mars				Mars				Mars				Mars		
			Avr.				Avr.				Avr.				Avr.		
			Mai				Mai				Mai				Mai		
			Juin				Juin				Juin				Juin		
			Juil.				Juil.				Juil.				Juil.		
			Août				Août				Août				Août		
			Sept.				Sept.				Sept.				Sept.		
			Oct.				Oct.				Oct.				Oct.		
			Nov.				Nov.				Nov.				Nov.		
			Déc.				Déc.				Déc.				Déc.		

Ephéméride astronomique — symboles du zodiaque (☽ Lune, ☿ Mercure, ♀ Vénus)

1932

Mois	☽	☿	♀
Jan.	16 20 21 9	20 25	8 19 2
Fév.	4 3 24	25 9 25 14 1 18	16 27 9 2 13
Mars	2 21 9 25	25 20 14 16 23	26 6 16 26
Avr.	25 13 3 2	6 27 16 8 29	3 10 15 12 6
Mai	25 11 10 0	13 24 0 22 21	1 29 1 6 13
Juin	28 3 16 18	2 20 10 25	23 11 24 4 15
Juil.	25 29 26 2	11 28 10 19 17	29 10 22 5 17
Août	20 17 18 27	6 7	29
Sept.	20 24		
Oct.			
Nov.			
Déc.			

1931

Mois	☽	☿	♀
Jan.	0 10 19 20	20 9 7 17	29 5 13 25
Fév.	1 3 29 10	28 13 28 14	4 15 5 17
Mars	12 22 27 27	3 27 9 13	1 11 23 7
Avr.	0 29 3 21	8 4 5 16	17 29 13 25
Mai	13 25 26 15	29 17 11 0	7 20 1 13
Juin	4 12 2 27	17 13 14 20	28 9 21 6
Juil.	26 23 16 28	15 7 24 10	17 14 25 7
Août	1 20 16 25	27 17 15 29	22 3 16 0
Sept.	4 23 2 6	6 0	11 23
Oct.			
Nov.			
Déc.			

1930

Mois	☽	☿	♀
Jan.	27 19 16 12	29 8 3 22	2 13 26 11
Fév.	11 3 21 20	25 5 2 1	22 4 2 16
Mars	11 8 14 25	18 11 0 0	27 9 24 5
Avr.	15 21 27 8	3 28 23 23	18 1 12 24
Mai	10 11 17 14	6 23 12 3	9 20 2 15
Juin	15 28 5 26	26 10 23 4	25 20 1 11
Juil.	13 29 28 18	6 22 29 15	24 3 13 22
Août	7 12 8 28	5 19 5 22	29 4 6 1
Sept.	14 17 3	5 18	25 22 23
Oct.			
Nov.			
Déc.			

1929

Mois	☽	☿	♀
Jan.	26 14 24 11	19 5 18 23	24 16 29 18
Fév.	0 18 19 9	14 9 13 23	8 25 6 8
Mars	28 2 29 19	6 26 26 12	0 14 22 23
Avr.	4 7 25 20	21 20 26 17	29 13 23 26
Mai	0 10 26 8	14 18 28 15	6 17 12 24
Juin	13 18 27 28	10 28 15 3	7 18 15 26
Juil.	12 16 19 14	14 21 12 9	9 0 15 26
Août	22 9 28 15	23 8 24 11	9 23 4 17
Sept.	12 1 24	25 11	
Oct.			
Nov.			
Déc.			

429

Table d'éphémérides astronomiques — colonnes (de gauche à droite) : ☽ (Lune), ☿ (Mercure), ♀ (Vénus).

1936

Mois	♀	☿	☽
Jan.	28 / 8	23 / 17	8 / 9 / 11 / 1 / 24
Fév.	20 / 5 / 16	10 / 2 / 5	0 / 24 / 15
Mars	28 / 10 / 21	14 / 26 / 11	22 / 12 / 29
Avr.	3 / 18	20	0 / 16 / 15
Mai	12 / 25 / 6 / 8	11 / 14	4 / 24 / 29
Juin	3 / 14 / 27	9 / 6 / 8	23 / 15 / 1
Juil.	10 / 21	19 / 3	2 / 20 / 18
Août	18 / 29 / 12	18 / 4 / 20	26 / 5 / 8
Sept.	26 / 8 / 20	6 / 14 / 16	5 / 8 / 17
Oct.	3 / 14 / 27	7 / 10 / 28	19 / 17 / 22
Nov.	10 / 22 / 5	13 / 29 / 16	22 / 11 / 8
Déc.	18 / 29 / 11	16	9 / 17 / 10 / 16

1935

Mois	♀	☿	☽
Jan.	21 / 2 / 15 / 0	11 / 26 / 13 / 0	21 / 2 / 9 / 11 / 22
Fév.	11 / 4 / 15	3 / 19 / 22	19 / 1 / 2
Mars	28 / 12 / 23 / 5	18 / 3 / 22	13 / 17 / 19
Avr.	18 / 28 / 10 / 3	15 / 4 / 20	22 / 19 / 25
Mai	13 / 24 / 10	4 / 0 / 25 / 27	3 / 17 / 17
Juin	18 / 22 / 23 / 19	29 / 17 / 7	5 / 26 / 2
Juil.	13 / 8 / 7 / 9	27 / 11 / 23	22 / 19 / 16
Août	14 / 23 / 1	2 / 2 / 20	14 / 7 / 19
Sept.	11 / 22 / 2	1 / 16	9 / 22 / 10 / 7
Nov.	22 / 14	3 / 18	16 / 24 / 15

1934

Mois	♀	☿	☽
Jan.	20 / 23 / 23	0 / 14 / 0	17 / 10 / 6 / 2
Fév.	18 / 13 / 9	21 / 6 / 19	23 / 11 / 12
Mars	8 / 11 / 17	19 / 10 / 6	1 / 29 / 15
Avr.	26 / 13 / 25	13 / 24 / 8	7 / 13 / 16
Mai	4 / 15 / 29	28 / 16 / 0	7 / 1 / 1
Juin	9 / 21 / 14	13 / 22 / 24	9 / 6 / 29
Juil.	26 / 10 / 21	19 / 14 / 19	29 / 19 / 27
Août	3 / 18 / 29	2 / 21 / 0	16 / 20 / 18
Sept.	12 / 25 / 6	16 / 1 / 9	9 / 29 / 2 / 0
Oct.	4 / 15 / 28	12 / 19 / 12	19 / 4 / 9
Nov.	12 / 23 / 5	3 / 8 / 23	24 / 9

1933

Mois	♀	☿	☽
Jan.	14 / 25	21 / 3 / 18	16 / 4 / 16
Fév.	8 / 23	8 / 22 / 27	1 / 20 / 8
Mars	16 / 28 / 9	4 / 7 / 7	29 / 20 / 22
Avr.	21 / 6 / 17 / 0	26 / 4 / 16	11 / 24 / 28
Mai	13 / 24 / 7	4 / 3 / 15	16 / 21 / 1
Juin	22 / 2 / 15	5 / 12 / 13	17 / 29
Juil.	28 / 9 / 21	5 / 2	3 / 9 / 17
Août	6 / 17 / 29	29 / 16 / 4	18 / 3 / 11
Sept.	24 / 6 / 19	22 / 19	6 / 11 / 4
Oct.	19 / 29	2 / 4	29 / 18 / 7
Nov.	24 / 4 / 15	24 / 19	3 / 21 / 4
Déc.	26 / 13	28 / 12	16

430

1941	♀	☿	☽	1942	♀	☿	☽	1943	♀	☿	☽	1944	♀	☿	☽
Jan.	15♐	5♑	25♒	Jan.	19♒	17♑	28♊	Jan.	21♑	27♑	1♏	Jan.	28♏	25♑	23♓
	26	19	14♊		21	1♒	23♎		3♒	8♒	14♓		9♐	15	20♋
	8♑	6♒	1♏		20	17	16♓		15	9	19♋		21	9	21♏
Fév.	23	27	10♈	Fév.	14	27	13♌	Fév.	0♓	26♑	23♐	Fév.	5♑	16	14♉
	5♒	10♓	2♌		9	19	16♐		11	26	3♉		16	27	4♍
	17	13	24♐		6	12	2♉		24	5♒	4♍		29	11♒	11♑
Mars	28	4	18♈	Mars	6	14	22♌	Mars	5♈	16	3♑	Mars	11♒	27	6♊
	9♓	29♒	10♌		10	22	27♐		16	29	11♉		22	13♓	25♍
	22	2♓	4♑		16	5♓	10♉		28	15♓	13♍		4♓	2♈	4♒
Avr.	7♈	15	2♊	Avr.	25	23	11♎	Avr.	13♉	8♈	26♒	Avr.	19	26	23♋
	18	27	1♎		4♓	10♈	19♒		24	27	26♊		0♈	10♉	11♏
	0♉	14♈	23♒		14	0♉	24♊		6♊	16♉	0♏		12	16	28♓
Mai	14	5♉	5♋	Mai	25	23	19♏	Mai	18	0♊	4♈	Mai	26	13	25♌
	25	25	9♏		5♈	9♊	26♓		29	6	28♋		7♉	8	16♐
	7♊	15♊	27♓		16	21	26♋		10♋	3	7♐		19	8	6♉
Juin	22	4♋	23♌	Juin	29	26	13♑	Juin	24	28♉	24♉	Juin	4♊	17	8♎
	3♋	12	3♑		10♉	23	12♉		3♌	28	12♍		15	28	8♒
	15	16	11♉		21	18	12♍		14	6♊	0♒		27	16♊	26♊
Juil.	29	11	0♎	Juil.	4♊	19	21♒	Juil.	24	21	27♊	Juil.	11♋	10♋	11♏
	10♌	7	9♒		15	27	15♊		2♍	8♋	15♎		22	28	17♓
	22	8	13♊		27	13♋	18♎		10	0♌	9♓		4♌	17♌	1♌
Août	6♍	22	24♏	Août	11♋	7♌	10♈	Août	17	23	12♌	Août	19	5♍	29♐
	17	8♌	27♓		22	25	29♋		20	8♍	4♐		0♍	15	10♉
	29	29	29♋		4♌	13♍	10♐		20	22	0♉		12	22	15♍
Sept.	14♎	21♍	16♑	Sept.	19	2♎	26♉	Sept.	15	5♎	27♍	Sept.	27	19	20♒
	24	6♎	11♉		0♍	13	15♍		10	9	26♑		8♎	11	0♋
	6♏	20	18♍		12	23	4♒		5	5	18♊		20	10	0♏
Oct.	19	3♏	23♒	Oct.	26	26	27♊	Oct.	5	25♍	1♏	Oct.	4♏	24	28♓
	0♐	11	13♊		7♎	17	21♎		7	28	5♓		15	9♎	4♌
	11	10	25♎		20	11	12♓		13	12♎	20♋		27	27	4♐
Nov.	25	28♎	10♈	Nov.	5♏	22	11♌	Nov.	22	3♏	21♐	Nov.	12♐	17♏	22♉
	4♑	29	28♋		16	5♏	13♐		1♎	17	27♈		23	0♐	18♍
	15	11♏	19♐		29	22	1♉		11	3♐	3♍		5♑	15	22♑
Déc.	26	28	13♉	Déc.	12♐	9♐	14♍	Déc.	22	20	29♑	Déc.	18	0♑	28♊
	4♒	12♐	3♍		24	23	22♑		2♏	4♑	3♊		29	8	20♎
	12	27	27♑		6♑	9♑	5♊		14	17	5♎		11♒	5	0♓

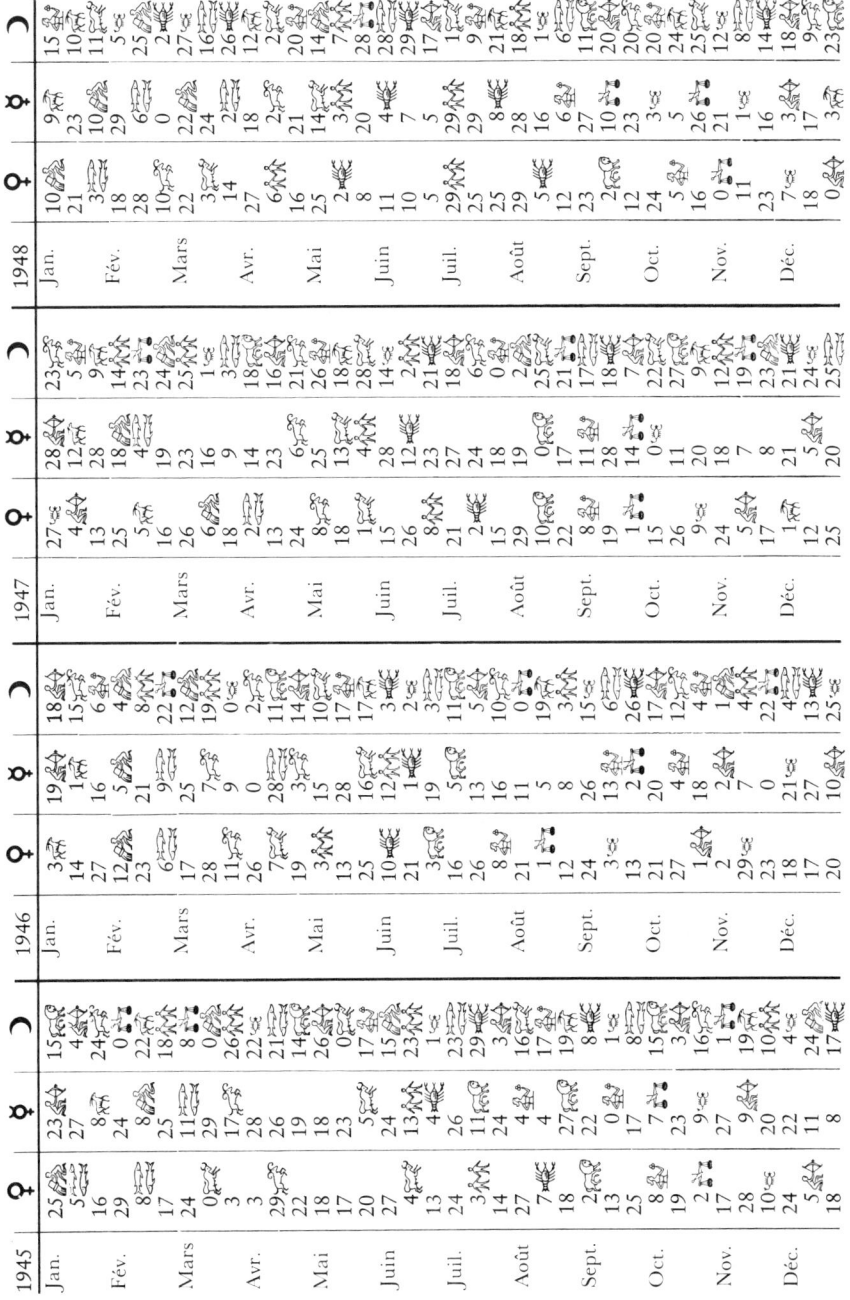

433

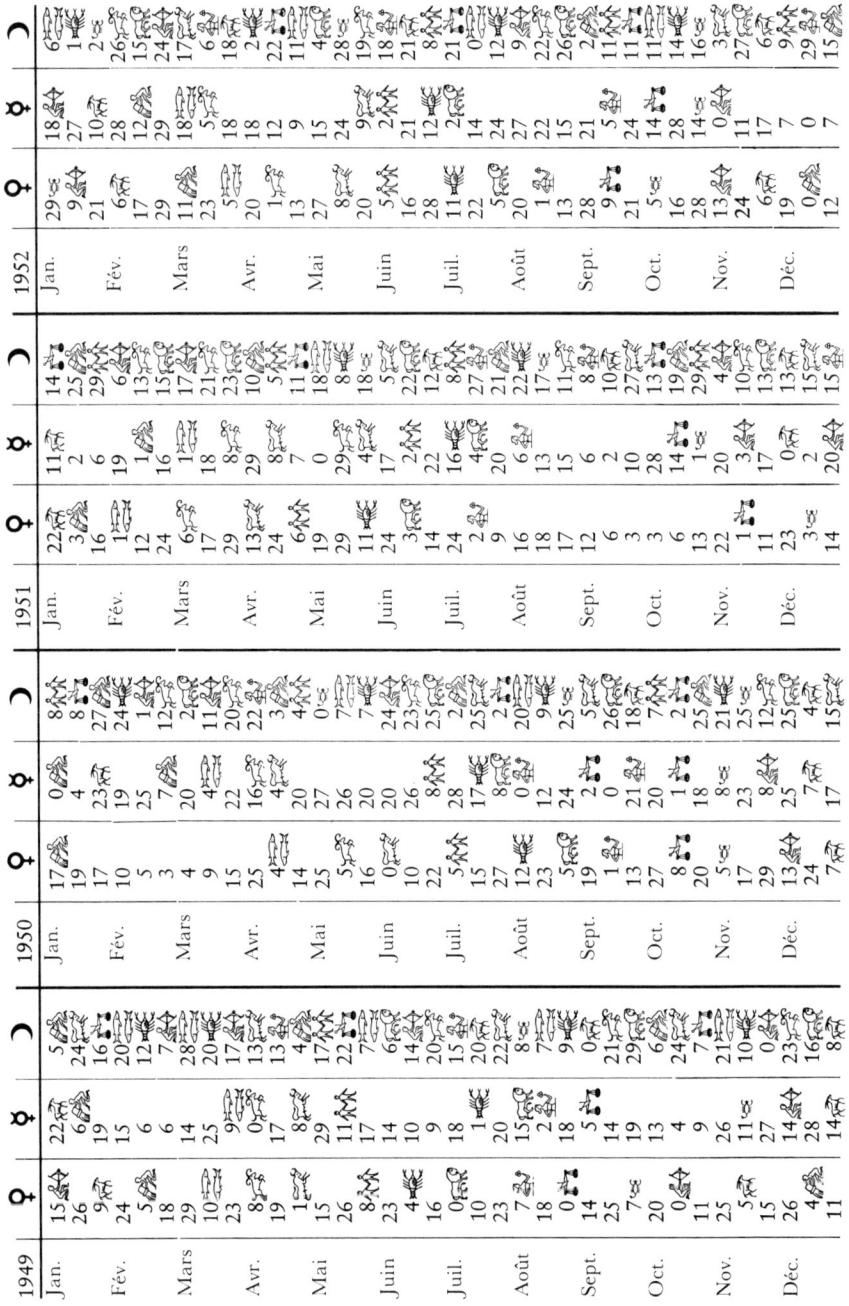

1949   1950   1951   1952

Jan. — Fév. — Mars — Avr. — Mai — Juin — Juil. — Août — Sept. — Oct. — Nov. — Déc.

1956   Jan.   Fév.   Mars   Avr.   Mai   Juin   Juil.   Août   Sept.   Oct.   Nov.   Déc.

1955   Jan.   Fév.   Mars   Avr.   Mai   Juin   Juil.   Août   Sept.   Oct.   Nov.   Déc.

1954   Jan.   Fév.   Mars   Avr.   Mai   Juin   Juil.   Août   Sept.   Oct.   Nov.   Déc.

1953   Jan.   Fév.   Mars   Avr.   Mai   Juin   Juil.   Août   Sept.   Oct.   Nov.   Déc.

435

Ephemeris tables for the years 1957, 1958, 1959 and 1960 (columns: ☾ Moon, ☿ Mercury, ♀ Venus; positions in zodiac signs with degrees, by month).

1957

Mois	☿	♀
Jan.	27, 20	16, 27, 10
Fév.	11, 17, 27	25, 6, 18
Mars	11, 25, 10	0, 11
Avr.	29, 23, 9	23, 8, 19
Mai	18, 13	15, 26, 9
Juin	10, 27	4, 17
Juil.	13, 6, 25	0, 11, 21
Août	14, 4, 27	8, 19, 1
Sept.	15, 23	15, 26, 7
Oct.	24, 16, 22	20, 1, 12
Nov.	7, 14, 28	5, 15, 26
Déc.	13, 29, 9, 10	3, 10

1958

Mois	☾	☿	♀
Jan.	17, 22	26, 27	15, 16
Fév.	4, 15	22, 6	13, 6, 2
Mars	22, 12, 25	22, 26	1, 3, 8
Avr.	0, 4, 14	15, 29	15, 25
Mai	24, 12, 18	0, 20	14, 26, 6
Juin	19, 6, 8	24, 4, 22	17, 5
Juil.	12, 4, 16	1, 24, 9	16, 28, 12
Août	19, 10, 15	23, 8, 3	23, 5, 20
Sept.	7, 17, 13	25, 29, 8	13, 27, 9
Oct.	7, 23, 7	5, 20, 7	21, 6, 17
Nov.	25, 7, 15	25, 20, 26	0, 14
Déc.	25	17, 9	25, 8

1959

Mois	☾	☿	♀
Jan.	28, 6	18, 14	23, 4
Fév.	9, 21, 23	3, 18	16, 1
Mars	25, 2, 3	6, 23	13, 25
Avr.	24, 16, 0	7, 13	17, 0
Mai	18, 0, 16	5, 1, 14	14, 25
Juin	24, 18, 10	26, 13	19, 0
Juil.	2, 1, 21	8, 28, 17	11, 24
Août	19, 25, 24	4, 14, 14	14, 24
Sept.	3, 9, 16	19, 9, 9	2, 4
Oct.	23, 23, 25	24, 10, 29	15, 16, 14
Nov.	27	18, 2, 18	8, 3
Déc.		9, 6, 24, 27, 8	11, 23, 3, 15

1960

Mois	☾	☿	♀
Jan.	17, 11, 15	26, 9	29, 10, 22
Fév.	6, 25, 8	25, 16, 27	6, 17
Mars	27, 16, 3	18	12, 23
Avr.	11, 3, 26	26, 21	5, 20, 14
Mai	13, 10, 2	13, 15, 23	27, 8
Juin	28, 2, 19	24, 11	20, 5
Juil.	2, 12, 22	3, 28, 12	16, 29, 12
Août	22, 3, 6	24, 0, 28	23, 5
Sept.	15, 21, 22	22, 21, 0	14, 28, 9
Oct.	24, 23, 27	17, 10, 27	5, 16, 29
Nov.	15, 6, 19	13, 11, 21	13, 24
Déc.	20, 8, 28	22, 12, 9, 21, 4, 19	6, 19, 0, 12

436

Ephemeris table (astronomical/astrological positions) arranged in four yearly blocks. Each block lists the twelve months with columns of zodiac symbols and degree values for ☽, ☿ and ♀.

1964

	☽	☿	♀
Jan.			
Fév.			
Mars			
Avr.			
Mai			
Juin			
Juil.			
Août			
Sept.			
Oct.			
Nov.			
Déc.			

1963

	☽	☿	♀
Jan.			
Fév.			
Mars			
Avr.			
Mai			
Juin			
Juil.			
Août			
Sept.			
Oct.			
Nov.			
Déc.			

1962

	☽	☿	♀
Jan.			
Fév.			
Mars			
Avr.			
Mai			
Juin			
Juil.			
Août			
Sept.			
Oct.			
Nov.			
Déc.			

1961

	☽	☿	♀
Jan.			
Fév.			
Mars			
Avr.			
Mai			
Juin			
Juil.			
Août			
Sept.			
Oct.			
Nov.			
Déc.			

437

440

1980	☽	☿	♀
Jan.	23 / 13	27 / 11	11 / 22
Fév.	27 / 28	28 / 4	4 / 19
Mars	18 / 21	18 / 20	0 / 11
Avr.	1 / 19	12 / 7	23 / 14
Mai	14 / 15	13 / 23	27 / 5
Juin	9 / 4	8 / 15	14 / 23
Juil.	18 / 17	7 / 0	28 / 2
Août	8 / 5	13 / 22	1 / 27
Sept.	11 / 23	24 / 20	21 / 16
Oct.	12 / 19	15 / 19	16 / 19
Nov.	24 / 5	20 / 13	25 / 2
Déc.	9 / 28	29 / 15	1 / 12

1979	☽	☿	♀
Jan.	10 / 12	19 / 16	24 / 2
Fév.	12 / 3	5 / 21	12 / 25
Mars	27 / 0	9 / 25	5 / 16
Avr.	11 / 6	6 / 27	26 / 7
Mai	10 / 1	26 / 14	19 / 3
Juin	20 / 2	28 / 16	14 / 26
Juil.	4 / 23	12 / 19	20 / 2
Août	11 / 18	4 / 12	16 / 27
Sept.	12 / 3	14 / 7	23 / 4
Oct.	20 / 19	3 / 7	16 / 12
Nov.	5 / 13	26 / 13	24 / 9
Déc.	26 / 23	20 / 4	20 / 17

1978	☽	☿	♀
Jan.	22 / 1	21 / 26	5 / 16
Fév.	12 / 11	7 / 24	29 / 14
Mars	22 / 26	8 / 25	25 / 7
Avr.	22 / 22	11 / 29	19 / 0
Mai	4 / 15	16 / 26	12 / 27
Juin	17 / 19	22 / 16	8 / 21
Juil.	24 / 20	4 / 24	15 / 27
Août	15 / 4	13 / 26	11 / 22
Sept.	20 / 7	11 / 23	17 / 27
Oct.	25 / 5	1 / 24	8 / 22
Nov.	18 / 19	21 / 0	12 / 24
Déc.	17 / 25	17 / 7	10 / 13

1977	☽	☿	♀
Jan.	20 / 13	21 / 11	26 / 6
Fév.	5 / 4	7 / 17	16 / 28
Mars	5 / 23	28 / 13	7 / 14
Avr.	12 / 16	27 / 13	20 / 23
Mai	1 / 29	3 / 26	24 / 19
Juin	9 / 16	9 / 14	14 / 9
Juil.	5 / 17	10 / 5	8 / 11
Août	19 / 28	6 / 16	16 / 25
Sept.	4 / 7	28 / 10	12 / 24
Oct.	7 / 9	29 / 17	3 / 14
Nov.	29 / 21	14 / 20	27 / 18
Déc.	0 / 17	16 / 8	19 / 12

1981	♀	☿	☽
Jan.	17, 28	10, 25	10, 5, 25
Fév.	10, 25	12, 0	24, 28
Mars	7, 20	4, 28	13, 2
Avr.	19, 2, 12, 24	13, 19, 22	8, 22, 19
Mai	9, 24, 20	18, 21	7, 25, 7
Juin	3, 16, 27	14, 3, 20	25, 28, 24
Juil.	24, 5, 18	5, 1	27, 19, 24
Août	12, 24, 8	26, 7	25, 28, 11
Sept.	19, 8, 19, 15	28, 17	24, 6, 22
Oct.	26, 8, 20	26, 10, 22	25, 16, 9
Nov.	12, 25	2, 3, 20	29, 24, 23
Déc.	4, 14, 24	0, 15	20, 23, 14
	6	17, 3	26, 28, 18

1982	♀	☿	☽
Jan.	8, 7	22, 6, 17	13, 21, 2
Fév.	1, 25, 23	12, 3	3, 12, 16
Mars	24, 29	5, 13, 24	14, 20, 23
Avr.	5, 13, 3	9, 17	8, 9, 16
Mai	14, 26, 6	8, 29	10, 14, 6
Juin	1, 11, 23	10, 15	24, 7, 10
Juil.	6, 17, 29	1, 7, 8	28, 15, 25
Août	13, 24	0, 20	25, 16, 8
Sept.	6, 21, 2	15, 2, 6	8, 8, 7
Oct.	14, 28	18, 13, 17	28, 12, 16
Nov.	9, 7, 18	10, 2	1, 22, 1
Déc.	23, 15, 26	8, 26, 11	9, 15, 8
	8	27, 28, 14	16, 17

1983	♀	☿	☽
Jan.	24, 5, 17	29, 1, 20	1, 3, 3
Fév.	2, 14, 26	17, 24	24, 17, 14
Mars	7, 18, 0	20, 4	2, 26, 2
Avr.	15, 7, 20	22, 16, 4	21, 10, 24
Mai	0, 11, 24	19, 25, 22	24, 13, 3
Juin	3, 12, 23	17, 24	2, 12, 10
Juil.	5, 9, 8	6, 28, 17	9, 25, 3
Août	8, 27, 23	29, 12, 23	16, 14, 26
Sept.	23, 27	0, 27	1, 22, 2
Oct.	2, 10, 21	18, 19	3, 15, 17
Nov.	0, 11, 23	8, 23	20, 7, 24
Déc.	3, 15	8, 25, 16	19, 26

1984	♀	☿	☽
Jan.	29, 10, 22	8, 0, 4	14, 3, 18
Fév.	7, 18	18, 16, 3	0, 18, 12
Mars	13, 24	20, 10, 6	21, 10, 5
Avr.	6, 21	0, 6, 3	5, 5, 24
Mai	14, 28	27, 27, 18	9, 9, 28
Juin	9, 6, 17	4, 25, 18	26, 3, 12
Juil.	29, 13, 24	5, 21	3, 10, 14
Août	21, 2	6, 12, 12	27, 28, 29
Sept.	14, 29	2, 0, 11	20, 14, 16
Oct.	10, 23	0, 16	26, 16, 16
Nov.	6, 14, 25	3, 9, 21	24, 13, 1
Déc.	7, 20	5, 18, 29	17, 16, 6
	12	28, 16	25

442

1985	☿	☽	1986	☿	☿	☽	1987	☿	☿	☽	1988	☿	☿	☽
Jan.			Jan.				Jan.				Jan.			
Fév.			Fév.				Fév.				Fév.			
Mars			Mars				Mars				Mars			
Avr.			Avr.				Avr.				Avr.			
Mai			Mai				Mai				Mai			
Juin			Juin				Juin				Juin			
Juil.			Juil.				Juil.				Juil.			
Août			Août				Août				Août			
Sept.			Sept.				Sept.				Sept.			
Oct.			Oct.				Oct.				Oct.			
Nov.			Nov.				Nov.				Nov.			
Déc.			Déc.				Déc.				Déc.			

Tableau d'éphémérides — symboles de la Lune (☽), Mercure (☿) et Vénus (♀)

1989	♀	☿	☽		1990	♀	☿	☽		1991	♀	☿	☽		1992	♀	☿	☽
Jan.	17 29	27 8	19 18		Jan.	6 3	25 17	26 3		Jan.	24 6	24 26	13 14		Jan.	0 11	18 29	26 13
Fév.	11 26	10 4	7 3		Fév.	27 22	9 16	11 18		Fév.	18 3	6 22	15 4		Fév.	23 8	14 3	0 11
Mars	7 21	26 15	12 24		Mars	20 28	27 11	23 28		Mars	14 27	6 8	27 5		Mars	19 1	18 6	23 1
Avr.	1 12	28 15	12 21		Avr.	4 13	25 0	2 3		Avr.	8 19	26 14	12 5		Avr.	13 25	25 7	23 0
Mai	25 10	1 15	3 13		Mai	24 3	23 8	22 18		Mai	15 26	28 27	16 19		Mai	7 22	10 1	15 14
Juin	21 3	26 1	17 8		Juin	14 26	16 15	19 29		Juin	8 20	20 18	9 4		Juin	3 15	28 14	5 19
Juil.	17 28	6 14	18 0		Juil.	6 2	9 8	21 26		Juil.	1 12	18 23	23 17		Juil.	29 10	15 28	24 8
Août	13 25	28 28	10 6		Août	17 29	15 26	20 4		Août	24 29	22 9	18 13		Août	22 3	11 6	16 22
Sept.	9 20	5 20	17 0		Sept.	14 25	13 10	29 20		Sept.	4 7	1 23	8 8		Sept.	15 11	0 8	23 16
Oct.	2 21	6 26	6 13		Oct.	10 24	10 22	22 1		Oct.	5 0	3 29	15 7		Oct.	7 18	19 25	24 10
Nov.	12 25	28 12	4 1		Nov.	8 19	14 24	11 22		Nov.	24 10	20 19	12 13		Nov.	0 14	3 18	10 7
Déc.	14 23	3 19	25 10		Déc.	2 15	13 28	19 28		Déc.	0 23	7 14	0 27		Déc.	25 20	22 27	23 13
	4 29	17	7 28			9 27	8 7	28 28			4 16	8	1 7			13	9	18 9

444

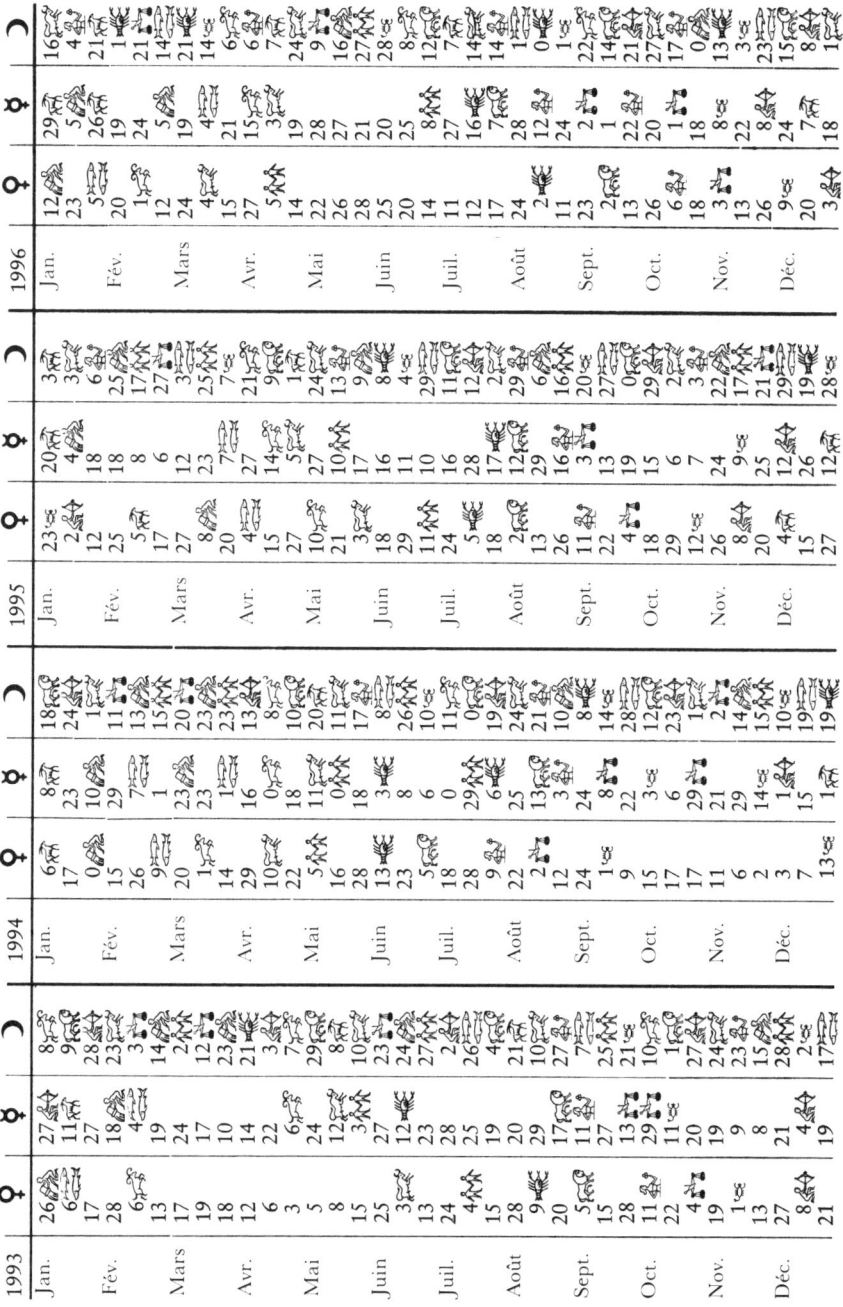

445

Éphémérides

1999	☿	♀	☽
Jan.	25	21	24 / 23
Fév.	6 / 19	4 / 19	27 / 15
Mars	4 / 15	9 / 25	7 / 19
Avr.	8 / 19	13 / 27	24 / 14
Mai	1 / 16	4 / 28	29 / 11
Juin	27	20	29 / 23
Juil.	8 / 21	23	14 / 4
Août	1 / 12	16 / 1	22 / 9
Sept.	25	21 / 17	20 / 27
Oct.	4 / 13	5 / 21	6 / 12
Nov.	22 / 28	4 / 9	17 / 20
Déc.	5 / 2	7 / 29	21 / 22

1998	☿	♀	☽
Jan.	3 / 29	18	9 / 16
Fév.	23	26	20 / 2
Mars	18 / 22	9 / 27	4 / 5
Avr.	27 / 4	11 / 29	12 / 14
Mai	12 / 24	16 / 3	13 / 5
Juin	3 / 14	17 / 20	28 / 1
Juil.	26 / 7	14 / 9	11 / 1
Août	18 / 12	23 / 7	9 / 28
Sept.	24 / 18	29 / 18	16 / 2
Oct.	7 / 18	9 / 0	0 / 21
Nov.	0 / 11	13 / 23	14 / 21
Déc.	23 / 20	24 / 16	23 / 5

1997	☿	♀	☽
Jan.	18 / 29	13	28 / 1
Fév.	12 / 27	3 / 5	19 / 14
Mars	8 / 21	18 / 16	24 / 5
Avr.	13 / 25	17 / 7	23 / 2
Mai	10 / 22	29 / 8	13 / 27
Juin	4 / 18	1 / 29	22 / 28
Juil.	29 / 11	4 / 17	0 / 15
Août	26 / 7	21 / 15	14 / 18
Sept.	19 / 2	3 / 20	23 / 16
Oct.	13 / 25	16 / 7	25 / 12
Nov.	10 / 20	2 / 9	0 / 18
Déc.	27 / 28	27 / 13	27 / 16

446

ABC de l'astrologie

Expressions spécifiques de l'astrologie et de l'astronomie

Astrologie:

(du grec *astron* = étoile et *logos* = étude de)
Théorie selon laquelle les phénomènes de la sphère céleste ont un certain rapport reconnaissable avec les événements terrestres; elle essaye par conséquent de déduire de la position des astres la personnalité et le caractère ainsi que la tendance des destinées humaines.

Astronomie:

(du grec *astron* = étoile et *nomos* = loi)
Science des astres, du ciel, de la matière de l'univers, de sa répartition, ses mouvements et états physiques, de sa composition et de son développement. L'astronomie s'occupe donc des corps du système solaire (soleil, planètes, lune, planétoïdes, comètes, météorites), des étoiles (étoiles fixes), des nuées stellaires, des systèmes stellaires, dont fait partie le système de la voie lactée, et de la matière flottante entre les étoiles (matière interstellaire).

Aspects:

C'est l'ouverture angulaire entre des planètes dans l'horoscope.

Équateur:

— *Équateur céleste:* ligne d'intersection entre la sphère céleste et un plan perpendiculaire à l'axe céleste, à savoir le plan de l'équateur. Le plan de l'équateur céleste est le plan de base du système des coordonnées astronomiques.
— *Équateur terrestre:* ligne d'intersection entre la surface terrestre et un plan perpendiculaire à l'axe terrestre qui a la même distance par rapport au pôle Nord et au pôle Sud de la terre. L'équateur terrestre correspond donc à la projection de l'équateur céleste sur la surface terrestre à partir du centre de la terre.
— *Équateur galaxique:* ligne d'intersection entre la sphère céleste et le plan de symétrie du système de la voie lactée, la galaxie.

Ascendant:

Le signe du zodiaque qui monte à l'horizon oriental du lieu de naissance pendant l'heure de naissance (point oriental).

Latitude:

Distance angulaire d'un astre par rapport à l'écliptique ou l'équateur galaxique.

Décan:
Subdivision de chaque signe du zodiaque en parties de 10 degrés chacune.

Descendant:
Le signe du zodiaque qui descend à l'horizon occidental du lieu de naissance pendant l'heure de naissance (point occidental).

Déclinaison:
Distance angulaire entre un astre et l'équateur céleste. La déclinaison est mesurée en degrés sur le cercle horaire de l'astre; elle est positive en direction du pôle Nord et négative en direction du pôle Sud.

Directions:
Ce sont des méthodes de calcul astrologique qui permettent une prévision pour l'année à venir. Il y a différents systèmes, par exemple les directions primaires, les directions secondaires, les directions de la courbure solaire. (Ces procédés ne seront pas expliqués davantage ici.)

Dominer:
Le fait qu'une planète prédomine.

Domicile:
On emploie cette notion en astrologie pour dire qu'une planète se trouve dans un signe de sa nature propre. Le caractère fondamental du Lion correspond par exemple au caractère fondamental du Soleil. Si le Soleil se trouve par exemple dans le signe du Lion, il a son "domicile" dans ce signe, son signe.
Autres exemples:

Mercure:	domicile dans les Gémeaux et la Vierge
Lune:	domicile dans le Cancer
Vénus:	domicile dans le Taureau et la Balance
Mars:	domicile dans le Bélier et le Scorpion
Jupiter:	domicile dans le Sagittaire
Saturne:	domicile dans le Capricorne
Uranus:	domicile dans le Verseau
Neptune:	domicile dans les Poissons
Pluton:	domicile dans le Scorpion à côté de Mars

L'effet d'une planète est renforcé dans son domicile.

Éphémérides:
Tableaux des positions astrales, calcul anticipatif des mouvements journaliers des astres. Les astronomes et les astrologues les utilisent pour dé-

terminer les positions des planètes ainsi que celles du Soleil et de la Lune. On trouvera des tableaux de positions astrales détaillés mais non complets dans l'annexe de ce livre. Pour ceux qui ont des connaissances plus avancées, l'acquisition des éphémérides complètes est conseillé mais elle coûte assez cher. On peut les trouver chez l'éditeur Max S. Metz, Zurich, 2 volumes, chez O.W. Barth, Munich, 6 volumes ou les éphémérides anglaises complètes, chez Hieratic Publishing Co., Medford/Massachusetts.

La plupart des collections d'éphémérides contiennent également des tableaux de maisons. Ceux-ci peuvent également être trouvés chez W. Foulsham & Co. Ltd., Slough/Angleterre.

Écliptique:

Course que le soleil parcourt dans le ciel pendant une année. L'écliptique coupe l'équateur du ciel en deux points opposés, le point du printemps et le point de l'automne que le soleil occupe respectivement le 21 mars ou le 23 septembre. On appelle ces points également les points d'équinoxe. Ils n'ont pas de position fixe dans le ciel, mais régressent légèrement à cause du mouvement de précession de l'axe de la terre. L'angle d'intersection de l'écliptique avec l'équateur est de 23,4 degrés. Les deux points de l'écliptique qui sont les plus éloignés de l'équateur sont les points de solstice. Le soleil occupe ces points le 21 juin et le 21 décembre au solstice d'été et au solstice d'hiver.

Étoiles fixes:

Contrairement aux planètes, toutes les autres étoiles semblent conserver leurs distances inchangées pour l'oeil nu. Les observateurs de l'Antiquité avaient déjà pu le constater. C'est pourquoi ils appelèrent ces étoiles des étoiles fixes. Mais on a appris entretemps que ces étoiles fixes se meuvent très peu les unes par rapport aux autres: elles sont animées d'un mouvement qui peut être considéré comme un mouvement propre. En réalité, les étoiles fixes ne sont pas immobiles. C'est la raison pour laquelle on les appelle communément des étoiles fixes. À l'oeil nu, on peut repérer environ 6000 étoiles fixes sur la sphère céleste septentrionale et méridionale.

Planètes prédominantes de naissance:

Lorsqu'on établit un horoscope, on repère la position des corps célestes dans les différentes maisons et signes du zodiaque. Les astres qui occupent la première maison sont les planètes prédominantes de naissance. Ils ont une grande influence sur le destin et le caractère.

Heure de naissance:

Pour établir un horoscope individuel, un horoscope de naissance, on a besoin de l'heure de la naissance précise, à savoir la minute de la naissance. Une différence de 5 à 10 minutes change déjà l'image du caractère et du destin de l'homme.

Horoscope:

C'est la carte du ciel qui représente la position du Soleil, de la Lune et des planètes à un moment précis au-dessus d'un point précis de la terre. On représente les positions astrales, que l'on trouve dans les éphémérides, sur un graphique d'horoscope.

Maisons:

Un horoscope est divisé en 12 parties selon l'heure de naissance. Ces subdivisions sont appelées les maisons. Chaque maison a sa propre signification; ce sont des sphères du vécu ou du domaine de la vie.

Horizon:

Limite circulaire de la vue constituée par l'intersection d'un plan, le plan de l'horizon, vertical par rapport à la direction d'un fil à plomb en un lieu donné, avec la sphère céleste conçue comme infinie. L'horizon naturel est la ligne frontière entre le ciel et la terre, dont le parcours dépend des configurations locales.

Hyleg:

À côté de la planète dominante de naissance, on tient également compte de ce qu'on appelle le "hyleg". C'est celui qui donne la force et la vie. Il est important pour la capacité de vivre et pour la fin de la vie. Le Soleil est hyleg pour le jour de la naissance s'il se trouve dans la 1re, 7e, 9e, 10e ou 11e Maison.
Si le Soleil ne correspond pas aux données, c'est la Lune qui devient hyleg si elle est dans la 1re, 7e, 9e, 10e ou 11e Maison. La Lune est hyleg pour une naissance de nuit si elle se trouve dans la 1re, 7e, 9e, 10e ou 11e Maison. Si, pour une naissance de nuit, la Lune ne correspond pas aux données, c'est le Soleil qui devient hyleg s'il se trouve dans la 1re, 7e, 9e, 10e ou 11e Maison. Si ni la Lune ni le Soleil ne correspondent aux exigences, c'est l'ascendant qui est hyleg.

Imum Coeli (I.C.):

C'est le point de minuit, la profondeur du ciel; il indique la direction du nord.

Culmination:

(du latin *culmen* = sommet) Le moment quand un astre a atteint la plus grande hauteur au-dessus ou en dessous de l'horizon d'un lieu d'observation lors de son mouvement journalier apparent dans le ciel; il se trouve alors au lieu de culmination supérieur ou inférieur. En astrologie, la culmination est le moment où une planète a atteint le milieu du ciel (M.C.) ou le commencement de la 10e Maison.

Longitude:

Pour indiquer sur terre l'emplacement d'une ville ou la situation d'un bateau, on donne la latitude et la longitude géographique de l'endroit donné. La latitude est la distance de l'équateur, la longitude, la distance du méridien zéro (méridien qui passe par l'observatoire de Greenwich). Les deux distances constituent les coordonnées géographiques d'un lieu. De la même manière, on a déterminé sur la sphère céleste la situation des étoiles par deux coordonnées. Si une des coordonnées indique la distance de l'étoile par rapport à l'équateur céleste, comme c'est le cas pour la détermination géographique d'un lieu, on parle d'un "système de coordonnées de l'équateur".

Medium Coeli (M.C.):
Le milieu du ciel, la direction sud; les astres culminent en ce point. Le point de culmination est le moment où un astre a atteint sa hauteur maximale au-dessus de l'horizon d'un lieu d'observation lors de son mouvement journalier apparent.

Méridien:

Méridien céleste = le plus grand cercle sur la sphère céleste qui passe par le zénith et le nadir d'un point d'observation et par les pôles célestes. Il coupe l'horizon au point sud et au point nord. Pour leur mouvement journalier apparent, les corps célestes atteignent dans le méridien leur plus grande et leur plus petite hauteur au-dessus ou au-dessous de l'horizon: ils culminent dans le méridien. Tout demi-cercle qui relie les pôles géographiques de la terre. La longitude géographique, une des coordonnées géographiques, est calculée à partir du méridien zéro qui est le méridien de Greenwich, établi sur la base d'une convention internationale en 1911.

Nadir:

C'est le point vertical le plus bas situé dans l'hémisphère céleste invisible en dessous des pieds de l'observateur. Le point opposé au nadir est le zénith.

Orbe:

Pour déterminer les aspects, les astrologues laissent une marge de manoeuvre de 7 à 12 degrés. Cette marge de manoeuvre s'appelle l'orbe.

Heure locale:
Voir "Fuseaux horaires".

Planètes:

Corps célestes qui changent leur position au milieu des étoiles fixes, comme le Soleil et la Lune. Depuis des millénaires, on connaît cinq planètes — Mercure, Vénus, Mars, Jupiter et Saturne — qui, en association avec le Soleil et la Lune, donnent le nombre 7. C'est probablement la raison pour laquelle on a établi les sept jours de la semaine à un moment où le culte des astres avait une très grande importance religieuse. Plus tard, on s'aperçut que la Terre était elle-même une planète. On a enfin encore découvert trois autres planètes, Uranus, Neptune et Pluton.

Mouvement de précession:
On entend par là une rotation graduelle de l'axe du monde ou de la terre. Pour comprendre ce mouvement, il faut prendre le dessin page suivante. Le plan de l'écliptique est hachuré. Perpendiculairement à ce plan, nous retrouvons l'axe E qui relie le pôle Nord de l'écliptique (en haut) et le pôle Sud de l'écliptique. Le plan de l'équateur se trouve en intersection avec l'écliptique avec un angle de 23,4 degrés. L'axe de la terre, T, et l'axe E sont également distants de 23,4 degrés. Si maintenant l'axe terrestre T décrit une rotation autour de l'axe E de telle sorte que l'angle de 23,4 degrés reste constant, il dessine deux cercles au pôle Nord et au

pôle Sud qui sont parallèles à l'équateur, dont les centres sont les pôles de l'écliptique. Pour parcourir ces deux cercles que l'on appelle cercle de précession, il faut 26 000 années. Cette durée est une année platonique. Par suite de ce mouvement de précession, la situation du pôle Nord céleste n'est pas toujours caractérisée par l'étoile polaire. Si les pôles de l'équateur avancent dans le ciel, les points de l'intersection de l'équateur avec l'écliptique, c'est-à-dire le point du printemps et le point de l'automne, participent au mouvement de précession et ont un parcours de 26 000 années. Le point de printemps et le point d'automne parcourent l'écliptique dans le sens contraire du Soleil, donc dans le sens Bélier, Poissons, Verseau, etc. Le mouvement de précession est donc régressif. Si notre terre était une sphère parfaite, le mouvement de précession n'aurait pas lieu. En réalité, on peut s'imaginer la terre comme composée d'une sphère et d'un renflement qui entoure cette sphère de manière uniforme des deux côtés de l'équateur. Le mouvement de précession naît du fait que le soleil et la lune tentent d'attirer ce renflement dans le plan de l'écliptique.

Rotation:

Mouvement par lequel tous les points d'un corps rigide bougent en cercles concentriques autour d'un axe de rotation arbitraire (donc à l'intérieur ou à l'extérieur du corps) mais restant le même. La rotation terrestre comporte 23 heures, 56 minutes et 4 secondes.

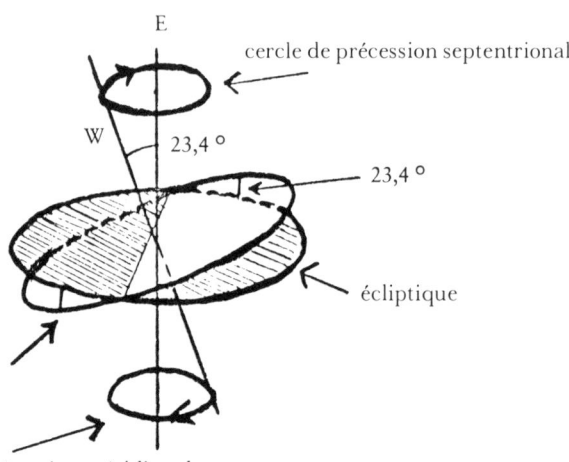

Veranschaulichung der Präzessionsbewegung

452

Heure sidérale:

Indication du temps. Le temps sidéral est calculé en fonction des étoiles et non, comme l'heure normale, selon le soleil. En un jour sidéral, les étoiles semblent avoir fait un tour complet dans le ciel, mais le soleil n'a pas encore terminé son tour apparent. Le jour sidéral est ainsi de 3 minutes et de 56 secondes (en temps solaire) plus court que le jour solaire moyen, qui est établi selon le calcul de notre temps.

L'astrologie utilise l'heure sidérale pour indiquer les positions des astres tels qu'ils peuvent être vus à un moment donné en un lieu donné. L'astrologue doit transformer son information (heure de naissance et lieu de naissance) en heure sidérale pour pouvoir utiliser les tables de positions astrales (éphémérides) qui indiquent la position des étoiles ou des planètes en heures sidérales. L'heure sidérale est calculée arithmétiquement.

Zodiaque:

Portion du ciel qui s'étend d'environ 8 degrés de chaque côté de l'écliptique et à l'intérieur duquel semblent se dérouler les mouvements du soleil (sur l'écliptique exactement) et des planètes. Le zodiaque de 360 degrés est subdivisé en 12 parties égales de 30 degrés. Ce sont les douze signes du zodiaque. Chaque signe est représenté dans le ciel par une constellation. Dans le courant d'un mois, le soleil parcourt un signe. À cause du mouvement de précession de l'axe de la terre, il n'y a aujourd'hui plus de concordance entre les signes du zodiaque et la constellation du même nom.

Constellations:

Les peuplades anciennes s'imaginaient que les étoiles étaient reliées par des lignes et ils ont ainsi constitué des constellations qu'on peut retenir facilement. Leur constitution remonte à des notions religieuses et préscientifiques (astrologiques) des anciennes cultures qui associèrent une signification symbolique aux différents groupes d'astres. Dans le ciel nord, des noms comme Andromède, Pégase font penser à la mythologie grecque. Selon leur situation par rapport à l'équateur céleste, on distingue des constellations septentrionales, méridionales et des constellations de la zone équatoriale. De nos latitudes Nord, on ne peut voir que les constellations septentrionales, de la zone équatoriale et une partie des constellations méridionales. Toutes les constellations, dont la distance angulaire du pôle Sud est plus petite que la latitude géographique nord du lieu d'observation, se trouvent toujours sous l'horizon et ne sont pas visibles pour nous dans les latitudes Nord. Elles peuvent par contre être observées à partir de l'hémisphère Sud.

Comme le soleil se déplace sur l'écliptique dans des mouvements annuels apparents vers d'autres régions du ciel, les constellations visibles changent périodiquement avec la saison après le coucher du soleil. Par conséquent, on distingue les constellations d'été (Lyre et Aquila) qui sont visibles dans le ciel en été et les constellations d'hiver (Orion et Canis major) que l'on peut voir dans le ciel d'hiver. Les constellations qui se trouvent sur le trajet annuel apparent du soleil, l'écliptique, sont désignées comme constellations du zodiaque.

Transit:

Passage d'un mouvement planétaire par des points importants de l'horoscope de naissance ou des aspects. Si, par exemple, Jupiter occupe aujourd'hui — comme on peut le voir dans les éphémérides de l'année en cours — l'endroit où, lors de la naissance de la personne, se trouvait le Soleil, nous parlerons d'un transit entre Jupiter et le Soleil, dans ce cas, d'une conjonction.

Les transits sont utilisés pour l'observation permanente des événements. Pour les calculs de transits, on utilise surtout des planètes à déplacement lent comme Pluton, Neptune, Uranus, Saturne et Jupiter. Les planètes en mouvement influencent donc les destins programmés dans l'horoscope de naissance. On a constaté que les transits ont leur effet le plus fort lorsqu'il y a constitution d'aspects ou de relations qui sont déjà présents dans l'horoscope de naissance. On parle alors de constellations récurrentes.

Pour toutes ces considérations, il faut faire remarquer que l'horoscope de naissance constitue la base des prévisions. Toutes les dispositions physiques et psychiques qui apparaissent plus tard dans le déroulement du destin sont ancrées dans l'horoscope de naissance.

Zénith:

Le point le plus haut de la voûte céleste, qui se trouve perpendiculairement au-dessus de la tête de l'observateur. Le point opposé est le nadir.

Heure:

Pour l'indication de l'heure civile, on utilise une heure solaire moyenne, dont la base est une journée solaire moyenne comme unité de temps. Le début du calcul du temps journalier en minutes et secondes est déterminé par le moment de culmination inférieure du soleil moyen sur le méridien du lieu d'observation. Puisque la culmination n'a pas lieu au même moment en des points de longitude géographique différente, la mesure du début du jour se fait de manière différente. Les lieux de même longitude géographique ont par conséquent la même heure, la même heure locale; les lieux de longitude géographique différente ont des heures locales différentes. Une différence de degrés de longitude géographique correspond à une différence d'une heure dans les heures locales correspondantes. Pour l'économie moderne, les nombreuses heures locales sont défavorables. On a rassemblé dès lors de grandes régions, de vaste zones qui se trouvent à proximité de certains méridiens points de repère et on a déterminé un temps unique qui vaut pour la zone. Les fuseaux horaires diffèrent d'heures entières et de demi-heures par rapport à l'heure universelle (heure d'Europe Occidentale). Le méridien repère de l'heure universelle est le méridien zéro, c'est-à-dire le méridien de Greenwich.

L'heure universelle, donc l'heure locale moyenne des lieux situés sur le méridien de Greenwich, est utilisée en astronomie pour déterminer les événements astronomiques par rapport à une échelle temporelle unique pour la terre entière. Pour l'Europe centrale, le méridien repère est le 15e méridien est. Görlitz est pratiquement situé sur ce méridien; pour ce lieu, l'heure locale moyenne est égale à l'heure d'Europe centrale.

Pour Berlin, par exemple, qui est situé à 13 degrés 25 minutes à l'est, la différence entre l'heure d'Europe centrale et l'heure locale moyenne est d'environ 6,3 minutes (15 degrés de différence longitudinale correspondent à une différence d'horaire d'une heure), c'est-à-dire que les montres qui indiquent l'heure de l'Europe centrale à Berlin avancent de 6,3 minutes par rapport à celles qui indiquent l'heure locale moyenne.

Fuseaux horaires :

− 11 h		Îles Aléoutiennes, Samoa
− 10 h		L'ouest de l'Alaska
− 9 h		L'est de l'Alaska oriental
− 8 h	Pacific Time	L'ouest du Canada et des États-Unis d'Amérique
− 7 h	Mountain Time	Parties du Canada, États des Rocheuses des États-Unis d'Amérique
− 6 h	Central Time	Parties du Canada, États centraux des États-Unis d'Amérique
− 5 h	Eastern Time	Parties du Canada, l'est des États-Unis d'Amérique, Pérou, Chili
− 4 h	Atlantic Time	Parties du Canada, partie centrale du Brésil, Argentine
− 3 h		Brésil oriental, Groënland
− 2 h		Les Açores
− 1 h		Islande, Madère
0 h	Heure universelle	Grande-Bretagne, Irlande, France, Espagne
	Heure d'Europe occ.	Belgique, Portugal, Algérie, Maroc
+ 1 h	Heure d'Europe centrale	Scandinavie, Allemagne, Pologne, Autriche, Suisse, Hongrie, Yougoslavie, U.R.S.S., Italie, Tunisie, Cameroun.
+ 2 h	Heure d'Europe orientale	Partie occidentale de l'URSS (Moscou), Grèce, Turquie, Israël, Jordanie, Égypte, Afrique du Sud.
+ 3 h		URSS (Gorki), Iraq, Madagascar.
+ 4 h		URSS (Swerdlowsk), Iran.
+ 5 h		URSS (Omsk)
+ 6 h		Inde, Sri Lanka, URSS (Nowosibirsk), parties de la Chine, Tibet.
+ 7 h		URSS (Irkutsk), Chine centrale, Viêt-nam, Laos.
+ 8 h		URSS (Jakutsk), Corée, Philippines.
+ 9 h		URSS (Komosomolsk), Japon.
+ 10 h		URSS (Syrjanka), Australie orientale.
+ 11 h		URSS (Ambartschik).
+ 11 h		Nouvelle-Zélande

+ ou − signifie: les montres qui donnent l'heure du fuseau correspondant avancent ou retardent par rapport à l'heure de l'Europe occidentale.

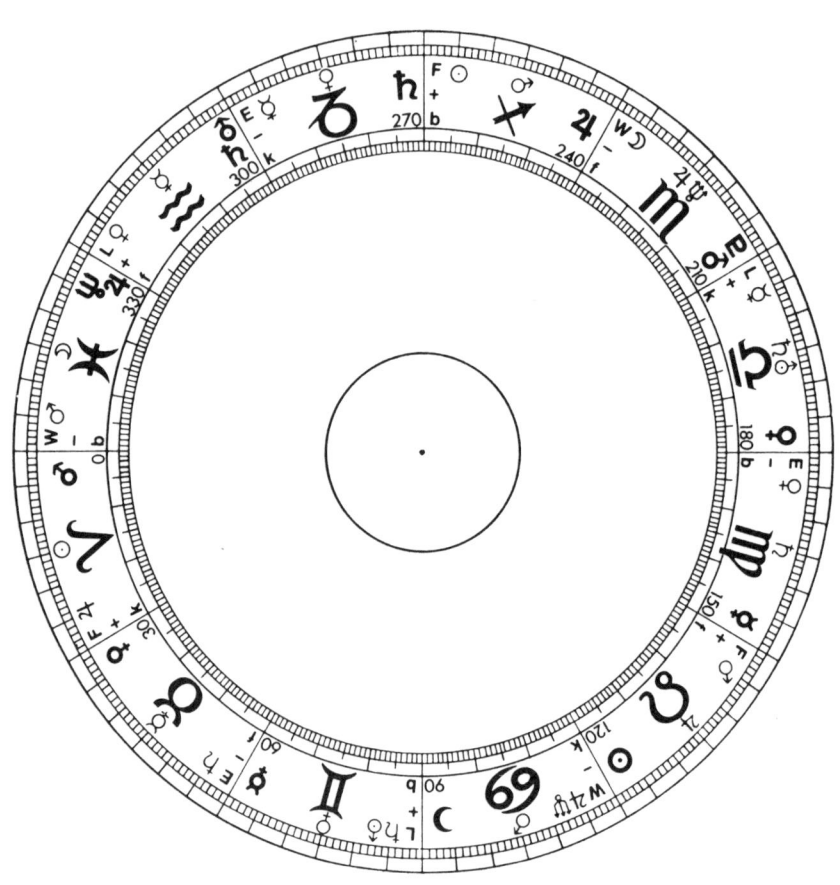

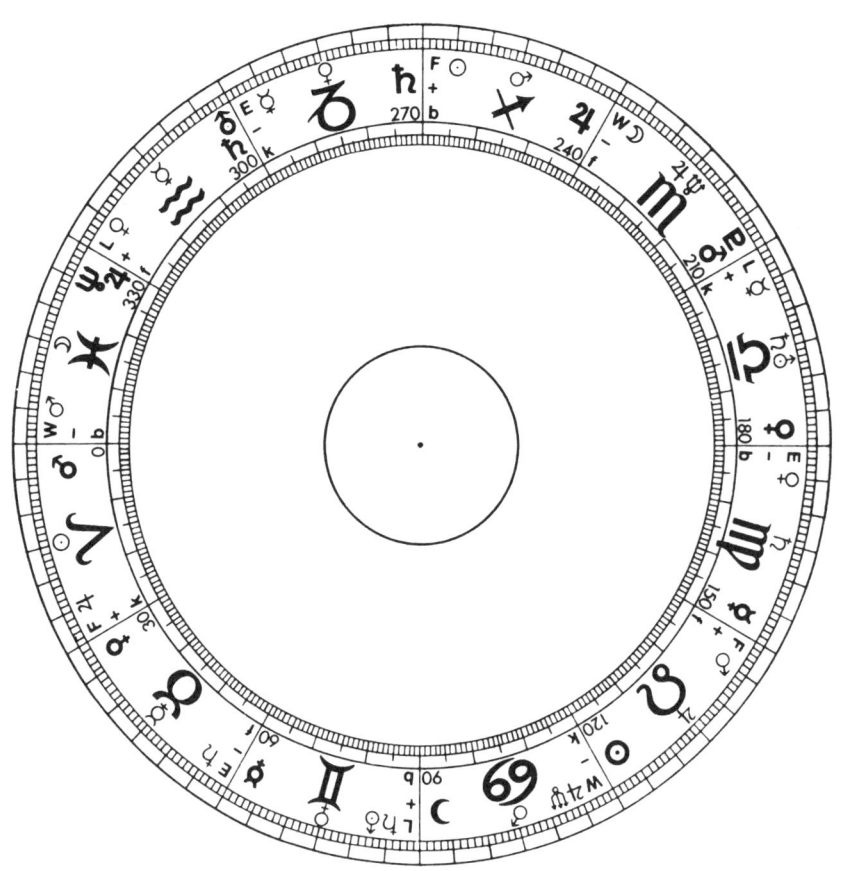

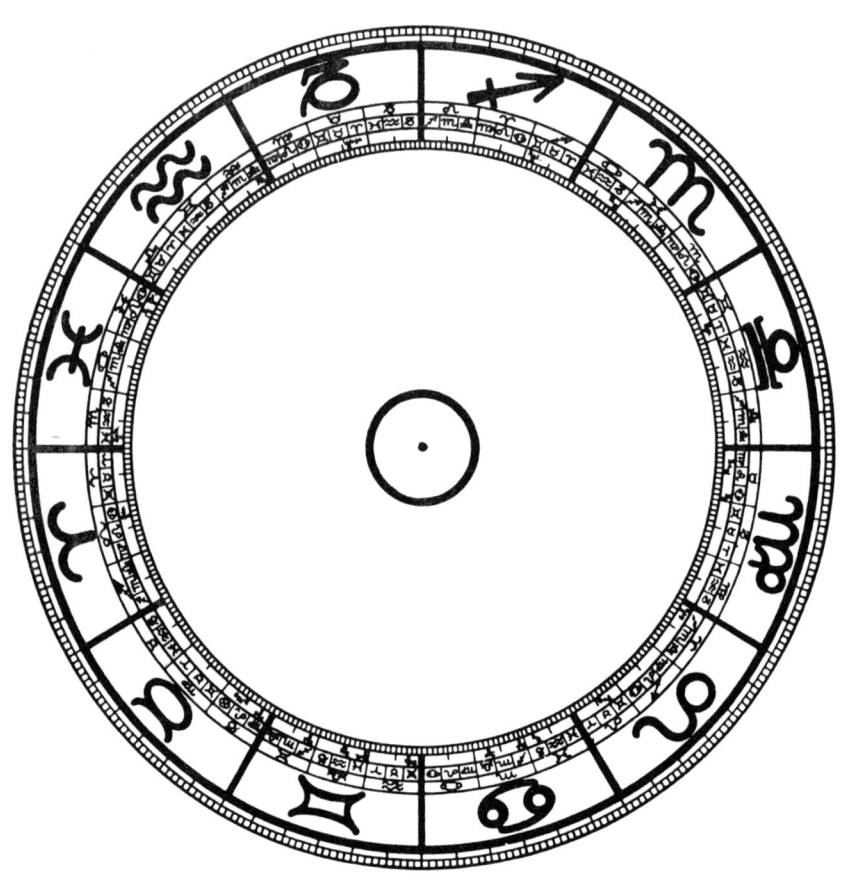

Nom: .... Né le: ....

à: .... heure, à: .... Latitude: ....

Longitude en temps: ....

.... Heure de naissance

.... Différence horaire

.... Heure locale

.... Heure sidérale du jour de naissance

.... Heure sidérale du moment de naissance

=	°	′	″
=	°	′	
=	°	′	
=	°	′	
=	°	′	
=	°	′	
=	°	′	
=	°	′	
=	°	′	
=	°	′	
=	°	′	
=	°	′	
=	°	′	
=	°	′	

Asc. = ° ′

2e Maison = ° ′

3e Maison = ° ′

M.C. = ° ′

11e Maison = ° ′

12e Maison = ° ′

Feu	Terre	Air	Eau
cardinal		fixe	mobile

Nom: .... Né le: ....

à: .... heure, à: .... Latitude: ....

Longitude en temps: ....

.... Heure de naissance
.... Différence horaire
.... Heure locale
.... Heure sidérale du jour de naissance
.... Heure sidérale du moment de naissance

	°	′	″
=	°	′	
=	°	′	
=	°	′	
=	°	′	
=	°	′	
=	°	′	
=	°	′	
=	°	′	
=	°	′	
=	°	′	
=	°	′	
=	°	′	

Asc. = ° ′		
2e Maison = ° ′		
3e Maison = ° ′		
M.C. = ° ′		
11e Maison = ° ′		
12e Maison = ° ′		

Feu	Terre	Air	Eau
cardinal	fixe		mobile

460

Nom: .... Né le: ....

à: .... heure, à: .... Latitude: ....

Longitude en temps: ....

.... Heure de naissance
.... Différence horaire
.... Heure locale
.... Heure sidérale du jour de naissance
.... Heure sidérale du moment de naissance

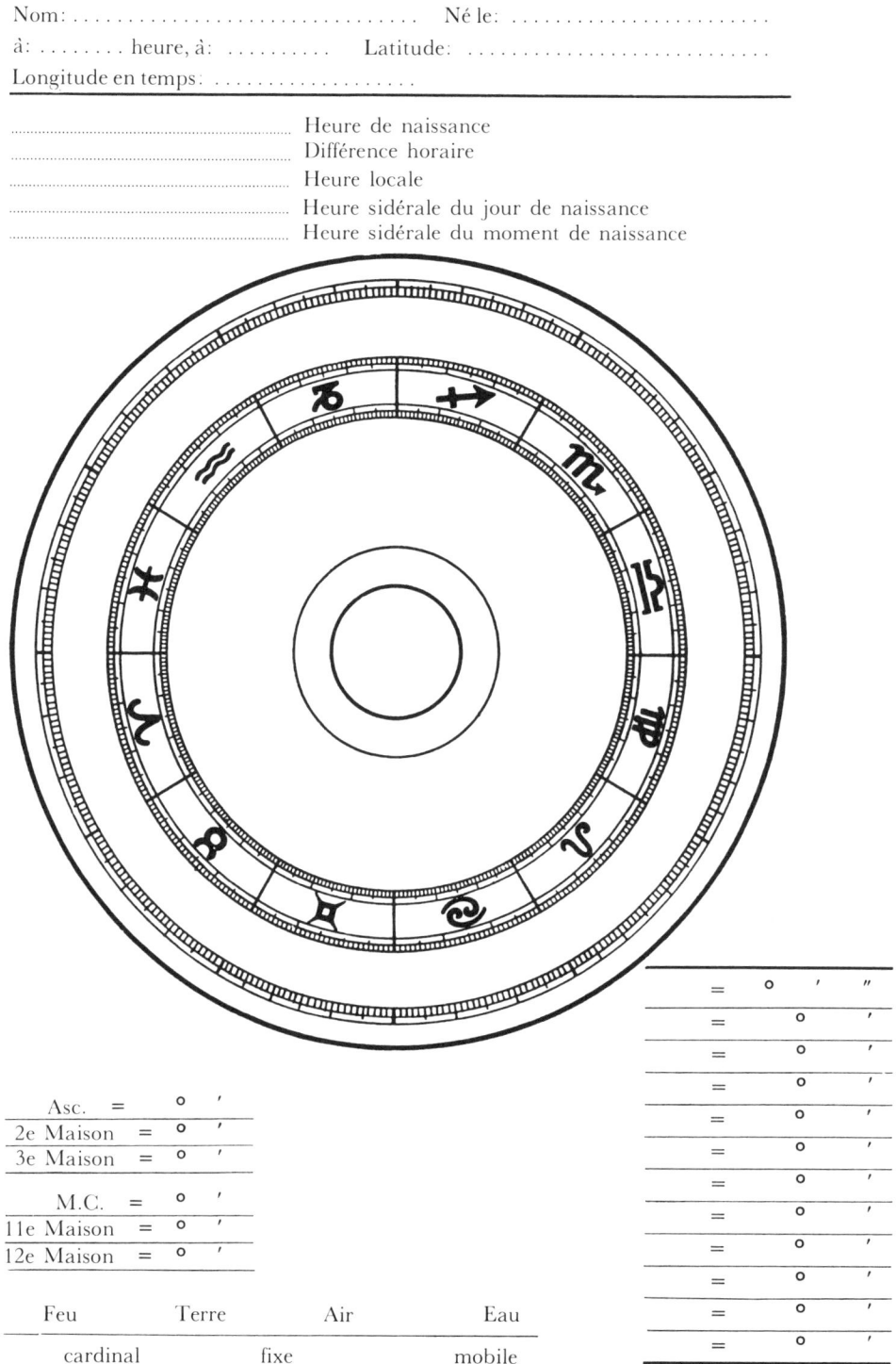

	=	°	′	″
	=	°	′	
	=	°	′	
	=	°	′	
	=	°	′	
	=	°	′	
	=	°	′	
	=	°	′	
	=	°	′	
	=	°	′	
	=	°	′	
	=	°	′	

Asc. = ° ′		
2e Maison = ° ′		
3e Maison = ° ′		
M.C. = ° ′		
11e Maison = ° ′		
12e Maison = ° ′		

Feu	Terre	Air	Eau
cardinal		fixe	mobile

Table des matières

Ouvrages parus chez les éditeurs du groupe Sogides

* Pour l'Amérique du Nord seulement
** Pour l'Europe seulement
Sans * pour l'Europe et l'Amérique du Nord

══════════════ ANIMAUX ══════════════

* **Art du dressage, L'**, Chartier Gilles
Bien nourrir son chat, D'Orangeville Christianz
Cheval, Le, Leblanc Michel
Chien dans votre vie, Le, Swan Marguerite
Éducation du chien de 0 à 6 mois, L', DeBuyser Dr Colette
et Dr Dehasse Joël
Encyclopédie des oiseaux, Godfrey W. Earl
Guide de l'oiseau de compagnie, Le, Dr R. Dean
Axelson
Mammifère de mon pays,, Duchesnay St-Denis J. et
Dumais Rolland
* **Mon chat, le soigner, le guérir**, D'Orangeville Christian
Observations sur les mammifères, Provencher Paul
Papillons du Québec, Les,Veilleux Christian et
PrévostBernard
Petite ferme, T.1,
Les animaux, Trait Jean-Claude

Vous et vos petits rongeurs, Eylat Martin
Vous et vos poissons d'aquarium, Ganiel Sonia
Vous et votre berger allemand, Eylat Martin
Vous et votre boxer, Herriot Sylvain
Vous et votre caniche, Shira Sav
Vous et votre chat de gouttière, Gadi Sol
Vous et votre chow-chow, Pierre Boistel
Vous et votre collie, Ethier Léon
Vous et votre doberman, Denis Paula
Vous et votre fox-terrier, Eylat Martin
Vous et votre husky, Eylat Marti
Vous et vos oiseaux de compagnie, Huard-Viau Jacqueline
Vous et votre schnauzer, Eylat Martin
Vous et votre setter anglais, Eylat Martin
Vous et votre siamois, Eylat Odette
Vous et votre teckel, Boistel Pierre
Vous et votre yorkshire, Larochelle Sandra

══════════════ ARTISANAT/ARTS MÉNAGERS ══════════════

Appareils électro-ménagers, Prentice-Hall du Canada
* **Art du pliage du papier**, Harbin Robert
Artisanat québécois, T.1, Simard Cyril

Artisanat québécois, T.2, Simard Cyril
Artisanat québécois, T.3, Simard Cyril
Artisanat québécois, T.4, Simard Cyril, Bouchard Jean-Louis

1

Bon Fignolage, Le, Arvisais Dolorès A.
Coffret artisanat, Simard Cyril
* Construire des cabanes d'oiseaux, Dion André
Construire sa maison en bois rustique, Mann D.
  et Skinulis R.
Crochet Jacquard, Le, Thérien Brigitte
Cuir, Le, Saint-Hilaire Louis et Vogt Walter
Dentelle, T.1, La, De Seve Andrée-Anne
Dentelle, T.2, La, De Seve Andrée-Anne
Dessiner et aménager son terrain, Prentice-Hall du Canada
Encyclopédie de la maison québécoise, Lessard Michel
Encyclopédie des antiquités, Lessard Michel
Entretien et réparation de la maison, Prentice-Hall du
  Canada

Guide du chauffage au bois, Flager Gordon
J'apprends à dessiner, Nassh Joanna
Je décore avec des fleurs, Bassili Mimi
J'isole mieux, Eakes Jon
Mécanique de mon auto, La, Time-Life
Outils manuels, Les, Prentice Hall du Canada
Petits appareils électriques, Prentice-Hall du Canada
Piscines, Barbecues et patio
Taxidermie, La, Labrie Jean
Terre cuite, Fortier Robert
Tissage, Le, Grisé-Allard Jeanne et Galarneau Germaine
Tout sur le macramé, Harvey Virginia L.
Trucs ménagers, Godin Lucille
Vitrail, Le, Bettinger Claude

ART CULINAIRE

À table avec soeur Angèle, Soeur Angèle
Art d'apprêter les restes, L', Lapointe Suzanne
Art de la cuisine chinoise, L', Chan Stella
Art de la table, L', Du Coffre Marguerite
Barbecue, Le, Dard Patrice
Bien manger à bon compte, Gauvin Jocelyne
Boîte à lunch, La, Lambert Lagacé Louise
Brunches & petits déjeuners en fête, Bergeron Yolande
100 recettes de pain faciles à réaliser, Saint-Pierre
  Angéline
Cheddar, Le, Clubb Angela
Cocktails & punchs au vin, Poister John
Cocktails de Jacques Normand, Normand Jacques
Coffret la cuisine
Confitures, Les, Godard Misette
Congélation de A à Z, La, Hood Joan
Congélation des aliments, Lapointe Suzanne
Conserves, Les, Sansregret Berthe
Cornichons, Ketchups et Marinades, Chesman Andrea
Cuisine au wok, Solomon Charmaine
Cuisine aux micro-ondes 1 et 2 portions, Marchand
  Marie-Paul
Cuisine chinoise, La, Gervais Lizette
* Cuisine chinoise traditionnelle, La, Chen Jean
* Cuisine créative Campbell, La, Cie Campbell
Cuisine de Pol Martin, Martin Pol
* Cuisine du monde entier avec Weight Watchers,
  Weight Watchers
Cuisine facile aux micro-ondes, Saint-Amour Pauline
Cuisine joyeuse de soeur Angèle, La, Soeur Angèle
Cuisine micro-ondes, La, Benoît Jehane
Cuisine santé pour les aînés, Hunter Denyse

Cuisiner avec le four à convection, Benoît Jehane
Cuisinez selon le régime Scarsdale, Corlin Judith
Cuisinier chasseur, Le, Hugueney Gérard
Entrées chaudes et froides, Dard Patrice
Faire son pain soi-même, Murray Gill Janice
Faire son vin soi-même, Beaucage André
Fine cuisine aux micro-ondes, La, Dard Patrice
Fondues & flambées de maman Lapointe, Lapointe
  Suzanne
Fondues, Les, Dard Partice
Menus pour recevoir, Letellier Julien
Muffins, Les, Clubb Angela
Nouvelle cuisine micro-ondes, La, Marchand Marie-Paul et
  Grenier Nicole
Nouvelle cuisine micro-ondes II, La, Marchand
  Marie-Paul et Grenier Nicole
Pâtés à toutes les sauces, Les, Lapointe Lucette
Patés et galantines, Dard Patrice
Pâtisserie, La, Bellot Maurice-Marie
Poissons et fruits de mer, Dard Patrice
Poissons et fruits de mer, Sansregret Berthe
Recettes au blender, Huot Juliette
Recettes canadiennes de Laura Secord, Canadian Home
  Economics Association
Recettes de gibier, Lapointe Suzanne
Recettes de maman Lapointe, Les, Lapointe Suzanne
Recettes Molson, Beaulieu Marcel
Robot culinaire, le, Martin Pol
Salades des 4 saisons et leurs
vinaigrettes, Dard Patrice
Salades, sandwichs, hors d'oeuvre, Martin Pol
Soupes, potages et veloutés, Dard Patrice

2

BIOGRAPHIES POPULAIRES

Daniel Johnson, T.1, Godin Pierre
Daniel Johnson, T.2, Godin Pierre
Daniel Johnson - Coffret, Godin Pierre
Dans la fosse aux lions, Chrétien Jean
* Dans la tempête, Lachance Micheline
Duplessis, T.1 - L'ascension, Black Conrad
Duplessis, T.2 - Le pouvoir, Black Conrad
Duplessis - Coffret, Black Conrad
Dynastie des Bronfman, La, Newman Peter C.

Establishment canadien, L', Newman Peter C.
* Maître de l'orchestre, Le, Nicholson Georges
Maurice Richard, Pellerin Jean
Mulroney, Macdonald L.I.
Nouveaux Riches, Les, Newman Peter C.
Prince de l'Église, Le, Lachance Micheline
Saga des Molson, La, Woods Shirley
* Une femme au sommet - Son excellence Jeanne Sauvé,
Woods Shirley E.

DIÉTÉTIQUE

Combler ses besoins en calcium, Hunter Denyse
Contrôlez votre poids, Ostiguy Dr Jean-Paul
* Cuisine sage, Lambert-Lagacé Louise
* Diète rotation, La, Katahn Dr Martin
Diététique dans la vie quotidienne, Lambert-Lagacé
Louise
Livre des vitamines, Le, Mervyn Leonard
* Maigrir en santé, Hunter Denyse
* Menu de santé, Lambert-Lagacé Louise
Oubliez vos allergies, et... bon appétit, Association de
l'information sur les allergies

Petite & grande cuisine végétarienne, Bédard Manon
* Plan d'attaque Weight Watchers, Le, Nidetch Jean
Plan d'attaque plus Weight Watchers, Le, Nidetch Jean
Recettes pour aider à maigrir, Ostiguy Dr Jean-Paul
* Régimes pour maigrir, Beaudoin Marie-Josée
Sage bouffe de 2 à 6 ans, La, Lambert-Lagacé Louise
Weight Watchers - cuisine rapide et savoureuse,
Weight Watchers
Weight Watchers-Agenda 85 -Français, Weight Watchers
Weight Watchers-Agenda 85 -Anglais, Weight Watchers

DIVERS

* Acheter ou vendre sa maison, Brisebois Lucille
* Acheter et vendre sa maison ou son condominium,
Brisebois Lucille
* Acheter une franchise, Levasseur Pierre
* Bourse, La, Brown Mark
* Chaînes stéréophoniques, Les, Poirier Gilles
* Choix de carrières, T.1, Milot Guy
* Choix de carrières, T.2, Milot Guy
* Choix de carrières, T.3, Milot Guy
* Comment rédiger son curriculum vitae, Brazeau Julie
* Comprendre le marketing, Levasseur Pierre
Conseils aux inventeurs, Robic Raymond
* Devenir exportateur, Levasseur Pierre
Dictionnaire économique et financier, Lafond Eugène
Faire son testament soi-même, Me Poirier Gérald,
Lescault Nadeau Martine (notaire)
* Faites fructifier votre argent, Zimmer Henri B.
Finances, Les, Hutzler Laurie H.
* Gérer ses ressources humaines, Levasseur Pierre
* Gestionnaire, Le, Colwell Marian
* Guide de la haute-fidélité, Le, Prin Michel
* Je cherche un emploi, Brazeau Julie
* Lancer son entreprise, Levasseur Pierre
Leadership, Le, Cribbin, James J.

Livre de l'étiquette, Le, Du Coffre Marguerite
* Loi et vos droits, La, Marchand Me Paul-Émile
Meeting, Le, Holland Gary
Mémo, Le, Reimold Cheryl
Notre mariage (étiquette et
planification), Du Coffre, Marguerite
Patron, Le, Reimold Cheryl
Relations publiques, Les, Doin Richard, Lamarre Daniel
* Règles d'or de la vente, Les, Kahn George N.
* Roulez sans vous faire rouler, T.3, Edmonston Philippe
Savoir vivre aujourd'hui, Fortin Jacques Marcelle
Séjour dans les auberges du Québec, Cazelais Normand et
Coulon Jacques
Stratégies de placements, Nadeau Nicole
Temps des fêtes au Québec, Le, Montpetit Raymond
Tenir maison, Gaudet-Smet Françoise
* Tout ce que vous devez savoir sur le condominium,
Dubois Robert
Univers de l'astronomie, L', Tocquet Robert
Vente, La, Hopkins Tom
* Votre argent, Dubois Robert
Votre système vidéo, Boisvert Michel et Lafrance André A.
* Week-end à New York, Tavernier-Cartier Lise

3

ENFANCE

ÉSOTÉRISME

HISTOIRE

INFORMATIQUE

4

PHOTOGRAPHIE (ÉQUIPEMENT ET TECHNIQUE)

* Apprenez la photographie avec Antoine Desilets, Desilets Antoine
Chasse photographique, Coiteux Louis
8/Super 8/16, Lafrance André
Initiation à la Photographie, London Barbara
Initiation à la Photographie-Canon, London Barbara
Initiation à la Photographie-Minolta, London Barbara
Initiation à la Photographie-Nikon, London Barbara

Initiation à la Photographie-Olympus, London Barbara
Initiation à la Photographie-Pentax, London Barbara
* Je développe mes photos, Desilets Antoine
* Je prends des photos, Desilets Antoine
* Photo à la portée de tous, Desilets Antoine
Photo guide, Desilets Antoine

PSYCHOLOGIE

Âge démasqué, L', De Ravinel Hubert
* Aider mon patron à m'aider, Houde Eugène
* Amour de l'exigence à la préférence, Auger Lucien
Au-delà de l'intelligence humaine, Pouliot Élise
Auto-développement, L', Garneau Jean
Bonheur au travail, Le, Houde Eugène
Bonheur possible, Le, Blondin Robert
Chimie de l'amour, La, Liebowitz Michael
Coeur à l'ouvrage, Le, Lefebvre Gérald
Coffret psychologie moderne Colère, La, Tavris Carol
* Comment animer un groupe, Office Catéchèsse
* Comment avoir des enfants heureux, Azerrad Jacob
* Comment déborder d'énergie, Simard Jean-Paul
Comment vaincre la gêne, Catta Rene-Salvator
* Communication dans le couple, La, Granger Luc
* Communication et épanouissement personnel, Auger Lucien
Comprendre la névrose et aider les névrosés, Ellis Albert
* Contact, Zunin Nathalie
* Courage de vivre, Le, Kiev Docteur A.
Courage et discipline au travail, Houde Eugène
Dynamique des groupes, Aubry J.-M. et Saint-Arnaud Y.
Élever des enfants sans perdre la boule, Auger Lucien
* Émotivité et efficacité au travail, Houde Eugène
Enfant paraît... et le couple demeure, L', Dorman Marsha et Klein Diane
Enfants de l'autre, Les, Paris Erna
* Être soi-même, Corkille Briggs D.
* Facteur chance, Le, Gunther Max
* Fantasmes créateurs, Les, Singer Jérôme
Infidélité, L', Leigh Wendy
Intuition, L', Goldberg Philip
* J'aime, Saint-Arnaud Yves
Journal intime intensif, Progoff Ira
Miracle de l'amour, Un, Kaufman Barry Neil

* Mise en forme psychologique, Corrière Richard
* Parle-moi... J'ai des choses à te dire, Salome Jacques
Penser heureux, Auger Lucien
* Personne humaine, La, Saint-Arnaud Yves
* Plaisirs du stress, Les, Hanson Dr Peter G.
* Première impression, La, Kleinke Chris, L.
Prévenir et surmonter la déprime, Auger Lucien
* Prévoir les belles années de la retraite, D. Gordon Michael
* Psychologie dans la vie quotidienne, Blank Dr Léonard
* Psychologie de l'amour romantique, Braden Docteur N.
* Qui es-tu grand-mère? Et toi grand-père? Eylat Odette
* S'affirmer et communiquer, Beaudry Madeleine
* S'aider soi-même, Auger Lucien
* S'aider soi-même d'avantage, Auger Lucien
* S'aimer pour la vie, Wanderer Dr Zev
* Savoir organiser, savoir décider, Lefebvre Gérald
* Savoir relaxer et combattre le stress, Jacobson Dr Edmund
* Se changer, Mahoney Michael
* Se comprendre soi-même par des tests, Collectif
* Se concentrer pour être heureux, Simard Jean-Paul
Se connaître soi-même, Artaud Gérard
* Se contrôler par le biofeedback, Ligonde Paultre
* Se créer par la Gestalt, Zinker Joseph
* S'entraider, Limoges Jacques
Se guérir de la sottise, Auger Lucien
Séparation du couple, La, Weiss Robert S.
Sexualité au bureau, La, Horn Patrice
Syndrome prémenstruel, Le, Shreeve Dr Caroline
* Vaincre ses peurs, Auger Lucien
Vivre à deux: plaisir ou cauchemar, Duval Jean-Marie
* Vivre avec sa tête ou avec son coeur, Auger Lucien
Vivre c'est vendre, Chaput Jean-Marc
* Vivre jeune, Waldo Myra
* Vouloir c'est pouvoir, Hull Raymond

5

JARDINAGE

Culture des fleurs, des fruits, Prentice-Hall du Canada
Encyclopédie du jardinier, Perron W.H.
Guide complet du jardinage, Wilson Charles
J'aime les violettes africaines, Davidson Robert

Petite ferme, T. 2 - Jardin potager, Trait Jean-Claude
Plantes d'intérieur, Les, Pouliot Paul
Techniques du jardinage, Les, Pouliot Paul
* Terrariums, Les, Kayatta Ken

JEUX/DIVERTISSEMENTS

Améliorons notre bridge, Durand Charles
* Bridge, Le, Beaulieu Viviane
Clés du scrabble, Les, Sigal Pierre A.
Collectionner les timbres, Taschereau Yves
* Dictionnaire des mots croisés, noms communs, Lasnier Paul
* Dictionnaire des mots croisés, noms propres, Piquette Robert

* Dictionnaire raisonné des mots croisés, Charron Jacqueline
Finales aux échecs, Les, Santoy Claude
Jeux de société, Stanké Louis
* Jouons ensemble, Provost Pierre
Livre des patiences, Le, Bezanovska M. et Kitchevats P.
* Ouverture aux échecs, Coudari Camille
Scrabble, Le, Gallez Daniel
Techniques du billard, Morin Pierre

LINGUISTIQUE

* Anglais par la méthode choc, L', Morgan Jean-Louis
* J'apprends l'anglais, Silicani Gino

Petit dictionnaire du joual, Turenne Auguste
Secrétaire bilingue, La, Lebel Wilfrid

LIVRES PRATIQUES

Bonnes idées de maman Lapointe, Les, Lapointe Lucette *
Chasse-taches, Le, Cassimatis Jack
* Maîtriser son doigté sur un clavier, Lemire Jean-Paul

Se protéger contre le vol, Kabundi Marcel et Normandeau André
Temps c'est de l'argent, Le, Davenport Rita

MUSIQUE ET CINÉMA

* Guitare, La, Collins Peter
Piano sans professeur, Le, Evans Roger

Wolfgang Amadeus Mozart raconté en 50 chefs-d'oeuvre Roussel Paul

NOTRE TRADITION

Coffret notre tradition Écoles de rang au Québec, Les, Dorion Jacques
Encyclopédie du Québec, T.1, Landry Louis
Encyclopédie du Québec, T.2, Landry Louis
Histoire de la chanson québécoise, L'Herbier Benoît
Maison traditionnelle, La, Lessard Micheline

Moulins à eau de la vallée du Saint-Laurent, Adam Villeneuve
Objets familiers de nos ancêtres, Genet Nicole
* Sculpture ancienne au Québec, La, Porter John R. et Bélisle Jean
Vive la compagnie, Daigneault Pierre

6

ROMANS/ESSAIS

Adieu Québec, Bruneau André
Baie d'Hudson, La, Newman Peter C.
Bien-pensants, Les, Berton Pierre
Bousille et les justes, Gélinas Gratien
Coffret Joey
C.P., Susan Goldenberg
Commettants de Caridad, Les, Thériault Yves
Deux Innocents en Chine Rouge, Hébert Jacques
Dome, Jim Lyon
* Frères divorcés, Les, Godin Pierre
IBM, Sobel Robert
Insolences du Frère Untel, Les, Untel Frère
ITT, Sobel Robert
J'parle tout seul, Coderre Emile

Lamia, Thyraud de Vosjoli P.L.
Mensonge amoureux, Le, Blondin Robert
Nadia, Aubin Benoît
Oui, Lévesque René
Premiers sur la lune, Armstrong Neil
* Sur les ailes du temps (Air
Canada), Smith Philip
Telle est ma position, Mulroney Brian
Terrosisme québécois, Le, Morf Gustave
* Trois semaines dans le hall du Sénat, Hébert Jacques
Un doux équilibre, King Annabelle
* Un second souffle, Hébert Diane
Vrai visage de Duplessis, Le, Laporte Pierre

SANTÉ ET ESTHÉTIQUE

Allergies, Les, Delorme Dr Pierre
Art de se maquiller, L', Moizé Alain
* Bien vivre sa ménopause, Gendron Dr Lionel
Cellulite, La, Ostiguy Dr Jean-Paul
Cellulite, La, Léonard Dr Gérard J.
Être belle pour la vie, Meredith Bronwen
Exercices pour les aînés, Godfrey Dr Charles, Feldman
  Michael
Face lifting par l'exercice, Le, Runge Senta Maria
Grandir en 100 exercises, Berthelet Pierre
Hystérectomie, L', Alix Suzanne
Médecine esthétique, La, Lanctot Guylaine
Obésité et cellulite, enfin la solution, Léonard
  Dr Gérard J.
Perdre son ventre en 30 jours H-F, Burstein Nancy et
  Matthews Roy
Santé, un capital à préserver, Peeters E.G.

Travailler devant un écran, Feeley Dr Helen
Coffret 30 jours
30 jours pour avoir de beaux
cheveux, Davis Julie
30 jours pour avoir de beaux
ongles, Bozic Patricia
30 jours pour avoir de beaux seins, Larkin Régina
30 jours pour avoir un beau teint, Zizmor Dr Jonathan
30 jours pour cesser de fumer, Holland Gary et Weiss Herman
30 jours pour mieux organiser, Holland Gary
30 jours pour perdre son ventre (homme), Matthews Roy,
  Burnstein Nancy
30 jours pour redevenir un
couple amoureux, Nida Patricia K. et Cooney Kevin
30 jours pour un plus grand épanouissement sexuel,
  Schneider Alan et Laiken Deidre
* Vos yeux, Chartrand Marie et Lepage-Durand Micheline

SEXOLOGIE

Adolescente veut savoir, L', Gendron Lionel
Fais voir, Fleischhaner H.
Guide illustré du plaisir sexuel, Corey Dr Robert E.
Helg, Bender Erich F.
* Ma sexualité de 0 à 6 ans, Robert Jocelyne
* Ma sexualité de 6 à 9 ans, Robert Jocelyne
* Ma sexualité de 9 à 12 ans, Robert Jocelyne

Plaisir partagé, Le, Gary-Bishop Hélène
* Première expérience sexuelle, La, Gendron Lionel
* Sexe au féminin, Le, Kerr Carmen
* Sexualité du jeune adolescent, Gendron Lionel
* Sexualité dynamique, La, Lefort Dr Paul
* Shiatsu et sensualité, Rioux Yuki

SPORTS

100 trucs de billard, Morin Pierre
Le programme pour être en forme
Apprenez à patiner, Marcotte Gaston
Arc et la chasse, L', Guardon Greg
* Armes de chasse, Les, Petit Martinon Charles
* Badminton, Le, Corbeil Jean
* Canadiens de 1910 à nos jours, Les, Turowetz
  Allan et Goyens Chrystian
* Carte et boussole, Kjellstrom Bjorn
* Chasse au petit gibier, La, Paquet Yvon-Louis
Chasse et gibier du Québec, Bergeron Raymond
Chasseurs sachez chasser, Lapierre Lucie
* Comment se sortir du trou au golf, Brien Luc
* Comment vivre dans la nature, Rivière Bill
* Corrigez vos défauts au golf, Bergeron Yves
Curling, Le, Lukowich E.
Devenir gardien de but au hockey, Allair François
Encyclopédie de la chasse au Québec, Leiffet Bernard
Entraînement, poids-haltères, L', Ryan Frank
Exercices à deux, Gregor Carol
Golf au féminin, Le, Bergeron Yves
Grand livre des sports, Le, Le groupe Diagram
Guide complet du judo, Arpin Louis
* Guide complet du self-defense, Arpin Louis
Guide d'achat de l'équipement de tennis, Chevalier Richard
  et Gilbert Yvon
Guide de l'alpinisme, Le, Cappon Massimo
Guide de survie de l'armée américaine
Guide des jeux scouts, Association des scouts
Guide du judo au sol, Arpin Louis
Guide du self-defense, Arpin Louis
Guide du trappeur, Le, Provencher Paul
Hatha yoga, Piuze Suzanne
* J'apprends à nager, Lacoursière Réjean
* Jogging, Le, Chevalier Richard
Jouez gagnant au golf, Brien Luc
Larry Robinson, le jeu défensif, Robinson Larry
Lutte olympique, La, Sauvé Marcel
* Manuel de pilotage, Transport Canada

* Marathon pour tous, Anctil Pierre
Maxi-performance, Garfield Charles A. et Bennett Hal Zina
* Médecine sportive, Mirkin Dr Gabe
Mon coup de patin, Wild John
Musculation pour tous, Laferrière Serge
Natation de compétition, La, Lacoursière Réjean
Partons en camping, Satterfield Archie et Bauer Eddie
Partons sac au dos, Satterfield Archie et Bauer Eddie
Passes au hockey, Champleau Claude
Pêche à la mouche, La, Marleau Serge
Pêche à la mouche, Vincent Serge-J.
Pêche au Québec, La, Chamberland Michel
* Planche à voile, La, Maillefer Gérald
* Programme XBX, Aviation Royale du Canada
Provencher, le dernier coureur des bois, Provencher Paul
Racquetball, Corbeil Jean
Racquetball plus, Corbeil Jean
Raquette, La, Osgoode William
* Rivières et lacs canotables, Fédération québécoise du canot-
  camping
* S'améliorer au tennis, Chevalier Richard
Secrets du baseball, Les, Raymond Claude
Ski de fond, Le, Roy Benoît
* Ski de randonnée, Le, Corbeil Jean
Soccer, Le, Schwartz Georges
Stratégie au hockey, Meagher John W.
Surhommes du sport, Les, Desjardins Maurice
* Taxidermie, La, Labrie Jean
Techniques du billard, Morin Pierre
* Technique du golf, Brien Luc
Techniques du hockey en URSS, Dyotte Guy
* Techniques du tennis, Ellwanger
* Tennis, Le, Roch Denis
Tous les secrets de la chasse, Chamberland Michel
Vivre en forêt, Provencher Paul
Voie du guerrier, La, Di
Villadorata
Volley-ball, Le, Fédération de volley-ball
Yoga des sphères, Le, Leclerq Bruno

8

le jour,
éditeur

ANIMAUX

Guide du chat et de son maître, Laliberté Robert
Guide du chien et de son maître, Laliberté Robert

Poissons de nos eaux, Melançon Claude

ART CULINAIRE ET DIÉTÉTIQUE

Armoire aux herbes, L', Mary Jean
Breuvages pour diabétiques, Binet Suzanne
Cuisine du jour, La, Pauly Robert
Cuisine sans cholestérol, Boudreau-Pagé
Desserts pour diabétiques, Binet Suzanne
Jus de santé, Les, Brunet Jean-Marc

Mangez ce qui vous chante, Pearson Dr Leo
Mangez, réfléchissez et devenez svelte, Kothkin Leonid
Nutrition de l'athlète, Brunet Jean-Marc
Recettes Soeur Berthe - été, Sansregret soeur Berthe
Recettes Soeur Berthe - printemps, Sansregret soeur Berthe

ARTISANAT/ARTS MÉNAGERS

Diagrammes de courtepointes, Faucher Lucille
Douze cents nouveaux trucs, Grisé-Allard Jeanne
Encore des trucs, Grisé-Allard Jeanne

Mille trucs madame, Grisé-Allard Jeanne
Toujours des trucs, Grisé-Allard Jeanne

DIVERS

Administrateur de la prise de décision, Filiatreault P. et
    Perreault Y.G.
Administration, développement, Laflamme Marcel
Assemblées délibérantes, Béland Claude
Assoiffés du crédit, Les, Féd. des A.C.E.F.
Baie James, La, Bourassa Robert
Bien s'assurer, Boudreault Carole
Cent ans d'injustice, Hertel François
Ces mains qui vous racontent, Boucher André-Pierre
550 métiers et professions, Charneux Helmy
Coopératives d'habitation, Les, Leduc Murielle
Dangers de l'énergie nucléaire, Les, Brunet Jean-Marc

Dis papa c'est encore loin, Corpatnauy Francis
Dossier pollution, Chaput Marcel
Énergie aujourd'hui et demain, De Martigny François
Entreprise et le marketing, L', Brousseau
Forts de l'Outaouais, Les, Dunn Guillaume
Grève de l'amiante, La, Trudeau Pierre
Hiérarchie ethnique dans la grande entreprise, Rainville
    Jean
Impossible Québec, Brillant Jacques
Initiation au coopératisme, Béland Claude
Julius Caesar, Roux Jean-Louis
Lapokalipso, Duguay Raoul

Lune de trop, Une, Gagnon Alphonse
Manifeste de l'Infonie, Duguay Raoul
Mouvement coopératif québécois, Deschêne Gaston
Obscénité et liberté, Hébert Jacques
Philosophie du pouvoir, Blais Martin
Pourquoi le bill 60, Gérin-Lajoie P.

Stratégie et organisation, Desforges Jean et Vianney C.
Trois jours en prison, Hébert Jacques
Vers un monde coopératif, Davidovic Georges
Vivre sur la terre, St-Pierre Hélène
Voyage à Terre-Neuve, De Gébineau comte

ENFANCE

Aidez votre enfant à choisir, Simon Dr Sydney B.
Deux caresses par jour, Minden Harold
Être mère, Bombeck Erma
Parents efficaces, Gordon Thomas

Parents gagnants, Nicholson Luree
Psychologie de l'adolescent, Pérusse-Cholette Françoise
1500 prénoms et significations, Grisé Allard J.

ÉSOTÉRISME

* Astrologie et la sexualité, L', Justason Barbara
Astrologie et vous, L', Boucher André-Pierre
* Astrologie pratique, L', Reinicke Wolfgang
Faire se carte du ciel, Filbey John
Grand livre de la cartomancie, Le, Von Lentner G.
* Grand livre des horoscopes chinois, Le, Lau Theodora
Graphologie, La, Cobbert Anne
* Horoscope et énergie psychique, Hamaker-Zondag
Horoscope chinois, Del Sol Paula

Lu dans les cartes, Jones Marthy
* Pendule et baguette, Kirchner Georg
* Pratique du tarot, La, Thierens E.
Preuves de l'astrologie, Comiré André
Qui êtes-vous? L'astrologie répond, Tiphaine
Synastrie, La, Thornton Penny Traité d'astrologie, Hirsig
    Huguette
Votre destin par les cartes, Dee Nerys

HISTOIRE

Administration en Nouvelle-France, L', Lanctot Gustave
Histoire de Rougemont, Bédard Suzanne
Lutte pour l'information, La, Godin Pierre
Mémoires politiques, Chaloult René
Rébellion de 1837, Saint-Eustache, Globensky Maximillien

Relations des Jésuites T.2
Relations des Jésuites T.3
Relations des Jésuites T.4
Relations des Jésuites T.5

JEUX/DIVERTISSEMENTS

Backgammon, Lesage Denis

LINGUISTIQUE

Des mots et des phrases, T. 1,, Dagenais Gérard
Des mots et des phrases, T. 2, Dagenais Gérard

Joual de Troie, Marcel Jean

NOTRE TRADITION

Ah mes aïeux, Hébert Jacques

Lettre à un Français qui veut émigrer au Québec, Dubuc Carl

OUVRAGES DE RÉFÉRENCE

Petit répertoire des excuses, Le, Charbonneau Christine et Caron Nelson

Règles d'or de la vente, Les, Kahn George N.

PSYCHOLOGIE

* **Adièu,** Halpern Dr Howard
* **Adieu Tarzan,** Frank Helen
* **Agressivité créatrice,** Bach Dr George
* **Aimer, c'est choisir d'être heureux,** Kaufman Barry Neil
* **Aimer son prochain comme soi-même,** Murphy Joseph
* **Anti-stress, L',** Eylat Odette
  Arrête! tu m'exaspères, Bach Dr George
  Art d'engager la conversation et de se faire des amis, L', Grabor Don
* **Art de convaincre, L',** Ryborz Heinz
* **Art d'être égoïste, L',** Kirschner Joseph
* **Au centre de soi,** Gendlin Dr Eugène
* **Auto-hypnose, L',** Le Cron M. Leslie
* **Autre femme, L',** Sevigny Hélène
* **Bains Flottants, Les,** Hutchison Michael
* **Bien dans sa peau grâce à la technique Alexander,** Stransky Judith
  Ces hommes qui ne communiquent pas, Naifeh S. et White S.G.
  Ces vérités vont changer votre vie, Murphy Joseph
  Chemin infaillible du succès, Le, Stone W. Clément
  Clefs de la confiance, Les, Gibb Dr Jack
  Comment aimer vivre seul, Shanon Lynn
* **Comment devenir des parents doués,** Lewis David
* **Comment dominer et influencer les autres,** Gabriel H.W.
  Comment s'arrêter de fumer, McFarland J. Wayne
* **Comment vaincre la timidité en amour,** Weber Éric
  Contacts en or avec votre clientèle, Sapin Gold Carol
* **Contrôle de soi par la relaxation,** Marcotte Claude
* **Couple homosexuel, Le,** McWhirter David P. et Mattison Andres M.
* **Devenir autonome,** St-Armand Yves
* **Dire oui à l'amour,** Buscaglia Léo
* **Ennemis intimes,** Bach Dr George
  États d'esprit, Glasser Dr William
  Être efficace, Hanot Marc
  Être homme, Goldberg Dr Herb
  Famille moderne et son avenir, La , Richar Lyn
  Gagner le match, Gallwey Timothy
  Gestalt, La, Polster Erving

  Guide du succès, Le, Hopkins Tom
  Harmonie, une poursuite du succès, L' Vincent Raymond
* **Homme au dessert, Un,** Friedman Sonya
  Homme en devenir, L', Houston Jean
* **Homme nouveau, L', Bodymind,** Dychtwald Ken
  Influence de la couleur, L', Wood Betty
* **Jouer le tout pour le tout,** Frederick Carl
  Maigrir sans obsession, Orback Suisie
  Maîtriser la douleur, Bogin Meg
  Maîtriser son destin, Kirschner Joseph
  Manifester son affection, Bach Dr George
* **Mémoire, La,** Loftus Elizabeth
* **Mémoire à tout âge, La,** Dereskey Ladislaus
* **Mère et fille,** Horwick Kathleen
* **Miracle de votre esprit,** Murphy Joseph
* **Négocier entre vaincre et convaincre,** Warschaw Dr Tessa
  Nouvelles Relations entre hommes et femmes, Goldberg Herb
* **On n'a rien pour rien,** Vincent Raymond
* **Oracle de votre subconscient, L,** Murphy Joseph
  Parapsychologie, La, Ryzl Milan
  Parlez pour qu'on vous écoute, Brien Micheline
* **Partenaires,** Bach Dr George
  Pensée constructive et bon sens, Vincent Dr Raymond
  Personnalité, La, Buscaglia Léo
  Personne n'est parfait, Weisinger Dr H.
  Pourquoi ne pleures-tu pas?, Yahraes Herbert, McKnew Donald H. Jr., Cytryn Leon
  Pourquoi remettre à plus tard? Burka Jane B. et Yuen L. M.
  Pouvoir de votre cerveau, Le, Brown Barbara
  Prospérité, La, Roy Maurice
* **Psy-jeux,** Masters Robert
* **Puissance de votre subconscient, La,** Murphy Dr Joseph
  Reconquête de soi, La, Paupst Dr James C.
  Réfléchissez et devenez riche, Hill Napoléon
* **Réussir,** Hanot Marc
  Rythmes de votre corps, Les, Weston Lee

11

S'aimer ou le défi des relations humaines,
Buscaglia Léo*
Se vider dans la vie et au travail, Pines Ayala M.
* Secrets de la communication, Bandler Richard
Sous le masque du succès, Harvey Joan C. et Datz Cynthia *
* Succès par la pensée constructive, Le, Hill Napoléon
Technostress, Brod Craig *
* Thérapies au féminin, Les, Brunel Dominique . *
Tout ce qu'il y a de mieux, Vincent Raymond
Triomphez de vous-même et des autres, Murphy Dr Joseph

Univers de mon subsconscient, L', Dr Ray Vincent
Vaincre la dépression par la
volonté et l'action, Marcotte Claude
Vers le succès, Kassoria Dr Irène C.
Vieillir en beauté, Oberleder Muriel
Vivre avec les imperfections de l'autre, Janda Dr Louis H.
Vivre c'est vendre, Chaput Jean-Marc
Vivre heureux avec le strict nécessaire, Kirschner Josef
Votre perception extra sensorielle, Milan Dr Ryzl
Votre talon d'Achille, Bloomfield Dr. Harold

ROMANS/ESSAIS

À la mort de mes 20 ans, Gagnon P.O.
Affrontement, L', Lamoureux Henri
Bois brûlé, Roux Jean-Louis
100 000e exemplaire, Le, Dufresne Jacques
C't'a ton tour Laura Cadieux, Tremblay Michel
Cité dans l'oeuf, La, Tremblay Michel
Coeur de la baleine bleue, Le Poulin Jacques
Coffret petit jour, Martucci Abbé Jean
Colin-Maillard, Hémon Louis
Contes pour buveurs attardés, Tremblay Michel
Contes érotiques indiens, Schwart Herbert
Crise d'octobre, Pelletier Gérard
Cyrille Vaillancourt, Lamarche Jacques
Desjardins Al., Homme au service, Lamarche Jacques
De Z à A, Losique Serge
Deux Millième étage, Le, CarrierRoch
D'Iberville, Pellerin Jean
Dragon d'eau, Le, Holland R.F.
Équilibre instable, L', Deniset Louis
Éternellement vôtre, Péloquin Claude
Femme d'aujourd'hui, La, Landsberg Michele
Femme de demain, Keeton Kathy
Femmes et politique, Cohen Yolande
Filles de joie et filles du roi, Lanctot Gustave
Floralie où es-tu, Carrier Roch

Fou, Le, Châtillon Pierre
Français langue du Québec, Le, Laurin Camille
Hommes forts du Québec, Weider Ben
Il est par là le soleil, Carrier Roch
J'ai le goût de vivre, Delisle Isabelle
J'avais oublié que l'amour, Doré-Joyal Yves
Jean-Paul ou les hasards de la vie, Bellier Marcel
Johnny Bungalow, Villeneuve Paul
Jolis Deuils, Carrier Roch
Lettres d'amour, Champagne Maurice
Louis Riel patriote, Bowsfield Hartwell
Louis Riel un homme à pendre, Osier E.B.
Ma chienne de vie, Labrosse Jean-Guy
Marche du bonheur, La, Gilbert Normand
Mémoires d'un Esquimau, Metayer Maurice
Mon cheval pour un royaume, Poulin J.
Neige et le feu, La, Baillargeon Pierre
N'Tsuk, Thériault Yves
Opération Orchidée, Villon Christiane
Orphelin esclave de notre monde, Labrosse Jean
Oslovik fait la bombe, Oslovik
Parlez-moi d'humour, Hudon Normand
Scandale est nécessaire, Le, Baillargeon Pierre
Vivre en amour, Delisle Lapierre

SANTÉ

Alcool et la nutrition, L', Brunet Jean-Marc
Bruit et la santé, Le, Brunet Jean-Marc
Chaleur peut vous guérir, La, Brunet Jean-Marc
Échec au vieillissement prématuré, Blais J.
Greffe des cheveux vivants, Guy Dr
Guérir votre foie, Jean-Marc Brunet
Information santé, Brunet Jean-Marc
Magie en médecine, Sylva Raymond
Maigrir naturellement, Lauzon Jean-Luc

Mort lente par le sucre, Duruisseau Jean-Paul
40 ans, âge d'or, Taylor Eric
Recettes naturistes pour arthritiques et rhumatisants,
Cuillerier Luc
Santé de l'arthritique et du rhumatisant, Labelle Yvan
* Tao de longue vie, Le, Soo Chee
Vaincre l'insomnie, Filion Michel,Boisvert Jean-Marie,
Melanson Danielle
Vos aliments sont empoisonnés, Leduc Paul

Marchessault Jovette,
La mère des herbes
Marcotte Gilles,
La littérature et le reste
Marteau Robert,
Entre temps
Martel Émile,
Les gants jetés
Martel Pierre,
Y'a pas de métro à Gélude-
La-Roche
Monette Madeleine,
Le double suspect
Petites violences
Monfils Nadine,
Laura Colombe, contes
La velue
Ouellette Fernand,
La mort vive
Tu regardais intensément Geneviève
Paquin Carole,
Une esclave bien payée
Paré Paul,
L'improbable autopsie
Pavel Thomas,
Le miroir persan
Poupart Jean-Marie,
Bourru mouillé
Robert Suzanne,
Les trois soeurs de personneVulpera
Robertson Heat,
Beauté tragique

Ross Rolande,
Le long des paupières brunes
Roy Gabrielle,
Fragiles lumières de la terre
Saint-Georges Gérard,
1, place du Québec Paris VIe
Sansfaçon Jean-Robert,
Loft Story
Saurel Pierre,
IXE-13
Savoie Roger,
Le philosophe chat
Svirsky Grigori,
Tragédie polaire, nouvelles
Szucsany Désirée,
La passe
Thériault Yves,
Aaron
Agaguk
Le dompteur d'ours
La fille laide
Les vendeurs du temple
Turgeon Pierre,
Faire sa mort comme faire l'amour
La première personne
Prochainement sur cet écran
Un, deux, trois
Trudel Sylvain,
Le souffle de l'Harmattan
Vigneault Réjean,
Baby-boomers

COLLECTIFS DE NOUVELLES

Fuites et poursuites
Dix contes et nouvelles fantastiques
Dix nouvelles humoristiques

Dix nouvelles de science-fiction québécoise
Aimer
Crever l'écran

LIVRES DE POCHES 10/10

Aquin Hubert,
Blocs erratiques
Brouillet Chrystine,
Chère voisine
Dubé Marcel,
Un simple soldat
Gélinas Gratien,
Bousille et les justes
Ti-Coq
Harvey Jean-Charles,
Les demi-civilisés

Laberge Albert,
La scouine
Thériault Yves,
Aaron
Agaguk
Cul-de-sac
La fille laide
Le dernier havre
Le temps du carcajou
Tayaout

Turgeon Pierre,
  Faire sa mort comme faire l'amour
  La première personne

NOTRE TRADITION

Aucoin Gérard,
  L'oiseau de la vérité
Bergeron Bertrand,
  Les barbes-bleues
Deschênes Donald,
  C'était la plus jolie des filles
Desjardins Philémon et Gilles Lamontagne,
  Le corbeau du mont de la Jeunesse
Dupont Jean-Claude,
  Contes de bûcherons

Gauthier Chassé Hélène,
  À diable-vent
Laforte Conrad,
  Menteries drôles et merveilleuse
Légaré Clément,
  La bête à sept têtes
  Pierre La Fève

DIVERS

A.S.D.E.Q.,
  Québec et ses partenaires
  Qui décide au Québec?
Bailey Arthur,
  Pour une économie du bon sens
Bergeron Gérard,
  Indépendance oui mais
Bowering George,
  En eaux trouble
Boissonnault Pierre,
  L'hybride abattu
Collectif Clio,
  L'histoire des femmes au Québec
Clavel Maurice,
  Dieu est Dieu nom de Dieu
Centre des dirigeants d'entreprise,
  Relations du travail
Creighton Donald,
  Canada - Les débuts
  héroiques
De Lamirande Claire,
  Papineau
Dupont Pierre,
  15 novembre 76
Dupont Pierre et Gisèle Tremblay,
  Les syndicats en crise
Fontaine Mario
  Tout sur les p'tits journaux z'artistiques
Gagnon G., A. Sicotte et G. Bourrassa,
  Tant que le monde s'ouvrira
Gamma groupe,

  La société de conservation
Garfinkel Bernie,
  Liv Ullmann Ingmar Bergman
Genuist Paul,
  La faillite du Canada anglais
Haley Louise,
  Le ciel de mon pays, T.1
  Le ciel de mon pays, T.2
Harbron John D.,
  Le Québec sans le Canada
Hébert Jacques et Maurice F. Strong,
  Le grand branle-bas
Matte René,
  Nouveau Canada à notre mesure
Monnet François-Mario,
  Le défi québécois
Mosher Terry-Ailsin,
  L'humour d'Aislin
Pichette Jean,
  Guide raisonné des jurons
Powell Robert,
  L'esprit libre
Roy Jean,
  Montréal ville d'avenir
Sanger Clyde,
  Sauver le monde
Schirm François,
  Personne ne voudra savoir
Therrien Paul,
  Les mémoires de J.E.Bernier

16

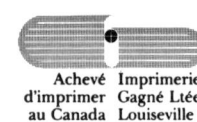

Achevé   Imprimerie
d'imprimer Gagné Ltée
au Canada   Louiseville